9·7급 공무원 국어

2024

요정노트

국어 요점 정리 노트

문학

김병태 편저

CONTENTS

제 1 편 문학 1

1 도표 문학사 6

2 고전 시가 주제별 시조 12
- 01 이별의 정한 12
- 02 연군 지사, 절의가 31
- 03 자연 친화, 자연으로의 귀의 46
- 04 풍자 82
- 05 예찬 96
- 06 목적성/교훈성 102
- 07 소망의 노래 116
- 08 인생무상 122
- 09 국난의 아픔(비분가) 125
- 10 농촌에서의 농민의 삶 129
- 11 우국충정 131
- 12 평시조 – 주제별 정리 134

3 현대 시 138
- 01 낯선 현대 시 쉽게 접근하기 138
- 02 현대 시의 주제별 유형 142
- 03 주요 작품 144

제 2 편 문학 2

4 문학 184

5 필수 문학 100선 194
- 현대 시 194
- 고전 시가 223
- 현대 소설 242
- 고전 소설, 수필, 극 274
- 추가 작품 309

필수 기출 문제

제1회 고전 시가 필수 기출 문제 — 318
제2회 현대 시 필수 기출 문제 — 378
제3회 현대 소설 필수 기출 문제 — 423
제4회 고전 산문 필수 기출 문제 — 462

2024
요정노트
문학

제1편
문학 1

1. 도표 문학사

01 고전 문학사

시대별 문학사

고대가요
- 공무도하가(고조선), 황조가(유리왕/고구려), 구지가(가야), 정읍사(백제)

향가
- 4구체: 서동요, 헌화가, 도솔가, 풍요
- 8구체: 처용가, 모죽지랑가
- 10구체: 원왕생가, 제망매가, 찬기파랑가, 안민가, 혜성가

고려가요
- 향가계 여요(고려전기까지): 예종 - 도이장가(향찰), 정서 - 정과정곡(훈민정음)
- 경기체가(귀족/사대부의 노래): 한림별곡, 관동별곡, 죽계별곡 (조선: 상대별곡, 화산별곡, 불우헌곡, 독락팔곡)
- 고려속요(평민의 노래): 가시리(귀호곡), 서경별곡(평양), 동동(월령체), 청산별곡(현실도피), 사모곡(어머니 사랑), 상저가(부모님에 대한 자식의 효), 유구곡, 이상곡, 쌍화점, 만전춘별사

시조

평시조	엇시조
1. 연형가: 개암 - 이화우~, 황진이 - 내 언제~, 윤선도 - 어부사시사, 맹사성 - 강호사시가	1. 풍자: 댁들에 동난지이 사오
2. 연군/절의가	2. 해학: 밝가벗은 아해들이
- 양반: 선조 - 이색·백설이 사라잘제~, 정몽주 - 단심가, 김재 - 오백년 도읍지~, 원천석 - 흥망이 유수하니~	3. 연정가: 귓도리 저 귓도리~, 나모도~, 창밖이~
- 단종: 성삼문 - 이몸이~, 박팽년 - 까마귀~, 이개 - 방안에~(연군)	- 이현보 - 어부가
3. 강호 한정가: 송순 - 십년을~, 성혼 - 말 업슨~, 황희 - 대초볼~, 정철 - 재 너머~, 김수장 - 조으남이~, 김천택 - 강산~, 한호 - 집방석~, 송시열 - 청산도	- 이황 - 도산십이곡 이이 - 고산구곡가 정철 - 훈민가, 장진주사 윤선도 - 견회요, 만흥, 어부사시사

악장
- 용비어천가

가사
- 전기: 정극인 - 상춘곡, 조위 - 만분가, 송순 - 면앙정가, 정철 - 관동별곡·사미인곡·속미인곡·성산별곡·훈민가, 허난설헌 - 규원가, 백광홍 - 관서별곡
- 후기: 박인로 - <태평사>·<선상탄>·누항사>, 김인겸 - 일동장유가, 홍순학 - 연행가
- 평민가사: 용부가, 우부가, 규수상사곡

한시
- 을지문덕 - <여수장우중문시>: 가장 오래된 한시, 최치원 - <계원필경>·<토황소격문>·<추야우중>, 정지상 - <송인>, 이계현 - <사리화>, 이색 - 부벽루, 황진이 - <송도삼절>, 허난설헌 - <곡자>

조선왕조

	정종	태종	세조	단종	세조(1455~1468)	예종	성종	중종(1506~1544)	명종	선조(1567~1608)
주요 용어			용비어천가	성삼문, 박팽년, 이개			정극인 - 상춘곡 조위 - 만분가	순순 - 면앙정가 이현보 - 어부가		정철 - 사미인곡 ~ 내마음 성혼 - 말업슨 ~

	광해군	인조	효종	현종	숙종(1674~1720)	경종	영조(1724~1776)	정조(1776~1800)	순조	고종	순종
광해군	계축일기 박인로 - 누항사(1611) 윤선도 - 견회요	산성일기 윤선도 - 어부사시사, 만흥			성삼문, 박팽년, 이개 구운몽		김인겸 - 일동장유가 김천택 - 청구영언 김수장 - 해동가요 이세춘	박지원 정약용		홍순학 - 연행가 박효관 안민영 - 매화사	황현 - 절명시(1910)

가전체 문학과 고전 소설

가전체 문학
- 이규보 - <국선생전>
- 임춘 - <국순전>·<공방전>
- 이곡 - <죽부인전>

영웅소설
1. 고귀한 혈통
2. 비정상적인 잉태출생
3. 어릴 때 비범한 능력
4. 어릴 때 버려짐 - 위기
5. 구출자/양육자 - 위기 벗어남
6. (사회적으로) 또 다른 위기
7. 스스로 투쟁

군담소설	가정 소설	애정 소설	풍자 소설	판소리계 소설
역사 군담: 임진록, 임경업전, 박씨전 창작 군담: 유충렬전, 조웅전, 소대성전	장화홍련전 사씨남정기	춘향전 운영전 영영전	양반전 허생전 호질	춘향전 흥부전 심청전 토끼전

판소리 특징

광대: 창자(唱者), 노래 부르는 사람
발림: 창하면서 하는 동작
너름새(=발림): 가사, 소리, 몸짓의 독특한 방식으로 다듬어 부르는 어떤 마당의 한 대목
아니리: 광대가 창을 하면서 극적인 줄거리를 엮어 나가는 사설

장단
1. 진양(조): 판소리 장단 중 가장 느린 것
2. 중모리(중모리, 중머리)
3. 중중모리(중중모리, 중중머리)
4. 잦은모리(잦은모리, 자진머리)
5. 휘모리

신재효가 정리한 여섯 마당
춘향가, 심청가, 흥보가, 수궁가, 변강쇠타령, 적벽가

02 현대 문학사

	시	소설
개화기	최남선-해에게서 소년에게	이인직-혈의 누
1910년대	김억-봄날은 간다, 주요한-불놀이	이광수-무정
1920년대	이상화-나의 침실로, 빼앗긴 들에도 봄은 오는가 김소월-진달래꽃, 산유화, 초혼, 접동새 한용운-님의 침묵, 알 수 없어요, 나룻배와 행인 *카프: 1925년 창설 1935년 폐지 - 경향시(시인: 임화, 김기진) 20년대 국민 문학파: 이광수, 최남선	김동인-배따라기, 감자, 광화사 염상섭-표본실의 청개구리, 만세전 현진건-빈처, 운수좋은날, 고향, B사감과 러브레터 나도향-물레방아, 벙어리 삼룡이 최서해(신경향파)-탈출기, 홍염
1920년대 동인지	창조(1919 - 김동인), 개벽(1920), 폐허(1920-염상섭), 장미촌(1921), 백조(1922 - 현진건) 3대 동인지: 창조, 폐허, 백조	
1930년대 시문학파	김영랑 - 모란이 피기까지는, 박용철 - 떠나가는 배, 이하윤 - 물레방아, 득도화	김유정 - 금따는 콩밭, 봄봄, 동백꽃, 만무방 이태준 - 복덕방, 돌다리, 달밤 이상 - 날개, 지주회시, 봉별기, 종생기 채만식 - 레디메이드 인생, 치숙, 탁류, 태평천하, 미스터 방 박태원 - 천변 풍경, 소설가 구보씨의 일일 이효석 - 메밀꽃 필 무렵, 행진곡 심훈 - 상록수
1930년대 모더니즘	정지용 - 유리창, 향수 · 오사등, 김광균 - 외인촌, 주을석, 설야 장만영 - 달 · 포도 · 잎사귀, 이상 - 거울, 오감도, 김기림 - 바다와 나비	
1930년대 생명파	서정주 - 귀촉도, 유자촌 · 깃발, 생명의 시	
1930년대 전원파	신석정 - 그 먼 나라를 알으십니까, 슬픈 구도 김동명 - 파초, 내 마음은, 김상용 - 남으로 창을 내겠소	
	이육사 - 자오선	유치오 - 김강사와 T교수 박종화 - 금삼의 피 이기영 - 고향 계용묵 - 백치 아다다
1930년대 동인지	시문학(1930-이하윤), 시인부락(서정주, 김영랑, 박용철), 자오선(1937-이육사)	
1940년대	백석: 고향, 여승 이용악: 낡은 집 윤동주 - 서시, 참회록, 십자가, 별헤는 밤, 자화상 이육사 - 광야, 교목, 절정, 청포도	김동리, 황순원
청록파	박목월-나그네, 박두진-해, 조지훈-승무, 봉황수	
1950년대	구상 - 초토의 시, 박인환 - 목마와 숙녀	이범선 - 오발탄, 손창섭 - 비 오는 날, 하근찬 - 수난 이대
1960년대	김수영 - 풀, 눈 신동엽 - 껍데기는 가라, 봄	김승옥 - 무진 기행 최인훈 - 광장, 하 이청준 - 병신과 머저리 황순원 - 나무 비탈에 서다
1970~80년대	신경림 - 농무, 정희성 - 저문 강에 삽을 씻고, 고은 - 머슴 대길이, 황지우 - 새들도 세상을 뜨는구나	조세희 - 난쟁이가 쏘아 올린 작은 공, 황석영 - 삼포 가는 길, 이문구 - 관촌수필

03 문학사

	고조선 B.C.2333~B.C.108	고구려 B.C.37~A.D.668	가야 A.D.42~A.D.562	백제 B.C.18~A.D.660	신라 B.C.57~A.D.935	고려 918~1392
운문	공무도하가 -최표 "고금주"	황조가 -1145. 인종 김부식 "삼국사기"	구지가 -1281. 충렬왕 일연 "삼국유사"	정읍사 -조선성종 "악학궤범" -시조의 원형적 형태 -행상인 아내의 노래	향가: 향찰로 기록된 신라의 노래 [4구체] 서동요 풍요 헌화가 도솔가 [8구체] 처용가 모죽지랑가 [10구체] 혜성가 "제망매가" 충담사 "안민가" "찬기파랑가" 균여 "보현십원가" 영재 "우적가" 최형 "도천수관음가"	향가계 여요 ㅡ 예종 "도이장가" — 두 장수(신숭겸, 김낙), 향찰로 기록, 정서 "정과정(곡)" -훈민정음으로 기록(악학궤범) 경기체가 - 한림별곡 - 신진 사대부&귀족, 조선전기까지 불리는 노래 가 시 리 - 귀호곡 동 동 - 월령체(대동강), 여자 : 소극적, 원망과 질투 서경별곡 - 평양(대동강), 여자 : 소극적, 원망과 질투 청산별곡 - 현실 도피, 이상향 동경(목청춘갈기) 정 석 가 - 불가능한 상황을 가정함, 영원한 임에 대한 사랑 사 모 곡 - 어머니의 사랑 예찬 상 저 가 - 부모님께 자식의 효 쌍화점 - 남녀의 사랑 유 구 곡 - 임금을 두려워하지 않고 직언하는 신하 고려속요
				*한역시: 한자로 번역해서 쓴 시 4구체 한역시 → 향가(신라)에 영향		한시 정지상 "송인" 이색 "부벽루" 이제현 "사리화"
				*현전하는 최고의 한시: 고구려 을지문덕 "여수장우중문시" *발해의 한시: 양태사 "야청도의성" - 일본에서 발해가 그리워 쓴 시	한시 최치원 "추야우중" "제가야산독서당"	
산문					설화 ─ 신화 ├ 전설: 증거물 └ 민담 → 삼국유사에 많음 삼국유사는 삼국사기에 수록	가전체(가짜 전기소설) 임춘 ─ 국순전(술) ├ 공방전(돈) ├ 국선생전(술, 긍정적) 이규보 ─ 이곡 ─ 죽부인전(대나무) 설화 → 가전체 → 고전소설 설(현대 수필과 비슷) 이규보 ─ 이옥설(집을 고치는 이야기) ├ 경설(거울 이야기) ├ 슬견설(이와 개의 이야기) └ 주뢰설(배에서 뱃사공 이야기) 이곡 ─ 차마설(말을 빌리는 이야기) 이색 ─ 주옹설(늙은 뱃사공 이야기) [악학궤범] - 훈민정음으로 기록된 작품 이규보 ─ 정읍사 ├ 처용가 ├ 동동

[10구체]
기
서
결
(구별은 고려가요부터 낙구의 감탄사 시조의 원형적 형태)

- 서정(개인의 정서) - 고대가요, 향가, 향가계 여요, 고려가요, 시조, 신체시, 현대시
- 사사(서술자의 개입) - 설화, 고전소설, 판소리
- 교술(자아의 세계화) - 경기체가, 가사, 가전체, 설, 조선후기 수필, 악장, 가사, 시조 中 목적성: 교훈성, 개화기 창가
- 극(현재시제, 개입X)

조선 A.D. 1392 ~ A.D. 1897

운문

시조 → 악장 → 가사(훈민정음)

연정가
- 황진이 – 동지ᄉ달 기나긴 밤을~
- 아, 내 일이야, 청춘은 내 뜻이오~
- 홍랑–묏버들 가려 꺾어 보내오니~
- 계랑–이화우 흩뿌릴 제~
- 서경덕–마음이 어리니~

연군

절의가
- 여말
  - 선조
  - 정몽주 "단심가" – 이 몸이 죽고 죽어~
  - 길재 "회고가" – 오백년 도읍지를~
  - 원천석 "절의가" – 눈 맞아 휘어진 대를~
  - "회고가" – 흥망이 유수하니~
- 단종 – 수양산 바라보며~
- 성삼문
- 이개 – 방 안에 혔는 촛불~
- 왕방연 – 천만리 머나먼 길에~
- 중종 – 조식 – 삼동에 베옷 입고~
- 명종 – 송순 – 풍상이 섞어친 날에~

목적성·교훈성
- 주세붕 "오륜가" – 지애비 밭 갈나 간대~
- 이황 "도산십이곡" – 청산은 엇뎨하야~
- 정철 "훈민가" – 아바이 사라신제~
- 박인로 "조홍시가" – 반중 조홍감이~(효효심)

자연 친화
- 세종
  - 황희 대쵸 볼 불근 골에~
  - 맹사성 "강호사시가" – 강호에 봄이 드니~
- 숙종
  - 성삼문 "오경가 ..." (불명확)
  - 이현보 "어부가" – 이 등에 시름 없스니~
- 선조 – 정철 재 너머 성권롱 집에~
  - 성혼 말 없는 청산이오~
- 인조 – 윤선도 "만흥"
- 영조 – 김천택 강산 중일 적막한대~

한시
- 정약용 "보리타작", "고시", "탐진촌요"
- 황현 "절명시" (1910)
- 하난설헌 "규원가"

용비어천가

전기가사
- 성종 – 정극인 "상춘곡"
- 연산군 – 조위 "만분가"
- 중종 – 송순 "면앙정가"
- 선조 – 정철 "성산별곡"
  - "관동별곡"
  - "사미인곡"
  - "속미인곡"

후기가사
- 광해군–박인로 "태평사" (1598)
  - "선상탄" (1605)
  - "누항사" (1611)
- 영조 – 김인겸 "일동장유가"
- 순조 – 정학유 "농가월령가"
- 고종 – 홍순학 "연행가"
- 연대 미상, 작자 미상 "용부가"

산문

고전소설

영웅(군담)소설
- 역사 군담
  - 임진록 (임진왜란)
  - 박씨전, 임경업전(병자호란)
- 창작 군담
  - 유충렬전
  - 소대성전
  - 조웅전

- **애정 소설** – 운영전, 운영전, 영영전, 채봉감별곡, 주생전
- **가정 소설** – 사씨남정기, 장화홍련전
- **풍자 소설** – 양반전, 허생전, 호질, 예덕선생전, 광문자전

판소리계 소설
신분의 놓고 낮음 없이
사람의 동등이를 나타낸 작품

조선후기 수필

궁정 수필
- 계축일기 : 광해군 때 영창대군 이야기
- 산성일기 : 남한산성 항전 이야기
- 한중록 : 혜경궁 홍씨

기행 수필 – 영조 – 의유당 "동명일기"

의인체 수필 – 순조 – "유씨 부인 조침문"
작자미상 "규중 칠 우 쟁론기"

판소리
판소리 6마당 – 춘향가, 심청가, 흥부가, 수궁가, 적벽가, 변강쇠타령

용어 설명
- 아니리 : 소리 중간에 이야기하듯 엮어가는 사설
- 더늠 : '독특한 방식'으로 '다듬어 부르는 것'
- 소리꾼 = 광대 = 창자
- 진양조 → 중모리 → 중중모리 → 자진모리 → 휘모리
  (슬픈 대목)   (극적인 장면)

판소리 → 판소리계 소설 : 춘향전, 흥부전, 심청전, 토끼전(별주부전)
소 설 → 판소리 : 적벽가

[기행 가사]
- 관동별곡 – 금강산
- 일동장유가 – 부산~대마도
- 연행가 – 청나라 심양

[유배]
- 유배 첫 작품 : 정과정
- 유배 가사 : 만분가
- 연시조 : 윤선도 "견회요" (광해군)

* 상춘곡 : 가사의 첫 작품
* 만분가 : 유배가사의 첫 작품
* 강호사시가 : 최초의 연시조

[고려]
- 918 태조
- 1000 목종 997 ~ 1009
- 1100 숙종 1095 ~ 1105
- 1200 신종 1197 ~ 1204
- 1300 충렬왕 1274 ~ 1308

[조선]
- 1400 태종 1400 ~ 1418
- 1500 중종 1506 ~ 1544
- 1600 선조 1567 ~ 1608
- 1700 숙종 1674 ~ 1720
- 1800 정조 1776 ~ 1800

		개화기	1910	1920	1930	1940	1950	1960	1970
시		**신체시** 최남선 "해에게서 소년에게" (1908)	**현대 시** 주요한 "불놀이" (1919)	이상화 "빼앗긴 들에도 봄은 오는가" "나의 침실로" 김소월 "진달래꽃" "초혼" "산유화" "접동새" 한용운 "님의 침묵" "알 수 없어요" "나룻배와 행인" **카프(1925~1935)** 임화 "우리 오빠와 화로" "네거리의 순이" ↕ **국민문학파 시조 부흥 운동** **동인지** 1919 창조 → 개벽 → 폐허 → 장미촌 → 백조	김영랑 "모란이 피기까지는" 박용철 "떠나가는 배" 정지용 "유리창", "향수" ↓ 시문학파 김광균 "와사등", "추일 서정" "외인촌" 이 상 "거울", "오감도" 정기림 "바다와 나비" ↓ 모더니즘 서정주 "귀촉도" 유치환 "깃발", "생명의 서" 신석정 "그 먼 나라를 알으십니까" ↓ 생명파 김동명 "파초" "꽃덤불" "내마음은", "파초" 김상용 "남으로 창을 내겠소" ↓ 전원파 조지훈 "봉황수", "승무" 박목월 "나그네", "이별가", "하관" 박두진 "해", 청산도 ↓ 청록파 (40년대) (후아이녘의 대답, 공복 이후·6.25) **동인지**	윤동주 "십자가" "또 다른 고향" "참회록" "서시" "자화상" "별 헤는 밤" 이육사 "광야" "절정" "교목" "청포도" 백석 "여승" 이용악 "낡은 집"	구 상 "초토의 시" 박재삼 "추억에서" "울음이 타는 가을 강" "수정가" 김춘수 "꽃" "꽃을 위한 서시" 박인환 "목마와 숙녀"	김수영 "풀" (참여문학) "눈" "폭포" 신동엽 "껍데기는 가라" (참여문학) "봄은" 천상병 "귀천"	신경림 "농무" 정희성 "저문 강에 삽을 씻고" 고은 "만인보" (연작시, 머슴대길이) 황지우 "새들도 세상을 뜨는구나"
							이병주 "오발탄" 손창섭 "비 오는 날" 하근찬 "수난 이대" 황순원 "카인의 후예" "독 짓는 늙은이" "소나기"	김승옥 "무진기행" (순수문학) "누이를 이해 하기 위하여" "서울 1964년 겨울" 이청준 "병신과 머저리" (참여문학) 최인훈 "광장"(참여문학) 이호철 "판문점" 박경리 "시장과 전장" 황순원 "나무들 비탈에 서다"	조세희 "난쟁이가 쏘아 올린 작은 공" 윤흥길 "장마" "아홉 켤레의 구두로 남은 사내" 황석영 "삼포 가는 길" 이문구 "관촌 수필"
소설		~다다 체 탈피 **신소설** 이인직 "혈의 누" (1906) 김동인 "배따라기" 현진건 "고향" 이청준 "줄" (60년대, 장인정신)	**현대 소설** 이광수 "무정" (1917)	김동인 "감자" "배따라기" 염상섭 "표본실의 청개구리" "만세전"(3.1 운동) "삼대"(30년대에 쓴 것) "두꺼비"(해방 직후) 현진건 "고향" "빈처" 나도향 "물레방아" 최서해 "탈출기" (카프) "홍염"	박태원 "천변풍경"(청계천) 김유정 "봄봄", "만무방", "동백꽃" 이태준 "달밤", "복덕방" 이상 "날개", "지주회시", "종생기", "봉별기" 채만식 "치숙", "탁류", "태평 천하" 이효석 "메밀꽃 필 무렵" 심 훈 "상록수" 우리오 "광상사와 교수" 박종화 "금삼의 피" 이기영 "고향"(카프) 계용묵 "백치 아다다"				

작품 감상 ┌ 외재적
　　　　 └ 내재적(절대론적)

이효석, 유진오: 동반자 작가(카프와 다름, 이념은 비슷)

김동인, 염상섭, 현진건: 사실주의

[역자 소설]
┌ 김동인 "배따라기"
├ 현진건 "고향"
└ 이청준 "줄" (60년대, 장인정신)

작가(표현론)
현실(반영론)
독자(효용론)

[단어 의미 변화]
┌ 확장(확대): 왕, 다리
├ 축소: 짐승, 뜸, 계집
└ 이동: 어리다, 어엿브다, 인경, 방송

MEMO

2. 고전시가 주제별 시조

제1편 문학 1

01 이별의 정한

공무도하가(公無渡河歌) – 백수 광부의 아내

2019년 지방직 7급, 2019년 서울시 9급

公無渡河 공 무 도 하	임이여, 물을 건너지 마오. 백수 광부 사랑	▶ 죽음의 만류
公竟渡河 공 경 도 하	임은 그예 물을 건너시네. 이별	▶ 임과의 이별
墮河而死 타 하 이 사	물에 휩쓸려 돌아가시니, 죽음	▶ 임의 죽음
當奈公何 당 내 공 하	가신 임을 어이할꼬. 슬픔과 체념의 정서	▶ 임의 죽음을 슬퍼함

핵심 포인트
1. '장끼전'에서 장끼의 죽음 앞에서 까투리의 심정
2. 물의 의미
   A. 이별: 정지상 "送人" 서경별곡 中 대동강
   B. 죽음: 공무도하가
   C. 역사: 이육사 "광야" 신석정 "어느 지류에 서서"
3. 돌아가신 님을 어이할꼬 : 체념

✅ 핵심정리

갈래	고대 가요, 한역 시가
성격	개인적, 서정적, 체념적, 애상적
제재	물을 건너는 임
주제	임을 여읜 슬픔(이별의 한)
특징	- '황조가'와 함께 우리나라 가장 오래된 서정 시가 - 집단 가요에서 개인적 서정시로 넘어가는 시기의 과도기 작품

✳ '물'의 의미

1행	임에 대한 화자의 충만한 사랑
2행	임과 화자의 이별
3행	임의 죽음

황조가(黃鳥歌) - 유리왕

2014년 지방직 7급

翩翩黃鳥
편 편 황 조

雌雄相依
자 웅 상 의

念我之獨
염 아 지 독

誰其與歸
수 기 여 귀

『훨훨 나는 저 꾀꼬리
　　　　　　객관적 상관물

암수 정답게 노니는데』
　　　　　　　선경 : 정다운 꾀꼬리의 모습

『외로울사 이내 몸은
　　화자의 정서

뉘와 함께 돌아갈꼬?』
　　　　　　후정 : 화자의 외로움

대비

핵심 포인트
1. 이별의 정한
2. 꾀꼬리(외롭지 않음) ↔ 이내 몸(외로움)
   cf. 서정주 "추천사" 달 ↔ 시적 화자(자유롭지 못함)
   　김소월 "길" 기러기 ↔ 시적 화자(방향 상실)
   　동동 정월 나릿물 ↔ 시적 화자(외로움)
   　만전춘 2연 도화 ↔ 시적화자(외로움)

✅ 핵심정리

갈래	고대 가요
성격	서정적, 애상적
제재	꾀꼬리
주제	사랑하는 임을 잃은 슬픔과 외로움
특징	- 집단 가요에서 개인적 서정시로 넘어가는 단계의 가요 - 현전하는 가장 오래된 서정 시가

🌸 시상 전개

선경후정	1·2행 (선경) : 꾀꼬리의 정다운 모습을 제시 3·4행 (후정) : 임을 잃은 화자의 슬픔과 고독을 노래함
기승전결	- 1행(기) : 가볍게 나는 꾀꼬리의 모습을 제시 - 2행(승) : 꾀꼬리가 정답게 노는 모습을 통해 화자의 정서를 환기시킴 - 3행(전) : 시상이 화자로 전환되어 외로운 정서를 표현 - 4행(결) : 화자의 슬픔과 고독이 절정에 이름
대조	- 1·2행과 3·4행이 완벽한 대칭 구조로 균형을 이루고 있다. - 꾀꼬리와 화자를 서로 대조하여 그리움을 부각하고 있다.

제2장 고전시가 주제별 시조

서경별곡 - 작자 미상

2017 법원직 9급

* '아즐가'는 가락을 맞추기 위한 의미 없는 여음, '~ 아즐가 ~' 형태의 반복
서경(西京)이 <u>아즐가</u> 서경(西京)이 셔울히 마르는

위 두어렁셩 두어렁셩 다링디리
후렴구 (악기 소리의 의성어), 내용과 대비되는 경쾌한 리듬감을 형성함

닷곤딕 아즐가 닷곤딕 쇼셩경 고외마른
닦은 곳, 낡은 것을 고친 곳

『여히므론 아즐가 여히므론 <u>질삼뵈</u> 브리시고
화자의 생업 (여성 화자임을 알 수 있음)

괴시란딕 아즐가 괴시란딕 우러곰 좃니노이다.』 ▶ 이별의 거부와 연모의 정
『 』: 이별을 거부하는 적극적인 태도

현대어 풀이
서경이 서울이지마는, / 중수(重修)한 곳인 작은 서울을 사랑합니다마는 / 임과 이별하기보다는 차라리 길쌈하던 베를 버리고서라도 / 사랑만 해 주신다면 울면서 따르겠습니다.

『<u>구스리</u> 아즐가 구스리 바회예 디신들
사랑   시련   이별하게 된들

긴히똔 아즐가 긴힛똔 그츠리잇가 <u>나는</u>
믿음   의미 없는 여음구

즈믄히를 아즐가 즈믄히를 외오곰 녀신들

신(信)잇둔 아즐가 신(信)잇둔 그츠리잇가』 나는 ▶ 변함없는 사랑과 믿음의 맹세
믿음

현대어 풀이
구슬이 바위에 떨어진들 / 끈이야 끊어지겠습니까? / 임과 떨어져 외로이 천 년을 살아간들 / 임을 사랑하고 믿는 마음이야 끊어지겠습니까.

대동강(大同江) 아즐가 대동강(大同江) 너븐디 몰라셔
이별의 공간, 단절의 공간

빅내여 아즐가 빅내여 노혼다 샤공아
임을 대신한 비난과 원망의 대상

네가시 아즐가 네가시 럼난디 몰라셔

널빅예 아즐가 널빅예 연즌다 샤공아

대동강(大同江) 아즐가 대동강(大同江) 건넌편 고즐여
꽃 = 새로운 여인

빅타들면 아즐가 빅타들면 것고리이다 나는 ▶ 임에 대한 원망과 불신

현대어 풀이
대동강이 넓은 줄을 몰라서 / 배를 내어 놓았느냐, 사공아. / 네 아내가 놀아난 줄도 모르고 / 떠나가는 배에 내 임을 태웠느냐? 사공아. / (나의 임은) 대동강 건너편 꽃을, / 배를 타면 꺾을 것입니다.

✅ 핵심정리

갈래	고려 가요
성격	남녀상열지사(男女相悅之詞)
제재	임과의 이별
주제	이별의 정한(情恨)
특징	- 설의적 표현의 사용으로 임과의 사랑을 맹세하는 화자의 정서가 효과적으로 드러남 - 상징적 시어의 사용으로 화자가 처한 이별의 상황을 드러냄 - 고려 가요 '가시리'와 함께 이별의 정한을 노래한 작품

✿ 구성

1연	이별을 아쉬워하는 연모의 정 (여인의 목소리)
2연	임에 대한 변함없는 사랑과 믿음의 맹세
3연	떠나는 임에 대한 애원 (여인의 목소리)

2연은 고려 속요인 '정석가'와 동일한데, 이는 당대에 이와 같은 구절이 유행했다는 점을 말해 주기도 하고, 구전되는 과정에서 후대 사람들에 의해 첨삭 중복되었을 가능성을 시사하기도 한다.

✿ 〈가시리〉와 비교

	차이점	공통점
서경별곡	적극적이고 활달한 고려 시대의 여성상	이별의 정한을 노래한 고려 가요이며 화자의 목소리가 여성적임
가시리	인고와 순정을 미덕으로 간직하는 여성상	

핵심 포인트
1. 시적 화자의 태도 : 적극적, 자기중심적, 저돌적
2. 질삼뵈 : 시적 화자가 여성(생계의 수단)
3. 원망을 사공에게 함(사공 : 장애물)
4. 건너편 곶 : 다른 여인
5. 원망과 질투

다른 작품과 묶어보기
개를 여라믄이나 기르되 요 개ㄱ치 얄믜오랴.
뮈온 님 오면는 꼬리를 홰홰 치며 쥐락 ᄂᆞ리 쥐락 반겨셔 내둣고 고온 님 오면는 뒷발을 버동버동 므르락 나으락 캉캉 즈져서 도라가게 혼다.
쉰밥이 그릇그릇 난들 너 머길 줄이 이시랴.

· 요개 : a. 원망을 대신 받은 대상 b. 장애물

동동 - 작자 미상

2021 국가직 9급, 2020 국회직 8급, 2018 경찰직 1차, 2015 법원직 9급, 2011 법원직 9급, 2009 서울시 9급, 2006 대구시 9급

『德(덕)으란 곰비예 받줍고 ↑대구법

福(복)으란 림비예 받줍고

德(덕)이여 福(복)이라 호놀

㉠나ᅀᆞ라 오소이다』
『 』:임(임금)에 대한 송축 (궁중 음악으로 편입될 때 추가된 내용으로 추정)

아으 動動(동동)다리   ▶ 송도(頌禱)-덕과 복을 빎
후렴구 ('동동'은 북소리, '다리'는 악기 소리를 흉내 낸 의성어)
연 구분, 운율 강조의 효과

현대어 풀이
덕일랑은 뒷 잔에(신령님께) 바치옵고 복일랑은 앞 잔에(임금님께) 바치옵고 / 덕이여 복이라 하는 것을 드리러 오십시오. 아으 동동다리

正月(정월)ㅅ 나릿므른
                화자와 대비되는 대상 (화자는 마음을 녹여줄 사람 없이 외롭게 지냄)
아으 어져 녹져 ᄒᆞ논ᄃᆡ

누릿 가온ᄃᆡ 나곤

㉡몸하 ᄒᆞ올로 녈셔

아으 動動(동동)다리   ▶ 삶의 고독과 임에 대한 그리움

현대어 풀이
정월의 냇물은 아! 얼었다 녹았다 하는데 / 세상에 태어난 이 몸은 홀로 지내는구나.

二月(이월)ㅅ 보로매

아으 ㉢노피 현

ⓐ 燈(등)ㅅ블 다호라
2월 연등제의 등불을 통해 임의 인품을 찬양
萬人(만인) 비취실 즈ᅀᅵ샷다

아으 動動(동동)다리   ▶ 임의 인품을 찬양

현대어 풀이
이월 보름에 아! 높이 켜서 매단 등불 같구나. / 만인을 훤히 비추실 모습이로다.

三月(삼월) 나며 開(개)흔

아으 滿春(만춘) ㉣ᄃᆞᆯ욋고지여
              아름다운 임의 모습을 비유
ᄂᆞ미 브롤 즈슬

디녀 나샷다

아으 動動(동동)다리   ▶ 임의 아름다움을 찬양

현대어 풀이
삼월 나면서 핀 아! 늦봄의 진달래꽃이여 / 남이 부러워할 자태를 지니고 나셨도다.

四月(사월) 아니 니저

아으 오실셔 ⓑ 곳고리새여
           화자의 외로움 고조 (객관적 상관물)
므슴다 錄事(녹사)니문
      돌아오지 않는 대상 ↔ 곳고리새와 대조
녯 나ᄅᆞᆯ 닛고신뎌.

아으 動動(동동)다리   ▶ 무심한 임에 대한 원망

핵심정리

갈래	고려 가요
성격	상징적, 비유적, 서정적, 송축적, 월령체
구성	월령체 형식 (서사 1연과 본사 2연~13연으로 구성)
제재	달마다 행하는 민속
주제	송축과 고독의 비애, 임에 대한 영원한 사랑 (각 연마다 주제가 다름)
특징	- 영탄법, 직유법, 은유법을 사용 - 후렴구 반복 - 세시 풍속에 따라 사랑의 감정을 전달함. - 임에 대한 송축과 연모의 정이 어우러짐

구성

연	내용	중심 소재
1연(서사)	임에 대한 송축	덕(德), 복(福)
2연(1월)	자신의 외로운 처지	나릿물
3연(2월)	임의 인품 찬양	등ㅅ불
4연(3월)	임의 아름다운 모습 찬양	달욋곳(진달래꽃)
5연(4월)	자신을 찾지 않는 임에 대한 원망	곳고리 새
6연(5월)	임의 장수에 대한 기원	아침 약 (단오)
7연(6월)	임에게 버림받은 처지 비관	(버려진) 빗
8연(7월)	임을 따르고자 하는 염원	백종
9연(8월)	임 없는 한가위의 쓸쓸함	한가위
10연(9월)	임의 부재로 인한 고독	황화 (중양절)
11연(10월)	임에게 버림받은 슬픔	바랏(보리수나무)
12연(11월)	임 없이 살아가는 외로움	한삼
13연(12월)	임과 맺어지지 못하는 안타까움	져 (나무젓가락)

시적 화자를 비유한 표현

별해 ᄇᆞ론 빗	임에게서 버림받은 시적 화자의 가련한 신세를 드러냄.
져미연 ᄇᆞᆺ	
盤(반)잇 져	임에게 버림받고 다른 사람에게 시집가는 화자의 안타까움이 드러남.

현대어 풀이
사월 잊지 아니하고 아! 오셨구나 꾀꼬리 새여, / 무슨 일로 녹사님은 옛 나를 잊고 계시는가.
└ 유두일 : 나쁜 일을 없애기 위해 동쪽으로 머리를 감는 풍습이 있음

六月(유월)ㅅ 보로매

아으 별해 ᄇ론 ⓒ빗 다호라.
　　　　　　　임에게 버림받은 화자의 모습

도라보실 니믈

젹곰 좃니노이다.

아으 動動(동동)다리　　　　　　　　　　　▶ 임에게 버림받은 슬픔

현대어 풀이
유월 보름에 아! 벼랑에 버린 빗 같구나. / 돌아보실 임을 잠시나마 따르겠습니다.

十月(시월)애

아으 져미연 ⓓᄇᄅᆺ 다호라.
　　　　임에게 버림받은 화자의 모습

것거 ᄇ리신 後(후)에

디니실 ᄒᆞᆫ 부니 업스샷다.

아으 動動(동동)다리　　　　　　　　　　　▶ 버림받은 사랑에 대한 회한과 고독

현대어 풀이
시월에 아! 잘게 썬 보리수 같구나. / 꺾어 버린 뒤에 그걸 지니실 한 분이 없으시구나.

十二月(십이월)ㅅ 분디남ᄀᆞ로 갓곤

아으 나슬 盤(반)잇 져 다호라.
　　　　　임에게 버림받은 화자의 모습
니믜 알ᄑᆡ 드러 얼이노니

ⓔ소니 가재다 므르ᅀᆞᆸ노이다.
　임과의 어긋난 사랑을 암시
아으 動動(동동)다리　　　　　　　　　　　▶ 임과 인연을 맺지 못한 안타까움

현대어 풀이
십이월 분지나무로 깎은 아! 차려 올릴 소반의 젓가락 같구나. 임 앞에 들어 가지런히 놓으니 엉뚱한 다른 손님이 가져다 입에 뭅니다.

핵심 포인트

1. 월령체(달거리노래) cf. 가사 '농가월령가'에 영향
2. 이별의 정한(그리움 / 고독)
3. 正月 : 나릿물(시냇물) ↔ 몸(시적 화자)
4. 시적 대상 형상화 : 二月 : 등불　三月 : 둘읫고지(진달래꽃)
　　　　　　　　　　四月 : 錄事님(시적 화자 = 여성)
5. 시적 화자 형상화 : 六月 : 빗　十月 : ᄇᄅᆺ
　　　　　　　　　　十二月 : 져 (님에게 버림받고 다른 사람에게 시집간 시적화자
　　　　　　　　　　　　　　의 운명 한탄)
6. 자기 희생의 이미지 : 五月 아ᄎᆞᆷ藥
7. 7, 8, 9, 11월 : 시적 대상의 부재/결핍
8. 동동에 나오는 세시 풍속
　2월 연등절　　　　　　　5월 단오
　6월 유두일　　　　　　　7월 백중일
　8월 한가위　　　　　　　9월 중양절

이별의 정한 시조

내 언제 無信(무신)ᄒᆞ여 – 황진이

내 언제 無信(무신)ᄒᆞ여 님을 소겨관ᄃᆡ

月沈三更(월침삼경)에 온 ᄠᅳᆺ이 젼혀 업ᄂᆡ
달도 자는 깊은 밤   오시는 소리

秋風(추풍)에 디는 닙 소ᄅᆡ야 낸들 어이 ᄒᆞ리오.
임의 발자국 소리로 착각함

현대어 풀이
내가 언제 신의가 없어서 사랑하는 임을 한 번이라도 속였기에,
달마저 서편으로 기울어진 한밤중이 되도록 찾아올 듯한 기색이 전혀 없네.
가을 바람에 떨어지는 나뭇잎 소리에도 혹시나 하고 애타게 임을 기다리는 나의 마음을 어떻게 하겠는가.

핵심 포인트
1. 잎소리 : 그리움을 환기하는 매개체.
   착각을 일으키게 하는 소재

핵심정리
갈래	평시조
성격	애상적, 감상적, 연정가
주제	임에 대한 그리움
특징	- 서경덕의 시조에 대한 '화답가'라 알려짐. - 청각적, 하강적 이미지, 설의법을 사용하여 시적 화자의 처지와 심정을 잘 드러냄.

어져 내 일이야 – 황진이
2017 국가직 9급(추), 2017 경기북부 여경 1차, 2015 지방교행직 9급, 2013 지방직 7급

어져 내 일이야 그릴 줄을 모로ᄃᆞ냐.
감탄사 내가 한 일이여

이시라 ᄒᆞ더면 가랴마는 제 구ᄐᆞ여
있으라고 했더라면   중의적 표현
 ① 임 : 임이 굳이 가셨겠냐만
 ② 화자 : 내가 굳이 보내고

보내고 그리는 情(정)은 나도 몰라 ᄒᆞ노라.

현대어 풀이
아! 내가 한 일이여, 그리워할 줄을 미처 몰랐더냐.
있으라 했더라면 떠나려 했겠느냐마는 굳이
보내고 이제 와서 새삼 그리워하는 마음을 나 자신도 모르겠구나.

핵심 포인트
1. 시적 화자의 정서 : 회한 (후회와 한탄)
2. 김소월 '초혼' 2연 / 서정주 '귀촉도' 2연
3. 표현 : 중장에서 도치법과 '제 구..야'에 의한 행간(行間) 걸침의 기법이 독특함.

핵심정리
갈래	평시조
성격	애상적, 감상적, 연정가
주제	이별의 회한과 임에 대한 그리움
특징	- 화자의 심리적 갈등을 우리말의 절묘한 구사를 통해 드러냄 - 중의적 표현과 영탄법을 사용하여 시적 화자의 안타까운 정서를 강조함 - 고려 가요 '가시리', '서경별곡'과 현대시 김소월의 '진달래꽃'을 매개하는 이별가로 평가받음

靑山裏(청산리) 碧溪水(벽계수) ㅣ야 - 황진이

靑山裏(청산리) 碧溪水(벽계수) ㅣ야 수이 감을 자랑 마라.
　　　　　　① 푸른 시냇물(쉬지 않고 변함) ② 왕실 친족 중 한 사람 (중의법)
一到滄海(일도 창해)ᄒᆞ면 도라오기 어려오니,
① 한번 넓은 바다에 이르면 ② 한번 늙거나 죽으면 (중의법)
明月(명월)이 滿空山(만공산)ᄒᆞ니 수여 간들 엇더리.
① 밝은 달 ② 황진이 (중의법)　↳ 빈 산에 가득 차니

현대어 풀이
청산에 흐르는 푸른 시냇물아, 빨리 흘러가는 것을 자랑하지 마라.
넓은 바다로 한 번 들어가면 다시 돌아오기 어려우니,
밝은 달빛이 빈 산에 가득하니 잠시 쉬어가는 것이 어떠한가.

핵심 포인트
1. 벽계수 : 중의법 (a. 푸른 시냇물, b. 왕족 벽계수)
2. 명월 : 중의법 (a. 밝은 달, b. 황진이)
3. 인생무상(중장)과 풍류 생활(종장)

✅ 핵심정리

갈래	평시조
성격	낭만적, 회유적, 향락적
주제	인생의 덧없음, 향락의 권유
특징	- 교훈적이고 유교적인 당시의 사대부들의 가치관과 달리 인생을 즐기고자 한 작가의 가치관이 잘 반영된 작품 - 중의적인 표현과 의인법을 통해 시적 화자의 감정이 솔직하게 드러남

청산은 내 뜻이오 - 황진이

靑山(청산)은 내 뜻이오 綠水(녹수)는 님의 情(정)이,
불변성(↔ 녹수와 대조)　　　가변성(↔ 청산과 대조)
綠水(녹수) 흘러간들 靑山(청산)이야 變(변)ᄒᆞᆯ손가.
시냇물의 가변성과 청산의 불변성이 대조적으로 드러남
綠水(녹수)도 靑山(청산)을 못 니져 우러 예어 가는고.
감정 이입의 대상　　　　　　'녹수'에 이입된 정서

현대어 풀이
청산은 변함없는 나의 마음이고, 쉬지 않고 흐르는 푸른 시냇물은 임의 정과도 같다.
푸른 시냇물이야 흘러가더라도 청산이야 어찌 변할 수 있겠는가.
그러나 흐르는 시냇물도 자기가 놀던 청산을 잊지 못해 울면서 흘러가는구나.

핵심 포인트
1. 청산 : 변함없는 마음
2. 녹수 : 변하는 임의 마음(양반 사대부의 시각과 다름)

✅ 핵심정리

갈래	평시조
성격	서정적, 감상적, 연정가
주제	임을 향한 변함없는 사랑
특징	- 당대 사대부들의 시조에서 주로 불변성을 상징하는 '녹수'를 가변성의 이미지로 사용함으로써 사대부들의 인식과는 다른 독창적 이미지를 창출함 - 대조를 통해 주제 의식을 강조함 - 감정 이입을 통해 주제를 드러냄

이화우 흣뿌릴 제 - 계랑

2019 서울시 7급, 2018 국회직 9급, 2017 경찰직 1차, 2017 기상직 9급, 2015 서울시 9급, 2013 지방직 7급, 2012 사회복지직 9급

梨花雨(이화우) 흣쑤릴 제 울며 잡고 離別(이별)흔 님,
봄, 하강의 이미지
秋風落葉(추풍 낙엽)에 저도 날 싱각는가.
가을, 하강의 이미지 (봄→가을로 이별의 상황 지속)
千里(천 리)에 외로온 쑴만 오락가락 흐노매.
임과의 거리감   임에 대한 그리움

현대어 풀이
배꽃이 비 내리듯 흩날릴 때, 울면서 소매를 부여잡고 이별한 임.
가을바람에 낙엽이 지는 이때에 임도 나를 생각하고 있을까?
천 리나 되는 머나먼 길에 외로운 꿈만 오락가락하는구나.

핵심 포인트
1. 시상 전개 방식 : 시간의 흐름 ⇒ 이화우(늦봄) → 추풍낙엽(가을)
2. 천 리 : 정서적 거리감
3. 표현 : '이화우'와 '추풍낙엽'은 계절의 변화를 뜻하는 대조적 심상이면서, 동시에 하강의 이미지로서 이별의 쓸쓸한 심정을 심화.

✓ 핵심정리

갈래	평시조
성격	애상적, 감상적, 연정가
주제	이별의 슬픔과 임에 대한 그리움
특징	- 임과 헤어진 뒤의 시간적 거리감과 임과 떨어져 있는 공간적 거리감이 조화를 이룸 - 시간의 흐름과 하강의 이미지를 통해 시적 화자의 정서를 심화시킴

✿ 구성

초장	이화우 : 배꽃이 떨어지는 봄날에 임과 이별함 (하강의 이미지)
중장	추풍낙엽 : 가을 바람에 낙엽이 질 때 임을 그리워함 (하강의 이미지)
종장	- 천리 : 임과 떨어져 있는 먼 거리 (공간적 거리감, 심리적 거리감) - 외로운 꿈 : 임에 대한 간절한 그리움과 재회에 대한 염원

무음이 어린 後(후) | 니 - 서경덕

무음이 어린 後(후) | 니 흐는 일이 다 어리다
어리석은
萬重雲山(만중운산)에 어닉 님 오리마는
임과 화자를 가로막는 장애물
『지는 닙 부는 바람에 行(행)혀 긘가 흐노라』
도치법 (운율 형성, 시조 종장의 글자 수 맞춤)   『』: 임을 기다리는 간절한 마음

현대어 풀이
마음이 어리석으니 하는 일마다 모두 어리석다.
겹겹이 구름 낀 산속에 어찌 임이 오겠느냐마는,
떨어지는 잎과 부는 바람 소리에도 행여나 임인가 생각하는구나.

핵심 포인트
1. 작가가 남성임에도 연정가임(임은 황진이)
2. 만중운산 : 장애물
3. 표현 : '지는 잎'과 '부는 바람'은 착각을 일으키게 하는 소재로서, 작자의 기다림과 절실함을 단적으로 표현함.

✓ 핵심정리

갈래	평시조
성격	낭만적, 감상적, 연정가
제재	물을 건너는 임
주제	임에 대한 기다림과 그리움
특징	- 도학자가 인간 본연의 순수한 감정을 노래하여 더욱 공감을 줌 - 연역적 시상 전개와 과장법을 사용하여 시적 화자의 정서를 강조함

님 그린 상사몽이 – 박효관

님 그린 상사몽(相思夢)이 실솔(蟋蟀)이 넉시 되여
_{서로 그리워서 꾸는 꿈   귀뚜라미. 화자의 마음을 전해 주는 소재 (감정 이입)}
추야장(秋夜長) 깁픈 밤에 님의 방(房)에 드럿다가
_{기나긴 가을밤}
날 잇고 깁피 든 잠을 세와 볼가 ᄒᆞ노라.
_{화자를 잊은 임에 대한 야속함}

핵심정리

갈래	평시조
성격	연정가(戀情歌)
주제	- 임을 향한 간절한 그리움 - 홀로 지내는 외로움
특징	- 추상적 개념을 구체화하여 임에 대한 화자의 심정을 드러냄

현대어 풀이
임을 그리워하는 상사몽이 귀뚜라미의 넋이 되어
기나긴 가을 깊은 잠에 임의 방에 들어가서
나를 잊고 깊이 든 (임의) 잠을 깨워 볼까 하노라.

핵심 포인트
1. 홀로 지내는 외로움과 임에 대한 그리움
2. 추상적 개념을 구체화(연정 → 귀뚜라미)함
3. 감정이입을 통해 자신을 잊고 잠든 임에게 사랑을 전달하고자 하는 화자의 심정을 나타냄.

귀ᄯᅩ리 져 귀쏘리 – 작자 미상

『귀ᄯᅩ리 져 귀쏘리 어엿부다 져 귀ᄯᅩ리』
_{『 』: a-a-b-a 구조   감정 이입의 대상, 동병상련의 대상}
어인 귀ᄯᅩ리 지는 ᄃᆞᆯ 새는 밤의 긴 소리 쟈른 소리 節節(절절)이 슬픈 소리 제 혼자
우러 녜어 紗窓(사창) 여윈 ᄌᆞᆷ을 ᄉᆞᆯᄯᅳ리도 ᄭᅢ오는고야.
_{알뜰히도(반어법)}
『두어라, 제 비록 微物(미물)이나 無人洞房(무인동방)에 내 ᄯᅳᆺ 알리는 너
_{보잘것없는 존재   홀로 지내는 여인의 방}
ᄲᅮᆫ인가 ᄒᆞ노라.』

핵심정리

갈래	사설시조
성격	연정가(戀情歌), 연모가(戀慕歌)
주제	임을 그리워하는 마음과 가을밤 독수공방(獨守空房)하는 외로움
특징	- 대상에 화자의 감정을 이입함 - 반어법을 통해 화자의 감정을 효과적으로 드러냄

현대어 풀이
귀뚜라미 저 귀뚜라미 불쌍하구나 저 귀뚜라미.
어찌 된 까닭인지 귀뚜라미가 달이 지는 밤이나 동트는 새벽까지 긴소리 짧은소리 구절구절이 슬픈 소리를 내면서 자기 혼자 울어가며 여인의 방안에서 살짝 든 잠마저 깨우는구나.
그대로 두어라, 제가 비록 작은 벌레이지만 독수공방의 외로운 내 마음을 아는 것은 저 귀뚜라미뿐인가 하노라.

핵심 포인트
1. 반복법 : 초장 a, a, b, a 구조
2. 반어법 : 표현 의도(얄밉게도) / 표현된 것(알뜰히도)
3. 시적 화자의 처지 : 무인동방(독수공방)
4. 감정이입 : 귀뚜라미(동병상련)

나모도 바히돌도 업슨 - 작자 미상

2019 국가직 7급, 2018 서울시 9급, 2014 국회직 8급

나모도 바히돌도 업슨 뫼헤 매게 쏘친 **가토리 안**과
　숨을 곳 없는　　　　　　　　　화자의 마음과 비교 대상 ①

『**대천**(大川) 바다 한가온대 일천 석 시른 빅에 노도 일코 닷도 일코 **농총**도
　넓은 바다　　　　　　　　　　　　　　　　　　　　　　　돛줄

근코 돗대도 것고 치도 쌔지고 부람 부러 물결치고 안개 뒤셧계 주자진 날에
끊어지고

갈 길은 천리만리 나믄듸 사면이 거머어득 천지(天地) 적막(寂寞) 가치노을
『 』: 도사공이 경험할 수 있는 온갖 부정적 상황을 열거법과 과장법으로 제시　　　사나운 파도

졋는듸 수적(水賊) 만난 **도사공(都沙工)의 안**과』
　　　　　　　　　　화자의 마음과 비교 대상 ②
　　　　　　　　　　설상가상(雪上加霜), 진퇴양난(進退兩難), 사면초가(四面楚歌)

엇그제 님 여흰 **내 안**이야 엇다가 구을 ᄒ리오.
　　　　　　'가토리'와 '도사공'처럼 막막하고 절박한 화자의 심정

현대어 풀이
나무도 바윗돌도 없는 산에서 매에게 쫓기는 까투리의 마음과
대천 바다 한가운데 일천 석이나 되는 짐을 실은 배에 노도 잃고, 닻도 잃고, 돛대의 줄도 끊어지고,
돛대도 꺾이고, 키도 빠지고, 바람 불어 물결 치고, 안개 뒤섞여 자욱한 날에 갈 길은 천 리 만 리 남
았는데 사방은 검어 어둑하고, 천지는 고요하고 사나운 파도 치는데 해적 만난 뱃사공의 우두머리
의 마음
엇그제 임과 이별한 나의 마음이야 어디다가 비교할 수 있으랴.

핵심 포인트
1. 시적 화자의 처지를 과장법, 열거법, 점층적 수법을 사용 부각
2. 시적 화자의 상황 : 위태로움, 절박함, 위험함 (백척간두, 간두지세, 설상가상, 풍전등화, 고립무원, 사면초가, 누란지위, 진퇴양난, 초미지급)
3. 임을 여읜 절망적 슬픔
4. 자신의 마음을 까투리, 도사공의 마음과 비교하여 절박함을 드러냄

✅ 핵심정리
갈래	사설시조
성격	이별가
주제	임을 여읜 절망적 슬픔
특징	- 열거법, 비교법, 과장법, 점층법 등 다양한 표현법을 사용하여 화자의 심정을 강조함 - 과장된 표현을 통해 해학성을 드러냄

✻ 구성
초장	숨을 곳이 전혀 없는 산에서 사나운 매에게 쫓긴 까투리의 절박한 상황
중장	도사공이 경험할 수 있는 온갖 부정적 상황을 열거법과 과장법으로 묘사함
종장	임과 이별하고 무엇과도 비교할 수 없을 정도로 절망에 빠진 시적 화자의 심정 → 까투리나 도사공의 심정보다도 화자의 심정이 더욱 안타깝고 참담하다는 의미

窓(창)밧기 어룬어룬커늘 - 작자 미상

窓(창)밧기 어룬어룬커늘 님만 너겨 펄쩍 쒸여 쏙 나셔보니
　　　　어른어른하거늘

님은 아니 오고 우수름 달빗쳬 열 구름이 날 속여고

　　　　　　　　　　착각을 일으킨 소재

맛초아 밤일썻만졍 힝여 낫이런들 남 우일 번 ᄒ여라.
마침　　　　　　　　　　　　　　웃길

현대어 풀이
창밖에 무엇이 어른거려 사랑하는 임으로만 생각하여 펄떡 뛰어 나가 쏙 나서 보니,
임은 오지 않고 어득한 달빛으로 인해 지나가는 구름이 나를 속였구나.
마침 밤이었기에 다행이지 행여나 낮이었다면 다른 사람들을 웃길 뻔한 일이었구나.

핵심 포인트
1. 표현 : 지나가는 구름의 그림자를 임의 모습으로 착각하고 뛰어나갔다가, 겸연쩍어하는 모습을 해학적으로 표현함
2. 임에 대한 연모의 정

✅ 핵심정리
갈래	사설시조
성격	연정가(戀情歌), 해학적
주제	임에 대한 연모의 정
특징	- 임에 대한 그리움의 정서를 해학적 행동으로 표현함

어이 못 오던다 - 작자 미상

2017 지방교행직(경)

↱ 임이 오지 않는 까닭을 물음
어이 못 오던다 무슴 일로 못 오던다.
　■ : 임을 오지 못하게 하는 장애물
『너 오는 길 우희 무쇠로 성(城)을 ᄡᅡ고 성(城) 안헤 담 ᄡᅡ고 담 안혜란 집을 짓고

집 안혜란 두지 노코 두지 안헤 궤(櫃)를 노코 궤(櫃) 안헤 너를
　　　　뒤주
결박(結縛)ᄒᆞ여 노코 쌍(雙)비목 외걸새에 용(龍)거북 ᄌᆞ물쇠로 수기수기
　　　　　　　　겹으로 된 문고리↲　↳문을 잠그기 위한 빗장
ᄌᆞᆷ갓더냐 네 어이 그리 아니 오던다.
↳『 』: 오지 못하는 이유 추측 (과장, 열거, 연쇄법 사용)

ᄒᆞᆫ 희도 열두 ᄃᆞᆯ이오 ᄒᆞᆫ ᄃᆞᆯ 셜흔 ᄂᆞᆯ의 날 와 볼홀니 업스랴
↳ 올 수 있음에도 오지 않는 임에 대한 원망의 마음을 설의적으로 표현

현대어 풀이

어찌해서 못 오던가, 무슨 일로 못 오던가?
너 오는 길에 무쇠 성을 쌓고, 성안에 담을 쌓고, 담 안에 집을 짓고, 집 안에 뒤주를 놓고, 뒤주 안에 궤를 놓고, 궤 안에 너를 묶어 놓고, 쌍배목 외걸쇠, 용 거북 자물쇠로 깊이깊이 잠가 두었더냐. 네가 어찌 그리 오지 못했느냐.
한 해가 열두 달이요, 한 달이 서른 날이나 되는데 나를 보러 올 하루가 없으랴?

핵심 포인트
1. 시상 전개 방식 : 공간의 축소
2. 연쇄법
3. 오지 않는 임에 대한 원망
4. 임을 보고 싶은 마음의 간절함이 중장에서 나타나는 해학과 과장을 통해 솔직하게 표현됨

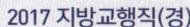**핵심정리**

갈래	사설시조
성격	연모가, 해학적, 과장적
주제	임을 기다리는 안타까운 마음
특징	- 열거법, 연쇄법 등을 사용하여 리듬감을 형성하고 있음 - 임을 보고 싶은 마음의 간절함이 해학과 과장을 통해 솔직하게 표현됨

님이 오마 ᄒᆞ거놀 – 작자 미상

2018 국회직 8급

님이 오마 ᄒᆞ거놀 져녁 밥을 일 지어 먹고
　　　　　　　　　　　　　일찍
중문(中門) 나서 대문(大門) 나가 지방(地方) 우희 치ᄃᆞ라 안자 이수(以手)
로 가액(加額)ᄒᆞ고 오ᄂᆞᆫ가 가ᄂᆞᆫ가 건넌 산(山) ᄇᆞ라보니 거머횟들 셔 잇거늘
　이마에 댐
져야 님이로다. 『보션 버서 품에 품고 신 버서 손에 쥐고 곰븨 님븨 님븨 곰븨
　　　　　　　　　　　　　　　　　　　　　　　엎치락뒤치락 (의태어)
쳔방 지방 지방 쳔방 즌 듸 ᄆᆞ른 듸 ᄀᆞᆯ희지 말고 워렁충창 건너가셔 졍(情)
허둥지둥 (의태어)　　　　　　　　　　　　　　우당탕퉁당
엣말 ᄒᆞ려 ᄒᆞ고 겻눈을 흘깃 보니 상년(上年) 칠월(七月) 사흔날 ᄀᆞᆯ가 벅긴
정이 넘치는 말
주추리 삼대 술드리도 날 소겨거다.　『 』: 임을 빨리 만나고 싶어 허둥대다가 주추리 삼대를 임으로
착각한 소재　알뜰히도, 반어법　　착각한 사실을 깨닫는 화자의 모습이 과장되어 웃음을 유발함
모쳐라 밤일식망졍 ᄒᆡᆼ혀 낫이런들 ᄂᆞᆷ 우일 번ᄒᆞ괘라.
마침, 그만두어라

✅ 핵심정리

갈래	사설시조
성격	연정가(戀情歌), 해학적, 과장적
주제	임을 애타게 기다리는 마음
특징	– 화자의 행동을 의성어와 의태어를 통해 과장되게 묘사함으로써 임에 대한 화자의 간절한 그리움을 드러냄 – 자연물을 임으로 착각하는 화자의 모습을 해학적으로 표현함

현대어 풀이

임이 오겠다고 하기에 저녁 밥을 일찍 지어 먹고
중문을 나와서 대문으로 나가, 문지방 위에 올라가서, 손을 이마에 대고 임이 오는가 하여 건너 산을 바라보니, 거무희뜩한 것이 서 있기에 저것이 틀림없는 임이로구나. 버선을 벗어 품에 품고 신을 벗어 손에 쥐고, 엎치락뒤치락 허둥거리며 진 곳, 마른 곳 가리지 않고 우당탕퉁탕 건너가서, 정이 넘치는 말을 하려고 곁눈으로 흘깃 보니, 작년 7월 3일 날 껍질을 벗긴 주추리 삼대(씨를 받느라고 그냥 밭머리에 세워 둔 삼의 줄기)가 알뜰하게도 나를 속였구나.
마침 밤이기에 망정이지 행여 낮이었다면 남 웃길 뻔했구나.

핵심 포인트

1. 주추리 삼대 : 착각을 일으키게 하는 소재
2. 술드리도 : 반어법
3. 해학적
4. 자연물을 임으로 착각하는 화자의 모습을 해학적으로 표현함

무어별(無語別) - 임제

2018 국가직 9급

十五越溪女	열다섯 아리따운 아가씨 소녀의 모습	▶ 기 : 아름다운 아가씨
羞人無語別	남 부끄러워 말 못하고 헤어졌어라. 소극적인 태도	▶ 승 : 부끄러워 말을 못함
歸來掩重門	돌아와 중문을 닫고서는 부끄러움을 감추기 위한 행동	▶ 전 : 이별의 안타까움
泣向梨花月	배꽃 사이 달을 보며 눈물 흘리네. 애상감을 심화시키는 대상 소극적인 표출, 슬픔의 절제	▶ 결 : 남몰래 흘리는 눈물

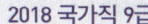 **핵심정리**

갈래	한시, 5언 절구(五言絕句)
성격	서정적, 애상적, 낭만적
주제	- 이별의 슬픔 - 이별한 소녀의 애틋한 마음
특징	- 간결하고 담백한 표현으로 절제된 언어의 아름다움을 구사함 - 관찰자적인 입장에서 객관적으로 시적 상황을 전달함

핵심 포인트
1. 연대 : 조선 선조 때
2. 성격 : 애상적, 낭만적
3. 어조 : 임과 헤어진 여인의 안타까운 목소리
4. 특징 : '규원(閨怨)'이라는 부제로 전함
5. 제재 : 임과의 이별
6. 주제
   a. 이별의 한(恨)
   b. 임과 이별한 어린 소녀의 애틋한 마음
7. 애상적 분위기 : 배꽃, 흰 달, 눈물

규원가(閨怨歌) - 허난설헌

2020 지방직 7급, 2016 기상직 7급, 2015 사회복지직 9급, 2010 법원직 9급, 2008 서울시 9급, 2007 서울시 7급

엇그제 저멋더니 ᄒᆞ마 어이 다 늘거니.

少年行樂(소년 행락) 생각ᄒᆞ니 일러도 속절업다.
어릴 적 즐겁게 지내던 일

늘거야 서른 말ᄒᆞ자니 목이 멘다.
앞으로 이어질 내용 암시 (서러운 사연)

父生母育(부생 모육) 辛苦(신고)ᄒᆞ야 이내 몸 길러 낼 제
부모님이 낳아 기름

公侯配匹(공후 배필)은 못 바라도 君子好逑(군자 호구) 願(원)ᄒᆞ더니,
이상적인 대상 (높은 벼슬아치의 아내)   현실적인 대상 (군자의 좋은 짝)

三生(삼생)의 怨業(원업)이오 月下(월하)의 緣分(연분)으로,
불교의 윤회 사상, 운명에 대한 순응적 태도

長安遊俠(장안 유협) 輕薄子(경박자)를 ᄭᅮᆷᄀᆞᆮ치 만나 잇서,
화자의 남편

當時(당시)의 用心(용심)ᄒᆞ기 살어름 디듸는 듯,
                       조심스럽게 살아가는 모습

三五二八(삼오 이팔) 겨오 지나 天然麗質(천연여질) 절로 이니,
15세, 16세   타고난 아름다운 모습

이 얼골 이 態度(태도)로 百年期約(백년 기약)ᄒᆞ얏더니,

年光(연광)이 훌훌ᄒᆞ고 造物(조물)이 多猜(다시)ᄒᆞ야,
세월   시기함이 많아서

봄바람 가을 믈이 뵈오리 북 지나듯
빠르게 지나는 세월

雪鬢花顔(설빈 화안) 어듸 두고 面目可憎(면목가증) 되거고나.
       고운 머리채와 아름다운 얼굴 ↔ 얼굴 생김새가 밉살스러움

내 얼골 내 보거니 어느 님이 날 괼소냐.
체념적
태도
스스로 慙愧(참괴)ᄒᆞ니 누구를 怨望(원망)ᄒᆞ리.

▶ 세월의 덧없음과 늙은 자신의 모습에 대한 한탄 [기]

핵심정리

갈래	규방(내방) 가사
성격	원망적, 체념적, 절망적, 고백적
제재	규방 부인의 한 많은 삶
주제	봉건 제도에서 겪는 부녀자의 한
특징	- 다양한 대상에 화자의 심정을 이입함(실솔) - 고사와 한문을 많이 사용함 - 대구법, 은유법 등 다양한 표현법을 사용함 - 계절과 자연물을 통해 화자의 정서를 표현함 - 현전하는 최초의 여류가사, 규방(내방) 가사 - 가사의 작자층을 여성으로 확대시킨 작품

현대어 풀이

엇그제 젊었더니 벌써 어찌 다 늙었는가.
어린 시절 즐겁게 지내던 일을 생각하니 말하여도 소용없다.
늙어서 서러운 사연을 말하자니 목이 멘다.
부모님께서 날 낳아 몹시 고생하여 이내 몸을 길러 내실 때
높은 벼슬아치의 짝은 바라지 않아도
군자의 좋은 짝이 되기를 바랐더니,
삼생의 원망스러운 업보이자 부부의 인연으로,
서울 거리의 호탕한 풍류객이면서 경박한 사람을 꿈같이 만나서,
시집갈 당시에 마음 쓰기를 살얼음 디디는 듯하였다.
열다섯, 열여섯 살을 겨우 지나
타고난 고운 모습이 절로 나타나니,
이 모습 이 태도로 평생을 기약하였더니,
세월이 빨리 지나가고 조물주가 시기함이 많아서,
봄바람 가을 물이 베틀의 올에 북 지나가듯 쏜살같이 지나더니,
아름다운 얼굴은 어디에 두고 보기 싫은 얼굴이 되었구나.
내 얼굴 내 보거니 어느 임이 날 사랑할 것인가.
스스로 부끄럽거늘 누구를 원망하겠는가.

三三五五(삼삼 오오) 冶遊園(야유원)의 새 사람이 나단 말가.
                     기생집, 술집

곳 피고 날 저물 제 定處(정처) 업시 나가 잇어.

白馬金鞭(백마 금편)으로 어듸어듸 머무는고.
좋은 말과 좋은 채찍 (호화로운 행장)

遠近(원근)을 모르거니 消息(소식)이야 더욱 알랴.
  소식이 없는 임에 대한 원망
因緣(인연)을 긋쳐신들 싱각이야 업슬소냐.

얼골을 못 보거든 그립기나 마르려믄,

열두 째 김도 길샤 설흔 날 支離(지리)ᄒᆞ다.

玉窓(옥창)에 심근 梅花(매화) 몃 번이나 픠여 진고.
            남편의 소식이 끊어진 지 몇 년이 되었음
겨울 밤 차고 찬 제 자최눈 섯거 치고,
                          대구법
여름날 길고 길 제 구즌비는 므스 일고.
계절의
변화 三春花柳(삼춘 화류) 好時節(호시절)의 景物(경물)이 시름업다.
                  봄
가을 ᄃᆞᆯ 방에 들고 蟋蟀(실솔)이 床(상)에 울 제,
                        감정 이입
긴 한숨 디는 눈물 속절업시 혬만 만타.
        그리움과 외로움
아마도 모진 목숨 죽기도 어려울사.   ▶ 임에 대한 원망과 애달픈 심정 [승]

현대어 풀이
삼삼오오 다니는 기생집에 새 기생이 나타났다는 말인가.
꽃 피고 날 저물 때 정처 없이 나가 있어,
호사스러운 행장을 차리고 어디 어디 머무르시는고.
멀고 가까움을 모르거늘 소식이야 더욱 어찌 알랴.
인연을 끊으려고 한들 임에 대한 생각까지 없을 것인가.
얼굴을 못 보거든 그립지나 말지,
하루 열두 때 한 달 서른 날 지루하다.
규방 앞에 심은 매화는 몇 번이나 피었다가 졌던가.
겨울밤 차고 찬 때 자국눈 섞어 내리고
여름날 길고 길 때 궂은비는 무슨 일로 내리는고.
봄날 온갖 꽃 피고 버들잎이 돋아나는 좋은 시절에
아름다운 경치를 보아도 아무 생각이 없다.
가을 달이 방에 들고 귀뚜라미가 침상에서 울 때,
긴 한숨 떨어지는 눈물에 속절없이 생각만 많다.
아마도 모진 목숨 죽기조차 어렵구나.

도로혀 풀쳐 혜니 이리ᄒᆞ여 어이ᄒᆞ리.
        곰곰이 생각해 보니
靑燈(청등)을 돌라 노코 綠綺琴(녹기금) 빗기 안아,
                    푸른 빛깔의 거문고
碧蓮花(벽련화) 한 곡조를 시름 조ᄎᆞ 섯거 타니,
거문고 곡조 이름
瀟湘夜雨(소상야우)의 댓소리 섯도는 듯,
중국 소상강의 밤비
華表(화표) 千年(천 년)의 別鶴(별학)이 우니는 듯,
묘 앞에 세우는 망주석   『 』: 화자의 슬프고 처량한 심정
玉手(옥수)의 타는 手段(수단) 녯 소래 잇다마는,
여성의 아름답고 고운 손
芙蓉帳(부용장) 寂寞(적막)ᄒᆞ니 뉘 귀에 들리소니.
연꽃이 그려진 휘장
肝腸(간장)이 九曲(구곡) 되야 구븨구븨 ᄭᅳᆫ쳐서라.
구곡간장(九曲肝腸) - 애끓는 심정
                        ▶ 거문고를 타며 달래는 외로움과 한 [전]

현대어 풀이
돌이켜 여러 가지 일을 생각하니 이렇게 살아서 어찌할 것인가?
등불을 돌려놓고 푸른 거문고를 비스듬히 안고서
벽련화 한 곡조를 시름으로 함께 섞어서 연주하니

소상강 밤비에 댓잎 소리가 섞여 들리는 듯
망주석에 천 년만에 찾아온 이별한 학이 울고 있는 듯
아름다운 손으로 타는 솜씨는 옛날 가락이 그대로 있다마는
연꽃 무늬의 휘장이 드리워진 방 안이 텅 비었으니
누구의 귀에 들릴 것인가?
시름이 쌓인 마음속이 굽이굽이 끊어졌도다.

출하리 잠을 드러 꿈의나 보려 ᄒᆞ니,
　　　현실적 절망에 대한 심리적 보상의 공간
바람의 디ᄂᆞᆫ 닙과 풀 속에 우는 즘생,
　　　　　　　　　　　잠을 이루지 못하게 방해하는 장애물
므스 일 원수로서 잠조차 ᄭᅢ오ᄂᆞᆫ다.

天上(천상)의 牽牛織女(견우 직녀) 銀河水(은하수) 막혀서도,
　　　　　　　　　　　　　　　만남을 방해하는 장애물
七月七夕(칠월 칠석) 一年一度(일년 일도) 失期(실기)치 아니거든,
　　　　　　　　　　　　　　시기를 놓침
우리 님 가신 후는 무슨 弱水(약수) 가렷관ᄃᆡ,
　　　　　　　　　만남을 방해하는 장애물
오거나 가거나 消息(소식)조차 ᄭᅳ쳣는고.

欄干(난간)의 비겨 셔서 님 가신 ᄃᆡ 바라보니,

草露(초로)는 맷쳐 잇고 暮雲(모운)이 디나갈 제,
풀에 맺힌 이슬　　　　*석양에 물든 구름*
竹林(죽림) 푸른 고ᄃᆡ 새 소리 더욱 설다.
　　　　　　　　　감정 이입의 대상 (서러움)
세상의 서룬 사람 수업다 ᄒᆞ려니와,

薄命(박명)ᄒᆞᆫ 紅顔(홍안)이야 날 가ᄐᆞ니 ᄯᅩ 이실가.
　　　　붉은 얼굴, 흔히 여자를 가리킴
아마도 이 님의 지위로 살동말동 ᄒᆞ여라.　▶ 임을 기다리는 마음과 기구한 운명 한탄 [결]
　　　　　　탓, 까닭

현대어 풀이
차라리 잠이 들어 꿈에나 임을 보려고 하였더니
바람에 지는 잎과 풀 속에서 우는 벌레는
무슨 일로 원수가 되어 잠마저 깨우는가?
하늘의 견우와 직녀는 은하수가 막혔을지라도
칠월칠석 일 년에 한 번씩 때를 어기지 않고 만나는데
우리 임 가신 후는 무슨 장애물이 가려 있길래
온다간다는 소식마저 그쳤을까?
난간에 기대어 서서 임 가신 곳을 바라보니
이슬은 풀에 맺혀 있고, 저녁 구름이 지나가는 때이구나.
대나무 숲 우거진 푸른 곳에 새소리가 더욱 서럽구나.
세상에 서러운 사람이 많다고 하겠지만
운명이 기구한 여자야 나 같은 이가 또 있을까?
아마도 임의 탓으로 살 듯 말 듯하구나.

핵심 포인트
1. 운명 : 삼생(三生)의 원업(怨業)이요, 월하(月下)의 연분(緣分)으로
2. 원망 : 장안유협경박자(長安遊俠輕薄者)
3. 장애물 : 잎, 짐승, 은하수, 약수(弱水)
4. 옥수(玉手)에 타는 수단(솜씨) 옛노래 있다마는 부용장 적막하니 뉘(남편)귀에 들릴소냐 : 시적 대상의 부재
5. 초로(草露) : 눈물, 모운(暮雲) : 한숨, 그리움
6. 새소리 더욱 서럽다 : 새(감정 이입)
7. 봉건 제도하에서 겪는 부녀자의 한(恨)
8. 자신의 신세를 한탄하여 임을 원망하고 그리워함
9. 슬픔과 한을 말하면서도 우아한 품격을 잃지 않음

상사별곡(相思別曲) - 작자 미상

인간 이별 만사(萬事) 중에 독수공방이 더욱 섧다
　　　　　　　　　　　　　화자의 처지
상사불견(相思不見) 이내 진정(眞情)을 제 뉘라서 알리
서로 그리워하면서 만나지 못함　진실하여 애틋한 마음
맺힌 설움 이렁저렁이라 흐트러진 근심 다 후리쳐 던져두고

자나깨나 깨나자나 임을 못 보니 가슴이 답답
　┌ 시각적, 청각적 이미지로 임에 대한 그리움 형상화함
어린 양자(樣姿) 고운 소리 눈에 암암하고 귀에 쟁쟁
　　　　　　　　　　대구법
보고지고 임의 얼굴 / 듣고지고 임의 소리

비나이다 하느님께 임 생기라 하고 비나이다
　　　기원의 대상　　　임과의 재회 기원
전생차생(前生此生)이라 무슨 죄로 우리 둘이 생겨나서
전생과 금생
죽지마자 하고 백년기약

만첩청산을 들어간들 어느 우리 낭군이 날 찾으리
깊은 산
산은 첩첩하여 고개 되고 물은 흘러 소(沼)가 된다
　　　　　　　■ : 화자의 그리움을 형상화함(장애물의 이미지로 보기도 함)
오동추야(梧桐秋夜) 밝은 달에 임 생각이 새로 난다
　　　　　　　　　　　임에 대한 그리움을 심화시키는 매개물
한번 이별하고 돌아가면 다시 오기 어려웨라

천금주옥(千金珠玉) 귀 밖이오 세사(世事) 일분(一分) 관계하랴
온갖 보물　　　　　　　　　　관심 없음
근원 흘러 물이 되어 깊고 깊고 다시 깊고
　　　↕ 임에 대한 사랑　　　↕ a-a-b-a 구조
사랑 모여 뫼가 되어 높고 높고 다시 높고

무너질 줄 모르거든 끊어질 줄 어이 알리

　　　　　　　　　(중략)

공방미인(空房美人) 독상사(獨相思)는 예로부터 이러한가
독수공방하며 임 생각에 몸부림치는 일
나 혼자 이러한가 남도 아니 이러한가

날 사랑 하던 끝에 남 사랑 하시는가

무정(無情)하야 그러한가 유정(有情)하야 이러한가
주체 - 임, 대상 - 나　　　　주체 - 임(또는 '나), 대상 - 다른 여인(또는 임)
산계야목(山鷄夜鶩) 길을 들여 놓을 줄을 모르는가
산 꿩과 들오리(성질이 사납고 거칠어서 길들이기 어려운 사람), 임을 뜻함
노류장화(路柳墻花) 꺾어 쥐고 춘색(春色)으로 다니는가
길가의 버들가지와 담장 위의 꽃송이. 화류계의 여인(질투의 대상)
가는 꿈이 자취 되면 나에게 오는 길이 무디리라
임에게 갈 수 있는 길의 자취가 없어서 임이 '나'에게 올 수 있는 길도 무뎌짐
한 번 죽어 돌아가면 다시 오기 어려우니
임을 다시 보지 못할 것에 대한 염려
아마도 옛 정(情)이 있거든 다시 보게 삼기소서
　　　　　　　　　　　　　재회에 대한 소망

핵심정리

갈래	가사, 애정 가사
성격	애상적, 비애적
제재	임과의 이별
주제	- 독수공방의 외로움 - 임에 대한 간절한 그리움
특징	- 서민층의 어휘와 양반층의 어휘가 혼재함 - 여성적인 어조로 독수공방의 외로움을 표현함 - 4음보 연속체, 반복법, 대구법 등을 사용함 - 기원의 대상을 설정하여 시상을 전개함

이해와 감상

<상사별곡>에서 화자('나')와 대상('임')의 관계는 '과거 - 현재 - 미래'로 나누어 살펴볼 수 있다. 과거의 '나'와 임은 '죽지마자 하고 백년기약'을 맺었던, 뜨거운 사랑을 나누던 관계이다. 그러나 현재는 임이 떠나고 '나'만 그 임을 그리워하고 있다. 이러한 처지 때문에 전생에서부터 이어져 온 임과의 인연마저 '죄'로 생각하게 되는 것이다. 현재의 화자의 심정은 '섧다, 설움, 답답'에서 알 수 있는 것처럼 외로움과 괴로움이며, '보고지고, 듣고지고'에서 알 수 있듯이 임에 대한 그리움이다. 그러나 떠난 임은 소식이 없으며, 그럴수록 임에 대한 그리움과 사랑은 깊어 간다. 화자는 그러한 상황을 자연물의 심상을 통해 전달하고 있다. 뿐만 아니라 다른 사람을 만날지도 모른다는 의심까지 하고 있다. 이 역시 임에 대한 사람이 얼마나 절절한가를 반어적으로 보여주는 심리이다. 그러나 화자가 비탄에만 머물러 있는 것은 아니다. 미래에는 임과의 재회를 통한 사랑이 이루어지기를 간절히 기원하고 있는데, 그것을 맨 마지막 구절에서 확인할 수 있다.

핵심 포인트

1. **인간 이별~더욱 섧다** : 임을 그리워하며 독수공방하고 있는 화자의 처지가 단적으로 나타나 있는 부분이다.
2. **산은 첩첩하여 고개 되고 물을 흘러 소(沼)가 된다** : 임을 만나기 위한 상황이 매우 어려움을 나타내는 말로, 임을 만나기 위해 넘어야 할 '고개'와 건너야 할 '소'는 '산'과 '물'보다 그 정도가 더 심한 장애물들이다. 이것은 결국 임에 대한 그리움이 그만큼 깊어지고 있음을 의미한다.
3. **천금주옥(千金珠玉)~일분(一分) 관계하랴** : 온갖 보물이나 세상일에는 관심이 없다는 말로, 오직 임에 대한 그리움만이 관심의 대상일 뿐임을 노래하고 있다. 다른 이본에는 '세사(世事)' '일분(一分)'이 '세사일빈(世事一貧: 가난한 살림살이)'이나 '세상빈부(世上貧富)'로 나타나기도 한다.
4. **산계야목(山鷄夜鶩) 길을~춘색(春色)으로 다니는가** : 앞의 '날 사랑하던 끝에 남 사랑 하시는가'를 비유적으로 풀어 쓴 부분으로, 비유적인 표현을 통해 임이 다른 여인을 사랑할 것에 대한 염려를 나타내고 있다.
5. 독수공방의 외로움
6. 임에 대한 간절한 그리움

02 연군 지사, 절의가

정과정 - 정서

2017년 국회직 8급, 2015년 서울시 7급

내 님믈 그리ᅀᆞ와 우니다니
　고려 의종
山(산) 겹동새 난 이슷ᄒᆞ요이다.
　감정 이입의 대상 (객관적 상관물)
아니시며 거츠르신 ᄃᆞᆯ 아으

殘月曉星(잔월효성)이 아ᄅᆞ시리이다.　▶ 자신의 처지와 결백 호소
천지신명 (진실을 알고 있는 존재)

넉시라도 님은 ᄒᆞᆫᄃᆡ 녀져라 아으
일편단심
벼기더시니 뉘러시니잇가.

過(과)도 허믈도 千萬(천만) 업소이다.

ᄆᆞᆯ힛마리신뎌

ᄉᆞᆯ읏븐뎌 아으

니미 나ᄅᆞᆯ ᄒᆞ마 니ᄌᆞ시니잇가　▶ 결백에 대한 해명
임에 대한 원망

아소 님하, 도람 드르샤 괴오쇼셔.　▶ 임에 대한 애원
　주제 (창작의 궁극적 목적)

현대어 풀이
내가 임을 그리워하여 울고 지내더니,
산 접동새와 나는 처지가 비슷합니다.
(참소가 진실이) 아니며 거짓인 줄을 아!
천지신명이 아실 것입니다.
넋이라도 임과 함께 살아가고 싶어라. 아!
(허물이 있다고) 우기던 이는 누구였습니까?
(나는) 잘못도 허물도 전혀 없습니다.
(모두 다) 뭇사람들의 모함입니다.
슬프도다. 아!
임께서 나를 벌써 잊으셨습니까?
아아 임이여, (마음을) 돌려
(내 말을) 들으시어 사랑해 주소서.

✅ 핵심정리

갈래	고려 가요, 향가계 고려 가요
성격	충신연주지사(忠信戀主之詞)
제재	임과의 이별
주제	임금을 향한 변함없는 충절
특징	- 형식면에서 향가의 전통을 이음 - 내용면에서 신충의 원가(怨歌)와 통함 - 감정 이입을 통해 정서를 표현함 - 고려 가요 중 작가가 밝혀진 유일한 작품 - 유배 문학의 효시

❋ 여성 화자 설정

화자	임
여성	남성

임에 대한 영원한 사랑
↓

작가 (정서)	의종
신하	임금

임금에 대한 영원한 사랑

핵심 포인트
1. 연군지사(戀君之詞) : 사미인곡, 속미인곡에 영향
2. 님 : 임금
3. 접동새 : 시적 화자의 처지를 환기하는 매개물
4. 잔월효성(殘月曉星)
　a. 천지신명
　b. 자신의 진실을 증명할 수 있는 존재
　c. 시적 화자가 새벽까지 잠 못 이룸
　d. 새벽달과 샛별
5. 궁극적 소망 : 아소 님하, 도람 드르샤 괴오소셔(근거 및 이유 : 過도 허믈도 천만 업소이다)

시조

눈 마주 휘여진 디를 - 원천석

2020 소방직, 2019 국회직 9급

눈 마즈 휘여진 디를 뉘라셔 굽 다던고.
시련, 고난   절개 있는 충신 '변절'의 의미
구블 절(節)이면 눈 속에 프를소냐.
굽힐 절개
아마도 세한 고절(歲寒孤節)은 너뿐인가 ᄒ노라.
   한겨울 추위도 이겨 내는 높은 절개 ♩ 대나무(의인법), 화자와 동일시

현대어 풀이
눈 맞아 휘어진 대나무를 누가 굽었다고 했던가?
굽힐 절개라면 눈 속에서도 푸르겠는가?
아마도 한겨울의 추위에 굴하지 않는 절개는 너(대나무)뿐인가 하노라.

핵심 포인트
1. 대나무의 절개, 지조 예찬
2. 눈 : 시련, 역경(새 왕조인 조선에 협력하기를 강요하는 세력)
3. 고려 왕조에 대한 굳은 지조
4. 우의적(대나무를 통해 자신의 절의 표현)

✅ 핵심정리

갈래	평시조
성격	절의가, 예찬적, 회고적
주제	고려 왕조에 대한 충절의 다짐
특징	- 상징법을 사용하여 화자의 굳은 의지를 드러냄. - 고려 왕조에 대해 지조와 충절을 지키고자 하는 화자의 태도가 드러남. - 대상(대나무)에 대한 예찬적인 태도

千萬里(천만리) 머나먼 길에 - 왕방연

千萬里(천만리) 머나먼 길에 고은 님 여희옵고
단종의 유배지인 강원도 영월   단종   이별하고
내 ᄆᆞ음 둘 디 업서 냇ᄀᆞ에 안자이다.
원치 않는 이별을 한 슬픈 심정
져 믈도 내 안 ᄀᆞᆺ도다 우러 밤길 녜놋다
           감정 이입의 대상

현대어 풀이
멀리 떨어져 있는 외진 곳에다가 곱고 어린 임금님을 이별하고 돌아오니
내 마음 슬프고 기가 막혀 어찌할 수 없어 냇가에 앉아있으니
흐르는 물도 마치 내 마음 같아서 울며불며 밤길을 흘러가는 구나

핵심 포인트
1. 천만리 : 정서적 거리감
2. 객관적 상관물 : 물(시적 화자의 비애)

✅ 핵심정리

갈래	평시조
성격	애상적, 감상적, 연군가
주제	임금(유배된 단종)을 이별한 애절한 마음
특징	- 단종과 이별하는 슬픔과 단종을 호송한 죄책감을 진솔하게 드러냄 - 시냇물이라는 자연물을 인격화하여 시적 화자의 감정을 이입함

간밤에 우던 여흘 - 원호

간밤에 우던 여흘 슬피 우러 지내여다
　　　여흘물=눈물. 감정 이입의 대상, 화자와 임을 연결해 주는 매개체
이제야 싱각ᄒᆞ니 님이 우러 보내도다
　임금(단종)　　여흘물이 임금의 눈물이라고 여김
『져 믈이 거스리 흐르고져 나도 우러 녜리라』　『　』: 물을 거꾸로 흐르게 하여 자신의 슬픈
　　　　거꾸로　　　　　　　　　　　　　　마음과 충절을 임금에게 알리고 싶음

현대어 풀이
지난 밤에 울며 흐르던 여울물이 슬프게 울면서 흘러가도다.
지금 생각해보니 그 슬픈 여울물 소리는 임이 울어 보내는 소리로다.
저 물이 거꾸로 흘렀으면 좋겠지만 그렇지 못하니 나도 울면서 따라가리라.

핵심 포인트
1. 객관적 상관물 : 여흘(시적 화자의 비애)

✅ 핵심정리

갈래	평시조
성격	연군가, 절의가, 감상적
주제	임(단종)에 대한 끝없는 충절
특징	- 자연물(여울물)에 의탁하여 정서를 표현함 - 왕방연의 '천만 리 머나먼 길에~'와 표현 및 발상이 유사함

방안에 혓는 촛불 - 이개

2015 서울시 9급, 2014 법원직 9급

　　　　　↱ 감정이입의 대상
방안에 혓는 촛불 눌과 이별 ᄒᆞ엿관ᄃᆡ
　　　　　　　　현재 화자의 상황 암시 (의인법)
것츠로 눈물 디고 속 타는 줄 모르는고
　　　촛농　　　심지
뎌 촛불 날과 갓트여 속 타는 줄 모르도다
촛불과 화자를 동일시함

현대어 풀이
방 안에 켜 있는 촛불은 누구와 이별을 하였기에
겉으로 눈물을 흘리면서 속이 타는 줄 모르는가?
저 촛불도 나와 같아서 (슬퍼 눈물만 흘릴 뿐) 속이 타는 줄 모르는구나.

핵심 포인트
1. 객관적 상관물 : 촛불(시적화자의 비애)
2. 방 안에 켜있는 촛불(임과 이별한 자신의 모습 → 의인화)
3. 촛농이 떨어지는 모습(화자가 눈물을 흘리는 모습 → 의인화)

✅ 핵심정리

갈래	평시조. 단시조. 정형시
성격	상징적, 감상적, 여성적, 은유적
율격	3(4)·4조. 4음보
제재	촛불
주제	임(단종)과 이별한 슬픔
특징	- 의인법을 사용하고, 시적 화자의 감정을 특정한 대상(촛불)에 이입함. - 자문자답 형식으로 이별의 아픔을 형상화함. - 여성적 어조의 완곡한 표현 속에 자신의 절의를 드러냄.

이 몸이 주거 가셔 무어시 될고ᄒᆞ니 – 성삼문

이 몸이 주거 가셔 무어시 될고ᄒᆞ니
　　↳ 신선의 땅
蓬萊山(봉래산) 第一峰(제일봉)에 落落長松(낙락장송)이 되야이셔
『 』: 삭채 대비, 화자의 의지 강조　　　↳ 화자의 지조와 절개
『白雪(백설)이 滿乾坤(만건곤)홀 제 獨也靑靑(독야청청) ᄒᆞ리라』
　왕위를 찬탈한 수양 대군 일파　　　　　끝까지 지조와 절개를 지킴

현대어 풀이
이 몸이 죽어서 무엇이 될까 생각해보니
봉래산 가장 높은 봉우리에 있는 큰 소나무가 되어서
흰 눈이 온 천지를 뒤덮을 때 나만 홀로 푸른 빛을 발하리라

핵심 포인트
1. 낙락장송 : 단종에 대한 절개, 지조
2. 백설 : 시련, 역경(부당하게 왕위를 찬탈한 세조의 세력)
3. 우의적

핵심정리
갈래	평시조
성격	지사적, 의지적, 비판적
주제	단종을 향한 굳은 절개와 충성심
특징	- 전통적으로 충절을 상징하는 소나무의 이미지를 활용하여 자신의 지조를 부각함 - 가정과 상징을 통해 주제를 드러냄

 ## 首陽山(수양산) ᄇᆞ라보며 – 성삼문

首陽山(수양산) ᄇᆞ라보며 夷齊(이제)를 恨(한)ᄒᆞ노라
① 백이,숙제가 은거했던 중국의 산 ② 수양 대군 (중의법)
주려 주글진들 採薇(채미)도 ᄒᆞᄂᆞᆫ것가
굶주려 죽을지언정 ① 고사리를 캐 먹음 ② 수양 대군이 주는 녹봉을 받음 (중의법)
비록애 푸새엣 거신들 긔 뉘 짜헤 낫ᄃᆞ니
　　　　풀　　　　　　　　수양 대군

현대어 풀이
수양산을 바라보며 중국의 충신 백이와 숙제를 한탄한다.
차라리 굶어 죽을망정 고사리를 캐어 먹는단 말인가.
비록 푸성귀라고 하더라도 그것이 누구의 땅에서 났는가

핵심 포인트
1. 주제 : 죽음을 각오한 굳은 지조와 절개
2. 수양산 : 중의법 (a. 수양산, b. 수양대군)
3. 이제 : 백이·숙제(지조의 대명사)
4. 상식 뒤집기를 통한 의미 강화, 중의법, 설의법을 사용하여 일반적 상식을 뒤집어 표현함으로써 더욱 완벽한 지조 부각
5. 풍자적

핵심정리
갈래	평시조
성격	지사적, 의지적, 비판적
주제	단종을 향한 굳은 절개와 지조
특징	- 백이, 숙제의 고사를 새로운 시각으로 평가하고 자신의 절의를 강조함 - 중의법, 설의법을 통해 화자의 지조를 부각시킴

가마귀 눈비 마자 - 박팽년

가마귀 눈비 마자 희는 듯 검노미라
　간신배　　정치적 격변기
夜光明月(야광명월)이 밤인들 어두오랴
지조를 지키는 충신　　　고난, 시련
님 향흔 一片丹心(일편단심)이야 변할 줄이 이시랴
　단종　　　핵심어

현대어 풀이
까마귀 눈비 맞으면 흰 듯이 보이지만 사실은 검도다.
야광 명월 같은 구슬이 밤이라고 빛나지 않으랴.
그와 같이 임금님을 향한 나의 충성심이야 변할 리가 있겠는가.

핵심 포인트
1. 가마귀 : 간신(쉽게 변절하는 간신 풍자)
2. 야광명월 : 충신(시련과 역경 속에서도 변하지 않는 절개)
3. 대조법

✅ 핵심정리

갈래	평시조
성격	의지적, 풍자적
제재	눈비 맞은 까마귀, 밝은 달
주제	(단종에 대한) 변하지 않는 절의와 지조
특징	- 대조적인 소재(가마귀↔야광명월)를 이용하여 주제를 우회적으로 제시함

 ## 쓴 ᄂᆞ믈 데온 믈이 - 정철(鄭澈)

쓴 ᄂᆞ믈 데온 믈이 고기도곤 마시 이셰
　소박함　　　　　　　풍요로움
초옥 조븐 줄이 긔 더욱 내분이라
　　　　　　　　안분지족, 안빈낙도
다만당 님 그린 타ᄉᆞ로 시름 계워 ᄒᆞ노라
　　　　임금　　　　　연군지정

현대어 풀이
쓴 나물을 삶은 물이건마는 고기보다 맛이 있네.
짚을 이어 올린 보잘 것 없이 좁은 집이건만 오히려 그것이 더욱 내 분수에 알맞도다.
그러나 다만 임금을 그리워하는 탓으로 걱정을 금하지 못하겠도다.

핵심 포인트
1. 초장·중장 : 안분 지족 ≒ 안빈 낙도
2. 종장 : 연군지정

✅ 핵심정리

갈래	평시조
성격	한정가, 연군가, 안분지족
주제	안빈낙도(安貧樂道)와 연군의 정
특징	- 대조를 통해 가난하지만 소박한 작자의 당시 생활을 강조함 - 안분지족(安分知足)하는 생활과 더불어 임금에 대한 연정(戀情)을 노래함

내 ᄆᆞᅀᆞᆷ 버혀내여 - 정철

내 ᄆᆞᅀᆞᆷ 버혀내여 뎌 ᄃᆞᆯ을 밍글고져
_{추상적 개념(마음)의 구체화}
구만 리 댱텬의 번ᄃᆞ시 걸려 이셔
_{정서적 거리감}
고온 님 겨신 고ᄃᆡ 가 비최여나 보리라
_{임금 (선조)}

현대어 풀이
나의 마음을 칼로 베어내어 저 달을 만들고 싶다.
그리하여 넓고 넓은 하늘에 번듯하게 걸어두고
임금님이 계신 궁궐에 가서 환하게 비추어나 보았으면 좋겠다.

핵심 포인트
1. 작가의 상상력 변용 : 달
2. 달 : 시적 화자의 사랑

✅ **핵심정리**

갈래	평시조
성격	연군가
주제	연군지정
특징	- 추상적 개념의 구체화 : 추상적 개념(마음)을 구체적인 사물(달)로 표현함

 ## 어부가 (5수) - 이현보

<제5수>

長安(장안)을 도라보니 北闕(북궐)이 千里(천 리)로다.
_{한양　　　　　　　　임금이 있는 곳, 대궐(경복궁)}
漁舟(어주)에 누어신들 니즌 스치 이시랴.
_{화자의 내적 갈등 (1수 종장과 대비)}
두어라 내 시름 아니라 濟世賢(제세현)이 업스랴.
_{감탄사　　　　　　세상을 건질 어진 사람}

핵심 포인트
1. 초장·중장 : 연군지정
2. 종장 : 자연 친화

✅ **핵심정리**

갈래	연시조, 강호 한정가
성격	풍류적, 낭만적, 자연 친화적
제재	어부의 생활
주제	자연을 벗하는 풍류적인 생활, 자연에 은거하는 어부의 생활
특징	- 상투적인 표현을 사용하여 정경 묘사가 추상적이고 관념적임 - 고려 때 전해 오는 '어부가'를 개작한 강호가도의 맥을 잇는 작품 - 윤선도의 '어부사시사'에 영향을 줌

🌸 **속세에 대한 화자의 인식 변화**

제1수	속세에 대한 부정적 인식이 드러남.
제2수	속세로부터 벗어나고자 함.
제5수	속세를 잊지 못하고 미련을 보임.

風霜(풍상)이 섯거틴 날의 - 송순(宋純)

2016년 경찰직 1차

風霜(풍상)이 섯거틴 날의 갓픠온 黃菊花(황국화)를
바람과 서리   지조와 절개를 지키는 신하
↑ 복숭아꽃, 자두꽃과 대조

金盆(금분)의 가득 다마 玉堂(옥당)으로 보내실샤
금화분   홍문관 (화자가 있는 곳)

桃李(도리)야 곳이온양 마라 님의 쁘들 알괘라
복숭아꽃, 자두꽃 (쉽게 변하는 신하)   국화를 보낸 임금의 뜻 (지조를 지켜라)

핵심 포인트
1. 황국화(지조가 굳은 신하)
2. 도리(지조 없는 경박한 신하)
3. 대조법
4. 초장·중장 : 사실 제시
5. 종장 : 주관 개입

✓ 핵심정리

갈래	평시조
성격	의지적, 비판적, 유교적
주제	임금에 대한 변함없는 절개를 맹세함
특징	- 국화를 복숭아꽃, 자두꽃과 대조하여 시적 화자의 강한 의지를 나타냄

견회요(遣懷謠) – 윤선도

2020 국가직 7급, 2015 국회직 9급

슬프나 즐거오나 옳다 하나 외다 하나
　　　　　　　　　　　　　그르다
내 몸의 해올 일만 닦고 닦을 뿐이언정
　임금에 대한 충성
그 밧긔 여남은 일이야 분별(分別)할 줄 이시랴.　　　〈제1수〉
　　　　　　　　　근심하거나 생각함
　　　　　　　　　　　　　　　▶ 신념에 충실한 강직한 삶

　┌ 권신 이이첨의 횡포를 고발하는 상소를 올린 일
내 일 망녕된 줄 내라 하여 모랄 손가.
분수에 넘치거나 어긋나는 줄
이 마음 어리기도 님 위한 탓이로세.
　　　어리석기도　임금을 위한
아뫼 아무리 일러도 임이 혜여 보소서.　　　　　　　〈제2수〉
아무개가　　모함하여도
　　　　　　　　　　　　　▶ 억울한 심정의 하소연과 결백 주장

추성(秋城) 진호루(鎭胡樓) 밧긔 울어 예는 저 시내야.
함경북도 경원의 옛 이름　　　　　화자의 심정　감정 이입의 대상
무음 호리라 주야(晝夜)에 흐르는다.

님 향한 내 뜻을 조차 그칠 뉘를 모르나다.　　　　　〈제3수〉
　　　　　　　　　　　　　　　　▶ 변함없는 충성에 대한 의지

뫼흔 길고 길고 물은 멀고 멀고.
화자와 어버이 사이의 장애물
어버이 그린 뜻은 많고 많고 하고 하고.
어디서 외기러기는 울고 울고 가느니.　　　　　　　〈제4수〉
　　　감정 이입의 대상　화자의 심정
　　　　　　　　　　　　　　　　▶ 부모님을 향한 그리움

어버이 그릴 줄을 처엄부터 알아마는

님군 향한 뜻도 하날이 삼겨시니
임금을 위하는 마음　　　만들어 준 것이니
진실로 님군을 잊으면 긔 불효(不孝)인가 여기노라.　〈제5수〉
임금에게 직언하며 보필하지 않으면
　　　　　　　　　　　　　　　　▶ 연군지정의 깨달음

✅ 핵심정리

갈래	평시조, 연시조, 연군가, 우국가
성격	연군적, 우국적
제재	유배지에서의 정회(情懷)
주제	연군, 우국지정과 사친(思親)
특징	- 감정 이입을 통해 화자의 정서를 드러냄 - 대구법, 반복법을 통해 형식적 운율과 주제적 의미를 동시에 강조함

📝 구성

1수	어떤 일이 있어도 자신의 신념에 맞도록 살아가겠다는 강직한 삶
2수	자신의 행위가 임금을 위한 일이었으며, 임금의 현명한 판단을 원한다는 결백한 마음의 호소
3수	시냇물에 화자의 마음을 이입하고, 임금을 향한 변함없는 충성에 대한 의지를 드러냄
4수	산·물·외기러기에 작자의 모습을 투영하여 어버이를 그리는 정을 나타냄
5수	어버이를 그리는 효와 임금을 섬기는 충은 일치한다는 깨달음

핵심 포인트

1수
1. 자신의 신념에 따라 행동하려는 소신과 강직한 의지
2. cf) 최치원 '제가야산독서당'

2수
1. 억울한 심정의 하소연과 결백 주장
2. cf) '정과정곡'

3수
1. 임금을 향한 변함없는 충성에 대한 의지
2. 시내 : 감정이입

4수
1. 부모님에 대한 간절하고 애달픈 그리움
2. 외기러기 : 감정이입

5수
1. 충과 효의 일치에 대한 깨달음과 연군의 의지 확인
2. 연군지정의 당위성

사미인곡 - 정철

2017년 지방직 7급, 2014 서울시 7급, 2012년 법원직 9급, 2011 서울시 9급, 2009 경찰직

서사

이 몸 삼기실 제 님을 조차 삼기시니,
　　　　　　　임금 (선조)
호 싱 緣연分분이며 하늘 모를 일이런가.
　　　　　하늘도 알 만한 운명적인 만남
나 ᄒᆞ나 졈어 잇고 님 ᄒᆞ나 날 괴시니,
임과 이별하기 전의 상황
이 ᄆᆞ음 이 ᄉᆞ랑 견졸 ᄃᆡ 노여 업다.　　　　　　　▶ 임과의 인연

平평生ᄉᆡᆼ애 願원ᄒᆞ요ᄃᆡ 호ᄃᆡ 녜쟈 ᄒᆞ얏더니,
　　　　　　　화자의 소망
늙거야 므ᄉᆞ 일로 외오 두고 글이는고.
현재 화자의 처지
엇그제 님을 뫼셔 廣광寒한殿뎐의 올낫더니,
　　　　　　달나라에 있다는 궁전 (임금이 계신 곳)
그 더ᄃᆡ 엇디ᄒᆞ야 下하界계예 ᄂᆞ려오니,
　　　　　　　　　　　인간계, 속세, 유배지
올 적의 비슨 머리 얼킈연 디 三삼年년이라.
　　　　　　　　　　　　　헤어진 이후의 시간
연脂지粉분 잇ᄂᆡ마는 눌 위ᄒᆞ야 고이 홀고.
화자가 여성임을 알려주는 소재
ᄆᆞ음의 미친 실음 疊텹疊텹이 빠혀 이셔,
짓ᄂᆞ니 한숨이오 디ᄂᆞ니 눈물이라.　　　　　　　▶ 이별과 임에 대한 그리움

人인生ᄉᆡᆼ은 有유限한ᄒᆞᆫᄃᆡ 시름도 그지업다.
無무心심ᄒᆞᆫ 歲셰月월은 믈 흐르ᄃᆞᆺ ᄒᆞᄂᆞᆫ고야.
炎염凉냥이 ᄯᆡ를 아라 가ᄂᆞᆫ ᄃᆞᆺ 고텨 오니,
더위와 추위 (세월의 순환)
듯거니 보거니 늣길 일도 하도 할샤.　　　　　　　▶ 세월의 무상감

본사

■ : 계절감을 나타내는 소재
■ : 화자의 마음을 나타내는 소재

東동風풍이 건듯 부러 積젹雪셜을 헤텨 내니,
봄
窓창 밧긔 심근 梅ᄆᆡ花화 두세 가지 픠여셰라.
ᄀᆞᆺ득 冷ᄂᆡᆼ淡담ᄒᆞᆫᄃᆡ 暗암香향은 므ᄉᆞ 일고.
　　　　　　　　　화자의 충성심
黃황昏혼의 ᄃᆞᆯ이 조차 벼마ᄐᆡ 빗최니,
늣기ᄂᆞᆫ ᄃᆞᆺ 반기ᄂᆞᆫ ᄃᆞᆺ 님이신가 아니신가.
뎌 梅ᄆᆡ花화 것거 내여 님 겨신 ᄃᆡ 보내오져.
임에게 충정을 알리고 싶은 마음
님이 너를 보고 엇더타 너기실고.　　　　　　　▶ 봄 – 임에게 매화를 보내고 싶음

곳 디고 새 닙 나니 綠녹陰음이 ᄭᆞᆯ렷ᄂᆞᆫᄃᆡ,
　　　　　　　　　　　　여름
羅나幃위 寂젹寞막ᄒᆞ고 繡슈幕막이 뷔여 잇다.
芙부蓉용을 거더 노코 孔공雀쟉을 둘러 두니,
ᄀᆞᆺ득 시름 한ᄃᆡ 날은 엇디 기돗던고.

핵심정리

갈래	양반 가사, 서정 가사, 정격 가사
성격	서정적, 여성적, 연모적, 의지적
율격	3(4)·4조, 4음보의 연속체
제재	임금에 대한 사랑
주제	임금을 향한 일편단심, 연군지정(戀君之情)
특징	– 연군지정을 임을 사랑하는 여인의 입장에 빗대어 표현함. – 계절의 변화에 따라 정서를 드러냄. – 비유와 상징을 활용함. – 우리말의 유려한 표현과 다양한 표현 기교를 구사함.

소재의 상징적 의미

봄	매화	임에 대한 화자의 충정
여름	옷	임에 대한 화자의 정성
가을	청광(달빛)	선정을 갈망, 화자의 충정
겨울	양춘, 히	임에 대한 화자의 염려

'매화, 옷, 청광, 양춘'은 임에 대한 그리움과 충정을 형상화한 객관적 상관물

<속미인곡>과 공통점

사미인곡	속미인곡
– 화자가 모두 천상의 백옥경에서 하계에 내려온 여성 – 화자는 임에 대한 간절한 그리움을 가지고 있음. – 죽어서도 임을 따르겠다는 확고한 의지가 드러남. – 죽어서 다른 자연물로 변신하고자 함.	

<속미인곡>과 차이점

사미인곡	속미인곡
– 화자의 독백체 – 사계절의 변화에 따라 전개 – 한자어와 과장적 표현이 많음. – 임을 기다리는 소극적인 모습으로 임에 대한 일방적 지향의 태도 – 그리움을 안으로 삭이고 점잖게 표현하는 사대부 규중 여인의 목소리	– 화자와 보조적 인물의 대화체 – 화자의 일상 시간에 따른 전개 – 임의 일상을 염려하는 말 속에서 사계절이 잠깐 언급됨. – 우리말의 묘미를 잘 살림. – 임의 소식을 알아보러 다니는 적극적인 모습 – 직설적이고, 소박한 서민 여성의 목소리

鴛원鴦앙錦금 버혀 노코 五오色쇠線션 플텨 내여,

금자히 견화이셔 님의 옷 지어 내니,
　　　　　　　　임에 대한 화자의 정성

手슈品품은코니와 制졔度도도 코잘시고.
『』: 미화법
珊산瑚호樹슈 지게 우히 白빅玉옥函함의 다마 두고,

님의게 보내오려 님 겨신 뒤 브라보니,

山산인가 구롬인가 머흐도 머흘시고.
장애물 (간신)
千쳔里리 萬만里리 길흘 뉘라셔 추자갈고.

니거든 여러 두고 날인가 반기실가.　　　　▶ 여름 – 임에게 옷을 지어 보내고 싶음

　　　　가을
ㅎㄹ밤 서리김의 기러기 우러 녤제

危위樓루에 혼자 올나 水슈晶정簾념을 거든말이,

東동山산의 둘이 나고, 北븍極극의 별이 뵈니,
└ '둘'과 '별'은 임금을 상징
님이신가 반기니 눈믈이 절로 난다.

淸쳥光광을 쥐여 내여 鳳봉凰황樓누의 븟티고져.
└ 임금을 생각하는 마음 (연군지정)
樓누 우희 거러 두고 八팔荒황의 다 비최여,

深심山산 窮궁谷곡 졈낫フ티 밍그쇼셔.　　▶ 가을 – 맑은 달빛을 임에게 보내고 싶음
임금의 선정을 소망함

乾건坤곤이 閉폐塞식ㅎ야 白빅雪셜이 흔 빗친 제,
　　　　　　　　　　　　　겨울
사름은코니와 놀새도 긋쳐 잇다.

瀟쇼湘샹 南남畔반도 치오미 이러커든,

玉옥樓누 高고處쳐야 더옥 닐너 므슴ㅎ리.
└ 옥으로 된 누각 (임금이 계신 곳을 의미함)　임에 대한 화자의 염려
陽양春츈을 부쳐 내여 님 겨신 뒤 쏘이고져.

茅모첨쳠 비쵠 히를 玉옥樓누의 올리고져.
└ 화자가 여성임이 드러남　└ 붉은색과 푸른색의 색채대비
『紅홍裳샹을 니믜ᄎ고 翠취袖슈를 半반만 거더』

日일暮모脩슈竹듁의 혬가림도 하도 할샤.

댜른 히 수이 디여 긴 밤을 고초 안자,

靑쳥燈등 거른 겻틱 細뎐공후 노하 두고,

꿈의나 님을 보려 퇴 밧고 비겨시니,

鴛앙衾금도 추도 출샤 이 밤은 언제 샐고.　　▶ 겨울 – 추위에 임을 걱정함

결사

ᄒᆞᄅᆞ도 열두 ᄯᅢ 혼 ᄃᆞᆯ도 셜흔 날,

져근덧 ᄉᆡᆼ각 마라 이 시름 닛쟈 ᄒᆞ니,

ᄆᆞ음의 ᄆᆡ쳐 이셔 骨골髓슈의 ᄢᅦ텨시니,

扁편鵲쟉이 열히 오나 이 병을 엇디 ᄒᆞ리.
　중국의 명의

어와, 내 병이야 이 님의 타시로다.

ᄎᆞᆯ하리 싀어디여 범나븨 되오리라.
　죽어서라도 임과 함께하고픈 마음

곳나모 가지마다 간 ᄃᆡ 죡죡 안니다가,

향 므든 ᄂᆞᆯ애로 님의 오시 올므리라.
　임에 대한 변함 없는 사랑

님이야 날인 줄 모ᄅᆞ셔도 내 님 조ᄎᆞ려 ᄒᆞ노라.　　　　　▶ 임에 대한 충성심
　임에 대한 일편단심의 마음 (임금에 대한 충정)

현대어 풀이

이 몸이 태어날 때에 임을 따라 태어나니,
한평생 함께 살아갈 인연이며 이 또한 하늘이 (어찌) 모를 일이던가?
나는 오직 젊어 있고, 임은 오직 나를 사랑하시니,
이 마음과 이 사랑을 비교할 곳이 다시 없다.

평생에 원하기를 임과 함께 살아가려 하였더니,
늙어서야 무슨 일로 외로이 떨어져 그리워하는고?
엊그제까지만 해도 임을 모시고 광한전에 올라 있었더니,
그동안에 어찌하여 속세에 내려 왔느냐?
내려올 때에 빗은 머리가 헝클어진 지 3년일세.
연지와 분이 있지마는 누구를 위하여 곱게 단장할꼬?
마음에 맺힌 근심이 겹겹으로 쌓여 있어서
짓는 것이 한숨이요, 흐르는 것이 눈물이라.

인생은 유한한데 근심은 한이 없다.
무심한 세월은 물 흐르듯 하는구나.
더위와 추위가 계절의 바뀔 때를 알아 지나갔다가 다시 돌아오니,
듣거니 보거니 하는 가운데 느낄 일이 많기도 하구나.

봄바람이 문득 불어 쌓인 눈을 헤쳐 내니,
창밖에 심은 매화가 두세 가지 피었구나.
가뜩이나 쌀쌀하고 담담한데, 그윽히 풍겨 오는 향기는 무슨 일인고?
황혼에 달이 따라와 베갯머리에 비치니
느껴 우는 듯 반가워하는 듯하니, 임이신가 아니신가
저 매화를 꺾어 내어 임 계신 곳에 보내고 싶다
그러면 임이 너를 보고 어떻다 생각하실꼬

꽃잎이 지고 새 잎 나니 녹음이 우거져 나무 그늘이 깔렸는데
비단 포장은 쓸쓸히 걸렸고, 수 놓은 장막만이 드리워져 텅 비어 있다
연꽃 무늬가 있는 방장을 걷어 놓고, 공작을 수 놓은 병풍을 둘러 두니
가뜩이나 근심 걱정이 많은데, 날은 어찌 길던고?
원앙새 무늬가 든 비단을 베어 놓고 오색실을 풀어내어
금으로 만든 자로 재서 임의 옷을 만들어 내니,
솜씨는 말할 것도 없거니와 격식도 갖추었구나.
산호수로 만든 지게 위에 백옥으로 만든 함에 담아 앉혀 두고,
임에게 보내려고 임 계신 곳을 바라보니,
산인지 구름인지 험하기도 험하구나.
천 리 만 리나 되는 머나먼 길을 누가 찾아갈꼬?
가거든 열어 두고 나를 보신 듯이 반가워하실까?

하룻밤 사이의 서리 내릴 무렵에 기러기 울며 날아갈 때,
높다란 누각에 혼자 올라서 수정알로 만든 발을 걷으니,
동산에 달이 떠오르고 북극성이 보이므로,
임이신가 하여 반가워하니 눈물이 절로 난다.
저 맑은 달빛을 일으켜 내어 임이 계신 궁궐에 부쳐 보내고 싶다.
누각 위에 걸어 두고 온 세상을 비추어,
깊은 산골짜기에도 대낮같이 환하게 만드소서.

천지가 겨울의 추위에 얼어 생기가 막혀, 흰 눈이 일색으로 덮여 있을 때에,
사람은 말할 것도 없거니와 날짐승의 날아감도 끊어져 있다.
소상강 남쪽 둔덕도 추위가 이와 같거늘,
하물며 북쪽 임 계신 곳이야 더욱 말해 무엇하랴?
따뜻한 봄기운을 부치어 내어 임 계신 곳에 쐬게 하고 싶다.
초가집 처마에 비친 따뜻한 햇볕을 임 계신 궁궐에 올리고 싶다.
붉은 치마를 여미어 입고 푸른 소매를 반쯤 걷어 올려
해는 저물었는데 밋밋하고 길게 자란 대나무에 기대어서 이것저것 생각함이 많기도 많구나.
짧은 겨울 해가 이내 넘어가고 긴 밤을 꼿꼿이 앉아,
청사초롱을 걸어둔 옆에 자개로 수 놓은 공후라는 악기를 놓아 두고,
꿈에서나 임을 보려고 턱을 바치고 기대어 있으니,
원앙새를 수 놓은 이불이 차기도 차구나. 이 밤은 언제나 샐꼬?

하루도 열두 때, 한 달도 서른 날,
잠시라도 임 생각을 말아 가지고 이 시름을 잊으려 하여도
마음속에 맺혀 있어 뼛속까지 사무쳤으니,
편작과 같은 명의가 열 명이 오더라도 이 병을 어떻게 하랴.
아, 내 병이야 이 임의 탓이로다.
차라리 죽어 없어져 범나비가 되리라.
꽃나무 가지마다 간 데 족족 앉고 다니다가
향기가 묻은 날개로 임의 옷에 옮으리라.
임께서야 나인 줄 모르셔도 나는 임을 따르려 하노라

> **핵심 포인트**
> 1. 임에 대한 사모의 정
>   a. 춘원(春怨) – 매화(梅花)
>   b. 하원(夏怨) – 옷
>   c. 추원(秋怨) – 청광(淸光)
>   d. 동원(冬怨) – 양춘(陽春), 해
> 2. 장애물 : 산, 구름
> 3. 시적 화자(소극적 태도) : 범나비
> 4. 시적 대상 : 달(황혼의 달/동산의 달), 북극의 별
> 5. 시적 대상에 대한 사랑(객관적 상관물) : 향
> 6. 시적 화자가 있는 곳 : a. 하계(서사) b. 소상남반(겨울)
> 7. 시적 대상이 있는 곳 : a. 광한전(서사) b. 봉황루(가을)
> 7. 시적 대상이 있는 곳 : c. 옥루(겨울) d. 옥루고처(겨울)
> 8. 미화법 : 금자, 산호수 지게, 백옥함, 수정렴

속미인곡 – 정철

2017 국가직 7급, 2017 법원직 9급, 2016 국회직 8급,

서사

데 가는 뎌 각시 본 듯도 흔뎌이고,
　　　　을녀 (중심인물, 작가의 주관화된 자아)
天텬上샹 白빅玉옥京경을 엇디ᄒᆞ야 離니別별ᄒᆞ고,

ᄒᆡ 다 뎌믄 날의 눌을 보라 가시ᄂᆞ고. ▶ 갑녀(보조적 인물)의 질문 – 백옥경을 떠난 이유
화자의 쓸쓸한 상황을 더욱 강조하고 애상적인 분위기를 형성함

어와 네여이고, 내 ᄉᆞ셜 드러보오.
　　갑녀 (보조적 인물)
내 얼굴 이 거동이 님 ㉠괴얌즉 ᄒᆞ가마는

엇딘디 날 보시고 네로다 녀기실ᄉᆡ

나도 님을 미더 ㉡군 ᄠᅳ디 젼혀 업서
　　　　　　　　딴 생각이
㉢이ᄅᆡ야 교ᄐᆞ야 어ᄌᆞ러이 구돗쩐디
　　　　　이별의 원인을 자신의 실수 때문이라고 생각
반기시는 ᄂᆞᆺ비치 녜와 엇디 다ᄅᆞ신고.

누어 ᄉᆡᆼ각ᄒᆞ고 니러 안자 혜여ᄒᆞ니

『내 몸의 지은 죄 뫼ᄀᆞ티 빠혀시니
『　』:임을 탓하거나 원망하지 않고, 자신의 탓으로 돌리는 숙명론적인 인생관
하ᄂᆞᆯ히라 원망ᄒᆞ며 사ᄅᆞᆷ이라 허믈ᄒᆞ랴.

셜워 플텨혜니 造조物믈의 타시로다.』 ▶ 을녀(중심 화자)의 대답 – 자신의 죄와 조물주의 탓

본사

글란 ᄉᆡᆼ각 마오.
갑녀(보조적 인물)의 위로의 말
ᄆᆡ친 일이 이셔이다.

님을 뫼셔 이셔 님의 일을 내 알거니

믈 ᄀᆞ튼 얼굴이 편ᄒᆞ실 적 몃 날일고.
임을 형상화한 표현 (허약함을 상징)
春츈寒한 苦고熱열은 엇디ᄒᆞ야 디내시며
이른 봄날의 추위와 여름철의 무더위
秋츄日일冬동天텬은 뉘라셔 뫼셧ᄂᆞ고.
가을날과 겨울날
粥쥭早조飯반 朝죠夕셕 뫼 녜와 ᄀᆞ티 셰시ᄂᆞᆫ가.
아침밥 전에 먹는 죽　↳ 아침과 저녁 진지
기나긴 밤의 좀은 엇디 자시ᄂᆞᆫ고. ▶ 임을 걱정하는 화자의 모습

님다히 消쇼息식을 아므려나 아쟈 ᄒᆞ니

오늘도 거의로다. ᄂᆡ일이나 사ᄅᆞᆷ 올가.

내 ᄆᆞᄋᆞᆷ 둘 듸 업다. 어드러로 가쟛 말고.

잡거니 밀거니 놉픈 뫼ᄒᆡ 올라가니
　　　　　　　　임과의 거리를 좁혀 보려는 노력
구롬은 ᄏᆞ니와 안개는 므스 일고.
■ : 임과 나의 사랑을 방해하는 방해물, 간신
山산川쳔이 어둡거니 日일月월을 엇디 보며
부정적인 상황　　　　　　　임금

핵심정리

갈래	서정 가사, 양반 가사, 정격 가사
성격	연군가
율격	3·4조 내지 4·4조를 기조로 한 대화체
제재	임과의 이별, 임에 대한 그리움
주제	연군(戀君)의 정(情)
특징	– 가사 문학의 극치를 이룬 작품 – 우리말의 구사가 절묘하여 문학성이 높음. – 대화 형식으로 된 최초의 작품

장애물

산	구롬, 안개	간신을 상징
물	ᄇᆞ람, 믈결	
계셩	장애물의 성격만 있음.	

시적 화자

갑녀	을녀
을녀의 하소연을 유도하고, 작품을 더욱 극적으로 결말 짓게 함.	갑녀의 질문에 대해 하소연을 하면서 작품의 정서적 분위기를 주도함.
작품의 전개와 종결을 위한 기능적인 역할을 함.	– 작품의 주제 구현을 위한 – 중심 역할을 함.
보조적 위치에 있는 화자	작가의 처지를 대변하는 중심 화자

'낙월'과 '구즌 비' 비교

낙월 (을녀)	구즌 비 (갑녀)
– 쓸쓸한 분위기를 형성함. – 임과의 재회가 이루어질 수 없으리라는 '을녀'의 절망감을 내포함.	– '을녀'의 눈물을 의미함. – '을녀'의 마음을 임에게 전달하기 위해 '갑녀'가 제시하는 방법임.
멀리서 잠시 임을 바라보고 사라지는 존재임.	오랫동안 내리면서 임의 옷을 적실 수 있을 만큼 임에게 가까이 갈 수 있음.
소극적 애정관 (일시적, 간접적)	적극적 애정관 (지속적, 직접적)

咫지尺쳑을 모르거든 千천里리를 브라보랴.

출하리 믈ᄀ의 가 빅길하나 보쟈 ᄒ니

브람이야 믈결이야 어둥졍 된뎌이고.
■: 공간의 이동 (뫼 → 믈ᄀ → 모쳠)

샤공은 어듸 가고 븬 빅만 걸럿ᄂ니.
　　　　　　　　화자의 쓸쓸하고 외로운 마음을 간접적으로 보여주는 객관적 상관물

江강天텬의 혼쟈 셔셔 디ᄂᆞ 히를 구버보니

님다히 消쇼息식이 더욱 아득ᄒ뎌이고.　▶ 임의 소식을 알고 싶은 마음에 산하를 방황함

茅모簷쳠 춘 자리의 밤듕만 도라오니
　초가집
半반壁벽靑쳥燈등은 눌 위ᄒ야 볼갓ᄂ고.
화자의 쓸쓸하고 외로운 심정 강조 (객관적 상관물)

오른며 ᄂ리며 헤쓰며 바니니

져근덧 力녁盡진ᄒ야 픗줌을 잠간 드니

精졍誠셩이 지극ᄒ야 꿈의 님을 보니

玉옥ᄀᆞ튼 얼굴이 半반이나마 늘거셰라.
임에 대한 염려와 안타까움 (자신이 모시지 않았기 때문에 많이 변해 버렸다는 의미)

ᄆᆞ음의 머근 말슴 슬ᄏ장 ᄉᆞᆲ쟈 ᄒ니

눈믈이 바라나니 말인들 어이ᄒ며

情졍을 못다ᄒ야 목이조차 몌여ᄒ니
　　　　　　　　임에 대한 그리움과 반가움이 너무 커서 말을 하지 못함
오뎐된 鷄계聲셩의 ᄌᆞᆷ은 엇디 ᄭᅢ돗던고.　▶ 독수공방의 애달픔
　　　임과의 재회를 방해하는 장애물

결사

어와, 虛허事ᄉ로다. 이 님이 어듸 간고.

결의 니러 안자 窓창을 열고 브라보니

어엿븐 그림재 날 조출 ᄲᅮᆫ이로다.
화자가 느끼는 외로운 심정을 간접적으로 표현
ᄎᆞ하리 싀여디여 落낙月월이나 되야 이셔
　　　　　　　　　임에 대한 화자의 사랑 (멀리서 바라만 보는 소극적인 형태의 사랑)
님 겨신 窓창 안히 ㉤번드시 비최리라.

각시님 ᄃᆞ리야 ᄏᆞ니와 구즌 비나 되쇼셔.　▶ 죽어서라도 이루려는 임에 대한 간절한 사랑
갑녀의 말　　　　임에 대한 적극적 사랑

핵심 포인트

1. **임금에게 버림받은 이유** : 지나친 아양과 교태
2. **버림받은 시적 화자의 태도** : 자책
   cf. 정과정곡 – 원망
3. **임의 일상사에 대한 염려**
4. **시상 전개 방식**
   a) 실외 → 실내
   b) 저녁 → 밤 → 새벽
   c) 현실 → 꿈 → 현실
5. **장애물** : 산(구름, 안개) 뱃길(바람, 물결) 꿈(계성)
6. **시적 대상의 형상화**
   a) 물 같은 얼굴(허약한 체질)
   b) 일월
   c) 옥 같은 얼굴
7. **시적 화자의 형상화**
   a) 어엿븐 그림자(불쌍한 시적 화자)
   b) 각시님
8. **시적 화자의 처지** : 독수공방 (모첨 춘 자리의 밤듕만 도라오니)
9. **대화체** : 시집살이 노래, 사설시조 (되들에~)

03 자연 친화, 자연으로의 귀의

제가야산독서당(題伽倻山讀書堂) - 최치원

狂奔疊石吼重巒(광분첩석후중만)

人語難分咫尺間(인어난분지척간)

常恐是非聲到耳(상공시비성도이)

故敎流水盡籠山(고교류수진롱산)

첩첩 바위 사이를 미친 듯 달려 겹겹 봉우리 울리니,
활유법, 세찬 물살을 비유함
지척에서 하는 **말소리**도 분간키 어려워라.
인간의 소리
늘 **시비하는 소리** 귀에 들릴세라,
다툼의 소리 (화자가 속세를 벗어나려는 이유)
짐짓 흐르는 물로 온 산을 둘러 버렸다네.
단절 속세와의 단절 의지

갈래	한시, 7언 절구
성격	서정적, 상징적
주제	세상과 단절하고 산속에 은거하고 싶은 마음
특징	– 대조를 통해 화자의 심리를 드러냄 – '물'의 이미지를 부각하여 시상을 전개함 – 세상과 단절하려는 의지가 드러남

핵심 포인트
1. 대조를 통하여 화자의 심리 상태를 드러내고 있다.
   기·결구 : 자연의 물소리 ↔ 승·전구 : 세상 사람들의 소리
   (시비의 소리가 난무하는 세태를 피하고 싶은 심리를 나타냄)
2. '물'이 지니는 단절의 이미지를 부각하여 시상을 전개하였다.
3. 주제 : 속세를 떠나고 싶은 마음

대쵸볼 불근 골에 – 황희

『 』: 가을 농촌의 풍요로운 모습, 대구법
『대쵸 볼 불근 골에 밤은 어이 뜻드르며
　대추
벼 븬 그르헤 게는 어이 느리는고』
　　그루터기에
술 닉쟈 체쟝ᄉ 도라가니 아니 먹고 어이리
농촌 생활에서 느끼는 풍류

현대어 풀이
대추가 잘 익어 볼이 불그레한데 알밤은 어째서 뚝뚝 떨어지며
벼를 벤 그루터기에 게는 어째서 기어다니는가?
술이 익자마자 체장수까지 지나가니 체를 사다 술을 걸러서 게로 안주 삼아 마시지 않고 어쩌겠는가?

핵심 포인트
1. 주제 : 농촌의 풍요로움과 한가로움
2. 시상 전개 방식 : 선경 후정, 시선의 이동
3. 종장 : 금상첨화의 흥겨움
4. 술 : 여유와 만족을 보여주는 소재

✅ 핵심정리
갈래	평시조
성격	풍류적, 전원적, 낭만적
주제	농촌 생활의 풍요로움과 흥겨움
특징	– '대추, 밤, 벼, 게, 술' 등의 시어를 나열하여 가을 농촌의 풍요로움을 표현함 – 우리말과 감각적인 표현으로 농촌 풍경을 구체적으로 묘사함 – 대구법을 통해 농촌의 가을 풍경을 드러냄

十年을 經營(경영)ᄒ야 – 송순

十年을 經營(경영)ᄒ야 草廬三間(초려삼간) 지어닉니
안빈낙도, 안분지족하는 삶
『나 ᄒ간 돌 ᄒ간에 淸風(청풍) ᄒ간 맛져두고
　　　　　　　　　　　　　　』: 물아일체, 물심일여
江山(강산)은 드릴 듸 업스니 둘너 두고 보리라』
■ : 화자인 '나'와 동일한 인격체로 대우받는 자연물 (의인법)

현대어 풀이
십 년이나 힘쓰고 애써서 초가삼간 지어내니
내가 한 간, 달이 한 간 그리고 맑은 바람에게 한 간 맡겨두고
아름다운 자연은 들여 놓을 곳이 없으니 병풍처럼 둘러두고 보겠다.

핵심 포인트
1. 초려삼간 : 벼슬에서 물러나 자연에 은거하는 가난한 삶
2. 중장 : 물아일체(근경)
3. '강산'마저도 곁에 두고 자연에 몰입하려는 삶의 자세(원경)

✅ 핵심정리
갈래	평시조
성격	전원적, 풍류적, 낭만적, 한정가
주제	자연애의 귀의, 안빈낙도(安貧樂道)
특징	– 자연을 소유의 대상으로 생각하지 않았던 동양의 자연관이 잘 드러남 – 강산을 병풍처럼 둘러 두고 보겠다는 참신한 발상을 통해 자연과 혼연일체된 모습을 효과적으로 표현함

말 업슨 청산(靑山)이오 - 성혼

2021 국가직 9급

말 업슨 청산(靑山)이오 / 태(態) 업슨 유수(流水)로다
갑 업슨 청풍(淸風)이오 / 님ᄌ업슨 명월(明月)이로다
이 중에 병 업슨 이 몸이 분별 업시 늘그리라

현대어 풀이
말이 없는 것은 청산이요, 모양이 없는 것은 흐르는 물이로다.
값이 없는 것은 맑은 바람이요, 주인이 없는 것은 밝은 달이로다.
이 아름다운 자연에 묻혀, 병 없는 이 몸은 걱정 없이 늙으리라.

핵심 포인트
1. 자연과 더불어 사는 즐거움
2. 대구법, 대조법(인위적 유한성 ↔ 자연의 영원성)

✅ 핵심정리

갈래	평시조
성격	풍류적, 달관적, 한정가
주제	자연을 벗 삼아 사는 즐거움
특징	- 자연물에 가치를 부여하여 달관의 경지를 형상화함. - 대구의 묘미를 살려 주제를 효과적으로 표현함. - 시어의 반복을 통해 운율적 효과를 높임.

 ## 柴扉(시비)예 개 즛난다 - 강익

柴扉(시비)예 개 즛난다 이 山村(산촌)에 그 뉘 오리

댓닙 푸른대 봄ㅅ 새 울소리로다

아해야, 날 推尋(추심) 오나든 採薇(채미) 가다 해여라

현대어 풀이
사립문 앞에서 개가 짖는다. 이 산촌에 그 누가 나를 찾아 오겠는가.
대나무 잎새가 푸른데 봄새가 우는 소리뿐이로다.
아이야, 혹시 날 찾아오는 사람이 있거든 고사리를 캐러가고 없다고 하거라.

핵심 포인트
1. 종장 : 은둔적

秋江(추강)에 밤이 드니 - 월산대군(月山大君)

秋江(추강)에 밤이 드니 믈결이 ᄎᆞ노믜라
　대구법　　　　　　　　　차구나
낙시 드리치니 고기 아니 무노믜라
　　드리우니
無心(무심)ᄒᆞᆫ 둘빗만 싯고 뷘 빈 저어 오노라
　욕심 없는 달빛　　　　세속의 물욕과 명예, 이익을 초월한 경지

현대어 풀이
가을철의 강가에 밤이 깊어가니 물결이 차갑구나
낚시 드리워도 고기가 물지 않는구나
욕심이 없이 달빛만 가득 싣고 빈 배를 저어 돌아온다.

핵심 포인트
1. 달빛 : 무욕이 주는 충만함
2. 빈 배 : 공허함이 주는 여유로움

✅ 핵심정리

갈래	평시조
성격	풍류적, 낭만적, 탈속적, 한정가
주제	가을 달밤의 풍류와 정취
특징	- 대표적인 강호 한정가로 여유로움 속에서 멋을 즐기는 옛 선비의 탈속적 정서가 잘 드러남 - 대구법을 통해 가을밤 강가의 정적인 분위기를 표현함 - 감각적 이미지를 통해 무욕의 경지를 형상화함

재 너머 셩권농(成勸農) 집의 - 정철

2017 지방직 9급

재 너머 셩권농(成勸農) 집의 술 닉닷 말 어제 듯고
고개　　'성혼'을 가리킴 ('권농'은 농사일을 권장하던 사람)
누은 쇼 발로 박차 언치 노하 지즐ᄐᆞ고
　　　　　안장 밑에 까는 털 헝겊　눌러 타고
아ᄒᆡ야 네 권농 겨시냐 뎡좌슈(鄭座首) 왓다 ᄒᆞ여라.
성권농의 집에 도착하여 하인에게 자신이 왔음을 알리는 대목, 큰따옴표로 묶을 수 있음

현대어 풀이
고개 너머 사는 성 권농 집의 술이 익었다는 말을 어제 듣고
누워 있는 소를 발로 차서 일으켜 털 헝겊 얹어서 눌러 타고
"아이야, 네 권농 어른 계시냐? 정 좌수 왔다고 여쭈어라."

핵심 포인트
1. 술을 좋아하는 작가가 술벗을 찾아가는 과정을 생략 → 즐거운 마음과 서두르는 동작을 부각
2. 관동별곡(서사) : 연추문 드리드라 ~ 여긔로다

✅ 핵심정리

갈래	평시조. 단시조. 정형시
성격	전원한정가(田園閑情歌). 풍류적, 전원적
율격	3(4)·4조. 4음보
제재	술과 벗
주제	전원생활의 흥취(興趣)
특징	- 서사적이고 압축적이며 해학적임. - 시상의 과감한 생략으로 인한 비약적 표현. - 작가의 호탕한 성격이 드러남.

초암이 적료ᄒᆞᆫ듸 – 김수장

草庵(초암)이 寂寥(적료)ᄒᆞᆫ듸 벗 업시 혼ᄌᆞ 안ᄌᆞ,
초가 암자가 적적하고 고요한데
『平調(평조) 한 닙흘 白雲(백운)이 절로 존다.』
『』: 물아일체   의인법
언의 뉘 이 죠흔 뜻을 알 리 잇다 ᄒᆞ리오.
자연에 묻혀 한가롭게 지내는 삶

현대어 풀이
허술하게 풀로 엮은 암자가 적적하고 쓸쓸한데 찾아오는 벗 하나 없이 혼자 앉아,
평조의 노래 한 곡조를 읊으니 구름이 알아듣는 듯이 졸고 있는 것만 같네.
나 이외에 어느 누가 이렇듯이 즐거운 노래의 멋을 아는 사람이 있다 하겠는가?

핵심 포인트
1. 중장 : 물아일체

핵심정리
갈래	평시조
성격	한정가
주제	자연에 묻혀 풍류를 즐기는 그윽한 경지
특징	– 흰 구름을 의인화함로써 물아일체의 경지를 나타냄

강산 죠흔 경을 – 김천택

『江山(강산) 죠흔 景(경)을 힘센 이 닷톨 양이면』
『』: 약육강식의 세태와 속세인들에 대한 비판
         사회적 강자, 권력자
ᄂᆡ 힘과 ᄂᆡ 分(분)으로 어이ᄒᆞ여 엇들쏜이
권력도 부귀도 없는 화자   설의법
眞實(진실)로 禁(금)ᄒᆞ리 업쓰씌 나도 두고 논이노라

현대어 풀이
강산의 아름다운 경치를 힘센 사람들이 서로 다투어 자기 것으로 삼을 것 같으면,
내 약한 힘과 가난한 분수로 어떻게 얻을 수 있겠는가.
마음대로 구경하는 것을 금하는 사람이 없기에 나도 마음놓고 오래도록 즐기면서 노닐고 있다.

핵심 포인트
1. 힘센 이들이 다투어 얻으려는 속세의 부귀와 누구나 즐길 수 있는 자연을 대비
2. 소식 '적벽부'와 관련
3. 박인로 '누항사'와 관련

핵심정리
갈래	평시조
성격	강호 한정가(江湖閑情歌), 비판적
주제	자연을 즐기는 삶
특징	– 설의법을 통해 자연을 즐기고자 하는 화자의 태도를 강조함

짚 방석 내지 마라 – 한호

■ : 자연적　■ : 인위적
짚 方席(방석) 내지 마라 落葉(낙엽)엔들 못 안즈랴
　　└ 인위적인 것과 자연적인 것 대조 ┘
솔불 혀지 마라 어제 진 둘 도다온다.
『　』: 물아일체
『아희야 薄酒山菜(박주산채)ㄹ망정 업다 말고 내여라』
　　　　맛이 변변하지 못한 술과 나물

현대어 풀이
짚으로 만든 방석 내어 놓지 말아라, 낙엽엔들 앉지 못하겠느냐.
관솔불 켜지 말아라 어제 진 달이 떠오른다.
아이야, 변변치 못한 술과 안주라도 맛있게 먹을 것이니 없다 하지 말고 내어 놓으려무나.

핵심 포인트
1. 대구법, 대조법(짚방석, 솔불 ↔ 낙엽, 달)
2. 안빈낙도(종장)
3. 박주산채 : 가난하고 소박한 생활

✅ 핵심정리
갈래	평시조
성격	한정가(閑情歌), 풍류적, 전원적
주제	산촌 생활 속의 소박한 풍류, 안빈낙도
특징	- 대립적 시어의 병치를 통해 시적 화자가 추구하는 삶을 드러냄

청산도 절로절로 – 송시열

청산(靑山)도 절로절로 녹수(綠水)도 절로절로
　　　유음(ㄹ)의 반복 (리듬감 형성)　자연적으로, 자연 그대로
산(山) 절로 수(水) 절로 산수간에 나도 절로절로
　　　　　┌ 자연의 순리에 따라 자란
그중에 절로 ᄌᆞ란 몸이 늙기도 절로절로
산수간(자연)

현대어 풀이
청산도 저절로 흐르는 물도 저절로
산도 물도 자연 그대로 그 속에 나도 자연 그대로
자연 속에 절로 자란 이 몸이 늙어 가는 것도 순리대로

핵심 포인트
1. 자연의 순리에 따라 살고자 하는 마음

✅ 핵심정리
갈래	평시조
성격	순응적, 달관적, 관조적
주제	- 자연의 섭리에 순응하는 삶 - 무위자연(無爲自然)의 조화로운 삶
특징	- 대구법과 반복법이 쓰임 - '절로절로'의 반복으로 부드럽고 경쾌한 리듬감 형성함

밉암이 맵다 울고 - 이정신

↑ 세속에 묻힌 사람들 ↑
『밉암이 맵다 울고 쓰르람이 쓰다 우니,』 『』: 음의 유사성을 이용한 언어유희
 매미   쓰르라미
山菜(산채)를 맵다는가 薄酒(박주)를 쓰다는가.
 산나물   맛없고 질이 떨어지는 술
우리는 草野(초야)에 뭇쳐시니 맵고 쓴 줄 몰ᄂ뇌라.
       자연(↔속세, 부귀공명, 관직)

현대어 풀이
매미 맵다 울고 쓰르라미 쓰다 우니
산나물이 매운가 술이 쓴가.
우리는 산야에 묻혀 있느라 맵고 쓴 줄 모르겠노라.

핵심 포인트
1. 밉암, 쓰르라미 : 세속적인 일에 얽매인 사람들 ↔ 우리 : 초야에 묻혀 사는 사람들
2. 속세를 벗어나 초야에 묻혀 세상의 혼란스러움을 잊고 살고자 함
3. 초장 : 언어유희

✅ 핵심정리

갈래	평시조
성격	한정가
주제	초야에 묻혀 지내는 한가로운 삶
특징	– 음의 유사성을 이용한 언어유희를 사용하여 세속적인 사람들을 풍자하고 초야에 묻혀 지내는 화자의 삶을 강조함

서검을 못 일우고 - 김천택

↑ 문무의 벼슬(대유법), 입신양명
書劍(서검)을 못 일우고 쓸 씌 업쓴 몸이 되야
           문무를 완성하지 못하고
五十春光(오십춘광)을 히옴 업씨 지ᄂ뇌연져
오십 년 세월
『두어라 언의 곳 靑山(청산)이야 날 씰 쭐이 잇시랴.』
              자연

현대어 풀이
입신양명을 이루지 못하고 쓸데없는 몸이 되어 (벼슬자리에 오르지 못하여)
오십 년 세월을 해 온 일 없이 지냈구나.
두어라, 어느 곳의 청산이야 날 꺼릴 줄이 있으랴.

✅ 핵심정리

갈래	평시조
성격	회고적, 자연 귀의적
주제	자연에 귀의하려는 마음
특징	– 대유법을 통한 시어의 대조와 설의법을 통해 주제를 강조함

핵심 포인트
1. 초장 : 과거에 합격하여 벼슬자리에 오르지 못하는 쓸모없는 인생이 되었다는 뜻
2. 청산 : 모성적 회귀 공간으로서의 의미

전원에 나믄 흥을 – 김천택

『田園(전원)에 나믄 興(흥)을 전나귀에 모도 싯고』
                              다리 저는 나귀
계산(溪山) 니근 길로 흥치며 도라와셔
계곡 낀 산
아히 琴書(금서)를 다스려라 나믄 히를 보내리라.
      거문고와 책(풍류적 삶)   ① 하루 중 남은 시간 ② 남은 생애 – 중의법

현대어 풀이
전원을 즐기다가 남은 흥을 발을 저는 나귀의 등에 모두 싣고
계곡이 있는 산의 익숙한 길로 흥겨워하며 돌아와서
아이야, 거문고와 책을 준비하여라. (나는 그것으로) 남은 세월을 보내리라.

핵심 포인트
1. 초장 : 해학적 표현
2. 금서 : 풍류와 학문을 뜻함
3. 나믄 히 : 중의적 표현
   a : 하루 동안 해가 질 때까지 남은 해
   b : 죽을 때까지 남은 해

✅ 핵심정리

갈래	평시조
성격	한정가(閑情歌), 전원적, 풍류적
주제	전원에서 즐기는 풍류
특징	- 추상적 개념(흥)의 구체화함 - 중의법을 사용하여, 자연 속에서 풍류를 즐기는 화자의 정서를 드러냄

강호사시가(江湖四時歌) - 맹사성

1
江湖(강호)에 봄이 드니 미친 興(흥)이 절로 난다.
자연(대유법)
濁醪溪邊(탁료계변)에 錦鱗魚(금린어) 안주로다.
안빈낙도, 안분지족
이 몸이 閑暇(한가)히옴도 亦君恩(역군은)이샷다.
　　　　　　　　　　　유교적 충의

2
江湖(강호)에 녀름이 드니 草堂(초당)에 일이 업다.

有信(유신)훈 江波(강파)는 보내ᄂ 부람이다.
자연과 혼연일체가 된 생활
이 몸이 서늘히옴도 亦君恩(역군은)이샷다.

3
江湖(강호)에 ᄀ울이 드니 고기마다 슬져 잇다.
　　　　　　　　　　　　　풍요로움
小艇(소정)에 그물 시러 흘리 띄여 더뎌 두고,

이 몸이 消日(소일)히옴도 亦君恩(역군은)이샷다.
　　　　느긋하게 세월을 보냄

4
江湖(강호)에 겨월이 드니 눈 기픠 자히 남다.

삿갓 빗기 쓰고 누역으로 오슬 삼아,
소박함, 안빈낙도, 안분지족
이 몸이 칩지 아니히옴도 亦君恩(역군은)이샷다.

핵심정리

갈래	연시조, 정형시, 강호 한정가
성격	풍류적, 전원적, 낭만적
주제	강호에서 자연을 즐기며 임금의 은혜에 감사함
특징	- 계절에 따라 한 수씩 노래함 - 자연에 대한 예찬과 유교적 충의가 함께 드러남 - 각 연마다 형식을 통일하여 안정감을 드러내고 주제를 효과적으로 부각시킴

현대어 풀이

강호(자연)에 봄이 찾아오니 참을 수 없는 흥이 절로 난다.
막걸리를 마시며 노는 시냇가에 싱싱한 물고기가 안주로다.
이 몸이 이렇게 한가하게 지내는 것도 역시 임금의 은혜이시도다.

강호에 여름이 앚아오니 초당에 있는 이 몸은 할 일이 별로 없다.
신의가 있는 강의 물결은 보내는 것이 시원한 바람이로다.
이 몸이 이렇게 시원하게 지내는 것도 역심 임금의 은혜이시도다.

강호에 가을이 찾아오니 물고기마다 살이 올라 있다.
작은 배에 그물을 싣고 가서 물결 따라 흐르게 던져 놓고,
이 몸이 이렇게 소일하며 지내는 것도 역시 임금의 은혜이시도다.

강호에 겨울이 찾아오니 쌓인 눈의 깊이가 한 자가 넘는다.
삿갓을 비스듬히 쓰고 도롱이를 둘러 덧옷을 삼으니,
이 몸이 이렇게 춥지 않게 지내는 것도 역시 임금의 은혜이시도다.

핵심 포인트

<춘사> 시냇가에서 물고기를 안주삼아 탁주를 마시는 흥겨운 강호 생활
　　　미친 흥 : 참을 수 없는 즐거움
<하사> 초당에 지내는 한가로운 강호 생활
<추사> 강호에서 물고기를 잡으며 즐기는 강호 생활
<동사> 삿갓과 도롱이로 추위를 막으며 만족하는 강호 생활

어부가(漁父歌) - 이현보

2019 국회직 8급

〈제1수〉

이 듕에 시름 업스니 漁父(어부)의 생애이로다.
인간 생활
一葉扁舟(일엽편주)를 萬頃波(만경파)에 띄워 두고
나뭇잎같이 작은 배 한 척   한없이 넓은 바다
人世(인세)를 다 니젯거니 날 가는 줄룰 안가.   ▶ 걱정 없는 어부의 삶
속세   잊고 있으니

〈제2수〉

구버는 千尋綠水(천심 녹수) 도라보니 萬疊靑山(만첩청산)
十丈紅塵(십장 홍진)이 언매나 ᄀ렷는고.
속세
江湖(강호)애 月白(월백)ᄒ거든 더옥 無心(무심)하얘라. ▶ 유유자적(悠悠自適)하는 삶
         달이 밝게 비침   세속적 욕심에 관심이 없는 화자의 모습

〈제3수〉

靑荷(청하)에 바놀 ᄢ고 綠柳(녹류)에 고기 ᄢ여,
푸른 연잎   푸른 버들가지
蘆荻花叢(노적화총)애 ᄇᆡ ᄆᆡ아두고,
갈대꽃과 억새풀이 가득한 곳
一般淸意味(일반청의미)를 어늬 부니 아르실고.   ▶ 자연의 참된 의미
자연의 참된 의미

〈제4수〉

山頭(산두)에 閒雲(한운)이 起(기)ᄒ고 水中(수중)에 白鷗(백구)ㅣ 飛(비)이라.
         한가로운 구름(자연 친화의 대상)   자연 친화의 대상
無心(무심)코 多情(다정)ᄒ니 이 두 거시로다.
욕심 없이
一生(일생)에 시ᄅᆞ믈 닛고 너를 조차 노로리라.   ▶ 자연에 몰입하는 즐거움의 추구
물아일체의 경지 (의인법-한운과 백구를 '너'로 지칭함)

〈제5수〉

長安(장안)을 도라보니 北闕(북궐)이 千里(천 리)로다.
한양   임금이 있는 곳, 대궐(경복궁)
漁舟(어주)에 누어신ᄃᆞᆯ 니즌 스치 이시랴.
화자의 내적 갈등 (1수 종장과 대비)
두어라 내 시름 아니라 濟世賢(제세현)이 업스랴.   ▶ 우국충정
감탄사   세상을 건질 어진 사람

✅ 핵심정리

갈래	연시조, 강호 한정가
성격	풍류적, 낭만적, 자연 친화적
제재	어부의 생활
주제	자연을 벗하는 풍류적인 생활, 자연에 은거하는 어부의 생활
특징	- 상투적인 표현을 사용하여 정경 묘사가 추상적이고 관념적임 - 고려 때 전해 오는 '어부가'를 개작한 강호가도의 맥을 잇는 작품 - 윤선도의 '어부사시사'에 영향을 줌

✤ 속세에 대한 화자의 인식 변화

제1수	속세에 대한 부정적 인식이 드러남.
제2수	속세로부터 벗어나고자 함.
제5수	속세를 잊지 못하고 미련을 보임.

✤ 화자의 내적 갈등

〈제1수〉에서 화자는 인세, 즉 세속의 일을 잊고 자연을 벗 삼아 한가로운 삶을 누리고자 한다. 〈제2수〉에서도 '십장 홍진'으로 대표되는 속세를 잊고자 '천심 녹수', '만첩 청산'이라는 화자를 둘러싼 자연물을 제시하는데, 이는 속세와의 단절 의지를 드러낸 소재라 할 수 있다. 그러나 〈제5수〉에서 '장안'과 '북궐'을 의식하며 속세에 대한 미련과 함께 임금에 대한 걱정을 드러내면서 화자가 속세에서 완전히 벗어나지 못했음을 암시하고 있다.

도산십이곡 - 이황

2019년 지방직 9급

이런들 엇더ᄒᆞ며 / 뎌런들 엇더ᄒᆞ료 *대구법*
草野愚生(초야우생)이 이러타 엇더ᄒᆞ료 *달관적 태도*
시골에 사는 어리석은 사람   자연을 벗 삼아 사는 삶
ᄒᆞ물며 泉石膏肓(천석고황)을 고텨 므슴ᄒᆞ료
자연을 사랑하는 것이 병이 될 정도로 깊음 = 연하고질(煙霞痼疾)
〈제1곡〉
▶ 자연에 대한 지극한 사랑

현대어 풀이
이런들 어떠하며 저런들 어떠하랴?
시골에 묻혀 사는 어리석은 사람이 이렇게 산다고 해서 어떠하랴?
더구나 자연을 버리고는 살 수 없는 마음을 고쳐서 무엇하랴?
〈제1곡〉

『우부(愚夫)도 알며 ᄒᆞ거니 긔 아니 쉬운가 『 』: 학문 완성의 어려움
어리석은 사람
성인(聖人)도 못다 ᄒᆞ시니 긔 아니 어려운가』

쉽거나 어렵거나 중에 늙는 주를 몰래라
〈제12곡〉
▶ 영원한 학문 수양의 길

현대어 풀이
어리석은 자도 알아서 행하니 학문의 길이 얼마나 쉬운가.
그러나 성인도 다하지 못하는 법이니 그것이 얼마나 어려운가.
쉽든 어렵든 간에 학문을 닦는 생활 속에 늙는 줄을 모르겠다.
〈제12곡〉

✅ 핵심정리

갈래	연시조
성격	교훈적, 회고적, 예찬적
율격	3(4)·4조, 4음보
주제	자연 속에 묻혀 살고 싶은 소망과 학문의 길에 대한 의지
특징	- 반복법, 설의법, 대구법, 연쇄법 등 다양한 표현 방법을 활용함 - 총12수로 전반부와 후반부로 나눔. - 학문에 대한 의지와 생경한 한자어가 많이 사용됨

📝 구성

전반부 언지 (言志)	• 1수 : 아름다운 자연에 순응하면서 순리대로 살아가려는 마음 • 2수 : 아름다운 자연을 벗하여 살며 태평성대 속에 병으로 늙어 가는 작자의 모습 • 3수 : 성선설을 지지하며 세상의 영재들에게 순박하고 후덕한 풍습을 강조 • 4수 : 벼슬자리를 떠나 자연을 벗하며 살아도 임금을 그리워하는 정 • 5수 : 자연을 멀리하는 현실 개탄 • 6수 : 대자연의 아름다움
후반부 언학 (言學)	• 7수 : 학문하는 즐거움과 산책하는 생활 • 8수 : 인간으로서 진리 터득의 중요성 • 9수 : 옛 성현들을 따라 우리도 학문의 길을 실천하며 살아야 함 • 10수 : 젊을 때 학문에 뜻을 두었다가 벼슬을 지낸 과거를 후회하면서, 이제 학문 수양에 힘쓰겠다는 다짐 • 11수 : 청산과 유수라는 자연의 영원 불변성을 소재로 하여, 그침 없이 학문 수양에 힘쓰겠다는 의지 • 12수 : 영원한 학문 수양의 길을 강조

고산구곡가(高山九曲歌) - 이이

<서사>
高山九曲潭(고산구곡담)을 살룸이 몰으든이

주모복거(誅茅卜居)ᄒᆞ니 벗님네 다 오신다

어즙어, 무이(武夷)를 想像(상상)ᄒᆞ고 학주자(學朱子)를 ᄒᆞ리라.
　　　　　　　　　　　　　　　　학문에 대한 다짐

현대어 풀이
고산의 아홉 번을 굽이 도는 계곡의 아름다운 경치를 사람들이 모르더니,
내가 터를 닦아 집을 짓고 살게 되니 벗들이 찾아오는구나.
아, 주지가 학문을 닦던 무이를 생각하면서 주지의 학문을 공부하리라.

핵심정리

갈래	평시조, 연시조
성격	교훈적, 예찬적
제재	고산의 아름다움 예찬과 학문의 즐거움
주제	학문의 즐거움과 자연의 아름다움 예찬
특징	- 중의적 표현으로 고산의 아름다움과 학문의 즐거움을 동시에 나타냄 - 한자어 사용이 두드러지고, 절제된 감정 속에 풍경을 구체적으로 묘사함

<제1곡>
　■ : 반복법 (형식적 통일, 운율 형성)
一曲(일곡)은 어디미고 冠巖(관암)에 ᄒᆡ 빗췬다
　　　　　　　　　　　① 지명 ② 갓[冠]같이 생긴 바위 (중의법)
平蕪(평무)에 ᄂᆡ 거든이 遠近(원근)이 글림이로다.
잡초가 무성한 넓고 평편한 들판　　　　은유법
松間(송간)에 綠樽(녹준)을 녹코 벗 온 양 보노라.
　　　　　　　　자연 속에서의 풍류

현대어 풀이
일곡은 어디인가? 관암에 해가 비친다.
잡초가 우거진 들판에 안개가 걷히니 원근의 경치가 그림같이 아름답구나.
소나무 사이에 술잔을 놓고 벗이 찾아온 것처럼 바라보노라.

<제2곡>
二曲(이곡)은 어디미고 花巖(화암)에 春晩(춘만)커다.
　　　　　　　　　　① 지명 ② 꽃과 바위 (중의법)
碧波(벽파)에 곳츨 씌워 野外(야외)에 보내노라.
　　　　　　　　　　　　　　속세
살룸이 勝地(승지)를 몰온이 알게 흔들 엇더리.
　　　① 명승지(경치가 좋은 곳) ② 학문의 진리 (중의법)

현대어 풀이
이곡은 어디인가? 화암에 봄이 저물었도다.
푸른 물결에 꽃을 띄워 들 밖으로 보내노라.
사람들이 경치 좋은 이곳을 알지 못하니 알려서 찾아오게 한들 어떠리.

핵심 포인트
<서사> 고산에 정사를 짓고 주자학을 배움(학문에 대한 다짐)
<제1곡> 관암의 아침 경치(아름다운 자연에서 풍류를 즐기는 여유로운 모습)
<제2곡>
1. 화암의 늦봄 경치(꽃을 띄워 보내 사람들에게 화암의 경치를 알리려는 멋과 여유)
2. 승지 : 경치 좋은 곳
3. 종장 : '면앙정가'와 관련

만흥(漫興) - 윤선도

2017 국회직 8급

■ : 자연, 이상적 가치 ↔ ■ : 속세, 세속적 가치.

〈제1수〉
산슈간 바회아래 뛰집을 짓노라 ᄒ᎑니,
　속세, 정계(政界)를 초탈한 곳
그 몰론 ᄂᆞᆷ들은 웃는다 혼다마ᄂᆞᆫ,
　　　　　비웃는다 한다마는
어리고 햐암의 뜻ᄃᆡ는 내 분인가 ᄒ노라.　▶ 안분지족(安分知足)하는 삶에 대한 만족감
　　향암(鄕闇) : 시골에서 자라 사리에 어둡고 어리석은 사람

〈제2수〉
보리밥 픗ᄂᆞ물을 알마초 머근 後(후)에,
　소박한 음식
바횟긋 묽ᄀᆞ의 슬ᄏᆞ지 노니노라.
그나믄 녀나믄 일이야 부릴 줄이 이시랴.　▶ 자연에서 안빈낙도(安貧樂道)하는 삶의 즐거움
　부귀영화, 세속적 가치　　　　　　설의적 표현

〈제3수〉
잔 들고 혼자 안자 먼 뫼흘 ᄇᆞ라보니,
　　　　　　　　　　자연 친화적 태도
그리던 님이 오다 반가옴이 이러ᄒᆞ랴.
말ᄉᆞᆷ도 우움도 아녀도 몯내 됴하ᄒ노라.　▶ 자연과 물아일체(物我一體)된 삶의 즐거움
　　물아일체(物我一體)의 경지

〈제4수〉
누고셔 三公(삼공)도곤 낫다ᄒᆞ더니 萬乘(만승)이 이만ᄒᆞ랴.
　　　　　삼정승　　　　　　　　　만 개의 수레를 부리는 천자(황제)
이제로 헤어든 巢父許由(소부 허유) l 냑돗더라.
　　　　　고대 중국의 인물들로 속세에 나서지 않고 자연을 벗 삼아 즐기며 삶
아마도 林泉閑興(임천한흥)을 비길 곳이 업세라.　▶ 강호 한정의 삶에 대한 자부심
　자연 속에서 느끼는 한가한 흥취

〈제5수〉
내 셩이 게으르더니 하늘히 아ᄅᆞ실샤,
　화자의 천성을 겸손하게 나타냄
人間萬事(인간 만사)를 ᄒᆞᆫ 일도 아니 맛뎌,
　인간 세상의 수많은 일
다만당 ᄃᆞ토리 업슨 江山(강산)을 딕희라 ᄒ시도다.　▶ 자연에 귀의한 삶
　　　다툴 이　　　　　　　　지키라

〈제6수〉
江山(강산)이 됴타 혼들 내 分(분)으로 누얻ᄂᆞ냐.
『님군 恩惠(은혜)를 이제 더욱 아노이다.
아므리 갑고쟈 ᄒᆞ야도 ᄒᆡ올 일이 업세라.』　▶ 임금의 은혜에 대한 감사
　　　　　　　『　』: 유교적 충의 사상

핵심정리

갈래	평시조, 연시조(전 6수)
성격	한정가(閑情歌), 자연 친화적
제재	자연을 벗하는 생활
주제	자연에 묻혀 사는 즐거움과 임금님의 은혜
특징	- 우리말의 묘미를 잘 살림. - 중국의 고사를 인용하여 화자의 정서를 강조함. - 자연과 속세를 대조하여 자연 친화적인 태도를 부각함. - 자연에 은거하면서도 임금의 은혜를 언급하는 사대부의 모습을 보여 줌. - 안분지족하는 삶의 자세가 드러남. - 인간사에 대한 비판적 관점을 통해 현실 도피적 태도를 드러냄.

작품 해설

자연과 더불어 유유자적하며 살아가는 흥겨운 삶을 노래하고 있는 이 작품은 전체 6수로 된 연시조로, 화자가 유배되었다가 풀려난 뒤 고향에 은거하면서 지은 것이다. 자연에 묻혀 지내는 한가롭고 흥겨운 심정을 읊으면서 임금의 은혜를 잊지 않는 것은 사대부 시조의 전통을 이어받은 것으로 볼 수 있으며 우리말의 묘미를 잘 살리고 있는 작품이다.

〈제1수〉에는 혼란한 정계를 떠나 자연에서 은거하는 나를 어리석다고 비웃을지 모르지만 자신의 분수에 맞게 속세를 벗어나 자연과 함께 지내겠다는 현실 도피 사상이 드러난다. 〈제2수〉에서는 부귀나 공명 같은 세속적인 가치를 부러워하지 않고 자연 속에서 안빈낙도하는 화자의 모습이 잘 드러나 있다. 〈제3수〉에서는 먼 산이 어떤 벗이나 임보다도 더 좋다고 함으로써 자연과 혼연일체(渾然一體)가 되어 몰입된 화자의 모습을 보여 준다. 〈제4수〉에서는 자연을 벗 삼아 지내는 생활이 다른 어떤 것과도 비길 수 없다고 하면서 임천한흥에 대한 자부심을 보인다. 〈제5수〉에서는 자신의 성품이 나태하다고 말하고 인간 만사 중에 무엇 하나 제대로 이루지 못했다고 하며 겸양의 미덕을 보여 주고 있다. 〈제6수〉에서는 강호 한정을 읊으면서 임금의 은혜를 잊지 않고 있음을 보여 주고 있는데, 이것은 맹사성의 '강호사시가'에 나오는 '亦君恩(역군은)이샷다'와 맥락을 같이 하는 관습적인 표현으로 조선 초기 사대부 시조의 전통을 이어받은 것으로 볼 수 있다.

상춘곡(賞春曲) - 정극인

2018 국회직 9급, 2017 국회직 9급, 2014 법원직 9급, 2014 기상직 9급, 2009 서울시 9급

■ : 공간의 이동, ■ : 화자가 부정적으로 생각하는 것

紅塵(홍진)에 뭇친 분네 이내 生涯(생애) 엇더ᄒᆞᆫ고.
<small style="color:red">속세 ↔ 산림과 대조</small>

녯 사ᄅᆞᆷ 風流(풍류)를 미ᄎᆞᆯ가 못 미ᄎᆞᆯ가.
<small style="color:red">화자의 풍류 생활이 옛 선인들의 풍류 생활과 유사하다는 자부심</small>

天地間(천지간) 男子(남자) 몸이 날만ᄒᆞᆫ 이 하건마ᄂᆞᆫ

山林(산림)에 뭇쳐 이셔 至樂(지락)을 ᄆᆞᄅᆞᆯ 것가.
<small style="color:red">자연 ↔ 속세와 대조</small>

數間茅屋(수간모옥)을 碧溪水(벽계수) 앏픠 두고,

松竹(송죽) 鬱鬱裏(울울리)예 風月主人(풍월주인) 되여셔라.

▶ 서사 : 자연에서 사는 즐거움

[A]

엇그제 겨을 지나 새봄이 도라오니,
<small style="color:red">계절적 배경</small>

桃花杏花(도화 행화)ᄂᆞᆫ 夕陽裏(석양리)예 퓌여 잇고,
<small style="color:red">복숭아꽃, 살구꽃</small>

綠楊芳草(녹양방초)ᄂᆞᆫ 細雨中(세우 중)에 프르도다.
<small style="color:red">푸른 버드나무와 향기로운 풀</small>

칼로 ᄆᆞᆯ아 낸가, / 붓으로 그려 낸가, → 대구법

造化神功(조화 신공)이 物物(물물)마다 헌ᄉᆞ롭다.

수풀에 우ᄂᆞᆫ 새ᄂᆞᆫ 春氣(춘기)를 ᄆᆞᆺ내 계워 소리마다 嬌態(교태)로다.
<small style="color:red">감정 이입의 대상</small>

<small style="color:red">봄의 경치에 대한 감상</small>

▶ 본사 : 봄의 아름다운 경치

物我一體(물아일체)어니, 興(흥)이이 다ᄅᆞᆯ소냐. → 설의법

柴扉(시비)예 거러 보고, / 亭子(정자)애 안자 보니, → 대구법

逍遙吟詠(소요음영)ᄒᆞ야. 山日(산일)이 寂寂(적적)ᄒᆞᆫᄃᆡ
<small style="color:red">천천히 거닐며 시를 읊조림</small>

閑中眞味(한중진미)를 알 니 업시 호재로다.
<small style="color:red">한가로움 속에서 느끼는 참맛</small>

▶ 본사 : 봄의 흥취

이바 니웃드라 山水(산수) 구경 가쟈스라.

踏靑(답청)으란 오ᄂᆞᆯ ᄒᆞ고,/ 浴沂(욕기)란 來日(ᄂᆡ일) ᄒᆞ새. → 대구법
<small style="color:red">풀 밟기   시냇물에 목욕하고 노는 것</small>

아ᄎᆞᆷ에 採山(채산)ᄒᆞ고 / 나조ᄒᆡ 釣水(조수)ᄒᆞ새. → 대구법, 안분지족의 삶
<small style="color:red">나물 캐기   저녁에   낚시</small>

ᄀᆞᆺ 괴여 닉은 술을 葛巾(갈건)으로 밧타 노코,

곳나모 가지 것거, 수 노코 먹으리라.
<small style="color:red">낭만적인 모습, 정철의 '장진주사'와 유사한 표현</small>

和風(화풍)이 건ᄃᆞᆺ 부러 綠水(녹수)를 건너오니,

淸香(청향)은 잔에 지고, 落紅(낙홍)은 옷새 진다.
<small style="color:red">후각적, 시각적 이미지를 활용하여 자연에 몰입한 모습을 표현</small>

樽中(준중)이 뷔엿거ᄃᆞᆫ 날ᄃᆞ려 알외여라.

小童(소동) 아ᄒᆡᄃᆞ려 酒家(주가)에 술을 믈어,

얼운은 막대 집고, 아ᄒᆡᄂᆞᆫ 술을 메고,

微吟緩步(미음완보)ᄒᆞ야 시냇ᄀᆞ의 호자 안자,
<small style="color:red">= 소요음영 (천천히 거닐며 시를 읊조림)</small>

핵심정리

갈래	서정 가사, 양반 가사, 은일 가사, 강호 한정가
성격	서정적, 묘사적, 자연 친화적, 예찬적
제재	봄의 아름다운 풍경
주제	봄 경치를 즐기는 강호가도(江湖歌道)와 안빈낙도(安貧樂道)
특징	- 대구법, 직유법, 의인법, 고사 인용 등 다양한 표현 방법 사용함 - 감정 이입을 통해 주제를 강조함 (새) - 공간의 이동에 따라 시상을 전개함 - 조선 시대 최초의 양반 가사 - 강호 한정가의 출발점이 되는 작품

공간의 이동

수간 모옥(數間茅屋)
⇩
정자(亭子)
⇩
시냇가
⇩
산봉우리(峰頭)

좁은 공간인 수간 모옥에서 출발하여 점차 넓은 공간인 산봉우리로 이동하며 공간을 확대하고 있다.

화자의 태도

긍정적, 예찬	부정적, 꺼림
산림, 자연	홍진, 속세
안빈낙도의 삶	부귀, 공명

明沙(명사) 조흔 믈에 잔 시어 부어 들고,

淸流(청류)를 굽어보니, 써오ᄂᆞ니 桃花(도화)ㅣ로다.

武陵(무릉)이 갓갑도다, 져 미이 긘 거이고.　　　▶ 본사 : 술을 마시며 즐기는 풍류

松間細路(송간 세로)에 杜鵑花(두견화)를 부치 들고,

峰頭(봉두)에 급피 올나 구름 소긔 안자 보니,

千村萬落(천촌만락)이 곳곳이 버러 잇ᄂᆡ.

煙霞日輝(연하일휘)는 錦繡(금수)를 재폇ᄂᆞᆫ 듯.
안개와 노을, 빛나는 햇살 (=자연)

엇그제 검은 들이 봄빛도 有餘(유여)ᄒᆞ샤.　　　▶ 본사 : 산봉우리에서 조망한 봄의 정경
　　　겨울 들

功名(공명)도 날 씌우고, 富貴(부귀)도 날 씌우니,
주객전도 (화자가 공명과 부귀를 꺼리는 것을 반대로 표현함)

淸風明月(청풍명월) 外(외)예 엇던 벗이 잇ᄉᆞ올고.

簞瓢陋巷(단표누항)에 훗튼 혜음 아니 ᄒᆞᄂᆡ.
도시락 밥, 표주박 물, 누추한 꿍명, 부귀

아모타 百年行樂(백년행락)이 이만ᄒᆞᆫ들 엇지ᄒᆞ리.　　　▶ 결사 : 안빈낙도의 삶
정격 가사의 특징 (시조 종장의 음수율과 유사함)

현대어 풀이

세상에 묻혀 사는 분들이여. 이 나의 생활이 어떠한가. / 옛 사람들의 운치 있는 생활을 내가 미칠까 못미칠까? / 세상의 남자로 태어난 몸으로서 나만한 사람이 많건마는 / 왜 그들은 자연에 묻혀 사는 지극한 즐거움을 모르는 것인가? / 몇 간쯤 되는 초가집을 맑은 시냇물 앞에 지어 놓고, / 소나무와 대나무가 우거진 속에 자연의 주인이 되었구나!

엊그제 겨울이 지나 새봄이 돌아오니, / 복숭아꽃과 살구꽃은 저녁 햇빛 속에 피어 있고, / 푸른 버들과 아름다운 풀은 가랑비 속에 푸르도다. / 칼로 재단해 내었는가? 붓으로 그려 내었는가? / 조물주의 신비스러운 솜씨가 사물마다 야단스럽구나!

수풀에서 우는 새는 봄 기운을 끝내 이기지 못하여 / 소리마다 아양을 떠는 모습이로다. / 자연과 내가 한 몸이거니 흥겨움이야 다르겠는가? / 사립문 주변을 걷기도 하고 정자에 앉아 보기도 하니, / 천천히 거닐며 나직이 시를 읊조려 산 속의 하루가 적적한데, / 한가로운 가운데 참된 즐거움을 아는 사람이 없이 혼자로구나.

여보게 이웃 사람들이여, 산수 구경을 가자꾸나. / 산책은 오늘 하고 냇물에서 목욕하는 것은 내일 하세. / 아침에 산나물을 캐고 저녁에 낚시질을 하세. / 이제 막 익은 술을 갈건으로 걸러 놓고, / 꽃나무 가지를 꺾어 잔 수를 세면서 먹으리라. / 화창한 바람이 문득 불어서 푸른 시냇물을 건너오니, / 맑은 향기는 술잔에 가득하고 붉은 꽃잎은 옷에 떨어진다. / 술동이 안이 비었으면 나에게 아뢰어라. / 사동을 시켜서 술집에서 술을 사 가지고, / 어른은 지팡이를 짚고 아이는 술을 메고, / 나직이 읊조리며 천천히 걸어 시냇가에 혼자 앉아, / 고운 모래가 비치는 맑은 물에 잔을 씻어 술을 부어 들고, / 맑은 시냇물을 굽어보니 떠내려오는 것이 복숭아 꽃이로다. / 무릉도원이 가까이 있구나. 저 들이 바로 그곳인가?

소나무 사이 좁은 길로 진달래꽃을 손에 들고, / 산봉우리에 급히 올라 구름 속에 앉아 보니, / 수많은 촌락들이 곳곳에 벌여 있네. / 안개와 놀과 빛나는 햇살은 아름다운 비단을 펼쳐 놓은 듯. / 엊그제까지도 거뭇거뭇했던 들판이 이제 봄빛이 넘치는구나.

공명과 부귀가 모두 나를 꺼리니, / 아름다운 자연 외에 어떤 벗이 있으리오. / 비록 가난하게 살고 있지만 잡스러운 생각은 아니 하네. / 아무튼 한평생 즐겁게 지내는 것이 이만하면 족하지 않겠는가?

핵심 포인트
1. 홍진(紅塵) = 속세(俗世) = 인간(人間) = 풍진(風塵) = 하계(下界) = 진세(塵世) = 사바
2. 수풀에 우는 새는 춘기를 못내 겨워 소리마다 교태로다 : 새(객관적 상관물)
3. 물아일체(物我一體)어니 흥(興)이야 다를소냐 : 앞부분(자연의 모습) 뒷부분(인생의 모습)
4. 청향은 잔에 지고 낙홍은 옷에 진다 : 물아일체의 경지
5. 청류를 굽어보니 떠오는 것이 도화(桃花)로다 무릉(武陵)이 가깝도다 : 도화 → 무릉도원(武陵桃源) = 기산영수 = 연명오류
6. 봉두(峰頭)에 급히 올라 : 공간 이동
7. 공명(功名)도 날 꺼리고 부귀(富貴)도 날 꺼리니 : 주객전도 표현
8. 단표누항(簞瓢陋巷) : 일단사일표음(一簞食一瓢飮) = 단사표음(簞食瓢飮) : 가난하고 소박한 생활
9. 훗튼 혜음 : 부귀공명을 흠모하는 생각
10. 백년행락(百年行樂)이 이만한들 엇지하리
    a. 정서적 시간(백년 → 한평생)
    b. 현재 삶에 대한 만족감, 자부심(체념이 아님)

면앙정가 – 송순

2018 지방직 7급, 2018 지방교행직(경), 2010년 법원직 9급

서사

无等山(무등산) 훈 활기 뫼희 동다히로 버더 이셔

멀리 쎼쳐 와 霽月峯(제월봉)의 되여거늘

無邊大野(무변대야)의 므슴 짐쟉 ᄒ노라
주체 : 제월봉 (의인법)

일곱 구비 훈믜움쳐 므득므득 버려는 듯.

가온대 구비는 굽괴 든 늘근 뇽이
제월봉의 가운데 굽이를 비유한 표현

선줌을 굿 쌔야 머리를 안쳐시니.   ▶ 서사 1 : 제월봉의 형세

너른바회 우희

松竹(송죽)을 헤혀고 亭子(정자)를 안쳐시니

구름 툰 靑鶴(청학)이 千里(천 리)를 가리라 / 두 노릐 버렷는 듯.
            면앙정의 지붕을 비유한 표현
면앙정을 비유한 표현   ▶ 서사 2 : 면앙정의 모습

본사1

玉泉山(옥천산) 龍泉山(용천산) ᄂ린 믈히

亭子(정자) 압 너븐 들히 兀兀(올올)히 펴진 드시

넙거든 기노라 프로거든 희지마나
〈관동별곡〉에 영향을 준 표현

雙龍(쌍룡)이 뒤트는 듯 긴 깁을 치펏는 듯
└ 시냇물을 비유한 표현 ┘

어드러로 가노라 므슴 일 빅얏바

닷는 듯 ᄯ로는 듯 밤낫즈로 흐르는 듯.   ▶ 본사 1 : 면앙정 앞 시냇물의 모습

므소친 沙汀(사정)은 눈굿치 펴졋거든

이즈러온 기럭기는 므스거슬 어로노라

안즈락 ᄂ리락 모드락 흐트락

蘆花(노화)을 ᄉ이 두고 우러곰 좃니는고.   ▶ 본사 1 : 물가의 기러기의 교태

너븐 길 밧기요 긴 하늘 아릭 두로고

쏘존 거슨 뫼힌가 屛風(병풍)인가 그림가 아닌가.
산봉우리가 마치 병풍을 둘러 놓은 듯함

『노픈 듯 ᄂ즌 듯 긋는 듯 닛는 듯
  『 』: 산의 다양한 모습

숨거니 뵈거니 가거니 머믈거니』

이즈러온 가온듸 일흠 는 양ᄒ야 하늘도 젓치 아녀

웃득이 셧는 거시 秋月山(추월산) 머리 짓고

龍歸山(용귀산) 鳳旋山(봉선산) / 佛臺山(불대산) 漁燈山(어등산)

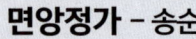

핵심정리

갈래	서정 가사, 양반 가사, 은일 가사, 강호 한정가
성격	서정적, 묘사적, 자연 친화적
율격	3(4)·4조, 4음보 연속체
제재	면앙정 주변의 아름다운 자연 풍경
주제	자연을 즐기는 강호가도와 임금에 대한 감사
특징	– 비유·대구·반복 등의 다양한 표현 방법 사용 – 사계절의 변화에 따른 내용 전개

사상의 흐름

서사	면앙정이 있는 제월봉의 위치와 형세
본사1	면앙정에서 바라본 주변의 아름다운 경치 (근경 → 원경)
본사2	사계절의 변화에 따른 면앙정의 아름다움
결사	자연 속에서 즐기는 풍류 생활과 임금의 은혜에 대한 감사를 드러냄.

계절감을 나타내는 소재

이 작품은 '면앙정'이라는 정자 주위의 풍경을 사계절에 따라 읊으며, 계절마다 대표적인 소재를 등장시켜 계절의 특성을 드러내고 있다.

봄	산람, 세우
여름	녹양, 녹음
가을	즌 서리, 금수, 황운
겨울	빙설, 경궁요대, 옥해은산

涌珍山(용진산) 錦城山(금성산)이 / 虛空(허공)의 버러거든

遠近(원근) 蒼崖(창애)의 머믄 것도 하도 할샤.　　▶ 본사1 : 면앙정에서 바라본 산의 모습

본사 2
■ : 계절감을 나타내는 소재

흰구름 브흰 煙霞(연하) 프로니는 山嵐(산람)이라.
　　　　　안개와 노을　　　　　　산 아지랑이 (봄)

『千巖(천암) 萬壑(만학)을 제 집으로 사마 두고
　의인법 (주체 = 산람)

나명셩 들명셩 일히도 구는지고.』

오르거니 느리거니 長空(장공)의 써나거니

廣野(광야)로 거너거니 프르락 블그락 여트락 지트락

斜陽(사양)과 섯거디어 細雨(세우)조차 뿌리는다.　　▶ 본사 2 : 면앙정의 봄

藍輿(남여)를 비야 타고 솔 아릭 구븐 길로 오며 가며 하는 적의
화자의 신분이 드러남

綠楊(녹양)의 우는 黃鶯(황앵) 嬌態(교태) 겨워 하는괴야.
버드나무 (여름)　　　감정이입

나모 새 주주지어 綠陰(녹음)이 얼린 적의

百尺(백척) 欄干(난간)의 긴 조으름 내여 펴니

水面(수면) 凉風(양풍)이야 긋칠 줄 모르는가.　　▶ 본사 2 : 면앙정의 여름

즌 서리 빠진 후의 산 빗치 錦繡(금수)로다.
된서리 (가을)　　　　　단풍이 물든 산의 모습

黃雲(황운)은 또 엇지 萬頃(만경)에 편거긔요.
누렇게 익은 곡식을 비유한 말 (은유법)

漁笛(어적)도 흥을 계워 들롤 따라 브니는다.　　▶ 본사 2 : 면앙정의 가을
감정이입

草木(초목) 다 진 후의 江山(강산)이 미몰커늘

造物(조물)이 헌사하야 氷雪(빙설)로 수며 내니
　　　　　　　　　　　겨울

瓊宮瑤臺(경궁요대)와 玉海銀山(옥해은산)이 眼底(안저)에 버러셰라.
└─ 눈 덮인 아름다운 자연을 비유한 말 (은유법) ─┘

乾坤(건곤)도 가음열샤 간 대마다 경이로다.　　▶ 본사 2 : 면앙정의 겨울
　　　　　　자연의 아름다움에 대한 예찬

결사

人間(인간)을 써나와도 내 몸이 겨를 업다.
　　　　　　　　　자연을 완상하기에 바쁜 마음

니것도 보려 하고 져것도 드르려코

바람도 혀려 하고 달도 마즈려코

밤으란 언제 줍고 고기란 언제 낙고

柴扉(시비)란 뉘 다드며 딘 곳츠란 뉘 쓸려뇨.

아츰이 낫브거니 나조히라 슬흘소냐.

오늘리 不足(부족)커니 來日(내일)리라 有餘(유여)하랴.

이 뫼히 안자 보고 져 뫼히 거러 보니

煩勞(번로)훈 무음의 부릴 일이 아조 업다.

쉴 사이 업거든 길히나 전호리야.

다만 훈 靑藜杖(청려장)이 다 므듸여 가노미라.

▶ 결사 1: 속세를 떠나 자연 속에서 즐기는 생활

술이 닉엇거니 벗지라 업슬소냐.

블니며 튼이며 혀이며 이아며

온가지 소리로 醉興(취흥)을 비야거니
　　　　　　　술에 취하여 일어나는 흥취

근심이라 이시며 시름이라 브터시랴.

누으락 안즈락 구브락 져츠락

을프락 포람호락 노혜로 소긔니

天地(천지)도 넙고넙고 日月(일월) 흔가호다.

羲皇(희황)을 모룰러니 이 젹이야 긔로고야

神仙(신선)이 엇더턴지 이 몸이야 긔로고야.

▶ 결사 2: 취흥을 즐김

江山風月(강산풍월) 거늘리고 내 百年(백 년)을 다 누리면
아름다운 자연　　　　　　　　　　평생

岳陽樓上(악양루상)의 李太白(이태백)이 사라 오다.

浩蕩情懷(호탕정회)야 이에서 더홀소냐.

▶ 결사 3: 호탕한 정회

이 몸이 이렁 굼도 亦君恩(역군은) 이샷다.
유교적 충의가 나타남

▶ 결사 4: 임금의 은혜

현대어 풀이

<서사1>
무등산 한 줄기 산이 동쪽으로 뻗어 있어
(무등산을) 멀리 떼어 버리고 나와 제월봉이 되었거늘
끝없이 넓은 벌판에 무슨 생각을 하느라고
그 가운데 굽이는 구멍에 든 늙은 용이
선잠을 막 깨어 머리를 얹어 놓은 듯하다.

<서사2>
넓고 평평한 바위 위에
소나무와 대나무를 헤치고 정자를 앉혔으니
구름을 탄 청학이 천 리를 가려고 / 두 날개를 벌리고 있는 듯하다.

<본사1>
옥천산, 용천산에서 내리는 물이
정자 앞 넓은 들에 끊임없이 펴진 듯이
넓으면서도 길며, 푸르면서도 희다
두 마리의 용이 몸을 뒤트는 듯, 긴 비단을 쫙 펼쳐 놓은 듯
어디로 가느라고 무슨 일이 바빠서
달리는 듯, 따르는 듯, 밤낮으로 흐르는 듯하다.

물 따라 펼쳐진 모래밭은 눈같이 하얗게 펼쳐져 있는데
어지럽게 나는 기러기는 무엇을 어르느라고

앉았다가 날았다가, 모였다 흩어졌다가 하면서
갈대꽃을 사이에 두고 울면서 따라다니느냐.

넓은 길 밖이요, 긴 하늘 아래
두르고 꽂은 것은 산인가, 병풍인가, 그림인가 아닌가.
높은 듯 낮은 듯, 끊어지는 듯 이어지는 듯
숨거니 보이거니, 가거니 머물거니
어지러운 가운데 유명한 척하며 하늘도 두려워하지 않고
우뚝 서 있는 여러 산봉우리 가운데, 추월산이 머리를 이루고
용구산, 봉선산 / 불대산, 어등산 // 용진산, 금성산이 / 허공에 늘어서 있는데,
멀고도 가까운 푸른 벼랑에 머문 것도 많기도 많구나.

<본사2>
흰 구름, 뿌연 안개와 노을, 푸른 것은 산아지랑이로구나.
수많은 바위와 골짜기를 자기 집으로 삼아 두고
나오기도 하고 들어가기도 하면서 아양도 떠는구나.
오르기도 하고 내리기도 하며 먼 하늘로 떠나기도 하고
넓은 들판으로 건너가기도 하며 푸르기도 하고 붉기도 하고 옅기도 하고 짙기도 하고
석양과 섞이어 가랑비조차 뿌리느냐.

뚜껑 없는 가마를 재촉해 타고 소나무 아래 굽은 길로 오며 가며 하는 때에
푸른 버드나무에서 우는 꾀꼬리는 흥에 겨워 아양을 떠는구나.
나무와 억새와 같은 풀이 우거져 녹음이 짙어진 때에
긴 난간에서 긴 졸음을 내어 펴니
물위에서 불어오는 서늘한 바람이야 그칠 줄을 모르는구나.

된서리 걷힌 후에 산빛이 수놓은 비단 같구나.
누렇게 익은 곡식은 또 어찌 넓은 들에 퍼져 있는고?
고기잡이를 하며 부르는 피리도 흥을 이기지 못하여 달을 따라 계속 부는가.

초목이 다 떨어진 후에 강산이 (눈 속에) 묻혔거늘
조물주가 야단스러워 얼음과 눈으로 꾸며 내니
경궁요대(구슬로 꾸며 놓은 궁전과 대)와 옥해은산(구슬이 깔린 바다와 은으로 꾸민 산)과 같이 아름다운 설경이 눈 아래 펼쳐져 있구나
하늘과 땅도 풍성하구나. 가는 곳마다 아름다운 경치로구나.

<결사>
인간 세상을 떠나와도 내 몸이 한가로울 겨를이 없다.
이것도 보려하고 저것도 들으려 하고
바람도 쐬려 하고(끌어당기려 하고), 달도 맞으려 하고
밤은 언제 줍고 고기는 언제 낚고
사립문은 누가 닫으며 떨어진 꽃은 누가 쓸 것인가.
아침에도 (시간이) 부족한데 저녁이라고 (자연을 완상할 시간이) 싫으랴.
오늘도 (자연을 완상할 시간이)부족한데 내일이라고 (자연을 완상할 시간이)넉넉하랴.
이 산에 앉아보고 저 산에 걸어보니
번거로운 마음이지만 버릴 일이 전혀 없다.
쉴 사이도 없는 데 (이곳에 오는) 길을 전할 틈이 있으랴.
다만 하나의 푸른 명아주 지팡이가 다 무디어져 가는구나.

술이 익어가니 벗이 없을 것인가
(노래를)부르게 하며, (악기를)타게 하며, 켜게 하며, 흔들며
온갖 소리로 취흥을 재촉하니
근심이라 있으며 시름이라 붙어 있겠는가
누웠다가 앉았다가 구부렸다가 젖혔다가(눕기도 하고 앉기도 하며, 구부리기도 하고 젖히기도 하며)
(시를) 읊다가 휘파람을 불었다가 마음 놓고 노니
천지도 넓으며 세월도 한가하다.
복희씨도 태평성대를 모르고 지냈더니 지금이야말로 그때로구나
신선이 어떤 것인가, 이 몸이야말로 신선이로구나

아름다운 자연을 거느리고 내 한평생을 다 누리면
악양루 위에 이태백이 살아온들
넓고 끝없는 정다운 회포야 이보다 더하겠느냐?

이 몸이 이렇게 지내는 것도 역시 임금의 은혜이시도다

핵심 포인트

1. 제월봉 - 늙은 용
2. 면앙정 - 청학(靑鶴)
3. 면앙정에서 바라본 근경(近景)
   a. 강물 - 쌍룡(雙龍), 비단
   b. 기러기
4. 면앙정에서 바라본 원경(遠景) 뫼-병풍(屛風), 그림
5. 면앙정의 춘경(春景) - 산람(山嵐)
   면앙정의 하경(夏景) - 녹음(綠陰)
   면앙정의 추경(秋景) - 금수(錦繡), 황운(黃雲)
   면앙정의 동경(冬景) - 빙설(氷雪), 경궁요대(瓊宮瑤臺), 옥해은산(玉海銀山)
6. 자연애와 풍류 생활
   a. 인간(人間) =속세(俗世)=홍진(紅塵)=풍진(風塵)=하계(下界)=진세(塵世)=사바
   b. 아촘이 낫브거니 나조히라 슬흘소냐 : 아침이 부족하니 저녁에라도 자연을 감상하는 것이 싫겠는가
   c. 煩勞(번로)흔 모음의 부릴 일이 아조 업다 : 자연을 감상하기에 바쁜 마음
   d. 쉴 수이 업거든 길히나 젼후리야. : 길(면앙정으로 오는 길=자연 친화의 길)
   e. 다만 흔 靑藜杖(청려장)이 다 므듸여 가노미라 : 청려장(대지팡이) → 자연을 감상하기에 바쁜 생활을 알려주는 소재
7. 취흥(醉興)
   호탕정회(浩蕩情懷)
8. 역군은(亦君恩)

관동별곡 - 정철
2020 지방직 7급, 2019 경찰직 1차, 2016 법원직 9급, 2015 국회직 8급, 2014년 국가직 9급, 2014년 국가직 7급

서사 1

江강湖호애 病병이 깁퍼 竹듁林님의 누엇더니,
    연하고질(煙霞痼疾), 천석고황(泉石膏肓)   은거지, 전남 창평

關관東동 八팔百빅 里니에 方방面면을 맛디시니,
    관찰사의 소임

어와 聖셩恩은이야 가디록 罔망極극하다.
    『 』: 과감한 생략 (속도감, 관찰사로 임명 받은 기쁨)

『延연秋츄門문 드리다라 慶경會회 南남門문 바라보며,

下하直직고 믈너나니 玉옥節졀이 알픠 셧다.』

平평丘구驛역 말을 가라 黑흑水슈로 도라드니,

蟾셤江강은 어듸메오 雉티岳악이 여긔로다. ▶ 서사 1: 관찰사 배명(拜命)과 부임의 여정

현대어 풀이

서사 1
자연을 사랑하는 마음이 고치질 못할 병처럼 깊어 은거지(창평)에서 지내고 있었는데
(임금님께서) 8백 리나 되는 관동 지방 관찰사의 직분을 맡겨 주시니,
아아, 임금님의 은혜야말로 갈수록 그지없다
(경복궁 서문인) 연추문으로 달려들어가 경회루 남쪽 문을 바라보며
임금님께 하직을 하고 물러나니, 관찰사의 신표인 옥절이 앞에 서 있다.
평구역(양주)에서 말을 갈아 타고 흑수(여주)로 돌아드니,
섬강(원주)는 어디인가? 치악산(원주)이 여기로구나

서사 2

昭쇼陽양江강 나린 믈이 어드러로 든단 말고.
    연군지정

孤고臣신 去거國국에 白빅髮발도 하도 할샤.
    우국지정

東동州쥐 밤 계오 새와 北북寬관亭뎡의 올나하니,

三삼角각山산 第뎨一일峰봉이 하마면 뵈리로다.
    연군지정

弓궁王왕 大대闕궐 터희 烏오鵲쟉이 지지괴니,
    까마귀와 까치 (감정 이입의 대상)

千쳔古고 興흥亡망을 아난다 몰아난다.
    인생무상, 맥수지탄(麥秀之嘆)

『淮회陽양 녜 일홈이 마초아 가틀시고.
    『 』: 선정에 대한 포부

汲급長댱孺유 風풍彩치를 고텨 아니 볼 게이고.』 ▶ 서사 2: 관내 순시와 선정에 대한 포부

현대어 풀이

서사 2
소양강의 흘러내리는 물이 어디로 흘러 든다는 말인가
임금 곁을 떠나는 외로운 신하가 걱정이 많기도 많구나.
동주(철원)의 하룻밤을 겨우 새워 북관정에 오르니,
(임금 계신 한양의) 삼각산 제일 높은 봉우리가 웬만하면 보일 것도 같구나
궁예 왕의 대궐 터였던 곳에 까막까치가 지저귀니,
한 나라의 흥하고 망함을 알고 우는가, 모르고 우는가?
회양이라는 이름이 (중국 한나라에 있던) 회양이라는 옛날 이름과 공교롭게도 같구나
(한나라 회양 태수로 선정을 베풀었다는) 급장유의 풍채를 다시 펼쳐야 할 것이 아닌가?

✓ 핵심정리

갈래	양반 가사, 기행 가사, 정격 가사
성격	서정적, 지사적, 서경적
율격	3(4)·4조의 4음보
제재	내금강과 관동 팔경
주제	금강산, 관동 팔경에 대한 감탄과 연군지정 및 애민 사상
특징	- 영탄법, 대구법, 생략법 등을 활용함. - 우리말의 아름다움을 잘 살림.

❂ 산과 바다의 이미지

작가가 산을 보며 떠올린 생각은 백성을 돌보고 나라의 장래를 걱정하는 공인으로서의 자세가 주로 드러난다. 반면 바다에서는 인간 본연의 모습이 주로 드러나며, 개인적인 풍류와 연결된다.

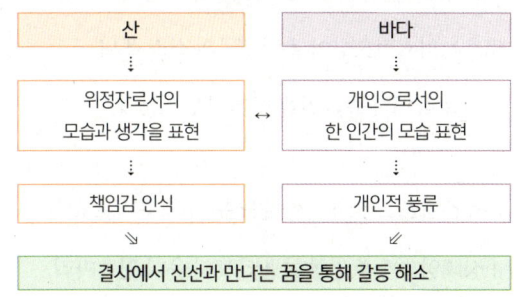

본사1

■ : 공간의 이동

營영中듕이 無무事ᄉᆞᄒᆞ고 時시節졀이 三삼月월인 제,
　선정에 대한 은근한 자부심　　　　시간적 배경

花화川쳔 시내길히 楓풍岳악으로 버더 잇다.
　　　　　　　　　금강산의 가을 명칭

行힝裝장을 다 썰티고 石셕逕경의 막대 디퍼,
　여행 채비

百빅川쳔洞동 겨틱 두고 萬만瀑폭洞동 드러가니,

銀은 ᄀᆞᆮ튼 무지게 玉옥 ᄀᆞᆮ튼 龍룡의 초리,
　직유법　　　　　　폭포의 역동적인 모습 (은유법)
　직유법

섯돌며 ᄲᅮᆷ는 소리 十십 里리의 ᄌᆞ자시니,
　과장법

『들을 제ᄂᆞᆫ 우레러니 / 보니ᄂᆞᆫ 눈이로다.』『』: 원경 → 근경　▶ 본사1 : 만폭동 폭포의 장관
　　　청각　　　대구법
　　　　　　　시각

金금剛강臺대 믿 우層층의 仙션鶴학이 삿기 치니,
　　　　　　　　　　　신선이 탄다는 학 (미화법)

春츈風풍 玉옥笛뎍聲셩의 첫ᄌᆞᆷ을 ᄭᆡ돗던디,

縞호衣의玄현裳상이 半반空공의 소소 ᄯᅳ니,
　흰 저고리와 검은 치마 (학의 모습)

西셔湖호 녯 主쥬人인을 반겨셔 넘노ᄂᆞᆫ 듯.　▶ 본사1 : 금강대의 선학
　화자 자신 (정철)

小쇼香향爐노 大대香향爐노 눈 아래 구버보고,

正졍陽양寺ᄉᆞ 眞진歇헐臺대 고텨 올나 안준마리,

廬녀山산 眞진面면目목이 여긔야 다 뵈ᄂᆞ다.

어와 造조化화翁옹이 헌ᄉᆞ토 헌ᄉᆞᄒᆞ샤.
　우아미

『놀거든 ᄯᅱ디 마나 / 셧거든 솟디 마나.』
　산봉우리의 변화무쌍하고 역동적인 모습 (송순의 '면앙정가'에서 영향을 받음)

芙부蓉용을 고잣ᄂᆞᆫ 듯 / 白ᄇᆡᆨ玉옥을 믓것ᄂᆞᆫ 듯,

東동溟명을 박ᄎᆞᄂᆞᆫ 듯 / 北븍極극을 괴왓ᄂᆞᆫ 듯. 『』: 대구법
　동해　　　　　　　　임금을 상징

놉흘시고 望망高고臺대, 외로올샤 穴혈望망峰봉이
　　　　　　　　충신의 모습

하늘의 추미러 무ᄉᆞ 일을 ᄉᆞ로리라,

千쳔萬만劫겁 디나ᄃᆞ록 구필 줄 모ᄅᆞᄂᆞᆫ다.

어와 너여이고 너 ᄀᆞ트니 ᄯᅩ 잇ᄂᆞᆫ가.　▶ 본사1 : 진헐대에서 바라본 금강산
　　　망고대, 혈망봉

開ᄀᆡ心심臺대 고텨 올나 衆듕香향城셩 ᄇᆞ라보며,

萬만 二이千쳔峰봉을 歷녁歷녁히 혀여ᄒᆞ니,

峰봉마다 밋쳐 잇고 긋마다 서린 긔운,

ᄆᆞᆰ거든 조티 마나 조커든 ᄆᆞᆰ디 마나.
　맑고도 깨끗한 산의 정기 (대구법, 연쇄법)

뎌 긔운 흐터 내야 人인傑걸을 ᄆᆞᆫ들고쟈.
　우국지정

形형容용도 그지업고 軆톄勢셰도 하도 할샤.
　금강산의 정적인 모습　　금강산의 동적인 모습

天텬地디 삼기실 제 自ᄌᆞ然연이 되연마ᄂᆞᆫ,

이제 와 보게 되니 有유情졍도 有유情졍ᄒᆞ샤.

✓ 서사

서사1 (부임)	창평	은거 생활, 천석고황
	한양	성은에 감격
	평구역	양주
	흑슈	여주
	섬강·티악	원주 감영이 있는 곳
서사2 (순력*)	쇼양강(춘천)	연군지정, 우국지정
	동쥬(철원)·북관뎡	연군지정, 세사의 무상함
	회양	선정에의 포부

* 순력 : 관찰사나 원 등이 관할 지역을 순회하던 일.

✿ 본사

금강산과 관동 팔경 유람

본사1 금강산	만폭동의 폭포	폭포의 장관, 비유·감각적 표현
	금강대의 선학	도선적 풍모, 셔호 녯주인
	진헐대에서의 조망	녀산 진면목, 우국과 충절
	개심대에서의 조망	성현의 도를 흠모, 공자의 고사
	화룡소에서의 감회	선정에 대한 포부, 노룡에 비유
	불정대의 12 폭포	폭포의 장관, 망여산 폭포
	산영누	신선사상, 백구, 물아일체
본사2 관동팔경	총석정	도교 사상, 기묘한 형상
	삼일포	사선의 추모
	의상대	일출의 장관, 우국지정
	경포	미풍양속
	죽서루	객수, 연군지정
	망양정	파도의 장관, 고래, 은산

📝 결사

망양정	망양정에서 월출과 꿈	신선에 대한 동경
	선우후락의 정신	애민정신, 선정에 대한 포부
	달이 비치는 모습	임금에 대한 예찬

毘비盧로峰봉 上샹上샹頭두의 올라 보니 긔 뉘신고.
　　　　　　　　　　오른 사람이 없을 것이다
『東동山산 泰태山산이 어ᄂᆞ야 놉돗던고.
　『: 동산, 태산에 올라 천하를 작게 여긴 공자의 호연지기를 부러워함
魯노國국 조븐 줄도 우리는 모ᄅᆞ거든,

넙거나 넙은 天텬下하 엇씨ᄒᆞ야 젹닷 말고.

어와 뎌 디위를 어이ᄒᆞ면 알 거이고.』

오ᄅᆞ디 못ᄒᆞ거니 ᄂᆞ려가미 고이ᄒᆞᆯ가.　　▶ 본사1: 개심대에서의 중향성, 비로봉 조망
　　　　　　　　내려가는 것이 (무엇이) 이상하랴

圓원通통골 ᄀᆞ는 길로 獅ᄉᆞ子ᄌᆞ峰봉을 ᄎᆞ자가니,

그 알ᄑᆡ 너러바회 化화龍룡쇠 되여셰라.

千쳔年년 老노龍룡이 구비구비 서려 이셔,
화룡소의 모습 - 화자 자신
晝듀夜야의 흘녀 내여 滄챵海ᄒᆡ예 니어시니,

『風풍雲운을 언제 어더 三삼日일雨우를 디련는다.
　선정의 여건(때)　　　　　백성에게 베푸는 선정
陰음崖애예 이온 플을 다 살와 내여ᄉᆞ라.』　『: 선정에의 포부, 숭고미　▶ 본사1: 화룡소의 감회
고통받는 백성

磨마訶하衍연 妙묘吉길祥샹 雁안門문재 너머 디여,

외나모 써근 ᄃᆞ리 佛블頂뎡臺ᄃᆡ 올라ᄒᆞ니,

千쳔尋심絶졀壁벽을 半반空공애 셰여 두고,

銀은河하水슈 한 구비를 촌촌이 버혀 내여,
원관념 = 폭포
실ᄀᆞ티 플텨이셔 뵈ᄀᆞ티 거러시니,
폭포의 근경　　　　폭포의 원경
圖도經경 열두 구비 내 보매는 여러히라.

李니謫뎍仙션 이제 이셔 고텨 의논ᄒᆞ게 되면,

廬녀山산이 여긔도곤 낫단 말 못 ᄒᆞ려니.　　▶ 본사1: 불정대에서 바라본 십이 폭포의 장관
이백이 폭포의 장관을 노래한 '망여산폭포'의 소재가 되는 산

현대어 풀이

본사 1
감영 안이 무사하고, 시절이 3월인 때에,
화천(花川)의 시냇길이 금강산으로 뻗어 있다.
행장을 간편히 하고, 돌길에 지팡이를 짚고,
백천동 옆을 지나서 만폭동 계곡으로 들어가니,
은 같은 무지개, 옥 같은 용의 꼬리처럼
폭포가 섞어 돌며 내뿜는 소리가 십 리 밖까지 퍼졌으니
멀리서 들을 때에는 우렛소리 같더니, 가까이서 보니 눈이 날리는 것 같구나!
금강대 맨 꼭대기에 학이 새끼를 치는데,
봄바람에 들려오는 옥피리 소리에 첫 잠을 깨웠던지
흰 저고리 검은 치마로 단장한 학이 공중에 치솟아 뜨니
서호의 옛 주인 임포를 반기듯 나를 반겨 넘노는 듯하구나!

소향로봉과 대향로봉을 눈 아래 굽어보고,
정양사 뒤 진헐대에 다시 올라 앉으니,
중국의 여산과도 같이 아름다운 금강산의 참모습이 여기서야 다 보인다.
아아, 조물주의 솜씨가 야단스럽기도 야단스럽구나.

봉우리들이 나는 듯하면서도 뛰는 듯하고, 우뚝 서 있는 듯하면서도 솟은 듯하여 변화무쌍하구나
연꽃을 꽂아 놓은 듯, 백옥을 묶어 놓은 듯,
동해를 박차는 듯, 북극성을 괴고 있는 듯하구나
높기도 하구나 망고대여, 외롭기도 하구나 혈망봉이
하늘에 치밀어 무슨 일을 아뢰려고
오랜 세월이 지나도록 굽힐 줄 모르는가?
아, 너로구나. 너 같은 높은 기상을 지닌 것이 또 있겠는가?
개심대에 다시 올라 중향성을 바라보며
만 이천 봉을 똑똑히 헤아리니,
봉마다 맺혀 있고, 산끝마다 서린 기운,
맑거든 깨끗하지 말거나, 깨끗하거든 맑지나 말 것이지
저 맑고 깨끗한 기운을 흩어 내어 뛰어난 인재를 만들고 싶구나.

(산의) 생김새도 끝이 없고 형세도 다양하기도 하구나.
천지가 생겨날 때에 저절로 이루어진 것이지만,
이제 와서 보게 되니 조물주의 깊은 뜻이 담겨 있구나.
(금강산의 제일 꼭대기인) 비로봉에 올라 본 사람이 누구이신가?
동산과 태산 중 어느 것이 비로봉보다 높던가?
노나라가 좁은 줄도 우리는 모르는데,
(하물며) 넓고도 넓은 천하를 (공자는) 어찌하여 작다고 했는가?
아! (공자와 같은 그 높고 넓은) 저 경지를 어찌하면 알 수 있겠는가
오르지 못하는데 내려감이 이상하랴?

원통골의 좁은 길을 따라 사자봉을 찾아가니,
그 앞의 넓은 바위가 화룡소가 되었구나.
천 년 묵은 늙은 용이 굽이굽이 서려 있는 것같이
밤낮으로 물을 흘러 내어 넓은 바다까지 이어 있으니
(저 용은) 바람과 구름을 언제 얻어 흡족한 비를 내리려 하느냐?
그늘에 시든 풀들을 다 살려 내려무나

마하연, 묘길상, 안문재를 넘어 내려가
썩은 외나무 다리를 건너 불정대에 오르니
천 길이나 되는 절벽이 공중에 세워 두고
은하수 큰 굽이를 마디마디 잘라내어
실처럼 풀어서 베처럼 걸어 놓았으니,
산수 도경에는 열두 굽이로 그려 놓았지만, 내가 보기에는 그보다 더 많아 보인다
만일, 이백이 지금 있어서 다시 의논하게 되면,
여산 폭포가 여기보다 낫다는 말은 못 할 것이다

본사 2

山산中듕을 미양 보랴 東동海히로 가쟈ᄉ라.
　　　　　　　　　　　　금강산(내금강) / 해금강으로 장소 이동 (내금강 → 해금강)
　　　　　화자의 신분을 드러냄
籃남輿여 緩완步보ᄒ야 山산映영樓누의 올나ᄒ니,
　　　　금강산을 떠나는 아쉬움을 시냇물과 새에 이입하여 표현함 (감정이입)
玲녕瓏농 碧벽溪계와 數수聲셩 啼뎨鳥됴는 離니別별을 怨원ᄒᄂ 듯,

『旌졍旗긔를 썰티니 五오色ᄉᆡᆨ이 넘노ᄂ 듯,
　『』: 관찰사의 행차 모습
鼓고角각을 섯부니 海ᄒᆡ雲운이 다 것ᄂ 듯.』

鳴명沙사길 니근 물이 醉ᄎᆔ仙션을 빗기 시러,
　　　　　　　　　　　　취한 신선, 작가 자신 (정철)
바다ᄒᆞᆯ 겻틱 두고 海ᄒᆡ棠당花화로 드러가니,

白ᄇᆡᆨ鷗구야 ᄂᆞᆯ디 마라 네 버딘 줄 엇디 아ᄂ.
자연과 하나가 된 경지 (물아일체)　　　▶ 본사 2 : 내금강을 떠나는 아쉬움과 동해로 가는 감회

金금闌난窟굴 도라드러 叢총石셕亭뎡 올라ᄒ니,

白ᄇᆡᆨ玉옥樓누 남은 기동 다만 네히 셔 잇고야.
총석정에서 바라본 네 개의 돌기둥(사선봉)을 가리킴
工공倕슈의 셩녕인가 鬼귀斧부로 다드문가.

구ᄐᆞ야 六뉵面면은 므어슬 象샹톳던고.　　　▶ 본사 2 : 총석정에서 바라본 사선봉

高고城셩을란 뎌만 두고 三삼日일浦포를 ᄎᆞ자가니,

丹단書셔ᄂ 宛완然연ᄒ되 四ᄉ仙션은 어딘 가니.
붉은 글씨　　　　　신라의 화랑들
예 사흘 머믄 後후의 어듸 가 또 머믈고.

仙션遊유潭담 永영郎낭湖호 거긔나 가 잇ᄂ가.

淸쳥澗간亭뎡 萬만景경臺ᄃᆡ 몃 고ᄃᆡ 안돗던고.　　　▶ 본사 2 : 삼일포에서의 사선 추모

梨니花화ᄂ 볼셔 디고 졉동새 슬피 울 제,

洛낙山산 東동畔반으로 義의相샹臺ᄃᆡ예 올라 안자,

『日일出츌을 보리라 밤듕만 니러ᄒ니,
　　해 = 임금
『』: 해가 떠오르는 장관을 묘사, 동적인 이미지, (직유법, 과장법 사용)
祥샹雲운이 집픠ᄂ 동, 六뉵龍뇽이 바퇴ᄂ 동,
　　　　　　　　　　　여섯 용=충신
바다ᄒ 써날 제ᄂ 萬만國국이 일위더니,

天텬中듕의 티쓰니 毫호髮발을 혜리로다.』
임금의 총명을 연상
아마도 녈구름 근쳐의 머믈셰라.
　　간신배 (임금의 총명을 흐리게 하는 존재)
詩시仙션은 어듸 가고 咳ᄒᆡ唾타만 나맛ᄂ니.

天텬地디間간 壯쟝ᄒᆞᆫ 긔별 ᄌᆞ셔히도 홀셔이고.　　　▶ 본사 2 : 의상대 일출의 장관

斜샤陽양 峴현山산의 텩튝을 므니불와
석양, 해 질 녘
羽우蓋개芝지輪륜이 鏡경浦포로 ᄂᆞ려가니,
신선이 탄다는 수레 (자신을 신선에 비유함)

十십里리 氷빙紈환을 다리고 고텨 다려,
  잔잔한 수면 (원경)
長댱松숑 울흔 소개 슬쿠장 펴뎌시니,

믈결도 자도 잘샤 모래를 혜리로다.
  매우 맑다 (근경)
孤고舟쥬 解해纜람ᄒᆞ야 亭뎡子ᄌᆞ 우희 올나가니,

江강門문橋교 너믄 겨틱 大대洋양이 거긔로다.

從둉容용ᄒᆞᆫ다 이 氣긔像샹 闊활遠원ᄒᆞ다 뎌 境경界계,

이도곤 ᄀᆞᄌᆞᆫ ᄃᆡ 또 어듸 잇닷 말고.
우아미
紅홍粧장 古고事ᄉᆞ를 헌ᄉᆞ타 ᄒᆞ리로다.
  고려 때 강원 감사 박신과 기생 홍장이 경포에서 사랑을 나눴다는 고사
江강陵능 大대都도護호 風풍俗쇽이 됴흘시고.

節졀孝효旌졍門문이 골골이 버러시니,

比비屋옥可가封봉이 이제도 잇다 ᄒᆞᆯ다.　　　▶ 본사 2 : 경포의 장관과 강릉의 미풍양속
도덕적이고 풍속이 좋은 태평성대

眞진珠쥬館관 竹듁西셔樓루 五오十십川쳔 ᄂᆞ린 믈이,

太태白빅山산 그림재를 東동海ᄒᆡ로 다마 가니,
    ┌ 연군지정
출하리 漢한江강의 木목覓멱의 다히고져.
 『 』: 위정자로서의 책임감과 자연인으로서의 욕망 사이의 갈등 심화 - 비장미
『王왕程뎡이 有유限ᄒᆞᆫᄒᆞ고 風풍景경이 못 슬믜니,
위정자로서의 책임감
幽유懷회도 하도 할샤 客ᄀᆡᆨ愁수도 둘 듸 업다.』
               자연인으로서의 욕망
仙션槎사를 ᄯᅴ워 내여 斗두牛우로 向향ᄒᆞ살가,
신선이 타는 뗏목. 울진의 옛 이름
仙션人인을 ᄎᆞᄌᆞ려 丹단穴혈의 머므살가.　　▶ 본사 2 : 죽서루에서의 객수
            신라 때 사선이 놀았다는 강원도에 있는 굴

㉠天텬根근을 못내 보와 望망洋양亭뎡의 올은말이,

바다 밧근 하늘이니 하늘 밧근 므서신고.

㉡ᄀᆞᆺ득 노흔 고래 뉘라셔 놀내관ᄃᆡ,
    ↳ 원관념 : 성난 파도 (활유법)
블거니 쁨거니 어즈러이 구ᄂᆞᆫ디고.

㉢銀은山산을 것거 내여 六뉵合합의 ᄂᆞ리ᄂᆞᆫ 듯,
   ↳ 높은 파도 (은유법)
五오月월 長댱天텬의 ㉣白빅雪셜은 므ᄉᆞ 일고.　　▶ 본사 2 : 망양정에서의 파도 조망
           ↳ 파도에서 떨어지는 물방울 (은유법)

현대어 풀이

본사 2
금강산만 항상 보랴. 동해로 가자꾸나.
남여를 타고 천천히 걸어 산영루에 오르니
영롱한 푸른 시냇물과 아름다운 새소리는 이별을 원망하는 듯,
깃발을 휘날리니 갖가지 색깔의 깃발이 서로 넘나들며 노는 듯하고,
북을 치고 나발을 부니 그 소리에 바다 위의 구름이 다 걷히는 듯하다.
모래밭 길에 익숙한 말이 취한 신선을 비스듬히 실어,
바다를 곁에 두고 해당화 핀 곳으로 들어가니,
갈매기야 날지 마라. 내가 네 벗인 줄 어찌 알겠느냐?

금난굴 돌아들어 총석정에 올라가니,

(옥황상제가 거처하던) 백옥루의 돌기둥이 네 개만 서 있는 듯하구나.
(옛날 중국의 명장인) 공수가 만든 작품인가? 조화를 부리는 귀신의 도끼로 다듬었는가?
구태여, 육면으로 된 돌 기둥은 무엇을 본떴는가?

고성은 저만큼 두고 삼일포를 찾아가니
(신라의 국선이었던 영랑의 무리가 남석으로 갔다는) 붉은 글씨 뚜렷한데, 사선은 어디 갔는가?
여기서 사흘 동안 머무른 뒤에 어디 가서 또 머물렀던고?
선유담, 영랑호 거기에 가 있는가?
청간정, 만경대 몇 곳에 앉아 놀았던가?
배꽃은 벌써 지고 접동새 슬피 울 때
낙산사 동쪽 언덕으로 가서 의상대에 올라 앉아
해돋이를 보려고 한밤중에 일어나니
상서로운 구름이 뭉게뭉게 피어나는 듯. 여섯 용이 하늘을 떠받쳐 괴는 듯
(해가) 바다에서 떠날 때는 온 세상이 일렁이더니
하늘로 치솟아 뜨니 터럭도 셀 수 있을 만큼 환하구나.
아마도 지나가는 구름이 해 근처에 머물까 두렵구나.
이백은 어디 가고 그의 시구만이 남았느냐?
천지간 일출의 장한 소식을 자세히도 표현하였구나.

석양 무렵 현산의 철쭉꽃을 잇따라 밟으며,
신선이 탄다는 수레를 타고 경포로 내려가니,
십 리나 뻗쳐 있는 얼음같이 흰 비단을 다리고 다시 다린 것 같은 맑고 잔잔한 호 숫물이
큰 소나무 숲으로 둘러싼 속에 한껏 펼쳐져 있으니
물결도 잔잔하기도 잔잔하여 물속 모래알까지도 헤아릴 만하구나
한 척의 배를 띄워 호수를 건너 정자 위에 올라가니,
강문교 넘은 곁에 동해가 거기로구나.
조용하구나 (경포의) 기상이여, 넓고 아득하구나 저 (동해의) 경계여,
이 곳보다 아름다운 경치를 갖춘 곳이 또 어디 있단 말인가?
과연 고려 우왕 때 박신과 홍장의 이야기가 야단스럽다 하리로다.
강릉 대도호부의 풍속이 좋기도 하구나.
충신, 효자, 열녀를 표창하기 위하여 세운 정문이 동네마다 널렸으니,
즐비하게 늘어선 집마다 모두 벼슬을 줄 만하다는 요순 시절의 태평성대가 지금도 있다고 하겠도다.

진주관 죽서루 아래 오십천의 흘러내리는 물이
태백산 그림자를 동해까지 담아 가니,
차라리 (그 물줄기를) 임금 계신 한강으로 돌려 서울의 남산에 닿게 하고 싶구나
관원의 여정은 유한하고, 풍경은 볼수록 싫증나지 않으니,
그윽한 회포가 많기도 많고, 나그네의 시름도 달랠 길 없구나.
신선이 타는 뗏목을 띄워 내어 북두성과 견우성으로 향할까?
신선을 찾으러 단혈에 머무를까?

하늘 끝을 끝내 보지 못하여, 망양정에 올랐더니
바다 밖은 하늘이니 하늘 밖은 무엇인고
가뜩이나 성난 고래를 누가 놀라게 하기에
불기도 하고 뿜기도 하면서 어지러이 구는 것인가?
은으로 된 산을 깎아 내어 온 천지에 흩뿌려 내리는 듯하니,
오월의 하늘에서 흰 눈이 내리는 것은 무슨 영문인고

결사 1

져근덧 밤이 드러 風풍浪낭이 定뎡ᄒᆞ거늘,

扶부桑상 咫지尺쳑의 明명月월을 기ᄃᆞ리니,

瑞셔光광千쳔丈댱이 뵈는 ᄃᆞᆺ 숨는고야.

珠쥬簾렴을 고텨 것고 玉옥階계를 다시 쓸며,

啓계明명星셩 돗도록 곳초 안자 ᄇᆞ라보니,

白빅蓮년花화 ᄒᆞᆫ 가지를 뉘라셔 보내신고.
흰 연꽃 (원관념 = 달)

일이 됴흔 世셰界계 ᄂᆞᆷ대되 다 뵈고져.
애민 사상

뉴霞하酒쥬 ᄀᆞ득 부어 ᄃᆞᆯᄃᆞ려 무론 말이,

英영雄웅은 어ᄃᆡ 가며, 四ᄉᆞ仙션은 긔 뉘러니,
이백

아미나 맛나 보아 녯 긔별 뭇쟈 ᄒᆞ니,

仙션山산 東동海ᄒᆡ예 갈 길히 머도 멀샤.

▶ 결사 1 : 망양정에서 본 월출

현대어 풀이

결사 1
잠깐 사이 밤이 되어 풍랑이 가라앉거늘
해뜨는 곳(부상)이 가까운 동쪽 바다에서 밝은 달이 뜨기를 기다리니
천길이나 되는 길게 뻗친 상서로운 달빛이 나타났다가는 이내 숨는구나.
구슬로 만든 발을 다시 걷고 옥같은 섬돌을 다시 쓸며
샛별이 돋도록 꼿꼿이 앉아 바라보니
흰 연꽃처럼 희고 아름다운 달을 누가 이 세상에 보냈는가
이렇게 좋은 (망양정의 달밤의 경치를) 나 아닌 다른 사람들에게 보이고 싶구나.
신선이 마시는 술을 가득 부어 들고 달에게 묻기를
(옛날의) 영웅은 어디 갔으며, (신라 때의) 네 명의 국선은 그 누구이던가?
아무나 만나 옛 소식 묻고자 하니
삼신산이 있다는 동해로 갈 길이 멀기도 하구나.

결사 2

■: 신선, ■: 화자(정철)

松송根근을 베여 누어 픗ᄌᆞᆷ을 얼픗 드니,
꿈의 시작

ᄭᅮᆷ애 ᄒᆞᆫ 사ᄅᆞᆷ이 날ᄃᆞ려 닐온 말이,

그ᄃᆡ를 내 모ᄅᆞ랴 ⓐ上상界계예 眞진仙션이라.
신선이 화자에게 한 말

黃황庭뎡經경 一일字ᄌᆞ를 엇디 그릇 닐거 두고,

人인間간의 ᄂᆞ려와셔 우리를 ᄯᆞᆯ오ᄂᆞᆫ다.

져근덧 가디 마오 이 술 ᄒᆞᆫ 잔 머거 보오.

北븍斗두星셩 기우려 滄챵海ᄒᆡ水슈 부어 내여,
작가의 호방한 기상이 드러남, 호연지기

저 먹고 날 머겨ᄂᆞᆯ 서너 잔 거후로니,

ⓑ和화風풍이 習습習습ᄒᆞ야 兩냥腋익을 추혀 드니,

九구萬만 里리 長댱空공애 져기면 ᄂᆞᆯ리로다.

『이 술 가져다가 四ᄉᆞ海ᄒᆡ예 고로 ᄂᆞ화,
『 』: 선우후락, 목민관의 자세, 애민정신

ⓒ億억萬만 蒼창生싱을 다 醉취케 믱근 後후의,

그제야 고텨 맛나 쏘 훈 잔 ᄒᆞ잣고야.

말 디쟈 鶴학을 ᄐᆞ고 九구空공의 올나가니,

空공中듕 玉옥簫쇼 소ᄅᆡ 어제런가 그제런가.

나도 ᄌᆞᆷ을 ᄭᅴ여 바다ᄒᆞᆯ 구버보니,
꿈 → 현실
ⓓ기픠를 모ᄅᆞ거니 ᄀᆞ인들 엇디 알리.

明명月월이 千쳔山산 萬만落낙의 아니 비쵠 ᄃᆡ 업다.
임금을 상징 (임금의 은총) / 시조의 종장과 같은 음수율 (정격 가사)

▶ 결사 2 : 꿈속 신선과의 만남과 임금에 대한 예찬

현대어 풀이

결사 2
소나무 뿌리를 베고 누워 선잠이 잠깐 드니
꿈에 한 사람이 나에게 이르기를
"그대를 내가 모르겠느냐? 그대는 하늘 나라의 참 신선이다.
황정경이라는 도가의 경전 한 글자를 어찌 잘못 읽어 두고,
인간 세상에 내려와서 우리를 따르는가?"
잠깐 동안 가지 마오. 이 술 한 잔 먹어 보오.
북두칠성을 술국자로 하여 푸른 동해의 물을 술로 삼아 부어내서
저도 먹고 나에게도 먹이거늘 서너 잔 기울이니
따뜻한 봄바람이 산들산들 불어와 양쪽 겨드랑이를 추켜드니
아득히 먼 하늘에 웬만하면 날아오를 것만 같구나.
이 술 가져다가 온 천하에 고루 나누어
모든 백성을 다 취하게 만든 후에
그 때에야 다시 만나 또 한 잔 하자꾸나
그 말이 끝나자 신선이 학을 타고 하늘로 올라가니
공중의 옥피리 소리 어제인지 그제인지 어렴풋하구나
나도 잠을 깨어 바다를 굽어보니
깊이를 모르니 끝인들 어찌 알리?
밝은 달이 온 산과 촌락에 비치지 않는 곳이 없다.

누항사(陋巷詞) - 박인로

2019 국가직 9급, 2016 법원직 9급, 2015 법원직 9급

어리고 迂闊(우활)ᄒᆞ산 이ᄂᆡ 우히 더니 업다.

吉凶禍福(길흉화복)을 하날긔 부쳐 두고
<small>운명론적 세계관</small>

『陋巷(누항) 깁푼 곳의 草幕(초막)을 지어 두고,
<small>좁고 지저분한 곳 (자기가 사는 곳을 겸손하게 이르는 말)</small>

風朝雨夕(풍조우석)에 석은 딥히 셥히 되야
<small>바람 부는 아침과 비 오는 저녁, 날씨가 변화무쌍한 날</small>

셔홉 밥 답홉 粥(죽)에 煙氣(연기)도 하도 할샤.
<small>초라한 음식</small>　　　　　『 』: 화자의 곤궁한 생활

설 데인 熟冷(숙냉)애 뷘 ᄇᆡ 쇡일 ᄲᅮᆫ이로다.

生涯(생애) 이러ᄒᆞ다 丈夫(장부) ᄯᅳᆺ을 옴길넌가.
<small>현실　　　　　　　　　　이상</small>

安貧一念(안빈일념)을 젹을망정 품고 이셔,
<small>가난하지만 편안히 즐기며 살려 함</small>

隨宜(수의)로 살려 ᄒᆞ니 날로조차 齟齬(저어)ᄒᆞ다
<small>옳은 일을 좇음</small>
　　　　　▶ 서사 : 누항에서 안빈 일념으로 살려는 의지

ᄀᆞ을히 不足(부족)거든 봄이라 有餘(유여)ᄒᆞ며

주머니 뷔엿거든 甁(병)의라 담겨시랴.

貧困(빈곤)한 人生(인생)이 天地間(천지간)의 나뿐이라,

飢寒(기한)이 切身(절신)ᄒᆞ다 一丹心(일단심)을 이질ᄂᆞᆫ가.
<small>배고픔과 추위　　　　　　안빈 일념</small>

奮義忘身(분의망신)ᄒᆞ야 죽어야 말녀 너겨
<small>의에 분발하여 제 몸을 잊음</small>

于橐(우탁) 于囊(우랑)의 줌줌이 모와 녀코,
<small>전대와 망태(군인의 배낭)</small>

兵戈(병과) 五載(오재)예 敢死心(감사심)을 가져이셔
<small>임진왜란 5년　　　　　죽음을 각오한 마음</small>

履尸涉血(이시섭혈)ᄒᆞ야 몃 百戰(백전)을 지ᄂᆡ연고.
　　　　　▶ 본사 : 임진왜란에 참전했던 일을 회상함

一身(일신)이 餘暇(여가) 잇사 一家(일가)를 도라보랴

一奴長鬚(일노 장수)는 奴主分(노주분)을 이졋거든

告余春及(고여 춘급)을 어닉 사이 싱각ᄒᆞ리

耕當問奴(경당 문노)인들 눌ᄃᆞ려 물ᄅᆞᆯ는고

躬耕稼穡(궁경 가색)이 ᄂᆡ 分(분)인 줄 알리로다
<small>몸소 밭을 갈고 씨를 뿌리고 거둠</small>

莘野耕叟(신야 경수)와 隴上耕翁(농상 경옹)을 賤(천)타 ᄒᆞ리 업것마ᄂᆞᆫ

아므려 갈고젼들 어ᄂᆡ 쇼로 갈로손고.
<small>소가 없어 농사를 짓지 못함</small>
　　　　　▶ 본사 : 전란 후 몸소 농사를 지어야 하는 궁핍함

 핵심정리

갈래	가사
성격	전원적, 사색적, 사실적
제재	안분지족(安分知足)의 생활
주제	- 자연을 벗 삼아 안빈낙도(安貧樂道)하고자 하는 선비의 궁핍한 삶 - 빈이무원(貧而無怨)하며 충효, 우애, 신의를 나누는 삶
특징	- 일상생활에 대한 생생한 묘사를 보여 줌 - 일상 언어의 사용으로 생활 감정을 직접적으로 드러냄 - 농촌의 일상과 관련된 어휘와 어려운 한자어가 많이 쓰임 - 운명론적 인생관이 드러남

구성

서사	누항에서 안빈 일념으로 살려는 의지
본사	전쟁에 임하여 죽을 고비를 넘겼던 일을 회상
	전란 후 몸소 농사를 지어야 하는 궁핍함
	농사를 지으려고 소를 빌리러 감
	소를 빌리러 갔다가 수모를 당하고 돌아옴
	매정한 세태를 한탄하고 밭 갈기를 포기함
	자연을 벗 삼아 임자 없는 자연 속에서 늙겠다고 다짐
결사	빈이무원하고 충효, 화형제, 신붕우를 중히 여기고 살아 가겠다고 다짐

旱旣太甚(한기 태심)호야 時節(시절)이 다 느즌 졔
가뭄이 이미 크게 심함

西疇(서주) 놉흔 논애 잠깐 긴 녈비예,

道上無源水(도상 무원수)를 반만깐 딕혀 두고
근원 없이 흐르는 물

쇼 혼 젹 듀마 호고 엄섬이 호는 말삼,
진심으로 하는 말이 아님

친절(親切)호라 너긴 집의 달 업슨 황혼(黃昏)의 허위허위 다라가셔,

『구디 다든 문(門) 밧긔 어득히 혼자 서셔,

큰 기춤 아함이를 양구(良久)토록 호온 후(後)에,
『 』: 현실과 체면 사이의 상반된 모습

어화 긔 뉘신고 염치(廉恥) 업산 닉옵노라.

초경(初更)도 거읜듸 긔 엇지 와 겨신고.

연년(年年)에 이러호기 구차(苟且)흔 줄 알건만는,

쇼 업슨 궁가(窮家)애 혜염 만하 왓삽노라.
연민에 호소하며 소를 빌리려는 화자

공호나 갑시나 주염즉도 호다마는,

다만 어제 밤의 거녠 집 져 사롬이,

목 불근 수기치(雉)를 옥지읍(玉脂泣)게 꾸어 닉고,
수꿩   구슬 같은 기름

간 이근 삼해주(三亥酒)를 취(醉)토록 권(勸)호거든,

이러흔 은혜(恩惠)을 어이 아니 갑흘넌고.
우회적으로 거절함 (건넛집에 소를 빌려주기로 했다는 의미)

내일(來日)로 주마 호고 큰 언약(言約) 호야거든,

실약(失約)이 미편(未便)호니 사셜이 어려왜라.

실위(實爲) 그러호면 혈마 어이할고.

헌 먼덕 수기 스고 측 업슨 집신에 설피설피 물너 오니,
맥없이 (화자의 정서 암시)

풍채(風採) 저근 형용(形容)애 긔 즈칠 뿐이로다.
화자의 슬픔을 고조시키는 존재

▶ 본사: 소를 빌리러 갔다가 수모를 당하고 옴

와실(蝸室)에 드러간들 잠이 와사 누어시랴.
달팽이집 (작고 누추한 집)

북창(北牕)을 비겨 안자 식비를 기다리니,

무정(無情)한 대승(戴勝)은 이닉 한(恨)을 도우느다.
오디새 (봄에 밭 갈기를 재촉하는 새), 화자의 슬픔을 고조시킴

종조 추창(終朝惆悵)호며 먼 들흘 바라보니,

즐기는 농가(農歌)도 흥(興) 업서 들리느다.

세정(世情) 모른 한숨은 그칠 줄을 모르느다.

아신온 져 소뷔는 볏보님도 됴홀세고.

가시 엉권 묵은 밧도 용이(容易)케 갈련마는,

허당 반벽(虛堂半壁)에 슬드업시 걸려고야.

춘경(春耕)도 거의거다 후리쳐 더뎌 두쟈. ▶ 본사: 농사일을 포기함

강호(江湖) 흔 쑴을 꾸언지도 오리러니,
_{자연과 더불어 살겠다는 꿈}
구복(口腹)이 위루(爲累)ᄒᆞ야 어지버 이져써다.

첨피 기욱(瞻彼淇燠)혼듸 도 하도 할샤.

유비군자(有斐君子)들아 낙듸 ᄒᆞ나 빌려ᄉᆞ라.

노화(蘆花) 깁픈 곳애 명월쳥풍(明月淸風) 벗이 되야,

님ᄌᆞ 업슨 풍월강산(風月江山)애 졀로졀로 늘그리라.

무심(無心)한 백구(白鷗)야 오라 ᄒᆞ며 말라 ᄒᆞ랴.

다토리 업슬슨 다문 인가 너기로라.
_{안빈낙도, 유유자적의 태도}

▶ 결사 : 자연을 벗 삼아 늙기를 소망함

자연친화

현대어 풀이
어리석고 세상 물정에 어둡기로는 이 나보다 더한 사람이 없다.
모든 운수를 하늘에게 맡겨 두고 누추한 깊은 곳에 초가를 지어 놓고,
고르지 못한 날씨에 썩은 짚이 땔감이 되어 초라한 음식을 만드는 데 연기가 많기도 하구나.
덜 데운 숭늉으로 고픈 배를 속일 뿐이로다.
살림살이가 이렇게 구차하다고 한들 대장부의 뜻을 바꿀 것인가.
안빈낙도하겠다는 한 가지 생각을 적을 망정 품고 있어서,
옳은 일을 좇아 살려 하니 날이 갈수록 뜻대로 되지 않는다.

가을이 부족한데 봄이라고 여유가 있겠으며
주머니가 비었는데 술병에 술이 담겨 있으랴
가난한 인생이 천지간에 나뿐이로다.
배고픔과 추위가 몸을 괴롭힌다 한들 일편 단심을 잊을 것인가. 의
에 분발하여 내 몸을 잊어서 죽어서야 말겠노라고 마음먹어,
전대와 망태에 한 줌 한 줌 모아 넣고,
전란 5년 동안에 죽고 말리라는 마음을 가지고 있어
주검을 밟고 피를 건너 몇백 전을 치루었던가

한 몸이 겨를이 있어서 집안을 돌보겠는가?
늙은 종은 하인과 주인의 분수를 잊어버렸는데
나에게 봄이 왔다고 일러 줄 것을 어떻게 기대할 수 있겠는가.
밭 가는 일은 마땅히 종에게 물어야 한다지만 누구에게 물을 것인가?
몸소 농사를 짓는 것이 내 분수에 맞는 줄 알겠도다.
들에서 밭 갈던 은나라의 이윤과 진나라의 진승을 천하다고 할 사람이 없지마는
아무리 갈려고 한들 어느 소로 갈겠는가?

가뭄이 몹시 심하여 농사철이 다 늦은 때에, 서쪽 두둑 높은 논에 잠깐 갠 지나가는 비에 길 위에 흐르는 물을 반쯤 대어 놓고는, 소 한 번 주마 하고 엉성하게 하는 말을 듣고
"소 한 번 빌려 주마."하고 엉성하게 하는 말을 듣고
친절하다고 여긴 집에 달도 없는 황혼에 허둥지둥 달려가서
굳게 닫은 문 밖에 우두커니 혼자 서서
'에헴.'하는 인기척을 꽤 오래도록 한 후에
"어, 거기 누구신가?" 묻기에 "염치 없는 저올시다."
"초경도 거의 지났는데 그대 무슨 일로 와 계신가?"
"해마다 이러기가 구차한 줄 알지마는,
소 없는 가난한 집에서 걱정이 많아 왔소이다."
"공짜로나 값을 치르거나 간에 주었으면 좋겠지만
다만 어젯밤에 건넛집 사는 사람이
목이 붉은 수꿩을 구슬 같은 기름에 구워내고
갓 익은 좋은 술을 취하도록 권하였는데
이러한 은혜를 어떻게 아니 갚겠는가?

내일 소를 빌려 주마 하고 굳게 약속을 하였기에
약속을 어기기가 편하지 못하니 말씀하기가 어렵구료."
"사실이 그렇다면 설마 어찌하겠는가."
헌 모자를 숙여 쓰고 축 없는 짚신을 신고 맥없이 물러나오니
풍채 적은 내 모습에 개가 짖을 뿐이로구나.

작고 누추한 집에 들어간들 잠이 와서 누워 있겠는가.
북쪽 창문에 기대앉아 새벽을 기다리니
무정한 오디새는 나의 한을 북돋우는구나.
아침이 끝날 때까지 슬퍼하며 먼 들을 바라보니
즐기는 농부들의 노래도 흥 없게 들리는구나.
세상 물정을 모르는 한숨은 그칠 줄 모른다.
아까운 저 쟁기는 날도 좋구나.
(소만 있다면) 가시가 엉킨 묵은 밭도 쉽게 갈 수 있으련만
빈집 벽 한가운데 쓸데없이 걸려 있구나.
봄갈이도 거의 다 지났다. 팽개쳐 던져 버리자.

자연을 벗 삼아 살겠다는 꿈을 꾼 지도 오래더니
먹고 사는 것이 누가 되어 아, 슬프게도 다 잊었도다.
저 냇가를 바라보니 푸른 대나무가 많기도 하구나.
교양 있는 선비들아, 낚싯대 하나 빌리자꾸나.
갈대꽃 깊은 곳에서 밝은 달과 맑은 바람의 벗이 되어
임자 없는 자연 속에서 근심 없이 늙으리라.
무심한 갈매기야, 나더러 오라고 하며 말라고 하랴?
다툴 이가 없는 것은 다만 이뿐인가 생각하노라.

유산가(遊山歌) - 작자 미상

화란 춘성(花爛春城)하고 만화방창(萬化方暢)이라. 때 좋다 벗님네야, 산천경개
상투적인 한문투 (상층 문학을 모방함)
(山川景槪)를 구경을 가세.　　　　　　　　　　　▶ 서사: 봄의 경치 권유

죽장망혜(竹杖芒鞋) 단표자(單瓢子)로 천리강산을 들어를 가니, 만산 홍록(滿山
간편한 차림 (대나무 지팡이와 집신, 표주박)
紅綠)들은 일 년 일도(一年一度) 다시 피어 춘색(春色)을 자랑노라 색색이 붉었
는데, 창송 취죽(蒼松翠竹)은 창창울울(蒼蒼鬱鬱)한데, 기화요초(琪花瑤草) 난만
　　　푸른 소나무와 푸른 대나무　　　　　　　　　　　　*옥같이 고운 풀이 핀 구슬같이 아름다운 꽃*
중(爛漫中)에 꽃 속에 잠든 나비 자취 없어 날아난다.
유상앵비(柳上鶯飛)는 편편금(片片金)이요, 화간접무(花間蝶舞)는 분분설(紛紛
대구법, 은유법
雪)이라. 삼춘가절(三春佳節)이 좋을씨고. 도화 만발 점점홍(桃花滿發點點紅)이
로구나. 어주 축수 애삼춘(漁舟逐水愛三春)이어든 무릉도원(武陵桃源)이 예 아
니냐. 양류 세지 사사록(楊柳細枝絲絲綠)하니 황산 곡리 당춘절(黃山谷裏當春
節)에 연명 오류(淵明五柳)가 예 아니냐.
　　도연명이 은거 후 버드나무를 심고 자신을 어류 선생이라 칭함
제비는 물을 차고, 기러기 무리져서 거지중천(居之中天)에 높이 떠서 두 나래 훨
씬 펴고, 펄펄펄 백운간(白雲間)에 높이 떠서 천리강산 머나먼 길을 어이 갈꼬 슬
　　　　　　　　　　　　　　　전체 정서와 어울리지 않는 상투적인 표현
피 운다.
원산(遠山)은 첩첩(疊疊), 태산(泰山)은 주춤하여, 기암(奇巖)은 층층(層層), 장송
실감나는 묘사
(長松)은 낙락(落落), 에이 구부러져 광풍(狂風)에 흥을 겨워 우줄우줄 춤을 춘다.
『층암 절벽상(層巖絕壁上)의 폭포수(瀑布水)는 콸콸, 수정렴(水晶簾) 드리운듯,
『 』: 순우리말로 만들어진 의성어와 의태어 사용, 생동감 있는 묘사, 우리말의 묘미 ↑　　　　원관념: 폭포
이 골 물이 주루루룩, 저 골 물이 쌀쌀, 열에 열 골 물이 한데 합수(合水)하여 천방
져 지방져 소쿠라지고 펑퍼져, 넌출지고 방울져, 저 건너 병풍석(屏風石)으로 으
'천방지방'이 변형된 말 (천방지방: 너무 급하여 함부로 날뛰는 모양)
르렁 콸콸 흐르는 물결이 은옥(銀玉)같이 흩어지니, 소부 허유(巢父許由) 문답하
던 기산 영수(箕山潁水)가 예 아니냐.』
주곡제금(奏穀啼禽)은 천고절(千古節)이요, 적다정조(積多鼎鳥)는 일년풍(一年
대구법
豊)이라.　　　　　　　　　　　　　　　▶ 본사: 찬란한 봄의 경치 완상

일출 낙조(日出落照)가 눈앞에 벌여나 경개 무궁(景槪無窮) 좋을씨고
　　　　　　　　　　　　　　　　　　　▶ 결사: 무궁한 경개 예찬

핵심정리

갈래	잡가
성격	서경적, 향락적, 유흥적, 영탄적
주제	봄의 아름다운 경치 완상(玩賞)과 감흥
특징	- 의태어와 의성어를 빈번히 사용하여 생동감을 부여함 - 가창되는 특성을 고려하여 일정한 운율로 전개됨 - 대구법, 열거법, 비유법 등 다양한 표현 방법을 활용함 - 조선 후기에 유행한 잡가 중 대표작

소부 허유

소부와 허유는 중국 기산의 은자로, 요임금이 허유에게 임금의 자리를 넘겨주려고 하자 허유는 더러운 말을 들었다고 하여 영수에서 귀를 씻었다. 소를 끌고 온 소부는 이를 보고 영수의 물을 소에게 먹이지 않았다고 한다.

현대어 풀이

봄이 오자 성안에 꽃이 만발하여 화려하고, 따뜻한 봄날에 만물은 바야흐로 한창 기를 펴고 자라난다. 때가 좋구나. 친구들아 산천경치를 구경가세.

대나무 지팡이에 짚신을 신고 표주박 하나를 들고 머나먼 강산에 들어가니, 온 산에 가득한 붉은 꽃과 푸른 초목은 일 년에 한 번씩 다시 피어 봄빛을 자랑하느라 색색이 붉어 있는데, 푸른 소나무와 푸른 대나무는 울창하고, 아름다운 꽃과 풀은 화려한 가운데, 꽃 속에서 자던 나비는 사뿐하게 날아오른다.

버드나무 위에서 나는 꾀꼬리는 여러 개의 금조각이 같이 아름답고, 꽃 사이에서 춤추는 나비들은 날리는 눈송이같구나. 아름다운 이 봄이 참으로 좋구나. 복숭아꽃이 만발하여 꽃송이마다 붉었구나. 고깃배를 타고 물을 따라 올라가서 산속의 봄 경치를 사랑하게 되니, 무릉도원이 여기가 아니냐. 버드나무의 가는 가지는 수많은 실을 늘여 놓은 것같이 가닥가닥이 푸르니, 황산의 골짜기에 봄을 만난 도연명의 오류촌이 여기가 아니냐.

제비는 물을 차고, 기러기는 무리를 지어 허공에 높이 떠 두 날개를 활짝 펴고, 펄펄 흰구름 사이에 높이 떠서 천 리나 되는 머나먼 강산을 어떻게 갈까 슬프게 운다.

먼 산은 겹겹으로 펼쳐지고, 높은 산은 멈칫하듯 우뚝 솟아 있는데, 기이한 바위는 층층이 쌓이고, 큰 소나무는 가지가 치렁치렁 늘어져 허리가 구부러진 채, 미친 듯 사나운 바람에 흥에 겨워 우쭐우쭐 춤을 춘다.

층층인 바위 절벽 위에 폭포수는 수정으로 만든 발을 드리워 놓은 듯 이 골짜기의 물이 주루루루룩, 저 골짜기의 물이 쌀쌀 소리내며, 많은 골짜기의 물이 한 곳에 합쳐서 방향을 잡지 못하고 솟구쳤다가는 내려 앉아 편편하게 흐르며, 넝쿨과 같은 긴 물줄기를 이루기도 하고, 물방울을 이루기도 하며, 건너 병풍처럼 둘러친 석벽으로 으르렁 콸콸 흐르는 물결이 하얗게 물보라를 이루며 흩어지니, 옛날 은자들이었던 소부와 허유가 서로 발을 주고받던, 별천지인 기산의 영수가 여기가 아니냐?

주걱새 울음은 천고의 절개를 노래하고, 쩍새 울음소리는 한 해의 풍년을 알리는구나.

아침에 뜬 해가 벌써 저녁놀이 되어 눈앞에 펼쳐져 경치가 끝이 없으니 좋구나.

핵심 포인트

1. 계절감을 나타내는 표현
   a. 화란춘성하고 만화방창이라
   b. 만산홍록~
   c. 기화요초~
   d. 유상앵비~
   e. 화간접무~
   f. 도화만발~
   g. 양류세지~
2. 자연의 아름다움을 예찬
   a. 무릉도원이 예 아니냐
   b. 연명오류가 예 아니냐
   c. 기산영수가 예 아니냐
3. 대구법
   a. 유상앵비 - 화간접무
   b. 편편금 - 분분설
   c. 원산 - 태산
   d. 첩첩 - 주춤
   e. 기암 - 장송
   f. 층층 - 낙락
   g. 무릉도원 - 연명오류 - 기산영수
   h. 주곡제금 - 적다정조
   i. 천고절 - 일년풍
4. 향찰 표현
   a. 주곡제금(주걱새)
   b. 적다정조(소쩍새)
5. 작품의 성격
   a. 묘사적
   b. 감각적
   c. 예찬적
   d. 유흥적
   e. 낙천적

04 풍자

붉아버슨 兒孩(아해)ㅣ - 이정신

붉아버슨 兒孩(아해)ㅣ 들리 거믜줄 테를 들고 개천으로 往來(왕래)ᄒᆞ며
모해(꾀를 써서 남을 해침)하는 사람
『붉아숭아 붉아숭아 져리 가면 죽ᄂᆞ니라 이리 오면 스ᄂᆞ니라』 부로나니 붉아숭이
모해당하는 사람(고추잠자리)　　　　　　　　　　　　　　서로 모해하고 모해당하는
로다　　　　　　　　　　　　　　　　　　　　　　　　　　약육강식의 세태 (역설적 상황)

아마도 世上(세상)일이 다 이러ᄒᆞᆫ가 ᄒᆞ노라
　　　　　　　　　서로 모함하는 세태, 약육강식의 세태

현대어 풀이
발가벗은 아이들이 거미줄을 붙여 만든 테를 가지고 냇가를 따라 오르내리면서,
"발가숭아 발가숭아 저리가면 죽고 이리 오면 산다"라고 노래 부르며 잠자리를 유혹하는 아이들이
모두 발가숭이로다.
아마도 세상일이 모두 다 이렇게 모략으로 남에게 해를 입히는 것 같도다.

핵심 포인트
1. 붉아버슨 아해 : 강자, 모해하는 자
2. 붉아숭아 : 잠자리, 약자, 모해받는 자
3. 주제 : a. 약육강식 세태 풍자
　　　　　b. 표리부동 풍자

핵심정리
갈래	사설시조
성격	풍자적
주제	서로 모함하고 속이는 세태 비판
특징	- 풍자법, 중의법, 언어유희를 활용하여 주제를 암시함 - 역설적 상황을 통해 약육강식의 세태를 풍자함

되들에 동난지 사오 - 작자 미상

『　』: 게젓 장수의 말
『되들에 동난지 사오』『져 쟝스야 네 황후 긔 무서시라 웨ᄂᆞᆫ다, 사쟈』
　여러분!   동난젓, 게젓　　　　　물건　　　　　　　　　『　』: 사람들의 말
『外骨內肉(외골내육) 兩目(양목)이 上天(상천) 前行後行(전행후행) 小 아리 八足

(팔족) 大 아리 二足(이족) 淸醬(청장) ᄋᆞ스슥ᄒᆞᆫ 동난지 사오』
　　　　　　　　　　　　　　『　』: 게젓 장수의 현학적인 태도

쟝스야 하 거북이 웨지 말고 게젓이라 ᄒᆞ렴은
사람들이 게젓 장수를 비아냥거리는 말

현대어 풀이
손님들이여 게젓 사십시오. 저 장사꾼아 네 물건 그것이 무엇이라고 외치느냐. 그것 좀 사자
겉은 딱딱한 껍질, 안에는 연한 살이 들어있고, 두 눈이 위에 붙어있고, 앞으로 갔다 뒤로 갔다 하는
작은 다리가 여덟 개 큰 다리가 두 개, 연한 간장에 담갔다 먹으면 아사삭 부서지는 게젓 사십시오.
장사꾼아 그렇게 거북스럽게 설명하지 말고 게젓이라 하렴

핵심 포인트
1. 대화체 cf. 속미인곡, 시집살이 노래
2. 동난지 (한자어) / 게젓 (고유어)
3. 양반(한학자)의 현학적 태도 풍자

핵심정리
갈래	사설시조
성격	해학적, 풍자적
주제	현학적인 태도(세태) 비판
특징	- 우리말 대신 어려운 한자어를 사용하는 태도를 해학적으로 풍자함 - 대화체를 사용함 - 돈호법, 감각적인 의성어를 사용하여 생동감을 유발함

병태 요정의 ADVICE
이 시조는 시정(市井)의 상거래 장면을 해학적이고 풍자적인 어조로 익살스럽게 표현하고 있는데 게젓 장수의 현학적인 면을 꼬집는 풍자가 돋보인다.

두터비 푸리를 물고 – 작자 미상

2019 법원직 9급, 2013 소방직

˚ 탐관오리, 양반
두터비 푸리를 물고 두험 우희 치두라 안자
　　힘없는 백성　　재물, 권력
것년 산(山) 바라보니 백송골(白松骨)이 써잇거늘 가슴이 금즉ᄒ여 풀떡
　　　　　　　상부의 중앙 관리, 외세　　　　　　비굴한 모습
쒸여 내듯다가 두험 아래 잣바지거고
해학성이 드러나는 부분 ('푸리'에게는 횡포를 부리지만 '백송골' 앞에서는 비굴한 모습을 보임)
모쳐라 놀낸 낼식만졍 에헐질 번 ᄒ괘라.
화자가 두꺼비로 바뀜, 두꺼비의 위선 (자화자찬, 허장성세, 자기 합리화)

현대어 풀이
두꺼비가 파리를 물고 두엄 위에 뛰어 올라가 앉아
건너편 산을 바라보니 흰 송골매가 떠 있거늘 가슴이 섬뜩하여 펄쩍 뛰어 내닫다가 두엄 아래 자빠졌구나.
"마침 날랜 나였기에 망정이지 (하마터면) 피멍들 뻔했구나."

핵심 포인트
1. 두터비 : 강자, 지방 탐관오리, 양반
   파리 : 약자, 백성
   백송골 : 더 강자, 중앙의 탐관오리, 외세
2. a. 탐관오리의 횡포 풍자 / b. 양반의 허장성세 풍자

✅ 핵심정리
갈래	사설시조
성격	풍자적, 우의적, 희화적, 해학적
주제	탐관오리(양반)의 횡포와 허장성세(虛張聲勢) 풍자
특징	– 화자가 바뀌는 구조 (종장의 화자 : 두꺼비) – 의인법, 상징법 등의 표현법이 사용되어 대상(두꺼비)을 희화화함 – 우의적 수법을 사용하여 탐관오리(양반)의 횡포와 허장성세를 비판함

📝 권력 구조
두터비	서민들에게는 강하고 권력자에게는 약한 관리나 중간 계층, 양반, 탐관오리
파리	서민, 힘없는 백성
백송골	상층부의 권력자, 중앙 관리, 외세

개야미 불개야미 – 작자 미상

『 』: 극단적인 과장, 있을 수 없는 일, 모함
『개야미 불개야미 잔등 똑 부러진 불개야미
　화자 자신을 의미　　성치 않은 몸
앞발에 졍종 나고 뒷발에 종긔 난 불개야미 廣陵(광릉) 심재 너머 드러
　　피부병　　　　종기
가람의 허리를 ᄀ로믈어 추혀들고 北海(북해)를 건넌단 말이 이셔이다』
　호랑이 (칡범)　　불가능한 일, 허무맹랑한 말
님아 님아
임금, 보통 사람들
온 놈이 온 말을 ᄒ여도 님이 짐쟉ᄒ소셔.
백(百), 모든　　　　　　모함에 속지 마소서

현대어 풀이
개미, 불개미, 허리가 부러진 불개미.
앞발에 피부병이 나고 뒷발에 종기가 난 불개미가, 광릉 샘고개를 넘어 들어가서 호랑이의 허리를 가로 물어 추켜들고, 북해를 건너갔다는 말이 있습니다. 임이시여, 임이시여.
백 사람이 백 가지 말을 한다 해도 임께서 짐작해 주십시오

핵심 포인트
1. 북해를 건너닷 말 : 거짓말(나를 헐뜯는 말)
2. 사람들에 참언을 경계할 것을 요구하면서 자신의 결백을 주장
3. cf. 정과정곡

✅ 핵심정리
갈래	사설시조
성격	과장적, 해학적, 교훈적
주제	참언에 대한 경계와 결백 주장
특징	– 반복법, 점층법, 과장법 등의 다양한 표현법이 쓰임

📝 구조
초장	반복과 확장을 통해 의미 강화
중장	도저히 있을 수 없는 허황된 상황을 점층적으로 제시
종장	자신의 결백함을 호소

一身(일신)이 사쟈 하니 - 작자 미상

一身(일신)이 사쟈 하니 물겻 계워 못 견딀쐬.
　　　　　　　　　　물것(사람의 살을 무는 곤충), 백성을 착취하는 무리 상징
『皮(피)ㅅ겨 ᄀᆞ튼 갈랑니 보리알 ᄀᆞ튼 슈통니 줄인니 갓 ᄭᆞᆫ니 즌 벼룩 굴근 벼룩 강벼룩 倭(왜)벼룩 긔는 놈 뛰는 놈에 琵琶(비파) ᄀᆞ튼 빈대 삭기 使슈(사령) ᄀᆞ튼 등에아비 갈ᄯᅡ귀 샴의약이 셴 박희 눌은 박희 바금이 거절이 불이 쑈쪽ᄒᆞᆫ 목의 달리 기다ᄒᆞᆫ 목의 야윈 목의 술진 목의 글임애 쇼록이 晝夜(주야)로 뷘 째 업시 물건이 쏘건이 셜건이 쑷건이 甚(심)ᄒᆞᆫ 唐(당)빌리 예셔 얼여왜라.』
　　　『 』: 탐관오리를 곤충에 빗대어 익살스럽게 표현 (열거법)
그 中(중)에 참아 못 견딀손 六月(유월) 伏(복)더위예 쉬프린가 ᄒᆞ노라.
　　　　　　　　　　　　　　쉬파리, 탐관오리를 상징

핵심정리

갈래	사설시조
성격	풍자적, 해학적, 우의적
주제	세상살이의 어려움과 가렴주구를 일삼는 탐관오리 비판
특징	- '물것'의 종류를 장황하게 열거함으로써 부정적인 세태를 우의적으로 풍자함

현대어 풀이

이내 몸이 살아가고자 하니 무는 것이 많아 견디지 못하겠구나
피의 껍질 같은 작은 이, 보리알같이 크고 살찐 이, 굶주린 이, 막 알에서 깨어난 이, 작은 벼룩, 굵은 벼룩, 강벼룩, 왜벼룩, 기어 다니는 놈, 뛰는 놈에 비파같이 넓적한 빈대 새끼, 사령 같은 등에 각다귀, 사마구, 하얀 바퀴벌레, 누런 바퀴벌레, 바구미, 고자리, 부리가 뾰족한 모기, 다리가 기다란 모기, 야윈 모기, 살찐 모기, 그리마, 뽀톡이, 밤낮으로 쉴새없이 물기도 하고, 쏘기도 하고 빨기도 하고 뜯기도 하고 심한 당비루 여기서 어렵도다.
그 중에서도 도저히 견딜 수 없는 것은 오뉴월 복더위에 쉬파리인가 하노라

핵심 포인트

1. 물것 : 백성을 괴롭히는 탐관오리
2. 사령 ᄀᆞ튼 등에아비 갈ᄯᅡ귀 ~ 물건이 쏘건이 쑬건이 쑷건이 : 백성을 착취하는 탐관오리의 모습

구름이 無心튼 말이 – 이존오

구름이 無心튼 말이 아마도 虛浪(허랑)하다.
　욕심이 없음　　　　　　　허무맹랑하다
中天에 써 이셔 任意(임의) 둔이면서
조정, 권력의 핵심　간신의 횡포
구타야 光明한 날빛츨 짜라가며 덥느니
　　　　임금의 총명

┌ 간신(임금의 총애를 입고 횡포를 일삼던 신돈을 가리킴)

현대어 풀이
구름은 욕심이 없다는 말이 아마도 거짓인가 보다.
하늘 높이 한가운데 떠 있어 마음대로 다니면서
굳이 밝은 태양 빛을 따라가며 덮는가?

핵심 포인트
1. 구름 : 간신(신돈)
2. 광명한 날빛 : 임금(공민왕)의 총명
3. 중천 : 임금의 총애를 등에 업고 있는 높은 권세

✅ 핵심정리

갈래	평시조, 단시조, 정형시
성격	풍자적, 우의적, 비판적, 우국적
주제	간신 신돈의 횡포 풍자
특징	– 간신 신돈과 왕의 총명을 비유법을 통해 표현함 – 우의적 표현이 돋보임

 ## 간밤에 부던 바람에 – 유응부(俞應孚)

간밤에 부던 바람에 눈서리 치단말가
　　　　수양 대군의 포악과 횡포
落落長松(낙락장송)이 다 기우러 가노미라
조정 중신
하믈며 못다 핀 곳이야 닐러 므슴 하리오
　　　　젊은 선비와 학사

과거
현재
미래

현대어 풀이
지난 밤에 불던 모진 바람으로 눈서리까지 몰아쳤단 말인가.
그래서 푸르고 커다란 소나무마저도 다 쓰러져 가는구나
더구나 아직 피지 못한 꽃과 같은 작은 벼슬아치야 말해 무엇하겠는가.

핵심 포인트
1. 바람, 눈서리 : 세조의 폭정(세조가 일으킨 계유정난 풍자)
2. 낙락장송 : 절개 높은 신하(조정의 중신)
3. 못다 핀 꽃 : 자신의 뜻을 펼쳐보지 못한 젊은 선비
4. 시상 전개 : 시간의 흐름
　　　　　　과거(원인) → 현재(결과) → 미래(예감)

✅ 핵심정리

갈래	평시조
성격	우국적, 풍자적
주제	세조의 횡포에 대한 비판과 인재 희생에 대한 걱정
특징	– 대조적인 소재를 사용하여 주제를 드러냄 – 자연물을 통해 주제를 우회적, 풍자적으로 제시함 – '과거 – 현재 – 미래'의 시간의 흐름에 따라 시상을 전개함

냇マ에 히오라바 - 신흠

냇マ에 히오라바 므슨 일 셔 잇눈다.
　　　　남을 해치려는 사람, 권력자
無心(무심)혼 져 고기를 여어 므슴 ᄒ려는다.
욕심 없는 선량한 사람
아마도 혼 믈에 잇거니 니저신들 엇ᄃ리.
　　　　　　　같은 조정

현대어 풀이
냇가에 있는 해오라기야, (너는) 무슨 일로 그렇게 하루 종일 버티고 서 있느냐?
아무 생각이 없는 저 물고기를 엿보아서 무엇하려느냐?
아마도 (해오라기나 물고기나 다) 같은 물에 있는 사이이니 (남을 엿보는 것을) 잊어 버리는 것이 어떠할까

핵심 포인트
1. 주제 : 당쟁에 대한 비판
2. 표현 : 당쟁의 폐해를 해오라비와 물고기에 빗대어 우의적으로 표현함.
3. a. 해오라기 : 남을 해치려는 사람
　b. 물고기 : 욕심이 없는 선량한 사람
　c. 혼 믈 : 같은 조정

✓ 핵심정리

갈래	평시조
성격	풍자적, 훈계적
주제	- 당쟁을 그치고 화평하기를 바람 - 평화로운 권력 계층과 겨레를 소망함
특징	- 대조적인 소재를 사용하여 주제를 드러냄 - 자연물을 통해 주제를 우회적으로 제시함

 ### 높으나 높은 낡에 - 이양원

높으나 높은 낡에 날 권하여 올려 두고
높으나 높은 나무, 벼슬을 의미
이보오 벗님네야 흔드지나 말았으면
돈호법, 간신배들을 의미함하지나 말아 주오
떨어져 죽기는 섧지 아녀도 님 못 볼까 하노라.
벼슬에서 물러나는 것　　　임금을 보좌하지 못할까 두렵다(임금과 국가에 대한 충의)

핵심 포인트
1. 사상 전개 방식 : 과거 → 현재 → 미래
2. 초, 중장 : 감탄고토(甘呑苦吐)하는 정치 현실 풍자
3. 종장 : 임금의 안위를 걱정하는 화자의 마음 - 충성심의 표현

✓ 핵심정리

갈래	평시조
성격	우의적, 풍자적, 비판적
주제	당쟁을 일삼는 간신배들에 대한 풍자
특징	- 상징적 시어를 사용하여 우회적으로 주제를 제시함

사리화(沙里花) - 이제현

黃雀何方來去飛(황작하방래거비)
一年農事不曾知(일년농사부증지)
鰥翁獨自耕耘了(환옹독자경운료)
耗盡田中禾黍爲(모진전중화서위)

참새야 어디서 오가며 나느냐
  탐관오리
일 년 농사는 아랑곳하지 않고,
늙은 홀아비 홀로 갈고 맸는데,
  힘없는 농민
밭의 벼며 기장을 다 없애다니
  농민들의 땀의 결실

핵심 포인트
1. 참새 : 탐관오리
2. 늙은 홀아비 : 탐관오리에게 수탈 당하며 고통스러운 삶을 사는 힘없고 가난한 농민들
3. 수탈로 인한 농민의 피폐한 삶 ⇒ 탐관오리 횡포 풍자
4. 가렴주구, 가정맹어호

✅ 핵심정리

갈래	한역시, 7언 절구(七言絕句)
성격	풍자적, 상징적, 현실 비판적
주제	- 권력자들의 농민 수탈에 대한 비판 - 가혹한 수탈로 인한 농민의 피폐한 삶
특징	- 당시 민족적 현실을 반영함 - 탐관오리가 백성들을 수탈하는 것을, 참새가 백성들의 곡식을 쪼아 먹는 것에 빗대어 풍자함

탐진촌요(耽津村謠) - 정약용

棉布新治 雪樣鮮(면포신치 설양선)

새로 짜낸 무명이 눈결같이 고왔는데,
  농민들의 땀의 결실
黃頭來博 吏房錢(황두래박 이방전)

이방 줄 돈이라고 황두가 빼앗아 가네.
  탐관오리   탐관오리
漏田督稅 如星火(누전독세 여성화)

『누전 세금 독촉이 성화같이 급하구나,
  토지 대장의 기록에서 빠진 토지(세금을 매길 근거가 없는 토지)
三月中旬 道發船(삼월중순 도발선)

삼월 중순 세곡선(稅穀船)이 서울로 떠난다고.』
          조세로 바친 곡식을 실어 나르는 배 『』:도치법

핵심 포인트
1. 무명 : 농민들의 피땀어린 재산
2. 이방 : 상급관리 / 황두 : 하급관리
3. a. 조선 후기 지배층의 가혹한 수탈 풍자
   b. 피폐한 농촌의 현실과 농민들의 고통스런 삶에 대한 연민
4. 가렴주구, 가정맹어호

✅ 핵심정리

갈래	한시, 7언 절구
성격	고발적, 비판적, 사실적
주제	탐관오리들의 횡포 고발
특징	- 당대의 현실에 대한 비판적 인식과 사실적인 표현 - 도치법을 사용한 시적 상황의 효과적 표현

고시(古詩) 8 – 정약용

燕子初來時	제비 한 마리 처음 날아와
연 자 초 래 시	관리에게 수탈당하는 백성
喃喃語不休	지지배배 그 소리 그치지 않네.
남 남 어 불 휴	
語意雖未明	말하는 뜻 분명히 알 수 없지만
어 의 수 미 명	
似訴無家愁	집 없는 서러움을 호소하는 듯
사 소 무 가 수	삶의 터전을 빼앗긴 백성들의 서러움
榆槐老多穴	"느릅나무 홰나무 묵어 구멍 많은데
유 괴 로 다 혈	『 』: 인간과 제비의 대화 (참신한 표현, 주제 부각)
何不此淹留	어찌하여 그 곳에 깃들지 않니?"
하 불 차 엄 류	
燕子復喃喃	제비 다시 지저귀며
연 자 부 남 남	
似與人語酬	사람에게 말하는 듯
사 여 인 어 수	
榆穴鸛來啄	"느릅나무 구멍은 황새가 쪼고 ← 백성을 수탈하는 관리
유 혈 관 래 탁	백성들의 보금자리, 삶의 터전
槐穴蛇來搜	홰나무 구멍은 뱀이 와서 뒤진다오." ← 백성을 수탈하는 관리
괴 혈 사 래 수	백성들의 보금자리, 삶의 터전
	■ : 당시의 사회상 암시 (가렴주구)

핵심 포인트
1. 제비 : 삶의 터전을 상실한 백성(착취를 당하는 힘없는 백성)
2. 황새, 뱀 : 백성들을 괴롭히는 탐관 오리

핵심정리

갈래	한시, 오언 고시
성격	풍자적, 우의적, 현실 비판적, 상징적
제재	제비의 울음소리
주제	지배층의 횡포와 백성들의 고통
특징	- 우의적 표현을 통한 주제 형상화 - 대화를 통한 시상 전개

문학적 표현의 우의성(寓意性)

문학에서 인간 문제를 말하기 위해 자연 사물이 사용되는 경우는 오랜 역사를 가지고 있다. 이러한 자연 사물이 사용된 이유는 인간과 사회의 문제를 작가가 직접적으로 말하기에는 사회적 분위기가 부담스럽거나 제약이 있기에 간접적 방법인 우의적 표현을 통해서 작가의 생각을 드러내기 위한 것이다.

'우의(寓意)'는 다른 사물에 빗대어 비유적인 뜻을 나타내거나 풍자하거나, 또는 그런 의미를 말하는 것으로 직접적인 문제 제시보다는 문학적 함축성을 높이고, 사회적 제약을 넘기기 위한 하나의 방법으로 작가들이 즐겨 사용했다.

구우(久雨) - 정약용(丁若鏞)

원문	독음	해석
窮居罕人事	궁거한인사	궁벽하게 사노라니 사람 보기 드물고
		벼슬을 하지 않고 가난하게 살고 있으므로 찾아오는 사람 없이 쓸쓸하게 하루를 보냄
恒日廢衣冠	항일폐의관	항상 의관도 걸치지 않고 있네.
敗屋香娘墜	패옥향랑수	낡은 집엔 향랑각시 떨어져 기어가고,
		현실적 가난이 드러남
荒畦腐婢殘	황휴부비잔	황폐한 들판엔 팥꽃이 남아 있네.
睡因多病減	수인다병감	병 많으니 따라서 잠마저 적어지고
愁賴著書寬	추뢰저서관	글 짓는 일로써 수심을 달래 보네.
		궁핍한 농촌 현실을 바라보는 화자의 마음
久雨何須苦	구우하수고	비 오래 온다 해서 어찌 괴로워만 할 것인가
		괴로움의 원인이 장마가 아님
晴時也自歎	청시야자탄	날 맑아도 또 혼자서 탄식할 것을.
		날이 밝아도 백성의 생활은 나아지지 않을 것을 탄식함

핵심정리

갈래	한시, 5언 율시
성격	비판적, 우회적
주제	피폐한 농촌 현실에서 느끼는 비애감
특징	- 장마철 농촌의 가난한 삶을 그려 당시의 피폐한 농촌 현실을 고발함 - 백성을 위한 정치가 이루어져야 함을 촉구함

핵심 포인트
1. 성격 : 비판적, 우회적
2. 주제 : 궁핍한 사회 현실에 대한 비판 / 자신의 능력 없음에 대한 한탄

시집살이 노래 – 작자 미상

형님 온다 형님 온다 분(粉)고개로 형님 온다.
형님 마중 누가 갈까 형님 동생 내가 가지.
형님 형님 사촌 형님 시집살이 어떱뎁까?
이애 이애 그 말 마라 시집살이 개집살이.
앞밭에는 당추(唐椒) 심고 뒷밭에는 고추 심어,
고추 당추 맵다 해도 시집살이 더 맵더라.
둥글둥글 수박 식기(食器) 밥 담기도 어렵더라.
도리도리 도리 소반(小盤) 수저 놓기 더 어렵더라.
오 리(五里) 물을 길어다가 십 리(十里) 방아 찧어다가,
아홉 솥에 불을 때고 열두 방에 자리 걷고,
외나무다리 어렵대야 시아버지같이 어려우랴?
나뭇잎이 푸르대야 시어머니보다 더 푸르랴?
시아버니 호랑새요 시어머니 꾸중새요,
동세 하나 할림새요 시누 하나 뾰족새요,
시아지비 뾰중새요 남편 하나 미련새요,
자식 하난 우는 새요 나 하나만 썩는 샐세.
귀 먹어서 삼 년이요 눈 어두워 삼 년이요,
말 못 해서 삼 년이요 석 삼 년을 살고 나니,
배꽃 같던 요내 얼굴 호박꽃이 다 되었네.
삼단 같던 요내 머리 비사리춤이 다 되었네.
백옥 같던 요내 손길 오리발이 다 되었네.
열새 무명 반물 치마 눈물 씻기 다 젖었네.
두 폭 붙이 행주치마 콧물 받기 다 젖었네.

울었던가 말았던가 베갯머리 소(沼) 이겼네.
그것도 소이라고 거위 한 쌍 오리 한 쌍
쌍쌍이 때 들어오네.

핵심정리

갈래	민요(民謠), 부요(婦謠)
성격	여성적, 서민적, 풍자적, 해학적
주제	시집살이의 한(恨)과 체념
특징	– 언어유희와 비유로 해학성을 유발함 – 물음과 대답으로 이루어진 대화 형식으로 구성됨 – 유사 어구와 동일 어구의 반복으로 리듬감을 형성함 – 대구, 대조, 열거 등의 표현법을 활용함 – 서민들의 소박한 삶의 애환이 드러남

내방 가사와 시집살이 노래

		내방 가사	시집살이 노래
공통점		봉건 사회와 남성 중심 가부장 사회에서 여성이 겪는 불행을 여성 자신이 표현	
차이점	향유 계층	사대부 계층의 부녀자들	평민층의 부녀자들
	시적 화자	도덕적으로 자신의 감정을 억제하고 통제하는 인고의 여인	자신의 감정을 시원스럽게 말하는 진솔하고 소박한 여인
	내용	눈물과 한숨으로 부당한 속박을 참고 견디는 규방 생활을 표현 (허난설헌의 '규원가')	부당한 속박에 대한 불만을 해학적이고 체념적으로 표현

핵심 포인트

1. **내용** : 이 노래는 사촌 자매간의 대화 형태로 되어 있으며, 시집살이의 어려움을 소박하고 간결한 언어로 압축하여 폭넓은 공감을 불러일으킨다.
2. **주제** : 시집살이의 한과 체념(시집살이의 어려움)
3. **표현상의 특징**
   - 4조 중심의 4음보 율격이 나타난다.
   - 대화 형식에 반복, 대구, 대조, 열거 등의 다양한 표현법이 사용되었다.
   - **전형적인 부요(婦謠**:당대 여성들의 보편적 삶, 혹은 정서의 표현)의 하나로, 다양한 언어 표현이 주제와 잘 어울린다.
4. 대화체 cf. 속미인곡, '댁들에~'
5. 풍자와 해학
6. 언어유희
   a. 시집살이 개집살이
7. 감각어를 정서 표현으로 전용
   a. 시집살이 더 맵더라(사납고 독하다)
   b. 시어머니보다 더 푸르라(세력이 당당하다)
8. 비판 대상
   a. 시아버지 (호랑이처럼 무섭다)
   b. 시어머니 (꾸중 잘 하신다)
   c. 동서 (남의 허물을 잘 고해 바침)
   d. 시누이 (성을 잘 냄)
   e. 시아지비 (무뚝뚝함)
   f. 남편 (내 마음을 알아주지 못함)
9. 자식들을 통해 시집살이 고달픔을 다소나마 달램 ⇒ 울었던가 ~ 때 들어오네 (가장 해학적)
10. 젊은 시절의 아름다움을 잃어버림 ⇒ 배꽃 같던 내 얼굴 ~ 오리발이 다 되었네
    cf. 허난설헌 '규원가' 설빈화안 어디가고 면목가증 되었구나

싀어마님 며느라기 낫바 - 작자 미상

싀어마님 며느라기 낫바 벽바흘 구루지 마오
　　　　　나빠, 미워서　　　부엌 바닥을　　　『 』: 시집 식구들에 대한 비판적인 태도
빗에 바든 며느린가 갑세 쳐온 며느린가 『밤나모 셕은 등걸에 휘초리 나니ㄱ치
빚　　　　　　　물건 값에 쳐 온
앙살픠신 싀아바님, 볏 뵌 쇳똥 ㄱ치 되죵고신 싀어마님, 三年(삼년) 겨론 망태에
　매서우신　　　　　　　　　　　말라빠진
새 송곳부리 ㄱ치 쏘죡ᄒᆞ신 싀누이님,』『당피 가론 밧틔 돌피 나니ㄱ치 싀노란 욋
　　　　　　　　날카로움　　　　　　잡초, 안 좋은 곡식
곳 ㄱ튼 피똥 누ᄂᆞᆫ 아들』 ᄒᆞ나 두고
　　　　　　『 』: 어린 남편, 병든 남편
건 밧틔 메곳 ㄱ튼 며느리를 어듸를 낫바 ᄒᆞ시ᄂᆞ고
기름진 밭　　고운 며느리

현대어 풀이
시어머님, 며느리가 나쁘다고 부엌 바닥을 구르지 마십시오.
빚값으로 대신 받은 며느리인가, 물건 값으로 대신 데려온 며느리인가, 밤나무 썩은 등걸에서 돋아난 가느다란 회초리같이 매서우신 시아버님, 햇볕에 쪼여 말라버린 쇠똥같이 말라빠진 시어머님, 삼 년이나 걸려 엮은 망태기에 새 송곳 부리같이 뾰족하신 시누이님, 좋은 피를 심은 밭에 나쁜 돌피가 나는 것과 같이 샛노란 오이꽃같은 피똥 싸는 어린 아들 하나 두고,
기름진 밭에 메꽃같은 환한 며느리가 무엇이 못 마땅해 불평하십니까.

핵심 포인트
1. 며느리의 관점에서 시어머니에게 직접적 하소연
2. 비판대상 : a. 시아버지(매서움)
　　　　　　 b. 시어머니(까다로움)
　　　　　　 c. 시누이(날카로움)
　　　　　　 d. 남편(병든 남편, 나이가 어린 남편)
3. 젊은 시절의 아름다움을 잃지 않음

핵심정리
갈래	사설시조
성격	원부가(怨婦歌), 비유적, 희화적
주제	시집살이의 고충을 한탄함
특징	- 일상생활과 밀접한 소재에 시집 식구들의 성품과 모습을 비유, 나열하여 해학적으로 묘사함

용부가(庸婦歌) – 작자 미상

흉보기 싫다마는 저 부인(婦人)의 거동(擧動)보소.
　　　　　　　　　풍자의 대상
시집간 지 석 달 만에 시집살이 심하다고

친정에 편지하여 시집 흉을 잡아내네.　　　▶ 용부의 거동 소개

『 』: 화자가 부인의 편지 내용을 전하는 부분
『계엄할사 시아버니 암상할사 시어머니
　음흉하고 욕심이 많음　　시기하고 질투함
고자질에 시누이와 엄숙하기 맏동서여
　　　　　　　　　　　　무뚝뚝함
요악(妖惡)한 아우동서 여우 같은 시앗년에
요사스럽고 잔악함　　　　　남편의 첩
드세도다 남녀노복(男女奴僕) 들며나며 흠구덕에

남편이나 믿었더니 십벌지목(十伐之木) 되었에라.』　▶ 용부의 시집 식구 흉보기
　　　　　　　　　열 번 찍어 넘어가지 않는 나무 없다

『 』: 화자의 논평
『여기저기 사설이요 구석구석 모함이라.』

시집살이 못 하겠네 간숫병을 기우리며
　　　　　　　　　　자살을 하려 함
치마 쓰고 내닫기와 보찜 싸고 도망질에

오락가락 못 견디어 승(僧)들이나 따라갈가

긴 장죽(長竹)이 벗이 되고 들구경 하여 볼가

문복(問卜)하기 소일(消日)일라.
점치는 일
겉으로는 시름이요 속으로는 딴 생각에

반분대(半粉黛)로 일을 삼고 털 뽑기가 세월이라
살짝 칠한 옅은 화장
시부모가 경계(警戒)하면 말 한마디 지지 않고
　　　　타일러서 주의하게 함
남편이 걱정하면 뒤받아 맞넉수요
　　　　　　　　마주 대꾸함
들고 나니 초롱군에 팔자나 고쳐 볼까
　　　　드나드는 젊은 남자
양반 자랑 모두 하며, 색주가(色酒家)나 하여 볼까　▶ 용부의 행실 소개
과장을 통한 풍자 효과의 극대화

핵심정리

갈래	가사
성격	풍자적, 경세적(警世的), 교훈적, 비판적
주제	여인의 잘못된 행실에 대한 비판과 풍자
특징	- 여인의 잘못된 행실을 열거하며 과장을 통해 비판함 - 당대 서민들의 생활상을 잘 보여 줌 - 일상적이고 평이한 언어로 당대 서민층의 비판 의식을 보여 줌 - '우부가(愚夫歌)'와 짝을 이루어 인물의 행실에 대한 경계를 나타냄

현대어 풀이

흉보기가 싫다마는 저 부인의 거동을 보소.
시집 간 지 석달 만에 시집살이가 심하다고
친정에 편지하여 시집 흉을 잡아 내네.

계엄한 시아버지에 암상스런 시어머니라,
고자질 잘 하는 시누이와 엄숙한 맏동서여,
요사스럽고 간악한 아우 동서와 여우 같은 시앗년에
드세구나 남녀 하인 들며나며 흠구덕에
남편이나 믿었더니 열 번 찍은 나무가 되었구나.

여기저기 말이 많고 구석구석 모함이라.
시집살이 못 하겠다며 자살하려고 간수를 마시고
치마를 쓰고 내닫기도 하고 봇짐을 싸 가지고 도망하기도 하며,
오락가락 견디지 못해 스님이나 따라갈까
긴 담뱃대를 벗삼아서 들 구경이나 하여 볼까.

점치기로 세월을 보내는구나.
겉으로는 시름에 쌓여 있지만 속으로는 딴 생각에
얼굴 단장으로 일을 삼고 털 뽑기로 시간을 보낸다.
시부모가 타이르면 말 한마디도 지지 않고,
남편이 걱정하면 뒤를 받아 마주 대꾸하고
드나드는 젊은 남자에게 새로 시집이나 가서 팔자나 고쳐 볼까.
양반 자랑은 다 하면서 기생집이나 해 볼까 하네.

핵심 포인트

*비판 대상
a. 시아버지(마음이 컴컴하고 욕심이 많음)
b. 시어머니(미워하고 샘을 잘 냄)
c. 시누이(고자질 잘함)
d. 맏동서(엄숙함)
e. 아우 동서(요사스럽고 간악함)
f. 시앗년(여우 같음)
g. 남녀노복(남의 허물을 험상궂게 말함, 드셈)
h. 남편(시집 식구 편을 듦.)

빈녀음(貧女吟) - 허난설헌(許蘭雪軒)

手把金剪刀
수 파 금 전 도
夜寒十指直
야 한 십 지 직
爲人昨嫁衣
위 인 작 가 의
年年還獨宿
연 년 환 독 숙

『가위로 싹둑싹둑 옷 마르느라면
『』: 겨울밤에 느끼는 바느질의 고통

추운 밤에 손끝이 호호 불리네』
고달픈 현실, 바느질의 고통
『: 남의 옷을 짓는 자신의 처지에 대한 한탄

『시집살이 길옷은 밤낮이건만
남이 시집갈 때 입을 옷을 만들기 위해 고생하지만

이 내 몸은 해마다 새우잠인가.』
화자의 처지

핵심 포인트
1. 주제 : 불평등한 현실 비판
2. 새우잠 : 모로 불편하게 자는 잠(고통스러운 삶)

핵심정리

갈래	한시 (전 4수, 5언 절구)
성격	자조적, 애상적
주제	불평등한 현실에 대한 한탄과 비판
특징	- 여성 특유의 섬세한 감각으로 고달픈 삶을 형상화함 - 남(시집가는 타인)과 자신의 처지를 대조하여 정서를 강조함

"빈녀음(貧女吟)"은 4수로 이루어진 연작이다. 이 시는 그 중 두 번째 작품으로, 남을 위해 옷을 짓는 여인의 모습을 통해 사회적 불평등을 표현하고 있다. 1행과 2행에서는 겨울 밤 바느질의 괴로움을 노래하고 있고, 3행과 4행에서는 남을 위해 밤을 새워 하는 바느질과 자신의 불우한 삶을 대비시켜 표현하고 있다. 특유한 섬세한 필치로 불우한 여인의 고달픈 삶을 애상적(哀傷的) 시풍으로 그린 작품이다. 작자 자신의 불우한 삶과도 통하는 시이다.

05 예찬

찬기파랑가 - 충담사

2017년 경찰직 1차

■ 기파랑의 고매한 인품

열치매

나토얀 드리
달 (광명과 영원, 우러름의 대상, 숭고한 모습)

힌 구룸 조초 뼈가는 안디하 ▶ 문사 : 화자의 물음

새파룬 나리여히
내[川] (맑고 깨끗한 모습)

기랑(耆郞)의 즈싀 이슈라

일로 나리ㅅ 직벽히
자갈 (원만하고 강직한 성품)

낭(郞)이 디니다샤온

모ᄉ민 ᄀᆞ흘 좃누아져 ▶ 답사 : 달의 대답

┌ 낙구 첫머리 감탄사 (10구체 향가의 특징)
아으 잣ㅅ가지 노파
잣가지 (고고한 절개와 인품)

서리 몯누올 화반(花判)이여 ▶ 결사 : 화자의 독백
시련, 유혹, 불의 └화랑의 우두머리
(양주동 해독)

핵심정리

갈래	10구체 향가
성격	추모적, 예찬적, 서정적
제재	기파랑의 인격
주제	기파랑의 고매한 인품에 대한 찬양
특징	- '제망매가'와 함께 가장 서정성이 높은 향가로 평가됨 - 주술성이나 종교적 색채가 없는 순수 서정시 - 고도의 비유와 상징을 사용함 - 대상의 특성을 자연물을 통해 드러냄

❁ 기파랑의 인품을 나타내는 소재

달	광명, 우러름의 대상
냇물	맑고 깨끗한 인품
조약돌	원망하고 강직한 성품
잣가지	고결한 절개

❁ 해독의 차이

김완진 해독	독백 형식
양주동 해독	'달'과의 문답 형식

현대어 풀이

(구름 장막을) 열어 젖히매
나타난 달이
흰 구름 따라 떠 가는 것 아니냐?

새파란 냇가에
기랑의 모습이 있구나.
이로부터 냇가 조약돌에
낭이 지니시던
마음의 끝을 따르련다.

아아, 잣나무 가지 높아
서리조차 모르실 화랑의 우두머리여.

핵심 포인트
1. 주제 : 기파랑의 덕을 흠모함.
2. 표현상의 특징
   a. 대상과의 문답을 통해 찬양의 효과를 극대화하고 있다.
      1구~3구 : 작자가 달에게 물음
      4구~8구 : 달이 작자에게 답함
      9구~10구 : 작자의 독백
   b. 다양한 자연물을 통해 정신적인 의미를 제시하고 있다.
   c. 자연물의 상징적 의미
      - 달 : 높고 우러러볼 존재
      - 시냇물 : 맑고 깨끗한 성품을 지닌 기파랑
      - 조약돌 : 원만하고 강직한 성품을 지닌 기파랑
      - 잣가지 : 절개와 지조를 지닌 기파랑

사모곡(思母曲) - 작자 미상

호미도 눌히언마ᄅᆞᄂᆞᆫ
원관념 : 아버지의 사랑 (은유법)

낟ᄀᆞ티 들 리도 업스니이다. ▶ 호미와 낫의 비교
원관념 : 어머니의 사랑 (은유법)

아바님도 어이어신마ᄅᆞᄂᆞᆫ

위 덩더둥셩
의미 없는 여음구

┌ 어마님ᄀᆞ티 괴시리 업세라. ▶ 아버지와 어머니의 사랑 비교
│ 어머니의 사랑 예찬
반복
│ 아소 님하
│ 감탄 어구
└ 어마님ᄀᆞ티 괴시리 업세라. ▶ 어머니의 사랑 예찬
  반복을 통한 의미 강조

현대어 풀이
호미도 날이 있지마는
낫같이 잘 들 리가 없습니다.
아버지도 어버이시지마는,
어머님같이 사랑하실 분이 없습니다.
아서라, 사람들이여.
어머님같이 사랑하실 분이 없습니다.

핵심 포인트
1. 비유적 표현 아버지의 사랑 : 호미 / 어머니의 사랑 : 낫
2. 어머니의 사랑 예찬

핵심정리

갈래	고려 가요
성격	예찬적, 유교적
주제	어머니의 절대적인 사랑 예찬
특징	- 은유법, 직유법, 비교법, 영탄법 등을 사용하여 어머니의 사랑을 예찬함 - 기(起)-서(敍)-결(結)'의 3단 구성 - 여음구를 제외하면 형식상 시조와 유사함 - 감탄 어구는 향가의 낙구와 유사함 - 어버이의 사랑을 친숙한 농기구에 빗댐

구성

기(起)	호미와 낫의 비교	
서(敍)	어머니와 아버지의 사랑 비교	어머니의 사랑 예찬
결(結)	어머니의 사랑 예찬	

한림별곡(翰林別曲) - 한림 제유

2019 국회직 9급

〈제1장〉

元淳文(원슌문) 仁老詩(인노시) 公老四六(공노ᄉ륙)

李正言(니정언) 陳翰林(딘한림) 雙韻走筆(솽운주필)

冲基對策(튱긔ᄃ ᄎ) 光鈞經義(광균경의) 良鏡詩賦(량경시부)

위 試場(시댱)ㅅ 景(경) 긔 엇더ᄒ니잇고

葉(엽) 琴學士(금ᄒᆞᆨ사)의 玉笋門生(옥슌문ᄉᆡᆼ) 琴學士(금ᄒᆞᆨ사)의 玉笋門生(옥슌문ᄉᆡᆼ)

위 날조차 몃 부니잇고.

▶ 명문장과 금의의 문하생 찬양

〈제8장〉 : 우리말을 많이 사용하여 아름다움을 살림

唐唐唐(당당당) 唐揪子(당츄ᄌ) 皂莢(조협) 남긔

紅(홍)실로 紅(홍)글위 ᄆᆡ요이다.

혀고시라 밀오시라 鄭少年(뎡쇼년)하

위 내 가논 ᄃᆡ 놈 갈셰라.

葉(엽) 削玉纖纖(샥옥셤셤) 雙手(솽슈)ㅅ 길헤 削玉纖纖(샥옥셤셤) 雙手(솽슈)ㅅ 길헤

위 携手同遊(휴슈동유)ㅅ 景(경) 긔 엇더ᄒ니잇고.

▶ 그네뛰기의 흥겨운 정경과 풍류 생활

핵심정리

갈래	경기체가
성격	풍류적, 향락적, 귀족적
주제	- 신진 사대부들의 학문적 자부심과 향락적 풍류 생활
특징	- 열거법, 영탄법, 설의법, 반복법을 사용함 - 전 8장의 분절체로 각 장의 1~4행은 전대절(前大節), 5~6행은 후소절(後小節) - 3·3·4조의 3음보를 취함 - 객관적 사물을 운율에 맞게 나열함 - 후대 가사 문학에 영향을 미침

현대어 풀이

유원순의 문장, 이인로의 시, 이공로의 사륙변려문,
이규보와 진화의 쌍운을 맞추어 써 내려간 글,
유충기의 대책문, 민광균의 경서 해의(解義), 김양경의 시와 부(賦)
아, 과거 시험장의 광경, 그것이 어떠합니까?
금의가 배출한 죽순처럼 많은 제자들. 금의가 배출한 죽순처럼 많은 제자들
아, 나까지 몇 분입니까?

당당당 당추자(호도나무) 쥐엄나무에
붉은 그네를 맵니다.
당기시라 미시라 정소년이여.
아, 내가 가는 곳에 남이 갈까 두렵다.
옥을 깎은 듯 고운 손길에, 옥을 깎은 듯 고운 손길에
아, 마주 손잡고 노니는 정경, 그것이 어떠합니까?

핵심 포인트

1. 최초의 경기체가이자 가장 전형적인 작품으로, 고려 고종 3년경에 지어진 노래이다. 호화롭고 향락적인 상류층의 생활상이 잘 드러나 있다.
2. 시상 전개
   제1장 : 문인들의 과거 보는 모습
   1행~4행(전대절) : 명문장 찬양
   5행~6행(후소절) : 금의 문하생 찬양
   제8장 : 즐거운 그네 타기 광경
   1행~4행(전대절) : 그네 타는 광경 찬양
   5행~6행(후소절) : 풍류 생활 찬양
3. 주제 : 신진 사대부의 자긍심과 풍류

관동별곡 - 정철

2020 지방직 7급, 2019 경찰직 1차, 2016 법원직 9급, 2015 국회직 8급, 2014년 국가직 9급, 2014년 국가직 7급

小쇼香향爐노 大대香향爐노 눈 아래 구버보고,

正졍陽양寺ᄉ 眞진歇헐臺디 고텨 올나 안ᄌᆞ마리,

廬녀山산 眞진面면目목이 여긔야 다 뵈ᄂᆞ다.

어와 造조化화翁옹이 헌ᄉᆞ토 헌ᄉᆞ홀샤.
우아미

ᄂᆞᆯ거든 뛰디 마나 / 셧거든 솟디 마나.
산봉우리의 변화무쌍하고 역동적인 모습 (송순의 '면앙정가'에서 영향을 받음)

芙부蓉용을 고잣ᄂᆞᆫ 듯 / 白ᄇᆡᆨ玉옥을 믓것ᄂᆞᆫ 듯,

東동溟명을 박ᄎᆞᄂᆞᆫ 듯 / 北북極극을 괴왓ᄂᆞᆫ 듯. 『 』: 대구법
동해   임금을 상징

놉흘시고 望망高고臺디, 외로올샤 穴혈望망峰봉이
                    충신의 모습

하ᄂᆞᆯ의 추미러 므ᄉᆞ 일을 ᄉᆞ로리라,

千쳔萬만劫겁 디나ᄃᆞ록 구필 줄 모ᄅᆞᄂᆞ다.

어와 너여이고 너 ᄀᆞᄐᆞ니 ᄯᅩ 잇ᄂᆞᆫ가.
망고대, 혈망봉

▶ 진헐대에서 바라본 금강산

현대어 풀이
소향로봉과 대향로봉을 눈 아래 굽어보고,
정양사 뒤 진헐대에 다시 올라 앉으니,
중국의 여산과도 같이 아름다운 금강산의 참모습이 여기서야 다 보인다.
아아, 조물주의 솜씨가 야단스럽기도 야단스럽구나.
봉우리들이 나는 듯하면서도 뛰는 듯하고, 우뚝 서 있는 듯하면서도 솟은 듯하여 변화무쌍하구나
연꽃을 꽂아 놓은 듯, 백옥을 묶어 놓은 듯,
동해를 박차는 듯, 북극성을 괴고 있는 듯하구나.
높기도 하구나 망고대여, 외롭기도 하구나 혈망봉이
하늘에 치밀어 무슨 일을 아뢰려고
오랜 세월이 지나도록 굽힐 줄 모르는가?
아, 너로구나. 너 같은 높은 기상을 지닌 것이 또 있겠는가?

핵심 포인트
1. 절개와 지조 예찬 (망고대, 혈망봉)
2. 하늘 : 임금
3. 임금에게 직언하는 신하의 모습
4. 비교 : 설총 '화왕계' / 고려가요, '유구곡'

핵심정리

갈래	양반 가사, 기행 가사, 정격 가사
성격	서정적, 지사적, 서경적
율격	3(4)·4조의 4음보
제재	내금강과 관동 팔경
주제	금강산, 관동 팔경에 대한 감탄과 연군지정 및 애민 사상
특징	- 영탄법, 대구법, 생략법 등을 활용함. - 우리말의 아름다움을 잘 살림.

제2장 고전시가 주제별 시조

평시조

菊花(국화)야 너는 어이 – 이정보(李鼎輔)

菊花(국화)야 너는 어이 三月東風(삼월동풍) 다 지너고
　지조, 절개의 상징 의인법　　　평온한 시절
落木寒天(낙목한천)에 네 홀로 퓌엿는다
　정치적 시련, 고난
아마도 傲霜孤節(오상고절)은 너뿐인가 ᄒ노라
　　　　서릿발도 이겨 내는 꿋꿋한 절개 (핵심어)

현대어 풀이
국화야 너는 어찌하여 모든 꽃이 피는 삼월 봄바람이 불 때를 다 보내고서,
낙엽이 떨어지는 추운 날씨에 너 혼자만 피었느냐.
아무리 생각해 보아도 찬서리를 이겨내는 높은 절개를 지닌 것은 너 하나뿐인가 생각된다.

핵심 포인트
1. 국화의 절개, 지조 예찬
2. 낙목한천 : 시련, 역경(작가가 이겨내야 하는 험하고 힘겨운 상황)

✅ 핵심정리

갈래	평시조
성격	절의가(節義歌), 예찬적, 교훈적
주제	국화(선비)의 높은 절개 예찬
특징	- 의인법의 사용으로 대상에 대해 친근한 태도로 접근함

두류산 양단수를 – 조식

頭流山(두류산) 兩湍水(양단수)를 녜 듯고 이제 보니
　지리산　　　두 갈래로 흐르는 물줄기
桃花(도화) 쁜 묽은 물에 山影(산영) 조초 잠겨셰라
　무릉도원을 연상하게 함　　　산 그림자
『아희야 武陵(무릉)이 어딕믹오 나는 옌가 ᄒ노라』
　　무릉도원, 이상향　　　여기인가: 문답법

현대어 풀이
지리산 양단수를 옛날에 듣기만 하고 이제와서 보니
복숭아꽃이 떠내려가는 맑은 물에 산 그림자까지 어리어 있구나
아이야 선계의 무릉도원이 어디냐, 나는 여기라고 생각한다

핵심 포인트
1. 두류산 양단수의 아름다움 예찬
2. 두류산 양단수 → 무릉도원(자연귀의를 할 수 있는 이상 세계)

✅ 핵심정리

갈래	평시조, 서정시
성격	자연 친화적, 예찬적, 강호 한정가
주제	- 두류산(지리산) 양단수의 절경 예찬 - 자연에의 귀의(歸依)
특징	- 문답법을 사용하여 주제를 효과적으로 표현함 - 자연의 아름다움을 영탄법과 시각적 심상을 통해 표현함

매화사(梅花詞) - 안민영

2018 법원직 9급, 2016 법원직 9급

매영(梅影)이 부딪힌 창에 옥인금차(玉人金釵) 비겼으니
　　　　　　　　　　　　　금비녀를 꽂은 아름다운 여인
이삼 백발옹(白髮翁)은 거문고와 노래로다.
매화를 감상하는 주체 (늙은 선비들)
이윽고 잔 잡아 권할 적에 달이 또한 오르더라.　　　〈제1수〉
　　　　　　　　흥취를 북돋아 주는 자연물
▶ 매화와 함께 즐기는 풍류

　　　　예찬의 대상, 고결함, 고고함
어리고 성긴 매화 너를 믿지 않았더니,
　　　　　　의인법　　꽃을 피우지 못할 것이라는 의구심
눈 기약 능히 지켜 두세 송이 피었구나.
눈이 오면 피겠다는 약속　　　영탄법
촉(燭) 잡고 가까이 사랑할 제 암향(暗香)조차 부동(浮動)터라. 〈제2수〉
　　　　　　　　　　　　　　그윽한 향기
▶ 눈 속에 피는 매화의 강인한 의지와 성품

빙자옥질(氷姿玉質)이여 눈 속에 네로구나.
얼음처럼 깨끗한 자태와 옥같이 고운 자질, 매화의 외면적 아름다움 (매화의 별칭)
가만히 향기 놓아 황혼월(黃昏月)을 기약하니
아마도 아치고절(雅致高節)은 너뿐인가 하노라.　　〈제3수〉
　　　　아담한 풍치와 높은 절개, 매화의 내면적인 아름다움 (매화의 별칭)
▶ 매화의 아름다움과 높은 절개

바람이 눈을 모라 산창(山窓)에 부딪치니,
시련
찬 기운(氣運) 새여 드러 좀든 매화를 침노(侵擄)혼다.
시련, 매화의 생명력을 앗아가려 함 (바람, 눈, 찬 기운 = 시련과 고난)
『아무리 얼우려 훈인들 봄 쓧이야 아슬소냐.　　　　〈제6수〉
　봄이 찾아왔음을 알리겠다는 의지↲　　　』: 매화의 강인함, 설의법
▶ 매화의 강인한 의지와 자연의 섭리

현대어 풀이
매화 그림자 비친 창에 아름다운 여인이 비스듬히 앉아 있는데
두어 명의 노인은 거문고 뜯으며 노래하도다.
이윽고 술잔을 들어 서로 권할 때 달이 또한 솟아오르도다.

연약하고 엉성한 가지이기에 꽃을 피우리라는 것을 믿지 아니하였더니
눈 올 때 피겠다던 약속을 능히 지켜 두세 송이가 피었구나.
촛불 잡고 너를 가까이 보며 즐길 때 그윽한 향기는 방안을 떠도는구나.

얼음같이 맑고 깨끗한 모습과 구슬같이 아름다운 바탕이여, 눈 속에 피어난 너로구나.
가만히 향기를 풍기며 저녁달을 기다리니
아마도 아담한 풍치와 높은 절개를 지닌 것은 오직 너뿐인가 하노라.

바람이 눈을 몰고 와서 산가의 창에 부딪치니
찬 기운이 방으로 새어 들어와 잠들어 있는 매화를 침범한다.
아무리 얼게 하려 한들 새봄이 찾아왔음을 알리겠다는 매화의 의지를 빼앗을 수 있으랴.

핵심정리

갈래	평시조, 연시조(전 8수)
성격	영매가(咏梅歌), 예찬적
제재	매화
주제	매화 예찬
특징	- 매화를 의인화하여 고결한 성품을 지닌 존재로 표현함 - 영탄법, 설의법을 통해 주제를 강조함

구성

1수	매화와 함께하는 풍류
2수	매화의 지조에 대한 경탄
3수	매화의 아름다움과 절개
4수	매화와 함께하는 유흥
5수	매화와 달의 조화
6수	매화의 굳은 의지
7수	늙은 매화나무의 굳은 의지
8수	매화의 남다른 지조

❄ '눈'을 이기는 '매화'

보통 겨울은 꽃이 피기 어려운 계절이지만 이 작품에서 매화는 '바람, 찬 눈, 찬 기운'과 같이 꽃이 피기 어려운 시련이나 고통에서도 꽃을 피우고 있다. 화자는 이러한 매화의 고결한 성품과 절개를 예찬하고 있다.

06 목적성/교훈성

안민가(安民歌) - 충담사

2013 서울시 7급, 2011 지방직 9급

군(君)은 어비여,
신(臣)은 도亽샬 어시여,
민(民)은 얼흔 아히고 호샬디
민(民)이 도술 알고다.
　　사랑 (백성을 다스리는 방법의 핵심)
　▶ 군, 신, 민의 관계

구믈ㅅ다히 살손 물생(物生)
현실에 순응하며 살아가는 백성들
이흘 머기 다스라
이 따흘 ᄇ리곡 어듸 갈뎌 홀디
백성이 이런 생각이 들 정도로 만족한다면
나라악 디니디 알고다.
　▶ 백성을 다스리는 민본주의

10구체 향가의 특징, 낙구 첫머리의 감탄사
아으, 군(君)다이 신(臣)다이 민(民)다이 호놀돈
　　　자신의 본분을 충실히 이행하는 것
나라악 태평(太平)호니잇다.
　▶ 각자의 본분에 충실해야 함

(가정법, 은유법)

현대어 풀이
임금은 아버지요 / 신하는 사랑하실 어머니요
백성은 어린아이라고 한다면 / 백성이 사랑을 알 것입니다. //

구물거리며 사는 백성 / 이들을 먹여 다스리어
이 땅을 버리고 어디로 갈 것인가 한다면 / 나라 안이 유지될 줄 알 것입니다. //

아아, 임금답게 신하답게 백성답게 한다면 / 나라 안이 태평할 것입니다.

배경 설화
당시 신라는 천재지변이 민생을 위협하고, 국가의 질서가 문란해지는 등 왕권이 위축되는 위기 상황이었다. 이러한 위기에서 벗어나고자 경덕왕은 충담사에게 노래를 지어 줄 것을 부탁하였다. 충담사는 '안민가'를 지어 바쳤고, 왕은 감동하여 그를 왕사로 봉하였으나 사양하였다.

핵심정리

갈래	10구체 향가
성격	유교적, 교훈적
제재	왕과 신화와 백성의 본분
주제	나라를 다스리는 올바른 자세
특징	- 은유를 통해 내용을 효과적으로 전달함 - 논리적이고 직설적인 어법을 사용하여 주제를 설득력 있게 표현함 - 향가 중 유교적 이념을 노래한 유일한 작품 - 목적 문학적 성격

구성

기	군, 신, 민의 관계 - 비유적, 애민 사상
서	민본주의를 실천하는 근본 원리 - 직설적, 민본사상
결	군, 신, 민의 바른 관계 - 다워야 함 - 직설적, 유교적 정명 사상

은유법

임금	아버지	나라를 이끌어 갈 책임이 있음
신하	어머니	백성을 사랑으로 다스려야 함
백성	어린 아이	임금과 신하를 믿고 따라야 함

도덕과 훈계의 시조

2019년 지방직 9급

『고인(古人)도 날 몯 보고 나도 고인(古人) 몯 뵈』
  옛 성현들   『』:대구법
고인(古人)을 몯 뵈도 녀던 길 알피 잇니
                     학문 수양의 길
녀던 길 알피 잇거든 아니 녀고 엇뎔고
         후학들에 대한 충고와 훈계
▶ 학문 수양의 다짐과 후학들에 대한 충고   <제9곡>

핵심정리

갈래	연시조
성격	교훈적, 회고적, 예찬적
율격	3(4)·4조, 4음보
주제	자연 속에 묻혀 살고 싶은 소망과 학문의 길에 대한 의지
특징	– 반복법, 설의법, 대구법, 연쇄법 등 다양한 표현 방법을 활용함 – 총12수로 전반부와 후반부로 나눔. – 학문에 대한 의지와 생경한 한자어가 많이 사용됨

현대어 풀이
옛 훌륭한 어른이 지금의 나를 못 보고 나도 고인을 뵙지 못하네
고인을 뵙지 못해도 그분들이 행하시던 길이 앞에 놓여 있으니,
그 가던 길(학문의 길)이 앞에 있으니 나 또한 아니 가고 어떻게 하겠는가? <제9곡>

핵심 포인트
1. '도산십이곡'중 한 수로 학문 수양에 임하는 작자의 심경을 노래함.
2. 주제 : 학문 수양에의 정진
3. 표현 : 앞 구의 끝 말을 뒷 구의 첫머리로 가져와 그 뜻을 이어 가는 연쇄법(連鎖法)이 사용됨

        ↑ 긴 시간 벼슬을 함
당시(當時)예 녀던 길흘 몃 히를 보려 두고
벼슬을 하기 전, 학문에 힘쓰던 시절
어듸 가 둔니다가 이제사 도라온고
이황은 23세에 과거에 급제하여 69세에 벼슬에서 물러남
이제나 도라오나니 년 듸 무숨 마로리   <제10곡>
                                      ▶ 벼슬을 버리고 학문에 정진함

현대어 풀이
그 당시 학문 수양에 힘쓰던 길을 몇 해씩이나 버려두고
벼슬길을 헤매다가 이제야 돌아왔는가?
이제 돌아왔으니 다시는 딴 마음을 먹지 않으리.   <제10곡>

핵심 포인트
1. '도산십이곡'중 한 수로, 학문의 뜻을 소홀히 하고 벼슬길에 올랐던 자신을 탓하며 학문 수행에 전념할 것을 결의함.
2. 주제 : 학문 수양에 대한 결의
3. 표현 : '녀던길'은 '학문 수양의 길'을 '년 듸'는 '벼슬길'을 가리킴

  『』: 대구법
『청산(靑山)는 엇뎨ᄒᆞ야 만고(萬古)애 프르르며
  변함없는 푸르름 예찬
유수(流水)는 엇뎨ᄒᆞ야 주야(晝夜)애 긋디 아니는고』
  멈추지 않는 영원성 예찬
우리도 그치디 마라 만고상청(萬古常靑) ᄒᆞ리라   <제11곡>
변함없고 그침 없이 학문 수양에 힘쓰겠다는 의지   ▶ 학문 수양의 의지

현대어 풀이
푸른 산은 어찌하여 영원히 푸르며
흐르는 물은 또 어찌하여 밤낮으로 그치지 않는가?
우리도 저 물같이 그치는 일 없이 저 산같이 언제나 푸르게 살리라. <제11곡>

핵심 포인트
1. '도산십이곡'중 한 수로, 끊임없는 학문 수양으로 영원한 진리의 세계에 살고 싶은 마음을 토로함.
2. 주제 : 학문 수양의 끊임없는 의지
3. 표현 : 영원자로서 동경의 대상이 되는 '청산', '유수'와 순간적인 인간을 대비하여 나타냄
4. 청산, 유수 : 항심(恒心)

功名(공명)을 즐겨마라 – 김상현

『 』: 대구법
『功名(공명)을 즐겨마라 榮辱(영욕)이 半(반)이로다
  공을 세워서 자신의 이름을 널리 드러냄
富貴(부귀)를 貪(탐)치 마라 危機(위기)를 넒느니라.』
                              맞게 된다, 겪게 된다
우리는 一身(일신)이 閑暇(한가)커니 두려온 일 업세라.
안분지족, 유유자적

핵심 포인트
1. 세속적인 물질 세계에 집착함을 경계하고, 안심 입명(安心立命)의 삶의 자세를 나타낸 교훈적 작품
2. 주제 : 탐욕에 대한 경계
3. 표현 : 대구법(초장, 중장)

✅ 핵심정리

갈래	평시조
성격	- 경세적(警世的 : 세상 사람들을 깨우침) - 교훈적
주제	- 탐욕에 대한 경계 - 자연에 묻혀 한가롭게 사는 즐거움
특징	- 대구법과 대조법을 사용하여 주제를 효과적으로 표현함

굼벙이 매암이 되야 – 작자 미상

굼벙이 매암이 되야 느래도쳐 느라 올라.
            벼슬자리에 오른 인물
노프나 노픈 남게 소릭는 죠커니와,
              권세를 부림
그 우희 거믜줄 이시니 그를 조심ᄒ여라.
           권세를 잃어버릴 수 있는 경계의 상황

현대어 풀이
굼벵이가 매미가 되어 날개가 돋아서 날아 올라
높고도 높은 나무 위에서 우는 소리는 좋지마는
그 위에 거미줄이 있으니 그것을 조심하여라.

핵심 포인트
1. 벼슬아치가 벼슬살이에서 만나는 위험을 굼벵이가 매미가 되어 높은 나무에 올라가 거미줄을 만나는 것에 빗대어 경계함.
2. 주제 : 벼슬살이의 험난함 경계
3. 표현 : 사람에 대한 교훈을 동식물에 빗대어 우의적으로 표현함.

✅ 핵심정리

갈래	평시조
성격	교훈적, 경세적, 비유적
주제	- 벼슬길의 험난함을 경계함 - 분수에 넘치는 권력 행세에 대한 경계
특징	- 인간의 처세를 자연물에 빗대어 우의적으로 풍자함 - '~라'라는 명령형 어미를 사용하여 교훈을 직접적으로 전달함

비 오는 디 들희 가랴 - 윤선도

비 오는 디 들희 가랴 사립 닷고 쇼 머겨라.

마히 미양이랴 잠기 연장 다스려라.
　장마　　　　　쟁기　　손질하여라
쉬다가 개는 날 보아 스래 긴 밧 가라라.
　　　　　　　　　　　이랑

현대어 풀이
비가 떨어지는데 (구태여) 들에 나가겠느냐, 사립문을 닫고 소에게 여물이나 먹여라.
장마가 언제나 이렇듯 계속되겠느냐, 쟁기와 연장들이나 손질하여라.
(장마가 질 때) 쉬다가 날씨가 맑아지는 날 보아서 이랑이 긴 큰 밭을 갈아라.

핵심 포인트
1. 긴긴 여름 장마의 농촌 생활을 한가한 마음으로 노래함.
2. 주제 : 여름 장마철의 농촌 생활
3. '농가월령가'와 관련됨

✅ 핵심정리

갈래	평시조, 연시조
성격	교훈적
주제	여름철의 농촌 생활
특징	- 〈산중신곡 山中新曲〉18수 가운데 2수임 - 순수한 고유어를 사용하여 향토색을 짙게 나타냄

내히 죠타 ᄒᆞ고 – 변계량

2017 지방직 9급, 2009 지방직 9급

『내히 죠타 ᄒᆞ고 ᄂᆞᆷ 슬흔 일 ᄒᆞ지 말며
ᄂᆞᆷ이 ᄒᆞᆫ다 ᄒᆞ고 義 아니면 좃지 말니』
우리는 天性을 직희여 삼긴 대로 ᄒᆞ리라

『 』: 대구법
명령형을 사용하여 직설적으로 표현
성선설의 입장

현대어 풀이
내가 좋아하는 일이라 해서 남이 싫어하는 일을 하지 말며
남이 한다고 해도 옳은 일이 아니면 따라하지 말아라.
우리는 타고난 성품을 지키며 생긴 그대로 지내리라.

핵심 포인트
1. 유교적 윤리에 바탕을 둔 대표적 교훈 시조
2. 주제 : 의(義)에 따라 천성대로 살려는 의지
3. 표현 : 초장은 자기가 하고 싶지 않은 일을 남에게 행하지 말라는 <논어>의 교훈을 전함

핵심정리

갈래	평시조, 단시조, 교훈가
성격	교훈적, 계세적
주제	의(義)와 천성(天性)을 지켜나가는 삶
특징	- 대구법과 명령형의 시어를 통해 화자의 가치관을 직설적으로 드러냄. - 맹자의 성선설에 바탕을 두고 성리학적인 도의를 추구하는 삶의 방식을 제시함 - 계세적 성격을 지님

오놀도 다 새거다 – 정철 (훈민가 13수)

오놀도 다 새거다 호믜 메고 가쟈ᄉᆞ라.
내 논 다 ᄆᆡ여든 네 논 졈 ᄆᆡ여 주마.
올 길헤 ᄲᅩᆼ 따다가 누에 머겨 보쟈ᄉᆞ라.

청유형의 사용으로 설득력을 높임
상부상조(相扶相助)
청유형 사용

현대어 풀이
오늘도 날이 밝았다. 호미 메고 가자꾸나,
내 논 다 매거든 네 논도 좀 매어 주마.
일을 끝내고 돌아오는 길에 뽕을 따다가 누에 길러 보자꾸나.

핵심정리

갈래	연시조(전 16수), 평시조
성격	계몽적, 교훈적, 설득적
제재	유교 윤리
주제	유교 윤리의 실천 권장
특징	- 평이하고 정감있는 어휘로 내용 전달 효과가 뛰어남 - 순우리말을 사용하여 이해하기 쉬움 - '경민가(警民歌)', '권민가(勸民歌)'로 불리기도 하는 일종의 목적 문학임

지아비 밭 갈라 간 듸 - 주세붕 (오륜가 4수)

지아비 밭 갈라 간 듸 밥고리 이고 가,
　남편　　　　　　　밥 담은 광주리
반상을 들오듸 눈썹의 마초이다.
거안제미(擧案齊眉), 남편에 대한 지극한 공손함
친코도 고마오시니 손이시나 다르실가.　　　　　　　　▶ 부부유별(夫婦有別)

현대어 풀이
남편이 밭을 갈러 간 곳에 밥을 담은 광주리를 이고 가서,
밥상을 들이되 눈썹 높이까지 공손히 들어 바칩니다.
친하고도 고마운 분이시니 손님을 대하는 것과 무엇이 다르겠습니까?

핵심 포인트
1. 남편을 정성과 공경스러운 마음으로 손님 대하듯 하라는 교훈적인 작품
2. 주제 : 부부유별(夫婦有別)
3. 표현 : 중장은 중국의 고사에서 유래된 '거안제미(擧案齊眉)'를 차용해 씀.

✔핵심정리

갈래	평시조, 연시조
성격	교훈적, 직설적, 계도적
제재	오륜(五倫)
주제	삼강오륜(三綱五倫)의 교훈 강조
특징	- 조선 시대의 이상적인 인간관을 드러내며 교훈적이고 도덕적인 설교가 많음

오륜가 – 주세붕

사름 사름마다 이 말슴 드러스라.

이 말슴 아니면 사름이오 사름 아니니

이 말슴 닛디 말오 비호고야 마로리이다.   ▶ 삼강오륜을 배우는 이유

아버님 날 나ᄒ시고 / 어마님 날 기르시니,
          대구법

父母(부모)옷 아니시면 내 모미 업슬랏다.

이 덕을 갚프려 ᄒ니 하늘 ᄀᆞ이 업스샷다.   ▶ 부자유친(父子有親)
               끝이, 한정이

     상전(임금)
둉과 항것과를 뉘라셔 삼기신고.
종(신하)

『벌과 가여미사 이 ᄠᅳ들 몬져 아니,』 『 』: 벌과 개미들이 여왕벌, 여왕개미에게 충성을 다하는 것을 보아 임금과 신하의 관계가 어떠해야 하는지 잘 알고 있음

ᄒᆞᆫ ᄆᆞᅀᆞ매 두 ᄠᅳᆮ 업시 속이지나 마옵새이다.   ▶ 군신유의(君臣有義)

지아비 받 갈라 간 ᄃᆡ 밥고리 이고 가,
남편   밥 담은 광주리

반상을 들오ᄃᆡ 눈썹의 마초이다.
거안제미(擧案齊眉), 남편에 대한 지극한 공손함

친코도 고마오시니 손이시나 다ᄅᆞ실가.   ▶ 부부유별(夫婦有別)

兄(형)님 자신 져줄 내 조쳐 머궁이다.
아우의 목소리

어와 아ᅀᆞ야 어마님 너 ᄉᆞ랑이아.
형의 목소리

兄弟(형제)옷 不和(불화)ᄒ면 개 도티라 ᄒ리라.   ▶ 형제우애(兄弟友愛)
                     개돼지

늘그니ᄂᆞᆫ 父母(부모) ᄀᆞᆮ고 얼우ᄂᆞᆫ 兄(형) ᄀᆞᄐᆞ니,
                            어른

ᄀᆞᆮ톨ᄃᆡ 不恭(불공)ᄒ면 어ᄃᆡ가 다를고.
존경하지 않으면   짐승과

날료셔 ᄆᆞ디어시ᄃᆞᆫ 절ᄒ고야 마로리이다.   ▶ 장유유서(長幼有序)
   노인과 어른들을

현대어 풀이
사람 사람들마다 이 말씀(삼강오륜의 말씀)을 들으십시오.
이 말씀이 아니면 사람이면서도 사람이 아닌 것이니,
이 말씀을 잊지 않고 배우고야 말 것입니다.

아버님이 나를 낳으시고 어머님이 나를 기르시니,
부모님이 아니셨더라면 이 몸이 없었을 것입니다.
이 덕을 갚으려 하니 하늘처럼 끝이 없습니다.

종과 상전의 구별을 누가 만들어 내었던가.
벌과 개미들이 이 뜻을 먼저 아는구나.
한 마음에 두 뜻을 가지는 일이 없도록 속이지나 마십시오.

남편이 밭을 갈러 간 곳에 밥을 담은 광주리를 이고 가서,

밥상을 들이되 눈썹 높이까지 공손히 들어 바칩니다.
친하고도 고마운 분이시니 손님을 대하는 것과 무엇이 다르겠습니까?

형님이 잡수신 젖을 내가 따라 먹습니다.
아아, 우리 아우야 너는 어머님의 사상이로다.
형제간에 화목하지 못하면 남들이 개나 돼지라 할 것입니다.

노인은 부모님 같고, 어른은 형님 같으니,
이와 같은데 공손하지 않으면 (짐승과) 어디가 다른가.
나로서는 (노인과 어른들들을)맞이하게 되면 절하고야 말 것입니다.

훈민가 – 정철

1

아바님 날 나ᄒ시고 어마님 날 기르시니,

두 분 곳 아니시면 이 몸이 사라실가.

하ᄂᆞᆯ ᄀᆞ튼 ᄀᆞ업순 은덕을 어ᄃᆡ 다혀 갑ᄉᆞ오리.

현대어 풀이
아버님께서 나를 낳으시고 어머님께서 나를 기르시니,
두 분이 아니었다면 이 몸이 태어나 살 수 있었을까.
하늘같이 끝이 없는 큰 은혜를 어떻게 다 갚을 수 있을까.

핵심 포인트
1. 부모님에 대한 효도의 권장
2. 초장 : 부생모육(父生母育)

핵심정리

갈래	연시조(전 16수), 평시조
성격	계몽적, 교훈적, 설득적
제재	유교 윤리
주제	유교 윤리의 실천 권장
특징	- 평이하고 정감있는 어휘로 내용 전달 효과가 뛰어남 - 순우리말을 사용하여 이해하기 쉬움 - '경민가(警民歌)', '권민가(勸民歌)'로 불리기도 하는 일종의 목적 문학임

2

형아 아ᄋᆞ야 네 술홀 만져 보아

뉘손ᄃᆡ 타 나관ᄃᆡ 양ᄌᆡ조차 ᄀᆞᆮ손다.
　　　　　　모습, 모양　설의법

ᄒᆞᆫ 졋 먹고 길러나 이셔 닷 ᄆᆞ음을 먹디 마라.
같은 어머니의 젖 먹고　　　형제간 우애를 해치는 마음

현대어 풀이
형아, 아우야, 네 살을 만져보아라.
누구에게서 태어났길래 모습조차 같은 것인가?
같은 젖을 먹고 자라났으니 딴 마음을 먹지 마라.

핵심 포인트
1. 형제 간의 우애

4

어버이 사라신 제 셤길 일란 다ᄒᆞ여라.

디나간 휘면 애ᄃᆞᆲ다 엇디ᄒᆞ리.
풍수지탄(風樹之嘆)

平生(평생)에 곳텨 못ᄒᆞᆯ 일이 잇ᄲᅮᆫ인가 ᄒᆞ노라.
　　　　　　　　　　　　　　효(孝)

현대어 풀이
어버이께서 살아 계실 때 섬기는 일을 다하여라.
돌아가신 뒤에 아무리 애통하고 후회한들 무슨 소용이 있겠는가.
평생에 다시 할 수 없는 일이 이것뿐인가 하노라.

핵심 포인트
1. 풍수지탄(風樹之嘆)의 경계

6

간나ᄒᆡ 가는 길흘 ᄉᆞ나ᄒᆡ 에도ᄃᆞ시,

ᄉᆞ나ᄒᆡ 네는 길흘 계집이 츼도ᄃᆞ시,

제 남진 제 계집 아니어든 일홈 뭇디 마오려

현대어 풀이
여자가 가는 길을 남자가 멀찌감치 돌아가듯이,
남자가 가는 길을 여자가 피해서 돌아가듯이,
자기의 남편이나 아내가 아니라면 이름을 묻지 마시오.

핵심 포인트
1. 남녀 간의 예의 범절

8

모을 사룸들아 올흔 일 하쟈스라.

사룸이 되어나셔 올치옷 못하면,

마쇼를 갓 곳갈 씌워 밥머기나 다르랴.

현대어 풀이
마을 사람들아, 옳은 일 하자꾸나.
사람으로 태어나서 옳지를 못하다면,
짐승에게 갓이나 고깔을 씌워서 밥을 먹이는 것과 무엇이 다르겠는가?

핵심 포인트
1. 옳은 일의 권장

13

오늘도 다 새거다 호믜 메고 가쟈스라. 청유형의 사용으로 설득력을 높임

내 논 다 믜여든 네 논 졈 믜여 주마.
상부상조(相扶相助)

올 길헤 뽕 빠다가 누에 머겨 보쟈스라.
　　　　　　　　　　청유형 사용

현대어 풀이
오늘도 날이 밝았다. 호미 메고 가자꾸나,
내 논 다 매거든 네 논도 좀 매어 주마.
일을 끝내고 돌아오는 길에 뽕을 따다가 누에 길러 보자꾸나.

핵심 포인트
1. 농사일에서의 근면과 상부상조 권장

16

이고 진 뎌 늘그니 짐 프러 나룰 주오.

나는 졈엇써니 돌히라 므거올가.

늘거도 설웨라커든 지믈 조차 지실가.

현대어 풀이
짐을 머리에 이고 등에 진 노인장이여.
그 짐을 풀어 내게 주시오. 나는 젊었으니 돌이라 한들 무거울까.
늙는 것도 서럽다 하는데 짐까지 지시겠는가.

핵심 포인트
1. 경로 사상의 강조
2. 종장 : 설상가상

용비어천가(龍飛御天歌) - 정인지, 권제, 안지 등

2015 서울시 7급, 2013 국회직 9급, 2010 경찰직

〈제1장〉 ← 1절 3구의 형식 (2절 4구의 형식에서 벗어남)

海東(해동) 六龍(육룡)이 ᄂᆞᄅᆞ샤 일마다 天福(천복)이시니.
발해의 동쪽　이씨 왕조의 역대 조상　　　천우신조 (건국의 정당성)

古聖(고성)이 同符(동부)ᄒᆞ시니.　　　▶ 조선 건국의 정당성
중국 고대 왕조　꼭 들어 맞으시니

현대어 풀이
우리나라의 여섯 용(임금)이 나시어, 하시는 일마다 모두 하늘이 내린 복이시니.
이것은 중국의 옛 성군이 하신 일들과 꼭 맞으시니.

핵심 포인트
1. 주제 : 조선 건국이 천명(天命)에 따른 것임을 밝힘.
2. 표현
   a. 작품 전체를 통해 유일하게 한 줄 형식으로 되어 있음.
   b. 육조를 용에 비유함
3. 용비어천가 형식 규정: 고성이 동부하시니

✓ 핵심정리

갈래	악장, 영웅 서사시, 송축가
성격	서사적, 송축적, 설득적, 권계적
제재	새 왕조의 창업
주제	새 왕조 창업의 정당성
특징	- 서사, 본사, 결사의 구조 속에 작품 창작 동기가 유기적으로 서술됨 - 영웅 이야기의 일반적 서사 단계와 같은 전형성이 나타남 - 대부분이 2절 4구체의 구성 ('제1장', '제125장'은 파격장) - 대부분 전절에 중국 고사를 인용하고, 후절에서는 조선 건국의 정당성을 강조함 - 훈민정음으로 기록된 최초의 작품 - 우리나라 최초의 장편 영웅 서사시

〈제2장〉

불휘 기픈 남ᄀᆞᆫ ᄇᆞᄅᆞ매 아니 뮐ᄊᆡ, 곶 됴코 여름 하ᄂᆞ니.
대구　기초가 튼튼한 나라　시련　　　　　문화의 융성

ᄉᆡ미 기픈 므른 ᄀᆞᄆᆞ래 아니 그츨ᄊᆡ, 내히 이러 바ᄅᆞ래 가ᄂᆞ니.
　　유서 깊은 나라　　시련　　　　무궁한 발전　　　▶ 조선의 무궁한 발전 송축

현대어 풀이
뿌리가 깊은 나무는 바람에 흔들리지 아니하므로, 꽃이 좋고 열매가 많이 열리니.
샘이 깊은 물은 가뭄에 그치지 아니하므로, 내가 이루어져 바다에 가나니.

핵심 포인트
1. 주제 : 조선 왕조의 영원한 번영을 기원함(예찬)
2. 표현
   a. 국가를 나무와 물에 비유하고, 국가의 발전을 바다에 견줌.
   b. 순수 고유어에 의한 시어의 사용
3. a. 뿌리 깊은 나무 : 토대가 튼튼한 조선 왕조
   b. 꽃, 열매 : 문화
   c. 샘이 깊은 물 : 연원이 깊은 조선 왕조
   d. 바다 : 왕조의 번영

〈제48장〉

굴허에 ᄆᆞ를 디내샤 도ᄌᆞ기 다 도라가니 半(반) 길 노ᄑᆡᆫ들 년기 디나리잇가.
대구

石壁(석벽)에 ᄆᆞ를 올이샤 도ᄌᆞ갈 다 자ᄇᆞ시니 현 번 ᄠᅱ운들 ᄂᆞ미 오ᄅᆞ리잇가.
초인적인 능력　　　　　　　　　　　　　　　▶ 태조의 초인적인 능력

현대어 풀이
구렁에 말을 지나게 하시어 뒤쫓아 오던 도적들이 다 돌아가니 반 길의 높이인들 남(도적)이 지나겠습니까?
(태조가) 돌벽에 말을 올리시어 도적을 다 잡으시니, 몇 번을 뛰어오르게 한들 남이 오르겠습니까.

〈제125장〉 ← 3절 (2절 4구의 형식에서 벗어남)

千世(천세) 우희 미리 定(정)ᄒᆞ샨 漢水(한수) 北(북)에, 累仁開國(누인 개국)ᄒᆞ샤

卜年(복년)이 ᄀᆞ업스시니,
왕조의 운수

聖神(성신)이 니ᅀᆞ샤도 敬天勤民(경천근민)ᄒᆞ샤ᅀᅡ, 더욱 구드시리이다.
　　　　　　　　　　　하늘을 공경하고 백성을 위해 부지런히 일함

님금하, 아ᄅᆞ쇼셔. 洛水(낙수)예 山行(산행) 가 이셔 하나빌 미드니잇가.
　　　선조의 덕만 믿고 정사를 게을리하다가 폐위되었던 태강왕의 고사를 인용하여
　　　후대 왕들에게 백성을 다스리는 일에 힘쓸 것을 권계함
　　　　　　　　　　　　　　　　　　　▶ 후왕들에 대한 권계

현대어 풀이
천 년 전에 미리 정하신 한강의 북쪽 땅(한양)에 여러 대에 걸쳐 어진 덕을 쌓아 나라를 여시어 왕조의 운수가 끝없으시니.

성군의 자손이 대를 이으셔도 하늘을 공경하고 백성을 다스리는 데에 부지런히 힘쓰셔야 나라가 더욱 굳건해질 것입니다.

후대 임금님이시여, 아소서. (하나라 태강왕이) 낙수에 사냥 가서 (백일이 되도록 돌아오지 않아 폐위를 당하였으니 태강왕은) 할아버지(우왕의 공덕)만을 믿었던 것입니까?

핵심 포인트
1. 구성
   - 제1절 - 왕조의 운명이 영원할 것을 송축(頌祝)
   - 제2절 - 후대 왕들에 대한 권계(勸戒)
   - 제3절 - 태강왕의 고사
2. 주제 : 후대 왕들에 대한 권계(勸戒) ⇒ 타산지석(他山之石)
3. 표현 : 내용상 3절로 구성된 파격장

농가월령가(農家月令歌) - 정학유

2014 서울시 7급, 2016 기상직 9급, 2010 국회직 9급

〈팔월령(八月令)〉

팔월이라 仲秋(중추)되니 白露(백로) 秋分(추분) 節氣(절기)로다.
　　　　음력 8월

北斗星(북두성) 자로 도라 西便(서편)을 가르치니,
계절 변화 (북두칠성의 방향으로 가을을 짐작하게 함)

션션흔 朝夕(조석) 긔운 秋意(추의)가 宛然(완연)ᄒ다.
　　　　　　　　　　　　　　　가을의 뜻, 가을다운 기운

귀쏘람이 말근 쇼릐 碧澗(벽간)에 들거고나

아츰에 안기 씨고 밤이면 이실 ᄂᆞ려,

百穀(백곡)을 成實(성실)ᄒ고 萬物(만물)을 지촉ᄒ니,
　　　　　곡식 따위가 다 자라서 열매를 맺음

들 구경 돌나보니 힘드린 닐 共生(공생)ᄒ다.

百穀(백곡)의 이삭 픠고 여믈 들어 고긔 숙어,

西風(서풍)의 익는 빗촌 黃雲(황운)이 이러난다.　▶ 8월에 대한 감상
　　　　　　　　　　누렇게 익은 곡식 (은유법)

白雪(백설) 갓흔 棉花(면화)송이 珊瑚(산호) 갓흔 고쵸다릐
　　　　　　　　　　　　　　　　　　　　　고추 열매

쳠아의 너러시니 가을 볏 明朗(명랑)ᄒ다.

안팟 마당 닥가 노코 발치 망구 쟝만ᄒ쇼.

棉花(면화) 짜는 다락기의 수수 이삭, 콩가지오.

나무군 도라오니 머루 다릐 山果(산과)로다.

뒤동산 밤 대추는 아희들 世上(세상)이라.

아름 모아 말니여라. 쳘 대야 쁘게 ᄒ쇼.
제사 준비 - 유비무환(有備無患)

명지(明紬)를 사허 내여 추양(秋陽)에 마젼ᄒ고
명주　　　　　　　　가을볕

쪽 듸리고 잇 듸리니 쳥홍(靑紅)이 색색이라,

부모님 연만(年晩)ᄒ니 수의(襚衣)를 유의ᄒ고,
　　　　나이가 많음　　염습할 때 송장에 입히는 옷

그 남아 마루지아 자녀의 혼수(婚需)ᄒ세.

집 우희 굿은 박은 요긴한 기명(器皿)이라.
　　　　　　　　　　살림살이에 쓰는 그릇을 통틀어 이르는 말

딥스리 뷔를 ᄆᆡ아 마당질의 쓰오리라.
　　　　　　　곡식을 떨어 알곡을 거두는 일

참쌔 들쌔 거둔 후의 중오려 타작ᄒ고,
　　　　　　　　　다소 익은 벼

담배 줄 녹두 말을 아쇠야 작전(作錢)ᄒ랴.
　　　　　　　　　물건을 팔아 돈을 마련함

장 구경도 ᄒ려니와 흥졍ᄒ을 것 잊지 마쇼.

북어쾌 젓조긔를 추석 명일(明日) 쇠아 보셰.

신도주(新稻酒) 오려송편 박나믈 토란국을
　　　　올벼로 만든 송편

선산(先山)의 제믈ᄒ고 이웃집 ᄂᆞ화 먹세　▶ 팔월의 농사일과 세시 풍속

 핵심정리

갈래	가사, 월령체 가사, 장편 가사 (전 13장)
성격	교훈적, 계몽적
제재	농사의 일과 한 해의 세시풍속
주제	각 달과 절기에 따른 농사일과 세시풍속 소개
특징	- 농민들을 계몽, 교화시키고자 함 - 정월부터 섣달까지 열두 달에 걸쳐 시간의 흐름에 따라 연을 나누어 부르는 월령체 형식을 취함 - 농촌 생활과 관련된 구체적인 어휘를 통해 농사일과 세시풍속을 소개함 - 실제적인 농사일을 열거하여 실생활에 도움이 되도록 함 - 대구법, 직유법, 은유법 등의 다양한 표현법과 직설적 표현을 사용함

현대어 풀이

8월이라 한가을 되니 백로, 추분 절기로다.
북두칠성의 자루가 돌아 서쪽을 가리키네.
선선한 아침 저녁 기운 가을 기운이 뚜렷하다.
귀뚜라미 맑은 소리 벽 사이에서 들리는구나.
아침에 안개 끼고 밤이면 이슬 내려,
백곡을 잘 여물게 하고 만물을 재촉하니,
들 구경 둘러보니 힘 들인 일의 공이 나타난다.
백곡에 이삭이 패고 여물 들어 고개를 숙여,
서풍에 익는 빛은 누런 구름이 일어난다.

눈같이 흰 목화송이, 산호같이 아름다운 고추 열매,
지붕에 널었으니 가을 볕이 맑고 밝다.
안팎의 마당을 닦아 놓고 발채의 옹구를 마련하소.
목화 따는 다래끼에 수수 이삭과 콩가지도 담고,
나무꾼 돌아올 때 머루 다래와 같은 산과도 따오리라.
뒷동산의 밤과 대추에 아이들은 신이 난다.
알밤을 모아 말려서 필요한 때에 쓸 수 있게 하소.
명주를 끊어 내어 가을볕에 표백하고 남빛과 빨강으로 물을 드리니 청홍이 색색이로구나. 부모님 연세가 많으니 수의를 미리 준비하고, 그 나머지는 마르고 재어서 자녀의 혼수하세.
지붕 위의 익은 박은 긴요한 그릇이라. 대싸리로 비를 만들어 타작할 때 쓰리라. 참깨 들깨를 수확한 후에 다소 이른 벼를 타작하고 담배나 녹두 등을 팔아서 아쉬운 대로 돈을 만들어라. 장 구경도 하려니와 흥정할 것도 잊지 마소. 북어쾌와 젓조기를 사다가 추석 명절을 쇠어 보세. 햅쌀로 만든 술과 송편, 박나물과 토란국을 조상께 제사를 지내고 이웃집이 서로 나누어 먹세

핵심 포인트

1. 구성
   a. 팔월의 절기
   b. 팔월의 정경 묘사
   c. 팔월에 농가에서 농민들이 해야 할 일
   d. 팔월의 세시 풍속 – 추석과 근친
   e. 내년을 위한 준비
2. 주제 : 다달이 해야 할 농가의 일과 세시 풍속
3. 의의
   a. 월령가로서는 가장 규모가 큰 작품이다.
   b. 조선 후기, 농사의 중요성을 강조하는 실학의 태도를 짐작하게 한다.
   c. 우리말 노래로서, 농업 기술의 보급을 처음 시도한 작품이다.
4. 표현상의 특징
   a. 각 달의 내용상 구성이 일정한 형태를 취하고 있다. 그 달의 절기 소개 → 그 달의 정경 묘사 → 농가에서 할 일 → 세시 풍속
   b. 농촌 생활과 관련된 구체적 어휘가 많이 사용되고 있다.
      ☒거름, 이영, ☒기, 벗☒, 밭☒, 망구, 다락기
   c. 명령형, 청유형의 문장이 많다.

07 소망의 노래

정읍사(井邑詞) - 어느 행상인의 아내
2014년 서울시 7급, 2016년 경찰직 1차

前腔(전강)	ᄃᆞᆯ하 노피곰 도ᄃᆞ샤 　기원의 대상 (천지신명, 광명) ↔ 즌 ᄃᆡ 어긔야 머리곰 비취오시라. 어긔야 어강됴리
小葉(소엽)	아으 다롱디리. ▶ 달에게 남편의 안녕 기원 　■ 여음구, 조흥구 (여음을 제외하면 시조 형식과 유사)
後腔全(후강전)	져재 녀러신고요. 어긔야 즌 ᄃᆡ를 드ᄃᆡ욜셰라. 　위험한 곳 (남편에 대한 염려) 어긔야 어강됴리 ▶ 남편이 밤길에 해를 입는 것을 걱정함
過篇(과편)	어느이다 노코시라.
金善調(금선조)	어긔야 내 가논 ᄃᆡ 　① 남편(나의 사랑), ② 화자, ③ 부부(일심동체라는 의식) 졈그롤셰라. 어긔야 어강됴리
小葉(소엽)	아으 다롱디리. ▶ 남편의 무사 귀환을 기원함

현대어 풀이
달님이시여, 높이높이 돋으시어
멀리멀리 비춰 주소서.

시장에 가 계신가요?
진 데(위험한 곳)를 디딜까 두렵습니다.

어느 곳에나 (짐을) 놓으십시오.
임 가시는 곳에 (날이) 저물까 두렵습니다.

핵심 포인트
1. 3장 6구의 시가 → 시조에 영향을 줌
2. 시상 전개
    1구~4구 : 달을 향한 기원
    5구~7구 : 남편에 대한 염려
    8구~11구 : 남편의 무사 귀가 기원
3. 주제 : 행상 나간 남편이 무사히 돌아오길 기원하는 노래
4. 표현상의 특징
    a. 남편이 밤길에 해를 입을 것에 대한 염려를 진흙 물에 더러워지는 것에 비유하여 우의적으로 표현하였다.
    b. 'ᄃᆞᆯ(광명)'과 '즌 ᄃᆡ(위험한 곳)'을 대조하여 남편의 무사를 비는 아내의 간절한 심정을 드러내고 있다.
5. 망부석 설화 (배경설화)
6. 드ᄃᆡ욜셰라 (디딜까 두렵다) 졈그롤셰라 (날이 저물까 두렵다)

✓ 핵심정리

갈래	고대 가요, 서정시
성격	서정적, 여성적, 기원적
제재	남편에 대한 염려
주제	남편의 안전을 바라는 여인의 간절한 마음
특징	- 후렴구 사용 - 현전하는 유일한 백제 노래 - 한글로 기록되어 전하는 가장 오래된 작품 - 시조 형식의 기원인 작품

❋ 배경 설화
정읍에 살던 사람이 행상을 떠나 오래도록 돌아오지 않자, 그의 아내가 산에 올라 남편이 있을 먼 곳을 바라보면서 남편이 밤길에 오다가 해를 입지 않을까 염려되어 이 노래를 불렀다고 한다. 돌아오지 않는 남편을 기다리던 아내는 산 위에 돌(망부석)이 되어 남았다고 한다.

원왕생가(願往生歌) - 광덕(廣德)

둘하 이데
<small>기원의 대상이자 서방 정토(西方淨土)의 사자(使者)</small>
서방까장 가샤리고
<small>서방 정도 = 극락</small>
무량수불전에
<small>중생을 극락으로 인도하는 부처</small>
닏곰다가 숣고샤셔 ▶ 기 : 달에게 부탁함

다딤 기프샨 존어히 울워러
두 손 모도 호슬바
<small>합장 - 경건한 자세</small>
원왕생 원왕생
　<small>극락왕생 - 기원의 내용</small>
그릴 사룸 잇다 숣고샤셔 ▶ 서 : 극락왕생의 소망
<small>화자 (광덕)</small>

아으 이몸 기텨 두고
<small>낙구 첫머리의 감탄사 (10구체 향가의 특징)</small>
사십팔대원 일고샬까 ▶ 결 : 소망, 기원의 심화
<small>아미타불이 중생을 구제하기 위해 마음먹었던 48가지 맹세와 소원</small>

현대어 풀이
달님이시여, 이제
서방까지 가시려는가(가셔서)
무량수불전에(무량수 부처님 앞에)
일러 사뢰옵소서

맹세 깊으신 부처님에게 우러러
두 손 모아 사뢰어
원왕생 원왕생
그리워할 사람 있다 사뢰옵소서

아아, 이 몸 남겨 두고
마흔 여덟 소원을 이루실까

핵심 포인트
1. 달 : 시적 화자가 발 딛고 서 있는 차안(此岸)과 아미타불이 계신 피안(彼岸)의 서방정토를 오고갈 수 있는 불법(佛法)의 사자(使者)
2. 10구의 의미
   a. 5구에서 계속되어 온 구원의 연장이자 그 심화 확대
   b. 의문형의 설의법으로 표현했으나 내면적으로는 강한 명령법과 접목되는 위협적인 요소가 담겨 있으므로 주술적인 의미가 함축
3. 사십팔대원 : 아미타불이 법장 비구라 불렸던 옛적에 일체의 중생을 구제하기 위하여 마음먹었던 48가지의 소원

✅ 핵심정리

갈래	10구체 향가
성격	기원적, 불교적
제재	극락왕생
주제	극락왕생을 간절히 바라는 마음
특징	- 전형적인 기원가(祈願歌)의 모습을 보여줌 - 아미타 신앙을 바탕으로 하여 서방 정토에서의 왕생을 염원한 서정 가요

정석가(鄭石歌) - 작자 미상

'정석(鄭石)'은 '딩아 돌하'의 '딩[鄭(정)]'과 '돌[石(석)]'을 차자(借字)한 것으로서 타악기를 의인화한 표현으로 보기도 하고, 연모하는 인물의 이름으로 보기도 함

딩아 돌하 당금(當今)에 계샹이다.

딩아 돌하 당금(當今)에 계샹이다.

션왕셩딕(先王聖代)예 노니 ᄋᆞ와지이다.
　태평성대　　　　　　~싶습니다.　　　　▶ 태평성대를 소망함

─ 삭삭기 셰몰애 별헤 나는 / 삭삭기 셰몰애 별헤 나는
　　의성어 (사각사각)
불가능한
상활 설정 구은 밤 닷 되를 심고이다.
─ 그 바미 우미 도다 삭나거시아 / 그 바미 우미 도다 삭나거시아
　　　　　　　　　　　　　구은 밤에 싹이 날 리 없음
유덕(有德)ᄒᆞ신 님믈 여ᄒᆡᄋᆞ와지이다.
반어법 (임과 이별하고 싶지 않습니다)

─ 옥(玉)으로 련(蓮)ㅅ고즐 사교이다.
─ 옥(玉)으로 련(蓮)ㅅ고즐 사교이다.
불가능한
상활 설정 바회 우희 졉듀(接柱)ᄒᆞ요이다.
─ 그 고지 삼동(三同)이 퓌거시아 / 그 고지 삼동(三同)이 퓌거시아
　　　① 세 묶음, ② 추운 겨울　　옥으로 새긴 연꽃이 바위 위에서 피어날 리 없음
유덕(有德)ᄒᆞ신 님 여ᄒᆡᄋᆞ와지이다.

─ 므쇠로 텰릭을 ᄆᆞᆯ아 나는 / 므쇠로 텰릭을 ᄆᆞᆯ아 나는
　　　　철릭 (무관의 관복)
불가능한
상활 설정 털ㅅ(鐵絲)로 주롬 바고이다.
─ 그 오시 다 헐어시아 / 그 오시 다 헐어시아
　　　　　　　　　무쇠로 만든 옷이 헐 리 없음
유덕(有德)ᄒᆞ신 님 여ᄒᆡᄋᆞ와지이다.

─ 므쇠로 한쇼를 디여다가 / 므쇠로 한쇼를 디여다가
불가능한
상활 설정 텰슈산(鐵樹山)애 노호이다.
─ 그 쇠 텰초(鐵草)를 머거아 / 그 쇠 텰초(鐵草)를 머거아
　　　　　　　　　　무쇠로 된 소가 쇠로 된 풀을 먹을 리 없음
유덕(有德)ᄒᆞ신 님 여ᄒᆡᄋᆞ와지이다.　　▶ 임과의 영원한 사랑을 기원함

구스리 바회예 디신ᄃᆞᆯ / 구스리 바회예 디신ᄃᆞᆯ
사랑　　　시련, 이별
긴힛ᄃᆞᆫ 그츠리잇가.
믿음
즈믄 ᄒᆡᄅᆞᆯ 외오곰 녀신ᄃᆞᆯ / 즈믄 ᄒᆡᄅᆞᆯ 외오곰 녀신ᄃᆞᆯ

신(信)잇ᄃᆞᆫ 그츠리잇가.　　　　　　　▶ 임에 대한 영원한 사랑과 믿음
이별하더라도 임에 대한 믿음을 지키겠다는 의지

핵심정리

갈래	고려 가요
성격	서정적, 민요적
제재	임에 대한 사랑
주제	태평성대 기원, 임에 대한 영원한 사랑
특징	- 불가능한 상황 성정을 통한 역설적 표현으로 임과의 영원한 사랑을 소망하는 화자의 정서가 효과적으로 드러남 - 반어적 시구 (유덕ᄒᆞ신 님 여ᄒᆡᄋᆞ와지이다)를 반복하여 리듬감을 살리면서 상황과 정서를 강조함 - 한 연에 두 번씩 되풀이되는 2구를 통해 감정을 강조함

현대어 풀이

징이여 돌이여 지금에 계시옵니다
징이여 돌이여 지금에 계시옵니다
이 좋은 성대에 놀고 싶습니다.

사각사각 가는 모래 벼랑에 / 사각사각 가는 모래 벼랑에
구운 밤 닷 되를 심으오이다.

그 밤이 움이 돋아 싹이 나야만 / 그 밤이 움이 돋아 싹이 나야만
유덕하신 님 여의고 싶습니다

옥으로 연꽃을 새깁니다
옥으로 연꽃을 새깁니다
바위 위에 접을 붙이옵니다
그 꽃이 세 묶음(한 겨울에) 피어야만 / 그 꽃이 세 묶음 피어야만
유덕하신 님 여의고 싶습니다

무쇠로 철릭을 마름질해 / 무쇠로 철릭을 마름질해
철사로 주름 박습니다
그 옷이 다 헐어야만 / 그 옷이 다 헐어야만
유덕하신 님 여의고 싶습니다

무쇠로 황소를 만들어다가 / 무쇠로 황소를 만들어다가
쇠나무산에 놓습니다
그 소가 쇠로 된 풀을 먹어야 / 그 소가 쇠로 된 풀을 먹어야
유덕하신 님 여의고 싶습니다.

구슬이 바위에 떨어진들 / 구슬이 바위에 떨어진들
끈이야 끊어지겠습니까
천 년을 외로이 살아간들 / 천 년을 외로이 살아간들
믿음이야 끊어지겠습니까

노래 삼긴 사롬 - 신흠(申欽)

노래 삼긴 사롬 시름도 하도할샤
노래를 만든 사람의 심리 추리
닐러 다 못 닐러 불러나 푸돗든가

眞實(진실)로 풀릴 거시면은 나도 불러 보리라
노래를 통한 근심 해소 소망

현대어 풀이
노래를 맨 처음으로 지어낸 사람은 걱정 근심이 많기도 많구나
말만으로는 뜻한 바를 다 이야기할 수 없어서 노래를 불러 마음속에 맺힌 한을 풀었던가.
정말로 노래를 불러 걱정 근심이 풀릴 수 있다면 나도 불러보겠다.

핵심 포인트
1. 노래 : 시름에서 벗어날 수 있는 수단
   cf. 서정주 '추천사' 그네
   사설시조 '창내고쟈~' 창

핵심정리

갈래	평시조
성격	영탄적, 의지적
주제	노래로써 시름을 풀어 보고자 하는 마음
특징	- 연쇄법을 사용하여 시름을 노래로 풀어 보고자 하는 소망을 형상화함

올히 댤은 다리 - 김구(金絿)

『올히 댤은 다리 학긔다리 되도록애』
『 』: 대조법, 대구법
거믄 가마괴 해오라비 되도록애
『 』: 불가능한 상황 설정
享福無彊(향복무강)ᄒ샤 億萬歲(억만세)를 누리소셔
끝없이 오래 복을 누림

현대어 풀이
오리의 짧은 다리가 학의 다리처럼 길어질 때까지
까마귀의 검은 깃털이 백로처럼 희어질 때까지
끝없이 복을 누리시어 오래오래 사십시오.

핵심 포인트
1. 불가능한 상황 설정→영원한 시간
2. cf. 정석가

핵심정리

갈래	평시조
주제	임금의 만수무강 기원
특징	- 대조법과 반복법, 점층법을 사용함 - 불가능한 상황을 설정하여 주제를 강조함

창 내고쟈 창을 내고쟈 – 작자 미상

『 』: a-a-b-a 구조, 반복법
『창(窓) 내고쟈 창을 내고쟈 이 내 가슴에 창 내고쟈』
  답답함을 해소시켜 주는 매개체

『고모장지 셰살장지 들장지 열장지 암돌져귀 수돌져귀 빅목걸새 크나큰 쟝도리

로 쑥싹 바가 이 내 가슴에 창 내고쟈』 『 』: 열거법(구체적 소재의 나열), 현실의 고통을 해학적으로
                                     극복하려는 서민들의 태도

잇다감 하 답답홀 제면 여다져 볼가 ᄒ노라.
        몹시

현대어 풀이
창 내고 싶다, 창 내고 싶다, 이내 가슴에 창 내고 싶다.
고모장지(고무래 들창), 셰살장지(가는 창살 장지), 들장지(들어 올려 여는 장지), 열장지(좌우로 여는 장지)에 암톨쩌귀(문설주에 박는 돌쩌귀), 수톨쩌귀(문짝에 박는 돌쩌귀), 배목걸쇠(문고리에 꿰는 쇠)를 큰 장도리로 뚝딱 박아서 이내 가슴에 창 내고 싶다.
이따금 몹시 답답할 때면 여닫아 볼까 하노라.

핵심 포인트
1. 창 : 답답함에서 벗어날 수 있는 수단
2. 반복법, 열거법, 과장법
3. 불가능한 상황 가정

✅ 핵심정리

갈래	사설시조
성격	해학적, 의지적, 구체적
주제	삶의 답답함으로부터 벗어나고 싶은 마음
특징	– '마음'에 '창'을 낸다는 기발한 발상을 통해 문학성을 획득함. – 반복법, 열거법 등을 사용하여 답답함을 해소하고자 하는 화자의 마음을 강조함. – 비애와 고통을 어둡게 그리지 않고, 웃음을 통해 극복하려는 해학성이 돋보임.

08 인생무상

오백 년 도읍지를 – 길재

2021 지방직 9급, 2018 경찰직 1차, 2016 지방교행직(경)

五百年(오백 년) 都邑地(도읍지)를 匹馬(필마)로 도라드니,
　　고려의 옛 수도 (송도)　　　　　　　　한 필의 말 (외로운 신세)
『山川(산천)은 依舊(의구)ᄒᆞ되 / 人傑(인걸)은 간 듸 업다.』
맥수　　『』: 자연과 인간사 대비 (대구법, 대조법)　　고려 인재
지탄
어즈버, 太平烟月(태평연월)이 ᄭᅮᆷ이런가 ᄒᆞ노라.
감탄사 (아아!)　　　　　허무함

핵심정리

갈래	평시조
성격	회고적, 비유적, 감상적
주제	망국의 한과 인생무상
특징	– 자연과 인간을 대비하여 옛 왕조에 대한 회고의 정과 인생무상을 노래함 – 대조법, 대구법, 영탄법을 사용함

현대어 풀이
오백 년이나 이어 온 고려의 옛 서울을 한 필의 말로 돌아보니
산과 물은 예전 그대로인데, 당대의 훌륭한 인재들은 간 데 없구나.
아아, 고려의 태평했던 시절이 꿈처럼 허무하구나.

핵심 포인트
1. 필마 : 벼슬하지 않고 지내는 외로운 신세
2. 중장 : 인생무상 (자연의 무한함 ↔ 인간의 유한함)

흥망이 유수ᄒᆞ니 – 원천석

2014 지방직 9급, 2017 경찰직 1차, 2009 법원직 9급

『』:고려 멸망의 시각적 표현
『興亡(흥망)이 有數(유수)ᄒᆞ니 滿月臺(만월대)도 秋草(추초) ㅣ 로다.』
　　　　　　　하늘의 뜻에 달려 있으니　고려 왕조의 궁터
『五百年(오백 년) 王業(왕업)이 牧笛(목적)에 부쳐시니,』
　고려 왕조의 왕업　　목동의 피리 소리　　『』:고려 멸망의 청각적 표현
　　　　　　　　　화자
夕陽(석양)에 지나ᄂᆞᆫ 客(객)이 눈물계워 ᄒᆞ노라.
중의법 (저무는 해, 고려의 멸망)　망국의 슬픔

핵심정리

갈래	평시조
성격	회고적, 비유적, 감상적
주제	고려 왕조의 멸망에 대한 탄식과 무상감
특징	– 시각적, 청각적 이미지로 인생무상의 정서를 표현함 – 비유와 중의적 수법을 통해 주제를 형상화함

현대어 풀이
흥하고 망함이 하늘에 달렸으니 만월대도 가을 풀만 우거져 있다.
오백 년 왕업이 목동의 피리 소리에 담겨 있으니
석양에 지나는 객이 눈물겨워 하노라.

핵심 포인트
1. 추초 : 황폐해진 (쇠락한) 고려 왕조
2. 목적 : 세월의 무상감 (인생무상)
3. 석양 : 몰락한 고려 왕조
4. 눈물 : 망국의 비애 (맥수지탄)

仙人橋(선인교) 나린 물이 – 정도전(鄭道傳)

仙人橋(선인교) 나린 물이 紫霞洞(자하동)에 흘너 드러,
  고려의 왕업
  개성에 있는 다리   개성에 있는 고을
半千年(반천 년) 王業(왕업)이 물소릐뿐이로다.
  고려 왕조의 왕업   고려 멸망의 청각적 표현
아희야, 故國興亡(고국 흥망)을 무러 무엇ᄒ리오.
        고려 왕조의 흥하고 망함

현대어 풀이
선인교 아래로 흘러내리는 물이 자하동으로 흘러들어,
오백 년 동안 화려했던 고려 왕조가 물 소리밖에 남기지 않았구나.
아이야, 이미 망해 버린 나라의 흥망을 물어 봐야 무엇하겠느냐.

핵심 포인트
1. 선인교, 자하동 : 흥성했던 고려 왕조 회상
2. 물소리 : 고려 왕업의 무상함
3. 종장의 의미
   a. 시세에 따라야 함을 은근히 드러냄
   b. 고려 왕조의 멸망과 조선 왕조의 개국은 이미 돌이킬 수 없는 역사의 흐름이라는 태도

✅ 핵심정리

갈래	평시조
성격	회고적, 감상적, 권유적
주제	고려 왕조의 회고와 새로운 왕조 건설의 의욕
특징	– 고려 왕조를 회고하면서도 변화된 현실을 수긍할 것을 은근히 권유함 – 청각적 이미지, 영탄법, 설의법을 통해 시적 화자의 감정을 드러냄

靑草(청초) 우거진 골에 – 임제(林悌)

靑草(청초) 우거진 골에 자는다 누엇는다
  푸른 풀 (무덤의 풀)   '홍안'과 대조적
紅顔(홍안)을 어듸 두고 白骨(백골)만 무쳣ᄂ이
  젊어서 혈색이 좋은 얼굴, 젊은 여자의 아름다운 얼굴
盞(잔) 자바 勸(권) ᄒ리 업스니 그를 슬허 ᄒ노라
  황진이   그것을

현대어 풀이
푸른 풀이 무성한 골짜기에서 잠을 자느냐, 아니면 드러누워 있느냐
젊었던 시절의 아름다운 얼굴은 어디에 두고 백골만 묻혀있느냐.
이제는 술잔을 잡아 권할 사람이 없으니 못내 슬퍼할 뿐이다.

핵심 포인트
1. 인생무상 : 중장
2. 색채 대조 : 청(靑)·홍(紅)·백(白)

✅ 핵심정리

갈래	평시조
성격	애상적, 연정가
주제	– 황진이의 죽음을 애도(哀悼)함 – 인생무상
특징	– 대조적인 시어(홍안↔백골)를 통해 임에 대한 그리움을 형상화함

부벽루(浮碧樓) – 이색(李穡)

■ : 자연의 영원성

한문	독음	해석
昨過永明寺	작과영명사	어제 영명사를 지나다가 (↑ 고구려 광개토대왕 때 지은 금수산에 있는 절)
暫登浮碧樓	잠등부벽루	잠시 부벽루에 올랐네. (↑ 대동강변에 위치한 누각 (물 위에 떠 있는 것 같다고 하여 붙여진 이름))
城空月一片	성공월일편	**성**은 텅 빈 채로 **달** 한 조각 떠 있고 (자연의 영원성 / 황폐해진 고구려의 성 (인간의 유한성))
石老雲千秋	석로운천추	오래된 조천석 위에 천 년의 **구름** 흐르네. (↑ 세월의 무상함)
麟馬去不返	인마거불반	『기린마는 떠나간 뒤 돌아오지 않는데』 (『 』: 역사의 단절 / 고구려 동명왕이 타고 하늘로 올라갔다는 말)
天孫何處遊	천손하처유	천손은 지금 어느 곳에 노니는가? (천손(동명왕) 같은 영웅의 등장을 소망함 (우국지정))
長嘯倚風磴	장소의풍등	돌다리에 기대어 휘파람 부노라. (무상감, 쓸쓸함)
山靑江自流	산청강자류	**산**은 오늘도 푸르고 **강**은 절로 흐르네. (허망한 인간 역사와 대조되는 변함없는 자연의 모습)

핵심정리

갈래	한시 (5언 율시)
성격	회고적, 애상적
주제	지난 역사의 회고와 고려 국운(國運) 회복의 소망
특징	- 자연의 영원함과 인간 역사의 유한함을 대조하여 표현함 - 시간의 흐름을 시각적으로 표현함(4행) - 선경 후정의 시상 전개 방식을 사용함 - <동명왕 신화>를 배경으로 한 시어(기린마, 천손)를 사용함

핵심 포인트
1. 시상 전개 : 선경 후정
2. 어조 : 지난 날의 찬연한 역사를 회고하며 그와 대비되는 현재의 모습에서 무상감에 젖은 목소리
3. 제재 : 옛 성터에서의 풍경과 감상
4. 시대적 배경 : 이 당시 고려는 원의 오랜 침략을 겪고 난 후 국력이 극도로 쇠약해져 있었다. 시인은 이러한 시대 상황 속에서 고구려의 웅혼한 역사를 일으킨 동명왕의 위업을 생각하고 있다.
5. 주제 : 인생무상
6. 자연의 무한함(달, 구름, 산, 강)→인간의 유한함(텅 빈 성)

09 국난의 아픔(비분가)

 淸江(청강)에 비 듯는 – 효종(孝宗)

淸江(청강)에 비 듯는 소리 긔 무어시 우읍관듸
　맑은 강　　　　　　　　　　　우습기에
『滿山紅綠(만산홍록)이 휘드르며 웃는고야』 『 』: 훗날 치욕을 갚겠다는 강한 의지
『 』: 의인법
　산에 가득한 꽃과 풀　　　　불모가 된 화자를 비웃는 것으로 느낌
『두어라 春風(춘풍)이 몃 날이리 우을 쌔로 우어라』
　　　　청나라의 강한 세력　　　청나라 세력이 곧 꺾일 것임

현대어 풀이
맑은 강물에 비 떨어지는 소리가 무엇이 우습기에,
온 산에 가득한 꽃과 나무들이 몸을 흔들면서 웃는구나.
그대로 두어라, 이제 봄바람이 며칠이나 더 불겠는가, 웃을 대로 웃어보려무나

핵심 포인트
1. 청강 : 청나라 연상
2. 만산홍록 : 청나라 사람들

핵심정리

갈래	평시조
성격	비분가(悲憤歌), 우의적
주제	청나라 볼모로 끌려가는 원통함과 설욕 의지
특징	– 의인법과 우의적 표현을 통해 화자가 처한 상황과 정서를 간접적으로 드러냄 – 꽃과 풀이 봄비를 맞으며 봄바람에 흔들리는 모습을 몸을 흔들어 대면서 웃는다고 한 표현이 신선함

 靑石嶺(청석령) 지나거냐 – 효종(孝宗)

靑石嶺(청석령) 지나거냐 草河口(초하구) ㅣ 어듸미오
만주 요령성 동북쪽에 있는 고개 이름
『胡風(호풍)도 춥도 츨샤 구즌 비는 므스 일고』
　오랑캐 땅에서 부는 차디찬 바람　　　『 』: 설상가상
아므나 행색을 그려내여 님 계신듸 드리고쟈
　　　나그네의 차림새

현대어 풀이
이제서야 청석령을 지났느냐 그렇다면 초하구는 어디인가.
오랑캐 땅에서 부는 바람이 차기도한데 궂은 비는 또 무슨 일이냐?
아무나 나의 이 초라한 모습을 그려 임금님께 드렸으면 좋겠다.

핵심정리

갈래	평시조
성격	비분가
주제	청나라에 볼모로 끌려가는 비통한 심정
특징	– 볼모로 청나라에 끌려가는 비참함과 처절한 심정을 표현함

梧桐(오동)에 듯는 빗발 – 김상용(金尙容)

梧桐(오동)에 듯는 빗발 無心(무심)이 듯건마는

나의 시름 하니 닙닙히 愁聲(수성)이로다
　　　　　　화자의 근심을 자연물에 투영함 (감정 이입)

이 後야 입 넙은 남기야 시믈 줄이 이시랴
오동나무는 잎이 넓어서 잎에 떨어지는 빗소리(근심 소리)가 더욱 크게 들리기 때문임

현대어 풀이
오동나무 잎사귀에 뚝뚝 떨어지는 빗방울 소리를 남들은 생각 없이 듣지마는,
나는 근심이 많아서 잎새에 떨어지는 빗방울 소리를 들을 때마다 구슬픈 소리로다.
이 후에는 잎사귀가 넓은 나무는 다시는 심지 않겠다.

✅핵심정리

갈래	평시조
성격	애상적, 감상적
주제	삶의 시름과 고뇌
특징	– 오동나무 잎사귀에 떨어지는 빗소리에 화자의 감정을 투영함(감정 이입)

離別(이별) ᄒᆞ던 날에 – 홍서봉(洪瑞鳳)

소현 세자와 봉림 대군이 볼모로 심양으로 잡혀가는 날
離別(이별) ᄒᆞ던 날에 피눈물이 난지 만지
　　　　　　국치를 당한 비분

鴨綠江(압록강) ᄂᆞ린 물이 푸른 빗치 젼혀 업늬
민족적 치욕과 슬픔

빅우희 허여 셴 沙工(사공)이 처음 보롸 ᄒᆞ드라

현대어 풀이
임금님께 하직 인사를 드리고 떠나던 날에 피눈물이 났는지 어떠했는지 알 수 없지만
압록강을 흘러내리는 물이 푸른 빛이 전혀 없어, 피눈물로 붉게 물든 것 같네.
배 위에 나이 많은 사공이 평생에 이런 일은 처음 본다 하더라.

✅핵심정리

갈래	평시조
성격	비분가
주제	고국을 떠나는 슬픔과 의분
특징	– 병자호란을 겪은 뒤 소현 세자, 봉림 대군 등이 볼모로 심양으로 잡혀가는 처지에서 그 슬픈 민족적 심경을 노래함

가노라 삼각산아 – 김상헌

2019 법원직 9급

『 』: 대구법
『가노라 삼각산(三角山)아 / 다시 보자 한강수(漢江水)야』
　　　　　　↳ 고국(대유법, 의인법)
고국 산천(故國山川)을 떠나고쟈 하랴마는
패전 후 청나라로 끌려가는 상황
시절(時節)이 하 수상(殊常)하니 올동 말동 ᄒ여라.
　　　　　　　　매우

현대어 풀이
떠나가노라 삼각산이여! 다시 보자 한강물이여!
(할 수 없이 이 몸은) 고국산천을 떠나려고 하지만
시절이 하도 뒤숭숭하니 다시 돌아올지 어떨지는 모르겠구나.

핵심 포인트
1. 거국지회(나라를 떠나는 복잡한 마음)
2. 삼각산, 한강수 : 조선(한양) → 대유법

핵심정리
갈래	평시조
성격	우국가, 비분가(悲憤歌)
주제	고국을 떠나는 신하의 안타까운 마음
특징	- 대구법, 대유법, 의인법 사용 - 다양한 표현법을 통해 화자의 정서를 효과적으로 표현함

국치비가(國恥悲歌) – 이정환

2

　　　　　　　　　　↱ 청나라에서 온 사신
풍설 석거친 날에 뭇노라 北來使者(북래 사자)야,
① 눈바람이 치는 날 ② 병자호란 후의 피폐한 상황
小海容顔(소해 용안)이 언매나 치오신고
왕자의 얼굴　　　　　　왕자의 신변을 염려함
故國(고국)의 못 죽는 孤臣(고신)이 눈물계워 ᄒ노라.
비참한 국치(國恥)를 보고도 나라를 위해 죽지 못하는 처지를 한탄함

현대어 풀이
눈보라가 뒤섞여 몰아치는 날에 북쪽 심양에서 온 사신에게 묻노라.
우리 왕자님들의 얼굴이 얼마나 추워보이시던가?
고국에서 죽지 못해 살고 있는 외로운 신하가 눈물을 금치 못하고 있노라.

핵심 포인트
1. 청나라에 볼모로 간 두 왕자에 대한 염려

핵심정리
갈래	평시조, 연시조
성격	우국적
주제	- 청나라에 볼모로 붙잡혀 간 두 왕자에 대한 그리움 - 병자호란의 치욕에 대한 비통한 마음
특징	- 병자호란의 치욕에 대한 비통한 마음을 자연물과 인간사의 대비를 통해 드러냄

8

구렁에 낫는 풀이 봄비에 절로 길어
근심 있는 화자의 처지와 대비되는 소재
알을 이 업스니 긔 아니 조홀소냐.
알아야 할 일 (병자호란의 치욕)
『우리는 너희만 못ᄒ야 실람겨워 ᄒ노라』
　인간 ↔ 풀　　『 』: 자연물과 인간사를 대비하여 치욕스러운 현실을 개탄함

현대어 풀이
구렁텅이에 나 있는 풀이 봄비에 저절로 자라,
세상에 신경 쓸 일이 없으니 그것이 아니 좋겠느냐.
우리는 너희만 못해서 시름을 못 이겨 하노라.

핵심 포인트
1. 병자호란의 국치에 대한 비분
2. 무심한 자연물인 '풀'과 비분강개한 인간사 대조 → 국난으로 인한 비분 강조

절명시(絶命詩) - 황현

2017 경찰직 2차, 2017 경찰직 1차

〈제3수〉

鳥獸哀鳴海岳嚬	새 짐승 슬피 울고 산 바다도 찡그리고
	감정 이입, 의인법 (국권 피탈의 슬픔)
槿花世界已沈淪	무궁화 금수강산 진흙탕에 빠졌구나
	우리나라 (대유법)
秋燈掩卷懷千古	가을 등 밑 책 덮고 오랜 역사 되새기니
難作人間識字人	글 아는 선비답게 행세하기 어렵도다
	지식인 자책, 고뇌

▶ 지식인으로서의 고뇌

핵심 포인트
자결의 이유 : 선비가 해야 할 의리에 대해 고민하고 올바른 역사를 이끌어 갈 힘을 잃은 지식인으로서의 책임을 통감→조선 선비로서의 양심을 지키려한 작가의 절의

✅ 핵심정리

갈래	한시, 7언 절구
성격	우국적, 비탄적, 고백적
주제	- 망국의 비애(맥수지탄)와 지식인의 고뇌 - 일제에 대한 저항 의지(선비의 절의)
특징	- 나라를 잃은 지식인의 고뇌와 절망의 심정을 고백적 어조로 표현 - 적극적으로 맞서지 못하는 자신을 부끄러워하는 태도를 보임 - 활유법, 과장법, 대유법, 감정 이입 등의 다양한 시적 기법 활용

10 농촌에서의 농민의 삶

논밭 갈아 기음 매고 – 작자 미상

『 』: 농민의 바쁜 일과를 사실적으로 묘사함

『논밭 갈아 기음 매고 뵈잠방이 대님 쳐 신들메고,
　　　　김(논밭에 난 잡풀)　　　　　　　　　신을 (벗어지지 않게) 발에 잡아매고

낫 갈아 허리에 차고 도끼 벼려 두러메고 茂林山中(무림산중) 들어가서 삭다리

마른 섶을 뷔거니 버히거니 지게에 질머 집팡이 바쳐 놓고』 새암을 찾아가서 點

心(점심) 도슭 부시고 곰방대를 톡톡 떨어 닙담배 퓌여 물고 콧노래 조오다가,

夕陽(석양)이 재 넘어갈 제 어깨를 추이르며 긴 소래 저른 소래 하며 어이 갈고 하
　　　　　　　　　　　　　　　　　낙천적이고 풍류적인 태도

더라.

 핵심정리

갈래	사설시조
성격	한정가(閑情歌), 전원적, 사실적
주제	농촌의 바쁜 일상 속에서 느끼는 여유
특징	– 열거법을 통해 쉴 틈 없이 바쁜 농부의 일과를 표현함 – 우리 민족의 낙천적인 태도를 엿볼 수 있음

현대어 풀이

논밭 갈아 김 매고 베잠방이 대님 쳐 신들어 매고
낫 갈아 허리에 차고 도끼 갈아 둘러메고 울창한 산중에 들어가 삭정이 마른 풀을 베거나 자르거니 지게에 실어 두고 지팡이 받쳐 놓고 샘을 찾아가서 점심 도시락을 배우고 곰방대를 톡톡 털어 잎담배 피워 물고 콧노래 부르며졸다가,
석양이 재를 넘어갈 때 어깨를 추스르며 긴 소리 짧은 소리 하며 어이 갈고 하더라.

핵심 포인트

1. 시상 전개 : 시간의 흐름(점심 → 석양이 재 넘어갈 제)
2. 주제 : 농가의 일에서 느끼는 여유
3. 힘들고 고된 일상 가운데서도 길고 짧은 노래로 흥을 돋우는 농부의 모습

보리타작 – 정약용

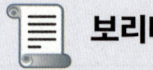

2012 국가직 7급

新芻濁酒如湩白 신 추 탁 주 여 동 백	새로 거른 막걸리 젖빛처럼 뿌옇고
大碗麥飯高一尺 대 완 맥 반 고 일 척	큰 사발에 보리밥, 높기가 한 자로세. └ 과장
飯罷取耞登場立 반 파 취 가 등 장 립	밥 먹자 도리깨 잡고 마당에 나서니
雙肩漆澤飜日赤 쌍 견 칠 택 번 일 적	검게 탄 두 어깨 햇볕 받아 번쩍이네. ▶ 농민의 건강한 삶의 모습 (기)
呼耶作聲擧趾齊 호 야 작 성 거 지 재	옹헤야 소리 내며 발맞추어 두드리니 보리타작할 때 부르는 노동요
須臾麥穗都狼藉 수 유 맥 수 도 랑 자	삽시간에 보리 낟알 온 마당에 가득하네.
雜歌互答聲轉高 잡 가 호 답 성 전 고	주고받는 노랫가락 점점 높아지는데 선창과 후창으로 나누어 부름
但見屋角紛飛麥 단 견 옥 각 분 비 맥	보이느니 지붕 위에 보리 티끌뿐이로다. ▶ 보리타작하는 마당의 정경 (승)
觀其氣色樂莫樂 관 기 기 색 락 막 락	그 기색 살펴보니 즐겁기 짝이 없어
了不以心爲形役 료 불 이 심 위 형 역	마음이 몸의 노예 되지 않았네. 농민의 삶에 대한 평가 (심신의 조화) ▶ 정신과 육체가 조화된 농민의 삶 (전)
樂園樂郊不遠有 낙 원 락 교 불 원 유	낙원이 먼 곳에 있는 게 아닌데 건강한 삶 ↔ 벼슬길
何苦去作風塵客 하 고 거 작 풍 진 객	무엇하러 벼슬길에 헤매고 있으료. 세속적인 공명을 추구하는 삶 ▶ 자신의 삶에 대한 반성 (결)

선경 / 후정 표시:
- 선경: 기~승
- 후정: 전~결

주석: 농민들의 건강한 삶을 통해 공명을 추구했던 자신의 삶 반성

✅ 핵심정리

갈래	한시, 행(行)
성격	사실적, 묘사적, 반성적
제재	보리타작
주제	농민들의 건강한 노동을 통해 얻은 삶의 깨달음
특징	– 농민들의 일상적 생활과 관련된 시어의 사용 – 감각적 이미지를 통해 노동 현장을 생동감 있게 묘사함 – 실사구시의 중농주의 실학 사상이 반영됨

📝 구성

기	노동하는 농민의 건강한 삶의 모습
승	보리타작하는 마당의 정경
전	정신과 육체가 조화된 농민의 삶
결	관직에 몸담은 자신의 삶에 대한 반성

예찬	반성
농민들의 노동하는 삶	벼슬길을 헤맸던 자신의 삶

핵심 포인트

1. **구성**: 기, 승, 전, 결의 4단 구성. 선경 후정(先景後情)
   - 기(1-4행): 노동하는 농민의 건강한 삶의 모습
   - 승(5-8행): 보리 타작하는 마당의 정경(선경)
   - 전(9-10행): 정신과 육체가 합일된 노동의 기쁨
   - 결(11-12행): 관직에 몸담은 자신의 삶에 대한 반성(후정)
2. **성격**: 사실적, 반성적
3. **배경 사상**: 실사구시의 실학사상
4. **주제**
   a. 농민의 건강한 삶의 모습과 지난날 삶에 대한 반성(새로운 삶에 대한 다짐)
   b. 농민들의 건강한 노동을 통해 얻은 삶의 깨달음(노동하는 삶 → 건강하고 즐거운 참된 삶)
5. **보리밥, 검게 탄 두 어깨**: 농민의 건강한 삶
6. **의의**: 사실성과 현장성이 평민적인 시어의 구사와 함께 잘 어울리는 조선 후기 한시의 전형이다. 다산(茶山)의 중농(重農)사상과 현실주의 시 정신을 잘 나타내는 작품이다.

11 우국충정

白雪(백설)이 ᄌᆞ자진 골에 – 이색(李穡)

白雪(백설)이 ᄌᆞ자진 골에 구루미 머흐레라
<u>고려 유신</u>   <u>간신, 신흥 세력, 이성계 일파</u>
반가온 梅花(매화)는 어ᄂᆡ 곳에 픠엿ᄂᆞᆫ고
        <u>지조와 절개의 상징, 우국지사(憂國之士)</u>
夕陽(석양)에 홀로 셔 이셔 갈 곳 몰라 ᄒᆞ노라
<u>기울러 가는 고려 왕조</u>   <u>지식인의 고뇌</u>

현대어 풀이
흰눈이 녹아내린 골짜기에 구름이 험하구나.
나를 반겨줄 매화는 어느 곳에 피었는가.
저물어가는 저녁 무렵에 홀로 서서 갈 곳 몰라 하노라.

핵심 포인트
1. 백설 : 고려의 유신·충신
2. 구름 : 간신(신흥 세력인 이성계 일파)
3. 매화 : 고려 왕조를 다시 일으켜 세울 우국 지사
4. 석양 : 기울어져 가는 고려 왕조

✅ 핵심정리

갈래	평시조
성격	비유적, 풍자적, 우의적, 우국적
주제	고려의 국운 쇠퇴에 대한 한탄과 우국충정
특징	– 나라를 걱정하는 마음을 상징적 표현함 – 자연물을 통해 현실의 상황을 우의적으로 나타냄

朔風(삭풍)은 나모 긋ᄒᆡ 불고 – 김종서(金宗瑞)

朔風(삭풍)은 나모 긋ᄒᆡ 불고 明月(명월)은 눈 속에 ᄎᆞᆫᄃᆡ,
<u>북풍</u>   <u>나무 끝에</u>
萬里邊城(만리 변성)에 一長劍(일장검) 집고 셔셔,
<u>멀리 떨어진 국경 부근의 성</u> <u>긴 칼</u>
긴 ᄑᆞ람 큰 ᄒᆞᆫ 소ᄅᆡ예 거틸 거시 업세라.

현대어 풀이
매서운 북풍은 나무 끝에 불고 밝은 달은 눈 덮인 산과 들을 차갑게 비추는데,
서울에서 멀리 떨어진 변방의 성루에서 긴 칼을 힘있게 짚고 서서,
길게 휘파람을 불며 큰 소리로 한번 외치니 눈앞에 내가 두려워할 것이 없구나.

핵심 포인트
1. 주제 : 무인의 호방한 기개와 우국 충정
2. 무인의 호방한 기상(일장검, 긴 ᄑᆞ람, 큰 ᄒᆞᆫ 소ᄅᆡ)

✅ 핵심정리

갈래	평시조
성격	의지적, 남성적, 우국적
주제	무인의 호탕한 기개
특징	– 대장부의 기개를 직설적으로 표현하여 힘찬 기운이 잘 드러남 – 작가의 무인다운 기개가 잘 드러남 – '호기가(豪氣歌)'라고도 함

제2장 고전시가 주제별 시조

선상탄 – 박인로

2017 국가직 7급(추)

시시(時時)로 멀이 드러 북신(北辰)을 브라보며,

상시 노루(傷時老淚)를 천일방(天一方)의 디이ᄂᆞ다.
<u>나라를 걱정하는 화자의 모습</u>

오동방(吾東方) 문물(文物)이 한당송(漢唐宋)애 디랴마ᄂᆞᆫ,
<u>우리나라 문물에 대한 자부심</u>

국운(國運)이 불행(不幸)ᄒᆞ야

해추흉모(海醜兇謀)애 만고수(萬古羞)을 안고 이셔,
<u>변방을 지키는 관리로서 느끼는 왜적에 대한 적개심</u>

백분(百分)에 ᄒᆞᆫ 가지도 못 시셔 ᄇᆞ려거든,

이 몸이 무상(無狀)ᄒᆞᆫ들 신자(臣子) | 되야 이셔다가,

궁달(窮達)이 길이 달라 몬 뫼ᅀᆞᆸ고 늘거신들,

우국 단심(憂國丹心)이야 어ᄂᆞ 각(刻)애 이즐넌고. (중략)

▶ 왜적에 당한 수치심과 화자의 우국 단심 (본사)

준피도이(蠢彼島夷)들아 수이 걸항(乞降) ᄒᆞ야ᄉᆞ라.
<u>왜적을 비하하는 말</u>

항자 불살(降者不殺)이니 너를구틱 섬멸(殲滅)ᄒᆞ랴?

오왕(吾王) 성덕(聖德)이 욕병생(欲並生) ᄒᆞ시니라.

태평 천하(太平天下)애 요순(堯舜) 군민(君民) 되야 이셔,

일월광화(日月光華)ᄂᆞᆫ 조부조(朝復朝) ᄒᆞ얏거든,
<u>태평세월이 계속됨을 나타냄</u>

전선(戰船) 트던 우리 몸도 어주(漁舟)에 창만(唱晚)ᄒᆞ고
<u>같은 '배'이지만 '전선'은 전쟁, '어주'는 풍류를 의미함</u>

추월춘풍(秋月春風)에 놉히 베고 누어 이셔,

성대(聖代) 해불 양파(海不揚波)를 다시 보려 ᄒᆞ노라.
<u>파도가 일어나지 않는 바다(=성군의 정치로 나라가 태평함)</u>

▶ 태평성대 기원 (결사)

현대어 풀이
때때로 머리를 들어 임금님이 계신 곳을 바라보며
시국을 근심하는 늙은이의 눈물을 하늘 한 모퉁이에 떨어뜨린다.
우리나라의 문물이 중국의 한나라, 당나라, 송나라에 뒤떨어지랴마는,
나라의 운수가 불행하여
왜적의 흉악한 꾀에 영원히 씻을 수 없는 수치를 안고서
그 백분의 일도 아직 씻어 버리지 못했거든,
이 몸이 변변하지 못하지만 신하가 되어 있다가
신하와 임금의 신분이 서로 달라 못 모시고 늙었다 한들,
나라를 걱정하는 충성스런 마음이야 어느 시각인들 잊었을 것인가?

꾸물거리는 저 섬나라 오랑캐들아 빨리 항복하려무나.
항복한 자는 죽이지 않는 법이니, 너희들을 구태여 모두 죽이겠느냐?
우리 임금님의 성스러운 덕이 너희와 더불어 살아가고자 하시느니라.
태평스러운 천하에 요순 시대와 같은 화평한 백성이 되어
해와 달 같은 임금님의 성덕이 매일 아침마다 밝게 비치니,
전쟁하는 배를 타던 우리들도 고기잡이 배에서 저녁 무렵까지 늦도록 노래하고
가을달 봄바람에 베개를 높이 베고 누워서
성군 치하의 태평성대를 다시 보려 하노라.

✅ 핵심정리

갈래	3(4).4조 4음보 연속체
성격	우국적(憂國的), 비판적, 기원적
율격	3(4).4조 4음보 연속체
제재	임진왜란의 체험
주제	– 전쟁을 혐오하고 태평성대를 누리고 싶은 마음 – 전쟁의 상처가 극복되고 평화가 찾아오기를 바라는 마음
특징	– 민족의 현실을 구체적으로 다루고 있음. – 예스러운 한자 성어와 고사가 많음. – 왜적에 대한 적개심과 모화사상(慕華思想)이 나타남.

📝 구성

서사	통주사가 되어 진동영에 내려옴.
본사	– 배를 만든 헌원씨를 원망함. – 왜적이 생긴 것을 개탄함. – 배로 누릴 수 있는 풍류와 흥취 – 옛날과 배는 같지만 풍류가 다름. – 왜적에게 당한 수치심과 작자의 우국지심 – 설분신원(雪憤伸寃)을 다짐하는 작자의 기개
결사	태평성대가 도래하기를 염원함.

🌼 이해와 감상

임진왜란이 끝난 후 전운이 감도는 부산진에 내려온 작자가, 왜적에 대한 비분강개와 평화에 대한 염원을 노래한 전쟁 가사로서, <태평사(太平詞)>와 더불어 중요한 전쟁 문학의 하나로 손꼽히는 작품이다. 문화 민족의 자부심에 상처를 입힌 왜적에 대한 적개심과 연군(戀君)의 정(情), 그리고 태평성대에 대한 간절한 희구가 여실히 드러나 있다. 이 작품은 가사가 개인의 서정이나 사상의 표출만이 아니라, 국가적 위기를 극복하려는 민족적 정서를 대변할 수 있는 문학 양식임을 보여 주는 한 예가 된다 하겠다.

12 평시조 – 주제별 정리

주제별 정리 | 봄밤의 애상

 이화에 월백ᄒ고 – 이조년

2016 법원직 9급, 2015 서울시 9급

■ : 순수한 흰색의 이미지의 시어, 애상적 분위기 강조
이화(梨花)에 **월백(月白)**ᄒ고 **은한(銀漢)**이 삼경(三更)인 제
하얀 배꽃에 달빛이 희게 비치고 은하수 밤 11시~새벽 1시
일지춘심(一枝春心)을 자규(子規) ㅣ 야 아랴마는,
하나의 나뭇가지에 어린 봄의 마음 (의인법) ↳ 두견새 울음소리를 통해 화자가 느끼는 애상감 강조
다정(多情)도 병(病)인 냥ᄒ여 ᄌᆞᆷ 못 드러 ᄒ노라.
화자의 정서가 두드러짐 (봄밤의 애상적 정감)

현대어 풀이
하얗게 핀 배꽃에 달빛이 은은히 비치고 은하수는 자정을 알리는 때에
배나무 가지 끝에 맺은 봄의 정서를 두견새가 알고서 저리 우는 것일까마는
다정다감한 나는 그것이 병인 듯해서 잠을 이루지 못하노라.

핵심 포인트
1. 백색의 시각적 심상(배꽃, 달빛, 은하수)과 소쩍새의 청각적 심상의 조화로 애상적 정조 심화
2. 시상 전개 방식 : 선경 후정

✅ 핵심정리
갈래	평시조
성격	서정적, 애상적
주제	- 봄밤의 정한(情恨) - 봄밤의 애상적 정서
특징	- 상징법, 의인법과 시각적, 청각적 심상을 활용하여 주제를 표현함 - 백색의 이미지로 애상적 정서를 형성함 - '다정가(多情歌)'라고도 불림 - 고려 시조 중 가장 뛰어난 문학성을 지닌 작품으로 평가됨

탄로가

 춘산에 눈 녹인 바람 – 우탁

春山(춘산)에 눈 노기ᄂᆞᆫ 바람 건듯 불고 간 ᄃᆡ 업다.
청춘
『져근덧 비러다가 ᄆᆞ리 우희 불니고져.』
잠깐 『 』: 젊어지고 싶은 소망
귀 밋ᄐᆡ ᄒᆡ묵은 서리를 녹여 볼가 ᄒ노라.
      백발 (은유법) ↔ 춘산

현대어 풀이
봄 산에 쌓인 눈을 녹인 바람이 잠깐 불고 어디론지 간 곳 없다.
잠시 동안 (그 바람을) 빌려다가 머리 위에 불게 하고 싶구나.
귀 밑에 여러 해 묵은 서리(백발)를 (다시 검은 머리가 되게) 녹여 볼까 하노라.

핵심 포인트
1. 해학적
2. 귀 밋ᄐᆡ무근 서리 : 백발

✅ 핵심정리
갈래	평시조
성격	탄로가(嘆老歌), 달관적
주제	늙음에 대한 한탄(탄로)
특징	- 은유법을 사용하여 시적 화자의 정서를 형상화함 - 색채 이미지를 활용하여 참신한 비유를 함

ᄒᆞᆫ 손에 막딕 잡고 - 우탁

2015 서울시 9급

ᄒᆞᆫ 손에 막딕 잡고 / 쏘 ᄒᆞᆫ 손에 가쇡 쥐고, <!-- 대구법 -->
『늙는 길 가쇡로 막고 / 오는 白髮(백발) 막딕로 치려터니,』 <!-- 『 』: 관념의 구체화 (늙음이라는 추상적 개념을 구체적으로 표현) / 늙는 -->
『白髮(백발)이 제 몬져 알고 즈럼길노 오더라.』 <!-- 『 』: 의인법, 해학적 표현 / 지름길 -->

핵심정리
갈래	평시조
성격	탄로가(嘆老歌), 해학적
주제	늙음에 대한 한탄(탄로)
특징	의인법, 대구법 등 다양한 수사법을 활용함

현대어 풀이
한 손에 막대를 잡고 또 한 손에는 가시를 쥐고
늙는 길을 가시로 막고 오는 백발을 막대로 치려고 하였더니
백발이 제가 먼저 알고서 지름길로 오더라.

핵심 포인트
1. 해학적
2. 즈럼길 : 첩경

ᄆᆞ음아 너는 어이 - 서경덕(徐敬德)

ᄆᆞ음아 너는 어이 미양에 져멋는다. <!-- 의인법 / 늘, 항상 -->
내 늘글 적이면 넨들 아니 늘글소냐.

아마도 너 좃녀 ᄃᆞ니다가 눔 우일가 ᄒᆞ노라. <!-- 웃길까 -->

핵심정리
갈래	평시조
성격	탄로가, 영탄적
주제	늙음을 한탄함
특징	- 추상적인 마음을 객관화함 - 마음을 '너'로 의인화하여 표현함

현대어 풀이
마음아, 너는 어찌하여 늘 젊어 있느냐?
내가 늙을 때면 너인들 늙지 않겠는가?
아마도 너(젊은 마음)를 쫓아다니다가 남을 웃길까 두렵구나.

핵심 포인트
1. 초장 : 젊은 마음을 지닌 이상적 자아 - 너
2. 중장 : 늙어가는 육체를 의식하는 현실적 자아 - 나
3. 종장 : 젊은 마음을 쫓아다니다가 남의 웃음거리가 될까봐 두려워 함(늙음을 한탄함)
4. 추상적 개념인 '마음'을 '너'로 의인화하고 구체화시켜 표현함

세상살이의 어려움

 白沙場(백사장) 紅蓼邊(홍료변)에 – 작자 미상

白沙場(백사장) 紅蓼邊(홍료변)에 굽니러 먹는 져 빅노야

흔닙에 두셋 물고 무어 낫싸 굽니느냐

우리도 口腹(구복)이 웬슈라 굽니러 먹네

현대어 풀이
하얀 모래밭 여뀌풀이 자라난 물가에서 몸을 구부렸다 일어켰다 하면서 고기를 잡아먹는 저 백로야,
한 입에 두세 마리 물고 무엇이 나빠서 구부리고 다니느냐.
우리도 먹고 살기 위해서 여러 가지 괴로운 일을 당하며 몸을 굽신거리며 산다네.

 風波(풍파)에 놀란 沙工(사공)이 – 장만(張晩)

風波(풍파)에 놀란 沙工(사공)이 빈 프라 몰을 사니
  (당파 싸움)   (문관)   (무관(武官)으로서의 벼슬살이)
  ┌ 문관(文官)으로서의 벼슬살이
九折羊腸(구절양장)이 물도곤 어려왜라
         (당파 싸움 때문에 벼슬살이가 어려움)
이 後(후)란 빈도 물도 말고 밧갈기만 ᄒᆞ리라

현대어 풀이
풍랑을 만나서 놀란 사공이 배를 팔아 말을 사가지고 끌었더니
꼬불꼬불한 산길이 물보다도 어렵기만 하더라.
이후에는 배를 부리거나 말을 끄는 일도 하지 말고 농사 짓는 일만 하겠다.

핵심정리

갈래	평시조
성격	상징적, 풍자적
주제	- 벼슬살이에 대한 어려움 - 참된 인생살이의 어려움

돌아가신 부모님에 대한 그리움

 조홍시가(早紅柿歌) – 박인로

2021 국가직 9급

<제1수>

盤中(반중) 早紅(조홍)감이 고와도 보이ᄂ다.
쟁반   붉은 홍시 (부모님을 생각하게 하는 매개체)

柚子(유자) 아니라도 품엄 즉도 ᄒ다마는
육적의 '회귤 고사' 인용

품어 가 반기리 업슬시 글노 셜워ᄒᄂ이다.
            부모님   정서의 직접적 노출

현대어 풀이
쟁반 위에 놓인 붉은 감이 곱게도 보이는구나.
비록 유자가 아니라도 품어 갈 수도 있지마는
품어 가도 반가워하실 부모님이 안 계시니 그것을 서러워하노라.

핵심 포인트
1. 작자가 한음 이덕형을 찾아가 조홍감 대접을 받았을 때, 돌아가신 어버이를 생각하며 슬퍼하여 부른 노래
2. 주제 : 지극한 효심(孝心)
3. 표현 : 부모님이 돌아가셔서 효도하지 못함을 육적의 '회귤 고사(懷橘故事)'를 인용 ⇒ 육적회귤
4. 풍수지탄(돌아가신 부모님께 효도하지 못한 안타까움)

✅ 핵심정리

갈래	평시조
성격	교훈적, 유교적, 사친가(思親歌)
주제	– 돌아가신 부모님을 생각하는 마음 – 지극한 효심(孝心)
특징	– '조홍시가(早紅柿歌)'라 이름 붙여진 4수의 연시조 중 첫 번째 수는 '육적 회귤(陸績懷橘)'의 고사를 인용하여 주제를 강조함. – 불가능한 상황을 설정하여 화자의 소망을 강조함.

❀ 회귤 고사(懷橘故事)

중국에 육적(陸績)이라는 자가 있었다. 여섯 살 때, 원술(袁術)이라는 사람을 찾아갔다가 그가 내놓은 귤 중에서 세 개를 몰래 품에 넣었다가 하직 인사를 할 때 그 귤이 굴러 나와 발각이 되었다. 그때 원술이 사연을 물으니, 육적은 집에 가지고 가서 어머님께 드리려 하였다 하므로, 모두 그의 효심에 감격하였다고 한다.

떠나는 신하를 만류하는 노래

 이시렴 브듸 갈짜 – 성종(成宗)

이시렴 브듸 갈짜 아니 가든 못ᄒᆯ쏜냐
관직에서 물러나는 신하를 만류함

無端(무단)이 슬튼야 ᄂ믜 말을 드럿는야
관직에서 물러나는 이유를 물음 (이별을 아쉬워함)

그려도 하 애도래라 가는 뜻을 닐러라
신하를 보내는 안타까운 심정

현대어 풀이
더 남아 있으려무나 꼭 가야만 하겠느냐, 아니 가지는 못하겠느냐,
까닭없이 내가 싫어졌느냐, 다른 사람들이 권하는 말을 들었느냐
그래도 몹시 애가 타는 구나, 네가 가는 뜻을 분명히 말해 보려무나.

✅ 핵심정리

갈래	평시조
성격	회유적, 유교적
주제	신하를 떠나보내는 임금의 안타까운 심정(석별의 정)
특징	– 문답법, 직설적 표현 – 임금이라는 신분에 얽매이지 않고 여러 번 신하의 의사를 묻는 방식으로 간절한 심리를 드러냄.

임금의 승하 애도

三冬(삼동)에 뵈옷 닙고 – 조식

三冬(삼동)에 뵈옷 닙고 巖穴(암혈)에 눈비 마자
　한겨울　　　　　　　　　바위에 뚫린 굴
구름 낀 볏뉘도 쬔 적이 업건마는,
　　　임금의 은총
西山(서산)에 히지다 ᄒ니 눈물겨워 ᄒ노라.
　　　　　　임금의 승하

현대어 풀이
한겨울에 삼베옷을 입고 바위굴에서 눈비를 맞으며(벼슬한 적 없이 산중에 은거하며)
구름 사이에 비취는 햇볕도 쬔 적이(임금의 은혜를 입은 적이) 없건마는,
서산에 해가 졌다(임금께서 승하하셨다)는 소식을 들으니 눈물을 이기지 못하겠노라.

핵심 포인트
1. 뵈옷 : 벼슬하지 않은 가난한 선비(포의한사)
2. 볏뉘 : 임금의 은혜

핵심정리

갈래	평시조
성격	우국적, 상징적
주제	임금(중종)의 승하를 애도함
특징	– 상징과 비유의 표현 방법을 사용하여 군신유의(君臣有義)의 유교적 정신을 드러냄

3 현대 시

01 낯선 현대 시 쉽게 접근하기

※ **내재적 접근**

- 시어 중 서술어(Predicate)에 초점을 두어야 한다.
- 서술어(Predicate)를 통해 시적 화자의 감정(정서) 또는 시적 화자의 소망/의지(태도)를 파악해야 한다.

1) 시적 화자의 감정(정서) 파악하기	2) 시적 화자의 소망(태도) 파악하기
① 가마귀 가왁가왁 울며 새였소. (김소월 '길') ▶ 울며 새였소 : 운다 (슬픔/비애) ▶ 유랑의 슬픔(비애)	① 파랑새 되리 (한하운 '파랑새') ▶ 파랑새가 되고픈 소망 ▶ 파랑새 (자유) ▶ 자유로운 삶의 소망
② 제 피에 취한 새가 귀촉도 운다. (서정주 '귀촉도') ▶ 운다 (슬픔/비애) ▶ 님을 잃은 슬픔(비애)	② 산호도 섬도 없는 저 하늘로 나를 올려다오 (서정주 '추천사') ▶ 하늘로 올라가고픈 소망 ▶ 하늘(신분적 제약이 없는 이상 세계) ▶ 이상 세계에의 동경
③ 사슴의 무리도 슬피운다. (김소월 '초혼') ▶ 슬피운다 (슬픔/비애) ▶ 님을 잃은 슬픔 (비애)	③ 제비떼 까맣게 날아오길 기다리나니 (이육사 '꽃') ▶ 제비떼 까맣게 날아오길 기다리는 소망 ▶ 제비떼 (봄날→광복) 기다리는 소망 ▶ 광복에의 소망
④ 울어 보렴 울어 보렴 목놓아 울어 보렴 오랑캐꽃 (이용악 '오랑캐꽃') ▶ 울어 보렴 (슬픔/비애) ▶ 망국의 슬픔 (비애)	④ 시대처럼 올 아침을 기다리는 최후의 나 (윤동주 '쉽게 씌어진 시') ▶ 아침을 기다리는 소망 ▶ 아침(광복)을 기다리는 소망
⑤ 삼각산이 일어나 더덩실 춤이라도 추고 (심훈 '그날이 오면') ▶ 더덩실 춤이라도 추고 ▶ 기쁨 ▶ 광복의 기쁨	⑤ 밤새도록 쌓인 가슴의 가래라도 마음껏 뱉자 (김수영 '눈') ▶ 가래를 마음껏 뱉고픈 소망 ▶ 가래 (속물성, 비굴함, 소시민성)을 뱉고픈 소망
⑥ 인적 끊긴 곳 홀로 앉은 가을산의 어스름 (박두진 '도봉') ▶ 홀로 앉은 ▶ 외로움 (고독)	⑥ 그 어느 언덕 꽃덤불에 아늑히 안겨보리라 (신석정 '꽃덤불') ▶ 꽃덤불에 안기고픈 소망 ▶ 꽃덤불 (완전한 조국 광복)에 안기고픈 소망 ▶ 완전한 조국 광복에의 소망
⑦ 내 호올로 어딜 가라는 슬픈 신호냐 (김광균 '와사등') ▶ 내 호올로 어딜 가라 ▶ 외로움 (고독)	⑦ 종로의 인경을 머리로 들이받아 울리오리다. (심훈 '그날이 오면') ▶ 종로의 인경을 울리고 싶은 소망 ▶ 종로의 인경(광복의 종소리)을 울리고 싶은 소망 ▶ 광복에의 소망
⑧ 이 비 그치면 내 마음 강나루 긴 언덕에 서러운 풀빛이 짙어 오것다. (이수복, '봄비')	⑧ 언제나 내 더럽히지 않을 티없는 꽃잎으로 살어 여러 했건만 (신석초 '바라춤') ▶ 꽃잎으로 살고 싶은 소망 ▶ 순수하게 살고 싶은 소망

3) 자연물(구체적 사물) 함축적 의미 파악하기

A. 바람

① 젖지 않고 피는 꽃이 어디 있으랴.
이 세상 그 어떤 빛나는 꽃들도
다 젖으며 젖으며 피었나니
바람과 비에 젖으며 꽃잎 따뜻하게 피웠나니
젖지 않고 가는 삶이 어디 있으랴.
　　　　　　　　　　(도종환 '흔들리며 피는 꽃')

② 어디 뻘밭 구석이거나
썩은 물 웅덩이 같은 데를 기웃거리다가
한눈 좀 팔고 싸움도 한 판 하고,
지쳐 나자빠져 있다가
다급한 사연 듣고 달려간 바람이
흔들어 깨우면
눈 부비며 너는 더디게 온다.　　(이성부 '봄')

③ 벼는 가을 하늘에도
서러운 눈 씻어 맑게 다스릴 줄 알고
바람 한 점에도
제 몸의 노여움을 덮는다.
저의 가슴도 더운 줄을 안다.　　(이성부 '벼')

④ 나는 바람을 타고
들에서는 푸름이 된다.
꽃에서는 웃음이 되고
천상에서는 악기가 된다.　　(박남수 '종소리')

B. 구름

① 남으로 창을 내겠소.
밭이 한참 갈이
괭이로 파고
호미론 김을 매지요.
구름이 꼬인다 갈 리 있소.
　　　　　　　　　　(김상용 '남으로 창을 내겠소')

② 천 길 땅 밑을 검은 물로 흐르거나
도솔천(兜率天)의 하늘을 구름으로 날더라도
그건 결국 도련님 곁 아니어요?
더구나 그 구름이 소나기 되어 퍼부을 때
춘향은 틀림없이 거기 있을 거에요!
　　　　　　　　　　(서정주 '춘향유문')

③ 산새도 날아와
우짖지 않고,
구름도 떠 가곤
오지 않는다.
인적 끊인 곳
홀로 앉은
가을 산의 어스름.　　(박두진 '도봉')

C. 등불

① 차단-한 등불이 하나 비인 하늘에 걸리어 있다.
내 호올로 어딜 가라는 슬픈 신호냐.
　　　　　　　　　　(김광균 '와사등')

② 등불을 밝혀 어둠을 조금 내몰고,
시대(時代)처럼 올 아침을 기다리는 최후(最後)의 나.
　　　　　　　　　　(윤동주 '쉽게 씌어진 시')

③ 타고 남은 재가 다시 기름이 됩니다. 그칠 줄을 모르고 타는 나의 가슴은 누구의 밤을 지키는 약한 등불입니까?
　　　　　　　　　　(한용운 '알 수 없어요')

D. 꽃

① 흔들리지 않고 피는 꽃이 어디 있으랴.
이 세상 그 어떤 아름다운 꽃들도
다 흔들리면서 피었나니
흔들리면서 줄기를 곧게 세웠나니
흔들리지 않고 가는 사랑이 어디 있으랴.
　　　　　　　　　　(도종환 '흔들리며 피는 꽃')

② 아름다운 나무의 꽃이 시듦을 보시고
열매를 맺게 하신 당신은
　　　　　　　　　　(김현승, '눈물')

③ 내가 그의 이름을 불러 주었을 때
그는 나에게로 와서
꽃이 되었다.　　(김춘수 '꽃')

④ 언제나 내 더럽히지 않을
티없는 꽃잎으로 살아 여려 했건만
내 가슴의 그윽한 수풀 속에
솟아오르는 구슬픈 샘물을 어이할까나.
　　　　　　　　　　(신석초 '바라춤')

4) 시적 화자 파악하기

A. 겉으로 드러난 시적 화자 파악하기	B. 겉으로 드러나지 않은 시적 화자 파악하기
① 나는 무너지는 둑에 혼자 서 있었다. 　기슭에는 채송화가 무더기로 피어서 　생(生)의 감각(感覺)을 흔들어 주었다 　　　　　　　　　　　(김광섭 '생의 감각')	① 어제도 하로 밤 　나그네 집에 　가마귀 가왁가왁 울며 새였소. 　오늘은 　또 몇 십 리 　어디로 갈까. 　　　　　　　　　　　(김소월 '길')
② 나는 온 몸에 햇살을 받고 　푸른 하늘 푸른 들이 맞붙은 곳으로, 　가르마같은 논길을 따라 꿈 속을 가듯 걸어만 간다. 　　　　　　(이상화 '빼앗긴 들에도 봄은 오는가')	
③ 나는 온몸에 풋내를 띠고, 　푸른 웃음 푸른 설움이 어우러진 사이로, 　다리를 절며 하루를 걷는다. 아마도 봄 신명이 지폈나 보다. 　　　　　　(이상화 '빼앗긴 들에도 봄은 오는가')	② 향단(香丹)아 그넷줄을 밀어라. 　머언 바다로 　배를 내어 밀듯이, 　향단아. 　　　　　　　　　　　(서정주 '추천사')
④ 호오이 호오이 소리 높여 　나는 누구도 없이 불러 보나. 　　　　　　　　　　　(박두진 '도봉')	③ 종소리도 들려오지 않는데 　휘파람이나 불며 서성거리다가, 　　　　　　　　　　　(윤동주 '십자가')
⑤ 서(西)으로 가는 달같이는 　나는 아무래도 갈 수가 없다. 　　　　　　　　　　　(서정주 '추천사')	④ 모가지를 드리우고 　꽃처럼 피어나는 피를 　어두워 가는 하늘 밑에 　조용히 흘리겠습니다. 　　　　　　　　　　　(윤동주 '십자가')
⑥ 나는 북관(北關)에 혼자 앓아 누워서 　어느 아침 의원(醫員)을 뵈이었다. 　　　　　　　　　　　(백석 '고향')	
⑦ 나 두 야 간다. 　나의 이 젊은 나이를 　눈물로야 보낼 거냐. 　나 두 야 가련다. 　　　　　　　　　　　(박용철 '떠나가는 배')	
⑧ 내 마음은 한 폭의 기(旗) 　보는 이 없는 시공(時空)에 　없는 것 모양 걸려 왔더니라. 　　　　　　　　　　　(김남조 '정념의 기')	
⑨ 여보소, 공중에 　저 기러기 　열 십자(十字) 복판에 내가 섰소. 　　　　　　　　　　　(김소월 '길')	

5) 시적 대상 파악하기

① 벼는 서로 어우러져
　기대고 산다.
　햇살 따가워질수록
　깊이 익어 스스로를 아끼고
　이웃들에게 저를 맡긴다.　　　　(이성부 '벼')

② 기다리지 않아도 오고
　기다림마저 잃었을 때에도 너는 온다.　(이성부, '봄')

③ 산아, 우뚝 솟은 푸른 산아. 철철철 흐르듯 짙푸른 산아. 숱한 나무들, 무성히 무성히 우거진 산마루에 금빛 기름진 햇살은 내려오고, 둥둥 산을 넘어, 흰구름 건넌 자리 씻기는 하늘, 사슴도 안 오고, 바람도 안 불고, 너멋 골 골짜기서 울어 오는 뻐꾸기……　(박두진 '청산도')

④ 풀이 눕는다.
　비를 몰아오는 동풍에 나부껴
　풀은 눕고
　드디어 울었다.
　날이 흐려져 더 울다가
　다시 누웠다.　　　　(김수영 '풀')

⑤ 눈은 살아 있다.
　떨어진 눈은 살아 있다.
　마당 위에 떨어진 눈은 살아 있다.　(김수영 '눈')

⑥ 새벽 시내 버스는
　차창에 웬 찬란한 치장을 하고 달린다.
　엄동 혹한일수록
　선연히 피는 성에꽃
　어제 이 버스를 탔던
　처녀 총각 아이 어른
　미용사 외판원 파출부 실업자의
　입김과 숨결이
　간밤에 은밀히 만나 피워 낸
　번뜩이는 기막힌 아름다움
　나는 무슨 전람회에 온 듯
　자리를 옮겨 다니며 보고
　다시 꽃이파리 하나, 섬세하고도
　차가운 아름다움에 취한다.
　어느 누구의 막막한 한숨이던가
　어떤 더운 가슴이 토해낸 정열의 숨결이던가
　　　　(최두석 '성에꽃')

⑦ 무너진 성터 아래 오랜 세월을 풍설(風雪)에 깎여 온 바위가 있다.
　아득히 손짓하며 구름이 떠 가는 언덕에 말없이 올라서서
　한 줄기 바람에 조찰히 씻기우는 풀잎을 바라보며
　나의 몸가짐도 또한 실오리 같은 바람결에 흔들리노라.
　아 우리들 태초의 생명의 아름다운 분신으로 여기 태어나,
　고달픈 얼굴 마주 대고 나직히 웃으며 얘기하노니
　때의 흐름이 조용히 물결치는 곳에 그윽이 피어오르는 한 떨기 영혼이여.
　　　　(조지훈 '풀잎단장')

⑧ 나는 이제 너에게도 슬픔을 주겠다.
　사랑보다 소중한 슬픔을 주겠다.
　겨울 밤 거리에서 귤 몇 개 놓고
　살아온 추위와 떨고 있는 할머니에게
　귤값을 깎으면서 기뻐하던 너를 위하여
　나는 슬픔의 평등한 얼굴을 보여 주겠다.
　내가 어둠 속에서 너를 부를 때
　단 한 번도 평등하게 웃어 주질 않은
　가마니에 덮인 동사자가 다시 얼어 죽을 때
　가마니 한 장조차 덮어 주지 않는
　무관심한 너의 사랑을 위해
　나는 이제 너에게도 기다림을 주겠다.
　이 세상에 내리던 함박눈을 멈추겠다.
　보리밭에 내리던 봄눈들을 데리고
　추워 떠는 사람들의 슬픔에게 다녀와서
　눈 그친 눈길을 너와 함께 걷겠다.
　슬픔의 힘에 대한 이야기를 하며
　기다림의 슬픔까지 걸어가겠다.
　　　　(정호승 '슬픔이 기쁨에게')

02 현대 시의 주제별 유형

1. 현실 인식/대응

A. 일제 강점하 조국 광복 염원
1) 윤동주 : 서시(序詩), 별헤는 밤, 참회록, 쉽게 쓰여진 시, 또 다른 고향, 간(肝), 십자가
2) 이육사 : 절정(絕頂), 광야(廣野), 교목(喬木), 꽃
3) 김소월 : 바라건대 우리에게 보습 대일 땅이 있었더면
4) 신석정 : 꽃덤불, 들길에 서서, 슬픈 구도(構圖)
5) 한용운 : 알수 없어요, 님의 침묵, 나룻배와 행인, 당신을 보았습니다.
6) 조지훈 : 봉황수(鳳凰愁)[망국의 슬픔: 맥수지탄(麥秀之嘆)]
　　⇒ 정서 표현에 중점
7) 심훈 : 그날이 오면
8) 이상화 : 빼앗긴 들에도 봄은 오는가

B. 독재정권하
1) 김수영 : 풀, 눈, 폭포, 사령(死靈)
2) 신동엽 : 껍데기는 가라, 봄은
3) 김지하 : 타는 목마름으로
4) 이성부 : 벼, 봄
5) 박남수 : 종소리

※ 자기 희생의 이미지
1) 이육사 : 광야
2) 심훈 : 그날이 오면
3) 윤동주 : 십자가/쉽게 쓰여진 시
4) 한용운 : 나룻배와 행인 / 알 수 없어요

2. 죽음-슬픔

- 절제 -
1) 정지용 : 유리창
2) 김광균 : 은수저
3) 박목월 : 하관(下棺)
4) 월명사 : 제망매가(祭亡妹歌)
5) 김현승 : 눈물

- 표출 -
1) 서정주 : 귀촉도(歸蜀道)
2) 박목월 : 이별가
3) 김소월 : 초혼(招魂)

3. 존재 본질 탐구
1) 김춘수 : 꽃을 위한 서시, 꽃(의미있는 존재에의 소망)
2) 신동집 : 오렌지

4. 문명 비판
1) 김광섭 : 성북동 비둘기
2) 박남수 : 새
3) 정한모 : 가을에, 나비의 여행

5. 자아 성찰
1) 윤동주 : 자화상(自畵像), 참회록(懺悔錄), 쉽게 쓰여진 시, 서시(序詩), 또 다른 고향
2) 서정주 : 자화상(自畵像)
3) 이상 : 거울
4) 유치환 : 바위

6. 이상 세계 염원/좌절
1) 유치환 : 깃발
2) 서정주 : 추천사(鞦韆詞)

7. 이미지즘
1) 김광균 : 추일서정(秋日抒情), 와사등(瓦斯燈), 외인촌(外人村), 데생, 설야(雪夜)
2) 전봉건 : 피아노
3) 장만영 : 달·포도·잎사귀
4) 김기림 : 바다와 나비
5) 박남수 : 아침이미지
6) 정훈 : 동백(冬柏)

8. 사실주의 - 일제 식민지하
1) 백석 : 여우난 곬족, 여승(女僧), 고향(故鄕)
2) 이용악 : 낡은집, 오랑캐꽃

9. 삶의 현장성/사실성 - 60, 70년대 산업화/근대화
1) 신경림 : 목계 장터, 농무(農舞)
2) 정희성 : 저문 강에 삽을 씻고

10. 분단 조국 통일 염원

1) 구상 : 초토의 시
2) 박봉우 : 휴전선
3) 박두진 : 강
4) 신동엽 : 봄은, 껍데기는 가라

11. 과거 회상

1) 박재삼 : 추억에서
2) 김종길 : 성탄제

12. 불교 계열

1) 신석초 : 바라춤
2) 허영자 : 자수
3) 조지훈 : 승무

13. 기독교 계열

1) 김남조 : 설일, 겨울바다
2) 김현승 : 눈물, 가을의 기도

14. 가난

1) 서정주 : 무등을 보며
2) 김종길 : 설날 아침에
3) 박재삼 : 흥부 부부상

03 주요 작품

1. 사평역에서 – 곽재구

막차는 좀처럼 오지 않았다.
대합실 밖에는 밤새 송이눈이 쌓이고
흰 보라 수수꽃 눈시린 유리창마다
톱밥난로가 지펴지고 있었다.
①그믐처럼 몇은 졸고
몇은 감기에 쿨럭이고
②그리웠던 순간들을 생각하며 나는
한 줌의 톱밥을 불빛 속에 던져 주었다.
내면 깊숙이 한 말들은 가득해도
청색의 손바닥을 불빛 속에 적셔 두고
모두들 아무 말도 하지 않았다.
산다는 것이 때론 술에 취한 듯
한 두름의 굴비 한 광주리의 사과를
만지작거리며 귀향하는 기분으로
③침묵해야 한다는 것을
모두들 알고 있었다.
오래 앓은 기침 소리와
쓴 약 같은 입술 담배 연기 속에서
싸륵싸륵 눈꽃은 쌓이고
그래 지금은 모두들
④눈꽃의 화음에 귀를 적신다.
자정 넘으면
⑤낯설음도 뼈아픔도 다 설원인데
⑥단풍잎 같은 몇 잎의 차창을 달고
밤 열차는 또 어디로 흘러가는지
그리웠던 순간들을 호명하며 나는
한 줌의 눈물을 불빛 속에 던져 주었다.

■ **주제** : 막차를 기다리는 사람들의 삶의 애환
■ **특징** : 차가움과 따뜻함의 이미지 대조를 통해 시적 대상을 표현함.
  • 간결하고 절제된 어조로 표현함.

◆ **국왕노트**

1. 시적 화자는?
   → 나(사평역 대합실 안을 바라보는 사람)
2. 시적 상황은?
   → '나'는 사평역 대합실에서 막차를 기다리며 주위 사람들을 보고 있다.
3. 사람들의 모습은?
   → 몇몇은 졸고, 감기에 쿨럭이고, 청색의 손바닥을 불에 쬐이며 침묵하고, 낯설음과 뼈아픔을 느끼고 있다.
4. 3을 통해 알 수 있는 '사람들'의 삶은?
   → 어렵고 고달프다.
5. '사람들'의 삶을 위로하는 것은?
   → 톱밥난로, 눈

◆ **시구풀이**

① **그믐처럼 몇은 졸고** : 막차를 기다리며 졸고 있는 사람들의 모습을 소멸하는 그믐달의 이미지로 묘사하고 있다.

② **그리웠던 순간들을~던져 주었다.** : 현재의 외롭고 쓸쓸한 화자가 과거를 회상하며 톱밥을 난로 속에 던지는 장면으로, 여기서 '그리웠던 순간들'은 밝고 따뜻했던 시절임이 암시되고 있다.

③ **침묵해야 한다는 것을 / 모두들 알고 있었다.** : 고단한 삶에 지친 사람들이 말없이 서 있는 모습을 표현한 것이다.

④ **눈꽃의 화음에 귀를 적신다.** : 눈 내리는 창밖의 풍경을 청각적인 심상으로 표현하고 있다.

⑤ **낯설음도 뼈아픔도 다 설원인데** : 현재의 고단한 삶의 무게도 내일이면 모두 그리운 추억이 된다는 의미이다.

⑥ **단풍잎 같은 몇 잎의 차창을 달고** : 스쳐 지나가는 급행 열차의 창문을 마치 단풍잎이 매달린 채 흩날리는 모습으로 표현하고 있다.

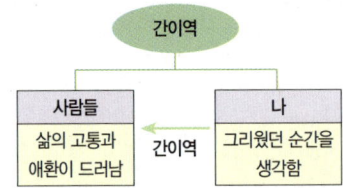

시상의 전개

1~8행	9~16행	17~27행
그믐처럼 몇은 졸고 몇은 감기에 쿨럭이고	청색의 손바닥, 아무 말도 하지 않았다.	한 줌의 눈물을 불빛 속에 던져 주었다.
대합실의 사람들	애환과 고달픔을 간직한 사람들	사람들을 위로하는 눈꽃과 톱밥난로

이해와 감상

이 시는 오지 않는 막차를 기다리는 쓸쓸한 기차역 대합실의 정경을 통해서, 설을 맞아 고향으로 돌아가는 가난한 사람들의 고단한 삶과 추억, 아픔을 함축적으로 나타내고 있다. 이 시의 화자와 등장 인물들은 한결같이 가난하고 소외된 자들이다. 화자는 밤늦게 막차를 기다리며 겨울 추위에 떨고 있는 모습에서 삶의 고단함에 지친 군상들을 발견하게 된다. 피곤에 지쳐 조는 모습, 감기에 걸려 쿨룩거리는 모습, 침묵하는 모습들에서 삶의 무게가 얼마나 무겁고, 산다는 것이 얼마나 고통스러운 것인가를 깊은 응시 속에서 통찰하게 된다.

시는 전체적으로 우울하고 쓸쓸한 분위기를 형성하고 있다. 이는 7·8행의 '그리웠던 순간들을 생각하며 나는 / 한 줌의 톱밥을 불빛 속에 던져 주었다.'라는 서정적 표현에 의해 뚜렷이 드러난다. 이 표현은 사실 시 전체의 분위기의 주춧돌이라 볼 수 있는데, 마지막에는 약간 변주되어 '그리웠던 순간들을 호명하며 나는 / 한 줌의 눈물을 불빛 속에 던져 주었다.'에서 한 번 더 나타나며, 여기서 가난하고 소외된 사람들에 대한 화자의 따뜻한 시선을 느낄 수 있다.

2 은행나무

― 곽재구

①너의 노오란 우산깃 아래 서 있으면
아름다움이 세상을 덮으리라던
늙은 러시아 문호의 눈망울이 생각난다.
②맑은 바람결에 너는 짐짓
네 빛나는 눈썹 두어 개를 떨구기도 하고
누군가 깊게 사랑해 온 사람들을 위해
보도 위에 아름다운 연서를 쓰기도 한다.
③신비로와라 잎사귀마다 적힌
누군가의 옛 추억들 읽어 가고 있노라면
사랑은 우리들의 가슴마저 금빛 추억의 물이 들게 한다.
④아무도 이 거리에서 다시 절망을 노래할 수 없다.
벗은 가지 위 위태하게 곡예를 하는 도롱이집 몇 개
때로는 세상을 잘못 읽은 누군가가
자기 몫의 도롱이집을 가지 끝에 걸고
다시 이 땅 위에 불법으로 들어선다 해도
⑤수천만 황인족의 얼굴 같은 너의
노오란 우산깃 아래 서 있으면
희망 또한 불타는 형상으로 우리 가슴에 적힐 것이다.

■ 주제 : 은행나무의 아름다움을 예찬
■ 특징 : 참신한 비유와 상징을 통해 대상의 아름다움을 표현하고 있다.

◆ 국왕노트

1. 시적 화자는?
   → 나(드러나 있지 않다.)
2. 시적 대상은?
   → 은행나무
3. 시적 상황은?
   → 노랗게 물든 은행나무 아래에서 길가에 떨어지는 은행잎을 보고 있다.
4. '나'가 은행잎을 통해 바라는 세상의 나의 모습은?
   → 아름다움이 세상을 덮으리라. 희망 또한 불타는 형상으로 우리 가슴에 적힐 것이다.
5. 4를 통해 알 수 있는 '나'의 바람은?
   → 희망

◆ 시구풀이

① 너의 노오란 ~ 눈망울이 생각난다. : 시적 화자는 '은행나무'에게 말을 건네고 있다. '노오란 우산깃' 같은 은행잎 아래 서 있는 시적 화자는 그 아름다움에 취해서, 그 어떤 추악함도 아름다움 앞에 굴복한다고 했던 톨스토이를 생각하고 있다.

② 맑은 바람결에 ~ 쓰기도 한다 : 맑은 바람결에 흩날려 보도 위에 한 잎 두 잎 떨어지는 잎을 시적 화자는 사랑하는 이들을 위해 쓴 연서에 비유하여 은행나무의 아름다움을 표현하고 있다.

③ 신비로와라 잎사귀마다 ~ 들게 한다. : 사랑하는 이에게 쓴 연서처럼 느껴지는 은행잎을 보며, 그 안에 담긴 우리들 가슴에 잊힌 고운 추억을 떠올리다보면 저마다 간직하고 있던 빛나는 금빛 추억으로 따뜻함을 느끼게 된다고 시적 화자는 말하고 있다.

④ 아무도 이 ~ 들어선다 해도 : 세상의 흐름을 잘못 이해한 어떤 이의 잘못된 마음이 비집고 들어선다 해도 아무도 이렇게 아름다운 거리에서는 절망을 노래할 수 없을 것이라고 한다. 다시는 절망의 시대를 맞고 싶지 않다는 시적 화자의 바람이 담겨 있다.

⑤ 수천만 황인족의 ~ 적힐 것이다. : 표면적으로 '수천만 황인족의 얼굴 같은 너의 / 노오란 우산깃'이 가리키는 것은 '은행나무'이지만, 그 의미를 좀 더 확대하면 '우리 민족'으로 이해할 수 있다. 즉, 시적 화자는 우리 민족의 가슴 속에 은행나무 같은 희망이 간직되기를 기원하고 있다.

시상의 전개

1~3행(과거)	4~10행(현재)	11~18행(미래)
아름다움이 세상을 덮으리라	아름다운 연서, 금빛 추억	희망 또한 불타는 형상으로 우리 가슴에 적힐 것이다.
은행나무의 아름다움에 취함	은행잎이 전하는 아름다움	희망 가득한 은행나무

이해와 감상

'은행나무'라는 객관적 상관물을 소재로 삼아 인간의 삶을 형상화한 작품이다. 의인법을 비롯해 다양한 비유와 상징을 활용하여 은행나무의 풍모를 그려내고 있다. 화자는 부정적인 현실로 인해 절망에 빠진 상황에서 은행나무를 통해 꿋꿋한 삶의 태도를 배우고 있다.

3 ①초토의 시1 — 구상

②하꼬방 유리 딱지에 애새끼들
얼굴이 불타는 해바라기 마냥 걸려 있다.

내리 쪼이던 햇발이 눈부시어 돌아선다.
나도 돌아선다.

울상이 된 ③그림자 나의 뒤를 따른다.
어느 접어든 골목에서 걸음을 멈춰라.

잿더미가 소복한 울타리에
개나리가 망울졌다.

저기 언덕을 내려 달리는
④소녀의 미소엔 앞니가 빠져
죄 하나도 없다.

나는 술 취한 듯 흥그러워진다.
그림자 웃으며 앞장을 선다.

- **주제** : 전쟁의 상흔의 극복(미래에 대한 희망)
- **구성** :
  - 1연 : 현재의 초토의 상황과 미래 희망
  - 2연 : 밝음의 희망마저 도래하지 않는 현실 인식
  - 3연~5연 : 어둠의 상황 속에서 기대하는 미래
  - 6연 : 어둠의 극복에 대한 믿음.
- **특징** :
  - 대조적 이미지로 전쟁의 비극성을 표현함.
  - '그림자'를 통해 화자의 심리 변화를 간접적으로 제시함.

◆ 국왕노트

1. 시적 화자는?
   → 나(피란민촌에 간 사람)
2. 시적 상황은?
   → 전쟁 후의 비극 속에서 개나리와 소녀의 미소를 보고 희망을 가짐
3. 시적 화자의 태도 변화는?
   → 절망감에서 미래에 대한 희망으로 변화
4. 시적 화자의 현실 인식 변화의 매개체는?
   → 개나리와 체니[少女]의 미소

◆ 시구풀이

① 초토 : 불에 타버린 땅
② 하꼬방 : 보잘것없는 조그만 판잣집
③ 그림자 : 시적 화자의 심리 상태를 간접적으로 제시하는 대상
④ 소녀의 미소 : 전쟁의 상흔과는 무관한 순진무구한 밝음의 이미지 – 민족의 미래에 대한 낙관적 인식

시상의 전개

전쟁의 비극적 상황에 대한 절망, 비애 → (개나리와 체니의 미소를 통한 인식의 전환) → 미래에 대한 희망

이해와 감상

이 작품은 6.25 전쟁의 민족적 비극의 체험을 바탕으로 노래한 작품이다. 전쟁 체험을 바탕으로 어둡고 밝은 명암의 이미지를 통해 주제를 형상화했다.

사전적인 의미로 '초토(焦土)'란 '까맣게 탄 흙이나 땅'을 말한다. 전쟁 후의 황폐화된 도시를 배경으로 하는 시적 상황이 집약되어 있는 말이다. 골목을 걷던 '나'는 '하꼬방'의 '유리딱지' 같은 창에서 '불타는 햇발', ' 잿더미가 소복한 울타리에' 망울진 '개나리', '죄 하나도 없는' 천진난만한 소녀의 앞니 빠진 '미소', 이런 것들 때문에 삶의 열렬한 욕망이 생기는 것이다. 따뜻한 인간애가 느껴지는 시이다.

연작시 각 편은 모두 독립된 한편의 시이지만, 15편 전체가 전쟁 체험을 바탕으로, 인간 내면의 윤리의식을 시적으로 형상화하고 있다.

4 와사등

― 김광균

①차단―한 등불이 하나 비인 하늘에 걸리어 있다.
②내 호올로 어딜 가라는 슬픈 신호냐.

긴― 여름 해 황망히 나래를 접고
늘어선 고층(高層), 창백한 묘석(墓石)같이 황혼에 젖어
③찬란한 야경(夜景) 무성한 잡초인 양 헝클어진 채
사념(思念) 벙어리 되어 입을 다물다.

④피부의 바깥에 스미는 어둠
낯설은 거리의 아우성 소리
까닭도 없이 눈물겹고나.

공허한 군중의 행렬에 섞이어
내 어디서 그리 무거운 비애를 지고 왔기에
길―게 늘인 그림자 이다지 어두워

내 어디로 어떻게 가라는 슬픈 신호기
차단―한 등불이 하나 비인 하늘에 걸리어 있다.

- **주제** : 현대인의 고독감과 불안 의식
- **특징** : • 시각적, 촉각적, 공감각적 이미지(1연/시각적, 2연/시각적, 3연/공감각적)
  • 비정한 현대 도시 문명 속에서 방향 의식을 상실한 지식인의 고독한 어조
  • 수미 상관식 구성

◆ 국왕노트

1. 시적 화자는?
   → 나(방향을 상실한 현대인)
2. 시적 대상은?
   → 와사등(가스등)
3. '와사등'을 보는 '나'의 태도는?
   → 어둡고 우울하다.
4. 3과 같이 이해한 근거는?
   → 사념 벙어리 되어 입을 다물다.
   → 까닭 없이 눈물겹구나
5. '나'가 우울한 이유는?
   → 묘석, 잡초로 비유된 황량하고 무질서한 도시 문명, 낯선 거리의 아우성 소리 때문에
6. 도시 문명에 대한 '나'의 태도는?
   → 비판적

◆ 시구풀이

① **차단―한** : 김광균의 시에만 나오는 시어로, 차디차면서도 빛나는 뜻을 나타낸다. 이 시에서는 차가운 밤길에 아련히 비치는 등불의 정서를 시각적으로 표현하고 있다.

② **내 호올로 어딜 가라는 슬픈 신호냐** : 삭막한 도시 문명 속에서 방향을 상실한 현대인의 방황과 고독감을 나타내고 있다. 헤매고 있는 시적 자아에게 등불은 어떤 신호처럼 느껴지나 어떤 방향도 지시해 주지 못하기 때문에 슬픈 신호라고 표현한 것이다.

③ **찬란한 야경 무성한 잡초인 양 헝클어진 채** : 도시의 야경을 헝클어진 잡초의 모습으로 보고 있다. 이는 종말이 눈앞에 다가온 줄 모르고 저마다 아름다움을 뽐내는 도시 문명의 무질서한 모습을 비판한 것이다.

④ **피부의 바깥에 스미는 어둠** : 시각을 촉각으로 전이한 공감각적 표현으로 '어둠'의 안과 '어둠'의 바깥을 대립시켜, 제2연의 '바깥' 관점이 '안쪽'으로 옮겨짐을 나타낸다. '어둠'은 2연과 3연을 연결하는 고리이다. 따라서 제2연의 종말감과 문명 비판의 관점도 3연에 그대로 연결된다.

시상의 전개

1연	2연	3연	4연	5연
내 호올로 어딜 가라는 슬픈 신호냐	묘석, 잡초 같은 도시 문명 벙어리 된 사념	어둠, 거리의 아우성 소리	군중의 행렬, 무거운 비애 길게 늘인 그림자	슬픈 신호기
현대인들의 방향 감각 상실	현대인들이 방향 감각 상실의 이유	도시적인 삶 속에서 느끼는 비애	도시적인 삶의 중압감의 비애	현대인들의 삶의 방향 감각 상실

이해와 감상

김광균의 대부분의 시가 그렇듯이 이 시도 시각적 심상을 사용하여 사람의 의식이나 소리까지도 모양으로 바꾸어 놓는 회화적 특성을 드러낸다. "와사등(瓦斯燈)"은 아무것도 믿고 의지할 수 없는 1930년대 일제 강점기의 어두운 현실 속에서 어디론가 떠나가야만 하는 현대인의 고독과 슬픔의 신호라고 말할 수 있다. 이러한 떠남의 심상에는 도시적 상황 속에서의 현대인의 불안 의식이 나타나 있다.

1연에서는 물질문명 속에서 현대인의 갈 곳 모르는 슬픈 심정을 잘 그리고 있다.

2연에서는 현대인의 슬픈 심정의 근거를 제시하였다. 다시 말하면, 개인적인 문제의 한계를 벗어나 시대적 상황으로 확대된 것이다. 특히, 2연에서 파악되는 여러 가지 특성은 이 시가 모더니즘의 영향을 받았다는 증거가 되기도 한다.

3연에서는 2연에서의 어둠의 정서를 이어받으면서 다시 개인의 문제로 축소되고 있다. '피부의 바깥에 스미는 어둠'은 시각을 촉각으로 전이시킨 공감각적 심상이다.

4연에서는 현대 문명으로 인한 종말 의식을 갖고 살면서 느끼는 중압감, 그리고 존재로서의 실체를 상실해 버린 슬픔을 나타내고 있다.

5연은 1연의 반복이다. 다만 행의 배열만 바꾸어 놓고 있다. 이것은 등불의 이미지를 선명히 하려는 배려이며, 결국 현대인의 고독감과 비애를 실감나게 하는 효과가 있다.

5 생의 감각
― 김광섭

①여명(黎明)의 종이 울린다.
새벽별이 반짝이고 사람들이 같이 산다.
닭이 운다, 개가 짖는다.
오는 사람이 있고 가는 사람이 있다.

②오는 사람이 내게로 오고
가는 사람이 다 내게서 간다.

③아픔에 하늘이 무너졌다.
④깨진 하늘이 아물 때에도
가슴에 뼈가 서지 못해서
푸른 빛은 장마에
넘쳐 흐르는 흐린 강물 위에 떠서 황야에 갔다.

⑤나는 무너지는 둑에 혼자 섰다.
기슭에는 채송화가 무더기로 피어서
생(生)의 감각(感覺)을 흔들어 주었다.

- **주제**: 강인한 생명 소생의 의지
- **특징**:
  - 개인적인 체험을 통해 깨달은 생의 의미를 차분하게 노래하고 있다.
  - 청각적, 시각적 이미지를 통해 절망감에서 벗어난 상황을 감각적으로 묘사하고 있다.
  - 의식의 세계와 죽음의 그림자가 여러 사물을 통해 형상화됨.
  - 시간적으로 역전된 구성이 나타남.

◆ 국왕노트

1. 시적 화자는?
   → 나(투병 체험을 겪은 사람)
2. 시적 상황은?
   → '나'는 새벽에 별을 보며 종소리, 닭 우는 소리, 개 짖는 소리를 듣고 있다.
3. '나'의 과거 경험을 밝힌 시구는?
   → 아픔에 하늘이 무너졌다.
4. 외로운 투병 생활을 나타낸 시구는?
   → 무너지는 둑에 혼자 섰다.
5. 투병 생활을 하면서 '나'가 발견한 것은?
   → 채송화
6. '나'에게 '채송화'의 의미는?
   → 생의 감각을 흔들어 주었다.

◆ 시구풀이

① 여명의 종이 ~ 사람이 있다. : 시적 화자의 처지가 절망적인 상황에서 희망적인 상황으로 변해 가고 있음을 나타내고 있다. 시적 화자는 '반짝이는 새벽 별', '닭'의 울음 소리와 '개 짖는 소리' 등 일상적인 생활의 소리를 들으며, 사람들과 함께 생활하면 생의 감각을 느끼고 있다.

② 오는 사람이 ~ 내게서 간다. : '오는 사람'과 '가는 사람'은 시적 화자와 관계를 맺은 모든 사람을 말한다. 즉, 시적 화자는 사람들과 관계를 맺고 있음을 스스로 확인하고 있다. 이런 관계는 시적 화자에게 삶의 의미이다.

③ 아픔에 하늘이 무너졌다. : 시적 화자는 자신의 아픈 과거를 밝히고 이다. '아픔', '하늘'이 '무너졌다'라는 표현은 시적 화자가 갑작스런 발병으로 생명이 위태로웠던 상황에 처했음을 비유적으로 나타낸 것이다.

④ 깨진 하늘이 ~ 황야에 갔다. : '푸른'과 '흐린'은 시적 화자의 마음 상태를 시각적 이미지로 표현한 것으로, 희망적인 상황, 또는 생명을 상징하는 '푸른 빛'이 '흐린 강물'로 흘러감을 통해 시적 화자가 체험한 극도의 절망감을 상징하는 것이다.

⑤ 나는 무너지는 ~ 흔들어 주었다. : '병마'로 인해 생의 감각을 잃고 절망에 빠진 시적 화자는 기슭에 핀 '채송화'를 보고, 강렬한 생명 의지를 느끼게 된다. 이러한 생명 의식은 인간 생명의 소중함을 깨달은 데에서 비롯되는 것이다.

시상의 전개

1연	2연	3연	4연
새벽별이 반짝이고 사람들이 같이 산다.	내게로 오고 내게로 간다.	아픔에 하늘이 무너졌다.	채송화가 무더기로 피어서 생의 감각을 흔들어 주었다.
절망적인 상황에서 다시 소생한 생명	세상의 의미에 대한 깨달음	절망적인 체험을 통해 깨달은 삶의 의미	극적인 소생과 삶의 의미 파악

이해와 감상

이 시는 1965년 고혈압으로 쓰러져 일주일 동안 사경을 헤매다 다시 소생한 체험을 구상화한 작품이다. 여기서 '생의 감각'이란, 생에 대한 자각인 '부활'을 의미한다. 그래서 이 시에는 인생론적인 면과 소생 과정의 극적인 면이 동시에 수용되고 있다. 고통과 절망으로 이어진 투병 체험 속에서 새롭게 발견하게 된 생명의 의미와 인간 존재의 소중함에 대한 인식을 서정적으로 형상화한 작품이다.

6 바다와 나비
— 김기림

①아무도 그에게 수심(水深)을 일러 준 일이 없기에
흰 나비는 도무지 바다가 무섭지 않다.

②청(靑)무우밭인가 해서 내려갔다가는
어린 날개가 물결에 절어서
공주(公主)처럼 지쳐서 돌아온다.

③삼월(三月)달 바다가 꽃이 피지 않아서 서글픈
나비 허리에 새파란 초생달이 시리다.

- **주제** : 낭만적 꿈의 좌절과 냉혹한 현실 인식
- **특징** : • 감정을 절제한 객관적인 태도
  • 시각적 심상 위주의 색채 대비

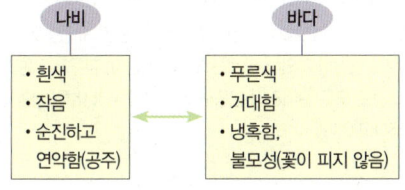

◆ 국왕노트
1. 시적 대상은?
   → 나비
2. '나비'가 '바다'에 뛰어든 이유는?
   → 청무밭인 줄로 착각하고
3. 2의 '나비'의 결과는?
   → 물결에 절어서 지쳐서 돌아옴
4. '나비'에게 '바다'가 안겨 준 것은?
   → 시련, 좌절
5. '바다'를 만나 지친 '나비'에게 더 큰 냉혹함으로 다가온 대상은?
   → 초생달

◆ 시구풀이
① 아무도 그에게 수심(水深)을~도무지 바다가 무섭지 않다. : '나비(흰색)'와 '바다(푸른색)'를 통해 선명한 시각적 색채 대비를 이루고 있다. 여기서 '바다'는 냉혹한 현실을 의미한다.

② 청(靑)무우밭인가 해서~공주(公主)처럼 지쳐서 돌아온다. : '청(靑)무우밭'이 가진 생명성에 대비되는 바다의 불모성 내지 냉혹함을 나타낸 표현이다. '공주'는 세상 물정에 어두운 연약한 존재를 의미한다. 여기서 바다를 향해 뛰어드는 나비의 모습을 새로운 세계에 대한 동경을, 지쳐서 돌아오는 나비의 행위를 실의와 좌절에 빠져 있는 당시의 지식인의 시련을 나타낸 것으로 보기도 한다.

③ 삼월(三月)달 바다가~새파란 초생달이 시리다. : '흰 나비'와 '새파란 초생달'의 색채 대비를 통해 낭만적 꿈의 좌절과 냉혹한 현실에 대한 인식을 형상화하고 있는 표현이다.

시상의 전개

1연	2연	3연
도무지 바다가 무섭지 않았다.	어린 날개가 물결에 절어서	새파란 초생달이 시리다
나비의 모험	나비의 시련	나비의 좌절

이해와 감상
이 시는 새로운 세계에 대한 동경을 가졌던 시적 화자의 좌절과 냉혹한 현실 인식을, '바다'와 '나비'의 색채 대비를 통해 제시하고 있다.

1연에서는 바다의 무서움을 모른 채 바다가 다가가는 나비의 순진한 모습을 그리고 있다. 이 때 '바다'는 깊은 수심을 지닌 거대한 세계이고, 그 '바다'를 날고 있는 '나비'는 바다의 위험, 즉 수심의 깊이를 모르는 연약한 존재이다.

2연에서는 바다에 도달하지 못하고 지쳐 돌아오는 나비의 시련을 보여 준다. '어린 나비'는 '바다'를 자신이 꿈꾸는 이상적 세계로 알고 다가가지만 '바다'는 '나비'에게 그 낭만적 꿈의 허망한 좌절을 안겨 준다. 여기서 '청무우밭'은 '나비'에게 있어 낭만적 꿈의 공간이며 '나비'가 지향하는 세계이다. '어린 날개', '공주처럼'의 표현은 현실 세계의 어려움을 모르는 순진하고 무지한 '나비'의 모습을 드러낸다.

3연에서는 '바다'의 무서운 깊이를 알게 된 '나비'가 꿈꾸는 '청무우밭'이 아니어서 서글퍼진 흰 나비의 허리에 새파란 초생달이 겹쳐지면서, 거대한 바다의 무서운 깊이를 경험하고 그 냉혹한 현실 앞에서 좌절된 꿈을 안고 돌아온 지친 '나비'의 슬픈 비행이 차갑고 시린 아픔을 느끼게 한다.

객관적이고 단호한 성격의 '-다'로 끝나는 각 연의 종결어들은 대상에 대해 객관적 거리를 유지하면서 시적 긴장을 느끼게 한다. 이런 점에서 이 시는 한국 모더니즘 시의 회화적 특성과 문명 비판적 성격을 잘 보여 주는 작품이라 할 수 있다.

7 설일(雪日)
— 김남조

겨울 나무와
바람
머리채 긴 바람들은 투명한 빨래처럼
진종일 가지 끝에 걸려
①나무도 바람도
혼자가 아닌 게 된다.

혼자는 아니다.
누구도 혼자는 아니다.
나도 아니다.
②실상 하늘 아래 외톨이로 서 보는 날도
하늘만은 함께 있어 주지 않던가.

③삶은 언제나
은총(恩寵)의 돌층계의 어디쯤이다.
사랑도 매양
섭리(攝理)의 자갈밭의 어디쯤이다.

이적진 말로써 풀던 마음
말없이 삭이고
얼마 더 너그러워져서 이 생명을 살자.
황송한 축연이라 알고
한 세상을 누리자.

새해의 눈시울이
순수의 얼음꽃
승천한 눈물들이 다시 땅위에 떨구이는
백설을 담고 온다.

- 주제 : 자연에서 느끼는 신의 섭리와 긍정적 삶의 태도
- 특징 : • 서술적 문체로 시적 의미를 충분히 전달하고 있음.
   • 청유형 어미의 사용으로 설득력을 높이고 있음.

◆ 국왕노트

1. 시적 화자는?
   → 나
2. 시적 상황은?
   → '나'는 바람이 불어 흔들리는 겨울 나무를 보고 있다.
3. 2를 보고 생각한 것은?
   → 누구도 혼자는 아니다.
4. '나'와 늘 함께 했던 것은?
   → 하늘(절대자)
5. 4를 통해 깨달은 삶과 사랑의 의미는?
   → 삶은 은총의 돌층계이고, 사랑은 섭리의 자갈밭
6. 새해를 맞는 '나'의 다짐은?
   → 너그러워져서 이 생명을 살자
   → 황송한 축연이라 알고 한 세상을 누리자.

◆ 시구풀이

① 나무도 바람도 / 혼자가 아닌 게 된다 : 찬 겨울에 혼자 서 있는 나무를 보고 시적 자아는 자기의 모습을 투영한다. 그리고 바람에 나뭇가지가 흔들리는 모습을 보고 '나무'와 '바람'은 혼자가 아니라는 사실을 알게 된다. 즉, 이 세상의 모든 존재는 '함께한다'는 사실을 깨닫는다.

② 실상 하늘 아래 ~ 하늘만은 함께 있어 주지 않던가 : 인생을 살면서 고난과 역경 속에 외로움을 느껴도 믿음의 대상인 절대자가 함께 동행하기 때문에 시적 자아가 외톨이로 혼자가 아니라는 사실을 증명하고 있다. '~않던가'의 설의적 표현을 통해 이 구절의 내용이 시적 자아의 체험의 확인임을 강조하고 있다.

③ 삶은 언제나 ~ 자갈밭의 어디쯤이다 : '삶'을 '은총의 돌층계'로, '사랑'을 '섭리의 자갈밭'으로 형상하고 있다. 때로는 '삶'과 '사랑'이 힘들고 고통스럽게 느껴지게 되더라도 그것은 모두 절대자의 은총이고 섭리에 따라 이루어진다는 신앙적인 깨달음을 노래하고 있다.

시상의 전개

1~2연(기)	3연(승)	4연(전)	5연(결)
누구도 혼자는 아니다	은총의 돌층계, 섭리의 자갈밭	황송한 축연이라 알고 한 세상을 누리자	순수의 얼음꽃
혼자가 아니라는 인식	삶과 사랑에 대한 이해	너그러운 삶을 노래하는 마음	새로운 세계 인식

이해와 감상

이 시는 메말라 가고 파편화 되어가는 현대인의 비극적인 삶을 거부하고 욕심 없는 인간 본연의 순수한 모습을 회복하려는 시인의 의도가 잘 나타나 있는 작품이다.

시인은 물질 문명에 의한 인간성 훼손과 이로 인해 느끼는 인간의 고독감으로부터 인간을 구원하는 것으로 종교적인 인식과 삶의 자세를 들고 있다. 즉 신의 섭리에 따르는 것이 인간의 삶의 바람직한 모습이라고 하여, 자신을 위해 타인을 공격하는 비인간적이고 이기적인 모습을 극복하자고 노래하고 있다.

이 시는 바람에 흔들리는 겨울 나무를 보면서 혼자가 아니라고 느끼는 수평 공간적 인식에서 출발하여, 나를 감싸 돌면서 '수직-수평' 공간적 인식으로 전개되다가 급기야 순수의 눈물이 다시 온 땅에 백설로 응답되는 전 공간적 인식으로 마무리되고 있다.

시인이 자신의 시에서 추구하는 사랑은 인간에 대한 사랑이자, 신에 대한 사랑이다. 그러나 신에 대한 사랑은 인간의 끝없는 자기 초월과 기도를 통해서만 가능한 것이기에 언제나 완성될 수 없는 것이다. 이 때문에 그녀의 시는 언제나 신의 세계에 좀 더 가까이 다가서고자 하는 간절한 염원을 담고 있다. 이 시의 화자 역시 너그럽고 겸손한 자세로 살아가는 것을 이루었다고 하지는 않는다. 단지 그렇게 살아가자고 권유할 뿐이다.

8 남으로 창을 내겠소
― 김상용

①남으로 창을 내겠소.
밭이 한참 갈이
괭이로 파고
호미론 김을 매지요.

②구름이 꼬인다 갈 리 있소.
③새 노래는 공으로 들으랴오.
④강냉이가 익걸랑
함께 와 자셔도 좋소.

⑤왜 사냐건
웃지요.

- **주제** : 전원 생활을 통한 달관적인 삶의 추구
- **특징** : • 소박하고 친근한 회화조의 어조.
  • '-소, -요, -오'의 각운을 통한 운율감 형성.
  • 간결한 시어의 사용.

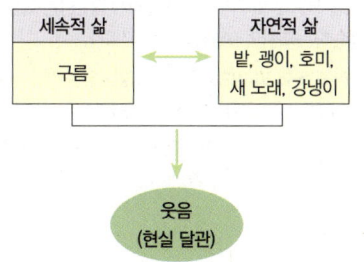

◆ 국왕노트
1. 시적 화자는?
   → 나(드러나 있지 않다.)
2. '나'의 소망은?
   → 남으로 창을 내겠소
3. '나'가 바라는 삶의 모습은?
   → 괭이로 파고 호미로 김을 맨다. 새 노래는 공으로 듣고, 아옷과 강냉이를 나누어 먹는다.
4. 3과 관련 깊은 한자성어는?
   → 안분지족(安分知足)

◆ 시구풀이
① **남으로 창을 내겠소.** : 남쪽으로 창을 낸 작은 집을 짓고 살아가겠다는 의미로, 소박하고 평화로운 삶을 기원하는 화자의 태도가 드러나 있다. 여기서 '남쪽'은 전원에서의 밝은 삶을 의미한다.

② **구름이 꼬인다 갈 리 있소.** : 어떠한 세속적 유혹에도 흔들리지 않을 것이라는 의지를 드러내면서 전원에서의 삶에 만족하는 화자의 모습이 나타난다.

③ **새 노래는 공으로 들으랴오.** : 새 노래는 대가(代價) 없는 아름다운 자연을 뜻한다. 전원 생활에 동화된 화자의 만족감이 드러난다.

④ **강냉이가 익걸랑 / 함께 와 자셔도 좋소.** : 전원 생활 속에서 느낄 수 있는 여유로운 삶과 안정을 드러내고 있다.

⑤ **왜 사냐건 / 웃지요.** : 시상과 주제가 압축되는 부분으로, 삶에 대한 깊은 성찰과 달관의 자세가 드러난다. 또한 이 구절은 이백의 시 '산중문답(山中問答)'에서도 유사하게 나타나고 있다. → 소이부답(笑而不答)

시상의 전개

1연	2연	3연
남으로 창을 내겠소	강냉이가 익걸랑 함께 와 자셔도 좋소	왜 사냐건 웃지요
전원에서의 소박한 생활	자연을 즐기는 생활	달관의 경지

이해와 감상
이 시는 세속적인 욕망에서 벗어나 평화롭게 살아가는 전원 생활의 모습을 보여 주고 있다. 평이한 시어로 전원 생활을 표현하면서, 동시에 여유 있고 달관에 가까운 인생관을 드러낸다.

이 시의 화자는 현재 세속적인 현실에서 벗어나 농촌에서 살아가고 있다. 남쪽으로 창을 낸 집을 짓고 밭에서 열심히 스스로 농사지으며 살고 있는데, 이런 생활에 화자는 만족하고 있다. 그렇기 때문에 아무리 농촌을 떠나 화려한 도시로 가자고 유혹해도 흔들리지 않는다. 구름이 손짓하듯 세속적 욕망이 유혹해도 마음은 이미 농촌의 삶에 만족하고 있기에 흔들림은 없다. 외려 화자는 함께 농촌에 와서 전원 생활의 참맛을 느껴 보자고 말한다. 그 무엇과도 바꿀 수 없이 아름다운 새소리가 있고, 강냉이가 익어가는 전원 생활의 정취에 화자는 흠뻑 빠져 있다. 혹시 어떤 친구가 찾아와 이런 답답하고 불편한 농촌에서 왜 사냐고 물으면 화자는 웃음으로 답할 뿐이다. 세속적인 삶에 물든 사람을 논리적으로 굳이 설득하려고 애쓰지 않는다. 그 대신에 미소를 지어 보임으로써 자신의 삶의 모습을 드러낼 뿐이다. 즉, 화자는 농촌에서 자연과 벗하며 살아가는 전원 생활에 만족하면서 현실을 달관하고 있는 것이다. 이러한 '웃음' 속에는 안분지족(安分知足)의 전통적인 인생관이 담겨 있다.

9 초혼(招魂)
― 김소월

산산이 부서진 이름이여!
허공중(虛空中)에 헤어진 이름이여!
①불러도 주인 없는 이름이여!
부르다가 내가 죽을 이름이여!

심중(心中)에 남아 있는 말 한 마디는
끝끝내 마저 하지 못하였구나.
사랑하던 그 사람이여!
사랑하던 그 사람이여!

②붉은 해는 서산(西山) 마루에 걸리었다.
사슴의 무리도 슬피 운다.
떨어져 나가 앉은 산(山) 위에서
나는 그대의 이름을 부르노라.

설움에 겹도록 부르노라.
설움에 겹도록 부르노라.
③부르는 소리는 빗겨 가지만
하늘과 땅 사이가 너무 넓구나.

④선 채로 이 자리에 돌이 되어도
부르다가 내가 죽을 이름이여!
사랑하던 그 사람이여!
사랑하던 그 사람이여!

- **주제** : 임의 죽음으로 인한 슬픔과 임에 대한 그리움
- **특징** : • 반복과 영탄을 통한 격정적 어조를 사용함.
  • 7·5조 3음보의 전통적 민요조를 사용함.
  • 슬픔을 직접적으로 표출함.

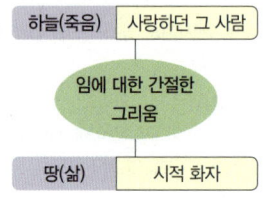

◆ 국왕노트

1. 시적 화자는?
   → 나
2. 시적 상황은?
   → '나'는 저녁 무렵, 산 위에서 임의 이름을 부르고 있다.
3. 임을 표현한 구절은?
   → 산산이 부서진 이름이여, 허공 중에 헤어진 이름이여, 불러도 주인 없는 이름이여, 부르다가 내가 죽을 이름
4. 3을 통해 나타난 '임'의 상황은?
   → 죽음
5. '나'의 정서가 반영된 것은?
   → 붉은 해, 사슴의 무리, 떨어져 나가 앉은 산

◆ 시구풀이

① 불러도 주인 없는 이름이여! : 임의 부재, 즉 임의 죽음의 상황을 암시하는 부분이다. 이름에 주인이 없다는 것은 논리적 모순으로 역설적 표현이다.

② 붉은 해는 서산(西山) 마루에 걸리었다. : 낮과 밤의 경계를 통해 삶과 죽음의 경계를 상징하고 있다. 임의 죽음으로 인한 화자의 허탈한 모습이 드러나 있다.

③ 부르는 소리는 빗겨 가지만 / 하늘과 땅 사이가 너무 넓구나. : 하늘과 땅 사이의 거리는 바로 저승과 이승, 죽은 자와 산 자 사이의 거리를 의미한다. 이 거리가 너무도 멀어 임을 부르는 화자의 소리가 들리지 않는다는 표현에는, 임과 화자 사이의 거리를 확인하는 화자의 절망감이 나타나 있다.

④ 선 채로 이 자리에 돌이 되어도 : 돌아오지 않는 임을 기다리다 죽어 돌이 되었다는 망부석 설화와 연결되어 있다. 여기서 '돌'은 임의 죽음을 결코 인정할 수 없다는 강한 의지의 표현이자, 임은 끝내 돌아와야 한다는 비원(悲願)을 품은 한(恨)의 응결체이다.

시상의 전개

1연	2연	3연	4연	5연
부르다 내가 죽을 이름이여!	끝끝내 마저 하지 못하였구나	떨어져 나가 앉은 산 위에서	하늘과 땅 사이가 너무 넓구나	선 채로 이 자리에 돌이 되어도
임을 잃은 슬픔	마음을 고백하지 못한 후회	임이 없는 공간의 허무의 절망	삶과 죽음 사이의 절망적 거리감	기다림의 의지

이해와 감상

이 시는 '초혼(招魂)'이라는 전통 의식을 통해 사랑하는 사람의 죽음을 마주한 인간의 극한적 슬픔을 표출하고 있다.

1연은 고독과 허탈감에서 비롯되는 절규로, 임은 더 이상 이 세상에 존재하지 않아서, 화자가 부르는 이름은 덧없이 허공으로 '부서지고 헤어질 수밖에' 없다. 2연에서는 화자의 슬픔이 임의 죽음에서 오는 충격 때문만이 아님을 보여 준다. 화자는 한 번도 고백해 본 적이 없는 자신의 사랑이 이제 영원히 가슴 속에만 남아 있을 수밖에 없다고 말한다. 그래서 그 죽음은 더 슬프고 안타까운 것이다. 3연에서 화자는 낮으로 상징되는 삶과 밤으로 상징되는 죽음의 경계에서 무기력하게 멀리서 이름만 부르고 있을 수밖에 없는 자신의 존재에 대한 무력감과 좌절감, 허탈감을 아울러 표현하고 있다. 4연에서는 그래도 화자는 여전히 죽은 이를 부른다. 하지만 죽음의 세계와 삶의 세계의 거리는 목소리의 크기로 극복할 수 있는 물리적 공간이 아니다. 5연에서 화자는 그렇더라도 영원히 그의 이름을 부르며 기억하고 사랑하리라고 다짐한다. '돌'은 화자의 영원한 사랑의 상징이지만, 동시에 그의 크나큰 한의 응결체이다. 돌이 되도록 서서 죽은 이를 부를 만큼 이루지 못한 사랑의 슬픔과 안타까움은 영원히 지워지지 않을 것 같기 때문이다.

10 눈

― 김수영

①눈은 살아 있다.
떨어진 눈은 살아 있다.
마당 위에 떨어진 눈은 살아 있다.

②기침을 하자.
젊은 시인(詩人)이여 기침을 하자.
눈 위에 대고 기침을 하자
눈더러 보라고 마음 놓고 마음 놓고
기침을 하자.

눈은 살아 있다.
③죽음을 잊어버린 영혼(靈魂)과 육체(肉體)를 위하여
눈은 새벽이 지나도록 살아 있다.

기침을 하자
젊은 시인이여 기침을 하자
눈을 바라보며
④밤새도록 고인 가슴의 가래라도
마음껏 뱉자.

- **주제** : 순수하고 정의로운 삶에의 소망과 부정적 현실의 극복 의지
- **특징** : • '눈'과 '기침(가래)'의 이미지가 대립 구조를 보임.
  • 동일한 문장의 반복과 문장 변형 및 첨가를 통한 점층적 진행으로 역동적 리듬을 만들어 냄.

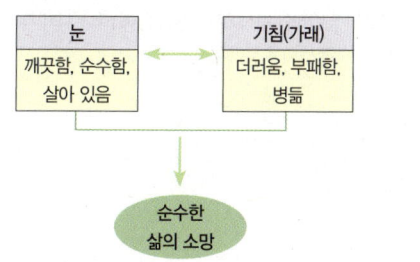

◆ 국왕노트

1. 시적 청자는?
   → 젊은 시인
2. 시적 화자가 하고자 하는 말은?
   → 젊은 시인이여, 눈 위에 대고 기침을 하자.
3. '눈'의 상징적인 의미는?
   → 깨끗하고 순수함, 불의를 보고 참지 못하는 정신
4. 2의 기침 이유는?
   → 가래를 뱉어내기 위해
5. '가래'의 의미는?
   → 더러운 속물 근성, 일상에 안주하려는 타성 등 부정적인 것

◆ 시구풀이

① **눈은 살아 있다.** : 눈의 순수한 생명력을 드러내고 있다. 여기서 '눈'은 눈이 지닌 순수한 이미지와 함께 순결한 생명력을 지닌 살아 있는 존재로 표상되고 있다.

② **기침을 하자. ~ 기침을 하자.** : 순수한 '눈'을 보면서 외부적인 것이든, 내면적인 것이든 억압을 떨쳐 버리고 '마음 놓고' 부끄러운 자신의 더러움을 쏟아 내자는 뜻으로, 화자의 자기 반성을 촉구하는 구절이다.

③ **죽음을 잊어버린 ~ 살아 있다.** : 1연의 변주로, 여기서 '죽음을 잊어버린 영혼과 육체'는 죽음을 초월하여 오로지 순수하고 가치 있는 것에 대한 소망을 가진 이들을 말한다. 즉, 살아 있는 눈은 아무에게나 보이는 것이 아니라 죽음을 초월한, 순수하고 가치 있는 삶에 대한 갈망을 가진 사람에게만 보인다는 의미이다.

④ **밤새도록 고인 가래라도 / 마음껏 뱉자.** : '나'의 가슴에 고인 불순한 것들을, 즉 어두운 현실 속에서 시적 화자를 괴롭히는 모든 부정적인 것들을 깨끗이 씻어 내자는 뜻으로, 시적 화자의 자기 반성을 통한 정화의 의지가 담겨 있다.

시상의 전개

1연	2연	3연	4연
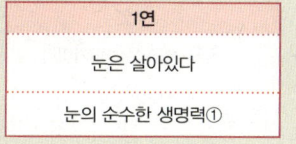	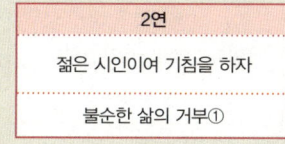	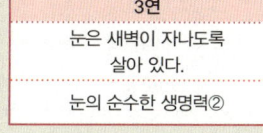	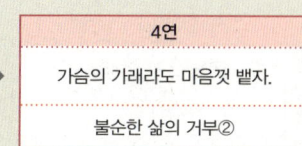
눈은 살아있다	젊은 시인이여 기침을 하자	눈은 새벽이 지나도록 살아 있다.	가슴의 가래라도 마음껏 뱉자.
눈의 순수한 생명력①	불순한 삶의 거부①	눈의 순수한 생명력②	불순한 삶의 거부②

이해와 감상

이 시는 순수한 삶을 되찾고자 하는 간절한 바람을 '눈'과 '기침'의 변증법적 지양을 통해 형상화하고 있다.

1연은 '눈은 살아 있다'라는 문장을 세 번 변주하여 순수한 생명으로서의 '눈'의 의미를 나타내고 있다. 2연 역시 1연처럼 '기침을 하자'라는 문장을 세 번 변주하고 있다. '눈'이 보도록 기침을 하자고 '젊은 시인'에게 권유하는 내용인데, 순수 의식을 지향하는 시적 화자의 태도가 나타나 있다. 여기서 기침을 하도록 권유받는 '젊은 시인'은 바로 시적 화자 자신을 가리킨다. 시적 화자는 이 '눈'을 향해 '젊은 시인', 즉 자신에게 '눈 위에 대고', '눈더러 보라고', '마음 놓고', '기침을 하자'고 한다. 이 '기침'은 부패한 현실 속에서 화자 내면에 잠재해 있는 불순함을 의미하는 것이다. 3연에서는 눈이 살아 있는 이유를 알려 준다. 그 이유는 '눈'이 염두에 둔 '죽음을 잊어버린 영혼(靈魂)과 육체(肉體)', 바로 시적 화자 때문이다. 4연에서 알 수 있듯이 시적 화자의 가슴에는 이미 밤새 가래가 고여 있다. 이 '가래'는 '젊은 시인' 또는 시적 화자의 영혼과 육체를 더럽히는 현실의 부정적인 것을 나타내는 이미지이다. 따라서, 살아 있는 '눈을 바라보며', '가슴의 가래'를 '마음껏 뱉'자는 말은 눈의 한없는 순수함, 차가움, 신선함을 통해 현실의 더러움을 씻어 내고 순수한 삶에 도달하고자 하는 시적 화자의 소망과 의지를 고백한 것이다.

11 독(毒)을 차고
― 김영랑

내 가슴에 ①독(毒)을 찬 지 오래로다.
아직 아무도 해(害)한 일 없는 새로 뽑은 독
벗은 그 무서운 독 그만 흩어버리라 한다.
나는 그 독이 선뜻 벗도 해할지 모른다 위협하고,

②독 안 차고 살아도 머지 않아 너 나 마주 가버리면
억만 세대(億萬世代)가 그 뒤로 잠자코 흘러가고
나중에 땅덩이 모지라져 모래알이 될 것임을
'허무(虛無)한듸!' 독은 차서 무엇하느냐고?

③아! 내 세상에 태어났음을 원망않고 보낸
어느 하루가 있었던가, '허무한듸!' 허나
앞뒤로 덤비는 이리 승냥이 바야흐로 내 마음을 노리매
내 산 채 짐승의 밥이 되어 찢기우고 할퀴우라 내맡긴 신세임을

나는 독을 차고 선선히 가리라
막음 날 내 외로운 혼(魂) 건지기 위하여.

■ 주제 : 죽음을 각오한 불의와의 대결 의지
■ 특징 : • '독'이라는 상징적 소재를 통해 화자의 의지를 강조
　　　　• 두 가지 삶의 자세를 대조적으로 보여 줌.
　　　　 (벗: 순응적 ↔ 나: 현실 저항적)

◆ 국왕노트

1. 시적 화자는?
　→ 나
2. '나'의 가슴 속에 있는 것은?
　→ 독
3. '벗'이 '나'에게 충고한 내용은?
　→ '독'을 버리라고 한다.
4. 3의 이유는?
　→ 그 '독'이 나를 해할지 모르므로
5. '나'가 '독'을 가진 이유는?
　→ 이리 승냥이가 내 마음을 노리매
6. '나'의 결심은?
　→ '독'을 계속 차고 있을 것이다.

◆ 시구풀이

① 독(毒) : 내면적 순수성을 지키기 위해 마음속에 결정한 죽음의 각오를 뜻한다. '독'은 암담한 현실에 저항하여 치열하게 살아가려는 극단적인 대결의지이며, 외로운 혼을 건지기 위한 순결한 의지를 상징한다.

② 독 안 차고 살아도 ~ 잠자코 흘러가고 : 현실에 초연하고 달관한 도교적 허무주의 자세가 반영되어 있다.

③ 아! 내 세상에 태어났음을 ~ '허무한듸!' : 친구가 던진 '허무한듸!'의 말이 시적 자아에게 영향을 주어 '나' 역시 허무한 상황에 놓여 있음을 깨닫게 만든다. 그러나 친구의 '허무'가 일반적인 인식에서 나온 것임에 비해, 시적 자아의 '허무'는 시대와 현실에 대한 인식에서 나온 것이다.

시상의 전개

1연	2연	3연	4연
독을 찬 지 오래로다.	허무한듸	앞뒤로 덤비는 이리 승냥이	독을 차고 선선히 가리라.
나의 의지	벗의 충고	독을 찬 배경	나의 결의

이해와 감상

이 시에서 '독(毒)'은 일제 강점하의 현실 속에서 죽음을 각오하고 현실과 대항하려는 시적 화자의 강력하고 순결한 의지를 상징한다. 현실 세계에 대하여 침묵했던 영랑의 이러한 시적 변화는 일제 말 그들의 발악이 어떠했는지를 짐작할 수 있게 해 준다.
원망스러운 세상에 태어나 내면의 세계에 침잠하여 마음의 평화와 아름다움만을 추구하던 그러던 삶마저도 보장받지 못하게 된 것이다. 그리하여 '앞뒤로 덤비는 이리 승냥이 바야흐로 내 마음을 노리매 / 내 산 채 짐승의 밥이 되어 찢기우고 할퀴우라 내맡긴 신세임'을 깨닫고, 화자는 마음에 '독'을 품을 수밖에 없다. '벗'은 언젠가는 '땅덩이 모지라져 모래알이 될' 허무한 세상에서 '머지않아 너 나마저 가 버리면' 그만인데 '독을 차고 살아서 무엇하느냐'고 만류한다. 그러나 화자는 '너마저 해할지 모른다'며 의연하게 대결의 길로 나선다. 그것이 결국 죽음으로 끝나더라도, 맹수 같은 불의의 세력에 무기력하게 생명을 잃어버리고 덧없이 소멸하는 외로움으로부터 자신을 구원하는 길이라고 믿기 때문이라는 것이다.

12 눈물   - 김현승

①더러는
옥토(沃土)에 떨어지는 작은 생명이고저……

②흠도 티도,
금가지 않은
나의 전체는 오직 이뿐!

더욱 값진 것으로
드리라 하올 제,

③나의 가장 나아종 지닌 것도 오직 이뿐!

아름다운 나무의 꽃이 시듦을 보시고
열매를 맺게 하신 당신은

④나의 웃음을 만드신 후에
새로이 나의 눈물을 지어 주시다.

- ■ 주제: 슬픔의 종교적 승화
- ■ 특징: • 독백체의 자기 고백
  • 단정적이면서도 경어체를 사용한 경건한 어조
  • 상징적 시어와 선명한 이미지 사용
  • 기독교적 세계관을 바탕으로 함.

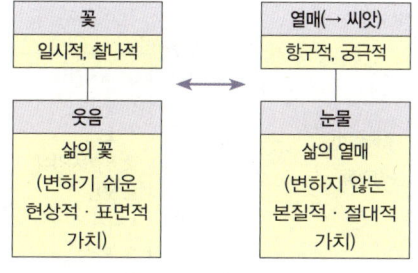

◆ 국왕노트

1. 시적 화자는?
   → 나
2. '나'가 원하는 것은?
   → 작은 생명이고저
3. '작은 생명'이 나중에 변한 모습은?
   → 열매
4. '나의 웃음'이 나중에 변한 모습은?
   → 눈물
5. 3과 4의 변화를 일으킨 사람은?
   → 당신, 절대자

◆ 시구풀이

① 더러는 / 옥토(沃土)에 떨어지는 작은 생명이고저…… : 가끔은 하찮은 존재이지만 나마 기름진 땅에 떨어져 생명을 틔우는 씨앗과 같은 존재가 되고 싶다는 의미이다. 성서 마태복음 13장 '더러는 옥토에 떨어지매 혹 백 배, 혹 삼십 배의 결실을 하였느니라'를 차용함으로써, 기독교적 발상을 통해 자기 희생의 참된 의미에 대한 깨달음을 담고 있다.

② 흠도 티도, / 금가지 않은 / 나의 전체는 오직 이뿐! : 화자 자신에게 오직 참되고 진실된 것은 눈물 뿐임을 단정적 어조를 통해 드러내고 있다. 여기서 '눈물'은 일체의 불순함이 존재하지 않는 순수를 가리킨다.

③ 나의 가장 나아종 지닌 것도 오직 이뿐! : 내가 가진 가장 최후의 진실 또한 눈물임을 의미한다. 단정적 어조를 통해 눈물의 절대적 가치를 강조하고 있다.

④ 나의 웃음을 만드신 후에 / 새로이 나의 눈물을 지어 주시다. : 웃음만으로는 완전한 삶을 이룰 수 없기 때문에, 참회의 눈물을 주어 아름답고 가치 있는 완전한 삶을 가능하게 하였다는 의미이다. 시적 화자는 '눈물'을 통해 절대 순수에 이르게 한 신의 은총에 대한 감사와 함께 이를 통해 슬픔을 극복하려고 하고 있다.

시상의 전개

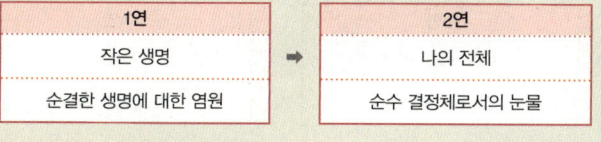 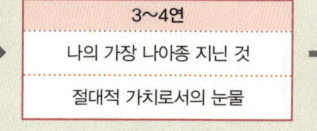 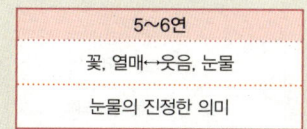

1연	2연	3~4연	5~6연
작은 생명	나의 전체	나의 가장 나아종 지닌 것	꽃, 열매↔웃음, 눈물
순결한 생명에 대한 염원	순수 결정체로서의 눈물	절대적 가치로서의 눈물	눈물의 진정한 의미

이해와 감상

이 시는 시인이 사랑하는 어린 아들을 먼저 죽음의 세계로 보낸 비극적인 상황 속에서, 그 아픔과 슬픔을 종교적 믿음으로 견디면서 쓴 작품으로 알려져 있다. 시인은 아들을 잃은 슬픔을 통해, 우리 인간은 기쁨보다는 슬픔 속에서 성숙한다는 인간의 삶에 내재된 역설을 깨닫는다.

모두 6연으로 이루어진 이 시는 경어체로 '눈물'에 대해 말하고 있다. 1연에서는 '눈물'이 죽음에서 오는 슬픔이 아닌, 부활을 준비하는 새로운 생명의 씨앗임을 말하고, 2연에서는 온전하고 순수한 것으로서의 '눈물', 3~4연에서는 절대적 가치를 지닌 것으로서의 '눈물'에 대해 말하고 있다. 이처럼 1~4연이 '눈물' 자체의 개별적 의미에 대해 말하고 있다면, 5~6연은 '눈물'의 궁극적 의미를 '열매'라는 객관적 상관물을 통해 형상화하고 있다. 겉으로 드러난 '웃음'이 화려하지만 쉽게 지고 마는 '꽃'의 현상적 아름다움처럼 유한한 가치를 지닌 것이라면, '눈물'은 씨앗을 그 안에 간직함으로써 영원한 생명을 지닌 '열매'처럼 순수하고 진실한 내면적 가치를 지닌 영원한 것, 즉 신의 섭리와 은총인 것이다.

아무리 아름답다 하더라도 영원할 수는 없는 것이 인간적 삶의 한계이다. 이 한계에 부딪혀 절대적 존재 앞에서 흘리는 눈물은 인간의 영혼을 맑게 씻어 주며, 진정한 삶의 가치와 아름다움을 깨닫게 한다고 시인은 말하고 있는 것이다.

13 종소리 — 박남수

①나는 떠난다. 청동(靑銅)의 표면에서
일제히 날아가는 진폭(振幅)의 새가 되어
광막한 하나의 울음이 되어
하나의 소리가 되어.

②인종(忍從)은 끝이 났는가.
청동의 벽에
'역사'를 가두어 놓은
칠흑의 감방에서.

나는 바람을 타고
들에서는 푸름이 된다.
꽃에서는 웃음이 되고
천상에서는 악기가 된다.

먹구름이 깔리면
③하늘의 꼭지에서 터지는
뇌성(雷聲)이 되어
④가루 가루 가루의 음향이 된다.

- **주제** : 자유의 확산과 그 기세
- **특징** : 의인법, 도치법, 은유법
  - '청동, 진폭, 칠흑, 천상, 터지는' 등의 시어들을 선택하여, 객관적 상관물을 사용하는 주지시치고는 어조가 격양됨.

◆ 국왕노트

1. 시적 화자는?
   → 나(종소리)
2. '나'의 행동은?
   → 소리가 되어 청동의 벽을 떠나고 있다.
3. '종'과 '종소리'에 비유할 수 있는 것은?
   → 칠흑의 감방, 역사
4. 3연과 4연에 나타난 '종소리'의 모습은?
   → 푸름, 웃음, 악기, 음향
5. '나'의 의미는?
   → 자유

◆ 시구풀이

① **나는 떠난다.** : 종소리의 의인화된 표현. '종소리'에 시적 자아의 의지가 투영되었음을 의미한다. 이는 자유를 구속당했던 역사의 암흑 시대를 벗어나는 행동의 출발임을 뜻한다.

② **인종(忍從)은 끝이 났는가.** : 종소리가 종에 갇혀 있는 동안은 구속과 어둠 속에서 참고 따르는 기간이었다. 그러나 이제 종소리가 울린다는 것은 '인종'의 기간이 끝나고 종에 갇혀 있었던 종소리가 해방됐음을 의미한다.

③ **하늘의 꼭지에서 터지는** : 부정적 세력의 횡포에 저항하는 정도를 강조하기 위해 천상의 끝인 '하늘의 꼭지'라는 표현을 씀.

④ **가루 가루 가루의 음향이 된다.** : 종소리가 곱고 부드러운 소리로 흩어져 퍼지는 상태를 말하는데 감각과 심상의 조형으로 시각적 효과가 두드러지는 형태주의 기법에 해당한다.

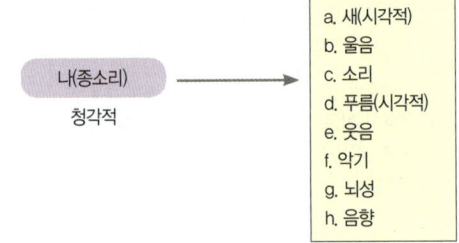

시상의 전개

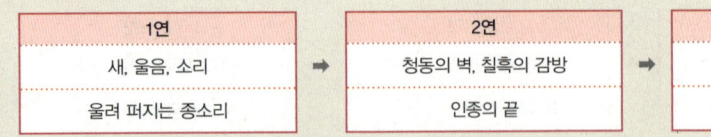

1연	2연	3연	4연
새, 울음, 소리	청동의 벽, 칠흑의 감방	푸름, 웃음, 악기	뇌성
울려 퍼지는 종소리	인종의 끝	종 소리의 변신	종 소리의 의미

이해와 감상

이 시는 박남수의 후기 대표작으로 이미지에 의한 표현을 중시하고, 인간 존재의 가치를 탐구한 주지시이다. 종소리를 의인화하여 자유를 향한 비상(飛翔)과 확산을 남성적 역동적 심상으로 노래하였다. 관념의 표상으로 인식되기 쉬운 '종'을 이미지로 형상화하면서도 현대적 지성과 융합된 세련된 통일체를 이루었다.

이 시는 종소리를 의인화하여 '나'로 설정하고 자유를 향한 비상(飛翔)과 확산을 노래한 작품이다. 아직 울리기, 전의 종을 무겁고 어두운 감옥 혹은 억압으로 보고, 그 종에서 울려나는 종소리를 자유의 모습으로 표현했다.

1연에서는 종소리를 시적 화자인 '나'로 의인화시켜 표현했다. '나는 떠난다'라는 표현은 종소리가 종에서 울려 나가는 모습을 의인화시켜 표현한 것이다. 종소리는 '나'에서 '새'로, 또 '광막한 하나의 울음'으로, '하나의 소리'로 표현된다. 여기서 '새'는 자유의 표상으로 볼 수 있으며, 하나의 울음소리로 아득하게 멀리 퍼져나간다. 2연에서는 그 멀리 퍼져 나가는 자유를 이제까지 구속해 온 '인종(忍從)'의 '역사'를 이야기하고 있다. 청동의 벽 속 칠흑의 감방은 이제까지 자유를 구속해 온 공간이다. 3연에서는 이러한 구속을 벗어나 마음껏 자유를 펼치는 부분이다. 종소리인 '나'는 '바람을 타고', '푸름'이 되고, '웃음'이 되고, '악기'가 된다. 4연에서는 이러한 자유를 마음껏 펼치지 못하게 하려는 '먹구름'과의 대결이 이루어진다. '하늘의 꼭지'는 천상의 끝으로, 횡포에 저항하는 정도를 강조하기 위하여 쓰는 말인 듯하다. '먹구름'과의 대결 속에서 '하늘의 꼭지에서 터지는 뇌성이 되어' 그것을 이겨 내고 종소리는 곱고 부드러운 소리로 흩어져 퍼진다.

14 새
― 박남수

1
①하늘에 깔아 논
바람의 여울터에서나
속삭이듯 서걱이는
나무의 그늘에서나, 새는 노래한다.
그것이 노래인 줄도 모르면서
새는 그것이 사랑인 줄도 모르면서
두 놈이 부리를
서로의 죽지에 파묻고
따스한 체온(體溫)을 나누어 가진다.

2
②새는 울어
뜻을 만들지 않고
③지어서 교태로
사랑을 가식(假飾)하지 않는다.

3
④―――포수는 한 덩이 납으로
그 순수(純粹)를 겨냥하지만
매양 쏘는 것은
피에 젖은 한 마리 상(傷)한 새에 지나지 않는다.

- **주제** : 순수한 삶의 옹호와 인간과 문명의 비판
- **특징** : • 이미지적인 면과 함께 인간 존재의 탐구라는 지적인 면이 함께 나타남.
  • 이미지와의 대립을 통한 주제의 형상화

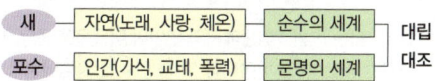

◆ 국왕노트

1. 시적 대상은?
   → 새
2. '새'의 모습은?
   → 노래인 줄도 모르고 노래를 하고 사랑인 줄 모르고 서로의 죽지에 파묻고 따스한 체온을 나누어 가진다.
3. 2와 같은 새의 모습을 한 단어로 표현한다면?
   → 순수
4. '순수'를 겨냥하고 있는 것은?
   → 포수의 한 덩이 납
5. '포수'가 쏘는 것은?
   → 상한 새

◆ 시구풀이

① 하늘에 깔아 논~나누어 가진다. : 대자연 속에서 살아가는 새가 꾸밈없이 아름답고 천지 난만하게 노래하는 모습과 사랑을 나누는 모습을 형상화하고 있다.

② 새는 울어 / 뜻을 만들지 않고 : 자연스러운 본성의 노래일 뿐 인위적인 꾸밈이나 가식이 없음을 의미하는 것으로 자연 그 자체의 순수함을 표현한다.

③ 지어서 교태로 / 사랑을 가식(假飾)하지 않는다. : 그들의 사랑이 진실됨을 의미하는 부분으로 오히려 인간만이 문명이라는 이름으로 거짓으로 꾸며 행동함을 말하고자 하는 것이다.

④ ―――포수는 한 덩이 납으로~지나지 않는다. : 순수한 자연을 자기 것으로 만들려는 무분별한 욕망 때문에 자연을 파괴하는 인간의 공격성과 파괴성을 비판하고 있는 부분이다. 여기서, '포수'는 인간의 인위적이고 불순한 욕망과 파괴적 탐욕을, '한 덩이 납'은 인간의 문명을, '상한 새'는 사람의 손에 의해 파괴된 자연의 모습 또는 삶의 순수성을 각각 나타낸 것이다.

시상의 전개

1연	2연	3연
노래인 줄 모르면서, 사랑인 줄도 모르면서	뜻을 만들지 않고, 가식하지 않는다.	피에 젖은 한 마리 상한 새
순수하고 아름다운 사랑	의미를 붙이거나 가식하지 않는 사랑	삶의 순수성 파괴

이해와 감상

이 시는 '새'라는 연작시 중 하나로, 생명의 순수함과 아름다움을 인간의 인위성과 파괴성에 대립시켜 문명 비판적 주제를 제시한 작품이다.

이 시에서 그리려는 것은 자연물로서의 '새'가 아니다. '새'로 유추된 순수의 세계와 그것이 어떻게 생성되며 지켜질 것인가 하는 점에 화자의 관심이 집중되어 있다.

1연에서 화자는 자기 스스로 의식조차 못하고 노래 부르는 '새'의 노래와 사랑을 통해 자연 세계의 순수함을 보여 준다. 2연에서는 꾸밈과 거짓이 없는 새의 모습을 통해 1연에서 말한 자연의 순수함을 잠언처럼 반복하고 있는데, 이와 같은 구절들의 뒤에는 사람의 생활과 문명에 대한 시인의 비판적 눈길이 자리잡고 있다. 시인은 여기까지 사람에 대하여 한 마디도 하지 않았지만, 새의 순진한 아름다움을 말하면서 간접적인 방법으로 인간의 문명 속에 있는 거짓, 억지스런 꾸밈 등에 대하여 싸늘한 눈초리를 보내고 있는 것이다. 이와 같은 대조는 3연에 와서 '포수'와 피에 젖은 한 마리 상한 '새'의 대조를 통해 더욱 선명하게 드러난다. 포수의 총탄이 닿기 전까지 새는 한없이 아름답고 순수한 존재였다. 그러나 그의 총탄을 맞았을 때, 거기에는 자연의 순수도 아름다움도 없다. 오직 피에 젖은 한 마리 새가 있을 따름이다. 이 '상한 새'는 곧 사람의 손에 의해 파괴된 자연의 모습을 상징한다.

이처럼 이 시는 '포수'와 '새'의 관계 설정을 통해, 인간의 문명에 대한 날카로운 비판을 던지고 있다. 인간이 순수라고 느끼는 자연물이나 상황이나 감각 등은 인위적으로 만들려 하거나 강제로 가지려 한다고 해서 얻어지는 것이 아니며, 오히려 그 상태를 더욱 자연스럽게 풀어 놓는 해방의 과정에서 획득된다고 말하고 있다.

15 이별가
― 박목월

①뭐락카노, 저편 강기슭에서
니 뭐락카노, 바람에 불려서

이승 아니믄 저승으로 떠나는 뱃머리에서
나의 목소리도 바람에 날려서

②뭐락카노 뭐락카노
썩어서 동아밧줄은 삭아 내리는데

하직을 말자 하직 말자
인연은 갈밭을 건너는 바람.

③뭐락카노 뭐락카노 뭐락카노
니 흰 옷자라기만 펄럭거리고……

④오냐, 오냐, 오냐
이승 아니믄 저승에서라도……

이승 아니믄 저승에서라도
인연은 갈밭을 건너는 바람

⑤뭐락카노, 저편 강기슭에서
니 음성은 바람에 불려서

오냐, 오냐, 오냐
나의 목소리도 바람에 날려서

- **주제**: 생사를 초월한 이별의 정한
- **특징**: • 경상도 방언을 사용하여 소박하고 친근한 정감을 주고 있다.
  • 반복과 점층의 방법으로 이별의 안타까움을 강조하고 있다.

◆ 국왕노트

1. 시적 화자는?
    → 나(죽은 이를 떠나보내는 사람)
2. 시적 청자는?
    → 너(나)
3. '너'의 위치는?
    → 저편 강기슭(저승)
4. '나'와 '너'를 가로막고 있는 것은?
    → 강
5. 4의 '강'의 의미를 암시하는 것은?
    → 이승 아니믄 저승으로 떠나는 뱃머리
    → 니 흰 옷자락만 펄럭거리고
6. 5를 통해 볼 때, '강'의 의미는?
    → 삶과 죽음을 나누는 경계
7. '너'의 죽음을 인정하지 못하는 '나'의 마음이 표현된 것은?
    → 뭐락카노, 뭐락카노, 뭐락카노
8. '너'의 죽음을 받아들이는 '나'의 마음이 표현된 것은?
    → 오냐, 오냐, 오냐

◆ 시구풀이

① **뭐락카노, 저편 ~ 바람에 날려서**: 이승과 저승 사이의 아득한 거리감을 표현하고 있다. 시적 화자는 저편 강 기슭에 있는 상대의 말을 들으려고 하지만 생사의 길이 너무 먼 까닭에 들리지 않고, 시적 화자의 목소리 역시 바람에 흩어져 상대에게 들르지 않음을 의미한다. '저편 강기슭'은 저승의 세계를, '뱃머리'는 이승과 저승의 갈림길을 의미한다.

② **뭐락카노 뭐락카노 ~ 건너는 바람**: 이별이 운명일지라도 인연을 끊을 수 없다는 시적 화자의 안타까움이 드러나 있다. '동아밧줄'은 결합과 인연을 의미하므로, 동아밧줄이 삭아 내린다는 말은 인연의 소멸을 의미한다. 하지만 시적 화자는 '하직을 말자, 하직 말자'는 다짐으로 상대의 죽음을 인정하지 않으려는 안타까운 심정을 보이고 있다.

③ **뭐락카노 뭐락카노 ~ 옷자라기만 펄럭거리고**: 시적 화자는 '뭐락카노'를 되풀이하는 질문으로 이별의 정한을 드러내고 있다. '흰 옷자라기'는 '너'의 죽음을 의미하고 있다.

④ **오냐, 오냐 ~ 건너는 바람**: 이승에서의 인연이 다했음을 운명으로 받아들이고 있다. 하지만 이는 체념이 아니라 '이승 아니믄 저승에서라도' 만나자는 소망을 통해 이별의 정한을 이겨 내려는 시적 화자의 심정을 표현한 것이다.
뭐락카노, 저편 ~ 바람에 날려서: 1, 2연의 내용을 변형하여 시적 화자의 마음을 그리고 있다. 생과 사의 거리감을 반복해서 표현하는 구절로, 죽음을 운명으로 받아들이지 않던 1, 2연과 달리 시적 화자는 죽음과 생의 거리감을 인정하며 운명에 순응하는 초극의 자세를 보이고 있다.

시상의 전개

1~4연	5~7연	8~9연
인연은 갈밭을 건너는 바람	이승 아니믄 저승에서라도	오냐, 오냐, 오냐
운명적 이별	이승과 저승의 끊을 수 없는 인연	운명에 순응하며 이별의 정한 초극

이해와 감상

이 작품의 중심을 이루는 시어는 '뭐락카노'이다. 경상도 지역의 방언은 한국 시사(詩史)의 전통으로 볼 때 특이한 예에 속하는데, 이 시어가 소설의 화소(話素)처럼 이야기를 끌고 가는 중심축을 이루고 있다.

누군가가 강의 저편에서 화자에게 말을 건네나 바람에 날려서 뭐라고 하는지 잘 들리지 않는다. 강 이편의 화자 역시 상대에게 뭐라고 외치지만, 그 목소리 또한 확연히 전달되지 않는다. 그와 나를 이승과 저승으로 갈라놓은 것은 강― 강은 삶과 죽음의 간격을 의미할 터이다.

그가 누구인지는 분명치 않다. 중요한 것은 인연인데, 그와 생전에 맺은 인연의 밧줄은 삭아 내리고 있다. 세상살이의 인연은 마치 갈밭을 건너는 바람과도 같이 덧없이 보인다. 그러나 나는 되뇌인다. '하직을 말자'고, 나도 머지 않아 강 건너 저 세상으로 갈 것이기 때문이다. 뭐라는지 자세히 들리지는 않지만, 흰 옷자락을 펄럭이며 서 있는 그가 어서 건너 오라고 손짓하는 것으로 여겨져 나는 '오냐, 오냐, 오냐'라고 알아 들었다는 듯이 대답한다. 나도 곧 갈 거라는 뜻일 것이다.

대상이 분명하지 않은 누군가의 죽음에 직면해서, 그 상황(죽음의 상황)에서 가질 만한 많은 갈등을 표현한 작품이다. 죽음에 대한 부정, 죽음으로 인한 그와의 인연의 단절, 죽음으로 인한 이별의 안타까움, 죽음에도 어쩔 수 없는 그리움과 한 등이 복잡하게 담겨있지만, 의외로 시적인 표현은 단순하게 이루어지고 있다.

'뭐락카노'라는 의문과 질문으로 시작하여, '오냐'라는 수긍의 대답으로 마무리지어지는 이 시는, 죽음 앞에서의 큰 깨달음이 담겨 있는 듯하다. 참으로 극복할 수 없고 손 닿을 수 없는 이승과 죽음의 세계 사이의 거리감을 앞에 두고 안타까워할 수밖에 없지만, 결국은 생사를 초월한 만남의 깨달음으로 시는 종결된다.

16 떠나가는 ①배

– 박용철

나 두 야 간다.
②나의 이 젊은 나이를
눈물로야 보낼 거냐.
나 두 야 가련다.

아늑한 이 항군들 손쉽게야 버릴 거냐.
③안개같이 물 어린 눈에도 비치나니
골짜기마다 발에 익은 묏부리 모양
주름살도 눈에 익은 아아 사랑하든 사람들.

버리고 가는 이도 못 잊는 마음
쫓겨 가는 마음인들 무어 다를 거냐.
돌아다보는 구름에는 바람이 ④희살짓는다.
⑤앞 대일 언덕인들 마련이나 있을 거냐.

나 두 야 간다.
나의 이 젊은 나이를
눈물로야 보낼 거냐
나 두 야 간다.

- **주제** : 고향과 정든 사람들을 두고 떠나는 우울한 심정
- **특징** : • 의도적인 띄어쓰기를 통해 화자의 감정과 의지를 표현함.
  • 수미 상관의 구조를 통해 화자의 처지를 강조함.
  • 설의법을 통해 감정을 표출함.

◆ 국왕노트

1. 시적 화자는?
   → 나
2. 시적 상황은?
   → '나'는 떠나가는 배 위에서 항구를 바라보고 있다.
3. '나'가 떠나는 이유는?
   → 젊은 나이를 눈물로 보낼 수 없기 때문에
4. '나'에게 항구의 의미는?
   → 사랑하는 사람들이 있는 곳
5. '떠나가는 배'의 의미는?
   → 사랑하는 사람을 두고 고향을 떠나야만 하는 시적 화자의 처량한 처지

◆ 시구풀이

① 배 : 서정적 자아를 나타내는데 정처 없이 떠난다는 것을 의미함

② 나의 젊은 나이를 / 눈물로 보낼 거냐. / 나 두 야 가련다. : 일제 강점하의 암담한 현실에서 느끼는 답답함과 어디론가 떠나지 않을 수 없는 절박한 상황을 표현하였다.

③ 안개같이 물 어린 눈에도 비치나니 ~ 주름살도 눈에 익은 아아 사랑하든 사람들. : 떠나야 한다는 이성적 판단과, 정든 고향과 사랑하던 사람들을 두고 차마 떠나지 못하는 감성적 행동 사이에서 빚어지는 서정적 자아의 고뇌와 갈등이 형상화되었다.

④ 희살짓는다 : 짓궂게 훼방한다.

⑤ 앞 대일 언덕인들 마련이나 있을 거냐. : 시적 자아는 자신을 배에 비유하고 있으며 '앞 대일 언덕'이란 배를 댈 항구로서 정해진 목적지를 의미한다. 즉, 정해진 목적지도 없이 정처 없이 떠난다는 것을 뜻한다.

시상의 전개

1연	2연	3연	4연
나의 이 젊은 나이를 눈물로야 보낼 거냐	골짜기마다 발에 익은 묏부리 모양 주름살도 눈에 익은 아아 사랑하는 사람들	앞 대일 언덕인들 마련이나 있을 거냐	나의 이 젊은 나이를 눈물로 보낼 거냐.
어디론가 떠나려는 마음	고향 산천과 사람들에 대한 미련	고향을 떠난 미래에 대한 불안감	떠날 수밖에 없는 상황과 떠나려는 결연한 의지

이해와 감상

이 시는 경향파에 대항하여 순수 서정시를 고집한 박용철의 대표작 중의 하나로, 그 율격은 4음보격(2음보도 보임)으로 되어 있다. 또 제1,4연에서 '나'의 반복과 제 2연 1~2행의 첫음절 '안-'의 반복은 두운적(頭韻的) 요소로 음위율을 형성하기도 한다. 이런 입장에서 보면, 제 2연 3~4행의 '-에 익은', 제3연 2, 4행에서의 '-인들, -거냐'의 반복도 일종의 운율적 요소로 이 시의 음악성을 형성하고 있다고 할 수 있다.

그리고 이 시는 암울한 일제 강점의 현실로 앞에서 젊은이가 눈물로만 세월을 보낼 수 없다는 강변(強辯)을 보여 주고 있다. 가혹한 일제 치하에서 갖은 억압과 수모를 당하면서 나라 잃은 원한을 가슴에 가득히 안은 이 땅의 젊은이들이 헐벗고 굶주린 채 사랑하는 조국, 정든 고향을 버리고 뿔뿔이 흩어져야 했던 민족사의 한 단면을 보여 주고 있는 시이다.

일제 강점하의 암담한 현실에서 벗어나고 싶은 심정을 노래한 작품인 셈인데 어디론가 떠나지 않을 수 없는, 절박한 상황을 보여 주고 있다. 이 시의 시적 자아는 표면상으로는 미래 지향적인 의지를 지니고 '나 두 야 가련다'고 외치지만 그 내면에는 떠나지 못하는 심정이 진하게 깔려 있다. 이러한 갈등은 마지막 연에 와서 눈물로 변해 버린다. 암울한 일제 강점하에서 젊은이가 눈물로만 세월을 보내고 있을 수 없다고 강변하면서도 자신은 먼저 울어 버리는 반어(反語). 이것이 바로 일제 강점하의 암담한 시대를 살아가던 청년들의 모습이었다.

17 추천사 – 춘향의 말1
― 서정주

①향단(香丹)아 그넷줄을 밀어라.
②머언 바다로
　배를 내어 밀듯이,
　향단아.

이 다소곳이 흔들리는 수양버들나무와
배갯모에 놓이듯 한 풀꽃데미로부터,
자잘한 나비 새끼 꾀꼬리들로부터
아주 내어 밀듯이, 향단아.

③산호(珊瑚)도 섬도 없는 저 하늘로
나를 밀어 올려다오.
채색(彩色)한 구름같이 나를 밀어 올려다오.
이 ④울렁이는 가슴을 밀어 올려다오!

서(西)으로 가는 달같이는
⑤나는 아무래도 갈 수가 없다.

⑥바람이 파도(波濤)를 밀어 올리듯이
그렇게 나를 밀어 올려다오.
향단아.

- **주제** : 초월적 세계로의 갈망
- **특징** : · 고전 소설을 모티브로 함.
　　　　· 통사 구조의 반복을 통한 리듬감 형성
　　　　· 운율과 의미가 유기적 관계를 맺으며 시상이 전개됨.
　　　　· 춘향과 향단의 대화 형식을 취함.

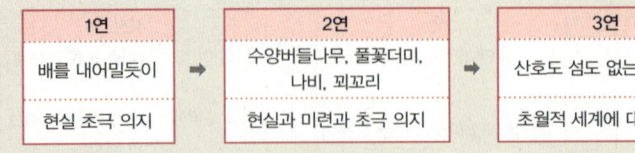

◆ 국왕노트

1. 시적 화자는?
   → 춘향
2. '춘향'의 모습은?
   → 그네를 타고 있다.
3. '춘향'이 그네에 태워 보내고 싶은 것은?
   → 울렁이는 가슴
4. 3의 의미는?
   → 초월적 세계에 대한 소망
5. '그네타기'를 통해 '춘향'이 얻은 결론은?
   → 나는 아무래도 저 하늘로 갈 수가 없다.
6. 5의 이유는?
   → '그네'는 시계 추처럼 올라갔다 내려갔다를 반복할 뿐, 그 고리를 끊고 하늘로 가지 못하기 때문이다.

◆ 시구풀이

① **향단(香丹)아** : '향단'은 시적 화자와 대화를 하고 있는 대상으로, 시적 화자가 '춘향'임을 간접적으로 보여 준다.

② **머언 바다로 / 배를 내어 밀 듯이,** : '그네'를 타고 억압과 구속이 없는 자유로운 '하늘'로 날아오르고 싶은 시적 화자의 열망을 비유하고 있다.

③ **산호(珊瑚)도 섬도 없는 저 하늘로** : '산호'와 '섬'은 시적 화자를 구속하는 현실적 장애물로 부정적 대상이다. 이런 장애물이 없는 초월적 이상 세계인 '하늘'이 시적 화자가 지향하는 곳이다.

④ **울렁이는 가슴** : 초월적 이상 세계에 대한 소망, 또는 이상과 현실의 괴리에서 오는 시적 화자의 갈등을 상징한다.

⑤ **나는 아무래도 갈 수가 없다.** : 초월적 이상 세계에 도달할 수 없는 인간의 운명적 한계에 대한 깨달음을 보여 주는 구절이다.

⑥ **바람이 파도(波濤)를 밀어 올리듯이** : 1연의 반복을 통해 화자의 초월적 의지를 강조하고 있는 부분으로, 인간의 운명적 한계를 인식했지만 포기하지 않고 초월적 세계로의 지향 의지를 강하게 보이고 있다.

시상의 전개

1연	2연	3연	4연	5연
배를 내어밀듯이	수양버들나무, 풀꽃더미, 나비, 꾀꼬리	산호도 섬도 없는 저 하늘	아무래도 갈 수가 없다	바람이 파도를 밀어 올리듯이
현실 초극 의지	현실과 미련과 초극 의지	초월적 세계에 대한 갈망	인간의 숙명적 한계 자각	현실 초극 의지

이해와 감상

　이 시는 '춘향의 말'이라는 부제가 붙은 '추천사', '다시 밝은 날에', '춘향유문' 중 첫째 작품이다. 화자인 춘향의 말을 통해 지상적 현실의 세계를 벗어나고자 하는 열망을 노래하고 있는 이 작품은, 그네 타는 행위를 지상적 운명의 구레를 벗어나려는 고뇌의 상징적 표현으로 형상화하고 있다.
　춘향은 그네 타는 행위를 단순한 놀이로서가 아니라 땅 위의 인연을 끊어버리고 저 높은 하늘로 올리는 상징적 행동으로 생각한다. 1연에서 향단에게 '머언 바다로 / 배를 내어 밀듯이' 그네를 밀라고 말하는 것은 바로 이 때문이다. 2연에서 춘향이 떠나고자 하는 지상의 사물들은 모두 그것대로 아름다운 사물들이다. 그럼에도 자신이 탄 그네를 밀어 달라고 말하는 것은 이들을 포함한 현실의 세계가 자신의 소망을 실현할 수 없도록 답답하게 가로막혀 있어서 탈출하고 싶기 때문이다. 3연에서 그녀가 가고자 하는 곳은 '산호(珊瑚)도 섬도 없는' 하늘로 표현된다. 1연의 '바다'와 의미가 통하는 초월적 이상의 세계이다. 춘향은 자유롭게 하늘을 떠다니는 채색된 구름처럼 이 세상을 벗어나 하늘 속의 존재가 되도록 자신을 밀어 올려 달라고 말한다. 그러나 사람은 이 세상의 인연에 얽매여서 땅을 디디고 살아갈 운명이다. 4연의 독백 '서(西)으로 가는~갈 수가 없다'라는 시구는 인간의 이러한 운명적 한계에 대한 깨달음을 보여 준다. 아무리 높이 하늘을 향해 차고 올라도 그네는 다시 떨어지고 마는 것이다. 5연에서 그네의 이러한 움직임은 춘향이가 가진 간절한 초월 의지와 그 필연적인 좌절을 상징한다. 그럼에도 춘향은 자신을 밀어 올려 달라고 말한다. 파도가 어쩔 수 없이 다시 떨어져 내려오듯이 소망도 끝내 달성될 수는 없지만 이 지상적 인연을 벗어나려는 괴로운 노력을 포기할 수 없는 것이다.

18 목계장터
— 신경림

①하늘은 날더러 구름이 되라 하고
땅은 날더러 바람이 되라 하네
청룡 흑룡 흩어져 비 개인 나루
잡초나 일깨우는 잔바람이 되라네.
뱃길이라 서울 사흘 목계 나루에
아흐레 나흘 찾아 박가분 파는
가을볕도 서러운 방물장수 되라네.
②산은 날더러 들꽃이 되라 하고
강은 날더러 잔돌이 되라 하네.
③산서리 맵차거든 풀속에 얼굴 묻고
물여울 모질거든 바위 뒤에 붙으라네.
④민물 새우 끓어넘는 토방 툇마루
⑤석삼 년에 한 이레쯤 천치로 변해
짐부리고 앉아 쉬는 떠돌이가 되라네.
하늘은 날더러 바람이 되라 하고
산은 날더러 잔돌이 되라 하네.

- **주제** : 떠돌이 민중의 삶의 애환
- **특징** : • 대립적 심상의 시어들을 통해 시상을 전개함.
  • 향토성 짙은 시어들을 사용함
  • 4음보의 민요적 율격임.
  • 1인칭 화자의 독백적 진술 형태를 취함.

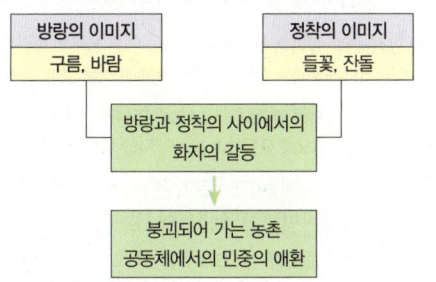

◆ **국왕노트**

1. 시적 화자는?
   → 나(유랑하는 민중)
2. '나'가 권유받은 삶의 모습은?
   → 구름, 바람(잔바람), 방물장수, 들꽃, 잔돌
3. 2와 같은 삶의 구체적 모습은?
   → 유랑(구름, 잔바람, 방물장수)
   → 정착(들꽃, 잔돌)
4. '나'의 삶의 자세는?
   → 방랑과 정착의 삶에 대한 욕구를 동시에 지님

◆ **시구풀이**

① 하늘은 날더러~되라 하네 : '구름'과 '바람'은 주로 떠남 혹은 방랑의 이미지이다. 이는 화자가 떠돌이의 삶에 대한 운명적 인식을 하고 있음을 보여 주는 것이다.

② 산은 날더러~되라 하네. : '들꽃'과 '잔돌'은 정착하고 사는 일반 민중을 의미하는 것으로, 뿌리내린 삶을 살고자 하는 화자의 욕구를 표현한 것으로 볼 수 있다.

③ 산서리 맵차거든~뒤에 붙으라네. : '산서리'의 '물여울'은 모두 가혹한 시대 현실을 의미한다고 볼 수 있으며, '풀 속에 얼굴 묻고', '바위 뒤에 붙'어서라도 안식을 취하고 싶다는 화자의 의지가 드러난다.

④ 민물 새우 끓어 넘는 토방 툇마루 : 민물 새우를 넣고 끓인 찌개 냄새가 나는 토방 툇마루의 정경을 표현한 것으로, 풍성하고 넉넉한 인심을 떠올리게 한다.

⑤ 석삼 년에 한 이레쯤 천치로 변해 : 세속적 이해나 명리를 다 벗어버리고 모든 어려움을 잊고자 하는 화자의 마음이 표현되어 있다.

시상의 전개

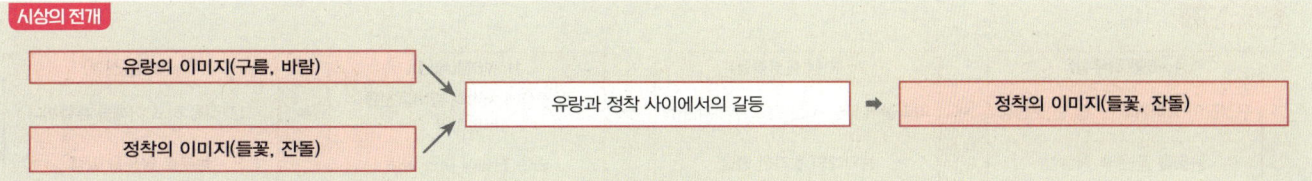

이해와 감상

이 시의 제목이기도 한 '목계장터'는 1910년대까지 중부 지방 각종 산물의 집산지로서 남한강안(南漢江岸)이 수많은 나루터 중 가장 번창했지만, 일제 식민지 수탈 정책의 일환으로 충북선이 부설되자 점차 그 기능을 상실한 곳이다. 시인은 바로 이 '목계 장터'를 공간적 배경으로 삼아 점차 붕괴되어 가고 있는 농촌 사회 속에서 떠돌이 삶을 살아갈 수밖에 없는 민중의 애환을 그리고 있다.

이 시는 전체적으로 방랑과 정착의 이미지가 두 축을 이루고 있다.
1~7행은 '구름', '바람', '방물장수' 등의 시어가 지니는 방랑의 이미지들을 통해 떠돌이의 삶을 살아갈 수밖에 없는 운명에 대한 화자의 인식이 드러나 있다. 8~14행은 정착의 이미지를 지니는 '들꽃,' '잔돌'의 시어를 통해 정착한 삶에 대한 화자의 미련을 드러내는 한편, 떠돌이로서 느끼게 되는 고달픈 삶의 애환과 휴식에 대한 소망을 나타내고 있다. 그리고 15~16행은 방랑과 정착의 갈림길에서 갈등하는 화자의 모습을 보여 줌으로써 방랑과 정착의 기로에 선 농촌 공동체의 삶을 상징적으로 그려 내고 있다.

구성면에서는 1~7행, 8~14행이 유사한 맥락으로 이루어져 있고, 15, 16행은 1, 2행과 8, 9행을 변주함으로써 전체적으로 안정된 구조를 보여 주고 있다. 또한 민요조의 4음보 가락과 '-하고, '-하네', '-라네' 등의 어미를 반복적으로 사용함으로서 생동감 있는 시상을 전개하고 있다.

19 농무(農舞) － 신경림

①징이 울린다 막이 내렸다.
오동나무에 전등이 매어달린 가설 무대
구경꾼이 돌아가고 난 텅 빈 운동장
우리는 분이 얼룩진 얼굴로
학교 앞 소줏집에 몰려 술을 마신다.
답답하고 고달프게 사는 것이 원통하다.
②꽹과리를 앞장세워 장거리로 나서면
따라붙어 악을 쓰는 건 쪼무래기들뿐
처녀애들은 기름집 담벽에 붙어 서서
철없이 킬킬대는구나.
보름달은 밝아 ③어떤 녀석은
꺽정이처럼 울부짖고 또 어떤 녀석은
서림이처럼 해해대지만 이까짓
산구석에 처박혀 발버둥친들 무엇하랴.
④비료값도 안 나오는 농사 따위야
아예 여편네에게나 맡겨두고
⑤쇠전을 거쳐 도수장 앞에 와 돌 때
우리는 점점 신명이 난다.
한 다리를 들고 날라리를 불꺼나.
고갯짓을 하고 어깨를 흔들꺼나.

- **주제**: 농민들의 한(恨)과 고뇌 어린 삶
- **특징**: • 직설적 표현으로 현실 인식을 드러내고 있음.
  • 역설적 상황의 설정을 통한 심리 표출.
  • 서사적인 시상 전개가 이루어짐.

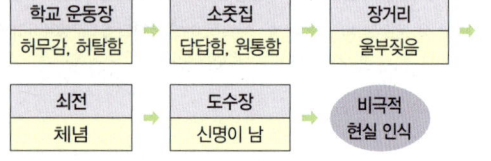

◆ 국왕노트

1. 시적 화자는?
   → 우리(농민들)
2. 시적 화자의 현재 모습은?
   → 농무(공연)를 마치었다.
3. 2의 모습을 구체적으로 찾으면?
   → 학교 앞 소줏집에 몰려 술을 마신다.
   → 꽹과리를 앞장 세워 장거리로 나서면.
   → 쇠전을 거쳐 도수장 앞에 와 돌 때.
4. 현재의 모습에 대해 시적 화자의 생각은?
   → 답답하고 고달프게 사는 것이 원통하다.
   → 산구석에 쳐박혀 발버둥친들 무엇하랴.
   → 비료값도 안 나오는 농사 따위야
5. 마지막 부분에서 시적 화자의 정서는?
   → 신명을 느끼고 있다.
6. '신명'의 의미를 생각해 보면?
   → 고단한 농촌 삶에 대한 몸부림, 삶의 고통스런 현실을 잊고자 하는 욕망

◆ 시구풀이

① 징이 울린다 막이 내렸다. : 막이 내리는 장면으로 시작함으로써 모든 것이 끝났다는 느낌을 주어 이 작품의 정조인 비탄과 허탈감을 효과적으로 보여 주고 있다. 여기서 '막이 내렸다'는 것은 농촌의 쇠락을 뜻하는 것으로 볼 수도 있다.

② 꽹과리를 앞장세워~철없이 킬킬대는구나. : 예전 농무를 추면 마을 모든 사람들이 함께 어울리던 모습과는 달리 변해버린 농촌 현실을 보여 주고 있다.

③ 어떤 녀석은~서림이처럼 해해대지만 : 농촌 현실에 대한 울분을 조선 시대의 역적인 임꺽정의 울부짖음으로 표현하여 농민의 저항 의식을 드러내고 있다.

④ 비료값도 안 나오는~여편네에게나 맡겨 두고 : 시적 화자가 울분을 느끼는 '비료값도 안 나오는' 농촌의 비참한 현실이 드러나 있다.

⑤ 쇠전을 거쳐~어깨를 흔들꺼나. : 농촌 현실에 대한 뿌리 깊은 좌절감과 울분, 분노와 한을 농무의 신명나는 동작으로 분출하는 역설적 상황이 나타나 있다.

시상의 전개

1~6행(허무함)	7~10행(울부짖음)	11~16행(체념)	17~20행(신명)
구경꾼이 돌아가고 난 텅 빈 운동장	따라붙어 악을 쓰는 건 조무래기들뿐	산구석에 처박혀 발버둥친들 무엇하랴	고갯짓을 하고 어깨를 흔들꺼나
농무를 끝낸 후 허탈함	농악패의 초라한 행렬	농촌 현실에 대한 울분	농무로 울분을 달램

이해와 감상

이 시는 농촌의 비극적 현실을 가장 사실적이고, 극적으로 묘사한 작품이다. 1970년대 초입에 발표되었지만 작품 속 농촌의 현실과 오늘날 농촌의 현실은 그다지 다르지 않다. 그만큼 농촌의 현실을 정확하게 꿰뚫고 있음을 보여 준다.

이 시에는 '농무'라는 놀이가 등장하나 이것은 즐거움으로 충만한 것이 아니다. 농무는 농민들의 분풀이의 성격을 띠고 있기 때문이다. 공연이 끝나고, 학교 앞 소줏집에서 술을 마시는 농민들에게 밀려오는 것은 허탈뿐이다. 그들의 삶은 '답답하고 고달프게 사는 것이 원통하다'와 '이까짓/ 산구석에 처박혀 발버둥친들 무엇하랴'라는 구절을 통해 극명하게 나타난다. 그래도 그들은 허탈감과 원통함, 울분을 안고 농무를 추면서 쇠전을 거쳐 도수장까지 이르게 되는데, 여기에서 그들이 지닌 한(恨)은 신명으로 전환된다. 그러나 여기에서의 신명은 분노를 삭이면서 형성된 역설적인 의미를 지닌다.

따라서 겉으로 흥겨운 축제를 보여 주고 있는 이 시는 당대의 사회적 현실을 문학적인 방식으로 고발하고 있음을 알 수 있다. 마지막 부분에 이르러 우리는 농민들의 처절한 몸짓을 보며 자연스럽게 그들의 의식에 공감을 하게 된다.

20 꽃덤불
- 신석정

①태양을 의논(議論)하는 거룩한 이야기는
항상 태양(太陽)을 등진 곳에서만 비롯하였다.

②달빛이 흡사 비오듯 쏟아지는 밤에도
우리는 ③헐어진 성(城)터를 헤매이면서
언제 참으로 그 언제 우리 하늘에
오롯한 태양(太陽)을 모시겠느냐고
④가슴을 쥐어뜯으며 이야기하며 이야기하며
가슴을 쥐어뜯지 않았느냐?

⑤그러는 동안에 영영 잃어버린 벗도 있다.
그러는 동안에 멀리 떠나버린 벗도 있다.
그러는 동안에 몸을 팔아버린 벗도 있다.
그러는 동안에 맘을 팔아버린 벗도 있다.

⑥그러는 동안에 드디어 서른여섯 해가 지나갔다.

다시 우러러 보는 이 하늘에
⑦겨울밤 달이 아직도 차거니
⑧오는 봄엔 분수(噴水)처럼 쏟아지는 태양(太陽)을 안고
그 어느 언덕 꽃덤불에 아늑히 안겨보리라.

■ 주제 : 광복의 기쁨과 새로운 민족 국가 건설에의 소망
■ 특징 : • 반복적 표현을 통해 율격을 형성함.
 • 상징적 심상으로 이미지를 형상화함.
 • 어둠과 밝음의 대립적 이미지를 활용함.

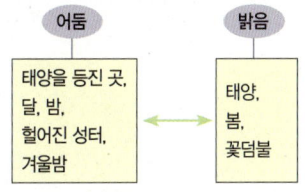

◆ 국왕노트
1. 시적 화자는?
 → 나(우리)
2. '나'가 마음에 품고자 하는 것은?
 → 태양(광복)
3. '나'가 처한 현재의 상황은?
 → 밤
4. 과거 '나'의 모습은?
 → 태양을 의논하고, 어두운 밤 헐어진 성터를 헤매이고 있었다.
5. 4를 통해 '나'가 얻은 것은?
 → 다시 우러러보는 이 하늘(해방)
6. 해방 후의 상황은?
 → 겨울밤 달이 아직도 차거니(해방 후, 이념 대립으로 여전히 암울하다)
7. '나'가 바라는 미래의 모습은?
 → 태양을 안고 꽃덤불에 아늑히 안겨 보리라.

◆ 시구풀이
① 태양을 의논(議論)하는~등진 곳에서만 비롯하였다. : 일제 강점기의 삶의 모습을 상징적으로 표현하고 있다. '태양을 의논하는 거룩한 이야기'는 조국 광복에 대한 소망을 함께 나누는 일을 말한다. 그리고 '태양을 등진 곳'은 일제 강점기의 상황 속에서 비밀스럽게 숨어서 독립 투쟁을 벌여야 했던 당시의 불행한 상황을 나타낸다.
② 달빛이 흡사 비오듯 쏟아지는 밤에도 : 달빛이 쏟아지는 밤이라도 그것은 어둠이기에 일반적으로 '밤'이 지니는 부정적 의미를 지닌다. 즉 일제의 지배를 받는 암울한 현실 상황을 나타낸다.
③ 헐어진 성(城)터를 헤매이면서 : '헐어진 성(城)터'는 1연의 '태양을 등진 곳'과 같은 의미로, 국권을 빼앗긴 조국의 모습을 상징한다. 즉 일제 강점의 상황에서의 불안한 삶의 모습을 보여 주고 있다.
④ 가슴을 쥐어뜯으며~가슴을 쥐어뜯지 않았느냐? : 조국 광복을 바라는 안타까움과 소망의 절실함을 강조하고 있다.
⑤ 그러는 동안에 ~ 벗도 있다. : 일제 강점기하의 불행한 삶의 모습을 표현하고 있다. 죽음과 방랑, 전향 변절 등에 대한 비판과 안타까움을 드러내고 있다.
⑥ 그러는 동안에 드디어 서른여섯 해가 지나갔다. : 일제 식민지 36년의 고달픈 삶이 지나가고 광복을 맞이하였음을 말하고 있다.

시상의 전개

1연	2연	3연	4연	5연
태양을 등진 곳에서 태양을 의논함	언제 우리 하늘에 오롯한 태양을 모시겠느냐고	영영 잃어버린, 멀리 떠나버린, 몸을 팔아버린, 맘을 팔아버린	서른여섯 해가 지나갔다.	태양을 안고 꽃덤불에 안겨 보리라.
지하 독립 운동	독립을 위한 노력	죽음, 유랑, 변절의 벗	일제 강점의 종식	새로운 국가 건설의 기대

이해와 감상

이 시는 광복 후 일제 강점기의 어둡고 고통스러웠던 과거를 돌이켜보면서 광복의 기쁨과 완전한 조국의 광복에의 희망을 노래하고 있다. 이 시는 식민지 시대를 다룬 대다수의 시와 마찬가지로 어둠과 밝음의 대립적 이미지를 주축으로 하고 있다. 이 시에서 어둠은 '밤'과 '달'로, 밝음은 '태양'과 '꽃덤불'로 형상화되어 있다.
 1, 2연에 '태양'은 조국의 광복을 의미한다. 1연은 일제 치하에서의 광복을 위한 투쟁의 모습을 보여 준다. 2연에서 '달빛이 비오듯 쏟아지는 밤'은 달빛이 있다 해도 그것이 밤인 한 어둠이고 암흑일 수밖에 없기에 '헐어진 성터를 헤매이면서', '가슴을 쥐어 뜯으며' 조국 광복을 갈망하였던 것이다. 3연에서는 애국지사의 죽음과 방랑, 변절과 전향 등 일제 강점하의 비극적인 상황을 나열하고, 안타까운 심정을 반복을 통해 토로하고 있다. 4연에서 마침내 조국의 광복을 이루었음을 말하고 있다. 그러나 광복 후의 상황은 5연의 '겨울밤 달이 아직도 차거니'에서 알 수 있듯이 아직 완전한 독립을 이루지 못하고 좌·우익의 갈등으로 혼란스러운 상황이 계속되고 있음을 말하고 있다. 그리고 이러한 어둠의 잔재를 완전히 청산하고 맞이해야 할 미래의 표상으로 새로운 민족 국가의 수립을 '분수(噴水)처럼 쏟아지는 태양을 안고', '꽃덤불에 아늑히 안기는 모습'을 통해 나타내고 있다.

21 그날이 오면 - 심훈

①그 날이 오면, 그 날이 오면은
②삼각산(三角山)이 일어나 더덩실 춤이라도 추고
한강 물이 뒤집혀 용솟음칠 그 날이
이 목숨이 끊기기 전에 와 주기만 하량이면
나는 밤 하늘에 날으는 까마귀와 같이
③종로(鐘路)의 인경(人磬)을 머리로 들이받아 울리오리다.
두개골은 깨어져 산산조각 나도
기뻐서 죽사오매 오히려 무슨 한(恨)이 남으오리까.

그 날이 와서, 오호 그 날이 와서
육조(六曹) 앞 넓은 길을 울며 뛰며 뒹굴어도
그래도 넘치는 기쁨에 가슴이 미어질 듯하거든
④드는 칼로 이 몸의 가죽이라도 벗겨서
커다란 북을 만들어 들쳐 메고는
여러분의 행렬(行列)에 앞장을 서오리다.
우렁찬 그 소리를 한 번이라도 듣기만 하면
그 자리에 꺼꾸러져도 눈을 감겠소이다.

- **주제**: 조국 광복의 그 날에 대한 간절한 염원
- **특징**:
  - 반복과 과장을 통해 주제 의식을 강조함.
  - 극한의 시어를 사용하여 격정적 감정을 직접 노출시키고 있음
  - 경어체 종결 어미를 사용하고 있음.

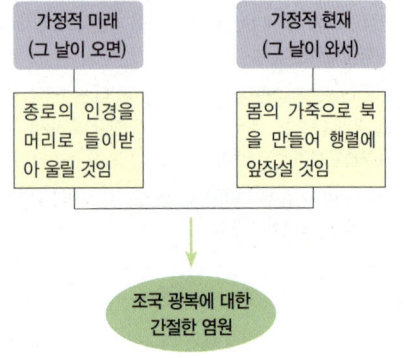

◆ 국왕노트

1. 시적 대상은?
   → 나(조국 광복을 염원하는 사람)
2. 시적 상황은?
   → 자기희생의 의지를 통해 조국 광복을 염원함
3. 시적 화자의 태도는?
   → 자기희생
4. 시적 화자의 실천적 의지를 표현하며, 조국 광복의 날이 온 기쁨을 민족에게 알리기 위한 수단이 되는 소재는?
   → 인경(人磬), 북

◆ 시구풀이

① 그 날이 오면, 그 날이 오면은 : '그 날이 오면'은 가정적 미래의 설정으로, 조국 광복의 '그 날'이 오기를 바라는 화자의 마음을 반복법을 통하여 강조하고 있다.

② 삼각산이 일어나~용솟음칠 그 날이 : 의인법과 과장법을 통해 광복 '그 날'의 환희를 역동적으로 그려내고 있다. 여기서 '삼각산'과 '한강'은 우리나라를 의미하는 소재로 대유법(환유법)이 사용되고 있다.

③ 종로(鐘路)의 인경(人磬)을~울리오리다. : 자신의 희생을 통해 '새날'이 밝아 오고 있음을 알리겠다는 비장한 의지를 표현하고 있다.

④ 드는 칼로 이 몸의 가죽이라도 벗겨서 : 극한의 시어를 사용하여 자기희생적 의지와 광복에 대한 염원을 강조함으로써 전율감마저 느끼게 한다.

시상의 전개

1연	2연
종로의 인경을 머리로 들이받아 울리오리다.	드는 칼로 이 몸의 가죽이라도 벗겨서 커다란 북을 만들어 들쳐 메고는 여러분의 행렬에 앞장을 서오리다.
조국 광복의 염원과 희생 의지 1	조국 광복의 염원과 희생 의지 2

이해와 감상

조국 광복의 그 날을 염원하면서 쓴 것으로 알려져 있는 이 시는 조국 광복의 '그 날'이 찾아왔을 때 폭발하듯 터져 나올 격정과 환희의 모습에 초점을 맞추고 있다.

1연은 가정적 미래의 시점으로 조국 광복의 그 날을 바라는 간절한 염원을 절규에 가까운 격정적 어조로 노래하고 있다. '내 목숨 다하기 전'에 '삼각산이 일어나 더덩실 춤이라도 추고 / 한강 물이 뒤집혀 용솟음칠 그 날'이 오기만 한다면, 나는 광복의 기쁜 소식을 알리는 인경을 새처럼 머리로 들이받아 울리다가 죽어도 좋으며, 머리가 깨어져 산산조각이 난다 하더라도 광복의 기쁨 속에서 죽을 수 있다면 여한이 없을 것이라는 것이다.

조국 광복이 찾아온 그 날의 감격과 환희를 가정적 현재의 시점으로 노래하고 있는 2연도 1연과 거의 동일한 구조를 취하고 있다. 2연의 전반부 '그 날이 와서~미어질 듯하거든'에서는 조국 광복의 '그 날'이 찾아왔을 때의 기쁨을 제시하고 있으며, 이어서 2연의 후반부 '드는 칼로~눈을 감겠소이다.'에서는 조국 광복의 '그 날'을 위해서라면 기꺼이 자기를 희생하겠다는 시적 화자의 간절한 바람이 죽음을 넘어선 선구자적 모습을 통해 생생하게 그려지고 있다.

이와 같이 이 시는 조국 광복의 '그 날'을 간절히 염원하는 시적 화자의 강인한 의지와 도도한 의기(義氣)의 자세가 극한적 표현과 비장한 목소리를 통해 우리의 귀에 절절한 호소로 다가오는 작품이다.

22 깃발
― 유치환

①이것은 소리없는 아우성.
②저 푸른 해원을 향하여 흔드는
영원한 노스탤지어의 손수건.
순정은 물결같이 바람에 나부끼고
오로지 맑고 곧은 이념의 푯대 끝에
애수는 ③백로처럼 날개를 펴다.
아! 누구던가?
이렇게 슬프고도 애달픈 마음을
④맨 처음 공중에 달 줄을 안 그는.

- **주제** : 이상향에 대한 향수와 그 비애(동경과 좌절)
- **특징** : • '깃발'의 상징적 이미지를 역설을 통해 제시함.
  • 깃발의 역동성과 색채 대비를 통해 선명한 이미지를 제시함.

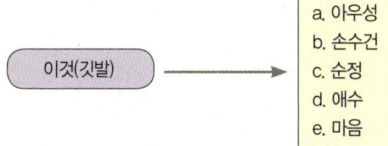

이것(깃발) → a. 아우성 / b. 손수건 / c. 순정 / d. 애수 / e. 마음

◆ 국왕노트

1. 시적 대상은?
   → 깃발
2. 시적 상황은?
   → 깃발은 몹시도 나부끼고 있다.
3. 2의 '깃발'을 표현한 구절은?
   → 소리 없는 아우성, 노스텔지어의 손수건
4. '깃발'이 가고자 하는 곳은?
   → 푸른 해원(이상향)
5. '깃발'이 그 곳에 갈 수 없는 이유는?
   → 깃대에 묶여 있어서
6. '깃발'이 느끼는 마음은?
   → 애수, 슬프고도 애달픈 마음

◆ 시구풀이

① **이것은 소리 없는 아우성** : 1. 시각적 이미지인 '깃발'을 청각적 이미지인 '아우성'으로 전이시킨 '공감각적 심상'의 표현 2. '소리 없는 아우성'은 모순 형용으로 된 역설의 표현 3. '아우성'은 이상을 실현시키고자 하던 많은 사람들의 부르짖음이 깃발에 들어 있다는 것

② **저 푸른 해원(海原)** : '푸른'은 이상과 동경을 상징한다. '해원(海原)'은 바다를 뜻하는 일본어식 표현이다. 따라서 '푸른 해원'은 '이상 세계, 동경의 세계'를 뜻한다.

③ **백로처럼 날개를 펴다** : 1. '백색'은 현실을 상징한다. 2. 대부분의 깃발은 바탕색이 흰색이다. 3. 이 구절은 이상을 염원하지만 실패하고 좌절할 것임을 암시한다. 깃발이 깃대에서 펄럭이는 것을 이상을 향해 날아오르겠다는 의지를 표상한다. 그러나 그 깃발을 깃대에서 이탈시켰을 때 그것은 하늘로 날아오르지 못하고 지상에 추락하게 마련이다.

④ **맨 처음 공중에 달 줄을 안 그는** : 깃발을 달며 이상을 실현하기 위해 발전하여 형성된 것은 '국가'란 개념이다. 그러나 역사상 국가는 이상을 실현시키지 못하고 대체로 몇몇 권력자가 백성들에게 고통만 주어왔다. 이래서 19세기 말엽에 나온 극단적인 정치적 이데올로기가 '무정부주의'이다. 무정부주의는 정치권력이나 정부의 지배를 부정하고, 절대적 자유가 보장되는 사회를 이상으로 삼기 위해 정부 조직을 파괴하는 행동을 실천할 것을 부르짖는다. 주권을 상실하고 일제 식민지 치하에서 고통을 받는 시인은 근본적으로 국가라는 제도에 대해 회의를 느꼈을 것이다. 유치환 시인이 무정부주의를 부르짖는 아나키스트라는 것이 아니라, 당시 아시아권에서 유행하였던 아나키즘의 풍조가 이 시에 영향을 주었다고 평가할 수 있겠다.

시상의 전개

1~3행	4~6행	7~9행
소리 없는 아우성, 노스텔지어의 손수건	순정과 애수	슬프고도 애닯은 마음
초월적 세계에 대한 향수	깃발의 순수한 열정과 애수	인간 존재의 한계와 좌절

이해와 감상

이 작품은 깃발을 통해 이상적인 세계에 대한 동경과 좌절을 노래하고 있다. 여기서 이상 세계는 '푸른 해원'으로 나타나 있으며, 이상 세계를 지향하는 화자의 모습은 '깃발'로 상징되어 있다. 그리고 이상 세계로 갈 수 없는 한계 상황은 '푯대'에 깃발이 묶여 있는 것으로 나타나 있다.

이 시에서 '깃발'은 단순한 사물이 아니라 먼 바다를 향해 처절하도록 줄기차게 나부끼는 모습으로, 도달하기 어려운 이상을 추구하는 화자의 몸짓으로 해석할 수 있다. 즉 영원히 이루어질 수 없는 현실을 인식하면서도 이상을 향해 동경의 끈을 놓지 않는 깃발을 통해 인간 존재의 한계성과 모순성을 보여 주는 작품이라 할 수 있다.

23 생(生)
— 유하

①천장(天葬)이 끝나고
일제히 날아오르는 독수리 떼

허공에 무덤들이 떠간다.
②쓰러진 육신의 집을 버리고
휘발하는 영혼아
또 어디로 깃들일 것인가

③삶은 마약과 같아서
끊을 길이 없구나

하늘의 구멍인 별들이 하나 둘 문을 닫을 때
④새들은 또 둥근 무덤을 닮은
알을 낳으리

- **주제** : • 인간의 무의미하고 허무한 삶
  • 자본주의 체제하의 인간 존재에 대한 성찰
- **특징** : • 삶과 죽음의 순환 구조를 바탕으로 시상을 전개해 나감.
  • 부정적이고 허무한 삶의 의미를 담담하게 표현함.

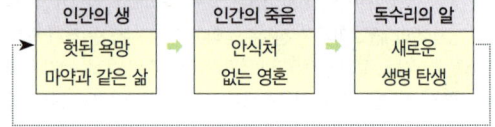

◆ 국왕노트
1. '쓰러진 육신의 집'의 뜻은?
   → 죽은 몸
2. '휘발하는 영혼'에 담긴 정서는?
   → 허무함
3. '헛된 욕망'을 상징하는 시어는?
   → 마약
4. '둥근 무덤을 닮은 알'이 뜻하는 것은?
   → 죽음을 전제로 한 새로운 생명의 탄생
5. '생'에 대한 시적 화자의 인식을 알 수 있는 시어는?
   → '허공의 무덤', '휘발하는 영혼', '삶은 마약과 같아서', '둥근 무덤을 닮은 알'

◆ 시구풀이
① 천장(天葬)이 끝나고~독수리 떼. : 독수리 떼가 죽은 인간의 육신을 파먹고 날아오르는 시적 상황을 제시하고 있다.

② 쓰러진 육신~어디로 깃들일 것인가. : 죽어서도 정착하지 못하는 인간의 영혼을 빗대어 설의적으로 표현하고 있다.

③ 삶은 마약과~길이 없구나. : 인간의 삶이 헛된 욕망만을 쫓아 그 끝을 알 수 없음을 비유하는 말로 의미없이 지속되는 생을 뜻하기도 한다. 삶에 대한 화자의 부정적 인식이 드러나 있다.

④ 새들은 또~알을 낳으리. : 죽음을 전제로 한 새로운 생명이 다시 태어남을 예견하고 있다.

시상의 전개

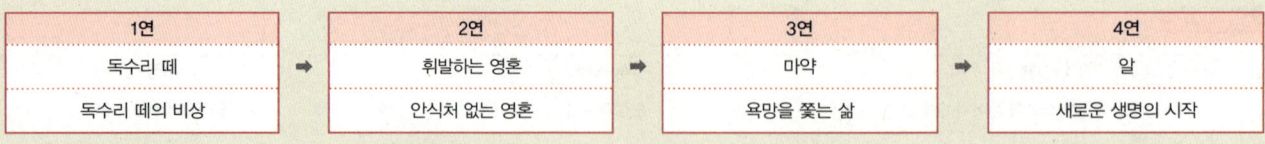

이해와 감상
인간의 역사는 죽음과 삶의 연속으로 이루어진다. 영혼이 휘발하여 깃들일 곳이 없어도 인간의 삶은 끊을 길이 없다. 그리고 인간의 육신을 파먹는 독수리는 또 죽음 전제한 새로운 생을 낳는다. 바로 시 '생(生)'은 삶의 무상감과 허무감이 배어 나오는 작품이다.

그러나 이 시를 좀더 자세하게 살펴 보면 자본주의라는 거대한 체제 아래 놓여 있는 인간 군상들의 존재에 대한 성찰이 들어 있음을 알 수 있다. 자본주의는 생산과 소비를 전제로 하는 사회 체제로, 인간의 욕망이 만들어 낸 산물이다. 그리고 그 속에서 인간들은 채워지지 않는 자신의 욕망을 갈구하며 살아가는 것이다.

시인은 '생'에서 자본주의의 실상을 전제로 인간의 존재를 바라본다. 자본주의가 전세계를 뒤덮은 시대적 상황 속에서 개인의 삶은 자본의 제국에 편입되는 방식만 선택할 수 있게 되었다. 즉, 개인의 삶이 즐거운 욕망의 회로를 따라 가느냐, 아니면 저항하고 비판하면서 질질 끌려 가느냐, 혹은 무관심하거나 초월하면서 좀 우아하게 편승하느냐 정도의 방식 선택할 수 있는 시대가 된 것이다. 그러나 인간들의 존재를 차분히 바라보면 각자의 존재 이유와 상관 없이 욕망만을 추구하며 살아가고 있다. 그렇게 헛되이 욕망을 쫓아가는 인간의 모습을, 시인은 '삶은 마약과 같아서 / 끊을 길이 없구나'라고 한 것이다.

24 거울
― 이상

거울속에는소리가없소
저렇게까지조용한세상은참없을것이오

거울속에도내게귀가있오
①내말을못알아듣는딱한귀가두개나있소

거울속의나는왼손잡이오
②내악수(握手)를받을줄모르는――악수를모르는왼손잡이오

③거울때문에나는거울속의나를만져보지를못하는구료마는
거울아니었든들내가어찌거울속의나를만나보기만이라도
했겠오

나는지금거울을안가졌소마는거울속에는거울속의내가있소
잘은모르지만④외로된사업(事業)에골몰할께요

⑤거울속의나는참나와는반대(反對)요마는
또꽤닮았오.
⑥나는거울속의나를근심하고진찰(診察)할수없으니퍽섭섭
하오.

- **주제**: 자아 분열 양상과 현대인의 불안 심리
- **특징**: • 자동 기술법 사용으로 초현실주의 경향을 띔.
  • 역설적 표현으로 자아의 모순성을 드러냄.
  • 띄어쓰기를 무시하는 등의 실험성을 드러냄.

거울 밖의 나	거울	거울 속의 나
현실적, 주체적 자아		내면적, 무의식적 자아

◆ 국왕노트
1. 시적 화자는?
   → 나
2. '나'의 현재 모습은?
   → 거울 속의 '나'를 보고 있다.
3. 거울 속 '나'의 모습은?
   → 내 말을 못 알아 듣고, 내 악수를 받을 줄 모른다.
4. '나'가 생각하는 거울 속의 '나'의 '지금'의 모습은?
   → 외로된 사업에 골몰할 것이다.
5. 시적 화자가 거울 속의 '나'에게 갖는 마음은?
   → 섭섭하다.(안타깝다)

◆ 시구풀이
① 내말을못알아듣는딱한귀가두개나있소 : 거울 속의 나(내면적 자아)와 거울 밖의 나(현실적 자아)가 의사 소통이 단절된 상황을 표현한 것이다. 자의식의 분열상을 구체적인 상황으로 제시하고 있는 부분이다.

② 내악수(握手)를받을줄모르는――악수를모르는왼손잡이오 : 거울 속의 나와 거울 밖의 나와의 거리감, 단절감, 또는 서로 간의 소외감을 표현하고 있다.

③ 거울때문에~보기만이라도했겠오 : 현실적 자아와 내면적 자아 사이의 관계를 차단하지만 한편으로는 현실적 자아가 내면적 자아를 인식하도록 하는 거울의 모순적 기능이 드러나는 부분이다.

④ 외로된사업(事業) : 이 구절은 거울 속의 '나'가 거울 밖의 '나'의 인식과 의도를 벗어난 혼자만의 일을 한다는 뜻으로, 현실적 자아와 내면적 자아 사이의 분열이 심각한 상태임을 나타낸다.

⑤ 거울속의나는~또꽤닮았오. : 거울 밖의 자아(현실적 자아)와 거울 속의 자아(내면적 자아)가 이질성과 동질성을 동시에 지니고 있다는 의미로, 두 개의 서로 모순된 자아를 지니고 있음을 나타낸 것이다.

⑥ 나는거울속의나를근심하고진찰(診察)할수없으니퍽섭섭하오. : 거울 속의 내면적 자아의 모습을 걱정하면서 그 문제점을 해결할 수 없는 안타까운 심정이 나타나 있다. 분열된 자아의 이중성에 대한 인식이 직접적으로 드러나 있다.

시상의 전개

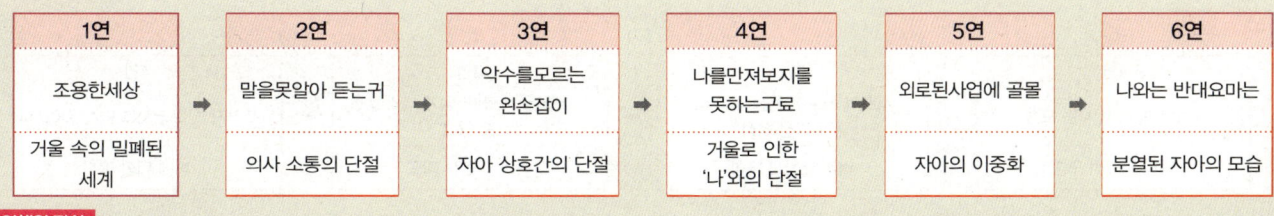

1연	2연	3연	4연	5연	6연
조용한세상	말을못알아 듣는귀	악수를모르는 왼손잡이	나를만져보지를 못하는구료	외로된사업에 골몰	나와는 반대요마는
거울 속의 밀폐된 세계	의사 소통의 단절	자아 상호간의 단절	거울로 인한 '나'와의 단절	자아의 이중화	분열된 자아의 모습

이해와 감상

이 시는 우리들 내면에 존재하는 두 자아의 분열 양상을 표현하고 있다. 두 자아는 거울 밖의 현실 세계를 살아가는 현실적 자아와, 거울 속에 존재하는 내면적 자아를 가리킨다. 시인은 이러한 인간의 자기 모순에서 오는 자아 분열과 갈등 양상을 드러내고 있는데, 이런 모습은 현대인의 심리적 불안감과 갈등 양상을 표현한 것으로 이해할 수 있다.

1연에서 시인은 거울 속이 세계가 조용하다고 말한다. 이것이 한편으로 거울 밖의 현실 세계가 시끄럽다는 것을 암시하기도 한다. 즉 거울이 모든 사물을 거꾸로 비춰 준다는 사실을 염두에 둔다면, 거울 속이 조용하다고 말함으로써 오히려 거울 밖이 소란스럽다는 것을 나타내는 것이다. 이것은 2연에서 말하고 있는 것처럼, 거울 속에 있는 귀가 현실 속의 소란한 소리를 알아듣지 못하기 때문이다.

3연에서 두 자아는 화해를 시도해 보지만 그것은 결국 실패로 끝난다. 거울 밖의 나는 화해를 위한 악수를 청해 보지만, 거울 속의 나는 왼손잡이로서 화해할 수 없게 된다. 즉 자아의 분열이 보다 본질적이고, 근원적인 것임을 드러내는 것이다. 이러한 근원적인 분열은 거울의 모순적 속성에 기인한다. 이어지는 4연에서 거울은 본질적으로 차단과 만남의 양면성을 지닌 모순적 소재로 드러난다. 즉, 거울을 매개로 두 자아가 서로 만날 수 있지만 동시에 거울로 인해 두 자아의 만남이 차단되기도 하는 것이다.

5연에서는 거울 속의 나가 '외로된' 일에 골몰하고 있다고 말함으로써 두 자아가 분열을 넘어 서로 따로 살아가는 존재로까지 표현된다. 이렇게 분리된 자아의 모습을 화자는 안타까워하면서 치료하고 싶어 하지만 치료할 수가 없다. 마지막 연에 이르러 두 자아는 완전히 분리된 양상으로 나타나 있다.

결국 이 시는 모순적 속성을 지닌 '거울'을 통해 현대인의 불안 의식을 표현한 작품으로 이해할 수 있다.

25 벼

― 이성부

벼는 서로 어우러져
기대고 산다.
햇살 따가워질수록
깊이 익어 스스로를 아끼고
이웃들에게 저를 맡긴다.

①서로가 서로의 몸을 묶어
더 튼튼해진 백성들을 보아라.
②죄도 없이 죄지어서 더욱 불타는
마음들을 보아라, ③벼가 춤출 때,
벼는 소리 없이 떠나간다.

④벼는 가을 하늘에도
서러운 눈 씻어 맑게 다스릴 줄 알고
⑤바람 한 점에도
제 몸의 노여움을 덮는다.
저의 가슴도 더운 줄을 안다.

⑥벼가 떠나가며 바치는
이 넓디 넓은 사랑
쓰러지고, 쓰러지고 다시 일어서서 드리는
이 피 묻은 그리움,
이 넉넉한 힘…….

- **주제** : 벼(민중)의 강인한 생명력 예찬
- **특징** : 비유적 표현을 통한 주제의 형상화
  - 대상을 의인화함.

◆ 국왕노트

1. 시적 화자는?
   → '벼'를 바라보는 사람
2. '벼'의 모습은?
   → 서로 어우러져 기대고 산다. 깊이 익어 스스로를 아끼고 이웃에게 저를 맡긴다. 춤을 춘다.
3. 시적 화자가 '벼'를 통해 생각하고 있는 것은?
   → 튼튼한 백성들
4. '벼'를 통해 시적 화자가 말하고자 한 백성들의 모습은?
   → 가난하고 힘은 없지만 이웃과 더불어 살아가는 사람들, 홀로 설 때는 연약하지만 뭉치면 큰 힘을 내는 민중들

◆ 시구풀이

① **서로가 서로의~튼튼해진 백성들을 보아라.** : 개인으로 존재할 때보다 함께 할 때 더 큰 힘을 발휘할 줄 아는 민중의 힘을 나타내고 있다.

② **죄도 없이~마음들을 보아라.** : 역사 속에서 끊임없이 강요당하는 고통스러운 삶을 살아온 민중들의 내면적 정서를 형상화하고 있다.

③ **벼가 춤출 때,~소리 없이 떠나간다.** : 자신들이 가장 성숙한 모습일 때, 스스로의 이기적인 삶을 버리고 대의(大義)를 위해 희생할 줄 아는 벼의 모습을 통해 민중의 모습을 떠올리고 있다.

④ **벼는 가을 하늘에도~다스릴 줄 알고** : 벼는 맑은 하늘을 보며 서러움을 달랠 줄도 알고의 의미로, 하늘을 향해 서 있는 벼의 모습에서 서러움을 달래는 어진 민중의 모습을 상상하고 있다.

⑤ **바람 한 점에도 ~노여움을 덮는다.** : 자연에 순응하는 벼의 모습을 통해 감정을 억제할 줄 아는 민중의 모습을 형상화하고 있다.

⑥ **벼가 떠나가며~넓디 넓은 사랑** : 자기 희생을 통해 사랑을 가르치는 벼의 넉넉함은 민중의 끈질긴 생명력을 상징한다.

시상의 전개

1연	2연	3연	4연
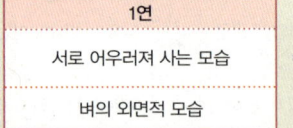	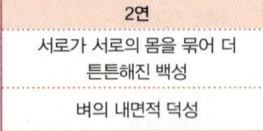	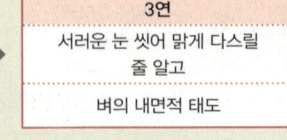	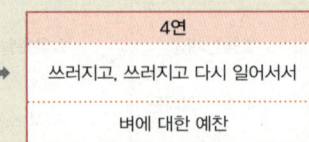
서로 어우러져 사는 모습	서로가 서로의 몸을 묶어 더 튼튼해진 백성	서러운 눈 씻어 맑게 다스릴 줄 알고	쓰러지고, 쓰러지고 다시 일어서서
벼의 외면적 모습	벼의 내면적 덕성	벼의 내면적 태도	벼에 대한 예찬

이해와 감상

이 시는 '벼'라는 소재를 통해 민족, 민중의 공동체 의식을 나타낸 작품으로, 비유와 상징의 기법으로 주제를 형상화하고 있다. 이 시에서 '벼'는 공동체 의식에 바탕을 둔 민중의 생명력으로 상징된다.

1연에는 온갖 고난을 이겨 낸 민중의 모습과 겸손한 자세로 이웃과 더불어 사는 민중의 삶이 나타나 있다. 2연에서는 이러한 민중 개개인이 공동체가 될 때 비로소 민중의 저력이 발휘됨을 보여 주고 있다. 그들은 아무 '죄도 없이 죄지은' 것처럼 숨죽이며 살아온 사람들이다. 그렇지만 사회적 힘이 강해질 때면 그들의 가슴엔 세상을 향한 강렬한 저항의 불길이 일어나며, 자신들이 떠나야 할 때는 소리 없이 떠날 줄도 안다. 3연에서는 민중들이 어질고 현명한 존재임을 보여 주고 있다. 서러움을 달랠 줄도 알고, 시련이 닥쳐 올 때면 노여움을 삭일 줄도 안다. 무엇보다도 그들은 불의한 사회 현실에 대해 저항할 줄 아는 '더운 가슴'이 용솟음치는 이들임을 강조하고 있다. 4연에는 고난과 시련에도 불구하고 역사의 주체로 일어서는 민중의 끈질긴 생명력이 드러나 있다. 벼는 비록 피 흘리며 베어지지만, 자기 희생을 통해 이룩한 '넓디 넓은 사랑'에 만족하며 조용히 쓰러진다. 벼의 고귀한 희생을 거쳐 새로운 벼가 탄생되듯이, 쓰러짐이 끝이 아니라 새로운 시작임을 민중들은 아는 것이다. 그러므로 그들은 서로의 처지를 이해하고, 서로의 아픔을 위로하는 삶의 동반자로서의 공동체 의식을 강화함으로써 역사의 주체로 일어설 수 있는 강한 힘을 얻게 되는 것이다.

25 봄
― 이성부

①기다리지 않아도 오고
기다림마저 잃었을 때에도 너는 온다.
②어디 뻘밭 구석이거나
썩은 물 웅덩이 같은 데를 기웃거리다가
한눈 좀 팔고 싸움도 한 판 하고,
지쳐 나자빠져 있다가
③다급한 사연 듣고 달려간 바람이
흔들어 깨우면
눈 부비며 너는 더디게 온다.
④더디게 더디게 마침내 올 것이 온다.
너를 보면 눈부셔
일어나 맞이할 수가 없다
⑤입을 열어 외치지만 소리는 굳어
나는 아무것도 미리 알릴 수가 없다.
가까스로 두 팔을 벌려 껴안아 보는
⑥너, 먼 데서 이기고 돌아온 사람아.

- **주제** : 다가오게 될 새로운 시대에 대한 강한 신념
- **특징** : · 대상을 의인화하여 상징적으로 그려 냄.
  · 확고한 신념에 찬 어조를 띰.

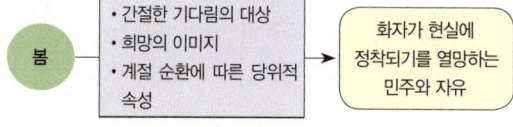

◆ 국왕노트

1. 시적 화자는?
   → 나
2. '나'가 기다리는 것은?
   → 너(봄)
3. 현재 '봄'의 모습은?
   → 여기저기 기웃거리고, 한눈 좀 팔고, 싸움도 하고, 지쳐 나자빠져 있다.
4. '나'의 마음을 '봄'에게 전해 주는 것은?
   → 바람
5. '봄'이 왔을 때, '나'의 태도는?
   → 너무 눈부셔 일어나 맞이할 수 없고, 소리지를 수도 없지만, 두 팔을 벌려 껴안을 것이다.

◆ 시구풀이

① 기다리지 않아도 오고~너는 온다. : 겨울이 지나면 봄이 오는 자연의 당위성을 기반으로, 봄을 '너'로 의인화시켜 표현하고 있다. 특히 '기다림마저 잃었을 때'라는 표현을 통해, '너'라는 대상이 절망적 상황에서 희망을 줄 수 있는 존재임을 암시한다.

② 어디 뻘밭~나자빠져 있다가 : 의인법을 통해 봄에 일반적인 인간의 속성을 부여함으로써 어휘 사용에 있어 해학성이 느껴진다.

③ 다급한 사연~더디게 온다. : '다급한 사연'이라는 시구를 통해 봄이 속히 와야 하는 이유를 현실의 질곡으로 이해할 수도 있다. 여기서 '바람'은 의인화된 대상으로, 화자의 간절한 소망을 전달하는 매개자 역할을 한다고 볼 수 있다.

④ 더디게 더디게 마침내 올 것이 온다. : 더디기는 하나 끝내 봄은 오고야 말 것이라는 화자의 확신이 드러난 표현으로, 시인의 역사 인식이 드러나는 구절이다.

⑤ 입을 열어~알릴 수가 없다. : '봄'이라는 대상을 맞이한 화자의 감격스러운 태도를 표현하고 있다.

⑥ 너, 먼 데서 이기고 돌아온 사람아. : '봄'이라는 대상이 시적 화자가 기다리는 이상적인 삶의 경지를 가리키기 때문에 봄을 승리자로 의인화하여 표현하고 있다. 봄을 예찬하는 화자의 태도가 나타나 있다.

시상의 전개

1~2행	3~10행	6~7연
기다리지 않아도 오고	더디게 더디게 마침내 올 것이 온다.	가까스로 두 팔을 벌려 껴안아 보는
반드시 올 봄	반드시 봄이 올 것이라는 확신	봄이 왔을 때의 기쁨

이해와 감상

이 시는 '봄'에 상징적 의미를 부여하여, 다가오게 될 새로운 시대에 대한 강한 신념을 노래하고 있는 작품이다.

봄은 계절 순환의 섭리에 의해 겨울이 끝나면 자연스럽게 오는 당위적인 속성을 지닌다. 또한 '겨울'이 시련과 절망의 이미지를 지니는 데 비해, '봄'은 생명의 소생이라는 희망적인 이미지를 지닌다. 따라서, 이 시에서 '봄'은 '반드시 도래할 희망' 정도로 해석할 수 있다.

1~2행에서 화자는 우리의 의지와는 관계없이 봄은 온다고 말함으로써, 봄이 오는 자연 섭리의 당위성을 드러내고 있다. 3~10행에서는 좀처럼 올 것 같아 보이지 않은 봄이지만, 결국에는 오고 말 것이라는 화자의 신념이 드러나 있다. 11~16행은 마침내 도래한 봄을 맞이하는 화자의 감격이 드러나 있다.

이 시에서 화자가 '너'로 의인화시켜 그토록 기다리는 희망의 대상으로서의 봄은, 시인이 발딛고 서 있던 현실이나 그가 평소 다루었던 작품 경향으로 미루어 보아 민주와 자유로 생각할 수 있다. 그런데 민주와 자유는 눈에 확연히 보이는 대상이 아니기 때문에, 그것을 기다리는 사람들을 쉽게 지치게 만들고 포기하게 만드는 경향이 있다. 그런 상황에서도 시인은 민주와 자유를 '봄'으로 형상화함으로써, 그것의 도래에 대해 당위적 속성과 화자 자신의 신념을 드러내는 것이다.

즉, 이 시는 겨울이 지나면 반드시 봄이 오듯, 시대의 아픔과 절망이 언젠가는 사라질 것이라는 강한 신념을 노래하고 있는 것이다.

27 풀벌레 소리 가득 차 있었다 - 이용악

우리집도 아니고
일가집도 아닌 집
① 고향은 더욱 아닌 곳에서
아버지의 침상(寢床) 없는 최후(最後)의 밤은
풀벌레 소리 가득 차 있었다.

노령(露領)을 다니면서까지
② 애써 자래운 아들과 딸에게
한 마디 남겨 주는 말도 없었고,
아무을만(灣)
설룽한 니코리스크의 밤도 완전히 잊으셨다.
목침을 반듯이 벤 채.

다시 뜨시잖는 두 눈에
피지 못한 꿈의 꽃봉오리가 갈앉고,
③ 얼음장에 누우신 듯 손발은 식어갈 뿐
입술은 심장의 영원한 정지(停止)를 가르쳤다.
때늦은 의원(醫員)이 아모 말없이 돌아간 뒤
이웃 늙은이 손으로
눈빛 미명은 고요히
낯을 덮었다.

우리는 머리맡에 엎디어
있는 대로의 울음을 다아 울었고
아버지의 침상(寢床) 없는 최후(最後)의 밤은
④ 풀벌레 소리 가득 차 있었다.

■ 주제: 아버지의 죽음이 준 설움. 아버지의 비참한 죽음과 그에 따른 참담한 슬픔
■ 특징: • 자연물을 통해 화자의 감정을 우회적으로 표현함.
 • 객관적인 상황 묘사를 통해 감정을 절제하여 비극적인 상황을 서술함.
 • 수미 상관식 구성으로 여운을 남김.

◆ 국왕노트

1. 시적 화자는?
 → 아버지의 임종을 지키는 사람
2. 시적 화자가 있는 곳은?
 → 우리집도 아니고, 일가집도 아니고, 고향도 아닌 곳
3. 구체적 지명을 찾아보면?
 → 노령, 아무을만, 니코리스크
4. 시적 화자의 상황은?
 → 아버지가 급작스럽게 돌아가셨다.
5. 아버지가 그 곳에 간 이유는?
 → 일제의 수탈과 궁핍한 가난을 피해
6. 아버지의 죽음을 더욱 비극적으로 느끼게 하는 것은?
 → 풀벌레 소리

◆ 시구풀이

① 고향은 더욱 ~ 최후(最後)의 밤은 : 고국을 떠나 이국 땅을 떠돌다가 맨바닥에서 죽음을 맞으신 아버지와 그 비극적인 상황을 암시하고 있다.

② 애써 자래운 아들과 딸에게 / 한 마디 남겨 두는 말도 없었고 : 아버지의 죽음이 너무나도 갑작스럽게 다가왔음을 알 수 있는 부분으로 비극적인 분위기가 더욱 커진다.

③ 얼음장에 누우신 ~ 정지(停止)를 가리켰다. : 화자는 절제된 감정에 바탕해 아버지의 죽음을 객관적으로 묘사하고 있다.

④ 풀벌레 소리 가득 차 있었다. : 1연에서는 가족의 슬픔을 '가득 찬 풀벌레 소리'로 대리 표현함으로써 외로움과 적막한 정경을 역설적으로 극대화시키고 있고, 4연에서는 가족의 슬픔에 '풀벌레 소리'가 더해짐으로써 슬픔의 무게를 더욱 가중시키고 있다.

시상의 전개

1연	2~3연	4연
우리집도, 일가집도 고향도 아닌 곳에서 침상도 없이	한 마디 남겨 두는 말도 없이, 때늦은 의원	있는 그대로의 울음을 다아 울었고, 풀벌레 소리 가득 찬 밤
아버지의 죽음	아버지의 최후 모습	가족의 슬픔

이해와 감상

이 시의 모티프는 아버지의 죽음이다. 아버지의 죽음은 이용악 시의 근간을 이루는 소재인데, 아버지의 죽음이 준 충격이 담담한 서술 속에 노정되면서도 짙은 슬픔을 충분히 전해 준다. 또한 아버지의 죽음에만 머무르지 않고, 당대 민족의 슬픔을 은연중 드러내고 있다. 그것은 2연에 의해 암시된다. 아버지의 죽음을 '노령(露領-러시아의 땅)'에서 맞게 된 것이다. 무엇 때문에 러시아 땅에서 죽게 되었는지는 자명하다. 그것은 먹고살기 위해서는 국외로 나돌아 다닐 수밖에 없었던 당대의 궁핍한 상황 때문이다. 이것은 개인 차원의 문제가 아니고 민족 차원의 문제였다. 따라서 시인 자신의 아픔은 때로 우리 민족의 슬픔으로 확대될 요건을 갖추고 있다는 것이다.

1연에서는 아버지가 객사(客死)했다는 사실을 말한다. '침상 없는 최후의 밤'은 객사의 처참함을 돋보이게 한다. 그러나 슬픔은 절제되고 있다. 화자와 가족들의 통곡을 짐짓 풀벌레 울음으로 대리 표현함으로써 죽음의 극한 슬픔을 극대화하고, 감각적 장면으로 처리한다. 여기에서 모더니즘적 성격도 발견된다.

2연에서는 유언도 없이 돌아가셨다는 화자의 진술이 이어진다. '아수을만(灣)', '니코리스크'라는 지명을 슬쩍 집어넣음으로써 아버지의 죽음을 사회 차원에서 확대한다. 유랑민의 곤궁한 삶은 당시 우리 민족의 가장 큰 설움이었다.

3연에서는 아버지의 죽음 현장이 주는 비극적 모습을 서술한다. 담담한 진술 가운데 애잔한 아픔이 스며들고 있다. '눈빛 미명은 고요히 / 낯을 덮었다.'에서도 모더니즘적 일면이 보인다.

4연에서는 죽음을 맞이한 식구들의 슬픔이 그려진다. 여전히 '풀벌레 소리 가득 차 있었다.'로 장면 처리를 하고 있다. 이것은 화자의 의식이 서술성에 집중되어 있음을 보여 준다. 그리고 과거형 서술어도 그런 면을 강조한다. 마치 소설의 서술어처럼 과거형을 차용함으로써 서술 기능을 강조하는 것이다.

28 슬픔이 기쁨에게
- 정호승

나는 이제 너에게도 슬픔을 주겠다.
사랑보다 소중한 슬픔을 주겠다.
겨울 밤 거리에서 귤 몇 개 놓고
살아온 추위와 떨고 있는 할머니에게
귤값을 깎으면서 기뻐하던 너를 위하여
나는 슬픔의 평등한 얼굴을 보여 주겠다.
내가 어둠 속에서 너를 부를 때
단 한 번도 평등하게 웃어 주질 않은
가마니에 덮인 동사자가 다시 얼어 죽을 때
가마니 한 장조차 덮어 주지 않는
무관심한 너의 사랑을 위해
흘릴 줄 모르는 너의 눈물을 위해
나는 이제 너에게도 기다림을 주겠다.
이 세상에 내리던 함박눈을 멈추겠다.
보리밭에 내리던 봄눈들을 데리고
추워 떠는 사람들의 슬픔에게 다녀와서
눈 그친 눈길을 너와 함께 걷겠다.
슬픔의 힘에 대한 이야기를 하며
기다림의 슬픔까지 걸어가겠다.

- **주제** : 이기적인 세태에 대한 비판과 더불어 살아가는 삶의 추구
- **특징** : • 상대방에게 말을 건네는 방식으로 시상을 전개함.
  • '슬픔'과 '기쁨'에 일상적 의미에서 벗어난 새로운 의미를 부여하여 주제를 전달함.

◆ 국왕노트
1. 시적 화자는?
   → 나(슬픔)
2. 시적 청자는?
   → 너(기쁨)
3. '나'의 모습은?
   → 사랑보다 소중함, 평등한 얼굴
4. '너'의 모습은?
   → 평등하게 웃어 주지 않음, 무관심한 너의 사랑, 흘릴 줄 모르는 너의 눈물
5. '너'에게 '나'가 주는 것은?
   → 기다림

◆ 시구풀이
① 나는 이제 ~ 슬픔을 주겠다 : 시적 화자가 '슬픔'을 사랑보다 소중하다고 말하는 이유는 개인적인 사랑보다는 약자를 향한 슬픔이 더 값어치가 있다고 생각하기 때문이다.

② 겨울 밤 ~ 보여 주겠다 : 너(기쁨)의 행동이 드러나 있다. 차가운 밤 거리에서 귤을 팔고 있는 노인에게서 귤값을 깎는 행위는 약자를 착취하는 것을 상징한다. 즉, '기쁨'은 누군가에게 상처를 주고 얻은 것은 무의미하다는 것이다.

③ 내가 어둠 ~ 기다림을 주겠다 : 어둠 속에서 '기쁨'의 도움을 요청할 때 웃으며 손을 내밀어 주지 않고, 사람이 얼어 죽을 때 가마니 한 장조차 덮어 주지 않는 이기적이고 무관심한 '기쁨'의 모습이 드러나 있다. '너'의 사랑은 소외된 사람들에게 철저히 무관심하고 위선적이다. 그런 '무관심한 사랑'과 '위선'이 다른 사람을 진정으로 대하는 '슬픔'이 되기 위해서는 매우 긴 시간이 필요하다. 그래서 '기다림'을 주는 것이다.

④ 이 세상에 ~ 함께 걷겠다 : 사람들을 추위에 떨게 하는 함박눈은 멈추고, 추워 떠는 사람들에게 봄눈을 보내어 마음을 녹이고, 눈 그친 눈길을 너와 함께 걷겠다고 한다. 시적 화자의 이웃을 향한 따뜻한 마음과 너에 대한 신뢰를 엿볼 수 있다.

⑤ 슬픔의 힘에 ~ 슬픔까지 걸어가겠다. : '기다림의 슬픔'이란 '기다림은 슬픔이다.'라는 뜻과 함께 '기다림으로 도달하게 되는 슬픔'이라는 뜻을 지닌다.

시상의 전개

1~6행	7~14행	15~19행
사랑보다 소중한 슬픔을 주겠다.	무관심한 너의 사랑을 위해 기다림을 주겠다.	기다림의 슬픔까지 걸어가겠다.
슬픔의 새로운 의미	이기적인 본성에 대한 비판	기다림에 대한 새로운 인식과 사랑의 회복

이해와 감상
이 시는 슬픔에 대한 성찰을 통하여 이기적인 삶의 자세를 반성하고, 사랑을 위해서는 슬픔이 필요하다는 것을 노래하고 있는 작품이다. 이 시에서 '기쁨'은 소외된 사람들에게 무관심한 이기적인 존재이고, '슬픔'은 남의 아픔을 보듬고 소외된 사람을 사랑하는 아름다운 존재이다. 자신의 행복을 위해서 자신만의 안일을 위해 남의 아픔에 무관심하거나 그 아픔을 돌볼 줄 모르는 이기적인 세태를 비판하고 있다. 따라서 이 시의 청자인 '너'는 이기적으로 살아가는 우리 모두일 수 있다.

'모든 진정한 사랑에는 슬픔이 있다는 것을 알게 되었다. 사랑은 슬픔을 어머니로 하고 눈물을 아버지로 한다. 사랑이 위대하고 아름다운 것은 바로 고통 때문이다.'라고 시인은 말했다.

29 저문 강에 삽을 씻고
― 정희성

①흐르는 것이 물뿐이랴.
우리가 저와 같아서
②강변에 나가 삽을 씻으며
거기 슬픔도 퍼다 버린다.
일이 끝나 저물어
스스로 깊어가는 강을 보며
③쭈그려 앉아 담배나 피우고
나는 돌아갈 뿐이다.
④삽자루에 맡긴 한 생애가
이렇게 저물고, 저물어서
⑤샛강 바닥 썩은 물에
달이 뜨는구나.
우리가 저와 같아서
흐르는 물에 삽을 씻고
⑥먹을 것 없는 사람들의 마을로
다시 어두워 돌아가야 한다.

- **주제** : 가난한 노동자의 삶의 비애
- **특징** : • 구체적인 삶의 모습을 자연물에 빗대어 형상화.
  • 차분하고 절제된 어조로 노동자의 비애와 한을 표현함.

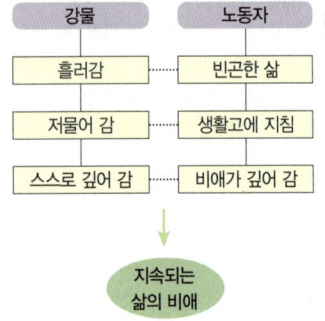

◆ 국왕노트
1. 시적 화자는?
   → 나(중년 노동자)
2. 시적 상황은?
   → '나'는 저문 강에 삽을 씻으면서 우리의 삶을 생각하고 있다.
3. '나'의 모습은?
   → 강변에 나가 삽을 씻으며 거기 슬픔을 퍼다 버린다.
   → 일이 끝나 저물어 스스로 깊어 가는 강을 보며
   → 쭈그려 앉아 담배나 피우고 나는 돌아갈 뿐이다.
4. '나' 생각하는 삶의 모습은?
   → 흐르는 강물, 샛강 바닥 썩은 물에 뜨는 달
5. 앞으로의 '나'의 삶의 모습은?
   → 흐르는 물에 삽을 씻고 먹을 것 없는 사람들의 마을로 다시 어두워 돌아가야 한다.

◆ 시구풀이
① 흐르는 것이 물뿐이랴 : 인생을 흐르는 강물에 비유하고 있다.
② 강변에 나가 ~ 슬픔도 퍼다 버린다. : '삽을 씻는' 것은 일을 마무리하기 위한 것이 아니라 노동자의 삶의 슬픔을 씻기 위한 것이라는 의미이다.
③ 쭈그려 앉아 ~ 돌아갈 뿐이다. : 삶에 대해 무력하고, 체념적이며, 소극적인 시적 화자의 태도가 드러나 있다.
④ 삽자루에 맡긴 ~ 저물고, 저물어서 : '삽자루에 맡긴 한 생애'에서 시적 화자가 삽질을 하며 생계를 이어 가는 중년의 노동자임을 알 수 있다. 또한 '이렇게 저물고, 저물어서'는 그의 삶이 아무리 열심히 일해도 결국 제자리였음을 암시한다.
⑤ 샛강 바닥 썩은 물에 : 산업화의 과정에서 공장 폐수로 인한 물의 오염을 의미하며, 시적 화자가 처한 썩은 물과 같은 암담한 노동 현실을 드러낸다. 산업화와 도시화에 대한 비판적인 시각이 나타나 있다.
⑥ 먹을 것 없는 ~ 어두워 돌아가야 한다. : 가난하고 누추한 곳으로 다시 돌아가야 하는 힘겨운 모습을 보여 준다. 결국 삶의 질이 보장되지 않는 현실을 수긍하는 체념적 태도가 드러나 있다.

시상의 전개

1~4행	5~8행	9~12행	13~16행
강변에 나가 삽을 씻으며 거기 슬픔도 퍼다 버린다.	쭈그려 앉아 담배나 피우고 나는 돌아갈 뿐이다.	샛강 바닥 썩은 물에 달이 뜨는 구나	먹을 것 없는 사람들의 마을로 다시 어두워 돌아가야 한다.
강물에서 발견한 인생의 의미	삶의 무력감과 실의	암담한 노동의 현실 인식	암담한 현실에 대한 체념

이해와 감상

이 시는 1970년대 산업화로 인해 소외된 도시 노동자의 삶을 차분한 어조로 노래하고 있다.

중년의 노동자인 화자가 하루 일을 끝내고 흐르는 강물에 삽을 씻으며, 인생의 의미를 성찰하는 내용인데, 1~4행에서 고단한 하루의 노동을 끝낸 화자는 강물을 보며 삶의 슬픔을 관조하고 있다. 그러나 힘든 노동의 대가는 언제나 보잘것없다. 육체적 노동은 항상 천시당하기만 하고 노동자에겐 무력감과 실의뿐이다. 5~8행에서 적극적인 현실 극복의 의지가 없이 체념하는 화자의 모습이 나타난다. 무력감과 실의에 빠진 화자의 모습이 '스스로 깊어가는 강', '쭈그려 앉아 담배나 피우고', '돌아갈 뿐이다' 등의 시구에서 잘 나타난다.

9~12행은 젊어서부터 중년의 나이까지 그의 노동자 생활이 아무런 발전 없이 반복되어 왔음을 말해 준다. '썩은 물'은 그 세월 동안 세상은 계속 썩어 왔음을 의미하는 것으로, 화자가 처한 암담한 현실을 보여 준다. 13~16행에서 화자는 그래도 시간이 되면 달은 어김없이 뜨고, 썩은 강 위에 뜨는 달과 같이 가난한 집으로 돌아갈 수밖에 없음을 깨닫는다.

이 시는 감정의 절제와 체험적 이미지의 형상화를 통해 깊은 공감대를 확보하고 있다. 특히 노동자의 삶의 한 국면을 자연물인 '강'이 흐름이라는 심상과 결합시켜 형상화함으로써 민중시의 한계를 극복하고 있다.

30 봉황수(鳳凰愁)
― 조지훈

벌레먹은 두리기둥, 빛 낡은 단청(丹靑), 풍경 소리 날러간 추녀 끝에는 ①산새도 비둘기도 둥주리를 마구 쳤다. ②큰 나라 섬기다 거미줄 친 옥좌(玉座) 위엔 ③여의주(如意珠) 희롱하는 쌍룡(雙龍) 대신에 두 마리 봉황새를 틀어 올렸다. ④어느 땐들 봉황이 울었으랴만 푸르른 하늘 밑 추석(秋石)을 밟고 가는 나의 그림자. 패옥(佩玉) 소리도 없었다. 품석(品石) 옆에서 정일품(正一品), 종구품(從九品) 어느 줄에도 ⑤나의 몸 둘 곳은 바이 없었다. ⑥눈물이 속된 줄을 모를 양이면 봉황새야 구천(九天)에 호곡(呼哭)하리라.

- ■ 주제 : 망국(亡國)의 비애
- ■ 특징 :
  - 선경 후정(先景後情)으로 시상을 전개함.
  - 역사적 현실에 대한 비판 의식을 구체적 대상을 통해 드러냄.
  - 차분하고 절제된 어조로 노동자의 비애와 한을 표현함.

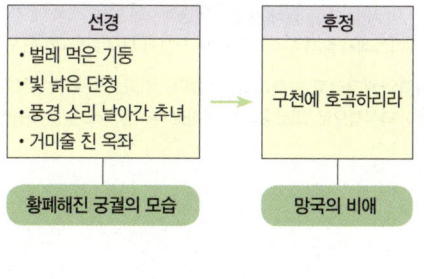

◆ 국왕노트
1. 시적 화자는?
   → 나
2. '나'의 모습은?
   → 궁궐 마당에서 궁궐을 바라보고 있다.
3. '궁궐'의 모습은?
   → 벌레 먹은 두리 기둥, 빛 낡은 단청, 풍경 소리 날러간 추녀 끝에는 산새도 비둘기도 둥주리를 마구 쳤다. 옥좌에는 거미줄이 쳐져 있고 쌍룡 대신 봉황새가 새겨져 있다.
4. 3에서 느껴지는 '궁궐'의 분위기는?
   → 낡고 황폐하고 퇴락한 멸망한 왕궁
5. '나'의 정서는?
   → 슬프다, 비참하다, 허망하다, 원통하다.

◆ 시구풀이
① 산새도 비둘기도 둥주리를 마구 쳤다. : 퇴락한 고궁에 온갖 새들이 날아와 둥지를 만들고 있다는 의미로, '벌레, 산새, 비둘기'는 궁궐을 퇴락하게 만드는 부정적인 요인으로 이해할 수 있다.

② 큰 나라 섬기다 거미줄 친 옥좌(玉座) : '큰 나라'는 중국을 의미하며, '거미줄 친 옥좌'는 우리 나라의 국권 상실을 의미한다. 과거 우리 나라의 사대주의에 대한 비판과 아울러 나라 잃은 비참한 모습을 표현하고 있다.

③ 여의주(如意珠) 희롱하는 ~ 틀어 올렸다. : 중국 황제의 권위에 밀려 쌍룡을 휘장으로 사용하지 못하고 봉황을 사용했던 민족의 슬픈 역사를 드러내고 있다.

④ 어느 땐들 봉황이 울었으랴만 : 우리 민족의 역사가 일찍이 활짝 펴 본 일이 없는 역사적 사실을, 봉황에 비유하여 표현하고 있다.

⑤ 나의 몸 둘 곳은 바이 없었다. : 나라 잃은 상황에서 화자 자신이 위치할 곳은 없다는 표현으로, 현실 인식과 더불어 허망감이 드러나고 있다.

⑥ 눈물이 속된 줄을 모를 양이면 봉황새야 구천(九天)에 호곡(呼哭)하리라. : 눈물을 흘리는 것이 부질없지만 그래도 나라 잃은 슬픔에 실컷 울고 싶다는 뜻으로, '봉황새'에 화자의 감정이 이입되어 있다.

시상의 전개

벌레먹은 ~ 틀어올렸다(선경(先景))	⇒	어느 땐들~구천에 호곡하리라(후정(後情))
벌레 먹은 기둥, 빛 낡은 단청, 풍경 소리 날아간 추녀, 거미줄 친 옥좌		푸르른 하늘 및 추석을 밟고 가는 나의 그림자, 봉황새야 구천에 호곡하리라.
퇴락한 고궁의 모습		망국의 비애

이해와 감상
이 시는 퇴락한 고궁의 모습을 보면서 느끼는 망국(亡國)의 한(恨)을 산문적으로 다루고 있는 작품이다.

한시의 시상 전개 방식은 기승전결과 선경 후정(先景後情)으로 전개되고 있는 이 시는 앞부분에서 퇴락한 고궁의 모습을 제시하고, 뒷부분에 가서 비애감에 젖어 있는 화자의 내면 심리를 드러내고 있다.

첫째 문장에서 벌레 먹은 기둥과 빛 낡은 단청, 새들이 둥우리를 친 추녀의 모습을 통해 무기력하게 망해버린 왕조의 모습을 드러내고 있다. 둘째 문장에서는 큰 나라(중국)를 섬기다 왕조가 거미줄을 쳤다(패망)는 진술을 통해 중국을 섬기던 과거 우리 나라의 사대주의에 대한 비판 의식을 담고 있다. 셋째~다섯째 문장에서는 몰락한 왕궁에 서서 느끼는 화자의 정서가 심화되고 있다. 봉황이 울어 본적이 없다는 표현을 통해 조선 왕조의 무기력함을 한탄하면서, 이제는 나라의 주권마저 없는 현실 속에서 화자는 자신이 살아갈 위치를 상실하고 있음을 깨닫고 있다. 여섯째 문장에서 화자는 망국의 현실에서 느끼는 자신의 슬픔을 봉황새에 감정 이입시켜 표현하고 있다. 망국의 현실을 바라보는 시인의 비애감을 봉황새라는 간접적인 대상을 통해 드러냄으로써, 슬픔을 내면화하는 지사적인 품격을 엿보게 하는 작품이라 할 수 있다.

31 귀천

― 천상병

나 ①하늘로 돌아가리라.
새벽빛 와 닿으면 스러지는
이슬 더불어 손에 손을 잡고,

나 하늘로 돌아가리라.
②노을빛 함께 단 둘이서
기슭에서 놀다가 구름 손짓하면은,

나 하늘로 돌아가리라.
③아름다운 이 세상 소풍 끝내는 날,
④가서, 아름다웠다고 말하리라….

■ 주제 : 삶에 대한 달관과 죽음의 정신적 승화
■ 특징 : • 담백하고 평이한 진술과 독백의 어조를 사용함.
　　　　• 동일 시구의 반복을 통해 의미를 강조함.

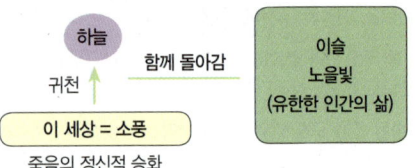

죽음의 정신적 승화

◆ 국왕노트

1. 시적 화자는?
　→ 나
2. '나'가 바라고 있는 것은?
　→ 하늘로 돌아가는 것
3. '나'가 '하늘'에 함께 가고자 한 것은?
　→ 이슬, 노을빛
4. '나'가 생각하는 이승에서의 삶은?
　→ 소풍 같은 아름다운 날
5. 4의 내면적 의미는?
　→ 괴로웠던 삶

◆ 시구풀이

① 하늘 : 고통스러운 지상의 현실에서 벗어나 정신의 자유로움과 초월성을 획득한 세계를 의미한다.

② 노을빛 함께 단 둘이서 / 기슭에서 놀다가 : 현실 세계에서의 고독과 천대받는 비애의 삶을 역설적으로 미화한 표현이다.

③ 아름다운 이 세상 소풍 끝내는 날 : 이승에서의 삶을 '소풍'에 견주어, 시적 자아는 자신을 하늘에서 잠시 지상에 귀양 온 신선의 처지로 생각하고 있다.

④ 가서, 아름다웠더라고 말하리라... : 끝에 '말없는 표'로 마무리 지어, '아름다웠다' 는 것이 역설적으로 '괴로웠다'는 의미로 해석될 수도 있는 가능성을 열어 준다.

시상의 전개

1연	2연	3연
이슬 더불어 손에 손을 잡고	노을빛 함께 단 둘이서	아름다운 이 세상 소풍 끝내는 날
이슬과 함께 하는 귀천	노을빛과 함께 하는 귀천	세상의 삶에 대한 평가

이해와 감상

　1연은 죽음을 선선히 받아들이겠다는 태도가 드러난다. 새벽빛에 스러지는 이슬처럼 인생도 때가 되면 죽음에 이른다. 이 죽음은 인간에게만 국한된 것이 아니다. 이슬도 그렇듯이 삼라만상은 그렇게 죽어 간다. 제행무상(諸行無常)이라는 인식에서 비로소 죽음을 수긍할 수 있다. 만상과는 달리 자아만은 영생(永生)하리라는 차별 인식을 가지는 한 초월은 불가능하다. 분별없는 마음의 상태는 절대 자유와 평화에 이르게 한다.
　2연에서는 '노을'과 함께 하늘에 돌아가겠다고 한다. '아침 이슬'이 그렇듯이 '노을빛'도 소멸의 이미지를 띤다. 그런데 화자가 죽음을 비유한 말들을 보면 하나같이 밝고 아름다운 이미지를 가지고 있다. '이슬', '노을빛'의 깨끗하고 아름다운 이미지로 죽음을 바라보는 태도가 드러난다. 화자는 죽음을 보는 것이다. 이렇게 죽음을 여행 이미지로 그리고 있음은 2연의 3행에서 더욱 두드러진다. 노을빛과 함께 산기슭에서 노닐다가 구름이 손짓하면은 구름 있는 하늘로 길을 또 떠난다. 여행이 자유와 의미를 내포하듯이 죽음의 길을 여행 의미로 받아들이는 화자의 심정은 자유로움의 경지에 들어 있는 것이다.
　3연에서는 이 여행 이미지가 구체화된다. 이승을 하나의 소풍으로 보는 것이 그것이다. '소풍'의 내포 의미는 행락(行樂)과는 다르다. 글자 뜻 그대로 바람 쐬는 일이며, 정신적으로는 노장(老莊)이 말하는 이른바 소요(逍遙 ― 노장 사상에서 일컫는 절대 자유와 평화의 경지로 세속의 원리를 초월함으로써 얻어지는 높은 차원의 정신이다. 불교의 해탈과 비슷한 의미로 보아도 무관하다.)의 경지와 비슷하다. 마음 내키는 대로 슬슬 걸어 다니는 자유를 소풍으로 표현한 것이다. 그러니 이승은 하나의 아름다운 세계일 것이며, 그 속에 정신의 자유를 누리게 될 것이다. 하늘은 화자를 부르는 새로운 여행지이다. 거기서 또 소풍을 즐길 것이다.

32 성에꽃 - 최두석

새벽 시내 버스는
차창에 웬 찬란한 치장을 하고 달린다.
①엄동 혹한일수록
선연히 피는 성에꽃
②어제 이 버스를 탔던
처녀 총각 아이 어른
미용사 외판원 파출부 실업자의
입김과 숨결이
간밤에 은밀히 만나 피워 낸
번뜩이는 기막힌 아름다움
나는 무슨 전람회에 온 듯
자리를 옮겨 다니며 보고
다시 꽃이파리 하나, 섬세하고도
차가운 아름다움에 취한다.
어느 누구의 막막한 한숨이던가
어떤 더운 가슴이 토해낸 정열의 숨결이던가
일없이 정성스레 입김으로 손가락으로
성에꽃 한 잎 지우고
이마를 대고 본다.
③덜컹거리는 창에 어리는 푸석한 얼굴
오랫동안 함께 길을 걸었으나
지금은 면회마저 금지된 친구여.

■ 주제 : 서민들의 삶에 대한 애정
■ 특징 : • 감성과 지성의 어느 한쪽으로 치우치지 않고 균형잡힌 시선을 유지함.
　　　　• 서민들의 삶의 애환을 자연물로 형상화함.
　　　　• 담담한 어조로 암담한 사회 현실을 제시함.

◆ 국왕노트

1. 시적 화자는?
→ 나(새벽 시내 버스를 탄 사람)
2. 시적 상황은?
→ 새벽 시내 버스 속에서 성에꽃을 보고 있다.
3. '나'가 생각하는 '성에꽃'을 만든 사람은?
→ 처녀, 총각, 아이, 어른, 미용사, 외판원, 파출부, 실업자의 입김과 숨결
4. '입김과 숨결'의 의미는?
→ 막막한 한숨, 정열의 숨결
5. '나'가 생각하는 '성에꽃'의 의미는?
→ 서민, 민중의 삶과 애환이 담긴 민중적 삶의 결정체
6. '성에꽃'을 비유한 말은?
→ 찬란한 치장, 차가운 아름다움, 기막힌 아름다움
7. '성에꽃'에서 발견한 것은?
→ 푸석한 얼굴, 금지된 친구

◆ 시구풀이

① 엄동 혹한 일수록 / 선연히 피는 성에꽃 : 성에를 꽃에 비유하여 추운 겨울이라는 암담한 상황에서도 아름답게 피는 꽃이라고 표현하고 있다. 이 꽃은 바로 서민들이 피워 낸 삶의 향기 가득한 아름다움을 가리킨다.

② 어제 이 버스를~기막힌 아름다움. : 가난한 사람들이 만들어 피워 낸 아름다움이 바로 성에꽃이다. 화자가 서민들의 삶에 애정을 지니고 있음을 보여 준다.

③ 덜컹거리는 창에 어리는~금지된 친구여. : 화자는 버스의 유리창에서 이 시대를 살아가는 서민들의 삶을 바라본다. 그러나 버스가 덜컹거리는 순간, 그 창을 통해 사회 운동을 하다 구속된 친구를 떠올리게 된다.

시상의 전개

1~4행	5~10행	11~16행	17~22행
엄동 혹한일수록 선연히 피는 성에꽃	간밤에 은밀히 만나 피워 낸 번뜩이는 기막힌 아름다움	차가운 아름다움에 취한다.	오랫동안 함께 길을 걸었으나 지금은 면회마저 금지된 친구여.
차창에 핀 성에꽃	성에꽃의 아름다움	성에꽃의 아름다움에 취하는 '나'	유리창에 비치는 친구의 얼굴

이해와 감상

이 시는 어느 추운 겨울날의 새벽, 시내 버스 창가에 어린 성에를 통해서, 힘겨운 삶을 함께 살아가는 서민들에 대한 시적 화자의 애정과 더불어 암울한 정치 현실을 노래한 작품이다. 특히 이 시에서 주목해야 할 점은 시적 화자가 동시대 서민들의 삶의 모습을 차창 너머로 바라보는 것이 아니라 같은 버스에 앉아 그들이 남긴 숨결을 함께 느낀다는 점이다. 이러한 시적 화자의 행동은 차창에 서린 '성에꽃'의 '꽃이파리'들을 자리 옮겨 다니며 들여다 보는 행동을 통해 더욱 극명하게 드러나는데, 이러한 모습은 그들의 삶과 정서를 자신에게도 의미 있고 소중한 것으로 느끼는 작가의 내면을 드러내 주기 위한 것이다. 한편, '엄동 혹한'은 외형만 바뀐 군사 독재가 연장되던 당시의 암울한 시대 상황을 상징하는 것으로, 이는 '지금은 면회마저 금지된 친구여'라는 부분에서 더욱 분명히 나타난다. 화자의 정서는 동시대를 함께 살아가는 서민들의 삶에 대한 애정으로부터 구속된 벗에 대한 그리움으로 나아가고 있는데, 이는 그 벗이 화자와 함께 오랫 동안 걸어왔다는 그 길이 민중과 민족에 대한 애정을 실천하는 삶이었음을 암시적으로 나타내 주고 있다.

33 북어

– 최승호

①밤의 식료품 가게
②케케묵은 먼지 속에
 죽어서 하루 더 손때 묻고
 터무니없이 하루 더 기다리는
 북어들,
③북어들의 일 개 분대가
 나란히 꼬챙이에 꿰어져 있었다.
④나는 죽음이 꿰뚫은 대가리를 말한 셈이다.
 한 쾌의 혀가
⑤자갈처럼 죄다 딱딱했다.
 나는 말의 변비증을 앓는 사람들과
 무덤 속의 벙어리를 말한 셈이다.
⑥말라붙고 짜부라진 눈,
⑦북어들의 빳빳한 지느러미,
⑧막대기 같은 생각
 빛나지 않는 막대기 같은 사람들이
 가슴에 싱싱한 지느러미를 달고
 헤엄쳐 갈 데 없는 사람들이
 불쌍하다고 생각하는 순간,
 느닷없이
 북어들이 커다랗게 입을 벌리고
 거봐, 너도 북어지 너도 북어지 너도 북어지
⑨귀가 먹먹하도록 부르짖고 있었다.

■ **주제** : 비판 정신과 삶의 지향점을 잃고 무기력하게 살아가는 현대인의 삶 비판
■ **특징** : • 북어를 인격화하여 표현, 묘사(북어의 모습) + 서술(자신의 느낌)
 • 시적 대상과 화자 간의 관계를 전도시켜 주제를 부각함.
 • 감각적 이미지를 통해 시적 대상인 '북어'를 구체적으로 묘사함.

◆ **국왕노트**

1. 시적 화자는?
  → 나(북어를 바라보는 사람)
2. 시적 화자는 언제, 어디에 있는가?
  → 밤의 식료품 가게(혹은 가게 앞을 지나가고 있다)
3. 시적 화자는 무엇을 하고 있는가?
  → 식료품 가게에 있는 북어를 들여다보고 있다.
4. 가게 안에 있는 북어는 어떻게(어떤 상태로, 어떤 모습으로) 놓여 있는가?
  → 손때 묻어 먼지에 묻혀 있다.
  → 일렬로 대가리가 꼬챙이에 꿰어져 있다.
5. 이런 북어를 본 시적 화자는 어떤 느낌이었을까?
  → 볼품없다. 안됐다. 불쌍하다.
6. 그런 느낌을 가지고 북어를 바라보던 시적 화자는 좀 더 다가가서 자세히 보고 있다. 자세히 살펴본 북어의 세부적인 모습은 어떠했나?
  → 혀가 자갈처럼 딱딱하게 굳어 있었다.
  → 눈은 말라붙어 짜부러졌다.
  → 지느러미는 빳빳하게 굳어 있다.
7. 그런 북어를 보고 시적 화자는 무슨 생각을 했을까?
  → 사람들도 북어 같다.
  → 말의 변비증을 앓고(할 말을 속 시원히 하지 못하고) 벙어리처럼 사는 사람들 막대기 같이 뻣뻣하게 굳은 생각을 가진 사람들 생명의 지느러미를 잃고 헤매는 사람들이 불쌍하다고 생각하였다.

◆ **시구풀이**

① 밤 : 부정적 공간 배경(군사 독재 정권)
② 케케묵은 ~ 북어들 : 먼지 + 손때 시간의 경과 → 무생명성
③ 북어들의 ~ 꿰어져 있었다 : 획일적인 지배 체제 하의 백성들(혹은 소시민들)
④ 죽음이 꿰뚫은 대가리 : 현대인의 무생명성
⑤ 자갈처럼 ~ 딱딱했다 : 권력 앞에서 진실을 말하지 못하고 침묵만 지키는 현대인 (=말의 변비증)
⑥ 말라붙고 짜부라진 눈 : 현실을 직시하는 능력 상실
⑦ 북어들의 뻣뻣한 지느러미 : 미래에 대한 꿈과 희망 상실
⑧ 막대기 같은 생각 : 경직된 사고
⑨ 귀가 ~ 있었다 : 환청(북어의 질타) → 무기력한 삶에 대한 반성

이해와 감상

이 시는 식료품 가게에 진열된 '북어'라는 소재를 통해 현대인의 일상적인 모습을 반성적으로 성찰하고 있는 작품이다. 어느 순간 북어의 모습은 화자에게 인간의 모습으로 비쳐진다. 곧 '말의 변비증을 앓고 있는 사람'은 '할 말을 제대로 하지 못하는 사람', '막대기 같은 생각'은 '문제의식과 진지한 사고력마저 상실함', '헤엄쳐 갈 데 없는 사람'은 '꿈과 이상을 상실한 사람'을 의미한다. 마지막 부분에서 "거봐, 너도 북어지"라는 환청을 듣고 화자는 그러한 북어의 모습이 곧 자기 자신의 모습임을 고통스럽게 확인하고 있다. 시적 화자의 진지한 모색이 독특한 발상을 통해 드러난 작품이다.

34 알 수 없어요
— 한용운

①바람도 없는 공중에 수직(垂直)의 파문을 내이며 고요히 떨어지는 오동잎은 누구의 발자취입니까?
②지리한 장마 끝에 서풍에 몰려가는 무서운 검은 구름의 터진 틈으로 언뜻언뜻 보이는 푸른 하늘은 누구의 얼굴입니까?
③꽃도 잎도 없는 깊은 나무에 푸른 이끼를 거쳐서 옛 탑(塔) 위의 고요한 하늘을 스치는 알 수 없는 향기는 누구의 입김입니까?
④근원은 알지도 못할 곳에서 나서 돌부리를 울리고, 가늘게 흐르는 작은 시내는 굽이굽이 누구의 노래입니까?
⑤연꽃 같은 발꿈치로 가이 없는 바다를 밟고 옥 같은 손으로 끝없는 하늘을 만지면서, 떨어지는 해를 곱게 단장하는 저녁놀은 누구의 시(詩)입니까?
⑥타고 남은 재가 다시 기름이 됩니다. 그칠 줄을 모르고 타는 나의 가슴은 누구의 밤을 지키는 약한 등불입니까?

■ **주제** : 절대적 존재에 대한 동경과 그에 대한 구도의 정신
■ **특징** :
- 경어체 사용과 의문형의 어구를 반복하여 표현함.
- 자연 현상을 통한 깨달음을 형상화 함.
- 다양한 감각적 이미지를 사용하여 임의 모습을 나타냄.

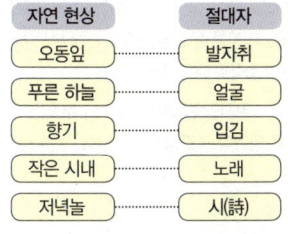

자연 현상	절대자
오동잎	발자취
푸른 하늘	얼굴
향기	입김
작은 시내	노래
저녁놀	시(詩)

◆ **국왕노트**

1. 시적 화자는?
   → 나(임의 존재를 믿는 사람)
2. 각 행의 중심 소재와 그것을 비유하는 시어는?
   → 1행 : 오동잎-발자취
   → 2행 : 하늘-얼굴
   → 3행 : 향기-입김
   → 4행 : 시내-노래
   → 5행 : 저녁놀-시
   → 6행 : 나의 가슴-등불
3. '누구'를 향한 '나'의 태도는?
   → 밤을 지키는 약한 등불

◆ **시구풀이**

① **바람도 없는 공중에 ~ 누구의 발자취입니까?** : 아무것도 보이지 않는 상태에서 드러나는 움직임을 통해 초월적인 힘을 가진 임을 암시하고 있다.

② **지리한 장마 ~ 누구의 얼굴입니까?** : 장마 끝에 언뜻 보이는 하늘을 절대적 존재의 표상으로 인식하고 있다. '무서운 검은 구름'을 '세속적 번뇌와 고통'으로 이해하면, '서풍'은 '불교의 진리 또는 부처님의 가르침'이라 할 수 있다.

③ **꽃도 잎도 ~ 누구의 입김입니까?** : 꽃이 없어 향기를 피울 수 없는 나무의 푸른 이끼를 거쳐 고요한 하늘로 올라가는 '알 수 없는 향기'를 통해 절대적 존재를 확인하고 있다.

④ **근원은 알지도 ~ 누구의 노래입니까?** : 자연과의 교감을 통해 절대자의 존재를 확인하는 부분으로, 시냇물의 끝없는 흐름과 물소리를 절대자와 연관시켜, 절대자에 대한 신비감과 불도에서의 시작도 끝도 없는 영원성을 암시하고 있다.

⑤ **연꽃 같은 발꿈치로 ~ 누구의 시(詩)입니까?** : 모든 만물을 비치는 저녁놀을 불가사의한 초월자의 '시'로 표현하여 불성(佛性)으로 정화된 아름다운 종교적 경지를 암시하고 있다.

⑥ **타고 남은 재가 ~ 약한 등불입니까?** : 화자의 끝없는 구도 정신과 신앙적 고백이 드러난다. '약한 등불'은 자신을 희생하여 임이 가리워진 암울한 현실을 지키려는 화자의 의지와 희생 정신을 보여 준다.

시상의 전개

1행	2행	3행	4행	5행	6행
바람도 없는 공중에 고요히 떨어지는 오동잎	무서운 검은 구름 사이로 언뜻언뜻 보이는 푸른 하늘	옛 탑 위의 고요한 하늘을 스치는 알 수 없는 향기	근원은 알지도 못할 곳에서 나서 가늘게 흐르는 작은 시내	떨어지는 해를 곱게 단장하는 저녁놀	그칠 줄 모르고 타는 나의 가슴
누구의 발자취	누구의 얼굴	누구의 입김	누구의 노래	누구의 시	약한 등불

자연을 통해 드러나는 절대자의 모습 / 희생적 자세

이해와 감상

시집 「님의 침묵」에서 한용운이 추구하고 있는 '님'의 존재에 대해 선문답적(禪問答的)인 화두(話頭)와 은유법을 통해 종교적 명상의 심화를 성취하고 있는 작품이다.
1~5행까지는 신비하고 평화로우며 아름다운 자연 현상이 누구의 모습인가를 묻고 있다. 그러나 화자의 물음은 답을 필요로 하지 않는 설의적 표현일 뿐이다. 시적 화자는 절대적 존재에 대한 깨달음을 자연 현상 속에서 나타내고 있다. 즉, '오동잎'을 '발자취'로, '푸른 하늘'을 '얼굴'로, '향기'를 '입김'으로, '시냇물의 소리'를 '노래'로, '저녁놀'을 '시(詩)'로 형상화하고 있는 것이다. 따라서 이 시의 제목인 '알 수 없어요'는 화자가 이미 확인하여 알고 있는 사실을 반어적으로 표현한 것이라고 할 수 있다.

6행에서는 절대적 존재가 지금 '밤'의 상황, 즉 시련 속에 있음을 말하고 있다. 그리고 화자는 절대자에게 닥친 '밤'을 몰아내기 위해 가슴을 태워 불을 밝히고 있다. '그칠 줄 모르고 타는', '약한 등불'이라는 표현을 통해, 미약한 힘이나마 최선을 다해 절대자를 둘러싼 밤을 몰아내고자 하는 화자의 강인한 의지를 읽을 수 있다. 그리고 그 노력은 끊임없이 영원히 지속되리라는 것이다. '타고 남은 재가 다시 기름이 됩니다.'라는 역설적 표현이 그러한 다짐을 보여 준다.

한용운은 이 작품을 통해 존재의 근원에 대한 끊임없는 구도 정신으로 형이상학적 깊이를 획득함으로써 우리 시문학의 전통을 한 단계 발전시키는 데 기여했다는 평을 받고 있다.

35 자수(刺繡) — 허영자

①마음이 어지러운 날은
수를 놓는다.

②금실 은실 청홍(靑紅)실
따라서 가면
가슴 속 아우성은 절로 갈앉고

③처음 보는 수풀
정갈한 자갈돌의
강변에 이른다.

남향 햇볕 속에
수를 놓고 앉으면

④세사 번뇌(世事煩惱)
무궁한 사랑의 슬픔을
참아 내올 듯

⑤머언
극락 정토(極樂淨土) 가는 길도
보일 성 싶다.

- **주제** : 수를 통한 번뇌의 극복
- **특징** : • 여성적인 섬세한 정서가 드러남.
  • 불교적인 배경이 바탕을 이룸.

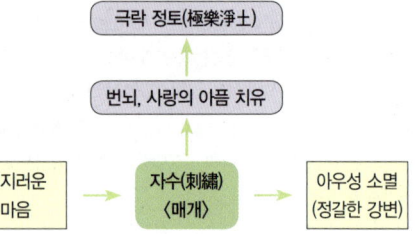

◆ 국왕노트

1. 시적 화자는?
   → 나(드러나 있지 않다.)
2. 시적 화자의 정서는?
   → 마음이 어지럽다.
3. 시적 화자가 어지러운 마음을 극복하기 위해 하는 것은?
   → 수를 놓는다.
4. 수틀에 수 놓인 것은?
   → 수풀, 정갈한 자갈돌, 강변
5. 수 놓기를 통해 시적 화자가 얻은 것은?
   → 끝없는 사랑의 슬픔을 참아낼 수 있다.

◆ 시구풀이

① 마음이 어지러운 날은 / 수를 놓는다. : 화자에게 있어 '수 놓기'가 생산성을 지니는 실질적 의미를 지니는 것이라기보다는 마음을 가라앉히는 방법임을 알 수 있다.

② 금실 은실 청홍(靑紅)실~가슴 속 아우성은 절로 갈앉고 : 수를 놓는 행위를 묘사한 부분으로, 시적 화자가 수놓는 과정을 통해 가슴 속의 괴로움을 가라앉히고 있음을 보여 준다.

③ 처음 보는 수풀~강변에 이른다. : 화자가 마음의 평화를 되찾으면서 만나게 되는 내면 상상의 세계를 의미하는 것으로 자수의 그림 속에 있는 풍경 세계로도 이해할 수 있다.

④ 세사 번뇌(世事煩惱)~참아 내올 듯 : 세상살이의 괴로움, 즉 여기에서는 사랑의 슬픔을 참아내겠다는 의지를 우회적으로 표현한 부분이다. 겸손하고 여성적인 어조를 사용함으로써 호소력을 더하고 있다.

⑤ 머언~보일 성 싶다. : 멀지만 번뇌에서 벗어날 수 있는 절대적인 구원의 경지. '극락 정토'에도 이를 수 있겠다고 조심스럽게 말하고 있다.

시상의 전개

1연	2연	3연	4~5연	6연
마음이 어지러운 날은 수를 놓는다.	가슴 속 아우성은 절로 갈앉고	수풀 정갈한 자갈돌의 강변	사랑의 슬픔을 참아 내올 듯	극락정토 가는 길도 보일 성 싶다
번뇌 극복 방법	번뇌의 정화	고뇌가 정화된 내면 세계	슬픔의 극복	세속적인 고뇌의 승화

이해와 감상

이 시는 일상적인 일을 통해 세상 번뇌와 사랑의 슬픔을 다스리고 마음의 평화를 찾아가는 체험을 노래한 작품이다. 이 시의 제목이자 핵심 소재인 '자수'는 시인에게 있어 실제적인 수 놓기라기보다는 고뇌를 견디는 방법이요, 극기(克己)의 상징으로 쓰이고 있다.

이 시는 의미상 세 단락으로 나누어진다. 첫 번째 단락은 1연으로 화자가 수를 놓는 일이 어떤 실용적 목적이 아니라, 마음 속의 고뇌나 슬픔을 가라앉히기 위한 것임을 알려 주고 있다. 두 번째 단락은 2~3연으로 오랜 번민을 가라앉히고 아름답고 평화로운 심경에 다다르는 수 놓기의 과정을 보여 주고 있다. 여러 가지 색실을 따라 화자가 수를 놓다 보면, 어느덧 처음 보는 수풀이나 정갈한 자갈들의 강변에 이른다. 그러므로 그 곳은 내면적 상상의 세계로 화자가 수를 놓으면서 되찾게 된 마음의 평화를 의미한다. 세 번째 단락은 4~6연으로 수를 놓고 있으면 사랑의 슬픔도 이겨 내고 번뇌로부터도 완전히 벗어날 수 있으리라는 기대와 소망을 보여 주고 있다. 아마도, 화자는 수를 놓는 행위를 통해 아픔을 극복하고 극락 정토라는 절대적 구원까지도 얻을 수 있으리라는 믿음을 가지고 있는 듯하다.

36 조그만 사랑 노래
― 황동규

①어제를 동여맨 편지를 받았다.
늘 그대 뒤를 따르던
길 문득 사라지고
길 아닌 것들도 사라지고
②여기저기서 어린 날
우리와 놀아 주던 돌들이
얼굴을 가리고 박혀 있다.
③사랑한다 사랑한다, 추위 가득한 저녁 하늘에
④찬찬히 깨어진 금들이 뵌다.
⑤성긴 눈 날린다.
땅 어디에 내려앉지 못하고
⑥눈 뜨고 떨며 한없이 떠다니는
몇 송이 눈.

■ 주제 : 사랑의 상실로 인한 아픔과 슬픔
■ 특징 : • 상실과 소멸의 이미지를 통해 주제를 형상화함.
        • 깨어진 사랑과 추억을 감각적으로 표현함.

```
                  ┌─ 과거의 추억을 단절하는 이별의 상황
어제를 동여맨 편지 ─┤
                  └─ 지난날 추구하던 삶의 가치가
                     독재 권력의 의해 억압을 받는 상황
```

◆ 국왕노트

1. 시적 화자는?
   → 나(실연 당한 사람, 암울한 시대를 사는 사람)
2. 시적 상황은?
   → 시적 화자는 어제를 동여맨 편지를 받고 방황하고 있다.
3. 시적 화자가 느끼고 있는 현실은?
   → 추위 가득한 저녁 하늘
4. 시적 화자의 정서가 이입된 것은?
   → 눈
5. '눈'의 모습은?
   → 땅 어디에 내려앉지 못하고 눈 뜨고 떨며 한없이 떠다니고 있음

◆ 시구풀이

① 어제는 동여맨 편지를 받았다. : '편지'는 어제와 내일을 단절시키는 독재의 일방적인 통고를 상징한다. 지난날 추구된 가치는 강압적으로 억류되고, 내일은 우리 공동체가 바람직하지 않은 방향으로 전개될 것을 암시한다. 1972년 '10월 유신'의 조치가 지금까지의 민주주의를 압살하고, 자유와 정의가 사라져 버린 사회에 대한 시적 화자의 비극적 인식을 나타내고 있다.

② 여기저기서 ~ 돌들이 얼굴을 가리고 박혀 있다. : '돌'들은 어린시절과 어제의 아름다운 추억을 연상시키는 매개체의 역할을 한다. 그러나 '어제'가 사라짐으로 '진리'의 가치는 상실되고, 오늘의 그 '돌'들은 부끄러운 현실의 정황 속에 얼굴도 들지 못하고 슬픔에 잠겨 있을 뿐이다.

③ 사랑한다 사랑한다 : 외부의 강압된 힘에 의해 사라져 버린 대상을 시적 화자가 목메어 불러도 그 '사랑'은 실현되지 못하고 다만 그 대상이 상실되었음을 확인할 뿐이다. 따라서 이 구절은 '사랑'이 떠난 상황에서 절망에 싸인 공허한 목소리가 된다. 이 점이 시적 화자에게 아픔을 남겨 주고 시적 화자가 슬픔에 젖게 만든다.

④ 찬찬히 깨어진 금들이 뵌다. : 어제 '우리와 놀아주던 돌들'은 이제 온전한 모습이 아니다. 아무리 찬찬히 살펴보아도 깨어진 모습이고 금들이 가 있는 상처투성이의 돌들이다. '금'은 당시의 현실과 연관지어 볼 때 '법이나 원칙'을 의미한다. 지켜야 할 민주주의 원칙을 복원할 수 없게 되었고, 시적 화자는 여기에서 짙은 근심과 슬픔에 젖게 된다.

⑤ 성긴 눈 날린다. : 상처투성이의 대지를 덮기 위해 흩날리는 눈은 얼어붙은 현실 상황을 암시한다. 이 구절은 시의 분위기를 쓸쓸하고 황량하게 만드는 중심적 역할을 한다.

⑥ 눈 뜨고 떨며 한없이 떠다니는 / 몇 송이 눈 : 지상에 내려앉기를 거부하고 한없이 떠다니는 '눈'은 일상화에 안주할 것을 거부하는 시적 화자의 고고하고 자유로운 모습을 상징한다. '눈 뜨고 떨며'를 통해 깨어 있는 시적 화자의 정신을 엿볼 수 있다. 그러나 그 눈송이들은 언젠가 지상에 도달할 것이다. 현실을 인정하지 않고 머뭇거리고 있는 눈의 모습을 통해 자유를 지키려 하면서도 당혹감과 혼란의 상태에 빠진 시적 화자의 심적 상태를 엿볼 수 있다.

시상의 전개

1~4행	5~7행	8~9행	10~13행
어제를 동여맨 편지를 받았다.	우리와 놀아 준 돌들이 얼굴을 가리고 박혀 있다.	추위 가득한 저녁 하늘에 찬찬히 깨어진 금들이 보인다.	땅 어디에 내려앉지 못하고 눈 뜨고 떨며 한없이 떠다니는 몇 송이의 눈
과거와 현재의 단절	암담하고 끔찍한 현실	현실에 대한 자각	암담한 현실에서 느끼는 불안

이해와 감상

이 시는 표면적으로는 사랑의 아픔을 노래한 '연가(戀歌)'의 형태를 띠면서 절망과 황량함에 가득찬 현실 인식을 노래한 '상징시'라는 이중 구조에 있다. 일반적인 '연가'는 사랑의 대상에 대한 간절한 그리움과 그 대상이 떠난 뒤의 아픔과 고독을 노래하게 마련이다. 과거의 행복했던 시절을 추억하며 혼자 남은 자의 아픔과 상처를 토로하는 것이 일반적인 '연가'의 특징이다. 그러나 이 시는 제목과 형태가 '연가'의 조건을 갖추고 있으면서도 누가 왜 떠났고, 떠난 자와 남은 자 사이에 무슨 일이 있었는지 알 수 없다. 그러나 이 시가 쓰여진 시기가 박정희 정권이 영구 집권을 위해 획책한 1970년대 초 소위 '10월 유신 헌법' 공포 직후라는 비민주적 정치 상황을 다룬 작품이라는 사실을 염두에 두면, 이 시를 통해 시인이 노래하고자 하는 것이 무엇을 상징하려고 하는가가 뚜렷해진다. 따라서 이 시는 한 개인에 대한 '연가'가 아니라 갑자기 사라져 버린 이 땅의 민주주의에 대한 그리움과 남은 자의 아픔과 고독과 상처를 노래한 '연가'가 되는 것이다.

37 새들도 세상을 뜨는구나 — 황지우

①영화가 시작하기 전에 우리는
일제히 일어나 애국가를 경청한다.
삼천리 화려 강산의
을숙도에서 일정한 군(群)을 이루며
갈대 숲을 이륙하는 흰 새떼들이
②자기들끼리 끼룩거리면서
자기들끼리 낄낄대면서
일렬 이열 삼렬 횡대로 자기들의 세상을
이 세상에서 떼어 메고
이 세상 밖 어디론가 날아간다.
우리도 우리들끼리
낄낄대면서
깔쭉대면서
우리의 대열을 이루며
한 세상 떼어 메고
이 세상 밖 어디론가 날아갔으면
하는데 대한 사람 대한으로
길이 보전하세로
③각각 자기 자리에 앉는다.
주저앉는다.

- **주제** : 암울한 현실에 대한 좌절감의 비판
- **특징** : • '애국가'가 나올 때의 배경 화면에 따라 시상이 전개됨.
  - 냉소적인 어조를 지님.
  - 반어적 표현을 통해 현실을 풍자함.
  - 대조적 상황을 통해 화자의 좌절감을 강조함.

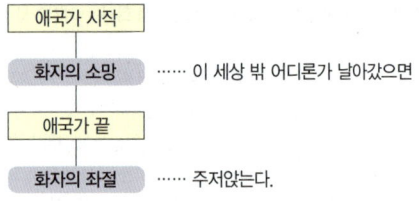

◆ 국왕노트

1. '우리'가 있는 곳은?
   → 영화관
2. '일제히 일어나,' '일렬 이열 삼렬 횡대', '대열'등의 구절들이 공통적으로 드러내는 것은?
   → 군사 문화의 획일성
3. '새떼'들이 날아가는 모습을 보며 시적 화자가 느낀 것을 드러내는 구절과 그 속에 담긴 심정은?
   → '이 세상 밖 어디론가 날아갔으면' : 현실에서 벗어나고 싶어함, 현실 상황에 대한 거부감
4. '주저앉는다.'는 시어에 드러난 정서는?
   → 좌절감

◆ 시구풀이

① 영화가 시작하기 전에 ~ 애국가를 경청한다. : 일상적인 공간을 탈출하기 위해 찾은 극장에서조차 애국가를 경청해야 하는 사실을 통해 당시의 권위주의적이고 획일적인 사회 분위기를 표현하고 있다.

② 자기들끼리 끼룩거리면서 / 자기들끼리 낄낄대면서 : 새들의 자유롭고 유쾌한 비상을 표현하고 있다. 화자는 이러한 새들의 모습을 통해 자유롭지 못하고 유쾌하지 못한 우리의 모습과 대비시켜 냉소적 어조로 표현하고 있다.

③ 각각 자기 자리에 앉는다. : 새들이 하늘로 날아 오르는 것과 대조적으로 우리는 애국가 연주가 끝나자 어쩔 수 없이 자리에 앉는 모습을 대조시킴으로써 화자의 짙은 좌절감을 드러내고 있다.

시상의 전개

1~2행	3~10행	11~16행	17~20행
일제히 일어나 애국가를 경청한다.	자기들의 세상을 이 세상에서 떼어 메고 이 세상 밖 어디론가 날아간다.	한 세상 떼어 메고 이 세상 밖 어디론가 날아갔으면	각기 자기 자리에 앉는다. 주저앉는다.
암울한 현실의 모습	현실에 대한 환멸	현실 극복의 소망	소망의 좌절

이해와 감상

이 시는 1980년대 영화관에서 애국가가 울려 퍼질 때 화면 속에 나오는 새 떼의 비상을 보며, 자신도 이 상황으로부터 떠나고 싶지만 결국 떠날 수 없음을 자각하는 시적 화자의 모습을 통해 현실에 대한 절망감을 드러내고 있다.

영화가 시작되기 전, 관람석의 불이 모두 꺼진 캄캄한 극장은 바로 암울한 현실 상황을 표상하며, '삼천리 화려 강산'을 배경으로 울려퍼지는 애국가를 따라 자리에서 일어나 일제히 부동 자세를 취하는 관객들은 군사 독재 정권하에서 맹목적인 삶을 따라야 했던 당시의 민중들을 의미한다. 그러한 삶을 살아가는 민중의 한 사람인 화자는 '삼천리 화려 강산'을 떠나 줄지어 '이 세상 밖 어디론가 날아가'는 극장 화면의 새 떼들을 보며, '한 세상 떼어 메고 / 이 세상 밖 어디론가 날아갔으면'하는 소망을 갖는다. 그러나 그 같은 소망도 잠시일 뿐, '대한 사람 대한으로 / 길이 보전하세'라는 애국가의 끝 구절이 나오면서 사람들은 서둘러 각각 자기 자리에 앉고, 화자 역시 다른 이들과 마찬가지로 '자기 자리에 주저앉을' 수밖에 없기 때문에 더 큰 좌절감에 빠져든다.

MEMO

2024
요정노트
문학

제 2 편
문학 2

4 문학 필수 개념

  문학의 감상

◎ 내재적 관점 (절대주의론, 객관론, 존재론, 구조론)

내재적 관점은 작품 자체에 주목하여 그 가치를 내부에서 찾으려 한다. 작품의 내적 구조를 분석함으로써 문학 작품의 올바른 이해에 도달할 수 있으며, 문학을 감상하는 데는 언어 표현의 방식과 작품의 내적 짜임새가 중요한 대상이 된다는 것이다. 따라서 작품 이외의 사실에 대한 고려를 배제하고, 언어, 문체, 운율, 구성, 표현 기법, 미적 가치 등의 내부적 사실을 다룬다.

- 다음 작품을 내재적 관점에서 바라보고 있는 것은? – 2012년 국가직 9급
- '눈'과 '기침하는 행위'의 상징성이 뚜렷이 부각되고 있어. – 2012년 국가직 9급
- 전통적 민요의 율격을 바탕으로 한 정형적 형식을 통해 정제된 시상이 효과적으로 드러났군. – 2019년 지방직 9급
- 낭만적 감성을 불러일으키는 시적 분위기가 시조에서 보이는 선경후정과 비슷한 양상을 띠는군. – 2019년 지방직 9급

◎ 외재적 관점

내재적 관점과는 반대로 문학에 영향을 끼치는 여러 가지 외부 요인을 중시하여 작가의 생애, 심리, 사회적 상황, 역사적 배경 등 외부 요인과 작품의 관계를 다뤄 작품을 감상하는 관점을 말한다.

(1) 표현론적 관점 (생산론)

문학을 작가의 체험과 사상의 반영물 내지는 작가의 창조 능력의 소산으로 보아, 문학 작품을 정확히 이해하기 위해서는 그 작품을 창작한 작가에 대해 알아야 한다는 견해이다.

- 시인의 의지적 삶이 곳곳에서 느껴져. – 2012년 국가직 9급
- 시인은 죽음조차도 별로 두려워하지 않았던 사람인 것 같아. – 2012년 국가직 9급

(2) 반영론적 관점 (모방론)

문학은 단순한 상상이 아니라 현실의 모방 내지 반영이라는 점을 강조하는 관점이다. 즉 작품의 내용과 실제의 현실이 맺고 있는 관련성에 초점을 맞추어 작품을 해석하는 방법이다.

- (가)의 관점(반영론)에서 (나)를 감상할 때 가장 적절한 것은? – 2019년 지방직 9급
- 4·19 혁명 이후, 강렬한 현실 인식에서 나온 작품인 것 같아. – 2012년 국가직 9급

(3) 효용론적 관점 (수용론)

작품을 향유하는 독자에 초점을 맞추어 작품을 감상하는 관점이다. 수용론에서 수용자는 단순한 독자의 의미를 넘어서 '능동적 참여자'로 확장된다. 작품 해석이 수용자에 따라 다양하게 변화될 수 있다는 점을 제시함으로써 독자의 역할을 부각시키는 관점이다.

- 시를 읽으면 시인과의 대화를 통해 정서적 성장을 도모할 수 있다. ⋯▶ 표현론과 효용론
- 나는 지금도 이광수의 《무정》 작품을 읽으면 가슴이 뜨거워지는 것을 느꼈다. …… 21세기 우리 시대 독자들에게도 조국을 생각하는 마음에 큰 감동을 주고 있다고 생각해.

– 2018년 서울시 9급(추)

🎯 내재적 관점

> 작품
> (구조론)

🎯 외재적 관점

(1) 표현론적 관점

| 작가 | →(표현론) | 작품 |

(2) 반영론적 관점 (모방론)

| 현실 | →(반영론) | 작품 |

(3) 효용론적 관점 (수용론)

| 작품 | →(효용론) | 독자 |

수사법

글쓴이의 사상과 감정을 보다 효과적으로 나타내기 위한 표현의 기교
비유법 : 보조관념을 통해 원관념을 말하는 방법.
강조법 : 문장에 힘을 주어 강조하는 표현 방법.
변화법 : 단조로움과 지루함을 피하려고 문장에 변화를 주는 방법.

비유법

(1) 은유법 : 원관념과 보조관념을 직접적으로 연결시키지 않고 간접적으로 연결시키는 방법이다.

A(원관념)는 B(보조관념)다
- 나의 마음은 고요한 물결 – 김광섭, 〈마음〉
- 대길이 아저씨 그는 나에게 불빛이었지요. – 고은, 〈머슴 대길이〉
- 소낙비를 그리는 너는 정열의 여인 – 김동명, 〈파초〉

A(원관념)의 B(보조관념)
- 이와 같이 내 생명의 바다는 밀물이 되기도 하고 썰물이 되기도 한다.
  – 김현승, 〈내 지각〉

(2) 직유법 : 원관념을 보조관념에 직접적으로 연결한 수사법이다. 원관념과 보조관념의 연결에 '마치', '흡사', '~같이', '~처럼', '~양', '~듯' 등의 연결어를 사용하여 표현한다. 은유가 'A is B'의 형태라면, 직유는 'A like B'의 형태이다.
- 어린 날개가 물결에 절어서 공주처럼 지쳐서 돌아온다. – 김기림, 〈바다와 나비〉
- 구름에 달 가듯이 가는 나그네. – 박목월, 〈나그네〉
- 꽃이 소금을 뿌린 듯이 흐뭇한 달빛에 숨이 막힐 지경이다. – 이효석, 〈메밀꽃 필 무렵〉

(3) 의인법 : 사람이 아닌 무생물이나 동식물에 인격적 요소를 부여하여 사람의 의지, 감정, 생각 등을 지니도록 하는 방법이다.
- 꿈을 아느냐 네게 물으면 플라타너스 너의 머리는 어느덧 파아란 하늘에 젖어 있다.
  – 김현승, 〈플라타너스〉
- 네 이름을 쓴다 민주주의여 – 김지하, 〈타는 목마름으로〉
- 밤이사 나운 꾸지람으로 나를 졸른다.……우리집이 앓나 보다. – 이상, 〈가정〉
- 전나무, 잣나무들만이 대장부의 기세로 활개를 쭉쭉 뻗고…… – 정비석 〈산정무한〉

(4) 활유법 : 무정명사에 생물적 속성을 부여하여 유정명사처럼 나타내는 방법이다 단순히 생물적 특성을 부여하여 나타내면 '활유법'이고, 인격적 속성을 부여하여 나타내면 '의인법'이라 본다.
- 새벽녘이면 산들이 학처럼 날개를 쭉 펴고 날아와서는 – 김광섭, 〈산〉
- 어둠은 새를 낳고, 돌을 낳고, 꽃을 낳는다. – 박남수, 〈아침 이미지〉

(5) 대유법 : 직접 그 사물의 명칭을 쓰지 않고 그 일부 혹은 그 사물의 특징으로써 전체를 나타내는 방법으로, '제유법'과 '환유법'이 있다.

① **제유법** : 같은 종류의 사물 중에서 어느 한 부분으로써 전체를 알 수 있게 표현하는 방법
- 빼앗긴 들에도 봄은 오는가. ('들'은 국토의 일부이지만 '국토 전체'를 의미)
- 사람은 빵만으로 살 수 없다. ('빵'은 음식의 일종이지만, '음식 전체'를 의미)
- 무슨 약주 드셨습니까? ('약주'는 술의 일종이지만, '술 전체'를 의미)

② 환유법 : 표현하고자 하는 사물의 특징으로써 전체를 나타내는 방법
- 태극기가 일장기를 눌렀다. ('한국'과 '일본'을 나타냄.)
- 무궁화 삼천리 방방곡곡에 만세 소리가 울려 퍼졌다. ('우리나라'를 나타냄.)
- 휴가를 다녀온 동안에 밤손님이 집에 다녀갔다. ('도둑'을 나타냄.)

(6) **중의법** : 하나의 말을 가지고서 두 가지 이상의 의미를 나타내는 방법이다. 두 가지 의미란 단어가 지니고 있는 파생적인 의미나 유사성이 아니라, 전혀 다른 개념과 뜻을 함께 지니고 있는 것을 말한다.
- 청산리 벽계수야 수이 감을 자랑 마라 / 명월이 만공산하니 쉬어간들 어떠리. - 황진이 ('벽계수'는 '푸른 시냇물'과 '벽계수'라는 인물을, '명월'은 '밝은 달'과 '황진이 자신'을 동시에 의미함)
- 아! 강낭콩꽃보다도 더 푸른 그 물결 위에 - 변영로, 〈논개〉 ('물결'은 '강의 물결'과 '역사'라는 두 가지 의미로 해석 가능)

🎯 강조법

(1) **과장법** : 사물의 수량, 상태, 성질 또는 글의 내용을 실제보다 더 늘리거나 줄여서 표현하는 방법이다. 과장법은 시적 감정의 진실성을 나타내는 데 효과적이다. 실제보다 더 크고 강하게 나타내는 것을 '향대 과장(向大誇張)'이라고 하고, 을 '향소 과장(向小誇張)'이라고 한다.

① 향대 과장 : 실제보다 더 크고 강하게 나타내는 것
- 그가 북을 치차, 북소리가 천지를 진동하였다.
- 그날이 오면, 그날이 오며는 / 삼각산이 일어나 덩덩실 춤이라도 추고 / 한강물이 뒤집혀 용솟음칠 그날이 - 심훈, 〈그날이 오면〉
- 모란이 지고 말면 그뿐, 내 한 해는 다 가고 말아 / 삼백 예순 날 하냥 섭섭해 우옵내다. - 김영랑, 〈모란이 피기까지는〉

② 향소 과장 : 실제보다 더 작고 약하게 나타내는 것
- 쥐꼬리만 한 월급 봉투
- 눈곱만 한 밥을 먹고 어떻게 살라는 것이냐.

(2) **반복법** : 같은 단어나 구절, 문장을 반복시켜 뜻을 강조하는 방법이다.
- 해야 솟아라, 해야 솟아라, 말갛게 씻은 얼굴 고운 해야 솟아라. - 박두진, 〈해〉
- 산에는 꽃 피네 / 꽃이 피네. / 갈 봄 여름 없이 / 꽃이 피네 / - 김소월, 〈산유화〉
- 부끄럽지 않은가 / 부끄럽지 않은가 - 김광규, 〈희미한 옛 사랑의 그림자〉

(3) **점층법** : 어떠한 글이 포함하고 있는 내용의 비중이나 정도를 한 단계씩 높여서 뜻을 점점 강하게, 높게, 깊게 층을 이루어 독자의 감정을 자연스럽게 절정으로 이끌어 올리는 표현 방법이다. 이 방법은 독자를 설득하여 감동시키는 데에 효과적이다.
- 바람보다도 더 빨리 눕는다. / 바람보다도 더 빨리 울고 / 바람보다도 먼저 일어난다. - 김수영, 〈풀〉
- 신록은 먼저 나의 눈을 씻고, 나의 가슴을 씻고, 다음에 나의 마음의 모든 구석구석을 하나하나 씻어 낸다. - 이양하, 〈신록 예찬〉

(4) **점강법** : 점층법과 반대로 한 구절 한 구절의 내용이 작아지고 좁아지고 약해져서 고조된 감정으로부터 점점 가라앉게 하는 표현 방법이다.
- 점층법과 점강법을 아울러서 점층법이라고도 한다.

◉ 명예를 잃는 것은 모두를 잃는 것이요, 용기를 잃는 것은 많은 것을 잃은 것이요, 돈을 잃는 것은 아무것도 안 잃은 것이다.

◉ 천하를 다스리고자 하는 자는 먼저 그 나라를 다스리고 그 나라를 다스리고자 하는 자는 먼저 그 집을 가지런히 하여야 한다.

(5) 열거법 : 서로 비슷하거나 같은 계열의 구절이나 그 내용을 늘어놓음으로써 서술하는 내용을 강조하려는 수사법이다. 부분적으로는 각각 다른 자격과 표현 가치를 가진 어휘로써 전체 내용을 강조하는 수사법이다.

· 대체로 셋 이상을 늘어놓을 때만 열거법으로 본다. 같은 어구를 늘어놓은 것은 '열거법'이 아니고 '반복법'이다.

◉ 별 하나에 추억과 / 별 하나에 사랑과 / 별 하나에 쓸쓸함과 / 별 하나에 동경과
— 윤동주, 〈별 헤는 밤〉

◉ 우리 국토는 그대로 우리의 역사이며, 철학이며, 시이며, 정신입니다.

◉ 밤나무 / 소나무 / 참나무 / 느티나무 — 신석정, 〈작은 짐승〉

(6) 비교법 : 성질이 비슷한 두 가지의 사물이나 내용을 서로 비교하여 그 차이로 어느 한쪽을 강조하는 방법이다.

◉ 아! 강낭콩꽃보다도 더 푸른 그 물결 위에 양귀비꽃보다도 더 붉은 그 마음 흘러라.
— 변영로, 〈논개〉

◉ 여름 바다도 좋지만, 가을 단풍이 더 좋다.

◉ 달이 쟁반보다도 크다.

(7) 대조법 : 서로 반대되는 내용이나 감각을 맞세워 강조하거나 선명한 인상을 주려는 방법이다. 단어, 의미, 색상, 감각의 대조 등이 있다.

◉ 산천은 의구하되 인걸은 간 데 없다. — 길재 (불변의 자연과 변하는 인간사를 대조)

◉ 들을 제난 우레러니 보니난 눈이로다. — 정철, 〈관동별곡〉 (청각과 시각의 대조)

◉ 흰 나비는 도무지 바다가 무섭지 않다. // 청무밭인가 해서….
— 김기림, 〈바다와 나비〉 (색상의 대조)

(8) 연쇄법 : 앞 구절의 말을 다시 다음 구절에 연결시켜 연쇄적으로 이어가는 방법이다. 강조를 위한 반복법과 다른 점은, 가락을 통해 글에 변화를 줌으로써 흥미를 일으키게 하는 데에 있다.

◉ 사과는 맛있어, 맛있으면 바나나, 바나나는 길어, 길면 기차.

◉ 고인도 날 못 보고, 나도 고인 못 봬 / 고인을 못 뵈어도 녀던 길 앞에 있네. / 녀던길 앞에 있거든 아니 녀고 어떨꼬. — 이황, 〈도산십이곡〉

◉ 흰 눈은 내려 내려서 쌓여 내 슬픔 그 위에 고이 서리다. — 김광균, 〈설야〉

(9) 영탄법 : 감탄사나 감탄형 어미 등을 써서 슬픔, 기쁨, 감동 등 벅찬 감정을 강조하여 표현하는 수법이다.

◉ 산산이 부서진 이름이여! 허공 중에 헤어진 이름이여! — 김소월, 〈초혼〉

◉ 내 누님같이 생긴 꽃이여. — 서정주, 〈국화 옆에서〉

◉ 두 볼에 흐르는 빛이 정작으로 고와서 서러워라. — 조지훈, 〈승무〉

변화법

(1) 도치법 : 문장 성분의 순서를 바꾸어서 내용을 강조하는 방법이다. 문장의 순서는 '주어+목적어(보어)+서술어'의 형식으로 나타나는데, 이 순서가 바뀐 형태가 도치법이다.
- 아! 누구인가? 이렇게 슬프고도 애달픈 마음을 맨 처음 공중에 달 줄을 안 그는.
  – 유치환, 〈깃발〉
- 나는 아직 기다리고 있을 테요, 찬란한 슬픔의 봄을. – 김영랑, 〈모란이 피기까지는〉
- 이제 우리들은 부르노니 새벽을! 이제 우리들은 외치노니 우리를! 이제 우리들은 비노니 이 밤을 분쇄할 벽력을! – 오상순, 〈아시아의 여명〉

(2) 대구법 : 비슷한 가락을 병치시켜 대립의 흥미를 일으키는 방법이다. 앞뒤의 내용이 비슷한 성격으로서 나타나야 하며 대등적으로 연결되어야 한다.
- 꽃 피는 사월이면 진달래 향기 / 밀 익는 오월이면 보리 내음새.
  – 김동환, 〈산 너머 남촌에는〉
- 범은 죽어서 가죽을 남기고, 사람은 죽어서 이름을 남긴다.
- 이성은 투명하되 얼음과 같으며, 지혜는 날카로우나 갑 속에 든 칼이다.

(3) 설의법 : 처음에는 일반적인 서술문으로 표현해 나가다가 결론이나 단정 부분에서 의문 형식으로서 강조하는 방법으로, 좀 더 효과적으로 상대방을 납득시키려는 표현 형식이다. 내용상으로는 의문이 아니며, 누구나 충분히 알고 있어서 결론을 내릴 수 있는 것을 독자의 판단에 맡겨 스스로 결론을 내리도록 표현하는 방법이며 정말로 몰라서 의문을 나타내는 것은 설의법이 아니다.
- 우리가 물이 되어 만난다면 / 가문 어느 집에선들 좋아하지 않으랴.
  – 강은교, 〈우리가 물이 되어〉
- 간간이 / 자유를 말하는데, / 나의 영은 죽어 있는 것이 아니냐. – 김수영, 〈사령〉
- 어디 닭 우는 소리 들렸으랴. – 이육사, 〈광야〉
- 님 향한 일편단심이야 가실 줄이 이시랴? – 정몽주

(4) 반어법 : 겉으로 표현한 내용과 속에 숨어 있는 내용을 서로 반대로 나타내어 독자에게 관심을 갖게 하는 방법이다. 겉으로는 칭찬하는 척하지만 사실을 꾸짖고, 겉으로는 꾸짖는 척하지만 사실은 칭찬하는 것과 같은 방법으로, 아이러니라고도 한다.
- 나보기가 역겨워 / 가실 때에는 / 말없이 고이 보내 드리우리다. – 김소월, 〈진달래꽃〉
- 나보기가 역겨워 / 가실 때에는 / 죽어도 아니 눈물 흘리우리다. – 김소월, 〈진달래꽃〉
- 규칙도 모르는 사람이 심판을 하였으니 시합이 오죽이나 공정했겠소.

(6) 역설법 (모순 형용) : 표면적으로는 이치에 맞지 않은 듯하나, 실은 그 속에 절실한 뜻이 담기도록 하는 수사법이다. 보통 서로 반대 개념을 가진, 또는 적어도 한 문맥 안에서 같이 사용될 수 없는 말들을 결합시키는 모순 어법을 통해 나타난다.
- 모란이 피기까지는 / 나는 아직 기다리고 있을 테요, 찬란한 슬픔의 봄을.
  – 김영랑, 〈모란이 피기까지는〉
- 괴로웠던 사나이 / 행복한 예수 그리스도에게처럼 – 윤동주, 〈십자가〉
- 소리없는 아우성 – 유치환, 〈깃발〉

※ 반어법의 경우 진술 자체에 모순이 없으나 진술된 언어와 의미 사이에 모순이 생기는 반면, 역설은 진술 자체에 모순이 있다는 점에서 반어법과 차이가 있다.

서술자와 시점

(1) 서술자

소설 속에서 독자에게 이야기를 전달하는 사람이다. 누가 어떤 위치에서 사건을 보고 이야기하는가, 즉 화자의 위치와 시각을 시점이라고 한다. 소설의 시점은 1인칭과 3인칭의 두 가지이다.

1인칭	작품 속에 '나'가 등장	주인공 시점	주인공의 내면이 드러난다. 주인공과 서술자 사이의 거리가 없다.
		관찰자 시점	주인공을 밖에서 지켜본다. 주인공과 서술자 사이의 거리가 멀다.
3인칭	작품 속에 '나'가 등장하지 않음	전지적 시점	주인공과 서술자 사이의 거리가 유동적이다.
		관찰자 시점	주인공과 서술자 사이의 거리가 가장 멀다.

(2) 시점의 유형

① 1인칭 주인공 시점
  ㉠ '나'라는 서술자가 자기 자신에 대하여 이야기하는 형식이다.
  ㉡ 심리 묘사와 내면 의식을 표현하는 데 효과적이다.
  ㉢ 자전소설(自傳小說)·서간체소설(書簡體小說)·일기체소설(日記體小說) 등에서 채택된다.

② 1인칭 관찰자 시점
  ㉠ 부수적 인물인 '나'가 주인공의 성격과 사건을 말하는 형식이다.
  ㉡ 주인공의 내면을 숨김으로써 긴장감과 경이감을 자아낸다.

③ 3인칭 전지적 작가 시점
  ㉠ 전지적이고 분석적인 서술자가 작중 인물의 사상과 감정 속에 뛰어들어 가서 이야기를 서술하는 기법이다.
  ㉡ 주인공의 감정과 심리적 변화를 설명하는 데 효과적인 기법이다.
  ㉢ 서술자가 여러 인물의 심리와 상황을 제시하면 일반적인 전지적 작가 시점이며, 특정한 인물에 주목하여 심리와 상황을 집중적으로 제시하면 3인칭 제한적 작가 시점이 된다.

④ 3인칭 작가 관찰자 시점
  ㉠ 서술자가 인물과 사건의 바깥에서 객관적으로 전달하는 형식이다.
  ㉡ 냉철한 묘사가 중심을 이루며, 독자의 상상을 통해 독특한 긴장감을 자아낸다.

요점 정리

〈서술자가 이야기 안에 있는 경우〉

① 1인칭
- '나' 또는 '우리'가 등장

〈서술자가 이야기 밖에 있는 경우〉

① 전지적 작가 시점
- 등장인물의 말과 행동 심리, 사건 모두 알고 있다.
- 예) 김병태 선생님은 그 말을 듣고 무척 기뻐했다.

② 3인칭 관찰자 시점
- '관찰'만 하는 것으로 심리를 알 수 없기 때문에 '추측'수 있음.
- 예) 진수는 조금 신랄한 데를 찌른 듯하여 씽긋 웃었다.
- 예) 김병태 선생님은 왠지 기분이 좋은 것 같았다.
- 예) 그는 문제를 보고 혼란스러웠을지도 모른다.

③ 선택적(제한적) 시점
- 특정한 인물에 주목하여 심리와 상황을 집중적으로 제시
- 예) 덕기는 분명히 조부의 이런 목소리를 들은 법하다. 꿈이 아니었던가 하며 소스라쳐 깨어 눈을 떠보니 머리맡 창에 볕이 쨍쨍히 비친 것이 어느덧 저녁때가 된 것 같다. 벌써 새로 세시가 넘었다. 아침 먹고 나오는 길로 따뜻한 데 누웠으려니까 잠이 폭폭 왔던 것이다. 어쨌든 머리를 쳐드니, 인제는 거뜬하고 몸도 풀린 것 같다.

  "네 처두 묵으라고 하였다만 모레는 너두 들를 테냐? 들르면 무얼 하느냐마는……."

  조부의 못마땅해하는, 어떻게 들으면 말을 만들어 보려고 짓궂이 비꼬는 강강한 어투가 또 들린다. 덕기는 부친이 왔나 보다 하고 가만히 유리 구멍으로 내다보았다. 수달피 깃을 댄 검정 외투를 입은 홀쭉한 뒷모양이 뜰을 격하여 툇마루 앞에 보이고 조부는 창을 열고 내다보고 앉았다. 덕기는 일어서려다가 조부가 문을 닫은 뒤에 나가리라 하고 주저앉았다.

  "저야 오지요마는 덕기는 붙드실 게 무엇 있습니까. 공부하는 애는 그보다 더한 일이 있더라도 날짜를 대서 하루바삐 보내야지요……."

  이것은 부친의 소리다. 부친은 가냘프고 신경질적인 체격 보아서는 목소리라든지 느리게 하는 어조가 퍽 딴딴인 인상을 주는 것이었다.

  – 염상섭, 〈삼대〉 – 2018 지방직 9급

※ **서술자의 주관이 개입하는 경우**
- 1인칭 시점
- 3인칭 시점에서 서술자의 주관이 개입하면 전지적 작가 시점이다.

소설의 서술 방법

(1) 대화

　대화는 등장인물들이 주고받는 말로, 그 기능은 사건 전개와 인물의 성격 제시에 있다. 인물의 성격이나 가치관 등을 드러낼 뿐 아니라 갈등을 진행시키는 중요한 기능을 수행하므로, 스토리와 유기적으로 결합해야 하고, 화자의 성격과 일치해야 하며, 자연스럽고 극적이어야 한다. 또한 간결하고 암시적인 대화는 사건의 전개에 결정적 영향을 미치며, 사투리나 특이한 구어체 사용은 독특한 느낌을 주게 된다.

(2) 묘사

　묘사란, 대상에서 받은 인상을 구체적인 표현을 통하여 개성적으로 그려내는 방법이다. 이는, 어떤 대상을 그려 보인다 해도 목적이 그 대상에 관한 정보나 지식의 전달에 있는 것이 아니고, 그 대상에서 받은 인상을 전달하고자 하는 데 있다는 점에서 설명과 구별된다.

　소설에 있어서 묘사는, 작가가 객관적인 위치에서 인물, 배경, 장면 등을 구체적으로 드러내는 표현 방법이다. 그러므로 묘사는 독자들의 눈앞에 구체적인 심상을 생생하게 재현시켜 준다.

(3) 서술

　서술은 설명하는 문장이다. 소설의 설화성을 충족시키고 인물, 사건, 배경 등을 직접적으로 표현하는 방법이자, 해설적·추상적·요약적인 표현으로서, 소설을 출발시키고 그 흐름을 빠르게 한다는 점에서 중요한 기능을 담당한다.

　서술은 특정 기간 동안에 발생한 사건의 내용과 통일성을 암시함으로써, 그 기간을 비교적 짧은 몇 마디로 재빨리 간파하도록 한다. 재미나 의미가 없는 사건을 최소한의 단어로 생략하거나, 시간과 사건의 교량 구실을 할 때 서술의 방법을 사용하여 인물의 성격과 스토리를 구현하고 전개시킨다. 또한 서술은 행동만으로는 드러내거나 믿음을 줄 수 없는 성질의 내용을 대체하기도 하며, 독자를 과거로 향하게 할 때도 사용된다.

인물 제시 방법

(1) 직접적 제시 (분석적·해설적 제시, telling)

작가가 직접 서술자가 되어 인물의 성격을 설명하는 방법이다. 혹은 작품 속의 한 인물이 다른 인물의 성격이나 심리 상태 등을 직접 설명하거나 논평하는 방법이다. 사건의 빠른 전개에 용이하며 작가의 견해가 효과적으로 드러난다.

(2) 간접적 제시 (극적 제시, showing)

등장인물의 외양(겉모습), 행동, 대화 등 객관적인 상황을 묘사하여 보여줌(showing)으로써 인물의 성격이나 심리 상태를 극적으로 암시하여 간접적으로 인물의 성격을 보여주는 방식이다. 장면을 생생하게 묘사하여 현장감을 높일 수 있으며, 입체적 인물을 제시할 때 용이하게 쓰인다. 독자의 추측과 상상을 유도하는 데 유용하지만, 작가의 견해가 드러나기는 힘들다.

요약

① 직접 제시 [요약적, 설명적, 논평적 제시]
  서술자가 인물이나 사건을 요약해서 설명하는 방법 → 말해주기(telling)
  - 독자의 참여 방해
  - 사건 전개 속도 ↑
  - 생동감 ↓
  - 주관적

② 간접 제시 [극적 제시, 장면 제시]
  행동이나 대화, 표정을 통해 제시하는 방법 → 보여주기(showing)
  - 독자의 참여 유도
  - 사건 전개 속도 ↓
  - 생동감 ↑
  - 객관적

5. 필수문학 100선

제2편 문학 2

현대시

사평역에서 (곽재구)

'사평역'이라는 시골의 간이역을 배경으로 하여 막차를 기다리는 사람들의 삶의 애환을 간결하면서도 잔잔하게 그리고 있다.

막차는 좀처럼 오지 않았다.
　사람들이 기다리는 대상. 쓸쓸하고 외로운 분위기 형성
대합실 밖에는 밤새 송이눈이 쌓이고
　서민들의 인생 역정과 삶의 애환이 담겨 있는 곳
흰 보라 수수꽃 눈시린 유리창마다

톱밥난로가 지펴지고 있었다.
　가난한 이들에게 따뜻한 위안이 되는 존재
　　　　　　　　　　　　　　　　　　▶ 대합실의 풍경

그믐처럼 몇은 졸고

몇은 감기에 쿨럭이고 → 사람들의 힘겨운 삶을 상징

그리웠던 순간들을 생각하며 나는

한줌의 톱밥을 불빛 속에 던져 주었다.
　사람들에 대한 연민
　　　　　　　　　　　　　　　　　　▶ 회상에 젖는 모습

내면 깊숙이 할 말들은 가득해도

청색의 손바닥을 불빛 속에 적셔두고

모두들 아무 말도 하지 않았다. → 삶의 애환을 삭이고 침묵

산다는 것이 때론 술에 취한 듯
　　　　　　　　　　　삶에 대한 비유적인 표현
한 두릅의 굴비 한 광주리의 사과를

만지작 거리며 귀향하는 기분으로

침묵해야 한다는 것을

모두들 알고 있었다.
　　　　　　　　　　　　　　　　　　▶ 막차를 기다리는 사람들

오래 앓은 기침소리와

쓴약 같은 입술담배 연기 속에서 → 사람들의 삶이 힘겨움을 암시

싸륵싸륵 눈꽃은 쌓이고
　　가난한 이들에게 따뜻한 위안이 되는 존재
그래 지금은 모두들

눈꽃의 화음에 귀를 적신다.
　　　　　　　　　　　　　　　　　　▶ 눈꽃을 통해 위안받는 사람들

핵심정리

갈래	자유시, 서정시
성격	애상적, 감각적, 회고적
제재	간이역 대합실의 정경
주제	막차를 기다리는 사람들의 삶의 애환
특징	- 간결하고 절제된 어조로 표현함. - 차가움과 따뜻함의 이미지 대조를 통해 시적 대상을 표현함.

'대합실'의 의미

이 시의 공간적 배경은 역의 대합실이다. 이 시에 나오는 대합실은 다양한 인물군들이 모여 각기 다른 행로를 위한 기차를 기다리는 공간으로, 인생 역정과 삶의 애환을 담고 있다. 인물들의 시선을 내면세계로 향하게 하고, 침묵 속에서 자신과 인생을 응시하게 하는 공간으로 볼 수 있다.

'삶'의 의미

이 시의 화자는 '삶이란 기차를 타고 설원을 달리는 것과 같다.'라고 말하고 있다. 낯설고 고통스런 세상을 설원에, 그 속을 쓸쓸히 달리는 기차는 힘겹고 고달픈 우리의 인생 역정을 비유한 것이다. 이러한 우리의 인생은 단풍잎처럼 작고 초라하며 쓸쓸하다고 표현하였다. 그런 삶을 살아가는 사람들과 이를 지켜보는 화자 역시 결국은 같은 존재로 인생은 누구에게나 힘들고 고달픈 것임을 말하고 있다.

병태 요정의 ADVICE

시의 배경은 눈이 오는 밤에 사평역 대합실이에요. 화자는 대합실 안의 사람들을 바라보고 있지요. 다들 힘겨운 삶을 살아왔는지, 고단하고 지친 모습이에요. 화자는 그 사람들 옆에서 그리웠던 순간들을 회상하면서 톱밥을 난로에 던져 주었어요. 사람들은 가슴속에 할 말들이 많지만 삶의 어려움은 가슴속으로 삭이고 침묵하고 있어요. 화자는 자신의 삶은 설원을 달리는 기차라고 생각해요. 화자가 살아온 삶이 순탄하지 않았기에 꽃길이 아닌 설원을 달리고 있는 것이겠죠? 화자는 다른 사람들 역시 자신과 같이 힘겨운 삶을 살고 있다고 생각하며 위로의 마음을 담아 난로 안에 톱밥을 뿌려주었어요.

자정 넘으면

낯설음도 뼈아픔도 다 설원인데

단풍잎 같은 몇 잎의 차장을 달고

밤열차는 또 어디로 흘러가는지
└ '삶'에 대한 비유적인 표현 ('삶'을 설원을 달리는 열차에 빗댐)
그리웠던 순간들을 호명하며 나는

한줌의 눈물을 불빛 속에 던져주었다.
힘겨운 삶을 살아가는 사람들에 대한 연민과 공감의 행위

▶ 삶에 대한 연민

슬픔이 기쁨에게 (정호승)

'슬픔'이 '기쁨'에게 말을 건네는 형식을 통해, 이기적인 삶의 태도를 반성하고 사랑을 위해서는 슬픔이 필요하다는 역설적인 표현이 돋보이는 작품이다.

나는 이제 너에게도 슬픔을 주겠다.
└ '-겠다'를 반복하여 운율을 살리고 화자의 의지를 강조
'슬픔'   '기쁨' '기쁨'과 대립적인 시어, 이웃의 아픔을 함께 슬퍼하는 '연민'

사랑보다 소중한 슬픔을 주겠다.
역설적인 표현

겨울밤 거리에서 귤 몇 개 놓고
현실적 고난과 어려운 삶의 상황

살아온 추위와 떨고 있는 할머니에게
                사회적 약자인 사람을 상징

귤 값을 깎으면서 기뻐하던 너를 위하여 → 작은 이익을 탐하고 약자의 아픔을
                                    모르는 이기적인 태도

나는 슬픔의 평등한 얼굴을 보여 주겠다.
    슬픔도 기쁨만큼 소중하다는 인식

내가 어둠 속에서 너를 부를 때 → 도움이 필요하다고 호소할 때
고통스럽고 소외된 삶

단 한 번도 평등하게 웃어 주질 않은

가마니에 덮인 동사자가 다시 얼어 죽을 때
          사회적 약자, 고통받는 사람들 (=추위와 떨고 있는 할머니)

가마니 한 장조차 덮어 주지 않은

무관심한 너의 사랑을 위해

흘릴 줄 모르는 너의 눈물을 위해
남의 아픔을 성찰할 줄 모르고 타인의 아픔에 연민을 보내지 않는 이기적인 '너'의 모습

나는 이제 너에게도 기다림을 주겠다.
        진정한 사랑을 깨달을 수 있는 시간

이 세상에 내리던 함박눈을 멈추겠다.
        약자와 소외된 사람들에게 슬픔과 고통을 주는 것

보리밭에 내리던 봄눈들을 데리고

추위 떠는 사람들의 슬픔에게 다녀와서

눈 그친 눈길을 너와 함께 걷겠다.
        '너'에게 사랑의 참다운 의미를 깨닫게 하여 더불어 살겠다는 의지

슬픔의 힘에 대한 이야길 하며
가난하고 소외된 이들에 대한 연민과 애정의 소중함

기다림의 슬픔까지 걸어가겠다.
'기다림'과 '슬픔'의 가치를 깨달을 때까지 동행하고자 하는 의지

2018년 국가직 7급

① 의인화 기법을 통해 자연의 가치를 찬미하고 있다.
② 소외된 존재의 슬픔이 시상의 거점을 이루고 있다.
③ 유사한 종결어의 반복을 통해 화자의 의지가 드러나고 있다.
④ 상대에게 말을 건네는 상황을 설정하여 시상을 전개하고 있다.

정답 ①

화자 : 나 (슬픔)	청자 : 너 (기쁨)
사랑보다 소중함. 슬픔과 기다림을 주려 함. 슬픔의 평등한 얼굴을 보여 주려 함. 함박눈을 멈추려 함.	할머니의 귤 값을 깎으며 기뻐함. 도움을 외면하며 웃어 주지 않음. 이웃을 평등한 존재로 생각하지 않음. 동사자가 다시 얼어 죽어도 무관심함. 이웃을 위해 눈물을 흘릴 줄 모름.

→ 눈 그친 눈길을 너와 함께 걷고자 함.

✅ 핵심정리

갈래	자유시, 서정시
성격	의지적, 설득적, 현실 비판적, 교훈적
제재	타인의 고통에 무관심한 이기적인 삶
주제	이기적인 삶에 대한 반성과 더불어 살아가는 삶 추구, 소외된 이웃에 대한 사랑과 관심 추구
특징	- '슬픔'을 시적 화자로 설정하여 '기쁨'에게 말하는 형식을 취하고 있음 - '-겠다'의 반복을 통해 운율감을 형성하고 화자의 의지적인 자세를 효과적으로 나타냄.

🌸 '함박눈'의 의미

이 시에서 '함박눈'은 관점에 따라 다르게 해석될 수 있다. 추위에 떠는 사람들의 입장에서 함박눈은 고통을 주는 대상이지만 '너'와 같은 사람들의 입장에서는 기쁨의 대상이다. 두 해석 모두 화자의 입장에서 봤을 때에는 멈춰야 하는 대상이다. 소외된 이웃들을 힘겹게 하는 시련은 당연히 멈춰야 하며, 타인의 고통에 무관심한 이기적인 존재의 기쁨 역시 멈춰야 한다. 그래야만 그들에게 더불어 사는 삶의 소중함을 일깨울 수 있기 때문이다.

🚩 병태 요정의 ADVICE

이 시는 '슬픔'이 '기쁨'에게 말을 건네는 방식으로 이루어져 있어요. 청자로 설정된 '기쁨'은 소외된 사람들에게 무관심한 존재죠. 추위에 떨고 있는 할머니의 귤 값을 깎으면서 기뻐하고, 어둠 속에서 애타게 부르는 소리를 외면하며, 얼어 죽은 사람을 위해 가마니 한 장조차 덮어 주지 않는 이기적인 존재죠. 이러한 '기쁨'에게 화자는 '슬픔'과 '기다림'을 주겠다고 말하고 있어요. 이 시에서 '슬픔'은 '사랑'보다 소중한 존재로, 추위 떨고 있는 사람들의 아픔을 함께하면서 그들을 위로해 주어요. 화자는 타인의 고난과 시련에 관심을 갖는 '슬픔'이 더 큰 힘을 갖고 있다고 생각해요. 화자는 이러한 '슬픔'을 '너'에게 주고 싶은 것이죠. 이때 청자인 '너'는 어느 특정한 사람만을 지칭하는 것이 아니라, 이기적으로 살면서 소외된 이웃들에게 무관심한 우리 모두가 될 수 있어요. 시인은 이러한 우리들에게 가난과 소외로 인해 힘겹게 살아가는 사람들에 대한 관심과 애정을 촉구하고 있는 것이죠.

청노루 (박목월)

한 폭의 동양화를 보는 듯한 느낌을 주는 작품으로, 박목월의 자연관이 어떠한가를 잘 보여 주는 작품이다.

■ 시선의 이동 (원경 → 근경)
머언 산 청운사
　'푸른 구름의 절'이라는 의미(신비롭고 몽환적인 느낌)

낡은 기와집
　고풍스럽고 신비로운 느낌. 고요하고 편안함이 느껴지는 대상

　　　　　　　　　　▶ 청운사 (공간적 배경)

산은 자하산
　'보랏빛 무지개의 산'이라는 뜻(신비롭고 몽환적인 느낌)

봄눈 녹으면
　시간적 배경 (봄)

　　　　　　　　　　▶ 자하산 (공간적 배경, 시간적 배경 - 봄)

느릅나무

속잎 피어나는 열두 구비를
　동적 이미지, 깊은 산속을 의미함

　　　　　　　　　　▶ 새잎이 돋는 느릅나무

청노루
　평화롭고 이상적인 공간에 잘 어울리는 순수한 대상

맑은 눈에

　　　　　　　　　　▶ 청노루의 눈에 비친 구름 (시적 대상)

도는

구름
　정적인 분위기, 시상을 압축하여 화자의 내면적인 감동을 전달함

　　　　　　　　　　▶ 눈매에 감도는 구름

2018년 지방직 9급 + 사회복지직

Q. 다음 시에 대한 설명으로 적절하지 않은 것은?
① 묘사된 자연이 상상적, 허구적이다.
② 이상적 세계에 대한 그리움을 노래하고 있다.
③ 시적 공간이 원경에서 근경으로 옮아오고 있다.
④ 사건 발생의 시간적 순서에 따라 제재가 배열되고 있다.

정답 ④

병태 요정의 ADVICE

'청운사'는 이 시의 공간적 배경이에요. 글자를 풀이해 보면 푸른[靑] 구름 [雲]의 절[寺]이란 의미예요. 뭔가 신비하고 환상적인 느낌이 들지요? '자하산' 역시 공간적 배경으로 보랏빛[紫] 구름에[霞] 덮인 산(山)을 말해요. '자하산'은 '청운사'와 마찬가지로 신비한 느낌을 들게 해요. 이들은 실제 자연이라기 보다는 상상 속에 존재하는 환상적이고 신비한 세계에 가까워요. 시간적 배경은 속잎이 피어나는 '봄'이라고 할 수 있겠어요. 1연과 2연에서 제시된 배경은 신비롭고 환상적인 공간이에요. 그러한 분위기와 맑은 눈을 가진 '청노루'는 아주 잘 어울리죠. 맑은 눈을 가졌다는 것에서 순수함, 깨끗함을 느낄 수 있어요. 눈동자를 통해 구름이 떠다니는 것이 보일 정도라면 얼마나 눈이 맑고 깨끗한 것일까요? 작가는 자신의 시를 해설하면서 '내가 희구한 것은 핏발 한 가락 서리지 않은 맑은 눈이었다'라고 말하며, 그 심정을 '청노루 맑은 눈에 도는 구름'에 담았다고 했어요. 따라서 '청노루'는 화자가 꿈꾸는 깨끗하고 순수한 이상적 대상이라고 할 수 있어요.

박목월, '보랏빛 소묘'에서 나타난 자작시 해설

이 작품을 쓸 무렵에 내가 희구한 것은 '핏발 한 가락 서리지 않은 맑은 눈'이었다. … 핏발 한 가락 서리지 않은 눈으로 님을 그리워하고 자연을 사모했던 것이다. 또한 그런 심정으로 젊음을 깨끗이 불사른 것인지 모르겠다. 어떻든 그 심정이 '청노루 맑은 눈에 도는 구름'을 그리게 하였다. … 나는 그 누르스름하고 꺼뭇한, 다시 말하자면 동물적인 빛깔에 푸른빛을 주어서 정신화된 노루를 상상했던 것이다. 참으로 오리목 속잎이 피는 계절이 되면 노루도 '서정적인 동물'이 될 것만 같았다. 또 청운사나 자하산이 어디 있느냐 하는 것도 문제가 되었다. … 기실은 이 세상에 존재하지 않는 완전히 내가 창작한 산명이다. 나는 그 무렵에 나대로의 지도를 가졌다. 그 어둡고 불안한 일제 말기에 나는 푸근히 은신할 수 있는 어수룩한 천지가 그리웠다. 그러나 당시의 한국은 어디나 일본 치하의 불안하고 바라진 땅뿐이었다. … 그래서 나 혼자의 깊숙한 산과 냇물과 호수와 봉우리와 절이 있는 마음의 자연 지도를 그려보게 되었다.

✅ 핵심정리

갈래	자유시, 서정시
성격	관조적, 묘사적, 서정적, 낭만적, 시각적
율격	내재율 (4음보)
제재	청노루
주제	- 순수하고 이상적인 자연의 모습 - 봄의 정경과 정취
특징	- 이미지들만 제시함. - 시선의 이동에 따른 시상 전개 - 원경에서 근경으로 시선 이동

❋ 공간적 배경

청운사와 자하산은 신비로운 느낌을 자아내고 환상적인 느낌을 준다. 이곳은 실존하는 세계가 아니라 속세와 구별되는 환상적이고 낭만적인 탈속의 세계이다.

❋ 정적 심상 & 동적 심상

- 정적(靜的) 심상 : 청운사, 기와집, 자하산
- 동적(動的) 심상 : 봄눈 녹으면, 속잎 피어나는

농무 (신경림)

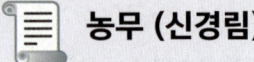

산업화 과정에서 소외된 1970년대 농촌을 배경으로, 농민들의 한과 울분을 표현한 작품이다.
'농무'는 농민의 한과 분노를 보여 주는 행위이다.

■ 공간의 이동

징이 울린다 막이 내렸다.
　　하강적 이미지(농민의 자조적인 한탄과 슬픔을 표현하기 위한 예고)
오동나무에 전등이 매어 달린 가설 무대
구경꾼이 돌아가고 난 텅 빈 운동장
　　　　　　　　농촌 삶의 현실에서 느끼는 쓸쓸함, 소외감, 허무감
우리는 분이 얼룩진 얼굴로
　　　중의적 표현 (분장을 한 얼굴, 분노로 얼룩진 얼굴)
학교 앞 소줏집에 몰려 술을 마신다.

답답하고 고달프게 사는 것이 원통하다.　　▶ 농무가 끝난 후의 허탈감
감정을 직설적으로 표현

꽹과리를 앞장세워 장거리로 나서면
따라붙어 악을 쓰는 건 쪼무래기들뿐
　　　　　젊은 남성들이 떠난 농촌 현실
처녀애들은 기름집 담벼락에 붙어 서서
철없이 킬킬대는구나.　　▶ 장거리에서의 농악과 설글픔

보름달은 밝아 어떤 녀석은
꺽정이처럼 울부짖고 또 어떤 녀석은
의적 임꺽정 (민중의 영웅을 상징)
서림이처럼 해해대지만 이까짓
임꺽정의 참모로 후에 임꺽정을 배신한 인물 (이익만 추구하는 사람을 상징)
산 구석에 처박혀 발버둥친들 무엇하랴.
　　　　　　　비관적 현실에 대한 자조
비료 값도 안 나오는 농사 따위야
아예 여편네에게나 맡겨 두고　　▶ 피폐한 농촌 현실에 대한 분노

쇠전을 거쳐 도수장 앞에 와 돌 때
　　　　　도살장 (분노와 한의 분위기 형성)
우리는 점점 신명이 난다.
　　　　　역설적 표현
한 다리를 들고 날라리를 불거나.
고갯짓을 하고 어깨를 흔들거나.　　▶ 농무를 통해 분노와 한을 표출

핵심정리

갈래	자유시, 서정시
성격	사실적, 묘사적, 현실 비판적
제재	농무
주제	근대화, 산업화 시대 속 농민들의 한과 고뇌
특징	- 공간의 이동에 따라 시상을 전개함. - 농민들의 울분과 한을 직설적으로 토로하고 있으며, 피폐해진 농촌 현실을 사실적으로 그려냄. - 역설적 상황을 설정하여 내적 심리를 표출함.

시대적 배경

1970년대 우리 작가들이 농촌문제에 심혈을 기울인 까닭은 농촌이 산업화의 최대 피해자였기 때문이다. 당시 농촌은 저임금, 저곡가 체제로 농촌 경제가 파탄이 났으며, 이농현상으로 급격한 인구 감소 등 많은 문제가 있었다. 이러한 농촌의 현실은 문학작품의 주요 소재가 되었으며, 작품 속에서 농민은 때로 분노하거나 좌절하는 모습으로, 때로는 자각에까지 이르는 모습으로 형상화되었다.

병태 요정의 ADVICE

시의 제목인 '농무'는 농민들이 삶의 활력과 신명을 얻기 위해 추는 춤을 말해요. 농민들의 축제를 이야기하고 싶었다면 농무가 진행되는 장면에 초점을 두었겠지요? 하지만 농무가 끝나고 막이 내리는 하강적인 이미지로 시를 시작하고 있어요. 농무의 흥겨움보다는 농민들의 어두운 면을 중심으로 하겠다는 예고된 표현으로 볼 수 있겠어요. 시적 화자는 농무를 추던 사람이에요. 분장도 지우지 않고 소줏집에서 술을 마시고 있죠. 분하고 원통한 화자의 심리가 직접적으로 제시되어 있어요. 소줏집에서 술을 마신 후 이번에는 꽹과리를 치면서 장거리로 나왔어요. 농악패가 꽹과리를 치고 거닐어도 신명나게 놀아 주는 사람들이 없는 상황이에요. 사람들의 냉담한 반응에서 예전과는 달라진 농촌의 모습이 보여요. 시간은 흘러 밤이 되었고 울부짖는 사람도 있고, 해해대는 사람도 있어요. 화자는 아무리 노력하고 발버둥을 쳐도 결국은 벗어날 수 없다고 체념하고 있어요. 화자가 그토록 답답하고 원통했던 이유는 열심히 일해도 비료값도 안 나올 정도로 농민들의 상황이 좋지 않기 때문이죠. 소를 매매하는 쇠전을 지나 도수장으로 공간의 이동이 드러나요. 화자는 '신명이 난다'라고 말하지만 열심히 일해도 비료 값도 안 나오는데 신명이 날 리가 없죠. 화자는 정말 흥겨워서 신명이 난다고 한 것이 아니라 자신의 울분을 역설적으로 표현한 것이에요.

2018년 지방직 7급

Q. ㉠~㉣ 중 다음 시의 주제와 관련하여 시적 화자의 정서를 가장 잘 대변하는 인물은?
① ㉠ 쪼무래기들　② ㉡ 처녀애들　③ ㉢ 꺽정이　④ ㉣ 서림이

2014년 법원직 9급

Q. 위 시에 대한 설명으로 가장 적절하지 않은 것은?
① '쪼무래기들뿐'은 이농으로 인해, 농업을 계승할 젊은이들이 떠나버린 현실을 보여준다.
② '꺽정이처럼 울부짖'는 모습은, 분노와 좌절을 거쳐 자각에까지 이른 농민의 모습을 형상화한 것이다.
③ '비료값도 안 나오는 농사'의 원인은 '저곡가 체제'에 있는 것으로, 화자가 좌절하는 원인이다.
④ '소'가 전통적으로 농민의 모습을 상징해 왔다는 것을 고려한다면, '도수장'은 농민이 살아가기 힘든 현실을 빗대어 표현한 것이라고 볼 수 있다.

정답 ③, ②

저문 강에 삽을 씻고 (정희성)

중년의 노동자를 화자로 설정하여, 희망 없이 반복되는 삶에서 가난한 노동자가 느끼는 비애와 체념을 표현하고 있다.

흐르는 것이 물뿐**이랴**
　→ 노동자의 힘든 삶도 흐르는 물과 같음
　　→ 설의적 표현
우리가 저와 같아서
　　흐르는 물
강변에 나가 삽을 씻으며
　　　노동자의 삶, 생계의 수단
거기 슬픔도 퍼다 버린다
　　삶의 비애를 씻어 버림
▶ 강물에서 인생의 의미를 발견

일이 끝나 저물어
스스로 깊어 가는 강을 보며
　　　깊어 가는 비애
쭈그려 앉아 담배나 피우고
　소극적이고 체념적인 삶의 태도
나는 돌아갈 뿐이다.
▶ 삶에 대한 체념적 태도

삽자루에 맡긴 한 생애가
　　노동자의 삶
이렇게 저물고, 저물어서
　　하강의 이미지
샛강 바닥 썩은 물에
　　　산업화의 폐해
달이 뜨는구나
매일 뜨는 달과 같이 희망 없이 무기력하게 반복되는 삶
▶ 평생을 노동으로 살아온 삶

우리가 저와 같아서
　　반복해서 뜨는 달
흐르는 물에 삽을 씻고
먹을 것 없는 사람들의 마을로
　　궁핍한 노동자의 현실
다시 어두워 돌아가야 한다.
　부정적 현실에 대한 체념적 태도
▶ 암담한 삶을 체념함

2018 국가직 9급

Q. 화자의 처지나 행위에 대한 분석으로 옳지 않은 것은?

① 화자는 일을 마치고, 해 지는 강변에 나와 삽을 씻는다.
② 화자는 강물에 슬픔을 퍼다 버리고, '먹을 것 없는 사람들의 마을'로 돌아가야 한다.
③ 화자는 '삽자루에 맡긴 한 생애'라는 표현을 통해 자신의 삶을 압축적으로 드러낸다.
④ 화자는 주관적인 감정을 배제하고, 해 지는 강가의 풍경을 객관적으로 전달하려 한다.

정답 ④

시적 화자·강물·달의 관계

이 시에서 시적 화자는 자신의 처지를 흐르는 '강물'과 썩은 강물에 뜬 '달'에 비유하고 있다. '강물'과 '달'은 그 형태가 일정하지 않다는 공통점을 지니고 있다. 또한 그 변화는 주체적인 것이 아니며, 반복적이라는 특징이 있다. 화자 역시 자신의 정체성을 가지지 못한 채 하루하루 희망이 없는 반복된 삶을 살아가는 노동자이다. 흘러가 버린 강물과 같이, 반복해서 뜨는 달과 같이 화자 자신도 중년이 넘어버린 희망 없는 노동자로 변해버린 것이다.

핵심정리

갈래	자유시, 서정시
성격	성찰적, 회고적
제재	강물
주제	가난한 노동자의 삶의 비애
특징	- 연의 구분이 없는 단연시 - 민중의 구체적인 삶을 자연물의 이미지와 결합시킴. - 시간의 흐름과 화자의 내면 변화에 따라 시상을 전개함.

병태 요정의 ADVICE

　물 말고도 흐르는 것이 있다는 설의적인 표현으로 시를 시작하고 있어요. 삶이 물처럼 흘러간다는 의미로 이해할 수 있겠어요. 삽을 씻는 것을 통해 화자가 노동자임을 알 수 있어요. 삽을 씻으며 슬픔도 퍼다 버린다는 말은 바꿔 생각해보면 화자에게는 퍼다 버려야 할 슬픔이 있다는 것이에요. 쭈그려서 담배나 피우고 돌아가는 것은 노동자로 살아가는 삶에 대해 순응하고 체념하고 있는 모습으로 볼 수 있어요. 생애가 저물었다는 부분에서 화자의 나이가 꽤 많은 중년이라는 것을 알 수 있어요. 화자는 오랜 시간 노동자로 살아온 것이네요. 앞에서 화자는 삽을 씻으면서 강물에 슬픔도 퍼다 버린다고 했어요. 하지만 그 강이 썩은 물이라면 화자가 버리는 슬픔을 가져갈 수 없겠죠. 화자가 가지고 있는 슬픔은 쉽게 씻겨 나갈 수 없을 것 같아요. 화자는 매일 뜨고 지는 달과 같이 화자는 매일 노동을 하고 집으로 돌아가는 삶을 반복하고 있는 것이죠. '달'은 반복되는 삶으로 해석하는 것이 자연스러워요. 화자는 '먹을 것 없는 사람들의 마을'로 돌아가려 해요. 그곳은 가난하고 열악한 삶의 공간을 의미하죠. 그곳으로 돌아간 화자는 내일 다시 강변에 나와 노동을 할 거예요. 화자의 삶은 쉽게 나아질 것 같지 않아요. 화자 역시 그러한 현실을 인식하고 있지만, 담배만 피울 뿐 적극적으로 극복하려고 하지는 않아요. 오히려 무기력하게 체념하고 이 삶을 살아가는 것 같아요. 그렇기에 마을로 돌아가는 화자의 모습이 더 슬퍼 보여요.

바다와 나비 (김기림)

'바다'와 '나비'의 대립 구조를 통해 새로운 세계에 대한 동경과 좌절이라는 주제를 감각적으로 전달하고 있다.

아무도 그에게 수심(水深)을 일러준 일이 없기에
　　　　　　　　↑ 알 수 없는 바다의 깊이(가혹한 현실)
　　나비　　　　↑ 냉혹한 현실
흰나비는 도무지 바다가 무섭지 않다.
현실을 모르는 순수한 존재
　　　　　　　　　　　　　　▶ 바다의 무서움을 모르는 나비

청(靑)무우밭인가 해서 내려갔다가는
소망하는 세계, '바다'와 대립됨
어린 날개가 물결에 절어서

공주처럼 지쳐서 돌아온다.
세상 물정을 모르는 순진한 존재　직유법
　　　　　　　　　　　▶ 바다로 날아갔다 지쳐서 돌아온 나비

　　　　　　　　　　↑ 아름다움과 휴식(안식처)
삼월(三月)달 바다가 꽃이 피지 않아서 서글픈
　　　　　　　　　　　　　　　　　화자의 감정이 드러남.
나비 허리에 새파란 초생달이 시리다.
　　　　　공감각적 이미지(시각의 촉각화) 냉혹한 현실이 나비를 좌절시킴.
　　　　　　　　　　　　　▶ 지치고 서글픈 나비의 모습

2018년 국가직 9급

Q. 다음 시에 대한 감상으로 적절하지 않은 것은?

① '청(靑)무우밭'은 '바다'와 대립되는 이미지로 쓰였다.
② '흰나비'는 '바다'의 실체에 대해 정확하게 모르고 있었다.
③ 화자는 '공주처럼' 나약한 나비의 의지 부족과 방관적 태도를 비판한다.
④ '삼월(三月)달 바다'와 '새파란 초생달'은 모두 차가운 이미지로 사용되었다.

2008년 법원직 9급

Q. 이 시에서 '흰 나비'가 지향하는 것과 가장 관련이 깊은 것은?

① 수심　② 날개　③ 꽃　④ 초승달

정답 ③, ③

✓ 핵심정리

갈래	자유시, 서정시
성격	주지적, 회화적
제재	바다와 나비
주제	새로운 세계에 대한 동경과 좌절
특징	- 시각적 이미지의 색채 대비가 두드러짐. - 상징적 시어의 사용 - 감정을 절제한 어조로 현실에 대한 비판적 인식을 드러냄. - 시각적 이미지와 공감각적 이미지 사용

대조적 이미지

이 시는 '바다'와 '나비'라는 대조적인 두 이미지의 결합으로 이루어져 있다. 거대하고 가혹한 바다와 한 마리의 연약한 나비가 대비되고, 바다의 청색과 나비의 흰색이 선명한 대비를 이루고 있다. 이런 점에서 이 시는 회화적 심상을 중시하는 모더니즘 시의 특징을 잘 보여 주는 작품이다.

현대 문명에 대한 비판

시가 창작된 시대 상황을 고려해 보면, 이 시에서 바다는 '새로운 세계'라는 근대 문명을 상징하고 나비는 이 세계에 뛰어들었다가 좌절하게 된 당시의 '지식인들'이라고 할 수 있다. 작가는 이러한 바다의 이미지를 통해 현대 문명에 대한 비판적 인식을 드러내고 있다.

병태 요정의 ADVICE

아무도 흰나비에게 바다의 깊이를 알려주지 않았어요. 얼마나 깊고 시린 곳인지 알았다면 나비는 바다를 무서워했겠죠? 나비는 바다의 겉모습만 보고 자신이 좋아하는 '청무우밭'인 줄 알고 바다로 내려가 봤어요. 하지만 나비가 내려간 곳은 차가운 바다였어요. 날개까지 시리게 젖어버렸죠. 날개가 젖은 나비는 연약한 공주처럼 지쳐서 돌아오고 있어요. 나비의 허리에는 바다에 젖은 자국이 남았는데, 화자는 그것을 '새파란 초생달'이라고 표현했어요. 나비의 좌절된 꿈을 상징하죠. 이를 통해 새로운 세계를 동경했지만 생각과는 다른 현실에서의 좌절하는 모습을 표현하고 있어요.

울음이 타는 가을 강 (박재삼)

흐르는 강을 보면서 자신의 인생을 돌이켜보고 인간의 근원적인 고독과 인생의 무상감을 표현하고 있는 시이다.

마음도 한자리 못 앉아 있는 마음일 때,
　마음이 안정되지 않고 혼란스러운 상태
친구의 서러운 사랑 이야기를

가을 햇볕으로나 동무삼아 따라가면,

어느 새 등성이에 이르러 눈물나고나,
　　　　　　　　　　　전통적인 어조　▶ 친구의 사랑 이야기를 들으며 고향에 이름

제삿날 큰집에 모이는 불빛도 불빛이지만
　　아름답지만 한이 담긴 가을 강 (붉은 노을빛을 울음이 타는 빛으로 인식)
해질녘 울음이 타는 가을 강(江)을 보것네.
　소멸의 이미지　└ 공감각적 이미지(시각의 청각화)　▶ 해 질 녘의 풍경

저것 봐, 저것 봐,
　저녁노을이 물든 강에서 느끼는 경이감
네보담도 내보담도

그 기쁜 첫사랑 산골 물 소리가 사라지고
　　　　　　　청년 시절
그 다음 사랑 끝에 생긴 울음까지 녹아나고,
　　　　중년 시절
이제는 미칠 일 하나로 바다에 다 와 가는,
　　　　　노년 시절
소리 죽은 가을 강을 처음 보것네.
　한이 서린 가을 강 (슬픔을 삭이는 화자의 내면을 형상화 함)　▶ 인생의 유한성과 한의 심화

2017년 국가직 9급
Q. 다음 시에 대한 감상으로 적절하지 않은 것은?
① 공감각적 이미지를 활용해 시상을 전개하고 있군.
② 첫사랑과 관련된 시어를 반복하여 운율을 형성하고 있군.
③ 대조적 속성을 지닌 소재를 통해 정서를 부각하고 있군.
④ 전통적인 어조를 사용해 예스러운 정감을 살리고 있군.

2009년 지방직 7급
Q. 다음 시에 대한 설명으로 적절하지 않은 것은?
① 시각적 심상과 청각적 심상의 결합으로 시적 대상을 제시하였다.
② 고전적인 어미 사용으로 전통적인 정서를 불러일으킨다.
③ 인간의 삶과 자연을 대치시키는 구조를 통해 비유적 의미를 보여준다.
④ 인생의 무상함과 유한함에 대한 화자의 낙관적 태도를 느낄 수 있다.

정답 ②, ④

✅ 핵심정리

갈래	자유시, 서정시
성격	전통적, 토속적, 애상적
제재	가을 강
주제	귀향길에 느낀 삶의 서러움과 한(恨)
특징	- 대조적 이미지의 시어가 조화를 이룸. - 인생과 자연을 병치하여 주제를 형상화함. - 판소리나 민요조의 종결 어미를 사용하여 전통적인 정서를 환기함. - 공감각적 이미지 사용

❄ '물'과 '불'의 이미지

물	울음이 타는 가을 강, 산골 물 소리, 바다, 소리 죽은 가을 강
불	가을 햇볕, 제삿날 큰집에 모이는 불빛, 해 질 녘 울음이 타는(저녁 노을)

'물'과 '불'의 원형 속에 '죽음', '소멸'이라는 상징이 내포되어 있다. 시인은 '물'과 '불'이 지니는 소멸의 이미지를 이용하여 인간의 본원적인 한(恨)을 효과적으로 드러내고 있다. '울음이 타는 가을 강'으로 대표되는 '물'의 이미지가 청각적 심상을 통해 소멸성을 드러내는 한편, '해 질 녘 울음이타는'으로 대표되는 '불'의 이미지는 시각적 심상을 통해 소멸성을 부각하고 있다.

❄ 시공간적 배경

'가을', '해 질 녘'이라는 시간적 배경과 '강'과 '바다'가 만나는 공간적 배경은 젊음과 열정이 지나고 죽음과 소멸로 접어드는 서러움의 시공간으로 많이 활용되고 있다. 이러한 시공간적 인생의 화려함을 뒤로 하고 죽음과 소멸에 접근하고 있는 화자의 인생과 어우러져 서러움과 한(恨)의 이미지를 고조시키고 있다.

🚩 병태 요정의 ADVICE
화자는 제삿날을 맞아 큰집으로 가고 있어요. 큰집으로 가는 길에 산등성이를 지나온 것이죠. 오랜만에 모두 모여 불빛을 밝히고 있지만 화자는 산등성이에서 서러움에 눈물을 흘리고 있어요. 눈물이 고인 화자의 눈에는 해 질 녘 가을 강의 모습이 울고 있는 것처럼 보여요. 강을 바라보는 화자의 마음이 슬프기 때문에 강의 모습도 슬프게 보이는 것이죠. 흐르는 강을 보면서 화자는 자신의 삶을 생각해보고 있어요. 바다를 향해 흐르는 물처럼, 화자는 자신의 삶도 강물과 같이 종착점에 온 것 같다며 삶의 유한함에 대해 생각하고 있어요. 화자는 유한한 삶에 대한 슬픔을 느끼지만 '소리 죽은 가을 강'처럼 그 슬픔을 소리 죽여 안으로 삼켜요. 슬픔과 한을 내면화하는 것이죠.

귀천(歸天) (천상병)

'귀천'이란 하늘로 돌아가는 죽음을 의미한다. 화자는 삶을 아름다운 소풍이라고 인식하고, 죽음은 근원으로 되돌아가는 귀향으로 인식하고 있다.

나 하늘로 돌아가리라. ← 독백적인 어조
　　죽음의 세계, 영원성의 표상
새벽빛 와 닿으면 스러지는
이슬 더불어 손에 손을 잡고,
소멸의 이미지 (아름답지만 사라지는 존재)

▶ 이슬과 함께 하늘로 돌아가겠다는 소망

나 하늘로 돌아가리라.
노을빛 함께 단둘이서
소멸의 이미지 (아름답지만 사라지는 존재)
기슭에서 놀다가 구름 손짓하면은,
삶과 죽음의 경계

▶ 노을빛과 함께 하늘로 돌아가겠다는 소망

나 하늘로 돌아가리라.
아름다운 이 세상 소풍 끝내는 날,
　　　　　　　　삶에 대한 순수한 태도
가서, 아름다웠더라고 말하리라……
　　　삶에 대한 긍정적 인식

▶ 삶을 아름다운 소풍이라고 인식함

✅ 핵심정리

갈래	자유시, 서정시
성격	고백적, 관조적, 독백적, 낙천적
제재	귀천(歸天)
주제	삶에 대한 달관과 죽음에 대한 정신적 승화
특징	- 독백적인 어조로 주제를 부각시킴. - 시각적 심상을 드러냄. - 비유적 이미지의 사용 - 시구를 반복하여 의미를 강조함.

❂ '이슬'과 '노을빛'

'이슬'과 '노을빛'은 모두 아름다운 것이지만 잠깐 동안 이 세상에 머물다가 소멸해 버리는 유한한 것이다. 화자는 '이슬과 더불어', '노을빛 함께' 하늘로 돌아가겠다고 말하고 있는데, 이것은 삶의 무상함을 말하기 위한 것이 아니라 그처럼 맑고 깨끗하고 아름답게 살고 싶다는 소망을 표현한 것이다.

❂ '삶'에 대한 화자의 태도

```
    하늘(저승)
        ↑              죽음에 대한 내적 승화
       귀천              (삶에 대한 긍정)
    이 세상 (소풍)
```

📢 병태 요정이 ADVICE

이 시의 제목은 '귀천' 즉, 하늘로 돌아간다는 뜻이에요. 시의 첫 행에서도 하늘로 돌아가겠다고 이야기하고 있어요. 화자가 바라는 것이 명확하게 드러나있죠. 화자는 '이슬'과 '노을'처럼 자신도 세상에 잠시 머물다가 사라지겠다고 말하고 있어요. 또한 이 세상의 삶을 '소풍'이라고 말하고 있는데, 소풍은 본래 있던 곳에서 잠시 다른 곳으로 떠나는 여행 같은 것이죠. 화자는 우리가 지금 살고 있는 삶이 '소풍'이라고 생각해요. 본래 있던 곳은 '하늘'인 것이죠. 그래서 하늘로 돌아간다는 의미는 화자에게는 본래 있던 곳으로 돌아가는 것을 의미해요. 우리는 죽음을 두려워하고 슬퍼하지만 화자에게 죽음은 원래 있던 곳으로 돌아가는 것이기에 슬퍼하거나 두려워할 대상이 아니에요. 따라서 지금의 삶이 아무리 힘들고 고통스럽더라도 화자는 지금의 삶을 아름답다고 말할 수 있어요. 삶에 대한 긍정적 인식이 드러나고 있죠. 화자는 존재의 소멸을 '이슬'과 '노을'과 같이 아름답게 인식하고 있어요.

2016년 국가직 7급

Q. 다음 작품에 대한 설명으로 적절하지 않은 것은?
① 죽음에 대해 달관한 태도를 보여 주고 있다.
② 4음보의 반복을 통해 리듬감을 형성하고 있다.
③ 미련도 집착도 없는 무욕의 경지를 나타내고 있다.
④ 독백적인 어조로 담담하게 진술하고 있다.

2018년 서울시 7급 2회

Q. 위 시에 대한 설명으로 가장 옳지 않은 것은?
① 죽음을 단절과 상실이 아닌 연속과 회귀의 과정으로 인식하였다.
② 현실을 초월하고 달관하려는 자유의지를 형상화하였다.
③ 새벽빛, 이슬, 노을빛 등을 통하여 초월적 세계의 영원성을 형상화하였다.
④ 화려한 수사나 기교가 없는 독백에 가까운 서술로 이루어져 있다.

2016년 국가직 9급

Q. '이슬'이 상징하는 것과 가장 유사한 것은?
① 어머니는 눈물로 진주를 만드신다.
② 반짝이는 나뭇잎은 어린 아이들의 웃음 같다.
③ 잠을 깨고 나니 고된 인생도 한바탕 꿈처럼 여겨졌다.
④ 얽매인 삶보다는 구름 같은 삶이 훨씬 좋을 때가 있다.

정답 ②, ③, ③

봄 (이성부)

'봄'을 의인화하고 상징적 의미를 부여하여 앞으로 다가올 새로운 시대(민주주의)에 대한 강한 신념을 노래하고 있는 작품이다.

기다리지 않아도 오고
<small>자연의 순리</small>
기다림마저 잃었을 때에도 너는 온다

▶ 봄이 오는 섭리의 정당성

『어느 뻘밭구석이거나

썩은 물 웅덩이 같은 데를 기웃거리다가

한 눈 좀 팔고 싸움도 한 판 하고,

지쳐 나자빠져 있다가』
<small>『 』: 의인화된 봄의 구체적인 모습</small>

다급한 사연 듣고 달려간 바람이
<small>부조리한 현실</small>
흔들어 깨우면

눈 부비며 너는 더디게 온다.

더디게 더디게 마침내 올 것이 온다.
<small>봄이 올 것이라는 화자의 확신</small>

▶ 봄이 오는 과정과 화자의 확신

너를 보면 눈부셔

일어나 맞이 할 수가 없다.
<small>역설적 표현 (봄을 맞이하는 감격)</small>

입을 열어 외치지만 소리는 굳어

나는 아무 것도 미리 알릴 수가 없다

가까스로 두 팔을 벌려 껴안아보는
<small>봄을 맞이하는 기쁨의 행위</small>
너, 먼데서 이기고 돌아온 사람아
<small>역경을 극복하고 찾아온 봄</small>

▶ 역경을 극복하고 맞이하게 된 봄에 대한 감격과 기쁨

2016년 국가직 7급

Q. 다음 시의 화자에 대한 설명으로 적절하지 않은 것은?

① 시적 대상에 상징적 의미를 부여하고 있다.
② 시적 대상에 대해서 무력감을 느끼고 있다.
③ 시적 대상에 대해서 예찬하는 태도를 보이고 있다.
④ 시적 대상을 통해서 순리에 대한 신념을 표현하고 있다.

정답 ②

✻ '봄'의 상징적 의미

봄
↓
간절한 기다림의 대상 희망의 이미지 계절 순환에 따른 당위적 속성
↓
화자가 현실에 정착되기를 열망하는 민주와 자유

이 시에서 봄은 계절로서의 의미를 넘어서서 화자가 부여한 상징적 의미를 지닌다. 현재는 부재 상태에 있지만, 언젠가는 회복될 수 있다고 믿는 가치인 것이다. 이 시의 시대적 배경으로 볼 때, '봄'은 민주와 자유를 상징하는 것으로 볼 수 있다.

☑ 핵심정리

갈래	자유시, 서정시
성격	상징적, 희망적
제재	봄
주제	다가오게 될 새로운 시대에 대한 강한 신념
특징	- 상징적 의미를 지닌 대상에 인격을 부여함. - 계절의 순리에 따라 봄이 오리라는 확고한 믿음을 드러냄.

✻ 인격화된 '봄'

이 시에서 '봄'은 뻘밭 구석과 썩은 물웅덩이를 기웃거리고, 한눈을 팔며 싸움도 한 판 벌이는 인격화된 모습으로 표현되었다. 이것은 봄이 오랜 기다림 끝에 오는 것임을 강조하기 위한 표현으로 이해할 수 있다. 따라서 이 시에서 봄은 온갖 더러움과 역경을 이겨내고 오는 간절한 기다림의 대상이다.

🚩 병태 요정의 ADVICE

기다리지 않아도 오는 대상은 시의 제목인 '봄'이에요. 겨울이 너무 길어서 봄이 안 올 것만 같아도 봄은 결국 오지요. 시간이 흐르고 계절이 순환하는 것은 자연의 섭리니까요. 화자는 봄을 '너'라고 친근하게 부르고 있어요. 의인법이 사용된 것이죠. 화자는 봄이 오지 않는 부정적인 상황을 마치 사람이 여기저기 기웃거리며 행동하는 모습처럼 표현했어요. 오랜 시간 봄을 기다린 화자에게는 봄이 '더디게' 오는 것 같지만 그래도 화자는 봄이 올 것이라는 확신을 가지고 있었어요. '마침내 올 것이 온다'를 통해 봄이 올 것이라는 화자의 확신을 느낄 수 있어요. 그렇게 기다리던 봄이 오자 화자는 기쁜 마음을 입을 열어 외치지만 말할 수 없다며 역설적으로 표현했어요. 먼 곳에서 이런저런 시련을 다 이기고 돌아온 '봄'을 화자는 꼭 안아주고, '너'라고 다정하게 부르며 친근감을 드러내고 있죠. 화자의 긴 기다림은 드디어 완성되었네요. 역경을 이겨낸 봄을 예찬하면서 시가 마무리되고 있어요. 시가 창작된 당시의 시대적 배경과 관련지어 감상하면 이 시에서 말하는 '봄'은 자유와 민주주의라고 할 수 있어요. 화자는 간절하게 자유와 민주주의를 기다리고 있지만 쉽게 오지 않았던 것이죠. 하지만 화자는 민주주의 역시 반드시 올 것이라는 확신을 가지고 기다린 것이에요.

새 (박남수)

'새(자연)'의 순수함과 이를 파괴하는 인간 문명에 대한 비판 의식을 드러낸 시이다.

1

하늘에 깔아 논

바람의 여울터에서나
<u>아름다운 자연</u>

속삭이듯 서걱이는

나무의 그늘에서나, <mark>새</mark>는
<u>아름다운 자연</u>　　　　<u>순수, 생명, 자연의 표상 ↔ 포수</u>

노래한다. 그것이 노래인 줄도 모르면서
　　　　↳ 새의 가식 없는 순수한 모습

새는 그것이 사랑인 줄도 모르면서

두 놈이 부리를 서로의 쭉지에 파묻고

다스한 체온을 나누어 가진다.
<u>순수한 사랑</u>　　　　　　　　　▶ 새의 순수한 노래와 사랑

2

새는 울어

뜻을 만들지 않고,
<u>인간의 인위성</u>

지어서 교태로

사랑을 가식하지 않는다.
<u>새의 순수함</u>　　　　　　　　　▶ 새의 가식 없는 순수함

3

<mark>포수</mark>는 한 덩이 <mark>납</mark>으로
↳ 인간 문명의 폭력성

그 <mark>순수</mark>를 겨냥하지만,
　　<u>순수, 생명, 자연의 표상</u>

매양 쏘는 것은

피에 젖은 한 마리 상한 새에 지나지 않는다.
<u>죽음, 희생</u>　　<u>인간에게 파괴된 자연의 순수성</u>
　　　　　　　　　　　　　　　　　　▶ 인간에 의해 파괴되는 새의 순수성

핵심정리

갈래	자유시, 서정시, 주지시
성격	주지적, 문명 비판적
제재	새, 포수
주제	자연의 순수한 삶에 대한 옹호와 현대의 비정한 기계 문명 비판
특징	- 이미지(자연과 인간)의 대립 - 상징적 시어의 사용 - 시어의 대비를 통해 주제를 형상화

이미지의 대립

자연의 순수	↔	인간의 문명
새의 노래와 사랑		포수의 총과 한 덩이의 납

피에 젖은 상한 새 →
인간 문명에 의한 순수의 파괴

백태 요정이 ADVICE

1연은 아름다운 자연과 새의 모습을 표현하고 있어요. '새'는 억지로 뜻을 붙여서 울거나 가식적으로 사랑을 만들어 내지 않아요. 여기서 '뜻', '교태', '가식'들은 '새'의 자연스러움과 대조되는 부정적인 것들이에요. 새들의 사랑은 자연 스럽게 나오는 순수한 것으로, 거짓으로 꾸며내는 가짜가 아니기에 화자는 '새'를 '순수'라고 표현했어요. 하지만 '포수'는 이처럼 순수한 '새'를 겨누고 사냥하려 하지요. '새'를 겨냥하는 '포수'와 '새'를 해칠 수 있는 '한 덩이 납'은 새와 대비되는 부정적인 대상이에요. 여기서 '포수'는 자연의 순수를 파괴하는 인간의 문명을 상징하죠.'한 덩이 납' 역시 차갑고 잔혹한 이미지로 인간의 문명을 상징해요. '포수'는 '새'의 '순수'를 겨냥하였지만 얻은 것은 '피에 젖은 한 마리 상한 새'였어요. 파괴된 '새'의 모습이죠. 이것은 인간에 의해 파괴된 자연의 모습과 같아요. 사람들이 자연의 순수함을 손에 놓고자 하면 오히려 자연은 순수함을 잃어버릴 수밖에 없다고 말하는 것이죠. '새'로 대표된 자연의 순수는 의도적으로 가지려 해서 얻어지는 것이 아니라 자연스럽게 풀어놓는 과정에서 얻을 수 있는 것이라고 화자는 말하고 있어요.

2015년 국가직 7급

Q. 다음 시에 대한 설명으로 적절하지 않은 것은?

① 시적 화자의 현실 비판적 의도가 엿보인다.
② '뜻'과 '납'은 서로 대조적인 의미를 가지고 있다.
③ 시적 화자는 절제된 태도로 대상을 노래하고 있다.
④ '상한 새'는 자연이나 순수한 삶의 파괴를 의미한다.

정답 ②

종소리 (박남수)

'종소리'를 세련된 감각과 심상으로 형상화하여 자유를 향한 비상과 그에 대한 확신을 노래하고 있다.

■ 종소리를 구속하는 것 (자유를 구속하는 억압적 현실, 역사)
■ 자유로운 종소리의 모습 (자유, 희망의 이미지)

나는 떠난다. 청동(靑銅)의 표면에서
　　　　　(종소리의 의인화) ← 도치법
일제히 날아가는 진폭(振幅)의 **새**가 되어

광막한 하나의 **울음**이 되어

하나의 **소리**가 되어.

　　　　　　　　　　　▶ 종소리의 자유로움

인종(忍從)은 끝이 났는가.
(억압적인 삶)
청동의 벽에

'역사'를 가두어 놓은

칠흑의 감방에서.

　　　　　　　　　　　▶ 억압적 현실을 벗어나는 종소리

나는 바람을 타고
　　　(자유로움, 종소리 확산의 매개)
들에서는 **푸름**이 된다.

꽃에서는 **웃음**이 되고
　　　　　(생명)
천상에서는 **악기**가 된다.

　　　　　　　　　　　▶ 확산되는 종소리

먹구름이 깔리면
(자유를 억압하는 세력)
하늘의 꼭지에서 터지는

뇌성(雷聲)이 되어
　　　↳ 공감각적 심상 (청각의 시각화)
가루 가루 가루의 **음향**이 된다.
(자유의 소리가 세상에 퍼지는 모습)

　　　　　　　　　　　▶ 저항하는 종소리

핵심정리

갈래	자유시, 서정시
성격	주지적
제재	종소리
주제	자유가 비상하고 확산되기를 바람
특징	- '종소리'를 의인화하여 시의 화자인 '나'로 설정하고 있음. - 다른 대상에 빗대어 '종소리'의 변모 양상을 표현함.

대립적 시어

구속	청동의 표면, 청동의 벽, 칠흑의 감방
자유	새, 울음, 소리, 푸름, 웃음, 악기, 뇌성, 음향

　시인은 '청동의 벽'인 종의 몸체를 '칠흑의 감방'으로, 울리지 않는 상태의 종소리를 어두운 감옥에 가두어 놓은 억압으로 표현하였다. 그로부터 울려 나오는 종소리는 '푸름', '웃음', '악기', '뇌성' 등으로 변신하며 퍼져 나가며 자유를 누린다. 종소리는 '청동의 표면'에서 떠난 한 마리 '진폭의 새'가 된 다음, 마침내 '광막한 울음'을 우는 거대한 '하나의 소리'가 되어 인간의 삶과 꿈, 그리고 역사를 잉태하고 무한한 자유의 공간으로 퍼져 나가고 있다.

병태 요정의 ADVICE

　'나'는 시의 제목이기도 한 '종소리'예요. 종소리를 의인화하여 표현했어요. 1연에서는 종소리가 상승하는 모습을 '새'가 날아가는 모습에 빗대어 거침없이 울리는 종소리의 모습을 표현하고 있어요. 종소리는 청동의 표면 안쪽에 갇혀 있었어요. 오랜 시간 묵묵히 참고 따르던 시간이 끝나고 청동의 벽 밖으로 나오게 된 것이죠. 종소리는 종의 안쪽을 '칠흑의 감방'이라고 표현했어요. 자신을 가두고 벗어나지 못하게 했던 부정적인 대상으로 파악하고 있는 것이죠. 종 안에서 벗어난 종소리는 자유롭게 날아다니고 있어요. 들, 꽃, 천상으로 자유롭게 돌아다니고 있지요. '먹구름'은 종소리의 자유를 가로막는 부정적인 대상으로 볼 수 있어요. '먹구름'과 같은 억압적인 상황이 오면 종소리는 천둥처럼 우렁찬 소리(뇌성)가 되겠다고 말하고 있어요. 또한 가루처럼 곱고 부드러운 소리가 되어 울려 퍼지겠다며 저항 의식을 드러내고 있어요.

2016년 국가직 7급

Q. 다음 시의 '나'를 형상화한 표현이 아닌 것은?

① ㉠ 새　　② ㉡ 감방　　③ ㉢ 악기　　④ ㉣ 음향

정답 ②

낙화 (이형기)

> 꽃이 피고 지는 것을 인간의 사랑과 이별에 빗대어 이별을 통해 영혼의 성숙을 얻을 수 있다는 태도를 드러내고 있다.

가야 할 때가 언제인가를
　이별의 순간
분명히 알고 가는 이의
　　　　　　↑ 떨어지는 꽃
　　　↑ 설의적 표현 (=아름답다)
뒷모습은 얼마나 아름다운가.　　　　　　▶ 이별의 아름다운 수용
　성숙한 이별의 아름다움

봄 한철
　젊은 날
격정을 인내한
나의 사랑은 지고 있다.　　　　　　▶ 젊은 날 사랑의 끝
　낙화

분분한 낙화……
↑ 역설적 표현
결별이 이룩하는 축복에 싸여
　성숙한 만남을 위한 헤어짐
지금은 가야 할 때,　　　　　　▶ 축복의 의미로 승화되는 이별
　　　이별을 순리로 수용하는 태도

무성한 녹음과 그리고
머지않아 열매 맺는
가을을 향하여
　성숙의 계절, 성숙의 결
나의 청춘은 꽃답게 죽는다.　　　　　　▶ 내적 성숙을 위한 이별
　낙화 – 결실(내적 성숙)을 위한 청춘의 희생

헤어지자
섬세한 손길을 흔들며
하롱하롱 꽃잎이 지는 어느 날　　　　　　▶ 이별의 아름다운 정경
　가볍게 흩날리는 모양

나의 사랑, 나의 결별,
샘터에 물 고이듯 성숙하는
　조금씩 끊임없이 (영혼의 충만함과 성숙)
내 영혼의 슬픈 눈.　　　　　　▶ 이별을 통해 성숙해지는 영혼
　이별의 아픔 속에 이루어지는 성숙

✅ 핵심정리

갈래	자유시, 서정시
성격	비유적, 성찰적
제재	낙화
주제	이별을 통한 영혼의 성숙
특징	- 자연현상을 통해 인생의 의미를 드러냄. - 이별에 대한 긍정적 인식을 역설적으로 표현함.

❁ 유추적 관계

　이 시에서는 꽃이 지는 것과 열매를 맺는 것의 관계가 이별과 성숙을 의미하는 유추적 관계가 성립한다. 꽃이 피고 지는 자연의 순환을 인간의 사랑과 이별이라는 삶의 관점에 연결시킨 것이다. 화자는 꽃이 지는 모습에서 사랑하는 사람과 이별하는 모습을 떠올리며, 사랑이 끝났을 때 미련 없이 떠나는 모습이 아름답다고 말하고 있다. 여기서 꽃이 진다는 것은 상실이나 허무가 아니라 더 큰 성숙이나 만남을 위한 과정을 의미한다.

📢 병태 요정의 ADVICE

　시의 제목은 '낙화'예요. 화자는 떨어지는 꽃을 보면서 이별의 때를 알고 돌아서는 모습을 아름답다고 칭찬하고 있어요. 화자는 결별을 축복이라고 얘기하죠. 화자가 말하고자 하는 것은 꽃이 지고 나서야 열매를 맺을 수 있는 것과 같이 사랑도 이별을 겪고 나서 더욱 성숙해질 수 있다는 것이에요. 그런 의미에서 화자는 결별을 긍정하고 있죠. '열매'라는 더 큰 만남을 위하여 지금은 이별을 감내해야 해요. 꽃이 떨어지는 과정이 없다면 무성한 녹음과 열매 맺는 가을을 맞이할 수 없지요. 봄의 '낙화'는 열매를 맺기 위한 불가피한 과정 즉, 통과의례로 볼 수 있어요. 화자의 사랑은 지는 꽃처럼 이별을 맞이하고 있지만 화자의 청춘은 슬프게 죽는 것이 아니라 '꽃답게' 즉, 아름답게 죽는다고 표현했어요. 이별에 대한 긍정적인 인식이 드러나죠. 이별을 통해 성숙할 수 있지만, 그렇다고 이별이 슬프지 않은 것은 아니에요. 화자는 현재 그 아픔을 견뎌야 해요. 샘터에 물이 천천히 차오르는 것과 같이 화자의 내면도 조금씩 성숙하겠죠. 성숙의 바탕에는 화자가 견뎌야 할 슬픔이 있어요. 화자는 그러한 자신의 모습을 '내 영혼의 슬픈 눈'이라고 표현했어요.

2009년 지방직 7급

Q. 다음 시에 대한 감상으로 적절한 것은?

① 계절의 순환을 통해 자연의 위대함을 자각하고 있군.
② 결별의 슬픔을 자신의 영혼이 성숙하는 계기로 삼고 있군.
③ 이별을 받아들이지 않으려는 의지적 자세를 엿볼 수 있군.
④ 흩어져 떨어지는 꽃잎을 통해 인생의 무상함을 강조하고 있군.

정답 ②

인동차 (정지용)

추운 겨울 산중에서 홀로 인동차를 마시며 겨울을 견디는 노주인의 모습을 통해 혹독한 현실을 견디는 고결한 자세를 표현하고 있다.

노주인의 장벽(腸壁)에
　　　　　내장의 벽
무시로 인동(忍冬) 삼긴 물이 나린다.
　　　　삶긴. 물에 삶아 우러낸
▶ 인동차를 마시는 노주인

자작나무 덩그럭 불이
도로 피어 붉고,
▶ 자작나무의 붉은 불

구석에 그늘 지여
무가 순 돋아 파릇하고,
▶ 추위 속에 돋아난 무순

흙냄새 훈훈히 김도 사리다가
바깥 풍설(風雪)소리에 잠착하다.
　　눈바람　　　어떤 한 가지 일에만 마음을 골똘하게 쓰다
▶ 풍설이 몰아치는 바깥 세상

산중에 책력(冊曆)도 없이
　　　　　달력
三冬이 하이얗다.
　　'하얗다'의 시적 허용
▶ 삼동을 견디는 고결한 자세

2017 지방직 9급

Q. 다음 시에 대한 설명으로 적절하지 않은 것은?
① 산중의 고적한 공간이 배경이다.
② 시각적 대조의 방법이 사용되었다.
③ 한 폭의 그림과 같은 인상을 준다.
④ '잠착하다'는 '여러모로 고려하다'의 의미다.

정답 ④

노주인이 인동차를 마시는 모습

시간	공간
'삼동(三冬)'이라는 추운 겨울	산중의 방 안

혹독한 현실을 견뎌내고자 함.

✅ 핵심정리

갈래	자유시, 서정시
성격	감각적, 회화적, 관조적, 탈속적
제재	인동차
주제	정신적 고결함을 지키면서 혹독한 현실을 견디는 삶의 자세
특징	- 시적 화자의 감정을 절제하여 대상을 객관적으로 표현함. - 눈 내리는 겨울, 깊은 산중이라는 탈속의 공간을 배경으로 하고 있음. - 주로 시각적 이미지의 시어를 사용하였으며, 색채의 대비가 돋보임. - 풍경을 회화적, 감각적으로 묘사하고 있으며, 대상을 관조적으로 바라보고 있음.

❀ 작품 구성

1연	노주인의 모습	인동차를 마시는 노주인
2연	방 안의 풍경	자작나무의 붉은 불
3연		추위 속에 돋아난 무순
4연		풍설 소리에 잠착함.
5연	바깥의 겨울 풍경	눈 덮인 산중

📢 병태 요정이 ADVICE

1연은 노주인이 인동차를 마시고 있는 모습이에요. 노 주인은 시적 대상이죠. 노주인은 인동 삼긴(물에 삶아 우러낸) 물을 마시고 있어요. 불이 도로 피어 붉다는 것은 꺼지지 않고 강한 생명력을 가지고 있다는 의미예요. 화자는 '무순'과 '불'과 같은 강인한 생명력과 의지를 긍정하고 있어요. 노주인은 산중에서 책력(달력)도 없이 겨울을 지내고 있는 상황이에요. 책력도 없이 살고 있는 모습은 속세와 단절된 삶을 살고 있다는 것을 의미해요. 홀로 인동차를 마시며 겨울을 견디는 노주인의 모습을 통해서 묵묵히 추위를 견디는 인내를 느낄 수 있어요. 참고로 이 시는 일제 강점기에 창작되었어요. 작가는 노주인의 태도를 통해 속세에 초연한 채 정신적 고결함을 지키고 혹독한 시대를 견디고자 하는 의지를 드러내고 있어요. 시대적 배경을 고려할 때 겨울은 일제 강점기의 현실을 의미한다고 볼 수 있어요. 인동차를 마시며 겨울을 이겨내는 노주인의 모습은 어려운 시기를 참고 견디는 의지적인 모습이라고 할 수 있지요.

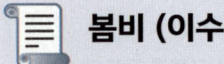
봄비 (이수복)

아름다운 봄날의 모습을 상상하면서, 사별한 임에 대한 애잔한 슬픔과 그리움을 노래하고 있다.

■ 봄의 소생을 알리는 상승적 이미지

이 비 그치면
　　애상적 분위기 조성, 하강적 이미지 (시상 유발의 매개물)
내 마음 강나루 긴 언덕에
　　　　화자 마음속의 관념적인 공간 (원관념:내 마음)
서러운 풀빛이 짙어 오것다.
감정 이입 (애상적 정서)　　↳ '-것다'의 반복→각운 효과, 그리움과 슬픔 절제

▶ 서러운 풀빛이 짙어 오는 '나'의 마음속 강나루

푸르른 보리밭길
생명의 이미지
맑은 하늘에
종달새만 무어라고 지껄이것다.
봄의 소생을 알리는 소재

▶ 종달새 지껄이는 푸른 보리밭 길

이 비 그치면

시새워 벙글어질 고운 꽃밭 속
시샘하듯 앞다투어 피어날　　봄의 자연 (대유적 표현)
처녀애들 짝하여 새로이 서고,

▶ 처녀애들 짝하여 새로이 서는 꽃밭

임 앞에 타오르는
그리움의 대상
향연(香煙)과 같이
향이 타며 나는 연기 (임의 죽음 암시), 원관념 = 아지랑이
땅에선 또 아지랑이 타오르것다.
　　　　봄의 소생을 알리는 상승적 이미지 (화자의 슬픔과 한을 대비적으로 부각)

▶ 향연같이 타오르는 아지랑이

2016년 사회복지직 9급

Q. 다음 시에 대한 설명으로 옳지 않은 것은?
① 비유를 통해 애상적 정서를 환기하고 있다.
② 3음보의 변형 민요조 율격을 지니고 있다.
③ 동일한 종결 어미를 반복적으로 사용하고 있다.
④ 주관을 배제한 시각으로 자연을 묘사하고 있다.

정답 ④

❂ 대립적 이미지

하강 이미지	비 (애상적 분위기 조성)	화자의 슬픔과 한을
상승 이미지	풀, 종달새, 꽃, 아지랑이 (봄의 소생을 알림)	대비적으로 부각시킴.

이 시 속에는 하강적 이미지를 보이는 '비'와 봄의 소생을 알리는 상승적 이미지를 보이는 '풀', '종달새', '꽃', '아지랑이' 등의 시어가 대립하고 있다. 화자는 이러한 대립적 이미지를 통하여 아름답고도 슬픈 봄의 정서를 효과적으로 드러내고 있다.

☑ 핵심정리

갈래	자유시, 서정시
성격	애상적, 관조적, 향토적, 민요적
제재	봄비
주제	봄비 내리는 날의 애상적 정서
특징	- 향토적 소재와 시각적 심상이 두드러짐. - 한시적 특성인 각운을 사용함. - 3음보의 민요적 율격을 사용함. - 대립적 이미지를 통해 주제를 전달함.

❂ '향연'과 '아지랑이'

1연에서 화자는 풀빛이 서럽다고 말하는데, 그 이유는 4연에 나타난다. 봄이 오면 따뜻한 날씨와 함께 아지랑이가 피어오르겠지만 화자에게 그 아지랑이는 임 앞에 타오르는 향불의 연기와도 같은 것으로 여겨진다. 4연의 '향연'의 원관념은 '아지랑이'로, 화자는 봄의 소생을 알리는 아지랑이를 통해 죽은 임을 떠올리고 있다.

📢 병태 요정의 ADVICE

봄비가 그치면 풀빛은 더 짙어질 것이고 자연은 더 아름다워질 거예요. 그런데 화자는 그러한 풍경을 '서러운 풀빛'이라고 표현했어요. 2연과 3연에서도 밝고 아름다운 봄의 풍경이 제시되었어요. 화자가 서러웠던 이유가 4연에서 드러나죠. '향연'은 향불에서 피어나는 연기를 말해요. '임' 앞에 향의 연기가 타오른다는 것은 '임'이 세상에 존재하지 않는다는 것을 의미해요. 즉 임은 이 세상에 있지 않기에 화자는 다가올 봄의 아름다움이 그저 아름답고 기쁘지만은 않은 것이죠. 봄의 아름다움은 오히려 화자의 마음 깊이 잠들어 있던 그리움과 슬픔을 다시 일깨울 뿐이에요.

대장간의 유혹 (김광규)

'플라스틱 물건'과 같은 획일적인 삶에서 벗어나, 치열한 삶의 과정을 통해 자신을 새롭게 하고자 하는 의지가 돋보이는 시이다.

『제 손으로 만들지 않고
『』: 현대사회의 속성
한꺼번에 싸게 사서

마구 쓰다가

망가지면 내다 버리는』
↳ 획일적으로 대량 생산되는 물건, 가치를 인정받지 못함
플라스틱 물건처럼 느껴질 때
                    '싶다'의 반복 (화자의 강한 소망을 드러냄)
나는 당장 버스에서 뛰어내리고 싶다   ▶ 몰개성적인 현대인에 대한 비판과 반성
획일적으로 살아가는 현대인의 삶의 범주에서 벗어나고 싶은 소망

현대 아파트가 들어서며

홍은동 사거리에서 사라진
실제 지명을 사용하여 현실감 고조시킴
털보네 대장간을 찾아가고 싶다   ▶ 대장간에 대한 유혹
아파트에 밀려 사라진 옛것, 화자가 자신을 되찾을 수 있는 공간

풀무질로 이글거리는 불 속에

시우쇠처럼 나를 달구고
        치열한 자기 성찰의 과정
모루 위에서 벼리고
        단련하여 강하게 하여
숫돌에 갈아

시퍼런 무쇠낫으로 바꾸고 싶다   ▶ 개성적인 존재로 자신을 바꾸고 싶은 소망
무가치한 존재가 아닌, 노력의 대가로 이루어진 하나의 개체 (=꼬부랑 호미)

땀 흘리며 두들겨 하나씩 만들어 낸

꼬부랑 호미가 되어
노력의 대가로 이루어진 하나의 개체
소나무 자루에서 송진을 흘리면서

대장간 벽에 걸리고 싶다   ▶ 개성적인 존재로 인식되기를 소망
화자가 지향하는 공간에서 살고 싶은 소망

지금까지 살아온 인생이

온통 부끄러워지고

직지사 해우소
        부정적인 자아를 버리는 곳
아득한 나락으로 떨어져 내리는

똥덩이처럼 느껴질 때
초라하고 소외된 존재 (=플라스틱 물건)
나는 가던 길을 멈추고 문득

어딘가 걸려 있고 싶다   ▶ 자신의 삶에 대한 반성과 참된 자아의 모습 추구

핵심정리

갈래	자유시
성격	문명 비판적, 자기 성찰적, 비유적, 의지적
제재	대장간
주제	자기성찰 및 문명 비판
특징	- 상징적 표현 - 유사한 통사구조(~싶다)의 반복으로 화자의 강한 소망을 드러냄. - 이미지의 대립

시어의 대립

공간의 대립	현대아파트 ↔ 털보네 대장간
의미의 대립	플라스틱 물건, 똥덩이 (무가치, 무기력) ↕ 시퍼런 무쇠낫, 꼬부랑 호미 (참가치, 본질적 자아, 지향하는 대상)

병태 요정이 ADVICE

화자는 자신이 쓰다 버리는 물건처럼 느껴지나 봐요. 획일적으로 만들어지고 필요가 없으면 버려지는 것처럼, 자신 역시 개성이 없는 존재이고 쓸모가 없으면 버려지는 존재라는 생각을 한 것이죠. 따라서 '플라스틱 물건'은 화자가 부정적으로 생각하는 대상이에요. '털보네 대장간'은 '현대 아파트'가 들어서면서 사라진 곳이에요. 화자는 그곳에서 자신을 시우쇠처럼 달구고 싶다고 말하고 있어요. 불에 달구는 고통이 있지만 더 단단해진 쇠붙이처럼 자신도 더 나은 사람이 되고 싶다는 것이죠. 화자가 되고 싶어 하는 '꼬부랑 호미'는 긍정적인 대상으로, '플라스틱 물건'처럼 소모적인 것이 아니라 땀 흘리며 하나씩 만들어진 것으로 만든 사람의 정성과 가치가 담겨 있는 대상이죠. 화자는 '대장간 벽'에 정성과 노력으로 만들어진 존재가 되어 머물고 싶어 해요. 화자는 지금까지 무기력하게 살아온 삶을 반성하고 있어요. 쇠가 달구어져서 새롭게 태어나는 것처럼 화자 역시 지금까지 무기력하게 살아온 삶을 반성하고 치열하고 주체적으로 살고 싶다고 생각하는 것이죠. 자신의 삶을 반성하고 새롭게 태어나고자 하는 의지를 드러내고 있는 시예요.

2017 지방직 7급

Q. 다음 시어 중 내포적 의미가 유사하지 않은 것끼리 묶은 것은?

① 플라스틱 물건, 똥덩이
② 찾아가고 싶다, 바꾸고 싶다
③ 털보네 대장간, 직지사 해우소
④ 무쇠낫, 꼬부랑 호미

정답 ③

나와 나타샤와 흰 당나귀 (백석)

현실에서 이루어질 수 없는 순수하고 환상적인 사랑에 대한 기대와 실현 의지를 노래한 작품이다.

가난한 내가
  └ 화자의 현재 상황
아름다운 나타샤를 사랑해서
  └ 화자가 그리워하는 대상 (이국적이고 환상적인 분위기)
오늘 밤은 푹푹 눈이 나린다
  └ 순백의 이미지, 순수하고 낭만적인 분위기

▶ 눈이 내리는 밤 사랑하는 사람을 그리워함

나타샤를 사랑은 하고
눈은 푹푹 날리고
  └ 유사 어구를 반복 (그리움 심화)
나는 혼자 쓸쓸히 앉아 ㉠소주(燒酒)를 마신다
  └ 그리움과 고독을 달래주는 소재
소주를 마시며 생각한다
나타샤와 나는
눈이 푹푹 쌓이는 밤 ㉡흰 당나귀 타고
  └ 흰색과 검은색의 이미지 대비   깨끗하고 순수한 화자의 꿈을 표상함
㉢산골로 가자 출출이 우는 깊은 산골로 가 마가리에 살자
      └ '뱁새'의 방언   └ '오막살이'의 방언, 소박한 삶

▶ 나타샤와 산골에서 살고 싶은 소망

눈은 푹푹 나리고
  └ 유사 어구를 반복
나는 나타샤를 생각하고
나타샤가 아니 올 리 없다
  └ 나타샤에 대한 깊은 믿음
언제 벌써 내 속에 고조곤히 와 이야기한다
『산골로 가는 것은 세상한테 지는 것이 아니다
         └ '산골'과 대조되는 외부 현실
㉣세상 같은 건 더러워 버리는 것이다』
          └ 『 』: 화자의 부정적 현실 인식

▶ 세상을 버리고 함께 떠나자고 하는 상상 속의 나타샤

눈은 푹푹 나리고
  └ 동일 시구의 반복 (대상에 대한 그리움 심화)
아름다운 나타샤는 나를 사랑하고
  └ 화자의 바람 (상상 속에서 소망을 이룸)
어데서 흰 당나귀도 오늘 밤이 좋아서 응앙응앙 울을 것이다
  └ 나와 나타샤의 사랑을 축복해 주는 당나귀 (순수 세계에 대한 열망)

▶ 나타샤와의 사랑을 실현하고 당나귀가 축복하는 상상

✅ 핵심정리

갈래	자유시, 서정시
성격	낭만적, 몽환적, 환상적, 이국적
제재	나타샤, 눈, 흰 당나귀
주제	현실을 초월한 사랑에 대한 소망
특징	- 색채 이미지를 활용하여 시의 분위기를 형성함. - 유사한 시구를 반복하거나 변주하면서 시상을 전개함. - 낭만적이고 몽환적인 분위기 - 순수한 이미지와 이국적인 시어를 사용함.

❈ 시어의 의미

공간의 대립	세상(세속적 공간) ↔ 산골(이상적 공간)
낭만적 분위기	나타샤, 눈, 흰 당나귀

📢 병태 요정이 ADVICE

화자는 가난한 삶을 살고 있지만 아름다운 '나타샤'를 사랑하고 있어요. 화자는 '나타샤'를 사랑하지만 지금 함께하고 있지는 않아요. 화자는 혼자 앉아서 소주를 마시며 외로움을 달래고 있죠. 여기서 '눈'은 '나타샤'에 대한 그 그리움과 화자의 쓸쓸함을 더욱 부각하고 있어요. 소주를 마시면서 화자는 사랑의 도피를 생각하고 있어요. 눈 내리는 이 밤에 로맨틱하게 '흰 당나귀'를 타고 깊은 산골 마가리(오두막)에서 사는 모습을 꿈꾸는 것이죠. 화자는 '나타샤'가 올 것이라는 확신을 가지고 있어요. 화자는 '나타샤'와 사랑의 도피를 하는 상상을 해요. 세상 같은 건 더러워서 버린다는 것에서 현실에 대한 화자의 부정적인 인식을 알 수 있어요. 산골로 가는 것은 현실에 패배한 것이 아니라 자신이 능동적으로 선택한 것이라고 생각하지요. 함박눈이 내리고, 옆에는 사랑하는 '나타샤'가 있지만 마지막 시어 '~것이다'를 통해 이 모든 것은 화자의 현실이 아니라 화자의 추측이란 걸 알 수 있어요. 눈 내리는 밤 소주에 취한 화자는 '나타샤'가 자신을 따라 사랑의 도피를 하는 모습을 상상해 본 것이죠.

2018년 경찰직 1차

Q. 다음 밑줄 친 부분에 대한 설명으로 가장 적절하지 않은 것은?

① ㉠ : 시적 화자의 외로움을 달래주는 수단이다.
② ㉡ : '눈', '나타샤' 등과 함께 현실적 괴로움을 상징한다.
③ ㉢ : 나타샤와 함께 살고 싶은 이상적 공간이다.
④ ㉣ : 벗어나고자 하는 세속적 공간을 의미한다.

정답 ②

유리창 (정지용)

어린 자식을 잃은 아버지의 슬픔을 차분하고 절제된 목소리로 표현한 작품이다. 화자의 슬픔을 감각적 이미지로 형상화하였다.

↱ 죽은 아이의 영상 (=언 날개, 별, 산ㅅ새)
유리(琉璃)에 **차고 슬픈 것**이 어린거린다.
이승과 저승의 경계
열없이 붙어 서서 입김을 흐리우니
　　　　　　　　유리에 입김이 서림
길들은 양 **언 날개**를 파다거린다.
　　　　사라지는 입김을 날아가는 새로 표현

▶ 기 : 유리창에 어린 영상

지우고 보고 지우고 보아도
간절한 마음의 표현
새까만 밤이 밀려나가고 밀려와 부딪히고
물 먹은 **별**이, 반짝, 보석(寶石)처럼 백힌다.
└ 슬픔의 시각화 (앞뒤에 쉼표를 찍어 눈물을 형상화)

▶ 승 : 창 밖의 밤의 영상

밤에 홀로 유리를 닦는 것은
　　　　　아이를 향한 그리움의 행동
외로운 황홀한 심사이어니,
└ 역설적 표현 (아이를 보는 듯한 기쁨 + 아이를 잃은 슬픔)

▶ 전 : 외롭고 황홀한 심사

고흔 폐혈관(肺血管)이 찢어진 채로
아이의 죽음을 의미
아아, 늬는 **산(山)ㅅ새**처럼 날러갔구나!
감정의 응　└ 죽은 아이의 영상

▶ 결 : 죽은 아이에 대한 영상

2019 서울시 9급 1회

Q. 시어 가운데 내적 연관성이 가장 적은 것은?
① 차고 슬픈 것　② 새까만 밤　③ 물먹은 별　④ 늬

2017 지방직 9급

Q. 〈보기〉의 밑줄 친 시어와 비유적 의미가 상통하는 것은?

| 어느 가을 이른 바람에 / 여기저기 떨어질 잎처럼 |
| 한 가지에 나고 / 가는 곳 모르겠구나 |
| 　- 향가 『제망매가』 중에서 - |

① 유리　② 입김　③ 밤　④ 산(山)ㅅ새

정답 ②, ④

✅ 핵심정리

갈래	자유시, 서정시
성격	애상적, 감각적, 회화적
제재	유리창의 입김
주제	죽은 아이에 대한 그리움과 슬픔
특징	- 선명한 이미지와 감각적 시어의 선택 - 화자의 감정을 절제하고 감각적 이미지로 슬픔을 표현함.

✺ 죽은 아이의 영상

죽은 아이에 대한 그리움은 '차고 슬픈 것', '언 날개', '물 먹은 별', '산ㅅ새'라는 시각적 영상으로 표현되었다. '언 날개를 파다거린다'는 사라져가는 입김 자국을 언 날개를 힘없이 파닥거리는 가냘픈 새로 표현한 것으로, 죽은 아이의 영상에 해당한다.

✺ 대위법

서로 대비되거나 대조되는 분위기 등을 결합하여 구성하는 방법을 '감정의 대위법'이라고 한다. '차고 슬픈 것', '외로운 황홀한 심사'에서는 감정의 대위법을 사용하여 주관적 감정이 과잉 노출되지 않고 슬픔을 절제하는 효과를 주고 있다.

📢 병태 요정이 ADVICE

이 시는 시인 정지용이 29세에 폐렴으로 어린 자식을 잃고 나서 그 슬픔을 표현한 작품이에요. 이러한 상황을 알고 감상해야 정확하게 이해할 수 있어요. 죽은 아이를 그리워하는 화자는 유리창에서 아이의 모습을 떠올리고 있어요. 화자는 맥없이 유리창 앞에서 입김을 불고 아이의 환영을 봐요. 좀 더 또렷하게 아이의 모습이 보고 싶어서 유리를 닦아 보지만 유리창 밖에는 까만 밤만 보일 뿐, 아이의 모습은 찾을 수 없어요. 눈물이 고인 화자의 눈에는 하늘의 별이 물 먹은 것과 같이 보여요. 화자는 눈물을 삼키며 또 다시 유리를 닦아 보아요. 다시 한 번 아들의 환영을 보고 싶은 마음이겠죠. '새'는 화자의 곁을 떠난 아이에 대한 비유적인 표현이에요. 화자는 가냘픈 '새'가 날아가는 것과 같이 어린 자식을 떠나보낸 것이죠.

그리움 (이용악)

고향에 두고 온 가족에 대한 그리움을 노래한 작품으로, 해방 직후 혼자 상경했던 시인이 북쪽에 두고 온 가족을 그리워하며 쓴 작품이다.

■ : 수미상관식 구성

　　　　　의문형 종결 어미를 반복하여 그리움의 정서를 강조함
눈이 오는가 ㉠북쪽엔
그리움의 매개체
함박눈 쏟아져 내리는가　　　　　　　　　▶ 눈을 보며 고향을 떠올림

험한 벼랑을 굽이굽이 돌아간
백무선(白茂線) 철길 위에
고향 근처의 철길
느릿느릿 밤새어 달리는
화물차의 검은 지붕에　　　　　　　　　　▶ 고향의 눈 내리는 풍경

연달린 산과 산 사이
㉡너를 남기고 온
작은 마을에도 복된 눈 내리는가　　　　　▶ 고향과 가족들에 대한 그리움
가족이 있는 곳　축복의 이미지

잉크병 얼어드는 ㉢이러한 밤에
혹독한 추위
어쩌자고 ㉣잠을 깨어
그리운 곳 차마 그리운 곳　　　　　　　　▶ 외로움과 그리움
고향을 그리워하는 간절한 화자의 마음 (시적 허용)

눈이 오는가 북쪽엔
함박눈 쏟아져 내리는가　　　　　　　　　▶ 고향에 대한 그리움

✓ 핵심정리

갈래	자유시, 서정시
성격	독백적, 애상적
제재	고향의 작은 마을과 함박눈
주제	북쪽에 두고 온 가족과 고향을 향한 그리움
특징	- 수미 상관의 구조를 통해 안정감을 주고 주제를 강조함. - 의문형 종결 어미를 반복하여 그리움을 극대화함. - 시인의 전기적 사실에 바탕을 두고 창작됨.

병태 요정의 ADVICE

화자는 내리는 눈을 보며 가족이 있는 북쪽에도 눈이 올까 궁금해 하고 있는 상황이에요. '백무선'은 함경북도 무산을 잇는 철도예요. 화자는 백무선을 달리는 기차의 지붕에도 눈이 쏟아질까 생각하며 고향으로 가는 길을 마음 속에 그려보는 것이지요. '너'는 화자가 두고 온 가족들을 의미해요. 화자는 서울의 날씨도 잉크병이 얼 만큼 추운데, 북쪽은 얼마나 더 추울까 걱정하고 있어요. 잠을 자면 꿈에서라도 그리운 가족을 만나볼 텐데 화자는 잠에서 깨어 가족에 대한 염려와 걱정으로 밤을 지새우고 있어요. 화자는 3연에서 '눈'을 '복된 눈'이라고 하며 긍정적인 대상으로 보고 있는데, 아마도 '눈'을 통해 자신의 그리움과 사랑을 담아 전하고 싶었던 것 같아요. '북쪽 마을에도 내 마음을 담은 눈이 내리면 좋겠다.'와 같이 생각하고 있는 것이죠. 참고로 시대적 배경과 시인의 특징을 관련지어 생각해 본다면, '눈'은 새로운 시대를 위한 축복의 의미로도 볼 수 있어요. 시인은 해방이 되자마자 기뻐서 상경했어요. 해방의 기쁨에 젖은 시인은 '복된 눈'을 통해 새로운 시대를 위한 하늘의 축복이라는 의미를 담아낸 것일 수도 있지요.

2017년 법원직 9급

Q. 다음 글의 감상으로 적절하지 않은 것은?
① 수사적 의문을 통해 시상을 환기하며 시상이 전개된다.
② 시적허용을 통해 화자의 정서가 응축되어 표현이 된다.
③ 잉크병이 얼 정도로 추운 밤이지만 '눈'은 긍정적인 이미지로 나타난다.
④ '눈'과 '화물차의 검은 지붕'은 색채대비를 이루며 문명에 대한 비판을 드러낸다.

2015년 국가직 9급

Q. 〈보기〉를 참고하여 ㉠~㉣을 이해한 내용으로 적절하지 않은 것은?

― 보기 ―
이용악은 1945년 해방이 되자 고향인 함경북도 경성에 가족을 두고 홀로 상경한다. '그리움'은 몹시 추웠던 그해 겨울밤 고향에 두고 온 가족을 그리워하며 쓴 시이다.

① ㉠은 자신이 떠나온 공간의 고향을 가리키는 것이겠군.
② ㉡은 고향에 남겨 두고 온 가족을 의미하는 표현이겠군.
③ ㉢은 극심한 추위 속에서도 가족을 떠올리는 시간이겠군.
④ ㉣은 그리운 이를 볼 수 없는 화자의 절망적 심정을 투영한 대상물이겠군.

정답 ④, ④

나룻배와 행인 (한용운)

'나룻배'와 '행인'을 제재로 하여 참된 사랑의 본질은 희생과 믿음에 있음을 노래한 작품이다.

■ : 수미상관식 구성

나는 나룻배,
　　중생을 제도하는 존재, 구원의 수단

당신은 행인.
　　중생
　　　　　　　　　　　　　　　　　▶ 나와 당신의 관계

당신은 나를 흙발로 짓밟습니다.
　　　　　속세의 번뇌
『나는 당신을 안고 물을 건너갑니다.
　『 』: 중생을 위해 희생하는 삶
나는 당신을 안으면 깊으나 얕으나 급한 여울이나 건너갑니다.』
　　　　　　　　　　　　　　　　　▶ 인내와 희생의 자세

만일 당신이 아니 오시면 나는 바람을 쐬고 눈비를 맞으며 밤에서 낮까지 당
　　　　　　　　　희생 정신으로 모든 중생들이 구제되기를 기다리고 있음
신을 기다리고 있습니다.

당신은 물만 건너면 나를 돌아보지도 않고 가십니다그려.
　　　　　　　　　불도의 고마움을 망각해 버리는 이기적인 중생의 모습
그러나 당신이 언제든지 오실 줄만은 알아요.
　　　　　　중생에 대한 믿음, 거자필반
나는 당신을 기다리면서 날마다 날마다 낡아갑니다.
　　　　　인고의 기다림
　　　　　　　　　　　　　　　　　▶ 헌신적인 기다림의 자세

나는 나룻배,

당신은 행인
수미 상관, 반복을 통한 주제 강조
　　　　　　　　　　　　　　　　　▶ 나룻배와 행인의 관계 강조

핵심정리

갈래	자유시, 서정시
성격	여성적, 상징적, 불교적, 명상적
제재	나룻배와 행인
주제	인내와 희생을 통한 사랑의 실천
특징	- 경어체를 사용하여 경건한 분위기 연출 - 불교적 명상을 바탕으로 함. - 수미 상관의 기법으로 시적 완결성 획득 - 당신을 위한 헌신적 기다림이 은유를 통해 드러남.

시어의 의미

나룻배 (나)	구원의 수단 만해(한용운) 자신 조국의 광복을 기다리는 자 불도(佛道)의 세계로 가기 위한 도구
행인 (당신)	구도자, 중생, 조국, 중생(衆生)

병태 요정의 ADVICE

화자는 자신을 '나룻배'에, 당신은 '행인'에 빗대고 있어요. '당신'은 '나'를 짓밟지만 '나'는 그런 당신을 원망하지 않고 물을 건너가요. 깊고 급한 여울이라도 '나룻배'라는 자신의 임무를 충실하게 수행하고 있지요. '급한 여울'이나 '흙발'은 '나'가 견뎌야 할 역경과 시련이라고 볼 수 있어요. 시련을 묵묵히 견디는 '나'의 희생적인 태도가 드러나요. '나'는 '흙발'로 짓밟혀도 그 순간이 '당신'을 만날 수 있는 기쁜 순간이기에 눈비를 맞는 시련 속에서도 '당신'을 기다리고 있어요. 당신은 눈길 한 번 주지 않는 무정한 태도를 보이지만 '나'는 '당신'이 반드시 올 것이라는 확신을 가지고 기다려요. '나'는 '당신'에 대한 확신이 있기에 기다림과 낡아감을 이겨낼 수 있는 것이죠. 화자가 절망하지 않는 이유는 이처럼 '당신'이 반드시 온다는 확신 때문이에요. 1연을 4연에서 다시 반복하는 수미 상관의 구조로 시를 마무리하고 있어요. '나룻배'와 '행인'의 관계를 강조하며 '당신'을 위한 헌신적인 사랑을 부각하고 있는 것이죠.

2013년 서울시 7급

Q. 다음 시에 대한 설명으로 적절하지 않은 것은?
① 운문적 호흡으로 절제된 정서를 잘 표현해 내고 있다.
② 비유적 표현을 통해 주제 형상화에 이바지하고 있다.
③ 높임법을 활용하여 대상에 대한 태도를 분명히 드러내었다.
④ 일상적 시어를 통해서도 시적 화자의 심정이 잘 드러나고 있다.
⑤ 수미 상관식 구성을 통해 구조적 안정성을 획득하고 있다

2012년 국가직 9급

Q. 다음 작품이 지닌 특징으로 적절하지 않은 것은?
① 높임법을 활용하여 주제 의식을 강화하고 있다.
② 공감각적 비유로 정서적 분위기를 조성하고 있다.
③ 수미 상관의 방식으로 구조적 완결성을 높이고 있다.
④ 두 제재의 속성과 관계를 통해 주제를 형상화하고 있다.

정답 ①, ②

눈 (김수영)

'눈'과 '기침'이라는 상징적 소재를 활용하여, 일상에 안주하려는 자신을 꾸짖고 부정적 현실을 극복하고자 하는 의지를 표현한 시이다.

『눈은 살아 있다.
　순수한 생명
떨어진 눈은 살아 있다.

마당 위에 떨어진 눈은 살아 있다.』
　　『』: 점층적 반복을 통해 눈의 생명력 강조
▶ 눈의 순수한 생명력

기침을 하자.
부정성을 극복하는 행위, 청유형 문장을 통해 참여를 강조함
젊은 시인(詩人)이여, 기침을 하자.
순수한 존재
눈 위에 대고 기침을 하자.

눈더러 보라고 마음 놓고, 마음 놓고
　　　　기침을 하는 행위가 자유롭지 않은 상황임을 암시
기침을 하자.
▶ 시인의 기침 (순수한 생명력 회복의 의지)

눈은 살아 있다.
죽음을 잊어버린 영혼(靈魂)과 육체(肉體)를 위하여
불의나 폭력에 맞설 수 있는 용기
눈은 새벽이 지나도록 살아 있다.
죽음을 초월한 '눈'의 생명력
▶ 죽음을 초월한 눈의 생명력

기침을 하자.
젊은 시인이여, 기침을 하자.
눈을 바라보며
밤새도록 고인 가슴의 가래라도
　　　　　　　불순한 것 (불의, 부정, 속물성, 소시민성)
마음껏 뱉자.
억압과 불의에 대한 저항
▶ 눈을 향해 가래를 뱉음 (순수한 정신의 추구)

2012년 국가직 9급

Q. 다음 작품을 내재적 관점에서 바라보고 있는 것은?
① 시인의 의지적 삶이 곳곳에서 느껴져.
② '눈'과 '기침하는 행위'의 상징성이 뚜렷이 부각되고 있어.
③ 시인은 죽음조차도 별로 두려워하지 않았던 사람인 것 같아.
④ 4·19 혁명 이후, 강렬한 현실 인식에서 나온 작품인 것 같아.

정답 ②

핵심정리

갈래	자유시, 서정시, 참여시
성격	비판적, 의지적, 상징적, 저항적
제재	눈
주제	- 순수한 생명의 회복에 대한 갈망 - 부정적 현실을 극복하고자 하는 의지
특징	- 시어의 대립을 통한 의미 강조 - 동일한 문장 구조의 점층적 반복과 변주를 통해 의미를 강조 - 상징적 시어를 통해 의미를 형상화함. - 청유형 문장의 사용 - 단호하고 남성적인 어조

시어의 대립

눈	가래
깨끗함, 순수함, 살아 있음	더러움, 부패함, 병듦

↔

순수한 삶의 소망

시어의 의미

눈	순수함, 강인한 생명력을 지닌 존재
기침	마음속에 고여 있는 불순한 것들을 쏟아 내는 행위
젊은 시인	순수한 영혼을 가진 존재
가래	더러운 자신의 찌꺼기, 속물성, 소시민성, 불순한 일상성 등을 의미

병태 요정이 ADVICE

화자는 점층적 표현을 통해 '눈'의 생명력을 강조하고, 생명력 있는 '눈'위에 기침을 하자고 말하고 있어요. '눈'은 생명력을 가진 존재임과 동시에 깨끗하고 순수한 존재예요. '가래'는 몸 밖으로 뱉어내야 하는 부정적인 대상으로 더러운 것을 의미하죠. 화자는 '기침'이라는 행위를 통해 더러움을 밖으로 버리자고 말하고 있어요. '눈'은 '가래'와 대비 되는 깨끗함, 순수함을 상징해요. '기침'을 하여 '가래'를 뱉는 행동은 내면에 있는 더러운 것을 깨끗하게 씻어내는 것으로, 자신을 '눈'처럼 깨끗하게 만드는 행위로 볼 수 있겠어요. 화자는 '기침을 하자'라는 청유형의 문장을 반복해서 부정적 현실을 극복하고자 하는 의지를 표현한 것이에요.

별 헤는 밤 (윤동주)

밤하늘의 별을 보면서 아름다웠던 유년 시절을 회상하고 현재의 삶을 반성하며 미래에 대한 희망을 드러내고 있다.

계절이 지나가는 하늘에는
　　　　　맑고 아름다운 것
가을로 가득 차 있습니다.
'가을 → 겨울 → 봄'의 흐름으로 시상이 전개됨
　　　　　　　　　　　　　　　▶ 배경 제시(가을)

나는 아무 걱정도 없이

가을 속의 **별**들을 다 헤일 듯합니다.
　　　　회상의 매개체, 동경의 세계
　　　　　　　　　　　　　　　▶ 별을 바라보는 시적 화자

가슴 속에 하나 둘 새겨지는 별을
마음속에 새겨진 절실하고 그리운 것
이제 다 못 헤는 것은

쉬이 아침이 오는 까닭이요,
현실적 제약
내일 밤이 남은 까닭이요,
마음의 여유
아직 나의 청춘이 다하지 않은 까닭입니다.
　　　미래에 대한 희망
　　　　　　　　　　　　　　　▶ 별을 다 세지 못하는 이유

별 하나에 추억과

별 하나에 사랑과

별 하나에 쓸쓸함과

별 하나에 동경과

별 하나에 시와

별 하나에 어머니, 어머니
　　　　　　　　　　　　　　　▶ 별을 보며 떠올리는 것들

어머님, 나는 별 하나에 아름다운 말 한 마디씩 불러 봅니다. 소학교 때 책상을 같이 했던 아이들의 이름과, 패(佩), 경(鏡), 옥(玉), 이런 이국 소녀들의 이름과, 벌써 아기 어머니된 계집애들의 이름과, 가난한 이웃 사람들의 이름과, 비둘기, 강아지, 토끼, 노새, 노루, '프랑시스 잠', '라이너 마리아 릴케', 이런 시인의 이름을 불러봅니다.
　　　　　　　　　　　　　　　▶ 아름다운 과거에 대한 그리움

이네들은 너무나 멀리 있습니다.
추억과 현실의 거리감 (외로움)
이 아스라이 멀 듯이.
　　　　　　　　　　　　　　　▶ 너무나 멀리 있는 추억 속의 존재들

✅ 핵심정리

갈래	자유시, 서정시
성격	회상적, 성찰적, 의지적, 사색적
제재	별
주제	아름다운 이상에 대한 그리움과 자기 성찰
특징	- 운율의 변화로 그리움의 정서를 심화함. - 계절의 변화로 나타난 '과거(그리움)→현재(반성)→미래(희망)'으로 시상을 전개함. - 반복과 열거로 리듬을 형성하고 의미를 강조함.

✿ 시어의 의미

별	회상의 매체이면서 동경의 세계를 상징
벌레	감정 이입의 대상 '밤을 새워 우는 벌레' : 암담한 현실 속에서 아무것도 할 수 없는 무기력한 자신에 대한 부끄러움
봄	현재의 고난이 끝나는 날 : 조국 광복의 날
풀	시적 화자가 부끄러운 모습을 극복하고 부활한 모습 : 부활, 재생(再生)의 이미지

✿ 시의 구성

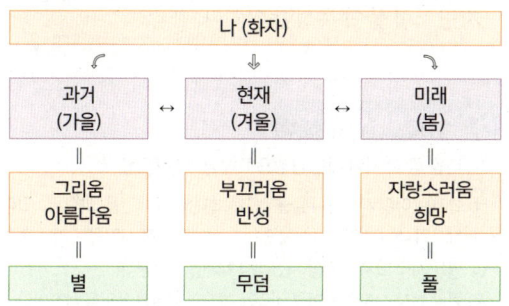

이 시에 나타난 계절은 '가을', '겨울', 그리고 '봄'이다. '과거(추억, 그리움)→현재(고뇌, 반성)→미래(희망)'로 이어지는 시간의 흐름에 따라 시상을 전개하고 있다.

📕 병태 요정이 ADVICE

이 시는 윤동주의 '별 헤는 밤'이에요. 화자는 가을밤 하늘을 바라보고 있어요. 별을 보는 화자의 마음은 아무 걱정도 없이 평화로운 상태예요. 여기서 '별'은 단순히 하늘에 떠 있는 것뿐만 아니라 화자의 가슴속에 있는 그리운 것, 순수한 것, 동경하는 것 등을 의미해요. 화자는 별을 보며 마음속에 있는 것들을 꺼내 보죠. 화자는 별을 보며 '추억', '사랑', '쓸쓸함', '동경', '시', '어머니'를 떠올렸어요. 이후 화자는 자신의 무력한 생활에 대한 성찰과 존재에 대한 부끄러움을 표현하였어요. 화자는 시의 마지막 부분에서 슬픔을 희망으로 승화시키고 있어요. 현재의 '나'는 '겨울'처럼 고통스럽고 죽음과도 같은 생활을 하지만, '봄'이 오면 나의 잃어버린 삶과 꿈은 되살아날 것이라고 확신하는 것이죠. '봄'은 현재의 고난이 끝나는 날, 즉 광복의 날을 상징한다고 볼 수 있어요.

어머님,
그리움의 대상
그리고 당신은 멀리 북간도에 계십니다.
▶ 어머니에 대한 그리움

나는 무엇인지 그리워

이 많은 별빛이 내린 언덕 위에

내 이름자를 써 보고,
자아 성찰의 행위, 민족의식 자각
흙으로 덮어 버리었습니다.
나라를 잃은 백성의 부끄러운 이름을 슬퍼함
▶ 꿈과 현실의 괴리

딴은, 밤을 새워 우는 벌레는
하기는 그것도   화자의 감정이 이입된 대상
부끄러운 이름을 슬퍼하는 까닭입니다.
무기력한 자신에 대한 부끄러움
▶ 현재 삶에 대한 부끄러움

그러나 겨울이 지나고 나의 별에도 봄이 오면,
현재의 고난이 끝나는 날(광복의 날)
            화자가 지향하는 내적 세계
무덤 위에 파란 잔디가 피어나듯이

내 이름자 묻힌 언덕 위에도

자랑처럼 풀이 무성할 거외다.
       부끄러운 모습을 극복한 시적 화자 (재생의 의미) ▶ 새로운 미래에 대한 희망과 의지를 다짐

2017 서울시 9급

Q. 다음 중 이 시에 대한 감상으로 가장 적절한 것은?
① 화자는 어린 시절 친구들을 청자로 설정하여 내면을 고백하고 있다.
② 화자의 내면과 갈등관계에 있는 현실에 비판적 시각을 드러내고 있다.
③ 별은 시적 화자가 지향하는 내적 세계를 나타낸다.
④ 별은 현실 상황의 변화를 바라는 화자의 현실적 욕망을 상징한다.

정답 ③

모닥불 (백석)

모닥불이 타고 있는 모습을 통해, 비극적인 역사와 모든 존재를 포용하는 조화와 공동체적 합일의 정신을 드러내고 있다.

『 』: 보잘것없는 사물들 열거 → 주제 의식을 높이는 데 기여함

『새끼오리도 헌신짝도 소똥도 갓신창도 개니빠디도 너울쪽도 짚검불도 가락잎도 머리카락도 헌겊조각도 막대꼬치도 기와장도 닭의짗도 개터럭도』 타는 모닥불

▶ 모닥불을 지피는 사물들

『 』: 모닥불을 쬐는 사람들과 동물들 (어휘의 나열, 상황 제시)

『재당도 초시도 문장늙은이도 더부살이 아이도 새사위도 갓사둔도 나그네도 주인도 할아버지도 손자도 붓장사도 땜쟁이도 큰개도 강아지도』 <u>모두 모닥불을 쬔다</u>
　　　　　　　　　　　　　　　　　　　　　　　　　　공동체 의식

▶ 모닥불을 쬐고 있는 사람들과 동물

할아버지의 특정한 사연 회상, 1,2연 어휘의 나열과 대조

모닥불은 어려서 우리 <u>할아버지</u>가 어미아비 없는 서러운 아이로 불상하니도 몽둥발이가 된 <u>슬픈 역사</u>가 있다.

▶ 모닥불에서 연상되는 슬픈 가족사

2014년 국가직 9급

Q. 다음 작품이 지닌 특징으로 적절하지 않은 것은?
① 구체적 대상을 열거하여 시상을 전개하고 있다.
② 특정한 조사를 반복하여 운율을 형성하고 있다.
③ 사물을 의인화하여 대상의 속성을 강조하고 있다.
④ 토속적 시어를 활용하여 향토색을 드러내고 있다.

정답 ③

'모닥불'의 상징성

1연	무용한 사물이 새로운 유용성을 얻어 사람들의 추위를 녹여 주는 사물로 변화함.	재생과 부활의 공간 / 포용적 공간
2연	각계각층의 사람들과 동물들이 뒤섞여 불을 쬐고 있음. 모닥불을 둘러싸고 같은 거리를 유지하며 원의 형태로 앉아 있음.	평등의 공간 / 화해의 공간
3연	할아버지의 슬픈 가족사의 내력을 간직하고 있는 모닥불	역사를 인지하는 공간

핵심정리

갈래	자유시, 서정시, 산문시
성격	감각적, 토속적, 회화적
제재	모닥불
주제	- 우리 민족의 공동체 정신과 비극적 역사 - 농촌 공동체의 조화롭고 평등한 세계
특징	- 방언 사용을 통한 정감 고조 - 현재의 정황과 과거의 회상 구조를 이룸 - 열거된 사물이나 사람이 치밀하게 배열되어 주제 의식을 강화

시의 구조

1연 : 모닥불에 타오는 사물들
2연 : 모닥불을 쬐고 있는 사람들
(어휘의 나열과 상황 제시)

⇩

모닥불

⇧

3연 : 모닥불을 통해 떠올리는 할아버지의 슬픈 가족사
(평범한 산문적 진술, 특정한 사연 회상)

병태 요정의 ADVICE

　1연에서는 모닥불 속에서 타고 있는 사물들을 열거하고 있어요. '헌신짝', '소똥'과 같이 모닥불에서 타고 있는 것들은 모두 쓸모없는 것들이에요. 하지만 모두 모닥불 안에서 불을 일으키는 역할을 하죠. 작고 사소한 것들도 어울려서 불길을 낼 수 있다고 말하고 있어요. 2연에서는 모닥불을 쬐고 있는 사람들을 열거하고 있어요. '문장 늙은이'는 한 문중에서 제일 높은 사람을 말해요. 높은 사람부터 '개'와 '강아지'같은 동물까지도 모두 어울려 불을 쬐이고 있어요. (참고로 '백석'은 공동체적 삶의 가치를 중요하게 생각하는 시인이랍니다. 시인의 특성과 관련지어 감상해 본다면 함께 모여 모닥불을 쬐는 모습을 통해 온기를 나누는 공동체적 미덕을 표현한 것으로 볼 수 있어요.) 1, 2연은 열거법을 통해 모닥불의 재료와 불을 쬐는 사람들을 제시하였어요. 하지만 3연에서는 이러한 열거법이 드러나지 않고 분위기가 반전되고 있어요. 화자는 갑자기 할아버지의 슬픈 과거 이야기를 하고 있지요. 모닥불을 통해 비극적 역사와 모든 존재를 포용하는 조화와 공동체적 합일의 정신을 보여 주는 것이에요.

봄길 (정호승)

> 절망적인 상황에서도 이를 극복하고 스스로 길을 만들고 사랑이 되어 나아가는 사람이 있음을 강조하고 있는 시이다.

■ : 단정적 어조의 반복

『길이 끝나는 곳에서도
　『』: 역설적 표현
길이 있다.
　극복 가능성에 대한 암시, 절망 극복의 가능성 강조
길이 끝나는 곳에서도
길이 되는 사람이 있다.

스스로 봄 길이 되어
　　　희망
끝없이 걸어가는 사람이 있다.
　노력으로 절망적 현실을 극복하는 존재

▶ 절망을 극복하고 한계를 넘어서 가는 사람의 등장

『강물은 흐르다가 멈추고
　지상의 모든 것과 단절된 절망적인 현실
새들은 날아가 돌아오지 않고
　천상의 모든 것과 단절된 절망적인 현실
하늘과 땅 사이의 모든 꽃잎은 흩어져도』
　　　　　　　　　　사랑이 끝남. 큰 시련의 의미함
　　　　　　　　『』: 절망을 구체적 상황으로 형상화

▶ 사랑이 소멸된 절망적 현실, 한계적 상황의 고조

보라.
　가능성(의지)에 대한 환기, 강조
사랑이 끝난 곳에서도
　절망적 현실 (사랑마저 사라진 절망적인 상황)
사랑으로 남아 있는 사람이 있다.
　'길 → 봄 길 → 사랑'으로 의미 확장
스스로 사랑이 되어

한없이 봄 길을 걸어가는 사람이 있다.
① 시련(역경)을 극복하고 세상을 밝고 따뜻하게 만들려는 의지(희망)를 가진 사람
② 어려움 속에서도 스스로 사랑을 개척하는 삶을 추구하는 사람

▶ 절망적 상황에서도 한계를 넘어 가는 사람

핵심정리

갈래	자유시, 서정시
성격	희망적, 낙관적, 미래 지향적, 의지적, 역설적
배경	시간적 - 봄 / 공간적 - 길
주제	시련과 역경을 극복하고 희망을 가지고 나아가는 삶
특징	- 단정적 어조를 반복하여 절망의 극복을 강하게 제시함 - 유사한 통사 구조를 반복하여 운율을 형성함 - 추상적인 생각(절망)을 구체적 이미지로 형상화함

시의 구조

길 ⇒ 봄 길 ⇒ 사랑
⇓
확장을 통해 절망을 극복하고
성숙해지는 모습을 보여 줌.

병태 요정이 ADVICE

　길이 끝났다는 것은 절망적인 상황을 말해요. 하지만 화자는 절망 속에서도 '길이 있다'라며 희망을 버리지 않고 있어요. '길이 되는 사람'은 스스로 개척해 나가는 사람이라고 볼 수 있어요. 힘들고 절망적인 상황에서도 포기하지 않고 자신의 길을 찾아가는 사람이죠. 화자는 스스로 자신의 길을 찾아 포기하지 않고 끝없이 걸어가는 사람이 있다면서 희망적인 태도를 보이고 있어요. 개울이 멈추고 새들이 날아가고 꽃잎이 흩어진 것 역시 부정적인 상황이에요. 미래가 보이지 않고 주변 사람들도 다 떠나가 버린 절망적인 상황이죠. 하지만 절망 속에서도 끊임없이 자신의 길을 개척하면서 노력하는 사람이 있어요. 화자는 그러한 사람을 '사랑으로 남아 있는 사람', '한없이 봄 길을 걸어가는 사람'이라고 표현하고 있어요. 화자는 우리에게 그들과 같이 포기하지 말고 시련을 이겨내자고 말하고 있는 것이죠.

2012년 국가직 7급

Q. 다음 시에 드러난 화자의 태도로 적절한 것은

① 딱 잘라서 판단하고 결정하려는 태도가 드러난다.
② 부정적인 상황에 한탄하지 않고 극복하고자 하는 태도가 드러난다.
③ 바라볼 것이 없게 되어 모든 희망을 끊어 버리는 태도가 드러난다.
④ 사소한 사물이나 일에 얽매이지 않고 세속을 벗어나 활달한 태도가 드러난다.

정답 ②

주막(백석)

어린 시절의 추억을 향토적인 방언을 사용하여 표현한 작품이다.

> 호박잎에 싸오는 붕어곰은 언제나 맛있었다
> 부엌에는 빨갛게 질들은 팔(八)모알상이 그 상 우엔 새파란 싸리를
> 그린 눈알만한 잔(盞)이 뵈였다
> 아들아이는 범이라고 장고기를 잘 잡는 앞니가 뻐드러진 나와 동 갑이었다
> 울파주 밖에는 장꾼들을 따라와서 엄지의 젖을 빠는 망아지도 있었다

▶ 어린 시절의 추억을 회상

2015년 지방직 7급

Q. 다음 시에 대한 설명으로 적절하지 않은 것은?
① 색채의 대비를 통하여 풍경을 강렬하게 그려 내고 있다.
② 지역어를 적절하게 사용하여 지역적 특성을 드러내고 있다.
③ 대상의 구체적인 묘사를 통해 유년 시절의 추억을 회상하고 있다.
④ 어린 아이와 어른의 시각을 대비하여 사건을 생생하게 보여 주고 있다.

정답 ④

✅ 핵심정리

갈래	자유시, 서정시
성격	회상적, 묘사적
제재	주막
주제	어린 시절의 추억 회상
특징	- 향토적인 방언 사용 - 어린아이 화자의 시선에서 표현 - 크기 및 색채 대비를 통한 묘사

❁ 아동 화자

아동 화자의 시는 어린이의 시점을 취하여 과거의 정황이나 이에 대한 느낌을 표현하는데 효과적이다. 어른인 시인이 아동을 화자로 설정한 것이므로, 아이들의 생활과 감정을 꾸밈없이 나타내야하기 때문에 필요한 장치들이 존재한다. 이 시에서는 화자가 어린아이라는 점에 기인하여 인과적인 순서보다는 아이의 판단이 담긴 주관적인 연상에 의해 시행의 배열 순서가 결정되고 있다. 또한 아동 화자의 체험을 효과적으로 전달하기 위해 산문시라는 표현 방식을 활용하고 있다.

📢 병태 요정의 ADVICE

화자는 과거를 회상하고 있어요. 이 시의 제목은 '주막'이니, 화자가 호박잎에 싸오는 붕어 요리를 먹은 장소는 주막이에요. 화자는 주막 부엌에 있는 빨간 상과 그 위에 있는 파란 잔을 보고 있어요. 주막집 아들의 이름은 '범이'로 화자와 동갑인 친구죠. 화자는 친구 '범이'를 따라 주막으로 놀러 간 것이에요. 화자는 친구의 모습과 자신의 눈에 비친 주막의 모습을 설명해 주고 있어요. 주막 울타리 밖으로는 장꾼들의 모습이 보이죠. 그 안에는 엄마의 젖을 빠는 망아지도 있어요. 이 시는 한 폭의 그림을 보는 것과 같은 시예요. 소박하고 정감 어린 추억을 어린 화자의 시선으로 표현하고 있지요. '주막에서 먹었던 음식, 주막의 부엌 모습, 주막집 아들인 친구 이야기, 주막에서 바라본 장터의 풍경'으로 시상이 전개되고 있어요. 이를 통해 어린 시절의 추억을 그리고 있지요.

참깨를 털면서 (김준태)

할머니와 함께 참깨를 털었던 일을 회상하며 할머니와 '나'의 태도의 차이를 통해 순리에 따르는 삶에 대한 깨달음을 표현한 시이다.

산그늘 내린 밭 귀퉁이에서 할머니와 **참깨**를 턴다.
                              삶의 대한 깨달음을 주는 소재
보아 하니 할머니는 **슬슬** 막대기질을 하지만
          음성 상징어 (슬슬 ↔ 쏴아쏴아)
어두워지기 전에 집으로 돌아가고 싶은 젊은 나는

한 번을 내리치는 데도 힘을 더한다.
▶ 참깨를 터는 할머니와 '나'

세상사에는 흔히 맛보기가 어려운 쾌감이

참깨를 털어내는 일엔 희한하게 있는 것 같다.
도시 생활에서는 맛보지 못한 기쁨을 자연 속 농사일에서 느낌
한 번을 내리쳐도 셀 수 없이

쏴아쏴아 쏟아지는 무수한 흰 알맹이들
음성 상징어 (슬슬 ↔ 쏴아쏴아)
도시에서 십 년을 가까이 살아본 나로선

기가 막히게 신나는 일인지라
자신이 조종하는 대로 결과를 얻을 수 있어 신이 남
휘파람을 불어가며 몇 다발이고 연이어 털어낸다.
▶ 참깨를 털며 느끼는 '나'의 기쁨

사람도 아무 곳에나 한 번만 기분 좋게 내리치면

참깨처럼 **쏴아쏴아** 쏟아지는 것들이

얼마든지 있을 거라고 생각하며 정신없이 털다가

"아가, 모가지까지 털어져선 안 되느니라."
          순리를 벗어나는 과도함
할머니의 가엾어하는 꾸중을 듣기도 했다.
경박한 현대인 모두에게 향하는 꾸중
▶ 참깨를 터는 모습에 대한 꾸중과 반성

2014년 지방직 7급

Q. 다음 시의 할머니에게서 얻을 수 있는 삶의 교훈으로 가장 적절한 것은?
① 지나침을 경계하고 순리를 따라야 한다.
② 자신의 체력을 알고 무리하지 않아야 한다.
③ 다른 대상에 대해 연민의 감정을 가져야 한다.
④ 과거에 연연하지 않고 긍정적으로 살아야 한다.

정답 ①

꾸중의 의미

"아가, 모가지까지 털어져선 안 되느니라."

- 손자의 생명 경시 태도에 대한 할머니의 책망
- 작은 생명이라도 소중히 여겨야 한다는 할머니의 마음
- 욕망을 달성하기 위해서는 시간과 노력, 기다림과 인내심이 필요함을 의미
- 과유불급의 교훈이 담긴 말
- 화자를 포함한 경박한 현대인들 모두에게 향하는 꾸중

핵심정리

갈래	자유시
성격	체험적, 교훈적, 반성적
제재	참깨 털기
주제	- 순리에 따르는 삶에 대한 깨달음 - 참깨를 털며 할머니에게서 배운 삶의 지혜
특징	- 일상어를 통해 시골 체험을 구체적으로 형상화함 - 음성상징어를 통해 인물의 행위를 대비함 - 화자와 할머니의 대조적 태도를 통해 바람직한 삶의 가치 제시

화자와 할머니의 대비

화자	도시적 생활 방식 (조급하고 충동적 인물) 힘을 더해 내리침 농작물 수확을 신나는 일로 생각함 참깨를 자신이 조종할 수 있는 물건으로 취급
할머니	농촌적 생활 방식 (여유롭고 느긋한 인물) 슬슬 막대기질을 함 모가지까지 털어서는 안 된다고 충고함 작은 생명이라도 소중히 여겨야 한다는 태도 모든 일은 순리대로 해야 한다고 생각함

병태 요정의 ADVICE

화자는 할머니와 함께 참깨를 털고 있어요. 참고로 참깨는 마르지 않은 부분까지 털면 모가지가 부러져 버려요. 모가지가 부러져 버리면 참깨는 알맹이를 거둘 수가 없죠. 할머니는 슬슬 막대기질을 하고 있지만 화자는 빨리 끝내고 가고 싶은 마음에 힘있게 내리쳤어요. 이후 화자는 도시에서 느끼지 못하는 기쁨을 느끼면서 신나게 참깨를 털어요. 한 번 힘주어 털면 우수수 떨어지기에 화자는 노동의 재미를 느끼고 있는 것이죠. 화자는 떨어지는 참깨를 보면서 참깨처럼 돈이 우수수 쏟아지면 좋겠다는 생각을 해요. 그때 할머니께서 한마디 하셨어요. 모가지까지 털어서는 안 된다는 할머니의 꾸중은 많은 것을 담고 있어요. 너무 넘치면 안 된다는 교훈도 담겨 있고, 모든 일은 순리대로 해야 한다는 교훈도 담겨 있지요. 목표를 이루기 위해서는 기다림과 인내심도 필요한 법인데, 단번에 결과를 얻으려고 몰아치는 화자의 모습이 할머니의 눈에는 안타까웠던 것이에요. 할머니는 모든 일은 차근차근 순리대로 해야 한다는 교훈을 화자에게 전하고 있어요.

서시 (윤동주)

'바람' 앞에서도 흔들리지 않는 '별'을 통해 시련과 어려움을 이겨내고 부끄러움이 없는 삶을 살고자 하는 다짐이 드러나는 작품이다.

죽는 날까지 하늘을 우러러
    삶의 지향점, 완전 무결한 대상
한 점 부끄럼이 없기를,
    해야할 것을 하지 못하는 데서 오는 것
잎새에 이는 바람에도
나는 괴로워했다.
  자책감과 부끄러움

▶ 부끄러움 없는 삶에 대한 소망과 고뇌 (과거)

별을 노래하는 마음으로
희망과 이상의 세계, 순수한 자아의 세계
모든 죽어가는 것들을 사랑해야지
생명체, 일제하 우리 민족
그리고 나한테 주어진 길을
    양심을 지키며 사는 순결한 삶
걸어가야겠다.
화자의 의지 표현

▶ 미래의 삶에 대한 의지와 결의 (미래)

오늘 밤에도 별이 바람에 스치운다.
일제 강점하의 현실   시련과 고난을 주는 대상

▶ 부정적인 현실 확인 (현재)

2013년 서울시 9급

Q. 다음 시에 대한 해석으로 적절하지 않은 것은?
① 1~4행은 지금까지 살아온 생활의 고백이다.
② 5~8행은 미래의 삶에 대한 신념의 표명이다.
③ 1~8행과 9행 사이에는 '주관 : 객관'의 대립이 드러난다.
④ 9행은 어두운 시대 상황과 극복할 수 없는 시련을 비관적으로 표현하고 있다.

2008년 법원직 9급

Q. 위 시에 대한 감상으로 바르지 않은 것은?
① 이 시의 시상 전개 과정은 과거 – 미래 – 현재 순이다.
② '바람', '별'이 공통적으로 지니는 의미는 '암울한 시대 상황'이다.
③ '별'은 화자가 추구하는 순수 이상적 가치를 의미한다.
④ '나한테 주어진 길'은 시련 속에서도 양심을 지키며 사는 순결한 삶을 의미한다.

정답 ④, ②

✅ 핵심정리

갈래	자유시, 서정시
성격	성찰적, 고백적, 의지적, 상징적
제재	별
주제	부끄러움이 없는 삶에 대한 소망과 의지
특징	- 시간의 변화에 따른 시상 전개 - 이미지의 대립을 통한 시적 상황의 제시

❁ 시어의 의미

하늘	화자에게 있어 윤리적 판단의 절대적 기준
별	희망, 이상적 삶의 세계 '바람'과 대립되는 이미지 (바람=시련과 고난)
길	화자가 걸어가야 할 숙명, 운명
밤	- 화자가 처한 어두운 현실 - 일제 강점하의 시대 상황

❁ 시의 구조

과거 : 부끄러움 없는 삶에 대한 소망과 고뇌
⇓
미래 : 의지와 결의
⇓
현재 : 시련과 고난의 현실

📢 병태 요정의 ADVICE

이 시가 창작된 시기는 일제 강점기예요. 화자는 하늘을 보며 자신의 삶을 반성하고, 부끄러움 없는 삶을 살고자 다짐하고 있어요. 이후 미래의 삶에 대한 화자의 다짐이 드러나요. 화자는 반짝이는 별을 노래하는 마음으로 이 세상에 있는 모든 생명을 사랑하고 주어진 길을 걷겠다고 다짐하고 있어요. 과거에 대한 반성, 미래에 대한 다짐에 이어 '오늘'이라는 현재로 시상이 전개되고 있어요. 시대적 배경을 관련지어 보면, '오늘 밤'은 식민지의 암담한 현실을 상징한다고 볼 수 있어요. 화자는 그러한 상황에서도 자신의 양심을 지키며 살겠다는 의지를 보이고 있는 것이죠.

이별가 (박목월)

사별로 인한 슬픔과 안타까움 속에서, 이별을 운명으로 받아들이고자 하는 마음을 방언을 사용하여 현실감 있게 드러내고 있다.

의사 소통의 어려움, 절실한 분위기를 이끄는 시어
뭐락카노. 저 편 강기슭에서

니 **뭐락카노,** 바람에 불려서
　반복을 통한 운율적 효과, 소박한 정감을 유발하는 사투리 사용

이승 아니믄 저승으로 떠나는 뱃머리에서
　　　　이승과 저승의 경계선 (삶과 죽음의 경계)
나의 목소리도 바람에 날려서
　　　화자와 상대를 갈라놓는 장애물
　　　　　　　　　　▶ 이승과 저승 사이의 거리감

뭐락카노 뭐락카노

썩어서 동아밧줄은 삭아 내리는데
　　　이승에서 맺은 인연

하직을 말자 하직 말자
이별에 대한 거부의 태도
인연은 갈밭을 건너는 바람
인연의 허무함, 덧없음

뭐락카노 뭐락카노 뭐락카노

너 흰 옷자라기만 펄럭거리고...
　　수의 (죽음의 상징)
　　　　　　　　　▶ 인연이 다함에 대한 안타까움

오냐. 오냐. 오냐.
이별에 대한 수용
이승 아니믄 저승에서라도...
　　　이별에 대한 인식 전환 (재회 소망)

이승 아니믄 저승에서라도
인연은 갈밭을 건너는 **바람**
속세의 인연은 끝났지만 초월적 존재(바람)에 의한 새로운 인연에 대한 깨달음
　　　　　　　　　▶ 저승에서라도 재회를 소망함

뭐락카노, 저편 강기슭에서

니 음성은 바람에 불려서
대상과의 단절감

오냐. 오냐. 오냐.
운명에 대한 순응 (삶과 죽음을 초월한 인식의 표현)
나의 목소리도 바람에 날려서.
　　　　　　　▶ 이승과 저승의 거리에 대한 수긍

✓ 핵심정리

갈래	자유시, 서정시
성격	관조적, 전통적, 상징적
제재	인연과 이별
주제	생사를 초월한 이별의 정한
특징	- 대화 형식을 통해 주제 의식을 드러냄. - 강한 억양의 경상도 사투리를 통해 이별의 애절함을 더함. - 반복과 점층을 통해 그리움과 안타까움을 심화시키고 있음.

❊ 시의 구조

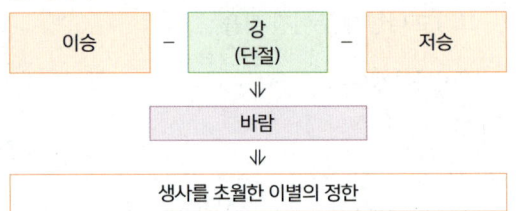

❊ '바람'의 의미

나의 목소리도 바람에 불려서	인연은 갈 밭을 건너는 바람
죽은 이와의 단절 → 장애물	화자와 청자를 연결해 주는 존재

📣 병태 요정이 ADVICE

화자는 상대에게 말을 건네고 있어요. 상대는 저편 강에 있는데, 바람도 불어서 상대의 말이 들리지 않아요. 화자와 대상이 서로 소통할 수 없고, 단절되어 있는 상황이죠. 화자는 죽음으로 인해 상대와 이별하게 된 것이에요. '이승'과 '저승'을 통해 삶과 죽음으로 인한 이별임을 알 수 있어요. 화자가 아무리 외쳐도 화자의 목소리는 바람에 날려서 강 반대쪽에 있는 상대에게는 전해지지 않아요. '동아밧줄'은 두 사람의 연결 고리로, 인연을 의미해요. 그런 밧줄이 썩고 삭아 내린다는 것은 둘의 인연이 죽음으로 인해 사라지고 있음을 의미하는 것이죠. 화자는 '하직을 말자'라며 이별을 거부하는 태도를 보여요. 하지만 곧 인연 은 바람과 같다는 깨달음을 얻죠. 바람은 원한다고 불어오는 것도 아니고, 싫다고 막을 수 있는 것이 아니듯이 인연 또한 영원히 이어지는 것이 아니죠. 화자는 사람의 인연 역시 바람처럼 사라지거나 다시 불어오는 것이란 걸 깨달은 것이죠.

2015년 서울시 9급

Q. 다음 중 그 의미가 나머지 셋과 가장 다른 것은?
① 니 뭐락카노 바람에 불려서　② 나의 목소리도 바람에 날려서
③ 썩어서 동아밧줄은 삭아 내리는데　④ 인연은 갈밭을 건너는 바람

정답 ④

고전시가

제망매가 (월명사)
누이의 죽음으로 인한 삶과 죽음의 고뇌와 슬픔을 종교적 신앙심으로 승화하고 재회를 다짐하는 10구체 향가이다.

생사(生死) 길은

예 있으매 머뭇거리고
<u>이승</u>   <u>죽음에 대한 두려움</u>

나는 간다는 말도
<u>죽은 누이의 말</u>

못다 이르고 어찌 갑니까. ▶ 죽은 누이에 대한 안타까움
  <u>화자에게 아무 말도 남기지 못하고 갔기에 더욱 안타까움</u>

어느 가을 <u>이른 바람</u>에
  <u>누이의 요절 (바람=운명, 초자연적 존재, 삶과 죽음을 가르는 자연의 섭리)</u>

이에 저에 <u>떨어질 잎</u>처럼
  <u>누이의 죽음을 비유함</u>

<u>한 가지</u>에 나고 가는 곳 모르온저. ▶ 혈육의 죽음에서 느끼는 인생의 무상함
<u>한 부모</u>

       ┌ 극락 세상, 저승, 지향의 공간
<u>아아</u>, <u>미타찰(彌陀刹)</u>에서 만날 나
<u>10구체 향가에서 낙구에 해당하는 부분</u>

도(道) 닦아 기다리겠노라 ▶ 슬픔의 종교적 극복 및 승화
<u>불교적 믿음을 통한 재회의 다짐</u>

2017년 지방직 9급

Q. 다음 작품에 대한 설명으로 적절한 것은?

① 시적 대상과의 재회에 대한 소망을 담고 있다.
② 반어적 표현을 통해 화자의 정서를 부각하고 있다.
③ 세속의 인연에 미련을 두지 않은 구도자의 자세를 드러내고 있다.
④ 상황 인식 - 객관적 서경 묘사 - 종교적 기원의 3단 구성으로 되어 있다.

2010년 지방직 9급

Q. 다음 시에 대한 설명으로 옳지 않은 것은?

① '어느 가을 이른 바람에 이에 저에 떨어질 잎처럼'은 누이의 요절을 비유적으로 표현한 부분이다.
② 화자는 삶의 허무함을 종교를 통해 극복하고자 하는 의지를 보이고 있다.
③ 마지막 두 행에 삶의 무상함이 잘 표현되어 있다.
④ 향가의 10구체 형식을 취하고 있다.

정답 ①, ③

✿ 배경 설화
신라 서라벌의 사천왕사에는 월명이라는 한 스님이 있었다. 그는 향가도 잘 지어 일찍이 죽은 누이를 위하여 재(齋)를 올릴 때 향가를 지어 제사를 지냈다. 이렇게 노래를 불러 제사를 지냈더니, 문득 광풍이 불어 지전(紙錢)이 서쪽으로 날아가 사라지게 되었다.

☑ 핵심정리

갈래	10구체 향가, 추도가
성격	추모적, 애상적, 불교적
제재	누이의 죽음
주제	죽은 누이를 추모함
특징	- 비유법, 상징법 사용 - '기 - 서 - 결'의 3단 구성

📝 구성

기 (1-4행)	누이의 갑작스러운 죽음에 대한 인간적 괴로움과 혈육의 정
서 (5-8행)	누이와의 속세 인연과 죽음에서 느끼는 무상감
결 (9-10행)	슬픔과 고뇌의 종교적 승화

✿ 비유적 표현

이른 바람	- 누이가 요절하였음을 암시 - '바람'은 인간의 운명을 지배하는 초자연적인 힘을 상징
나뭇잎	시적 화자와 누이
한 가지	시적 화자와 대상과의 관계가 동기지간임을 암시. 같은 부모를 뜻함.

📣 병태 요정이 ADVICE

'제망매가'의 제목을 풀이해 보면, 제사 제(祭), 죽을 망(亡), 누이 매(妹), 노래 가(歌)예요. '죽은 누이를 제사 지내는 노래'라는 뜻이에요. 누이가 죽었고, 지금 화자는 누이를 위해 제사를 지내는 상황임을 알 수 있지요. 화자는 죽음으로 세상을 떠나버린 누이와 인간의 삶과 죽음을 생각하고 있어요. 화자의 누이는 마지막 인사를 나눌 시간도 없이 갑작스럽게 죽음을 맞이했어요. 화자는 누이의 죽음을 이른 바람에 떨어지는 나뭇잎에 비유했어요. 가을이 되면 잎이 떨어지는 것처럼 사람의 삶도 언젠가는 죽음을 맞이해요. 하지만 '이른' 바람이라는 것에서 누이가 젊은 나이에 요절했음을 알 수 있죠. '미타찰'은 불교에서 말하는 극락 세계예요. 화자는 극락 세계에서 누이와 다시 만날 것이라는 확신을 가지고 있어요. 누이의 죽음에 대한 슬픔을 종교적인 믿음으로 극복하려는 것이죠. 극락 세계에서 다시 만날 것이니 화자는 현생에서 열심히 도를 닦으며 기다리겠다고 말하고 있어요. 이별의 슬픔을 종교적 신앙심으로 극복하고 승화하고 있는 것이죠.

속미인곡 (정철)

'갑녀'와 '을녀'의 대화적 구성과 죽어서라도 '낙월'과 '궂은 비'가 되어 사랑을 이루려는 간절한 마음이 돋보이는 작품이다.

서사

뎨 가는 뎌 각시 본 듯도 흔뎌이고,

텬天上상 白빅玉옥京경을 엇디ᄒᆞ야 離니別별ᄒᆞ고,

ᄒᆡ 다 뎌믄 날의 눌을 보라 가시ᄂᆞ고.
화자의 쓸쓸한 상황을 더욱 강조하고 애상적인 분위기를 형성함

▶ 갑녀(보조적 인물)의 질문 – 백옥경을 떠난 이유

어와 네여이고, 내 ᄉᆞ셜 드러보오.

내 얼굴이 거동이 님 ㉠괴얌즉 ᄒᆞ가마ᄂᆞᆫ

엇딘디 날 보시고 네로다 녀기실ᄉᆡ

나도 님을 미더 ㉡군 ᄯᅳ디 전혀 업서
딴 생각이

㉢이리야 교ᄐᆞ야 어ᄌᆞ려러이 구돗썬디
이별의 원인을 자신의 실수 때문이라고 생각

반기시ᄂᆞᆫ 눗비치 녜와 엇디 다ᄅᆞ신고.

누어 싱각ᄒᆞ고 니러 안자 혜여ᄒᆞ니

『내 몸의 지은 죄 뫼ᄀᆞ티 싸혀시니
『 』: 임을 탓하거나 원망하지 않고, 자신의 탓으로 돌리는 숙명론적인 인생관

하ᄂᆞᆯㅎ이라 원망ᄒᆞ며 사름이라 허믈ᄒᆞ랴.

셜워 플텨혜니 造조物믈의 타시로다.』

▶ 을녀(중심 화자)의 대답 – 자신의 죄와 조물주의 탓

본사

글란 싱각 마오.
갑녀(보조적 인물)의 위로의 말

민친 일이 이셔이다.

님을 뫼셔 이셔 님의 일을 내 알거니

믈 ᄀᆞᄐᆞᆫ 얼굴이 편ᄒᆞ실 적 몃 날일고.
임을 형상화한 표현 (허약함을 상징)

春츈寒한 苦고熱열은 엇디ᄒᆞ야 디내시며
이른 봄날의 추위와 여름철의 무더위

秋츄日일冬동天텬은 뉘라셔 뫼셧ᄂᆞ고.
가을날과 겨울날

粥쥭早조飯반 朝죠夕셕 뫼 녜와 ᄀᆞ티 셰시ᄂᆞᆫ가.
아침밥 전에 먹는 죽   아침과 저녁 진지

기나긴 밤의 ᄌᆞᆷ은 엇디 자시ᄂᆞ고.

▶ 임을 걱정하는 화자의 모습

님다히 消쇼息식을 아므려나 아쟈 ᄒᆞ니

오ᄂᆞᆯ도 거의로다. ᄂᆡ일이나 사름 올가.

내 ᄆᆞ음 둘 ᄃᆡ 업다. 어드러로 가잣 말고.

잡거니 밀거니 놉픈 뫼히 올라가니
임과의 거리를 좁혀 보려는 노력

✅ 핵심정리

갈래	서정 가사, 양반 가사, 정격 가사
성격	연군가
율격	3·4조 내지 4·4조를 기조로 한 대화체
제재	임과의 이별, 임에 대한 그리움
주제	연군(戀君)의 정(情)
특징	- 가사 문학의 극치를 이룬 작품 - 우리말의 구사가 절묘하여 문학성이 높음. - 대화 형식으로 된 최초의 작품

❁ 시상의 흐름

서사	갑녀의 질문	백옥경을 떠난 이유를 물음.
	을녀의 대답	자신의 죄와 조물주의 탓임.
본사	갑녀의 위로	생각을 달리 할 것을 권유함.
	을녀의 말	- 임의 일상에 대한 염려 - 임의 소식을 알고 싶어 함. - 독수공방의 애달픔.
결사	을녀의 말	임에 대한 간절한 사모의 정 (죽어서 낙월이 되고 싶음)
	갑녀의 위로	갑녀의 맺음말 (궂은 비가 될 것을 권유)

❁ 장애물

산	구름, 안개	간신을 상징
물	ᄇᆞ람, 믈결	
계성	장애물의 성격만 있음.	

❁ 시적 화자

갑녀	을녀

을녀의 하소연을 유도하고, 작품을 더욱 극적으로 결말 짓게 함. 갑녀의 질문에 대해 하소연을 하면서 작품의 정서적 분위기를 주도함.

작품의 전개와 종결을 위한 기능적인 역할을 함.	작품의 주제 구현을 위한 중심 역할을 함.
보조적 위치에 있는 화자	작가의 처지를 대변하는 중심 화자

구롬은 쿠니와 안개는 므스일고.
■ : 임과 나의 사랑을 방해하는 방해물, 간신

山산川쳔이 어둡거니 日일月월을 엇디 보며
　　부정적인 상황　　　　　임금

咫지尺쳑을 모르거든 千쳔里리를 브라보랴.

출하리 믈ᄀᆞ의 가 비길히나 보쟈 ᄒᆞ니

ᄇᆞ람이야 믈결이야 어둥졍 된뎌이고.
■ : 공간의 이동 (뫼 → 믈ᄀᆞ → 모쳠)

샤공은 어듸 가고 븬 ᄇᆡ만 걸렷ᄂᆞ니.
　　　　　　　　화자의 쓸쓸하고 외로운 마음을 간접적으로 보여주는 객관적 상관물

江강天텬의 혼쟈 셔셔 디는 히를 구버보니

님다히 消쇼息식이 더욱 아득ᄒᆞ뎌이고.
　　　　　　　　　　　　　　　　▶ 임의 소식을 알고 싶은 마음에 산하를 방황함

茅모簷쳠 춘 자리의 밤듕만 도라오니
　초가집
半반壁벽靑쳥燈등은 눌 위ᄒᆞ야 볼갓ᄂᆞ고.
화자의 쓸쓸하고 외로운 심정 강조 (객관적 상관물)

오르며 ᄂᆞ리며 헤뜨며 바니니

져근덧 力녁盡진ᄒᆞ야 픗ᄌᆞᆷ을 잠간 드니

精졍誠셩이 지극ᄒᆞ야 ᄭᅮᆷ의 님을 보니

玉옥 ᄀᆞᆮ튼 얼굴이 半반이나마 늘거셰라.
임에 대한 염려와 안타까움 (자신이 모시지 않았기 때문에 많이 변해 버렸다는 의미)

ᄆᆞ음의 머근 말숨 슬ᄏᆞ장 ᄉᆞᆲ쟈 ᄒᆞ니

눈믈이 바라나니 말인들 어이ᄒᆞ며

情졍을 못다 ᄒᆞ야 목이조차 몌여 ᄒᆞ니
　　　　　　임에 대한 그리움과 반가움이 너무 커서 말을 하지 못함

오뎐된 鷄계聲셩의 ᄌᆞᆷ은 엇디 ᄭᆡ돗던고.
　　　　임과의 재회를 방해하는 장애물
　　　　　　　　　　　　　　　　▶ 독수공방의 애달픔

결사

어와, 虛허事ᄉᆞ로다. 이 님이 어듸 간고.

결의 니러 안자 窓창을 열고 브라보니

어엿븐 그림재 날 조촐 ᄲᅮᆫ이로다.
화자가 느끼는 외로운 심정을 간접적으로 표현

ᄎᆞ하리 싀여디여 落낙月월이나 되야 이셔
　　　　　　　임에 대한 화자의 사랑 (멀리서 바라만 보는 소극적인 형태의 사랑)

님 겨신 窓창 안히 ㉣번드시 비최리라.

각시님 둘이야ᄏᆞ니와 구즌 비나 되쇼셔.
　갑녀의 말　　　　　　임에 대한 적극적인 사랑
　　　　　　　　　　　▶ 죽어서라도 이루려는 임에 대한 간절한 사랑

✿ '낙월'과 '구즌 비' 비교

낙월 (을녀)	구즌 비 (갑녀)
- 쓸쓸한 분위기를 형성함. - 임과의 재회가 이루어질 수 없으리라는 '을녀'의 절망감을 내포함.	- '을녀'의 눈물을 의미함. - '을녀'의 마음을 임에게 전달하기 위해 '갑녀'가 제시하는 방법임.
멀리서 잠시 임을 바라보고 사라지는 존재임.	오랫동안 내리면서 임의 옷을 적실 수 있을 만큼 임에게 가까이 갈 수 있음.
소극적 애정관(일시적, 간접적)	적극적 애정관(지속적, 직접적)

> **병태 쌤의 ADVICE**
> 이 노래는 임금에 대한 마음을 임과 이별한 여인의 애달픈 심정에 의탁해 표현하고 있어요. 독백으로 진행되는 일반적인 시와 달리, 보조적 인물을 설정하여 대화체로 시상을 전개했다는 것이 큰 특징이지요. 보조적 화자 '갑녀'와 중심 화자 '을녀'가 있는데, 갑녀가 을녀에게 백옥경을 떠난 이유를 물으며 시가 시작돼요. 을녀는 자신의 잘못(지나친 애교와 교태)으로 인해 임과 이별하게 되었다고 말하죠. 갑녀는 그런 을녀를 위로해요. 을녀는 임의 일상에 대한 염려, 임의 소식을 알고 싶어 노력했던 것, 독수공방의 애달픔 등을 이야기해요. 죽어서 '낙월'이 되어서라도 임을 만나고 싶다고 말하죠. 갑녀는 을녀에게 '낙월'보다는 좀 더 적극적인 의미를 가진 '궂은 비'가 되라며 위로의 말을 전하며 시가 마무리돼요.

2017 국가직 7급

Q. ㉠~㉣의 뜻풀이로 옳지 않은 것은?

① ㉠ 사랑받음직　　② ㉡ 다른 생각이
③ ㉢ 아양이야　　　④ ㉣ 반드시

정답 ④

동동 (작자 미상)

1월부터 12월까지 달에 맞추어 임을 향한 사랑과 그리움을 노래한 작품으로, 각 달의 세시풍속과 계절에 따른 임에 대한 정서가 돋보인다.

『德(덕)으란 곰ᄇᆡ예 받ᄌᆞᆸ고 　　덕일랑은 뒤에(신령님께) 바치옵고
　　↑대구법
福(복)으란 림ᄇᆡ예 받ᄌᆞᆸ고　　 복일랑은 앞에(임금님께) 바치옵고

德(덕)이여 福(복)이라 호ᄂᆞᆯ　　덕이여 복이라 하는 것을

㉠나ᅀᆞ라 오소이다.』　　　　　진상하러 오십시오.
『 』: 임(임금)에 대한 송축 (궁중 음악으로 편입될 때 추가된 내용으로 추정)
아으 動動(동동)다리　　　　　　　　　　　　　　▶ 송도(頌禱) - 덕과 복을 빎
후렴구 ('동동'은 북소리, '다리'는 악기 소리를 흉내 낸 의성어)
연 구분, 운율 ↑

正月(정월)ㅅ 나릿므른　　　　　정월의 냇물은
　　　　　화자와 대비되는 대상 (화자는 마음을 녹여줄 사람 없이 외롭게 지냄)
아으 어져 녹져 ᄒᆞ논ᄃᆡ　　　　아아, 얼었다 녹았다 하는데

누릿 가온ᄃᆡ 나곤　　　　　　　세상에 태어나서는

㉡몸하 ᄒᆞ올로 녈셔　　　　　　이 몸은 홀로 살아가는구나.

아으 動動(동동)다리　　　　　　　　　　　　　　▶ 삶의 고독과 임에 대한 그리움

二月(이월)ㅅ 보로매　　　　　　2월 보름에

아으 ㉢노피 현　　　　　　　　아아, 임은 높이 켜 놓은

燈(등)ㅅ블 다호라　　　　　　　등불 같구나. (=임의 인품은 우러러볼 만하다)
2월 연등제의 등불을 통해 임의 인품을 찬양
萬人(만인) 비취실 즈ᅀᅵ샷다　　만인을 비추실 모습이시도다.

아으 動動(동동)다리　　　　　　　　　　　　　　▶ 임의 인품을 찬양

三月(삼월) 나며 開(개)ᄒᆞᆫ　　　3월 지나며 핀

아으 滿春(만춘) ㉣ᄃᆞᆯ욋고지여　아아, 늦봄의 진달래꽃이여.
　　　　아름다운 임의 모습을 비유
ᄂᆞ미 브롤 즈슬　　　　　　　　남이 부러워할 모습을

디녀 나샷다　　　　　　　　　　지니고 태어나셨구나.

아으 動動(동동)다리　　　　　　　　　　　　　　▶ 임의 아름다움을 찬양

四月(사월) 아니 니저　　　　　　4월을 잊지 않고

아으 오실셔 곳고리새여　　　　　아아, 오는구나 꾀꼬리새여.
　　　　　화자의 외로움 고조 (객관적 상관물)
므슴다 錄事(녹사)니ᄆᆞᆫ　　　　무엇 때문에 녹사님은
돌아오지 않는 대상 ↔ 곳고리새와 대조
녯 나ᄅᆞᆯ 닛고신뎌.　　　　　　옛날을 잊고 계시는구나.

아으 動動(동동)다리　　　　　　　　　　　　　　▶ 무심한 임에 대한 원망

✅ 핵심정리

갈래	고려 가요
성격	상징적, 비유적, 서정적, 송축적, 월령체
구성	월령체 형식 (서사 1연과 본사 2연~13연으로 구성)
제재	달마다 행하는 민속
주제	송축과 고독의 비애, 임에 대한 영원한 사랑 (각 연마다 주제가 다름)
특징	- 영탄법, 직유법, 은유법을 사용 - 후렴구 반복 - 세시 풍속에 따라 사랑의 감정을 전달함. - 임에 대한 송축과 연모의 정이 어우러짐

📝 구성

연	내용	중심 소재
1연(서사)	임에 대한 송축	덕(德), 복(福)
2연(1월)	자신의 외로운 처지	나릿물
3연(2월)	임의 인품 찬양	등ㅅ불
4연(3월)	임의 아름다운 모습 찬양	달욋곶(진달래꽃)
5연(4월)	자신을 찾지 않는 임에 대한 원망	곳고리 새
6연(5월)	임의 장수에 대한 기원	아침 약 (단오)
7연(6월)	임에게 버림받은 처지 비관	(버려진) 빗
8연(7월)	임을 따르고자 하는 염원	백종
9연(8월)	임 없는 한가위의 쓸쓸함	한가위
10연(9월)	임의 부재로 인한 고독	황화 (중양절)
11연(10월)	임에게 버림받은 슬픔	바랏(보리수나무)
12연(11월)	임 없이 살아가는 외로움	한삼
13연(12월)	임과 맺어지지 못하는 안타까움	져 (나무젓가락)

☀ 시적 화자를 비유한 표현

별해 ᄇᆞ론 빗 져미연 ᄇᆞᆺ	임에게서 버림받은 시적 화자의 가련한 신세를 드러냄.
盤(반)잇 져	임에게 버림받고 다른 사람에게 시집가는 화자의 안타까움이 드러남.

† 유두일 : 나쁜 일을 없애기 위해 동쪽으로 머리를 감는 풍습이 있음

六月(유월)ㅅ 보로매　　　　　6월 보름(유두일)에
아으 별해 ᄇ료론 빗 다호라.　　아아, 벼랑에 버린 빗 같구나.
　　　임에게 버림받은 화자의 모습
도라보실 니믈　　　　　　　돌아보실 임을
젹곰 좃니노이다.　　　　　　잠시나마 따르겠나이다.
아으 動動(동동)다리
　　　　　　　　　　　　　▶ 임에게 버림받은 슬픔

十月(시월)애　　　　　　　　10월에
아으 져미연 ⓓ ᄇ료롯 다호라.　아아, 잘게 잘라 놓은 보리수나무 같구나.
　　　임에게 버림받은 화자의 모습
것거 ᄇ리신 後(후)에　　　　꺾어 버리신 후에 (보리수나무를)
디니실 ᄒᆞᆫ 부니 업스샷다.　　지니실 한 분이 없으시도다.
아으 動動(동동)다리
　　　　　　　　　　　　　▶ 버림받은 사랑에 대한 회한과 고독

十二月(십이월)ㅅ 분디남ᄀᆞ로 갓곤　12월에 분지나무로 깎은
아으 나슬 盤(반)잇 져 다호라.　아아, (임께 드릴) 소반 위의 젓가락 같구나.
　　　임에게 버림받은 화자의 모습
니믜 알ᄑᆡ 드러 얼이노니　　임의 앞에 들어 가지런히 놓으니
ⓔ 소니 가재다 므ᄅᆞ숩노이다.　손님이 가져다가 뭅니다.
　　임과의 어긋난 사랑을 암시
아으 動動(동동)다리
　　　　　　　　　　　　　▶ 임과 인연을 맺지 못한 안타까움

병태 요정의 ADVICE

임에 대한 송축으로 노래가 시작돼요. 임에 대한 사랑과 그리움을 주제로 하는데 '덕'이나 '복'은 전체 내용과 어울리지 않지요? 1연은 궁중에서 불리면서 절차를 갖추기 위해서 후대에 덧붙여진 것으로 추측되는 부분이에요. 따라서 이 노래에서 '임'은 개인이 사랑하는 사람이기도 하지만 공적인 의미를 더해 '임금'으로 볼 수 있지요. 이 노래는 1월부터 12월까지 열두 달의 순서에 따라 노래한 월령체 형식을 취하고 있어요. 각 달의 세시풍속과 연관 지어 임에 대한 사랑과 그리움을 표현하고 있지요.

2연(정월)에서는 홀로 외롭게 지내고 있는 화자의 신세를 강물이 얼고 녹는 자연 현상과 대조하여 표현했어요. 냇물은 얼었다가 녹는 변화를 맞이하는데, 화자의 마음은 녹여 줄 사람(임)이 없는 것이죠. 3연(2월)에서는 연등 행사에서 높이 달아놓은 등불의 모습이 마치 임의 모습과 같다고 표현했어요. 등불이 밝게 비추는 것처럼 임 또한 만인을 비추는 사람이라며 임의 인격과 품성을 예찬하고 있는 것이죠. 4연(3월)에서는 늦봄에 핀 진달래꽃을 통해 임의 모습 역시 그처럼 아름답다고 예찬하고 있어요. 2월에서 임의 인품을 찬양했다면 3월에서는 임의 외적인 모습을 찬양하고 있는 것이죠.

7연(6월)의 '별해 버린 빗'과 11연(10월)의 '져미연 바랏'은 임에게 버림받은 화자의 처지를 표현한 것이에요. 13연(12월)의 '반잇 져' 역시 화자의 처지를 상징하는데, 임이 아니라 다른 사람에게 선택받은 자신의 신세를 형상화한 것이죠.

2018년 경찰직 1차

Q. 밑줄 친 부분에 대한 설명으로 가장 적절하지 않은 것은?

① ㉠ : '나중에 오십시오.'라는 뜻이다.
② ㉡ : 시적 화자의 외로운 처지를 나타낸다.
③ ㉢ : 2월의 세시 풍속인 '연등제'와 관계된다.
④ ㉣ : 임의 수려한 외모를 비유적으로 형상화하였다.

2018년 경찰직 1차

Q. 이 작품에 대한 설명으로 가장 적절하지 않은 것은?

① 임을 그리는 여인의 심정을 월령체 형식에 맞추어 노래한 고려 가요이다.
② 고려 시대부터 구전되어 내려오다가 조선 시대에 문자로 정착되어 『악장가사』에 전한다.
③ 후렴구를 사용하여 연을 구분하고 음악적 흥취를 고조시켰다.
④ 1연은 서사(序詞)로서 송축(頌祝)의 내용을 담고 있는데, 이는 민간의 노래가 궁중으로 유입되면서 덧붙여진 것으로 추측된다.

정답 ①, ②

봄비 (허난설헌)

규중 여인의 외로운 심정을 표현한 오언절구 한시로, 남편의 사랑을 받지 못하는 여인의 외로움과 쓸쓸함을 표현하고 있다.

㉠春雨暗西池　　봄비 내리니 서쪽 못은 어둑한데
　　　　　　　　　쓸쓸함을 자아내는 배경 (객관적 상관물)

輕寒襲㉡羅幕　　찬바람은 비단 장막으로 스며드네.
　　　　　　　　　화자의 고독한 처지를 암시 (객관적 상관물)

愁依小㉢屛風　　시름에 겨워 작은 병풍에 기대니
　　　　　　　　　시적 화자의 심정

墻頭㉣杏花落　　담장 위에 살구꽃이 떨어지네
　　　　　　　　　아쉬움

*살구꽃 : 봄날 한때 피었다가 금방 지는 꽃
　　　　　 인생의 짧은 젊음 또는 여인의 짧은 아름다움을 상징

구성

기	선경	못에 내리는 봄비 – 쓸쓸한 정경
승		장막 속에 숨어드는 찬 바람 – 이른 봄의 추위가 외로움을 더함
전	후정	시름을 못 이기는 화자 – 시름에 잠긴 화자의 모습
결		담 위에 지는 살구꽃 – 허망하게 지나가는 젊은 날

2017 지방직 9급

Q. 밑줄 친 시어에서 '외롭고 쓸쓸한 화자의 심정'을 나타내기 위해 동원된 객관적 상관물로서 화자 자신과 동일시되는 소재는?

① ㉠春雨
② ㉡羅幕
③ ㉢羅幕
④ ㉣杏花落

정답 ④

핵심정리

갈래	5언 절구의 한시, 서정시
성격	애상적, 독백적, 서정적
어조	쓸쓸하고 독백적인 목소리
제재	봄비
주제	규중 여인의 외로운 정서
특징	– 선경후정의 방식으로 시상을 전개함 　(선경 – 시공간적 배경, 후정 – 화자의 외로움) – 객관적 상관물의 적절한 활용

객관적 상관물

봄비	화자의 슬픔 부각
찬바람	화자의 외로움 부각
살구꽃	– 화자의 안타까운 심정 부각 – 화자와 동일시되는 소재

시에서 정서나 사상을 그대로 나타내지 않고, 그것을 나타내 주는 어떤 사물, 정황 등을 빌려 표현하는 것을 '객관적 상관물'이라고 한다. 이 작품에서는 '봄비, 찬바람, 살구꽃'을 객관적 상관물로 활용하여 화자의 감정을 표현하였다.

병태 요정이 ADVICE

화자는 병풍에 기대어 봄비에 떨어지는 살구꽃을 바라보고 있어요. 살구꽃을 보며 외로움 심정을 표현하고 있지요. 화자는 직접적으로 감정을 드러내지 않고 비가 내리는 모습, 꽃이 떨어지는 모습 등을 활용하여 외롭고 쓸쓸한 정서를 드러내고 있어요. 살구꽃은 봄날 잠깐 피었다가 지는 꽃으로, 잠깐의 아름다움을 상징해요. 봄비에 떨어지고 있는 살구꽃을 보면서 자신의 젊음과 아름다움도 지나가고 있음을 한탄하고 있지요. '살구꽃'은 화자가 자신과 동일시하고 있는 소재로, 외롭고 쓸쓸한 화자의 정서를 부각하고 있어요. 참고로 '봄비'는 화자의 쓸쓸한 정서를 부각하는 객관적 상관물이지만 화자와 동일시되고 있는 대상은 아니에요.

관동별곡 (정철)

금강산과 동해의 아름다운 경치를 보고 느낀 것을 노래한 기행 가사로, 빼어난 경치 묘사가 돋보이는 작품이다.

본사

↳ 금강산(내금강) ↳ 해금강으로 장소 이동 (내금강 → 해금강)
山산中듕을 미양 보랴 東동海히로 가쟈ᄉ라.
금강산만 항상 보랴. 동해로 가자꾸나.

↳ 화자의 신분을 드러냄
籃남輿여 緩완步보ᄒ야 山산映영樓누의 올나ᄒ니,
남여를 타고 천천히 걸어 산영루에 오르니,

↳ 금강산을 떠나는 아쉬움을 시냇물과 새에 이입하여 표현함 (감정이입)
玲녕瓏농 碧벽溪계와 數수聲셩 啼뎨鳥됴는 離니別별을 怨원ᄒ는 듯,
영롱한 푸른 시냇물과 아름다운 새소리는 이별을 원망하는 듯,

『 』: 관찰사의 행차 모습
『旌졍旗긔를 셜티니 五오色식이 넘노는 듯,
깃발을 휘날리니 갖가지 색깔의 깃발이 서로 넘나들며 노는 듯하고,

鼓고角각을 섯부니 海ᄒ雲운이 다 것는 듯.』
북을 치고 나발을 부니 그 소리에 바다 위의 구름이 다 걷히는 듯하다.

↳ 취한 신선, 작가 자신 (정철)
鳴명沙사길 니근 ᄆ리 醉ᄎ仙션을 빗기 시러,
모래밭 길에 익숙한 말이 취한 신선을 비스듬히 실어,

바다ᄒ 겻ᄐ 두고 海ᄒ棠당花화로 드러가니,
바다를 곁에 두고 해당화 핀 곳으로 들어가니,

↳ 자연과 하나가 된 경지 (물아일체)
白ᄇᆨ鷗구야 ᄂ디 마라 네 버딘 줄 엇디 아는.
갈매기야 날지 마라. 내가 네 벗인 줄 어찌 알겠느냐?

▶ 내금강을 떠나는 아쉬움과 동해로 가는 감회

梨니花화는 ᄇᆞ셔 디고 졉동새 슬피 울 제,
배꽃은 벌써 지고 접동새 슬피 울 때

洛낙山산 東동畔반으로 義의相샹臺대예 올라 안자,
낙산사 동쪽 언덕으로 가서 의상대에 올라 앉아

↳ 해 = 임금
日일出츌을 보리라 밤듕만 니러ᄒ니,
해돋이를 보려고 한밤중에 일어나니

『 』: 해가 떠오르는 장관 묘사, 동적인 이미지, (직유법, 과장법 사용)
『祥샹雲운이 집픠는 동, 六뉵龍뇽이 바퇴는 동,
                    여섯 용=충신
상서로운 구름이 뭉게뭉게 피어나는 듯, 여섯 용이 하늘을 떠받쳐 괴는 듯

바다ᄒ 떠날 제는 萬만國국이 일위더니,
(해가) 바다에서 떠날 때는 온 세상이 일렁이더니

↳ 임금의 총명을 연상
天텬中듕의 티쓰니 毫호髮발을 혜리로다.』
하늘로 치솟아 뜨니 터럭도 셀 수 있을 만큼 환하구나.

↳ 간신배 (임금의 총명을 흐리게 하는 존재)
아마도 녈구름 근쳐의 머믈셰라.
아마도 지나가는 구름이 해 근처에 머물까 두렵구나.

詩시仙션은 어ᄃ 가고 咳ᄒ唾타만 나맛ᄂ니.
이백은 어디 가고 그의 시구만이 남았느냐?

天텬地디間간 壯장ᄒ 긔별 ᄌ셔히도 홀셔이고.
천지간 일출의 장한 소식을 자세히도 표현하였구나.

▶ 의상대 일출의 장관

핵심정리

갈래	양반 가사, 기행 가사, 정격 가사
성격	서정적, 지사적, 서경적
율격	3(4)·4조의 4음보
제재	내금강과 관동 팔경
주제	금강산, 관동 팔경에 대한 감탄과 연군지정 및 애민 사상
특징	- 영탄법, 대구법, 생략법 등을 활용함. - 우리말의 아름다움을 잘 살림.

'산'과 '바다'의 이미지

작가가 산을 보며 떠올린 생각은 백성을 돌보고 나라의 장래를 걱정하는 공인으로서의 자세가 주로 드러난다. 반면 바다에서는 인간 본연의 모습이 주로 드러나며, 개인적인 풍류와 연결된다.

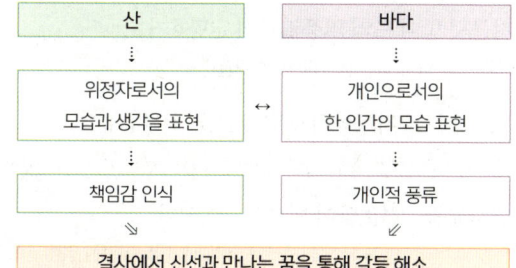

⊙天텬根근을 못내 보와 望망洋양亭뎡의 올은말이,
하늘 끝을 끝내 보지 못하여, 망양정에 올랐더니

바다 밧근 하늘이니 하늘 밧근 므서신고.
바다 밖은 하늘이니 하늘 밖은 무엇인고
↑ 원관념 : 성난 파도 (활유법)

ⓒ又득 노흔 고래 뉘라셔 놀내관뎌,
가뜩이나 성난 고래를 누가 놀라게 하기에

블거니 씀거니 어즈러이 구는디고.
불기도 하고 뿜기도 하면서 어지러이 구는 것인가?
↑ 높은 파도 (은유법)

ⓒ銀은山산을 것거 내여 六뉵合합의 ᄂᆞ리는 듯,
은으로 된 산을 깎아 내어 온 천지에 흩뿌려 내리는 듯하니,
↑ 파도에서 떨어지는 물방울 (은유법)

五오月월 長댱天텬의 ⓔ白빅雪셜은 므스 일고.
오월의 하늘에서 흰 눈이 내리는 것은 무슨 영문인고.

▶ 망양정에서 본 동해

결사1

져근덧 밤이 드러 風풍浪낭이 定뎡ᄒᆞ거늘,
잠깐 사이 밤이 되어 풍랑이 가라앉거늘

扶부桑상 咫지尺쳑의 明명月월을 기드리니,
해뜨는 곳(부상)이 가까운 동쪽 바다에서 밝은 달이 뜨기를 기다리니

瑞셔光광千쳔丈댱이 뵈는 듯 숨는고야.
천길이나 되는 길게 뻗친 상서로운 달빛이 나타났다가는 이내 숨는구나.

珠쥬簾렴을 고텨 것고 玉옥階계를 다시 쓸며,
구슬로 만든 발을 다시 걷고 옥같은 섬돌을 다시 쓸며

啓계明명星성 돗도록 곳초 안자 브라보니,
샛별이 돋도록 꼿꼿이 앉아 바라보니
↑ 흰 연꽃 (원관념 = 달)

白빅蓮년花화 흔 가지를 뉘라셔 보내신고.
흰 연꽃처럼 희고 아름다운 달을 누가 이 세상에 보냈는가
↑ 애민 사상

일이 됴흔 世셰界계 남대되 다 뵈고져.
이렇게 좋은 (망양정의 달밤의 경치를) 나 아닌 다른 사람들에게 보이고 싶구나.

뉴霞하酒쥬 ᄀᆞ득 부어 들ᄃᆞ려 무론 말이,
신선이 마시는 술을 가득 부어 들고 달에게 묻기를
↑ 이백

英영雄웅은 어ᄃᆡ 가며, 四ᄉᆞ仙션은 긔 뉘러니,
(옛날의) 영웅은 어디 갔으며, (신라 때의) 네 명의 국선은 그 누구이던가?

아ᄆᆡ나 맛나 보아 녯 긔별 뭇쟈 ᄒᆞ니,
아무나 만나 옛 소식 묻고자 하니

仙션山산 東동海ᄒᆡ예 갈 길히 머도 멀샤.
삼신산이 있다는 동해로 갈 길이 멀기도 하구나.

▶ 망양정에서 본 월출과 신선에 대한 동경

본사
금강산과 관동 팔경 유람

금강산	만폭동의 폭포	폭포의 장관, 비유·감각적 표현
	금강대의 선학	도선적 풍모, 셔호 녯주인
	진혈대에서의 조망	녀산 진면목, 우국과 충절
	개심대에서의 조망	성현의 도를 흠모, 공자의 고사
	화룡소에서의 감회	선정에 대한 포부, 노룡에 비유
	불정대의 12 폭포	폭포의 장관, 망여산 폭포
	산영누	신선사상, 백구, 물아일체
관동팔경	총석정	도교 사상, 기묘한 형상
	삼일포	사선의 추모
	의상대	일출의 장관, 우국지정
	경포	미풍양속
	죽서루	객수, 연군지정
	망양정	파도의 장관, 고래, 은산

결사

망양정	망양정에서 월출과 꿈	신선에 대한 동경
	선우후락의 정신	애민정신, 선정에 대한 포부
	달이 비치는 모습	임금에 대한 예찬

2014년 국가직 9급

Q. ⊙~ⓔ에 대한 풀이로 가장 적절한 것은?

① ⊙ - 은하수   ② ⓒ - 성난 파도
③ ⓒ - 태백산   ④ ⓔ - 흰 갈매기

결사 2

■ : 신선, ■ : 화자(정철)

松숑根근을 베여 누어 풋줌을 얼픗 드니,
소나무 뿌리를 베고 누워 선잠이 잠깐 드니

꿈애 흔 사룸이 날두려 닐온 말이,
꿈에 한 사람이 나에게 이르기를

↳ 신선이 화자에게 한 말
그딕를 내 모루랴 ⓐ上상界계예 眞진仙션이라.
"그대를 내가 모르겠느냐? 그대는 하늘 나라의 참 신선이다.

黃황庭뎡經경 一일字주를 엇디 그릇 닐거 두고,
황정경이라는 도가의 경전 한 글자를 어찌 잘못 읽어 두고,

人인間간의 내려와셔 우리를 쌀오는다.
인간 세상에 내려와서 우리를 따르는가?"

져근덧 가디 마오 이 술 흔 잔 머거 보오.
잠깐 동안 가지 마오. 이 술 한 잔 먹어 보오.

↳ 작가의 호방한 기상이 드러남, 호연지기
ⓑ北븍斗두星셩 기우려 滄챵海회水슈 부어 내여,
북두칠성을 술국자로 하여 푸른 동해의 물을 술로 삼아 부어내서

저 먹고 날 머겨늘 서너 잔 거후로니,
저도 먹고 나에게도 먹이거늘 서너 잔 기울이니

和화風풍이 習습習습호야 兩냥腋익을 추혀 드니,
따뜻한 봄바람이 산들산들 불어와 양쪽 겨드랑이를 추켜드니

九구萬만 里리 長댱空공애 져기면 놀리로다.
아득히 먼 하늘에 웬만하면 날아오를 것만 같구나.

『 』: 선우후락, 목민관의 자세, 애민정신
『이 술 가져다가 四스海회예 고로 논화,
이 술 가져다가 온 천하에 고루 나누어

ⓒ億억萬만 蒼창生성을 다 醉취케 밍근 後후의,
모든 백성을 다 취하게 만든 후에

그제야 고텨 맛나 또 흔 잔 호잣고야.』
그 때에야 다시 만나 또 한 잔 하자꾸나

말 디쟈 鶴학을 투고 九구空공의 올나가니,
그 말이 끝나자 신선이 학을 타고 하늘로 올라가니

空공中듕 玉옥簫쇼 소리 어제런가 그제런가.
공중의 옥피리 소리 어제인지 그제인지 어렴풋하구나.

나도 줌을 씨여 바다홀 구버보니,
↳ 꿈 → 현실
나도 잠을 깨어 바다를 굽어보니

ⓓ기픠를 모루거니 굿인들 엇디 알리.
깊이를 모르니 끝인들 어찌 알리?

↳ 임금을 상징 (임금의 은총) / 시조의 종장과 같은 음수율 (정격 가사)
明명月월이 千쳔山산 萬만落낙의 아니 비쵠 딕 업다.
밝은 달이 온 산과 촌락에 비치지 않는 곳이 없다.

▶ 결사 2 : 꿈속 신선과의 만남과 임금에 대한 예찬

병태 요정의 ADVICE

이 작품은 작가가 45세 때 강원도 관찰사로 임명된 후 금강산과 관동 팔경을 유람하며 그 경치에 대한 감탄과 정감을 노래한 가사예요. 관리로서의 현실 인식을 바탕으로 나라를 생각하는 우국, 애민정신과 개인으로서의 풍류 사이에서의 갈등을 꿈을 통하여 해소하는 모습을 잘 드러내고 있죠. 감탄사와 생략법과 대구법 등을 적절히 사용하여 금강산과 관동 팔경의 정경을 생동감 있게 묘사하고 있는 것이 특징이에요. 또한 우리말을 사용한 작가의 뛰어난 문장력이 돋보이죠. 우리말의 유창성과 독특한 묘미를 살리는 표현이 많아서 가사 문학의 백미로 일컬어지고 있는 작품이에요.

2014년 국가직 7급

Q. 다음 ⓐ~ⓓ 중 "先天下之憂而憂, 後天下之樂而樂"과 가장 밀접한 표현은?

① ⓐ　　② ⓑ　　③ ⓒ　　④ ⓓ

정답 ②, ③

면앙정가 (송순)

면앙정 주변의 풍경과 아름다운 자연을 사계절의 변화에 따라 표현하였고, 임금에 대한 감사로 마무리한 작품이다.

본사 2

■ : 계절감을 나타내는 소재

흰구름 브흰 煙霞(연하) 프로니는 山嵐(산람)이라. (안개와 노을 / 산 아지랑이 (봄))
흰 구름, 뿌연 안개와 노을, 푸른 것은 산아지랑이로구나.

千巖(천암) 萬壑(만학)을 제 집으로 사마 두고 (의인법 (주체 = 산람))
수많은 바위와 골짜기를 자기 집으로 삼아 두고

나명성 들명성 일희도 구는지고.
나오기도 하고 들어가기도 하면서 아양도 떠는구나.

오르거니 느리거니 長空(장공)의 떠나거니
오르기도 하고 내리기도 하며 먼 하늘로 떠나기도 하고

廣野(광야)로 거너거니 프르락 블그락 여트락 지트락
넓은 들판으로 건너가기도 하며 푸르기도 하고 붉기도 하고 옅기도 하고 짙기도 하고

斜陽(사양)과 섯거디어 細雨(세우)조츠 쑤리는다.
석양과 섞이어 가랑비조차 뿌리느냐.

▶ 면앙정의 봄

藍輿(남여)를 비야 트고 솔 아릐 구븐 길로 오며 가며 ᄒᆞ는 적의 (화자의 신분이 드러남)
뚜껑 없는 가마를 재촉해 타고 소나무 아래 굽은 길로 오며 가며 하는 때에

綠陽(녹양)의 우는 黃鶯(황앵) 嬌態(교태) 겨워 ᄒᆞ는괴야. (버드나무 (여름) / 감정이입)
푸른 버드나무에서 우는 꾀꼬리는 흥에 겨워 아양을 떠는구나.

나모 새 ᄌᆞᄌᆞ지어 綠陰(녹음)이 얼린 적의
나무와 억새와 같은 풀이 우거져 녹음이 짙어진 때에

百尺(백척) 欄干(난간)의 긴 조으름 내여 펴니
긴 난간에서 긴 졸음을 내어 펴니

水面(수면) 凉風(양풍)이야 긋칠 줄 모르는가.
물위에서 불어오는 서늘한 바람이야 그칠 줄을 모르는구나.

▶ 면앙정의 여름

 핵심정리

갈래	서정 가사, 양반 가사, 은일 가사, 강호 한정가
성격	서정적, 묘사적, 자연 친화적
율격	3(4)·4조, 4음보 연속체
제재	면앙정 주변의 아름다운 자연 풍경
주제	자연을 즐기는 강호가도와 임금에 대한 감사
특징	- 비유·대구·반복 등의 다양한 표현 방법 사용 - 사계절의 변화에 따른 내용 전개

계절감을 나타내는 소재

이 작품은 '면앙정'이라는 정자 주위의 풍경을 사계절에 따라 읊으며, 계절마다 대표적인 소재를 등장시켜 계절의 특성을 드러내고 있다.

봄	산람, 세우
여름	녹양, 녹음
가을	즌 서리, 금수, 황운
겨울	빙설, 경궁요대, 옥해은산

2010년 법원직 9급

Q. 이 작품에서 서술되고 있는 내용 중 작가의 신분을 나타내는 것으로 볼 수 있는 가장 적절한 것은?

① 斜陽(사양) ② 藍輿(남여) ③ 黃雲(황운) ④ 醉興(취흥)

┌ 된서리 (가을)   ┌ 단풍이 물든 산의 모습
즌 서리 쌔진 후의 산 빗치 錦繡(금수)로다.
된서리 걷힌 후에 산빛이 수놓은 비단 같구나.

┌ 누렇게 익은 곡식을 비유한 말 (은유법)
黃雲(황운)은 쏘 엇지 萬頃(만경)에 편거긔오.
누렇게 익은 곡식은 또 어찌 넓은 들에 퍼져 있는고?

┌ 감정이입
漁笛(어적)도 흥을 계워 둘룰 ᄯᅡ라 브니는다.
고기잡이를 하며 부르는 피리도 흥을 이기지 못하여 달을 따라 계속 부는가.

▶ 면앙정의 가을

草木(초목) 다 진 후의 江山(강산)이 ᄆᆡ몰커늘
초목이 다 떨어진 후에 강산이 (눈 속에) 묻혔거늘

          ┌ 겨울
造物(조물)이 헌ᄉᆞᄒᆞ야 氷雪(빙설)로 ᄭᅮ며 내니
조물주가 야단스러워 얼음과 눈으로 꾸며 내니

┌ 눈 덮인 아름다운 자연을 비유한 말 (은유법)
瓊宮瑤臺(경궁요대)와 玉海銀山(옥해은산)이 眼底(안저)에 버러셰라.
경궁요대(구슬로 꾸며 놓은 궁전과 대)와 옥해은산(구슬이 깔린 바다와 은으로 꾸민 산)과 같이 아름다운 설경이 눈 아래 펼쳐져 있구나

        ┌ 자연의 아름다움에 대한 예찬
乾坤(건곤)도 가음열샤 간 대마다 경이로다.
하늘과 땅도 풍성하구나. 가는 곳마다 아름다운 경치로구나.

▶ 면앙정의 겨울

시상의 흐름

서사	면앙정이 있는 제월봉의 위치와 형세
본사1	면앙정에서 바라본 주변의 아름다운 경치 (근경 → 원경)
본사2	사계절의 변화에 따른 면앙정의 아름다움
결사	자연 속에서 즐기는 풍류 생활과 임금의 은혜에 대한 감사를 드러냄.

병태 요정이 ADVICE

이 작품은 작가가 벼슬에서 물러나서 고향인 전남 담양에 머물던 시기에 지은 것이에요. 작가는 면앙정이 위치한 지세(地勢), 제월봉의 형세, 면앙정의 경치, 면앙정 주변의 풍경을 묘사하고, 면앙정 주변의 아름다운 자연을 계절의 변화에 따라 표현했어요.

서사에서는 주위 경관에 대해 노래하고, 본사에서는 면앙정에서 바라보는 근경과 원경, 사계절의 아름다운 모습을 표현했어요. 이때 비유·대구·반복·점층·생략 등의 다양한 표현 방법을 사용하고, 우리말의 아름다움을 살려서 표현했어요. 이러한 이유로 문학적 가치가 높은 작품으로 평가받고 있지요.

결사에서는 강호에서의 풍류 생활을 표현하면서도 이렇게 지낼 수 있는 것은 모두 임금님의 은혜라면서, 임금에 대한 감사함으로 작품을 마무리해요.

2018년 지방직 7급

Q. 다음 글에 나타난 시적 화자의 정서와 가장 유사한 것은?

① 수간모옥(數間茅屋)을 벽계수(碧溪水) 앞에 두고 송죽(松竹) 울울리(鬱鬱裏)에 풍월주인(風月主人) 되어셔라.
② 이 술 가져다가 사해(四海)에 고루 나누어 억만창생(億萬蒼生)을 다 취(醉)케 만든 후에 그제야 고쳐 만나 또 한 잔 하쟀고야.
③ 모첨(茅簷) 찬 자리에 밤중만 돌아오니 반벽청등(半壁靑燈)은 눌 위하여 밝았는고.
④ 종조추창(終朝惆愴)하며 먼 들을 바라보니 즐기는 농가(農歌)도 흥(興) 없어 들리나다.

정답 ②, ①

사미인곡 (정철)

임에 대한 변함없는 사랑을 사계절의 변화에 따라 노래한 작품으로, 죽어서 범나비가 되어서도 임을 따르겠다는 일편단심이 돋보인다.

본사

■ : 계절감을 나타내는 소재
■ : 화자의 마음을 나타내는 소재

↱ 봄
東동風풍이 건듯 부러 積젹雪셜을 헤텨 내니,
봄바람이 문득 불어 쌓인 눈을 헤쳐 내니,
　　　　　　　　　↱ 지조와 절개를 상징
窓창 밧긔 심근 梅매花화 두세 가지 픠여셰라.
창밖에 심은 매화가 두세 가지 피었구나.

　　　　　↱ 화자의 충성심
갓득 冷닝淡담흔듸 暗암香향은 므스 일고.
가뜩이나 쌀쌀하고 담담한데, 그윽이 풍겨 오는 향기는 무슨 일인고?

黃황昏혼의 둘이 조차 벼마틱 빗최니,
황혼에 달이 따라와 베갯머리에 비치니

늣기는 둣 반기는 둣 님이신가 아니신가.
느껴 우는 듯 반가워하는 듯하니, 임이신가 아니신가

　　　　↱ 임에게 충정을 알리고 싶은 마음
뎌 梅매花화 것거 내여 님 겨신 듸 보내오져.
저 매화를 꺾어 내어 임 계신 곳에 보내고 싶다

님이 너를 보고 엇더타 너기실고.　　▶ 봄 - 임에게 매화를 보내고 싶음
그러면 임이 너를 보고 어떻다 생각하실꼬

　　　　　　　↱ 여름
[가] 곳 디고 새 닙 나니 綠녹陰음이 실렷는듸,
　　꽃잎이 지고 새 잎 나니 녹음이 우거져 나무 그늘이 깔렸는데

　　羅나幃위 寂젹寞막호고 繡슈幕막이 뷔여 잇다.
　　비단 포장은 쓸쓸히 걸렸고, 수 놓은 장막만이 드리워져 텅 비어 있다

　　芙부蓉용을 거더 노코 孔공雀쟉을 둘러 두니,
　　연꽃 무늬가 있는 방장을 걷어 놓고, 공작을 수 놓은 병풍을 둘러 두니

　　갓득 시름 한듸 날은 엇디 기돗던고.
　　가뜩이나 근심 걱정이 많은데, 날은 어찌 길던고?

　　鴛원鴦앙錦금 버혀 노코 五오色식線션 플텨 내여,
　　원앙새 무늬가 든 비단을 베어 놓고 오색실을 풀어내어
　　　　　　　↱ 임에 대한 화자의 정성
　　금자히 견화이셔 님의 옷 지어 내니,
　　금으로 만든 자로 재어서 임의 옷을 만들어 내니,

　　手슈品품은 크니와 制졔度도도 フ출시고.
　　솜씨는 말할 것도 없거니와 격식도 갖추었구나.
　　　↱ 미화법
　　珊산瑚호樹슈 지게 우희 白빅玉옥函함의 다마 두고,
　　산호수로 만든 지게 위에 백옥으로 만든 함에 담아 앉여 두고,

　　님의게 보내오려 님 겨신 듸 브라보니,
　　임에게 보내려고 임 계신 곳을 바라보니,
　　↱ 장애물 (간신)
　　山산인가 구롬인가 머흐도 머흘시고.
　　산인지 구름인지 험하기도 험하구나.

　　千쳔里리 萬만里리 길흘 뉘라셔 츠자갈고.
　　천 리 만 리나 되는 머나먼 길을 누가 찾아갈꼬?

핵심정리

갈래	양반 가사, 서정 가사, 정격 가사
성격	서정적, 여성적, 연모적, 의지적
율격	3(4)·4조, 4음보의 연속체
제재	임금에 대한 사랑
주제	임금을 향한 일편단심, 연군지정(戀君之情)
특징	- 연군지정을 임을 사랑하는 여인의 입장에 빗대어 표현함. - 계절의 변화에 따라 정서를 드러냄. - 비유와 상징을 활용함. - 우리말의 유려한 표현과 다양한 표현 기교를 구사함.

시상의 흐름

서사	임과의 이별로 인한 한탄과 안타까움
본사	임에게 충정을 알리고 싶음. (매화) 임에게 사모의 정을 알리고 싶음. (옷) 임에 대한 사모의 정, 선정을 바라는 마음. (달빛) 임에 대한 염려와 고독감 (봄볕)
결사	변함없는 사랑(충성심) 나비가 되어 임을 좇으려 함.

니거든 여러 두고 날인가 반기실가.　　　▶ 여름 - 임에게 옷을 지어 보내고 싶음
가거든 열어 두고 나를 보신 듯이 반가워하실까?

[나] ᄒᆞᄅᆞᆺ밤 서리김의 기러기 우러 녤제
하룻밤 사이의 서리 내릴 무렵에 기러기 울며 날아갈 때,

危위樓루에 혼자 올나 水슈晶졍簾념을 거든말이,
높다란 누각에 혼자 올라서 수정알로 만든 발을 걷으니,

　　'돌'과 '별'은 임금을 상징
東동山산의 돌이 나고, 北븍極극의 별이 뵈니,
동산에 달이 떠오르고 북극성이 보이므로,

님이신가 반기니 눈믈이 절로 난다.
임이신가 하여 반가워하니 눈물이 절로 난다.

　　임금을 생각하는 마음 (연군지정)
淸쳥光광을 쥐여 내여 鳳봉凰황樓누의 븟티고져.
저 맑은 달빛을 일으켜 내어 임이 계신 궁궐에 부쳐 보내고 싶다.

樓누 우히 거러 두고 八팔荒황의 다 비최여,
누각 위에 걸어 두고 온 세상을 비추어,

　　임금의 선정을 소망함
深심山산 窮궁谷곡 졈낫ᄀᆞ티 밍그쇼셔.　　　▶ 가을 - 맑은 달빛을 임에게 보내고 싶음
깊은 산골짜기에도 대낮같이 환하게 만드소서.

　　　　　　　　　겨울
[다] 乾건坤곤이 閉폐塞ᄉᆡᆨᄒᆞ야 白ᄇᆡᆨ雪셜이 ᄒᆞᆫ 빗친 제,
천지가 겨울의 추위에 얼어 생기가 막혀, 흰 눈이 일색으로 덮여 있을 때에,

사ᄅᆞᆷ은 ᄏᆞ니와 ᄂᆞᆯ새도 긋쳐 잇다.
사람은 말할 것도 없거니와 날짐승의 날아감도 끊어져 있다.

瀟쇼湘샹 南남畔반도 치오미 이러커든,
소상강 남쪽 둔덕도 추위가 이와 같거늘,

　　옥으로 된 누각 (임금이 계신 곳을 의미함)　　▶ 임에 대한 화자의 염려
玉옥樓누 高고處쳐야 더옥 닐너 므슴ᄒᆞ리.
하물며 북쪽 임 계신 곳이야 더욱 말해 무엇하랴?

陽양春츈을 부쳐 내여 님 겨신 ᄃᆡ 쏘이고져.
따뜻한 봄기운을 부치어 내어 임 계신 곳에 쐬게 하고 싶다.

茅모簷쳠 비쵠 희ᄅᆞᆯ 玉옥樓누의 올리고져.
초가집 처마에 비친 따뜻한 햇볕을 임 계신 궁궐에 올리고 싶다.

　　화자가 여성임이 드러남　　▶ 붉은색과 푸른색의 색채대비
『紅홍裳샹을 니믜ᄎᆞ고 翠취袖슈를 半반만 거더』
붉은 치마를 여미어 입고 푸른 소매를 반쯤 걷어 올려

日일暮모脩슈竹듁의 헴가림도 하도 할샤.
해는 저물었는데 밋밋하고 길게 자란 대나무에 기대어서 이것저것 생각함이 많기도 많구나.

댜른 ᄒᆡ 수이 디여 긴 밤을 고초 안자,
짧은 겨울 해가 이내 넘어가고 긴 밤을 꼿꼿이 앉아,

靑쳥燈등 거른 겻ᄐᆡ 鈿뎐箜공篌후 노하 두고,
청사초롱을 걸어둔 옆에 자개로 수 놓은 공후라는 악기를 놓아 두고,

꿈의나 님을 보려 ᄐᆡᆨ 밧고 비겨시니,
꿈에서나 임을 보려 턱을 바치고 기대어 있으니,

鴦앙衾금도 ᄎᆞ도 출샤 이 밤은 언제 샐고.　　　▶ 겨울 - 추위에 임을 걱정함
원앙새를 수 놓은 이불이 차기도 차구나. 이 밤은 언제나 샐꼬?

소재의 상징적 의미

봄	매화	임에 대한 화자의 충정
여름	옷	임에 대한 화자의 정성
가을	청광(달빛)	선정을 갈망, 화자의 충정
겨울	양춘, 희	임에 대한 화자의 염려

'매화, 옷, 청광, 양춘'은 임에 대한 그리움과 충정을 형상화한 객관적 상관물

'속미인곡'과 공통점

사미인곡	속미인곡
- 화자가 모두 천상의 백옥경에서 하계에 내려온 여성 - 화자는 임에 대한 간절한 그리움을 가지고 있음. - 죽어서도 임을 따르겠다는 확고한 의지가 드러남. - 죽어서 다른 자연물로 변신하고자 함.	

'속미인곡'과 차이점

사미인곡	속미인곡
- 화자의 독백체 - 사계절의 변화에 따라 전개 - 한자어와 과장적 표현이 많음. - 임을 기다리는 소극적인 모습으로 임에 대한 일방적 지향의 태도 - 그리움을 안으로 삭이고 점잖게 표현하는 사대부 규중 여인의 목소리	- 화자와 보조적 인물의 대화체 - 화자의 일상 시간에 따른 전개 - 임의 일상을 염려하는 말 속에서 사계절이 잠깐 언급됨. - 우리말의 묘미를 잘 살림. - 임의 소식을 알아보러 다니는 적극적인 모습 - 직설적이고, 소박한 서민 여성의 목소리

결사

[라] ᄒᆞᄅᆞ도 열두 ᄣᅢ ᄒᆞᆫ 둘도 셜흔 날,
하루도 열두 때, 한 달도 서른 날,

져근덧 싱각 마라 이 시름 닛쟈 ᄒᆞ니,
잠시라도 임 생각을 말아 가지고 이 시름을 잊으려 하여도

ᄆᆞᄋᆞᆷ의 미쳐 이셔 骨골髓슈의 쎄텨시니,
마음속에 맺혀 있어 뼛속까지 사무쳤으니,

┌ 중국의 명의
扁편鵲쟉이 열히 오나 이 병을 엇디ᄒᆞ리.
편작과 같은 명의가 열 명이 오더라도 이 병을 어떻게 하랴.

어와, 내 병이야 이 님의 타시로다.
아, 내 병이야 이 임의 탓이로다.

┌ 죽어서라도 임과 함께하고픈 마음
출하리 싀어디여 범나븨 되오리라.
차라리 죽어 없어져 범나비가 되리라.

곳나모 가지마다 간 ᄃᆡ 죡죡 안니다가,
꽃나무 가지마다 간 데 족족 앉고 다니다가

┌ 임에 대한 변함 없는 사랑
향 므든 ᄂᆞᆯ애로 님의 오시 올므리라.
향기가 묻은 날개로 임의 옷에 옮으리라.

┌ 임에 대한 일편단심의 마음 (임금에 대한 충정)
님이야 날인 줄 모ᄅᆞ셔도 내 님 조ᄎᆞ려 ᄒᆞ노라.
임께서야 나인 줄 모르셔도 나는 임을 따르려 하노라

▶ 임에 대한 충성심

병태 요정의 ADVICE

이 작품은 작가가 조정에서 물러나 은거 생활을 하고 있을 때 지은 가사예요. 임금과 떨어져서도 임금에 대한 그리움과 충정을 노래한 작품이지요. 비록 왕에 대한 자신의 충정을 하소연할 목적으로 지은 노래이지만, 왕과 자신의 관계를 직접적으로 드러내지 않고 자신을 임의 사랑을 받지 못하는 여자로 설정한 것이 독특해요. 임금을 임으로 설정한 후, 사계절의 변화와 함께 이별한 임을 그리워하는 여인의 애절한 마음에 빗대어 표현한 것이죠.

다양한 표현 방법과 우리말의 아름다움을 잘 살리고 있어서, 국문학에서는 가사 문학의 대표 작품으로 평가받고 있어요. 그렇기에 시험에도 자주 출제되는 것이죠.

2012년 법원직 9급

Q. 윗글에 대한 설명으로 가장 적절하지 않은 것은?
① 4음보의 리듬감이 나타난다.
② 여성 화자의 목소리가 나타난다.
③ 상대방에 대한 예찬을 주제로 한다.
④ 화자는 현재의 처지에서 벗어나고 싶어 한다.

2017년 지방직 7급

Q. [라]에 나타난 화자의 상황 및 정서와 가장 유사한 것은?
① 서방님 병(病) 들여 두고 쓸 것 없어
  종루 저자에 다리 팔아 배 사고 감 사고 유자 사고 석류 샀다. 아 차차 잊었구나. 오화당(五花糖)을 잊어 버렸구나.
  수박에 숟 꽂아 놓고 한숨계워 하노라.
② 갓나희들이 여러 층(層)이오매
  송골매도 같고 줄에 앉은 제비도 같고 백화원리(百花園裡)에 두 루미도 같고 녹수파란(綠水波瀾)에 비오리도 같고 따혜 퍽 앉은 소리개도 같고 썩은 등걸에 부엉이도 같데.
  그려도 다 각각 임의 사랑이니 개(箇) 일색(一色)인가 하노라.
③ 공명도 날 꺼리고 부귀도 날 꺼리니
  청풍명월 외에 어떤 벗이 있사올꼬.
  단표누항에 허튼 혜음 아니하니 아모타 백년행락이 이만한들 어떠하리.
④ 내 임을 그리워하여 울고 있나니
  산 접동새 난 비슷하요이다.
  아니시며 거츠르신 것을
  아으 잔월효성이 알으시리이다.

2012년 법원직 9급

Q. [가]~[라] 중, '선정(善政)에의 당부'로 해석할 수 있는 구절이 포함된 것은?
① [가]   ② [나]   ③ [다]   ④ [라]

정답 ③, ④, ②

고공가 (허전)

국사를 한 집안의 농사일에 비유하여 정사에 힘쓰지 않고 사리사욕만 추구하는 관리들을 게으른 머슴에 빗대어 비판한 작품이다.

집의 옷 밥을 두고 빌어먹는 저 고공(雇工)아
　　　　　　　　　　　　　　　머슴 (신하를 상징함)
우리 집 기별을 아느냐 모르느냐
우리나라의 역사
비 오는 날 일 없을 때 새끼 꼬면서 이르리라
㉠ 처음의 한어버이 살림살이 하려 할 때
　　조선을 건국한 태조 이성계
인심(仁心)을 많이 쓰니 사람이 절로 모여
풀 베고 터를 닦아 큰 집을 지어 내고
　　　　　　　　　나라를 세우고
써레 보습 쟁기 소로 전답(田畓)을 기경(起耕)하니
올벼논 텃밭이 ㉡ 여드레 갈이로다
　　　　　　　　8일 동안 갈 만한 넓은 땅 (조선 팔도를 의미함)
자손(子孫)에 전계(傳繼)하여 대대(代代)로 내려오니
논밭도 좋거니와 고공도 근검터라

▶ 우리 집안의 내력

저희마다 농사지어 부유하게 살던 것을
『 』: 밥그릇 싸움만 하는 관리들의 모습 비판
『요사이 고공들은 생각이 어이 아주 없어
밥 사발 크나 작으나 동옷이 좋고 궂으나
나라에서 주는 녹봉　　남자가 입는 저고리 (벼슬을 의미함)
마음을 다투는 듯 ㉢ 호수(戶首)를 시기하는 듯』
　　　　　　　　　　관리들의 우두머리
무슨 일 감격들어 흘깃할깃 하는가
　　　　　　　　반목(서로 시기하고 미워함)을 하느냐
너희들 일 아니하고 시절(時節)조차 사나워
　　　　　　　　　　　　　　흉년이 들어
가뜩이나 내 세간이 줄어지게 되었는데
엊그제 ㉣ 화강도(火强盜)에 가산(家産)이 탕진하니
　　　　왜적
집 하나 불타 버리고 먹을 것이 전혀 없다
크나큰 세간을 어찌하여 일으키려느냐
김가 이가 고공들아 새 마음 먹으려무나
머슴들의 각성을 촉구

▶ 머슴들의 반목으로 인한 피해와 각성 촉구

2016년 국가직 7급

Q. '고공'이 조정의 신하를 비유한다고 볼 때, ㉠~㉣에 대한 이해로 적절하지 않은 것은?

① ㉠ : 태조 이성계
② ㉡ : 조선 팔도
③ ㉢ : 임금
④ ㉣ : 왜적

정답 ③

핵심정리

갈래	가사
성격	교훈적, 계도적, 비판적, 우의적
주제	임진왜란 직후 관리들의 나태함과 이기적인 정치적 행태 비판
특징	- 나라의 일을 한 집안의 농사일로, 화자를 주인으로, 신하들을 머슴에 빗대어 표현함. - 화답가로 이원익의 '고공답주인가'가 있음.

비유적 표현

비유어	원관념
고공	벼슬아치
옷밥, 밥, 사발, 동옷	녹봉, 벼슬아치, 이권
우리집, 큰 집, 전답	우리나라
처음의 한 어버이	조선을 건국한 이성계
살림살이, 세간, 가산	나라 살림
화강도, 도적	왜적
한솥	한 조정

구성

기	집안(나라)의 내력
승	머슴들의 반복으로 인한 폐해 (벼슬아치들의 탐욕과 무능으로 인한 폐해)
전	머슴들의 각성을 촉구 (벼슬아치들에 대한 각성 촉구)
결	사려 깊은 새 머슴을 기다림. (어질고 사려 깊은 새로운 벼슬아치를 기다림)

병태 요정의 ADVICE

시적 화자가 머슴(고공)들을 꾸짖고 경계하는 구조로 되어 있는 작품이에요. 처음 살림살이를 시작할 때 고공들은 다 부지런하고 검소한 일꾼들이었어요. 하지만 지금의 고공들은 밥사발(이권)의 크고 작음과 옷의 좋고 나쁜 것이나 서로 다툴 뿐이죠. 강도가 쳐들어와 집안의 재산을 죄다 망쳐 놓았는데도 도둑을 막고 부지런히 농사를 지을 생각은 않고 옷밥만 다투고 있어요. 화자는 머슴인 벼슬아치들에게 근검하고 협동할 것을 당부하고, 새로운 머슴이 나타나길 기대하면서 시가 마무리돼요.

선상탄 (박인로)

작가가 왜적의 침입을 막고 있을 때 지은 전쟁 가사로, 왜적에 대한 적개심과 나라에 대한 걱정, 태평성대에 대한 소망이 담겨있다.

시시(時時)로 멀이 드러 북신(北辰)을 브라보며,
때때로 머리를 들어 임금님이 계신 곳을 바라보며
　↳ 나라를 걱정하는 화자의 모습
㉠ 상시 노루(傷時老淚)를 천일방(天一方)의 디이누다.
시국을 근심하는 늙은이의 눈물을 하늘 한 모퉁이에 떨어뜨린다.
　↳ 우리나라 문물에 대한 자부심
㉡ 오동방(吾東方) 문물(文物)이 한당송(漢唐宋)애 디랴마는,
우리나라 문물이 중국의 한나라, 당나라, 송나라에 뒤떨어지랴마는,

국운(國運)이 불행(不幸)호야
나라의 운수가 불행하여
　↳ 변방을 지키는 관리로서 느끼는 왜적에 대한 적개심
해추흉모(海醜兇謀)애 만고수(萬古羞)를 안고 이셔,
왜적의 흉악한 꾀에 영원히 씻을 수 없는 수치를 안고서

백분(百分)에 호 가지도 못 시셔 브려거든,
그 백분의 일도 아직 씻어 버리지 못했거든,

이 몸이 무상(無狀)호들 신자(臣子) ㅣ 되야 이셔다가,
이 몸이 변변하지 못하지만 신하가 되어 있다가

궁달(窮達)이 길이 달라 몯 뫼옵고 늘거신들,
신하와 임금의 신분이 서로 달라 못 모시고 늙었다 한들,

우국 단심(憂國丹心)이야 어닉 각(刻)애 이즐넌고. (중략)
나라를 걱정하는 충성스런 마음이야 어느 시각인들 잊었을 것인가?

▶ 왜적에 당한 수치심과 화자의 우국 단심 (본사)

　↳ 왜적을 비하하는 말
준피도이(蠢彼島夷)들아 수이 걸항(乞降) 호야스라.
꾸물거리는 저 섬나라 오랑캐들아 빨리 항복하려무나.

항자 불살(降者不殺)이니 너를구틱 섬멸(殲滅)호랴?
항복한 자는 죽이지 않는 법이니, 너희들을 구태여 모두 죽이겠느냐?

오왕(王) 성덕(聖德)이 욕병생(欲並生) 호시니라.
우리 임금님의 성스러운 덕이 너희와 더불어 살아가고자 하시느니라.

㉢ 태평 천하(太平天下)애 요순(堯舜) 군민(君民) 되야 이셔,
태평스러운 천하에 요순 시대와 같은 화평한 백성이 되어
　↳ 태평세월이 계속됨을 나타냄
일월광화(日月光華)는 조부조(朝復朝) 호얏거든,
해와 달 같은 임금님의 성덕이 매일 아침마다 밝게 비치니,
　↳ 같은 '배'이지만 '전선'은 전쟁, '어주'는 풍류를 의미함
㉣ 전선(戰船) 트던 우리 몸도 어주(漁舟)에 창만(唱晚)호고
전쟁하는 배를 타던 우리들도 고기잡이 배에서 저녁 무렵까지 늦도록 노래하고

추월춘풍(秋月春風)에 놉히 베고 누어 이셔,
가을달 봄바람에 베개를 높이 베고 누워서
　↳ 파도가 일어나지 않는 바다(=성군의 정치로 나라가 태평함)
성대(聖代) 해불 양파(海不揚波)를 다시 보려 호노라.
성군 치하의 태평성대를 다시 보려 하노라.

▶ 태평성대 기원 (결사)

핵심정리

갈래	가사
성격	우국적(憂國的), 비판적, 기원적
율격	3(4).4조 4음보 연속체
제재	임진왜란의 체험
주제	- 전쟁을 혐오하고 태평성대를 누리고 싶은 마음 - 전쟁의 상처가 극복되고 평화가 찾아오기를 바라는 마음
특징	- 민족의 현실을 구체적으로 다루고 있음. - 예스러운 한자 성어와 고사가 많음. - 왜적에 대한 적개심과 모화사상(慕華思想)이 나타남.

구성

서사	통주사가 되어 진동영에 내려옴.
본사	배를 만든 헌원씨를 원망함. 왜적이 생긴 것을 개탄함. 배로 누릴 수 있는 풍류와 흥취 옛날과 배는 같지만 풍류가 다름. 왜적에게 당한 수치심과 작가의 우국지심 설분신원(雪憤伸寃)을 다짐하는 작가의 기개
결사	태평성대가 도래하기를 염원함.

병태 요정의 ADVICE

이 작품은 몇 안 되는 전쟁 가사로, 작가인 박인로가 부산에서 왜적의 침입을 막고 있을 때 지은 것이에요. 임진왜란이 끝난 상황이지만 왜적에 대한 적개심이 남아있는 상태였죠. 화자는 나라를 걱정하며, 왜적이 항복하여 함께 태평성대를 누리기를 바라고 있어요.

2017년 생활안전분야 국가직 7급

Q. ㉠~㉣에 대한 설명으로 적절하지 않은 것은?

① ㉠ : 나라의 운명을 염려하는 화자의 충정을 볼 수 있다.
② ㉡ : 우리나라의 문물에 대한 화자의 자부심을 볼 수 있다.
③ ㉢ : 평안하고 조화로운 세상을 향한 화자의 바람을 볼 수 있다.
④ ㉣ : 안빈낙도보다 부국강병을 희망하는 화자의 태도를 볼 수 있다.

정답 ④

길위에 두 돌부처 ~ (정철)

돌부처와 인간을 대비하며, 눈과 비를 맞으며 굶주리는 돌부처의 상황보다도 이별의 슬픔이 더 크다는 것을 표현한 시조이다.

길위에 <mark>두 돌부처</mark> 「<mark>벗고 굶고</mark> 마주 서서
    화자가 부러워하는 대상
<mark>바람비 눈서리</mark>를 맞도록 맞을망정
  시련과 고통   『 』: 돌 부처의 상황
人間의 離別을 모르니 그룰 불워 하노라.
    부러움의 이유 (이별의 슬픔을 모름)

현대어 풀이

길가에 선 두 돌부처, 헐벗고 굶어가며 마주 서서
비바람과 눈서리를 하염없이 맞을망정
인간처럼 이별을 모르고 헤어지지 않으니 그것을 부러워하노라.

2014년 국가직 7급

Q. 다음 시조에 대한 설명으로 옳지 않은 것은?

① 돌부처에 대한 신앙을 풍자하고 있다.
② 작자가 전달하려는 메시지는 마지막 줄에 있다.
③ 무정의 존재에 빗디어 작자의 감정을 표현했다.
④ 한 줄은 모두 네 개의 호흡 단위(음보)로 끊어진다.

정답 ①

✅ 핵심정리

갈래	평시조, 단시조, 정형시
성격	애상적
율격	3(4)·4조, 4음보
제재	돌부처
주제	이별의 슬픔과 안타까움
특징	- 인간과 돌부처를 대조함. - 상징적인 시어를 통해 이별의 슬픔과 고통을 구체화함.

❀ 대조

두 돌부처	화자
헐벗고 굶주림.	이별의 슬픔을 겪음.
비바람과 눈서리를 맞음.	⋮
⋮	헤어짐을 모르는
이별의 슬픔을 모름.	돌부처의 상황을 부러워함.

📢 **병태 요정의 ADVICE**

이 시조는 정철이 귀양 길에 오르며 사람들과 이별하는 슬픔을 노래한 것이에요. 화자는 돌부처와 인간을 대비하며 돌부처가 부럽다고 말하고 있지요. 돌부처는 길 위에서 눈과 비를 맞으며 굶주리는 고통을 겪지만, 이별의 슬픔을 모르기 때문이죠. 화자에게는 그 어떠한 시련보다도 이별의 슬픔이 더 크다는 것을 알 수 있어요.

재 너머 셩권농(成勸農) 집의 ~ / 머귀 잎 지고야 ~ (정철)

> 재 너머 셩권농(成勸農) 집의~ : 맛있는 술이 있다는 셩권농의 집에 도달하기까지의 과정을 경쾌하고 해학적으로 표현한 작품이다. 머귀 잎 지고야 ~ : 이별한 임을 잊지 못하는 안타까움을 표현한 시조이다.

재 너머 셩권농(成勸農) 집의 술 닉닷 말 어제 듯고
　고개　　'셩혼'을 가리킴 ('권농'은 농사일을 권장하던 사람)
누은 쇼 발로 박차 언치 노하 지즐투고
　　　　　　안장 밑에 까는 털 헝겊　눌러 타고
아히야 네 권농 겨시냐 뎡좌슈(鄭座首) 왓다 ᄒᆞ여라.
성권농의 집에 도착하여 하인에게 자신이 왔음을 알리는 대목, 큰따옴표로 묶을 수 있음

현대어 풀이
고개 너머 사는 성 권농 집의 술이 익었다는 말을 어제 듣고
누워 있는 소를 발로 차서 일으켜 털 헝겊 얹어서 눌러 타고
"아이야, 네 권농 어른 계시냐? 정 좌수 왔다고 여쭈어라."

2017 지방직 9급
Q. 다음 시조에 대한 설명으로 적절하지 않은 것은?
① 화자는 소박한 풍류를 즐기며 살고 있다.
② '박차'라는 표현에서 역동성과 생동감을 느낄 수 있다.
③ '언치 노하'는 엄격한 격식을 갖추려는 태도를 드러낸다.
④ '아히야'는 화자의 의사를 간접적으로 전달하는 존재이면서도, 대화체로 이끄는 영탄적 어구이다.

정답 ③

핵심정리
갈래	평시조. 단시조. 정형시
성격	전원한정가(田園閑情歌). 풍류적, 전원적
율격	3(4)·4조. 4음보
제재	술과 벗
주제	전원생활의 흥취(興趣)
특징	- 서사적이고 압축적이며 해학적임. - 시상의 과감한 생략으로 인한 비약적 표현. - 작가의 호탕한 성격이 드러남.

병태 요정의 ADVICE
작가인 정철이 성혼의 집에 방문하는 모습을 표현한 시조인데, 마치 한 편의 이야기를 보는 듯한 작품이죠. 술이 익었다는 말을 듣고 기쁜 마음에 누워 있는 소를 발로 차서 성급히 달려가는 모습이 해학적이에요. 또한 술을 좋아하는 작가의 애주가로서의 모습도 엿볼 수 있지요. 무엇보다 술이 있다는 성권농의 집에 도달하기까지의 과정을 경쾌하고 발랄하게 서술하고 있는데, 긴 시간의 여정을 짧은 시조 형식에 압축하였다는 점에서 정철의 문학적 역량을 확인할 수 있어요. 술과 벗을 좋아하는 정철의 풍류와 멋스러움이 토속적인 농촌의 정취와 조화를 잘 이루고 있어서 더욱 돋보이는 작품이에요.

머귀 잎 지고야 알겠도다 가을인 줄을
영탄법 (가을의 정취 강조)　　　시간적 배경
세우청강(細雨淸江) 서느럽다 밤 기운이야
비가 내리는 맑은 강
천리에 님 이별하고 잠 못 들어 하노라
화자의 처지와 정서가 드러남

현대어 풀이
오동 잎이 다 떨어져서야 어느덧 가을인 줄을 알겠구나.
맑은 강에 가느다란 비가 내리니 밤기운이 서늘하기도 하구나.
천 리 밖 머나먼 곳으로 임과 이별하여 떨어지니 잠 못 들어 하노라.

2017년 국가직 7급
Q. 다음 시조에 대한 설명으로 가장 적절한 것은?
① 이별한 임에 대한 원망의 감정이 선명하게 나타나 있다.
② 반어법을 동원하여 가을의 정취를 잘 나타내고 있다.
③ 점강법을 활용하여 계절 감각을 섬세하게 드러내고 있다.
④ 이별한 임을 잊지 못하는 안타까운 심정이 잘 나타나 있다.

정답 ④

핵심정리
갈래	평시조. 단시조. 정형시
성격	애상적
율격	3(4)·4조. 4음보
제재	머귀 잎, 비
주제	이별로 인한 안타까움
특징	- 계절적 배경을 통해 정서를 부각함. - 영탄적 표현을 사용함.

병태 요정의 ADVICE
가을이라는 계절적 배경이 드러나고 있어요. 화자는 비 내리는 가을밤에 잠들지 못하고 있어요. 그 이유는 임과 이별하여 슬프고 안타까운 마음이 크기 때문이지요. 화자는 홀로 쓸쓸한 가을밤을 보내고 있어요. 가을이라는 배경은 화자의 쓸쓸함을 더욱 부각시켜 주네요.

방안에 혓는 촛불 ~ (이개)

이별을 하고 애태우는 심정을 촛불에 이입하여, 초가 타는 모습을 이별의 눈물로 표현한 작품이다.

감정이입의 대상
방안에 혓는 **촛불** 눌과 이별 ᄒᆞ엿관ᄃᆡ
현재 화자의 상황 암시 (의인법)
것츠로 눈물 디고 속 타는 줄 모르는고
촛농　　　심지
뎌 촛불 날과 갓트여 속 타는 줄 모르도다
촛불과 화자를 동일시함

현대어 풀이

방 안에 켜 있는 촛불은 누구와 이별을 하였기에
겉으로 눈물을 흘리면서 속이 타는 줄을 모르는가?
저 촛불도 나와 같아서 (슬퍼 눈물만 흘릴 뿐) 속이 타는 줄을 모르는구나.

2015년 서울시 9급

Q. 위의 시조와 가장 유사한 정서가 나타난 것은?

① 이화에 월백ᄒᆞ고 은한이 삼경인 제
　일지춘심을 자규야 알랴마는
　다정도 병인냥ᄒᆞ여 즘 못 드러 ᄒᆞ노라
② ᄒᆞᆫ 손에 막ᄃᆡ 잡고 또 ᄒᆞᆫ 손에 가싀 쥐고
　늙은 길은 가싀로 막고 오는 백발은 막ᄃᆡ로 칠엿톤이
　백발이 제 몬져 알고 지름길로 온거야
③ 이화우 흣ᄲᅮ릴 제 울며 잡고 이별ᄒᆞᆫ 님
　추풍낙엽에 저도날 싱각는가
　천리에 외로운 쑴만 오락가락 ᄒᆞ노매
④ ᄆᆞ울 사룸들아 올ᄒᆞᆫ 일 ᄒᆞ쟈스라
　사룸이 되어 나셔 올티옷 못ᄒᆞ면
　ᄆᆞ쇼를 갓 곳갈 싀워 밥머기나 다르랴

정답 ③

✅ 핵심정리

갈래	평시조, 단시조, 정형시
성격	상징적, 감상적, 여성적, 은유적
율격	3(4)·4조, 4음보
제재	촛불
주제	임(단종)과 이별한 슬픔
특징	- 의인법을 사용하고, 시적 화자의 감정을 특정한 대상 (촛불)에 이입함. - 자문자답 형식으로 이별의 아픔을 형상화함. - 여성적 어조의 완곡한 표현 속에 자신의 절의를 드러냄.

🌐 시대적 상황

단종의 복위를 꾀하다가 발각되어 처형된 이개의 작품이다. 왕위를 찬탈한 세조로 인해 단종과 이별하고 애태우는 심정을 촛불에 빗대어 표현한 것이다. 촛불을 의인화하고 촛농이 떨어지는 모습을 이별의 눈물이 흐르는 것으로 표현하였다.

📢 병태 요정의 ADVICE

화자는 초가 타면서 촛농이 떨어지는 모습을 눈물이 흐르는 것이라고 표현했어요. 아마도 화자의 마음이 슬프기에 촛불의 촛농이 떨어지는 눈물로 보이는 것이겠지요. 화자는 촛불에 감정을 이입하여, 자신과 동일시하면서 이별에 대한 슬픔을 드러내고 있어요. 시대적 배경과 관련지어 감상해보면, 이별한 임은 단종으로 볼 수 있어요. 수양 대군의 왕위 찬탈 후 유배를 가는 단종과 이별하는 마음을 여성적 어조로 완곡하게 표현한 것이에요.

현대소설

1965년, 어느 이발소에서 (이호철)

2014년 국가직 9급

그 녀석은 박 씨 앞에 삿대질을 하듯이 또 거센 소리를 질렀다. 검초록색 잠바에 통이 좁은 깜장색 바지 차림의 서른 남짓 되어 보이는 사내였다.

짧게 깎은 앞머리가 가지런히 일어서 있고 손에는 올이 굵은 깜장 모자를 들었다. 칼칼하게 야윈 몸매지만 서슬이 선 눈매를 지녔고, 하관이 빠르고 얼굴색도 까무잡잡하다. 앞니에 금니 두 개를 해 박았다.
└ 인물의 외양 묘사

『구두가 인상적으로 써늘하게 생겼다. 구둣방에 진열되어 있는 구두는 구두에 불과하지만 일단 사람의 발에 신기면 구두도 그 주인의 위인과 더불어 주인을 닮아 가게 마련이다. 끝이 뾰족하고 반들반들 윤기를 내고 있다.』
『』: 써늘하고 날카로운 인물의 특성을 드러냄

헤프고, 사근사근하고, 무르고, 게다가 병역 기피자인 박 씨는 대번에
서술자의 직접 제시
꺼칠한 얼굴이 되었다. 처음부터 나오는 것이 예사 손님 같지는 않다.

"글쎄, 앉으십쇼. 빨리 해 드릴 테니."

"얼마나 빨리 되어? 몇 분에 될 수 있소?"
성격이 급한 인물

"허어, 이 양반이 참 급하기도."

"뭐? 이 양반? 얻다 대구 반말이야? 말조심해."
인물이 신은 구두와 같이 날카롭고 뾰족한 성격임이 드러남

앉았던 손님 두엇이 거울 속에서 힐끗 쳐다보았다. 그리고 거울 속에서 눈길이 부딪힐 듯하자 급하게 외면을 하였다. 세발대의 두 소년도 우르르 머리들을 이편으로 내밀고 구경을 하고 손이 빈 민 씨와 김 씨도 구석 쪽 빈 이발 의자에 앉아 묵은 신문을 보다가 말고 몸체만을 엉거주춤히 돌렸다.

2014년 국가직 9급

Q. 다음 작품에 대한 설명으로 가장 적절한 것은?
① 개인과 사회의 갈등을 중심으로 사건이 전개되고 있다.
② 외모와 말투를 통해서 등장인물의 성격이 드러나고 있다.
③ 초점이 되는 인물의 내면 심리를 중심으로 서술되고 있다.
④ 등장인물 중의 하나인 서술자가 자신의 관점에서 상황을 서술하고 있다.

정답 ②

핵심정리

갈래	단편 소설
시점	전지적 작가 시점
배경	- 시간 - 1965년 (군사정권의 시대) - 공간 - 어느 이발소
주제	일상적인 삶에 투영된 권력의 존재 양상
특징	- 5·16 이후 한국 사회를 지배해 온 권력의 실체가 무엇인가를 느끼게 해주는 작품 - 두 청년의 외양에서 권력의 냄새를 맡고 사람들이 자진해서 그에 굴복하는 양상을 담담하게 형상화함.

소설의 줄거리

소리 없이 문이 열리고 손님 하나가 들어섰다. 들어선 청년은 다짜고짜 빨리 되냐고 물었고, 이발사 박 씨가 돌아보지도 않고 관성적으로 대답하자 그 청년은 박 씨에게 삿대질을 하듯이 소리를 지르며 다그쳤다. 그의 등장에 먼저 앉았던 손님 두엇이 거울 속에서 힐끗 쳐다보았고 눈길이 부딪칠 듯하자 급하게 외면하였다. 느슨한 분위기에 잠겨 있던 이발소 안이 갑자기 싸늘해졌다. 갑자기 나타난 이 청년은 이발소 안에 있는 모든 사람들에게 시비를 걸었다. 이발을 마친 손님 하나가 거스름돈도 제대로 받지 않고 도망치듯 나갔고 이발소에 있는 나머지 사람들도 이 청년에게 책잡히지 않으려고 있는 힘껏 분주해 하는 바람에 이발소 안은 갑작스럽게 활발해졌다. 이때 또 문이 열리며 한 청년이 들어섰다. 그 역시 국방색 잠바를 턱밑까지 바싹 올려 입었고 눈에는 핏발이 서 있었다. 두 청년들은 완전히 자기들 세상이 된 이발소에서 사람들의 정신 자세를 탓하는 말들을 했다. 네 시 뉴스에서 수도 서울에 무장 괴한 출현이라는 뉴스가 울려 나오는 동안, 어느새 나갔던 늙은이가 사복 차림의 경찰을 데리고 들어왔다. 그가 신분증을 내보이며 두 청년에게 불심 검문을 하자, 그들은 신분증을 내보이고 대한민국의 일개 시민임을 밝혔다. 하지만 이발소 안의 사람들은 여전히 겁에 질려 있었다. 그들의 행동에 대해서는 죄에 해당될 만한 법조문이 없어 그들은 일단 연행되었지만 곧 석방되었다.

운수 좋은 날 (현진건)

2016 국가직 7급, 2008 법원직 9급

새침하게 흐린 품이 눈이 올 듯하더니, 눈은 아니 오고 얼다가 만 비가 추적추적 나리는 날이었다.
_{우울한 분위기 형성, 비극적인 결말 암시}

이날이야말로 동소문 안에서 인력거꾼 노릇을 하는 김 첨지에게는 오래간만에도 닥친 운수 좋은 날이었다. 문안에(거기도 문밖은 아니지만) 들어간답시는 앞집 마나님을 전찻길까지 모셔다 드린 것을 비롯으로 행여나 손님이 있을까 하고 정류장에서 어정어정하며 내리는 사람 하나하나에게 거의 비는 듯한 눈결을 보내고 있다가, 마침내 교원인 듯한 양복쟁이를 동광 학교까지 태워다 주기로 되었다.

첫 번에 30전, 둘째 번에 50전, 아침 댓바람에 그리 흉치 않은 일이었다. 그야말로 재수가 옴 붙어서 근 열흘 동안 돈 구경도 못한 김 첨지는 10전짜리 백동화 서 푼, 또는 다섯 푼이 찰깍하고 손바닥에 떨어질 제 거의 눈물을 흘릴 만큼 기뻤다.

그의 아내가 기침으로 쿨룩거리기는 벌써 달포가 넘었다. 조밥도 굶기를 먹다
_{주인공의 가난한 형편이 드러남}
시피 하는 형편이니 물론 약 한 첩 써 본 일이 없다. 구태여 쓰랴면 못 쓸 바도 아니로되,

그는 병이란 놈에게 약을 주어 보내면 재미를 붙여서 자꾸 온다는 자기의 신조
_{김 첨지의 고지식한 성격}
에 어디까지나 충실하였다. 따라서 의사에게 보인 적이 없으니 무슨 병인지는 알 수 없으나, 반듯이 누워 가지고 일어나기는커녕 세로로도 못 눕는 걸 보면 중증은 중증인 듯. 병이 이다지 심해지기는 열흘 전에 조밥을 먹고 체한 때문이다. 그 때도 김 첨지가 오래간만에 돈을 얻어서 좁쌀 한 되와 10전 짜리 나무 한 단을 사다 주었더니 김 첨지의 말에 의지하면, 오라질 년이 천방지축으로 냄비에 대고 끓였다. 마음은 급하고 불길은 닿지 않아 채 익지도 않은 것을 그 오라질 년이 숟가락은 고만두고 손으로 움켜서 두 뺨에 주먹 덩이 같은 혹이 불거지도록 누가 빼앗을 듯이 처먹더니만 그날 저녁부터 가슴이 땅긴다, 배가 켕긴다 하고 눈을 홉뜨고 지랄을 하였다. 그때 김 첨지는 열화와 같이 성을 내며,

"에이, 오라질 년, 조롱복은 할 수가 없어. 못 먹어 병, 먹어서 병, 어쩌란 말이야! 왜 눈을 바루 뜨지 못해!"

하고 앓는 이의 뺨을 한 번 후려갈겼다. 홉뜬 눈은 조금 바루어졌건만 이슬이 맺혔다. 김 첨지의 눈시울도 뜨근뜨근하였다.

이 환자가 그러고도 먹는 데는 물리지 않았다. 사흘 전부터 설렁탕 국물이 마시고 싶다고 남편을 졸랐다.

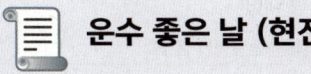

핵심정리

갈래	단편 소설, 사실주의 소설
성격	사실적, 반어적, 비극적
시점	전지적 작가 시점
배경	- 시간 – 일제 강점기의 비 오는 겨울날 - 공간 – 서울 빈민가
주제	일제 강점기 하층민의 비참한 생활상
특징	- 역순행적 구성 - 하층민의 거친 말투를 사용하여 생동감과 사실감을 높임

제목의 의미

작가는 일제 강점기 비참한 우리 민족의 생활상을 극적으로 드러내기 위해 '운수 좋은 날'이라는 제목을 붙였다. 김 첨지에게 있어서 '운수 좋은 날'은 행운이 계속되어 인력거꾼으로서 큰 벌이를 한 날이 아니라, 병든 아내가 죽은 비운의 날을 의미하는 반어적 표현이다. 이와 같은 반어적 표현은 결말의 비극성을 더욱 뚜렷이 부각시키고 독자에게 강한 인상을 준다.

'겨울비'의 상징성

분위기	음산하고 우울한 분위기 형성함.
주인공의 삶	김 첨지의 고난에 찬 삶과 불안한 심정을 반영함.
시대 상황	일제 강점기를 살아가는 하층민의 열악한 삶의 모습을 배경을 통해 암시함.
결말	김 첨지 아내의 죽음을 암시하는 복선의 구실을 함.

소설의 배경은 비가 오는 날이다. 비는 뒤에 전개될 사건의 성격을 독자들에게 암시하고 있다. 비가 내리는 배경은 작품의 분위기를 우울하게 형성하고, 비극적인 결말을 암시하는 역할을 한다.

"이런 오라질 년! 조밥도 못 먹는 년이 설렁탕은. 또 처먹고 지랄병을 하게."

라고 야단을 쳐 보았건만, 못 사 주는 마음이 시원치는 않았다. 인제 설렁탕을 사 줄 수도 있다. 앓는 어미 곁에서 배고파 보채는 개똥이(세 살 배기)에게 죽을 사 줄 수도 있다. 80전을 손에 쥔 김 첨지의 마음은 푼푼하였다. … (중략) …

"남대문 정거장까지 말씀입니까?" 하고 김 첨지는 잠깐 주저하였다.

그는 이 우중에 우장도 없이 그 먼 곳을 철벅거리고 가기가 싫었음일까? 처음 것, 둘째 것으로 고만 만족하였음일까? 아니다, 결코 아니다. 이상하게도 꼬리를 맞물고 덤비는 이 행운 앞에 조금 겁이 났음이다. 그리고 집을 나올 제 아내의 부탁이 마음에 켕기었다. — 앞집 마마님한테서 부르러 왔을 제, 병인은 그 뼈만 남은 얼굴에 유일의 생물 같은 유달리 크고 움푹한 눈에 애걸하는 빛을 띠우며,

"오늘은 나가지 말아요. 제발 덕분에 집에 붙어 있어요. 내가 이렇게 아 픈데……." 라고 모기 소리같이 중얼거리고 숨을 거르렁거르렁하였다. (중략)

김 첨지는 취중에도 설렁탕을 사 가지고 집에 다다랐다. 집이라 해도 물론 셋집이요, 또 집 전체를 세든 게 아니라 안과 뚝 떨어진 행랑방 한 간을 빌려 든 것인데, 물을 길어 대고 한 달에 1원씩 내는 터이다. 만일 김 첨지가 주기를 띠지 않았던들 한 발을 대문 안에 들여놓았을 제 그곳을 지배하는 무시무시한 정적 — 폭풍우가 지나간 뒤의 바다 같은 정적에 다리가 떨렸으리라. 쿨룩거리는 기침 소리도 들을 수 없다. 걸으렁거리는 숨소리조차 들을 수 없다. 다만 이 무덤 같은 침묵을 깨뜨리는 — 깨뜨린다느니보다 한층 더 침묵을 깊게 하고 불길하게 하는, 빡빡 하는 그윽한 소리 — 어린애의 젖 빠는 소리가 날 뿐이다. 만일 청각이 예민한 이 같으면 그 빡빡 소리는 빨 따름이요, 꿀떡꿀떡 하고 젖 넘어가는 소리가 없으니 빈 젖을 빤다는 것도 짐작할는지 모르리라. 혹은 김 첨지도 이 불길한 침묵을 짐작했는지도 모른다. 그렇지 않으면 대문에 들어서자마자 전에 없이,

"이 난장 맞을 년, 남편이 들어오는데 나와 보지도 안 해, 이 오라질 년."

이라고 고함을 친 게 수상하다. … (중략) …

"이 눈깔! 이 눈깔! 왜 나를 바루 보지 못하고 천정만 보느냐, 응?"

하는 말끝엔 목이 메었다. 그러자, 산 사람의 눈에서 떨어진 닭의 똥 같은 눈물이 죽은 이의 뻣뻣한 얼굴을 어룽어룽 적시었다. 문득 김 첨지는 미친 듯이 제 얼굴을 죽은 이의 얼굴에 한데 부벼대며 중얼거렸다.

"설렁탕을 사다 놓았는데 왜 먹지를 못하니, 왜 먹지를 못하니……

괴상하게도 오늘은 운수가 좋더니만……."

행운과 불행의 상황 대립

행운 : 돈벌이가 잘 됨
↑
김 첨지
↓
불행 : 아내의 죽음

주인공인 인력거꾼 김 첨지의 하루는 표면상으로는 큰 벌이를 한 '운수 좋은 날'이지만, 사실은 병든 아내가 죽는 가장 '운수 나쁜 날'이다. 행운의 상징인 돈벌이가 늘어 감에 따라 아내에 대한 불안은 점점 고조되어 가고, 마침내 아내의 죽음을 발견한 순간 주인공의 내면에 자리 잡고 있던 불안함은 현실이 된다. 비극적인 결말과 김 첨지의 행운은 이 작품의 비극성을 극대화시키는 역할을 한다.

소설의 줄거리

인력거꾼 김 첨지에게는 원인을 알 수 없는 병을 앓는 아내가 있다. 아내가 걱정되지만 가난한 살림에 한 푼이라도 더 벌어야 했던 김 첨지는 아내를 집에 두고 비가 오는 날임에도 장사를 하러 나간다. 그런데 그 날따라 운수가 좋아 오랜만에 손님을 태우고 돈을 벌게 된다. 돈을 벌게 된 김 첨지는 마음속으로 아내가 먹고 싶어 하던 설렁탕을 사줘야겠다고 생각한다. 동광학교라는 곳까지 한 교사를 태워다 주고 집으로 가려는데 짐이 많은 학생 하나가 그를 불러 세운다. 오늘은 가지 말고, 갈 거면 일찍 들어오라고 하던 아내의 얼굴이 눈앞에 어른거리지만, 김 첨지는 아내를 위해 돈을 벌어야 한다는 생각에 학생을 목적지까지 태워준다. 기차역 앞에서도 한 명의 손님을 더 태우고 돈을 더 번 김 첨지는 그제야 집으로 돌아가려고 발길을 재촉한다. 아픈 아내 걱정에 빨리 가고 싶지만, 아픈 아내의 얼굴을 보고 있기가 힘들어 집에 가기 싫은 마음도 갖고 있던 김 첨지는 마침 선술집에서 술을 마시고 있는 친구 치삼을 만나 함께 술을 마신다. 치삼과 함께 술을 잔뜩 마신 김 첨지는 술에 취한 채 아내 걱정에 울음을 터뜨린다. 김 첨지는 취한 중에도 아내에게 줄 설렁탕을 사서 집으로 향하게 된다. 아내가 그토록 먹고 싶어 하던 설렁탕을 사서 집으로 돌아간 김 첨지. 그런데 어쩐 일인지 아내의 숨소리도 들리지 않고 집은 조용하기만 하다. 세 살배기 개똥이가 빈 젖을 빠는 소리만 들리는 고요한 집 안. 김 첨지는 아내를 건드려보지만 아내는 이미 차갑고 딱딱하게 변해버린 후다. 설렁탕을 사왔는데도 먹지 못하고 죽은 아내 앞에서 김 첨지는 울음을 터뜨린다.

2016년 국가직 7급

Q. 다음 글에 대한 설명으로 적절하지 않은 것은?

① 사건의 결말을 암시하는 복선이 나타나 있다.
② 비극적 상황을 심화시키는 소재가 사용되고 있다.
③ 객관적인 서술 태도로 인물의 행동만을 그리고 있다.
④ 행운과 불안감이 교차되면서 긴장감이 조성되고 있다.

2008년 법원직 9급

Q. 이 작품에 대한 설명으로 바르지 못한 것은?

① 작가의 전지적 시점으로 서술되어 등장인물의 내면을 잘 알 수 있다.
② '비가 추적추적 내리는' 배경은 사건 전개의 결과를 암시하고 있다.
③ 전체적으로 볼 때 퇴폐적 낭만주의 경향의 작품이라 할 수 있다.
④ 단 하루 동안의 일과를 통해 하층민의 고단하며 급변하는 삶의 모습을 보여주고 있다.

정답 ③, ③

만세전 (염상섭)

2018년 경찰직 1차, 2016년 국가직 7급

그들은 여전히 이야기를 계속하고 있다.

"그래 촌에 들어가면 위험하진 않은가요?"

조선에 처음 간다는 시골자가 또다시 입을 벌렸다.

"뭘요, 어델 가든지 조금도 염려 없쉐다. 생번이라 하여도 요보는 온순한 데다가, 가는 곳마다 순사요 헌병인데 손 하나 꼼짝할 수 있나요.
조선인은 야만인이지만, 온순하며 일제의 통치에 대항하지 못한다는 의미
그걸 보면 데라우치 상이 참 손아귀 힘도 세지만 인물은 인물이야!"
일제 강점기의 초대 총독
매우 감격한 모양이다.

"그래 촌에 들어가서 할 게 뭐예요?"

"할 것이야 많지요. 어델 가기로 굶어 죽을 염려는 없지만, 요새 돈 몰 것이 똑 하나 있지요. 자본 없이 힘 안 들고……. 하하하."

표독한 위인이 충동이는 수작이다. …(중략)…
시골자를 꾀는 사람에 대해 '나'가 부정적 시각을 갖고 있음
나는 여기까지 듣고 깜짝 놀랐다. 그 불쌍한 조선 노동자들이 속아서 지상의
'나'가 참혹한 현실을 인식함 / 일제의 민족 수탈 양상
지옥 같은 일본 각지의 공장과 광산으로 몸이 팔리어 가는 것이 모두 이런 도적 놈 같은 협잡 부랑배의 술중(術中)에 빠져서 속아 넘어가는구나 하는 생각을 하며 나는 다시 한 번 그자의 상판대기를 치어다보지 않을 수 없었다. … (중략) …
조선인 노동자를 멸시하는 일본인에 대한 적개심

▶ 조선을 수탈하는 일본인의 이야기를 듣고 놀람

2016년 국가직 9급

Q. 다음 글의 서술자에 대한 설명으로 가장 적절한 것은?
① 작품 밖의 전지적 서술자가 일어난 사건의 전말을 전달하고 있다.
② 작품 속에 등장하는 인물이 다른 인물을 관찰하며 평가하고 있다.
③ 작품 밖에 있는 서술자가 관찰자가 되어 등장인물의 행동을 묘사하고 있다.
④ 작품 속의 서술자가 작품 밖의 서술자와 교차하며 사건을 입체적으로 서술하고 있다.

❋ 조선 노동자 탈취 현상

일본인	싼 값으로 조선 노동자들을 불법 조달하는 부정적인 존재로, 작중 화자의 의분을 불러 일으킴.
조선 노동자	일제의 흉계에 휘말려 고향을 떠나게 되는 농민 출신의 조선인들로, 일제 강점기의 현실을 반영하고 있음.

✅ 핵심정리

갈래	중편 소설, 사실주의 소설, 여로형 소설
성격	사실적, 비판적, 현실 반영적
시점	1인칭 주인공 시점
배경	– 시간 – 1918년 겨울 (3·1 운동 직전) – 공간 – 동경과 서울
주제	지식인의 눈으로 바라본 식민지 조선의 암담한 현실
특징	– 식민지 조선의 총체적 실상을 매우 사실적으로 형상화 함. (사실주의적 경향) – 여로형 구조로 주인공의 인식과 변화 과정을 보여 줌.

❋ 제목의 의미

이 소설은 1922년에 '묘지'라는 제목으로 발표되었다가 '만세전'으로 바뀌었다. '만세전'이라는 제목으로 알 수 있듯이 3.1운동이 일어나기 전을 배경으로 하여, 지식인 청년의 눈에 비친 당시 사회 모습에 대한 기록이라 할 수 있다. 주인공은 만세 운동 직전의 현실에서 우리 민족이 어떻게 억압받고 수탈당하는가를 사실적으로 그리고 있다.

❋ '만세전'의 여로 구조

일본	–	민족의 현실에 관심을 두지 않음.

⇩

귀국	–	민족의 현실을 인식하는 안목을 갖게 됨.

⇩

일본	–	저항에 이르지 못하고 현실에서 도피함.

『젊은 사람들의 얼굴까지 시든 배춧잎 같고 주눅이 들어서 멀거니 앉았거나,』
└ 『 』: 젊은 사람들마저 의식 없이 비굴하게 살아가는 모습에 반감을 느낌

그렇지 않으면 빌붙는 듯한 천한 웃음이나 '헤에' 하고 싱겁게 웃는 그 표정을 보면 가엾기도 하고, 분이 치밀어 올라와서 소리라도 버럭 질렀으면 시원할 것 같다.』

'이게 산다는 꼴인가? 모두 뒈져 버려라!'
└ 희망 없이 살아가는 조선인에 대한 욕설인 동시에 자신에 대한 욕설

찻간 안으로 들어오며 나는 혼자 속으로 외쳤다.

'무덤이다! 구더기가 끓는 무덤이다!'
└ 조선의 참담하고 암울한 현실을 의미

▶ 비참하게 살아가는 조선인의 현실이 '무덤'처럼 느껴짐

나는 모자를 벗어서 앉았던 자리 위에 던지고 난로 앞으로 가서 몸을 녹이며 섰었다. 난로는 꽤 달았다 뱀의 혀 같은 빨간 불길이 난로 문틈으로 날름날름 내다보인다. 찻간 안의 공기는 담배 연기와 석탄재의 먼지로 흐릿하면서도 쌀쌀하다. 우중충한 남폿불은 웅크리고 자는 사람들의 머리 위를 지키는 것 같으나 묵직하고도 고요한 압력으로 지그시 내리누르는 것 같다.

나는 한번 휘 돌려다 보며,
┌ 역설법: 현실을 제대로 인식하지 못하는 조선인에 대한 비판
'공동묘지다! 공동묘지 속에서 살면서 죽어서 공동묘지에 갈까 봐 애가 말라하는 갸륵한 백성들이다!'
└ 반어법

하고 혼자 코웃음을 쳤다.
└ 식민지 현실에 대한 자조적인 태도

'공동묘지 속에서 사니까 죽어서나 시원스런 데 가서 파묻히겠다는 것인가? 그러나 하여간에 구더기가 득시글득시글하는 무덤 속이다. 모두가 구더기다.
└ '나'의 현실 인식 (비참한 현실 속에서 무기력하게 살아가는 조선인들)
너도 구더기, 나도 구더기다. 그 속에서도 진화론적 모든 조건은 한 초 동안도 거르지 않고 진행되겠지! 생존 경쟁이 있고, 자연 도태가 있고 네가 잘났느니 내가 잘났느니 하고 으르렁댈 것이다. 그러나 조만간 구더기의 낱낱이 해체가 되어서 원소가 되고 흙이 되어서 내 입으로 들어가고 네 코로 들어갔다가, 네나 내나 거꾸러지면 미구(未久)에 또 구더기가 되어서 원소가 되거나 흙이 될 것이다. 에잇! 뒈져라! 움도 싹도 없이 스러져 버려라! 망할 대로 망해 버려라! 사태가 나든지 망
└ 일제의 지배에 굴복하며 살아가는 사람들에 대한 안타까움과 분노의 표현
해 버리든지 양단간에 끝장이 나고 보면 그중에서 혹은 조금이라도 쓸모 있는 나은 놈이 생길지도 모를 것이다.'

▶ 조선인에 대한 안타까움과 자조적인 한탄

✳ '무덤'의 의미

'무덤'이란, 삶의 생기를 잃어버린 식민 치하의 노예적인 삶과 그러한 삶에 아무런 저항도 못하는 주인공의 의식 세계를 반영한 것이다.

📖 소설의 줄거리

일본 동경에서 유학 중이던 '나(이인화)'는 아내가 병이 깊어져 목숨이 위태롭다는 소식을 듣고 귀국한다. 20대 초반의 책상 도련님이었던 '나'는 귀국하는 배 안에서 일본인이 조선인을 무시하는 것을 보고 분노하며, 처음으로 조선의 현실을 제대로 알게 된다. 서울에 도착했을 때 아내는 아버지의 고집으로 서양 약을 먹지 못해 거의 죽어 가는 상태였다. '나'는 아내가 세상을 떠나자마자 급히 장례를 치르고 공동묘지처럼 느껴지는 조선을 떠나 일본으로 돌아간다.

2018년 경찰직 1차

Q. 다음 작품에 대한 설명으로 가장 적절하지 않은 것은?

① 1922년 신생활에 발표될 당시 작품 제목은 묘지(墓地)였다.
② 주인공이 도쿄에서 서울로 왔다가 다시 도쿄로 돌아가는 여로형 소설이다.
③ 작품 내부의 서술자가 사건을 객관적으로 전달하는 방식으로 전개되고 있다.
④ 현실 개선의 의지가 적극적으로 나타나지 않는 것은 무기력한 당대 지식인의 한계를 보여 준 것이다.

정답 ②, ③

무진기행 (김승옥)

2018 서울시 9급 2회, 2017년 국가직 9급, 2009년 국가직 9급

■ : 안개를 비유한 말

무진에 명산물이 없는 게 아니다. 나는 그것이 무엇인지 알고 있다. 그것은 안
<u>무진의 명산물 = 안개</u>
개다. 아침에 잠자리에서 일어나서 밖으로 나오면, 밤 사이에 진주해 온 적군들
처럼 안개가 무진을 뺑 둘러싸고 있는 것이었다. 무진을 둘러싸고 있던 산들도
안개의 의하여 보이지 않는 먼 곳으로 유배당해 버리고 없었다.
<u>안개 때문에 산들이 보이지 않음</u>
　안개는 마치 이승에 한이 있어서 매일 밤 찾아오는 여귀가 뿜어 내놓은 입김
<u>안개를 비유한 말</u>
과 같았다. 해가 떠오르고, 바람이 바다 쪽에서 방향을 바꾸어 불어오기 전에는
사람들의 힘으로써는 그것을 헤쳐 버릴 수가 없었다. 손으로 잡을 수 없으면서도
그것은 뚜렷이 존재했고 사람들을 둘러쌌고 먼 곳에 있는 것으로부터 사람들을
떼어 놓았다. 안개, 무진의 안개, 무진의 아침에 사람들이 만나는 안개, 사람들로
하여금 해를, 바람을 간절히 부르게 하는 무진의 안개, 그것이 무진의 명산물이
<u>'안개'는 무기력함을, '해'와 '바람'은 이런 상황에서 벗어나려는 열망을 의미함</u>
아닐 수 있을까! … (중략) …

　이모는 전보 한 통을 내게 건네주었다. 엎드려 누운 채 나는 전보를 펴 보았다.
<u>'나'에게 현실을 일깨워 주는 소재</u>
'27일회의참석필요, 급상경바람 영'. '27일'은 모레였고 '영'은 아내였다. 나는 아프
도록 쑤시는 이마를 베개에 대었다.
<u>잊고 있었던 현실을 깨달음</u>
　나는 숨을 거칠게쉬고 있었다. 나는 내 호흡을 진정시키려고 했다. 아내의 전
보가 무진에 와서 내가 한 모든 행동과 사고를 내게 점점 명료하게 드러내 보여
주었다. 모든 것이 선입관 때문이었다. 결국 아내의 전보는 그렇게 얘기하고 있
었다. 나는 아니라고 고개를 저었다. 모든 것이, 흔히 여행자에게 주어지는 그 자
유 때문이라고 아내의 전보는 말하고 있었다. 나는 아니라고 고개를 저었다.
<u>아내는 '나'의 감정을 현실로 돌아오게 하고, '나'는 무진에서 느꼈던 감정을 인정하고 싶음</u>
　모든 것이 세월에 의하여 내 마음속에서 잊혀질 수 있다고 전보는 말하고 있었
다. 그러나 상처가 남는다고, 나는 고개를 저었다. 오랫동안 우리는 다투었다.
<u>'나'의 내적 갈등을 상징적으로 표현함</u>

2017년 국가직 9급

Q. 다음 글에 대한 설명으로 적절하지 않은 것은?
① 소재의 의미를 비유적 표현을 통해 드러낸다.
② 무진이라는 지역의 특징을 짐작할 수 있게 한다.
③ '나'의 시선으로 전개되는 1인칭 시점의 서술이다.
④ 과거 시제를 사용하여 사건을 객관적으로 묘사한다.

핵심정리

갈래	단편 소설
성격	회고적, 독백적
시점	1인칭 주인공 시점
배경	- 시간 - 1960년대 - 공간 - 무진(霧津)
주제	이상과 현실 사이에서 갈등하는 현대인의 허무주의
특징	- '떠남 - 경험 - 복귀'의 기행 구조 - 현재와 과거의 대비 구조 - 배경 '안개'를 통한 주인공의 의식 표출

등장인물

아내
서울의 인물
현실의 '나'와 닮은 인물

⇕

'나'
현실과 젊은 시절의 자신 사이에서 갈등

⇕

하인숙
무진의 인물
젊은 시절의 '나'와 닮음

그래서 전보와 나는 타협안을 만들었다. 한 번만, 마지막으로 한 번만 이 무진을, 안개를, 외롭게 미쳐 가는 것을, 유행가를, 술집 여자의 자살을, 배반을, 무책임을 긍정하기로 하자. 마지막으로 한 번만이다. 꼭 한 번만. 그리고 나는 내게 주어진 한정된 책임 속에서만 살기로 약속한다. 전보여, 새끼손가락을 내밀어라. 나는 거기에 내 새끼손가락을 걸어서 약속한다. 우리는 약속했다.

그러나 나는 돌아서서 전보의 눈을 피하여 편지를 썼다. '갑자기 떠나게 되었습니다. 찾아가서 말로써 오늘 제가 먼저 가는 것을 알리고 싶었습니다만 대화란 항상 의외의 방향으로 나가 버리기를 좋아하기 때문에 이렇게 글로써 알리는 것입니다. 간단히 쓰겠습니다. 사랑하고 있습니다. 왜냐하면 당신은 제 자신이기 때문에, 적어도 제가 어렴풋이나마 사랑하고 있는 옛날의 저의 모습이기 때문입니다.

저는 옛날의 저를 오늘의 저로 끌어다 놓기 위하여 갖은 노력을 다하였듯이 당신을 햇볕 속으로 끌어 놓기 위하여 있는 힘을 다할 작정입니다. 저를 믿어 주십시오. 그리고 서울에서 준비가 되는 대로 소식 드리면 당신은 무진을 떠나서 제게 와 주십시오. 우리는 아마 행복할 수 있을 것입니다.' 쓰고 나서 나는 그 편지를 읽어 봤다. 또 한 번 읽어 봤다. 그리고 찢어 버렸다.

덜컹거리며 달리는 버스 속에 앉아서 나는, 어디쯤에선가, 길가에 세워진 하얀 팻말을 보았다. 거기에는 선명한 검은 글씨로 '당신은 무진읍을 떠나고 있습니다. 안녕히 가십시오.'라고 씌어 있었다. 나는 심한 부끄러움을 느꼈다.

2018 서울시 9급 2회

Q. 〈보기〉는 어떤 소설의 마지막 부분이다. 괄호 안에 들어갈 소설 속 지명은?

보기
그러나 나는 돌아서서 전보의 눈을 피하여 편지를 썼다. '갑자기 떠나게 되었습니다. 찾아가서 말로써 오늘 제가 먼저 가는 것을 알리고 싶었습니다만 대화란 항상 의외의 방향으로 나가 버리기를 좋아하기 때문에 이렇게 글로써 알리는 것입니다. 간단히 쓰겠습니다. 사랑하고 있습니다. 왜냐하면 당신은 제 자신이기 때문에, 적어도 제가 어렴풋이나마 사랑하고 있는 옛날의 저의 모습이기 때문입니다. 〈중략〉 당신은 (   )을 떠나서 제게 와 주십시오. 우리는 아마 행복할 수 있을 것입니다.' 쓰고 나서 나는 그 편지를 읽어 봤다. 또 한 번 읽어 봤다. 그리고 찢어 버렸다. 덜컹거리며 달리는 버스 속에 앉아서 나는, 어디쯤에선가, 길가에 세워진 하얀 팻말을 보았다. 거기에는 선명한 검은 글씨로 '당신은 (   )읍을 떠나고 있습니다. 안녕히 가십시오.'라고 씌어 있었다. 나는 심한 부끄러움을 느꼈다.

① 삼포   ② 서울   ③ 거제   ④ 무진

정답 ④, ④

❋ 여로형 구조

무진 ⇒ 서울 ⇒ 다시 무진 ⇒ 다시 서울

❋ 갈등 구조

서울	무진
책임의 세계	도피의 세계
현실의 '나'	과거의 '나'
현실 지향적	순수 지향적
정형화된 곳	일탈의 삶
아내 – 전보	인숙 – 편지

⇓

'나'는 서울(현실)로 복귀

📖 소설의 줄거리

서술자로 등장하는 '나'는 서른 셋의 나이로 제약회사 중역이다. 4년 전, 미망인이 된 지금의 아내와 결혼했으며, 며칠 후면 그 아내와 장인의 도움으로 제약회사 전무가 될 몸이다. 그는 어머니의 묘가 있고 그가 어린 시절을 보낸 무진으로 내려간다. 잠시 동안의 휴가인 셈이다. 그에게 무진의 의미는 특별하다. 그곳은 참담했던 과거의 기억으로 얼룩져 있지만 지금은 다르다. 그는 이미 돈 많은 아내를 얻어 출세 가도에 올라섰다. 그는 무진에서 사람들을 만난다. 그를 존경하는 후배인 박, 중학 동창이며 고등 고시에 합격해 무진의 세무서장으로 있는 조, 그리고 음악 교사인 발랄한 처녀 하인숙 등이다. 문학 소년이었던 박은 그를 우러러보고, 출세한 속물인 조는 갑자기 출세한 그를 동료로 취급한다. 하인숙은 그에게서 풍기는 서울 냄새를 즐기며 그를 유혹한다. 그는 하인숙의 유혹에 몸을 맡기며, 그가 폐병으로 요양했던 바닷가 옛집에서 정사를 나눈다. 무진을 탈출하고 싶어하고 그와 일주일 동안만 멋진 연애를 경험하고 싶다는 하인숙에게서, 그는 자신의 옛 모습을 발견하고 사랑을 느끼고 그녀를 서울로 데려가겠다고 말한다. 다음날 그는 상경을 요구하는 아내의 전보를 받고는 갈등한다. 서울로 가겠다고 작정한 후, 그는 하인숙에게 사랑한다는 편지를 쓴다. 그리고 찢어버린다. 그는 부끄러움을 느끼며 서울로 간다.

역마 (김동리)

2018 경찰직 2차, 2017년 지방직 7급

"오빠, 편히 사시오."

계연은 이미 시뻘겋게 된 두 눈으로 성기의 마지막 시선을 찾으며 하직 인사를 하였다.
<small>미련과 슬픔</small>

성기는 계연의 이 말에 꿈을 깬 듯, 마루에서 벌떡 일어나 계연의 앞으로 당황히 몇 걸음 어뜩어뜩 걸어오다간, 돌연히 다시 정신이 나는 듯, 그 자리에 화석처럼 발이 굳어 버린 채, 한참 동안 장승같이 계연의 얼굴만 멍하게 바라보고 있었다.

"오빠, 편히 사시오."
<small>잡아주길 바라는 마음에 하직 인사를 반복함</small>

이렇게 두 번째 하직을 하는 순간까지도, 계연의 그 시뻘건 두 눈은 역시 성기의 얼굴에서 그 어떤 기적과도 같은 구원만을 기다리는 것이었고,
<small>가지말라는 말이 나오기를 기대</small>

그러나 성기는 그 자리에 주저앉아 버릴 뻔하던 것을 겨우 버드나무 가지를 움켜잡을 수 있었을 뿐이었다.

계연의 시뻘겋게 상기한 얼굴은, 옥화와 그의 아버지가 그들을 지켜보고 있다는 것도 잊은 듯이 성기의 얼굴만 뚫어지게 바라보고 있었으나, 버드나무에 몸을 기대인 성기의 두 눈엔 다만 불꽃이 활활 타오를 뿐, 아무런 새로운 명령도 기적도 나타나지 않았다.
<small>성기의 안타까움과 분노</small>

"오빠, 편히 사시오."

하고, 거의 울음이 다 된, 마지막 목소리를 남기고 돌아선 계연의 저만치 가고 있는 항라 적삼을, 고운 햇빛과 늘어진 버들가지와 산울림처럼 울려오는 뻐꾸기
<small>인물의 심정과는 무관하게 아름답고 평화로운 자연(의지와 무관하게 전개되는 운명을 암시)</small>
울음 속에, 성기는 우두커니 지켜보고 있을 뿐이었다.
▶ 성기와 계연의 이별

성기가 다시 자리에서 일어나게 된 것은 『이듬해 우수(雨水)도 (㉠)도 다 지나, (㉡) 무렵의 비가 질금거릴 즈음이었다. 주막 앞에 늘어선 버들가지는 다시 실같이 푸르러지고 살구, 복숭아, 진달래 들이 골목 사이로 산기슭으로 울긋불긋 피고 지고 하는 날이었다.』 아들의 미음상을 차려 들고 들어온 옥화는 성기가 미음 그릇을 비우는 것을 보자, 이렇게 물었다.
<small>『』: 시간의 경과, 계절적 배경 (봄)</small>
<small>생의 의욕이 생김</small>

"아직도 너, 강원도 쪽으로 가 보고 싶냐?"

"……." / 성기는 조용히 고개를 돌렸다. / "여기서 장가들어 나랑 같이 살겠냐?"

"……." / 성기는 역시 고개를 돌렸다. 〈중략〉
▶ 어머니의 사연을 듣는 성기

핵심정리

갈래	단편 소설, 순수 소설
성격	무속적, 운명적
배경	- 시간 - 구체적으로 제시되지 않음 - 공간 - 전라도와 경상도의 경계인 화개 장터
시점	전지적 작가 시점
주제	한국적 운명관(역마살)에 대한 순응과 그에 따른 인간성 구현
특징	공간적 배경을 통해 향토성을 부여하고 주제 의식을 드러냄.

인물 소개

성기	- 역마살의 운명을 타고난 인물. - 계연과의 사랑이 좌절되고 역마살을 극복하지 못하자 운명에 순응하며 엿판을 메고 떠남
옥화	- 성기의 어머니 - 주막을 운영하면서 아들의 역마살을 없애려고 하지만 실패하고 운명을 받아들임
계연	- 옥화의 이복동생. - 성기를 사랑하나 사랑을 이루지 못하고 아버지를 따라 떠남
체 장수	- 옥화와 계연의 아버지 - 역마살이 낀 인물

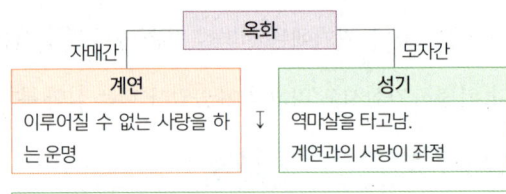

2018년 경찰직 2차

Q. 24절기 중 ㉠과 ㉡에 각각 들어갈 단어로 적절한 것은?

① ㉠ 청명 ㉡ 처서   ② ㉠ 입춘 ㉡ 곡우   ③ ㉠ 곡우 ㉡ 경칩   ④ ㉠ 경칩 ㉡ 청명

"그럼 어쩔라냐? 너 좋을 대로 해라."

"……."

성기는 아무런 말도 없이 도로 자리에 드러누워 버렸다.

그러고 나서 한 달포나 넘어 지난 뒤였다.

성기가 좋아하는 여러 가지 산나물이 화갯골에서 연달아 자꾸 내려오는 이른 여름의 어느 장날 아침이었다. 두릅회에 막걸리 한 사발을 쭉 들이켜고 난 성기는 옥화에게,

"어머니, 나 엿판 하나만 맞춰 주."

하였다.

"……."

옥화는 갑자기 무엇으로 머리를 얻어맞은 듯이 성기의 얼굴을 멍하니 바라보고 있었다. 〈중략〉

그의 발 앞에는, 물도 함께 갈리어 길도 **세 갈래**로 나 있었으나, **화갯골** 쪽엔 처음부터 등을 지고 있었고, 동남으로 난 길은 **하동**, 서남으로 난 길이 **구례**, 작년 이맘때도 지나 그녀가 울음 섞인 하직을 남기고 체 장수 영감과 함께 넘어간 산모롱이 고갯길은 퍼붓는 햇빛 속에 지금도 환히 장터 위를 굽이 돌아 구례 쪽으로 향했으나, 성기는 한참 뒤 몸을 돌렸다.
_{계연을 향한 미련}

그리하여 <u>그의 발은 구례 쪽을 등지고 하동 쪽을 향해 천천히 옮겨졌다.</u>
_{계연을 잊고 운명에 순응하려는 의지}

한 걸음 한 걸음 발을 옮겨 놓을수록 그의 마음은 한결 가벼워져, 멀리 버드나무 사이에서 그의 뒷모양을 바라보고 서 있을 어머니의 주막이 그의 시야에서 완전히 사라져 갈 무렵 하여서는, 육자배기 가락으로 제법 콧노래까지 흥얼거리며 가고 있는 것이었다.
_{운명(역마살)에 대한 순응}

▶ 운명을 받아들이고 길을 떠나는 성기

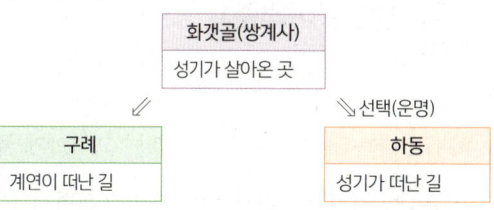

성기의 선택

- 화갯골(쌍계사): 성기가 살아온 곳
- 구례: 계연이 떠난 길
- 하동: 성기가 떠난 길 (선택(운명))

소설의 줄거리

화개 장터에서 주막을 운영하는 옥화는 아들 성기의 역마살을 없애기 위해 쌍계사에서 지내게 하고 장날에만 집에 와 있게 한다. 어느 날 체 장수 영감이 딸 계연을 데려와 주막에 잠시 맡기고 장사를 하러 떠난다. 옥화는 계연과 아들 성기를 결혼시켜 성기의 역마살을 막아보려 한다. 계연과 성기가 가까워지고 있던 어느 날, 옥화는 우연히 계연의 귓바퀴에 난 사마귀를 보고 계연이 자신의 이복동생일지도 모른다는 생각을 하게 된다. 나중에 체 장수 영감이 옥화의 아버지라는 것이 사실로 밝혀지자, 옥화는 계연을 떠나보내게 되고 성기는 계연과의 이별로 인해 앓다가 죽을 지경에 이르게 된다. 옥화는 성기에게 계연이 자신의 이복동생이라는 것을 이야기해 준다. 옥화의 말을 듣고 성기는 점차 기력을 회복하고 엿장수가 되어 길을 떠난다.

2018년 경찰직 2차

Q. 위의 작품에 대한 설명으로 가장 적절한 것은?
① 운명에 순응하며 살아온 우리 민족의 전통적 정서가 담긴 작품이다.
② 한국전쟁 직후를 살아가는 지식인의 불안과 고뇌를 다양한 기법으로 표현한 작품이다.
③ 길에서 우연히 만난 두 인물이 함께 귀향하는 과정을 다룬 작품이다.
④ 부조리한 자본주의 사회에서 패배하는 현대인의 모습이 비극적으로 그려진 작품이다.

2017년 지방직 7급

Q. 다음 글에 대한 설명으로 가장 적절한 것은?
① 계연이 하직 인사를 세 번 한 것은 성기와의 인연을 끝내고자 하는 의지가 강함을 의미한다.
② 성기의 말없음은 어떠한 말로도 표현할 수 없는 복잡다단한 성기의 심리를 상징적으로 보여준다.
③ 계연이가 마을을 떠나는 장면의 자연적 배경은 굴곡이 심한 계연의 미래를 암시한다.
④ 성기의 성격과 태도에 대한 작가의 냉소적이고 비판적인 시각을 보여주는 서술이 있다.

정답 ④, ①, ②

달밤 (이태준)

2017년 지방직 7급, 2016년 서울시 9급

하루는 나는 "평생소원이 무엇이냐?"고 그에게 물어 보았다. 그는 "그까짓 것 쯤 얼른 대답하기는 누워서 떡먹기." 라고 하면서 "평생소원은 자기도 원 배달이 한번 되었으면 좋겠다."는 것이었다.

(원 배달: 신문 보급소로부터 신문을 받아, 자신이 맡은 구역에 신문을 배달하는 정식 배달원)

남이 혼자 배달하기 힘들어서 한 20부 떼어 주는 것을 배달하고, 월급이라고 원 배달에게서 한 3원 받는 터이라 월급을 20여 원을 받고, 신문사 옷을 입고, 방울을 차고 다니는 원 배달이 제일 부럽노라 하였다. …(중략)…

▶ 신문 원 배달이 되는 것이 소원이라 말하는 황수건

그러나 웬일일까, 정말 배달복에 방울을 차고 신문을 들고들어 서는 사람은 황수건이가 아니라 처음 보는 사람이다.

"왜 전엣 사람(황수건)은 어디 가고 당신이오?"

물으니 그는

"제가 성북동을 맡았습니다." 한다.

"그럼 전엣 사람은 어디를 맡았소?"

하니 그는 픽 웃으며,

"그까짓 반편을 어딜 맡깁니까? 배달부로 쓸려다가 똑똑지가 못 하니까 안 쓰고 말았나 봅니다." 한다. …(중략)…

(황수건에 대한 사람들의 평가 / 황수건이 원 배달이 못 된 이유)

▶ 보조 배달마저 못 하게 된 황수건

핵심정리

갈래	단편 소설
성격	애상적, 서정적
배경	- 시간 - 일제 강점기(1930년대) - 공간 - 서울 성북동
시점	1인칭 관찰자 시점
주제	세상에 적응하지 못하는 황수건의 삶에 대한 연민
특징	- 주인공에 대한 '나'의 인정미가 잘 드러남 - 섬세하고 감각적인 묘사를 통해 인물과 사건을 형상화 함

등장인물

나	이 작품의 서술자로, 순박하고 어수룩한 황수건과의 일화를 전달한다. 황수건에게서 따스한 인간미를 느끼며 그를 동정과 연민의 시선으로 바라본다.
황수건	단순하고 우둔하지만 천진하고 낙천적인 인물이다. 열심히 살려고 하지만 학교 급사, 신문 배달원, 참외 장사 등 하는 일마다 각박한 현실에 부딪혀 실패하고 만다.

일화를 통해 드러난 황수건의 특성

거리낌 없이 '나'에게 자신의 생각을 드러냄
원 배달이 된다는 것에 무척이나 기뻐함
'나'에게 고마움을 표현하기 위해 포도를 훔쳐 옴

⇓

어리석고 모자라기는 하지만 순진하고 착한 본성을 지니고 있음

2017년 지방직 7급

Q. 다음 글에 대한 설명으로 가장 적절한 것은?

① 현실에 쉽게 좌절하는 무기력한 인물을 조롱하고 있다.
② 서술의 초점을 사건의 논리적 인과관계를 드러내는 데 맞추고 있다.
③ 순박하고 따뜻한 심성을 지닌 인물에 대한 화자의 포용적 태도를 느낄 수 있다.
④ 개인의 삶을 짓밟는 현실의 부조리를 직접적으로 비판하고 있다.

『 』: '나'는 황수건에게 연민을 느끼며 그를 도와줌
「나는 그날 그에게 돈 삼 원을 주었다. 그의 말대로 삼산 학교 앞에 가서 버젓이
　　　　　　　황수건에 대한 연민과 애정
참외 장사라도 해 보라고. 그리고 돈은 남지 못하면 돌려 오지 않아도 좋다 하였
다.」

㉠ 그는 삼 원 돈에 덩실덩실 춤을 추다시피 뛰어나갔다. 그리고 그 이튿날,

"선생님 잡수시라굽쇼."

하고 나 없는 때 참외 세 개를 갖다 두고 갔다.

그러고는 온 여름 동안 그는 우리 집에 얼씬하지 않았다.

㉡ 들으니 참외 장사를 해 보긴 했는데 이내 장마가 들어 밑천만 까먹었고, 또
『 』: 서술자의 요약적 제시 (황수건의 상황을 요약적으로 제시함)
그까짓 것보다 한 가지 놀라운 소식은 그의 아내가 달아났단 것이다. 저희끼리
금슬은 괜찮았건만 동서가 못 견디게 굴어 달아난 것이라 한다. 남편만 남 같으
면 따로 살림 나는 날이나 기다리고 살 것이나 평생 동서 밑에 살아야 할 신세를
생각하고 달아난 것이라 한다.」

그런데 요 며칠 전이었다. 밤인데 달포 만에 수건이가 우리집을 찾아왔다.

㉢ 웬 포도를 큰 것으로 대여섯 송이를 종이에 싸지도 않고 맨손에 들고 들어왔
　황수건이 '나'에게 주기 위해 포도를 훔쳐 왔음을 알 수 있음
다. 그는 벙긋거리며

"선생님 잡수라고 사왔읍죠."

하는 때였다. 웬 사람 하나가 날쌔게 그의 뒤를 따라 들어오더니 다짜고짜로
수건이의 멱살을 움켜쥐고 끌고 나갔다. 수건이는 그 우둔한 얼굴이 새하얗게 질
리며 꼼짝 못하고 끌려 나갔다.

나는 수건이가 포도원에서 포도를 훔쳐온 것을 직감하였다. 쫓아 나가 매를 말
리고 포도 값을 물어 주었다. 포도 값을 물어 주고 보니 수건이는 어느 틈에 사라
지고 보이지 않았다.

나는 그 다섯 송이의 포도를 탁자 위에 얹어 놓고 오래 바라보며 아껴 먹었다.

㉣ 그의 은근한 순정의 열매를 먹듯 한 알을 가지고도 오래 입안에 굴려 보며 먹
　'나'는 황수건이 훔쳐다 준 포도를 먹으며 그에게 고마움과 연민을 느낌
었다.

▶ '나'에게 포도를 훔쳐 주다가 주인에게 걸린 황수건

'달밤'의 의미

달밤	서정적·애상적 분위기를 형성함
	거듭된 실패를 경험한 황수건의 서글픔을 강조함
	독자들에게 깊은 여운을 줌

소설의 줄거리

성북동에 이사 온 '나'는 황수건이라는 신문 보조 배달부를 만난다. 그는 우둔하고 모자란 인물로서, 자신의 이름은 '목숨 수' 자에 '세울 건' 자를 쓰지만 성북동에서는 '노랑 수건'이라고 하면 다 자기인 줄 안다고 자랑스럽게 말한다. 황수건은 신문 원 배달이 되는 것이 평생 소원이라고 생각할 만큼 천진한 인물로, '나'는 그와 이야기를 나누며 그에게 흥미를 느낀다. 하루는 '나'를 찾아와 원 배달이 될 것이라고 기대에 부풀었지만 결국 그는 보조 배달원 자리에서도 떨어지게 된다. 다시 학교 급사로 들어가려 하지만 실패하고 '나'의 도움으로 참외 장사를 시작하지만 실패했다. 설상가상으로 그의 아내마저 가출한다. 이후에 그는 과수원에서 훔친 포도를 '나'에게 가져다주다가 발각되기도 한다. '나'는 달밤에 평소에 피우지도 않는 담배를 피우며 노래를 부르는 황수건을 목격하고 연민을 느낀다.

2016년 서울시 9급

Q. 다음 중 ㉠~㉣에 대한 감상으로 가장 적절하지 않은 것은?

① ㉠ : 황수건의 행위를 통해 참외 장사가 안 될 것을 예측할 수 있다.
② ㉡ : 황수건에 대한 정보가 나에 의해 요약적으로 제시되고 있다.
③ ㉢ : 포도는 장사 밑천을 대준 나에 대한 황수건의 고마움의 표시이다.
④ ㉣ : 인물을 바라보는 나의 호의적인 태도를 읽을 수 있다.

정답 ③, ①

사평역 (임철우)

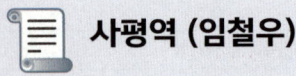

2015년 지방직 7급

■ : 대합실에 모인 여러 인물

 사람들은 약속이나 한 듯 말을 잊었다. 어쩌면 그들은 열차를 기다리고 있다는 사실조차 망각하고 있는 것인지도 모른다. 중년 사내는 담배를 입에 문 채 성냥불을 댕기려다 말고 멍하니 <u>난로</u>의 불빛을 들여다보고 있다.
   회상과 성찰의 계기를 제공, 교감의 매개체 ↲
 노인을 안고 있는 농부도, 대학생도, 쭈그려 앉은 아낙네들도, 서울 여자도, 머플러를 쓴 춘심이도 저마다의 손바닥들을 불빛 속에 적셔 두고 망연한 시선을 난로 위에 모은 채 모두들 아무 말도 하지 않았다. 저만치 홀로 떨어져 앉아 있는 미친 여자도 지금은 석고상으로 고요히 정지해 있다. 이따금 노인의 기침 소리가 났고, 난로 속에서 톱밥이 톡톡 튀어올랐다.
 "흐유, 산다는 게 대체 뭣이간디……."
  대합실에 있는 사람들이 자신의 삶을 성찰하도록 하는 말
 불현듯 누군가 나직이 내뱉었다.
 그러자 사람들은 그 말꼬리를 붙잡고 저마다 곰곰이 생각해 보기 시작한다. 정말이지 산다는 게 도대체 무엇일까…….
 <u>중년 사내</u>에겐 산다는 일이 그저 벽돌담 같은 것이라고 여겨진다.
   막막함, 답답함
햇볕도 바람도 흘러들지 않는 폐쇄된 공간. 그곳엔 시간마저도 아무런 흔적을 남기지 않는다. 마치 이 작은 산골 간이역을 빠른 속도로 무심히 지나쳐 가 버리는 특급 열차처럼……. 사내는 그 열차를 세울 수도 탈 수도 없다는 것을 잘 알고 있다. 그러면서도 여전히 기다릴 도리밖에 없다는 것, 그것이 바로 앞으로 남겨진 자기 몫의 삶이라고 사내는 생각한다. (중략)
 <u>서울 여자</u>에겐 돈이다. 그녀가 경영하고 있는 음식점 출입문을 들어서는 사람
  물질적 가치를 중시하는 인물
들은 모조리 그녀에겐 돈으로 뵌다. 어서 오세요. 입에 붙은 인사도 알고 보면 손님에게가 아니라 돈에게 하는 말일 게다. 그래서 뚱뚱이 여자는 식사를 마치고 나가는 손님들에게 결코 안녕히 가세요, 라는 말은 쓰지 않는다. 또 오세요.
        많은 손님은 곧 많은 돈을 의미함, 다시 방문할 것을 요청하는 행위
 <u>춘심이</u>는 애당초 그런 골치 아픈 얘기는 생각하기도 싫어진다. 산다는 게 뭐 별 것일까. 아무리 허덕이며 몸부림을 쳐 본들, 까짓것 혀 꼬부라진 소리로 불러 대는 청승맞은 유행가 가락이나 술취해 두들기는 젓가락 장단과 매양 한가지일 걸 뭐. 그래서 춘심이는 술이 좋다.
      잠시 현실을 잊게 해 주는 것
아무것도 생각나지 않게 해 주는 술님이 고맙다. 그래도 <u>춘심이는 취하면 때로 울기도 하는데 그 까닭이야말로 춘심이도 모를 일이다.</u>
춘심에게 삶은 몸부림쳐도 소용없는 것이기에 모든 것을 잊기 위해 술로 삶을 이어 감

핵심정리

갈래	단편 소설
성격	서정적, 성찰적, 회상적
배경	전지적 작가 시점
시점	- 시간–1970~1980년대 - 공간 – 시골 간이역 대합실
주제	간이역 대합실에 모인 사람들의 고달픈 삶과 삶에 대한 성찰
특징	- 특별한 주인공 없이 여러 인물의 쓸쓸한 내면 풍경을 제시함. - 곽재구의 '사평역에서'라는 시에 소설적 상상력을 동원하여 서사적으로 구성함.

'사평역'의 의미

 '사평역'은 특급 열차는 서지 않고 느리고 운임이 싼 완행 열차만 서는 시골의 간이역이다. 그렇기 때문에 여기 모인 인물들도 빠르게 돌아가는 세상에 적응하지 못하고 상처 입고 아픔을 간직하는 사람들이다. '사평역'은 바로 가난하고 소외된 사람들이 잠시 쉬어 가는 곳, 자기 처지를 쓸쓸히 되돌아보는 곳이다.

곽재구의 시 '사평역에서'

 곽재구의 '사평역에서'는 '막차', '눈', '톱밥' 등의 소재 및 상황이 유사하다. 특히 이 소설은 원작 시의 서정성을 그대로 살리고 있다. 하지만 곽재구의 시에서는 화자인 '나'의 느낌과 작품의 분위기 등이 주로 형상화되어 있는데 반해 이 소설에서는 인물들이 삶에서 겪은 아픔이 객관적 묘사와 주관적 서술에 의해 구체적인 이야기로 형상화되고 있다는 차이점이 있다.

대학생에겐 삶은 이 세상과 구별할 수 없는 그 무엇이다. 스물셋의 나이인 그에게는 세상 돌아가는 내력을 모르고, 아니 모른 척하고 산다는 것은 절대로 용서할 수 없다. 그런 삶은 잠이다. 마취 상태에 빠져 흘려보내는 시간일 뿐이라고 청년은 믿고 있다. 하지만 그는 얼마 전부터 그런 확신이 조금씩 흔들리기 시작하는 걸 느끼고 있다. 유치장에서 보낸 한 달 남짓한 기억과 퇴학. 끓어오르는 그들의 신념과는 아랑곳없이 이루어지고 있는 강의실 밖의 질서……. 그런 것들이 자꾸만 청년의 시야를 어지럽히고 혼란을 일으키고 있는 중이다. (중략)

▶ 대학생의 내적 갈등 (자신이 배운 것이 사회 현실과 맞지 않는 것에 혼란을 겪고 있음)

대학생은 문득 고개를 들어 말없이 모여 있는 그들의 얼굴을 하나하나 눈여겨본다. 모두의 뺨이 불빛에 발갛게 상기되어 있다. 청년은 처음으로 그 낯선 사람들의 얼굴에서 어떤 아늑함이랄까 평화스러움을 찾아내고는 새삼 놀라고 있다. 정말이지 산다는 것이란 때로는 저렇듯 한 두름의 굴비, 한 광주리의 사과를 만지작거리며 귀향하는 기분으로 침묵해야 하는 것인지도 모른다.

청년은 무릎을 굽혀 바케쓰 안에서 톱밥 한 줌을 집어 든다. 그리고 그것을 난로의 불빛 속에 가만히 뿌려 넣어 본다.

▶ 인물들의 쓸쓸하고 고단한 삶에 대한 연민과 애정의 행위

호르르르. 삐비꽃이 피어나듯 주황색 불꽃이 타오르다가 이내 사그라져들고 만다. 청년은 그 짧은 순간의 불빛 속에서 누군가의 얼굴을 본 것 같다. 어머니다. 어머니가 주름진 얼굴로 활짝 웃고 있었다. (중략)

어느새 농부도, 아낙네들도, 서울 여자와 춘심이도 이젠 모두 그 두 사람의 치기 어린 장난을 지켜보고 있다. 누구도 입을 열지 않았다.

사평역을 경유하는 야간 완행열차는 두 시간을 연착한 후에야 도착했다.

2015년 지방직 7급

Q. 다음 글의 밑줄 친 부분에 대한 설명으로 가장 적절한 것은?
① 등장인물들이 서로 갈등하는 계기의 역할을 한다.
② 등장인물들이 자신의 삶을 기구하게 만드는 원인의 역할을 한다.
③ 등장인물들이 자신의 삶을 되돌아보도록 하는 촉매의 역할을 한다.
④ 등장인물들이 자신의 삶을 사회적 문제로 인식하는 매개체의 역할을 한다

정답 ③

🌸 등장인물의 삶

	삶의 이력	삶의 의미
대학생	학생 운동 → 유치장 → 퇴학	구체적 현실
농부	- 평생 농사를 지음. - 아버지의 병에 짜증을 내면서도 죄스러워 함.	흙과 일
중년의 사내	북쪽이 고향 → 사상범으로 옥살이 → 출소	벽돌담 (폐쇄된 공간)
춘심이	서울로 도망침 → 술집 여자	별것 없음. 술로 회피
행상 아낙네	장사하며 살아감.	허전한 길바닥
서울 여자	음식점 경영	돈

📖 소설의 줄거리

한 시골 역에서 사람들은 열차를 기다리지만 열차는 연착하고, 두 번이나 특급 열차가 지나간다. 시골 역에는 중년 사내, 농부, 술집 여자, 과부, 대학생, 행상꾼 아낙네 등의 인물이 있다. 중년 사내는 이데올로기의 대립 속에 평생을 감옥에서 지낸 돌아갈 곳 없는 전과자이고, 농부는 평생 농사를 짓고도 가난과 금심에서 벗어나지 못한 인물이다. 서울 여자는 겉으로는 탐욕스러워 보이나 내면에는 따뜻한 심성을 가지고 있는 보통 사람이며, 춘심은 산업화의 그늘에서 어쩔 수 없이 몸을 팔 수밖에 없었던 여자이다. 대학생은 독재 정권 시절 민주화를 요구하며 싸운 젊은 세대이고 행상꾼 아낙네는 떠돌이 행상의 전형이다. 이들에게 기차역은 어디론가 가기 위한 역이면서 동시에 지나쳐온 과거를 돌아보게 만드는 장소이다. 난로의 불꽃과 창밖에 내리는 눈을 통해 소외된 인물들의 쓸쓸하고 고단한 삶과 그에 대한 따뜻한 애정이 드러난다

삼포 가는 길 (황석영)

2017년 국가직 9급, 2016년 사회복지직 9급

사방이 어두워지자 그들도 얘기를 그쳤다. 어디에나 눈이 덮여 있어서 길을 잘 분간할 수가 없었다. [세 사람의 암울한 현실을 상징] 뒤에 처졌던 백화가 눈 덮인 길의 고랑에 빠져 버렸다. 발이라도 삐었는지 백화는 꼼짝 못하고 주저앉아 신음을 했다. 영달이가 달려들어 싫다고 뿌리치는 백화를 업었다. 백화는 영달이의 등에 업히면서 말했다.
[백화에 대한 영달의 호감]

"무겁죠?"

영달이는 대꾸하지 않았다. 백화는 어린애처럼 가벼웠다. 등이 불편하지도 않 [둘 사이에 유대감이 형성됨] 았고 어쩐지 가뿐한 느낌이었다. 아마 쇠약해진 탓이리라 생각하니 영달이는 어쩐지 대전에서의 옥자가 생각나서 눈시울이 화끈했다. 백화가 말했다.

"어깨가 참 넓으네요. 한 세 사람쯤 업겠어."

"댁이 근수가 모자라니 그렇다구."
[쇠약해진 백화를 측은하게 여김]

그들은 일곱 시쯤에 감천 읍내에 도착했다. 마침 장이 섰었는지 파장된 뒤인데도 읍내 중앙은 흥청대고 있었다. 전 부치는 냄새, 고기 굽는 냄새, 곰국 냄새가 풍겨 왔다. 영달이는 이제 백화를 옆에서 부축하고 있었다. 발을 디딜 때마다 여자가 얼굴을 찡그렸다. 정 씨가 백화에게 물었다.

"어느 방향이오?"

"전라선이에요."

"나는 호남선 쪽인데. 여비는 있소?"
[백화를 걱정하는 인간적인 따뜻함이 드러남]

"군용차를 사정해서 타구 가면 돼요."

그들은 장터 모퉁이에서 아직도 따뜻한 온기가 남아 있는 팥시루떡을 사 먹었다.

백화가 자기 몫에서 절반을 떼어 영달이에게 내밀었다
[영달에 대한 고마움의 표시, 유대감 형성]
"더 드세요. 날 업구 왔으니 기운이 배나 들었을 텐데." (중략)

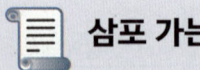

핵심정리

갈래	단편 소설, 사실주의 소설
성격	사실적, 현실 비판적
배경	- 시간 - 1970년대의 겨울날 - 공간 - 공사장에서 철도역까지 눈 덮인 길
시점	전지적 작가 시점
주제	산업화 과정에서 소외된 하층민들의 애환과 연대 의식
특징	여로 소설의 구조를 통해 주제를 형상화함. 여운을 남기는 방식으로 결말을 처리함.

인물의 심리 변화

영달	백화에 대한 연민과 동병상련의 감정을 느낌. → 백화를 떠나보내며 아쉬움을 느낌.
정 씨	고향에 간다는 생각에 설렘. → 삼포가 변해 버렸다는 말을 듣고 고향 상실감을 느낌.
백화	점점 자신의 마음을 엶. → 영달에게 애틋한 감정을 느낌.

2017년 국가직 9급

Q. 다음 글을 읽고 추론한 내용으로 적절하지 않은 것은?
① '눈 덮인 길의 고랑'은 백화가 신음하는 계기로 작용하기도 한다.
② 등에 업힌 백화는 영달이가 '옥자'를 떠올리는 계기로 작용하기도 한다.
③ 영달이는 '대전에서의 옥자'를, 어린애처럼 생각이 깊지 않은 존재로 인식하고 있다.
④ 백화는 처음에는 영달이의 등에 업히기를 싫어했으나, 영달이의 등에 업힌 이후 싫어하는 내색이 없어 보인다.

영달이는 표를 사고 삼립빵 두 개와 찐 달걀을 샀다. 백화에게 그는 말했다. /
"우린 뒤차를 탈 텐데……. 잘 가슈."

영달이가 내민 것들을 받아 쥔 백화의 눈이 붉게 충혈되었다.
<small>고마움과 아쉬움</small>

그 여자는 더듬거리며 물었다. / "아무도…… 안 가나요."

"우린 삼포루 갑니다. 거긴 내 고향이오."

영달이 대신 정 씨가 말했다. 사람들이 개찰구로 나가고 있었다. 백화가 보퉁이를 들고 일어섰다. / "정말, 잊어버리지…… 않을게요."

백화는 개찰구로 가다가 다시 돌아왔다. 돌아온 백화는 눈이 젖은 채로 웃고 있었다. / "내 이름 백화가 아니에요. 본명은요…… 이점례예요."
<small>상대에게 마음을 열고 진정한 자신의 모습을 드러내었음을 의미함 (인간성의 회복)</small>

여자는 개찰구로 뛰어나갔다. 잠시 후에 기차가 떠났다. (중략)

정 씨 옆에 앉았던 노인이 두 사람의 행색과 무릎 위의 배낭을 눈여겨 살피더니 말을 걸어 왔다. / "어디 일들 가슈?" / "아뇨, 고향에 갑니다."

"고향이 어딘데……." / "삼포라구 아십니까?"

"어 알지, 우리 아들놈이 거기서 ㉠<u>도자</u>를 끄는데……."
<small>근대화를 암시</small>

"삼포에서요? 거 어디 공사 벌릴 데나 됩니까. 고작해야 고기잡이나 하구 감자나 매는데요."
<small>정씨가 기억하는 과거 삼포의 모습 (근대화 이전의 모습)</small>

"어허! 몇 년 만에 가는 거요?" / "십 년." / 노인은 그렇겠다며 고개를 끄덕였다.

"말두 말우. 거긴 지금 육지야. 바다에 ㉡<u>방둑</u>을 쌓아 놓구, ㉢<u>트럭</u>이 수십 대
<small>근대화와 산업화를 암시</small>
씩 돌을 실어 나른다구." / "뭣 땜에요?" / "낸들 아나. 뭐 관광 호텔을 여러 채 짓는 담서, 복잡하기가 말할 수 없데."

"동네는 그대루 있을까요?" / "그대루가 뭐요. 맨 천지에 공사판 사람들에다 장까지 들어섰는걸."
<small>산업화로 인해 달라진 삼포의 모습</small>
/ "그럼 나룻배두 없어졌겠네요."
<small>고향에 대한 실망감</small>

"바다 위로 신작로가 났는데, 나룻배는 뭐에 쓰오. 허허, 사람이 많아지니 변고지. 사람이 많아지면 ㉣<u>하늘</u>을 잊는 법이거든."

작정하고 벼르다가 찾아가는 고향이었으나, 정 씨에게는 풍문마저 낯설었다.
<small>상실감</small>
옆에서 잠자코 듣고 있던 영달이가 말했다.

"잘 됐군. 우리 거기서 공사판 일이나 잡읍시다."
<small>고향 상실보다 일자리를 잡는 것을 중요하게 여기는 영달의 모습</small>

그때에 기차가 도착했다. 정 씨는 발걸음이 내키질 않았다. 그는 마음의 정처를 방금 잃어버렸던 때문이었다. 어느 결에 정 씨는 영달이와 똑같은 입장이 되어 버렸다. / 기차는 눈발이 날리는 어두운 들판을 향해서 달려갔다.
<small>고향을 상실한 떠돌이 신세</small>
<small>인물의 심리와 삶을 암시 (여운을 주는 결말)</small>

2016년 사회복지직 9급

Q. 밑줄 친 단어들의 시대적 상징성이 같은 것끼리 묶은 것은?
① ㉠, ㉡, ㉢   ② ㉠, ㉡, ㉣   ③ ㉠, ㉢, ㉣   ④ ㉡, ㉢, ㉣

정답 ③, ①

삼포의 의미

삼포	
과거	현재
어촌, 밭농사 자연 친화적인 곳 영원한 고향, 안식처	장사, 건설 공사 개발로 자연이 파괴됨. 고향 아닌 고향

정 씨의 삼포	
과거	- 고향이 있다는 것 때문에 영달이와는 달리 심리적으로 안정된 정서를 가짐 - 떠돌이 생활을 벗어나 안식을 누릴 수 있는 근원적 공간 - 고향, 그리움과 회귀의 대상
현재	- 돌아갈 곳을 상실함 → 좌절감 - 불행한 존재로 전락함

소설의 줄거리

노영달은 자신이 일하던 공사가 봄으로 연기되어 일자리를 잃게 된다. 그는 집으로 내려가기 위해 월출역을 향하다 정 씨를 만난다. 정 씨는 영달과 같은 공사장에서 일을 했기 때문에 영달은 그의 얼굴을 본 적이 있었다. 정 씨 역시 고향에 가고 있었다. 그의 고향은 삼포, 근 10년 만의 귀향이었다. 이들은 서로의 길이 갈리는 월출리까지는 동행을 하기로 한다. 눈발이 날리는 추운 겨울이었지만 이들은 돈을 조금이라도 아끼기 위해 역까지 걸어서 이동한다. 그러던 중 한 읍내의 서울식당이란 주점에 들어간다. 이들이 국밥으로 빈속을 채우고 있는데, 식당 여주인과 젊은 청년이 새벽에 도망간 색시 얘기에 한창 열을 올린다. 백화라는 여자가 빚이 5만 원이나 있는데 몰래 도망간 모양이다. 물론 여자의 일은 인근 부대의 군인과 마을 남성들에게 술과 몸을 파는 것이었다. 여주인은 영달 일행에게도 혹시 가다 여자를 발견하면 알려달라고 청한다. 영달과 정 씨는 눈이 많이 오자 가던 길을 틀어 감천역으로 향한다. 이들은 한참 눈길을 걸어가다 백화와 우연히 만나게 된다. 서로 얘기를 나눠보니 백화 역시 집으로 향하는 길이었다. 세 사람은 함께 감천역까지 걸어가게 된다. 하이힐을 신은 백화가 눈길에 발목을 삐끗하자 영달이 업어주고 부축을 해준다. 감천역에서는 영달이 먹을 것과 표까지 사서 백화에게 주자 그녀는 감동하여 자신의 본명을 알려주며 떠난다. 백화를 보낸 영달은 정 씨의 고향 삼포에 가서 일을 하기로 마음을 먹는다. 그때 어떤 노인이 삼포에 다리가 생기고 관광호텔을 짓느라 야단인 사정을 알려줬다. 옛 고향의 모습을 기대하고 있던 정 씨는 삼포에 가기가 싫어진다. 그는 마음의 정처를 잃어버리고 어디로 가야할 지 막막해진다.

중국인 거리 (오정희)

2017년 국가직 9급

『드디어 화차가 오고 몇 번의 덜컹거림으로 완전히 숨을 놓으면 우리들은 재빨리 바퀴 사이로 기어 들어가 석탄가루를 훑고 이가 벌어진 문짝 틈에 갈퀴처럼 팔을 들이밀어 조개탄을 후벼 내었다.』 (중략)
『』: 석탄을 훔치는 아이들 (가난한 시대적 상황)

해안촌 혹은 중국인 거리라고도 불려지는 우리 동네는 겨우내 북풍이 실어 나
공간적 배경
르는 탄가루로 그늘지고, 거무죽죽한 공기 속에 해는 낮달처럼 희미하게 걸려 있
어둡고 암울한 분위기
었다.

　일주일에 한 번쯤 돼지고기를 반 근, 혹은 반의 반 근 사러 가는 푸줏간이었다.
형편이 넉넉지 않음
어머니는 돈을 들려 보내며 매양 같은 주의를 잊지 않았다. 적게 주거든, 애라고
조금 주느냐고 말해라, 그리고 또 비계는 말고 살로 주세요, 해라.
인용 부호를 생략하여 대화와 서술의 구분이 모호함 ('나'의 내면 의식을 부각하는 효과)
　『푸줏간에서는 한쪽 볼에 힘껏 쥐어질린 듯 여문 밤톨만한 혹이 달리고 그 혹 부리에, 상기도 보이지 않는 손에 의해 끄들리고 있는 듯 길게 뻗힌 수염을 기른 홀아비 중국인이 고기를 팔았다.』
『』: 고기를 팔던 중국인의 외양 묘사
　애라고 조금 주세요?
고기를 썰기도 전에 '나'는 어머니의 말씀대로 말을 건네고 있음
　키가 작아 발돋움질로 간신히 진열대에 턱을 올려놓고 돈을 밀어 넣는 것과 동
'나'의 야무진 성격
시에 나는 총알처럼 내뱉었다. 고기를 자르기 위해 벽에 매단 가죽 끈에 칼을 문질러 날을 세우던 중국인은 미처 무슨 말인지 몰라 뚱한 얼굴로 나를 바라보았다. 나는 비계는 말고 살로 달래라 하던 어머니가 일러준 말을 하기 전 중국인이 고기를 자를까 봐 허겁지겁 내쏘았다.

　고기로 달래요.

　중국인은 꾸룩꾸룩 웃으며 그때야 비로소 고기를 덥석 베어 내었다.
'나'의 말의 의도를 알고, 웃으며 고기를 썰어 주려고 함
　왜 고기만 주니, 털도 주고 가죽도 주지. (중략)

핵심정리

갈래	단편 소설, 성장 소설, 전후 소설
성격	회상적
배경	- 시간 - 전쟁 직후 - 공간 - 항구 도시에 위치한 중국인 거리
시점	1인칭 주인공 시점
주제	정신적인 성장의 고통과 그 형상화
특징	대화나 독백 등이 화자의 서술과 형식적으로 구분되지 않은 채 사용됨

공간적 배경

전쟁의 상징	중국인 거리는 6·25 전쟁 당시 인천 상륙 작전의 무대가 되었던 지역으로, 전쟁 직후의 참담한 흔적이 남아 있는 공간이다.
이주한 공간	주인공 '나'가 태어난 곳이 아니라 이주한 곳으로, 낯설고 새로운 공간이다. '나'는 이러한 공간에서 자라면서 매기 언니의 죽음과 할머니의 죽음, 어머니의 출산 등을 경험한다.
성장의 공간	자신의 인식을 확장해 가고, 급기야는 초경을 한다. 중국인 거리는 '나'의 정신적인 성장과 육체적인 성장을 함께하는 공간인 것이다.

2017년 국가직 9급

Q. 다음 글에서 드러나지 않는 것은?
① 어머니의 주의에 대한 '나'의 수용
② '나'에게 심부름을 시키는 어머니의 태도
③ 시간적 배경의 특성과 공간적 배경의 역할
④ '나'의 말에 대해 푸줏간의 '중국인'이 보여 주는 정서

정답 ③

아주 쑥밭을 만들어 버렸다니까.

치옥이는 어른들의 말투를 흉내 내어 몇 번이고 쑥밭이라는 말을 되풀이했다.
'나'의 급우. 양공주 매기 언니의 동생

사람들은 개미처럼, 열심히 집을 지어 빈터를 다스렸다. 반 자른 드럼통마다 조개탄을 듬뿍 써서 해인초를 끓였다.

치옥이와 나는 자주 멈춰 서서 찍찍 침을 뱉어 냈다.

회충이 약을 먹고 지랄하나 봐.

아냐, 회충이 오줌을 싸는 거야.

그래도 메스꺼움은 가라앉지 않았다. 끓어오르는 해인초의 거품도, 조개탄에
성장 과정에서 겪는 부적응 상태를 상징
서 피어오르는 연기도, 해조와 뒤섞이는 석회의 냄새도 온통 노란빛의 회오리였다.

왜 사람들은 집을 지을 때 해인초를 쓰지? 난 저 냄새만 맡으면 머리털 뿌리까지 뽑히는 것처럼 골치가 아파.

치옥이는 내 어깨에 엇갈린 팔을 무겁게 내려뜨렸다. 그러나 나는 마냥 늑장을 부리며 천천히 걸어 해인초 냄새, 내가 이 시(市)와 나눈 최초의 악수였으며 공감
작품의 분위기를 조성하는 후각적 이미지
이었던 그 노란빛의 냄새를 들이마셨다.
= 해인초 냄새

🟢 노란색의 이미지

노란색 (노란빛)	- 중국인 거리의 불안정한 분위기와 '나'의 낯섦을 표현함. - 메스꺼움과 연관되면서 '나'가 성장 과정에서 겪는 부적응 상태를 암시함. - 해인초의 후각적 이미지와 결합하여, '나'의 몽롱한 의식 상태를 드러냄.

📖 소설의 줄거리

주인공인 '나'를 비롯한 식구들은 아버지의 일자리를 따라 피난지로부터 항구 도시(인천) 외곽에 있는 중국인 거리로 이주한다. 그곳은 전쟁으로 인해 폐허가 된 건물들과 낯선 모습의 중국식 적산 가옥, 그리고 기지촌과 미군 부대로 둘러싸여 전형적인 전후(戰後)의 풍경을 연출하고 있다. 이 거리를 배경으로 공복감과 해인초 냄새가 어우러져 피어오르는 노란빛의 환각적 이미지로 표상되는 유년의 기억 속에서 한 편의 성장 드라마가 펼쳐진다. 성장의 조짐은 주인공이 우연히 건너편 이층집 창문에서 중국인 남자의 얼굴을 바라보게 되는 것에서 비롯된다. 이 순간 주인공은 설명할 수 없는 슬픔과 비애의 감정에 사로잡히게 되는데, 그의 창백한 표정에 담긴 욕망의 시선이 주인공의 내부에서 움트고 있던 욕망과 내면을 일깨울 것이다. 주인공의 내면에 자리 잡게 된 이러한 역동적인 욕망의 움직임은, 양공주 매기 언니와 관계의 그늘 속에서 어두운 삶을 살다 간 할머니의 죽음을 거치면서 정적인 성장의 고뇌로 성숙되어 간다. 욕망의 역동적인 이미지와 죽음의 정적인 이미지가 교차하는 고독과 사색의 공간 속에서 주인공은 핏속에 순(筍)처럼 돋아 오르는 무언가를 감지한다. 그것은 마치 상처가 아무는 듯이, 참을 수 없는 근지러움을 동반한다. 그리고 그와 같은 성장의 고비를 확인이라도 하듯, 주인공은 절망감과 막막함 속에서 초경을 맞이한다.

소설가 구보 씨의 일일 (박태원)

2017년 지방직 7급, 2003년 국가직 7급

구보는 다시 밖으로 나오며, 자기는 어디 가 행복을 찾을까 생각한다. 발 가는 대로, 그는 어느 틈엔가 안전지대에 가 서서, 자기의 두 손을 내려다보았다. 한 손의 단장과 또 한 손의 공책과 — 물론 구보는 거기에서 행복을 찾을 수는 없다.
_{거리를 배회하며 관찰하는 것만으로는 행복을 찾을 수 없음}

안전지대 위에, 사람들은 서서 전차를 기다린다. 그들에게, 행복은 알 수 없다. 그러나 그들은 분명히, 갈 곳만은 가지고 있었다.

전차가 왔다. 사람들은 내리고 또 탔다. 구보는 잠깐 멍하니 그곳에 서 있었다.
_{다른 사람들은 모두 목적지가 있지만, 구보는 뚜렷한 목적지가 없기 때문}

그러나 자기와 더불어 그곳에 있던 온갖 사람들이 모두 저 차에 오른다 보았을 때, 그는 저 혼자 그곳에 남아 있는 것에, 외로움과 애달픔을 맛본다. (중략)

구보는 고독을 느끼고, 사람들 있는 곳으로, 약동하는 무리들이 있는 곳으로,
_{무의미한 삶에 활기를 찾고 싶은 마음}
가고 싶다 생각한다. 그는 눈앞의 경성역을 본다.
_{고독을 피하기 위해 찾은 곳(=도회의 항구)}

그곳에는 마땅히 인생이 있을 게다. 이 낡은 서울의 호흡과 또 감정이 있을 게다. 도회의 소설가는 모름지기 이 도회의 항구(港口)와 친하여야 한다. 그러나 물론 그러한 직업의식은 어떻든 좋았다. 다만 구보는 고독을 삼등 대합실 군중 속에 피할 수 있으면 그만이다. 그러나 오히려 고독은 그곳에 있었다. (중략)
_{군중 속에서 느끼는 고독과 소외감}

그래도, 구보는, 약간 자신이 있는 듯싶은 걸음걸이로 전차 선로를 두 번 횡단하여 화신상회 앞으로 간다. 그리고 저도 모를 사이에 그의 발은 백화점 안으로 들어서기조차 하였다. 젊은 내외가 너댓 살 되어 보이는 아이를 데리고 그곳에 가 승강기를 기다리고 있었다. 이제 그들은 식당으로 가서 그들의 오찬을 즐길 것이다. 흘깃 구보를 본 그들 내외의 눈에는 자기네들의 행복을 자랑하고 싶어 하는 마음이 엿보였는지도 모른다. 구보는 그들을 업신여겨 볼까 하다가, 문득 생각을 고쳐 그들을 축복하여 주려 하였다. 사실 4, 5년 이상을 같이 살아왔으면서도, 오히려 새로운 기쁨을 가져 이렇게 거리로 나온 젊은 부부는 구보에게 좀 다른 의미로서의 부러움을 느끼게 하였는지도 모른다. 그들은 분명히 가정을 가졌고, 그리고 그들은 그곳에서 당연히 그들의 행복을 찾을 게다.

2003년 국가직 7급

Q. 다음 글의 서사적 특성을 설명한 것으로 가장 적절한 것은?
① 간결하고 화려한 문체로 서술되어 있다.
② 사건이 전개됨에 따라 대상의 특성이 요약되고 있다.
③ 과거의 일화를 떠올리며 현재 자신의 삶을 반성하고 있다.
④ 산책이라는 배회의 형식을 통해서 관찰한 내용이 서술된다.

✓ 핵심정리

갈래	중편 소설, 심리 소설, 세태 소설
성격	관찰적, 심리적, 묘사적
배경	- 시간 - 1930년대의 어느 날 - 공간 - 서울
시점	전지적 작가 시점
주제	1930년대 무기력한 소설가의 눈에 비친 도시의 일상과 그의 내면 의식
특징	- 극적 사건 등의 서사성이 약화된 반면 주인공의 유동적인 내면세계가 서술의 근간을 이루고 있음. - 현재와 과거, 현실과 환상이 교차되는 형식을 취하고 있으며, 이 교차를 통해 주인공의 복합적인 내면 의식을 드러내고 있음.

❋ 의식의 흐름

'의식의 흐름'은 소설 속 인물의 의식이 끊어지지 않은 상태로 외부로부터의 자극을 계속 받아들이고 반응하며 연속되는 것을 말한다. '의식의 흐름'을 소재로 삼는 작가들은 인간의 실존이 외부로 나타난 것보다는, 정신과 정서의 연속적인 전개 과정에서 더 잘 나타날 수 있다고 본다. 인간을 심리주의적 기준에서 바라보기 때문에 자연히 인상, 회상, 기억, 반성, 사색과 같은 심적 경험이 소설의 주요 제재가 된다. 대표적인 작품으로 이상의 '날개'와 박태원의 '소설가 구보 씨의 일일'이 있다.

㉠ 개찰구 앞에 두 명의 사내가 서 있었다. 낡은 파나마에 모시 두루마기 노랑
　　세태의 단면이 드러나는 공간적 배경
구두를 신고, 그리고 손에 조그만 보따리 하나도 들지 않은 그들을, 구보는, 확신
을 가져 무직자라고 단정한다. 그리고 이 시대의 무직자들은, 거의 다 ㉡ 금광 브
　　　　　　　　　　　　　　　　　　　　　　　금광을 매개로 이익을 보는 사람, 구보가 비판하는 대상
로커에 틀림없었다.

　구보는 새삼스러이 대합실 안팎을 둘러본다. 그러한 인물들은, 이곳에도 저곳
에도 눈에 띄었다.

　㉢ 황금광 시대(黃金狂時代) ―.
　　1930년대 시대상, 구보가 비판하는 대상 (물질 만능주의 세태)
　저도 모를 사이에 구보의 입술에서는 무거운 한숨이 새어 나왔다. 황금을 찾
아, 황금을 찾아, 그것도 역시 숨김없는 인생의, 분명히, 일면이다.
　쉼표를 반복적으로 사용
　그것은 적어도, 한 손에 단장(短杖)과 또 한 손에 공책을 들고, 목적 없이 거리
로 나온 자기보다는 좀 더 진실한 인생이었을지도 모른다. 시내에 산재한 무수
한 광무소(鑛務所). 인지대 백 원. 열람비 오 원. 수수료 십 원. 지도대 십팔 전……
출원 등록된 광구(鑛區), 조선 전토의 칠 할. 시시각각으로 사람들은 졸부(猝
富)가 되고, 또 몰락하여 갔다. 황금광 시대. 그들 중에는 평론가와 시인, 이러한
문인들조차 끼어 있었다.
정신적 가치를 중시해야 하는 사람들 조차 물질 만능주의에 매달리는 세태
　구보는 일찍이 창작을 위하여 그의 벗의 광산에 가 보고 싶다 생각하였다. 사
람들의 사행심(射倖心), 황금의 매력, 그러한 것들을 구보는 보고, 느끼고, 하고
싶었다. 그러나 고도의 금광열은, 오히려, ㉣ 총독부 청사, 동측 최고층, 광무과
(鑛務課) 열람실에서 볼 수 있었다…….

2017년 지방직 7급

Q. 〈보기〉를 참고할 때, ㉠~㉣에 대한 분석으로 적절하지 않은 것은?

　보기
　어떤 특정한 시기의 풍속이나 세태의 한 단면을 그리는 소설 양식을 세태 소설이라 한다. 세태 소설은 당대 사회의 모순이나 부조리 등을 있는 그대로 묘사하여 그 사회에 대한 비판 의식을 드러낸다. 그 대표적인 소설로 박태원의 '소설가 구보 씨의 일일'이 있다.

① ㉠ : 세태의 단면이 드러나는 공간적 배경이다.
② ㉡ : 적극성을 지닌 존재들로 서술자의 예찬 대상이다.
③ ㉢ : '무거운 한숨'을 유발하는 부조리한 현실로 서술자의 비판 대상이다.
④ ㉣ : 서술자가 '금광열'이 고조되어 있는 것으로 설정한 대상이나 공간이다.

정답 ④, ②

✿ 소심한 식민지 지식인 '구보'

당시 세태	황금광 시대 물질 만능주의에 빠져 있는 사람들 근대화로 인해 정신적·육체적으로 병들어 가는 사람들
구보의 태도	물질 만능주의에 빠진 사람들을 경멸하고, 정신적으로 병들어가는 사람들에게 냉소적인 태도를 보이지만 자신도 병자를 피해 자리에서 일어남.

⇓

식민지 시대를 살아가는 무기력한 지식인의 모습

📖 소설의 줄거리

　구보는 갑자기 걸음을 걷기로 한다. 그렇게 우두머리 다리 곁에 가서 있는 것이 무의미함을 새삼스레 깨달은 까닭이다. 그는 종로 네거리를 바라보고 걷는다. 갑자기 한 사람이 나타나 그의 앞을 가로질러 지난다. 구보는 그 사나이와 마주칠 것 같은 착각을 느끼고, 위태롭게 걸음을 멈춘다. 그리고 다음 순간, 구보는 그렇게 대낮에도 조금의 자신을 가질 수 없는 자기의 시력을 저주한다. 구보는 2주일간 열병을 앓은 끝에 갑자기 쇠약해진 시력을 호소하려 처음으로 안과의와 대하였을 때의 그 조그만 테이블 위에 놓여 있던 시야 측정기를 지금 기억하고 있다. 안경을 쓰고 있던 의사는 무수한 맹점을 찾아내었었다. 그래도 구보는 약간 자신이 있는 듯 싶은 걸음걸이로 전차 선로를 두 번 횡단하여 화신 상회 앞으로 걸어간다. 그리고 저도 모를 사이에 그의 발은 백화점 안으로 들어서기조차 하였다. 젊은 내외가 너덧 살 되어 보이는 아이를 데리고 그곳에 가 승강기를 기다리고 있었다. 이제 그들은 식당으로 가서 그들의 오찬을 즐길 것이다. 흘깃 구보를 본 그들 내외의 눈에는 자기네들의 행복을 자랑하고 싶어하는 마음이 엿보였는지도 모른다. 구보는 그들을 업신여겨 볼까 하다가, 문득 생각을 고쳐, 그들을 축복하여 주려 하였다. 사실 4, 5년 이상을 같이 살아왔으면서도, 오히려 새로운 기쁨을 가져 이렇게 거리로 나온 젊은 부부는 구보에게 좀 다른 의미로서의 부러움을 느끼게 하였는지도 모른다. 그들은 분명 가정을 가졌고, 그리고 그들은 그곳에서 당연히 그들의 행복을 찾을 게다. 구보는 다시 밖으로 나오며, 자기는 어디 가 행복을 찾을까 생각한다. 발 가는 대로, 그는 어느 틈엔가 안전지대에 서서, 자기의 두 손을 내려다보았다. 한 손의 단장과 또 한 손의 공책과 물론 구보는 거기에서 행복을 찾을 수는 없다. 안전지대 위에 사람들은 서서 전차를 기다린다. 그들에게 행복은 알 수 없다. 그러나 그들은 분명히 갈 곳만은 가지고 있었다.

난쟁이가 쏘아 올린 작은 공 (조세희)

2017년 지방직 9급 추가, 2016 경찰 2차

사람들은 아버지를 난쟁이라고 불렀다. 사람들은 옳게 보았다. ㉠아버지는 난쟁이였다. ⓐ 불행하게도 사람들은 아버지를 보는 것 하나만 옳았다. 그 밖의 것들은 하나도 옳지 않았다. 나는 아버지, 어머니, 영호, 영희, 그리고 나를 포함한 다섯 식구의 모든 것을 걸고 그들이 옳지 않다는 것을 언제나 말할 수 있다. 나의 '모든 것'이라는 표현에는 '다섯 식구의 목숨'이 포함되어 있다. 천국에 사는 사람들은 지옥을 생각할 필요가 없다.

그러나 우리 다섯 식구는 ⓑ 지옥에 살면서 천국을 생각했다. 단 하루라도 천국을 생각해 보지 않은 날이 없다. 하루하루의 생활이 지겨웠기 때문이다. ㉡ 우리의 생활은 전쟁과 같았다. 우리는 그 전쟁에서 날마다 지기만 했다. 그런데도 어머니는 모든 것을 잘 참았다. 그러나 그날 아침 일만은 참기 어려웠던 것 같다.

"통장이 이걸 가져왔어요."

내가 말했다. 어머니는 조각마루 끝에 앉아 아침 식사를 하고 있었다.

"그게 뭐냐?" / "철거 계고장이에요." / "기어코 왔구나!" / 어머니가 말했다.

ⓒ "그러니까 집을 헐라는 거지? 우리가 꼭 받아야 할 것 중의 하나가 이제 나온 셈이구나!"

어머니는 식사를 중단했다. 나는 어머니의 밥상을 내려다보았다. ⓓ 보리밥에 까만 된장, 그리고 시든 고추 두어 개와 조린 감자.

나는 어머니를 위해 철거 계고장을 천천히 읽었다.

```
                    낙 원 구
주택 : 444,1 —                          197×. 9. 10.
수신 : 서울특별시 낙원구 행복동 46번지의 1839 김불이 귀하 (중략)
```

어머니는 조각 마루 끝에 앉아 말이 없었다. ㉢ 벽돌 공장의 높은 굴뚝 그림자가 시멘트 담에서 꺾어지며 좁은 마당을 덮었다. 동네 사람들이 골목으로 나와 뭐라고 소리치고 있었다. 통장은 그들 사이를 비집고 나와 방죽 쪽으로 걸음을 옮겼다. 어머니는 식사를 끝내지 않은 밥상을 들고 부엌으로 들어갔다. 어머니는 두 무릎을 곧추세우고 앉았다. 그리고 손을 들어 부엌 바닥을 한 번 치고 가슴을 한 번 쳤다. 나는 동사무소로 갔다.

㉣ 행복동 주민들이 잔뜩 몰려들어 자기의 의견들을 큰 소리로 말하고 있었다. 들을 사람은 두셋밖에 안 되는데 수십 명이 거의 동시에 떠들어 대고 있었다. 쓸데없는 짓이었다. 떠든다고 해결될 문제는 아니었다. (중략)

▶ 철거 계고장을 받은 난쟁이 가족 (1부 – 영수 시점)

핵심정리

갈래	중편 소설, 연작 소설
성격	사실적, 비판적, 교훈적
배경	– 시간 – 1970년대 – 공간 – 서울의 재개발 지역
시점	1인칭 주인공 시점
주제	도시 빈민이 겪는 삶의 고통과 좌절
특징	– 상징적 소재를 통해 인물들의 고달픈 삶의 모습을 드러냄. – 반어적 표현으로 주제를 강조함.

'난쟁이'의 의미

작가는 중심인물을 난쟁이로 설정하고 있는데, '난쟁이'는 경제적으로 빈곤한 자, 소외된 사람을 의미하며 가진 자들을 상징하는 '거인'과 의미상 대립된다. '거인'과 '난쟁이'의 대결에서 '난쟁이'인 노동자들은 항상 패배하는데, 마지막 부분에 제시된 영희의 대결 의지를 통해 이것이 영원한 패배가 되지 않을 것임을 암시한다.

난쟁이	거인
못 가진 자 난쟁이 가족 행복동 주민	가진 자 그들 (유력자) 사나이 (투기업자)

↓

난쟁이(아버지)의 죽음
영희의 대결 의지

용달차가 집 앞을 지나갔다. 아버지는 오른손을 반쯤 올렸다 내렸다. 왼손에는 책이 들려 있었다. 지섭의 책에 아버지의 손때가 까맣게 묻었다. 아버지와 지섭은 우리에게 대기권 밖을 날아다니는 사람들로 보였다. 두 사람은 하루에도 몇 번씩 달을 왕복했다.
아버지(난쟁이)가 실현하고자 하는 이상적인 세계

"살기가 너무 힘들다."

아버지가 말했었다.

"그래서 달에 가 천문대 일을 보기로 했다. 내가 할 일은 망원 렌즈를 지키는 일이야. 달에는 먼지가 없기 때문에 렌즈 소제 같은 것도 할 필요가 없지. 그래도 렌즈를 지켜야 할 사람은 필요하다."

"아버지, 도대체 그런 일이 가능할 것 같아요?" / 내가 말했다.
'나(영호)'는 현실을 냉정하게 판단함

"넌 이때까지 뭘 배웠니?" / 아버지가 말했다.

"뉴턴이 그 중요한 법칙을 발표하고 삼 세기가 지났어. 너도 그걸 배웠지? 초등학교 때부터 배웠어. 그런데 우주에 관한 기본 법칙을 전혀 모르는 사람처럼 말하는구나."

"그런데 누가 아버지를 달에 모시고 가겠대요?"
『 』: *이상적인 세계(달나라)로 가고자 하는 난쟁이(아버지)의 염원*

"지섭이 미국 휴스턴에 있는 존슨 우주 센터에 편지를 써 보냈다. 그곳 관리인 로스 씨가 답장을 보내올 거야. 후년에 우주 계획 전문가들과 함께 달에 가게 될 거다." (중략) ▶ **이상 세계를 꿈꾸는 난쟁이 (2부 – 영호 시점)**

"울지 마, 영희야." / 큰오빠가 말했었다.

"제발 울지 마. 누가 듣겠어." / 나는 울음을 그칠 수 없었다.

"큰오빠는 화도 안 나?" / "그치라니 까."

"아버지를 난장이라고 부르는 악당은 죽여 버려."
영희의 대결 의지

"그래. 죽여 버릴게." / "꼭 죽여." ▶ **아버지의 죽음을 확인한 영희의 절규 (3부 – 영희 시점)**

작품에 드러난 현대 사회의 문제점

물질 만능주의	현대 사회에서는 화폐에 의한 교환 가치가 숭배의 대상이 되었으며, 이로 인해 본질적 가치들이 훼손됨.
계층 재생산	봉건 시대의 노비 자손들이 현대 사회의 빈곤층을 형성하고 있음을 통해 가난과 계층 구조가 대물림됨.
인간의 도구화	현대 사회의 인간은 본질을 외면당하고 단지 수단으로만 취급됨.

구성

1부 서술자 영수	철거 통지서를 받는다. 가족들의 생활이 과거·대과거·현재로 교차되면서 중첩되어 묘사되고 있다.
2부 서술자 영호	영희의 가출. 입주권을 투기업자에게 팔고 철거반원에 의해 집이 철거된다.
3부 서술자 영희	투기업자에게 순결을 빼앗긴 영희는 금고 안에서 입주권과 돈을 들고나와 입주 절차를 마치나 아버지의 죽음을 확인하고는 사회에 대해 절규한다.

소설의 줄거리

서울 낙원구 행복동에 사는 난쟁이 일가는 그 지역이 재개발 사업 구역으로 지정되었으니 정해진 기일 내에 건물을 자진 철거하라는 계고장을 받는다. 그들은 아파트 입주권을 받았지만, 다른 사람들과 마찬가지로 입주권을 헐값에 팔게 된다. 이사를 가기 전날 막내 영희가 사라진다. 어머니는 영희가 영수와 영호가 다니던 공장에서 쫓겨나는 바람에 더욱 어려워진 집안 형편을 보다 못해 돈을 벌러 나갔으리라 생각한다. 영호는 영희가 비행접시를 타고 날아갔다는 주정뱅이의 말을 듣고 밤새워 기다려 보지만, 비행접시도 영희도 나타나지 않는다. 한편, 영희는 아파트 입주권을 팔던 날 어떻게든 그것을 되찾아 볼 양으로 자기 집 입주권을 사간 사나이를 따라나선다. 그의 집에서 생활하며 기회를 엿보던 중 영희는 사나이를 마취하고 입주권을 찾아 도망친다. 영희는 입주 신청을 하고 옛날 살던 집으로 돌아오지만, 식구들은 이미 떠났고 아버지는 죽었다는 소식을 듣는다. 영희는 희미한 의식 속에서 오빠들을 만나는 꿈을 꾸고 아버지를 난쟁이라고 부르는 사람들을 혼내 줄 것을 힘주어 당부한다.

2017년 지방직 9급 추가

Q. ㉠~㉣에 대한 이해로 적절하지 않은 것은?
① ㉠ : 산업화 과정에서 소외된 '아버지'의 왜소함을 드러낸다.
② ㉡ : 가난한 도시 빈민의 힘겨운 삶을 전쟁에 비유한다.
③ ㉢ : 맹목적이고 무리한 산업화의 위압적 분위기를 나타낸다.
④ ㉣ : 주민들의 노력으로 삶이 개선될 것임을 암시한다.

2016년 경찰 2차

Q. 다음 밑줄 친 부분에 대한 설명으로 적절하지 않은 것은?
① ⓐ : 아버지에 대한 사람들의 왜곡된 시선에 대해 반감을 가지고 있다.
② ⓑ : 인간이 인간답게 살아가는 세상에 대한 희망을 보여 준다.
③ ⓒ : 삶의 터전을 빼앗기리라는 것을 예상하지 못했다.
④ ⓓ : 난쟁이 가족의 어려운 삶의 형편을 보여 준다.

정답 ④, ③

봄·봄 (김유정)

2018년 국가직 9급, 2014년 법원직 9급

우리 장인님은 약이 오르면 이렇게 손버릇이 아주 못됐다. 또 사위에게 이 자식 저 자식 하는 이놈의 장인님은 어디 있느냐.
<낮춤 표현과 높임 표현을 동시에 사용하여 불만을 드러냄>

『오죽해야 우리 동리에서 누굴 물론하고 그에게 욕을 안 먹는 사람이 명이 짜르다 한다. 조그만 아이들까지도 그를 돌아세 놓고 욕필이(본 이름이 봉필이니까), 욕필이, 하고 손가락질을 할 만치 두루 인심을 잃었다.』
<언어유희> <『』: 장인에 대한 마을의 평판을 요약적으로 제시함>

하나 인심을 정말 잃었다면 욕보다 읍의 배참봉 댁 마름으로 더 잃었다. 번이 마름이란 욕 잘 하고 사람 잘 치고 그리고 생김 생기길 호박개 같아야 쓰는 거지만 장인님은 외양에 똑 됐다. 장인께 닭 마리나 좀 보내지 않는다든가 애벌논 때 품을 좀 안 준다든가 하면 그해 가을에는 영락없이 땅이 뚝뚝 떨어진다. 그러면 미리부터 돈도 먹이고 술도 먹이고 안달재신으로 돌아치던 놈이 그땅을 슬쩍 돌아앉는다. (중략)
<소작권을 얻음 (마름의 횡포)>

구장님도 내 이야기를 자세히 들으니 퍽 딱한 모양이었다. 하기야 구장님뿐만 아니라 누구든지 다 그럴 게다. 길게 길러 둔 새끼손톱으로 코를 후벼서 저리 탁 튀기며
<인물의 희화화>

"그럼 봉필 씨! 얼른 성옐 시켜 주구려, 그렇게까지 제가 하구 싶다는 걸……."

하고 내 짐작대루 말했다. 그러나 이 말에 장인님이 삿대질로 눈을 부라리고

"아, 성례구 뭐구 기집애년이 미처 자라야 할 게 아닌가?"

하니까 고만 멀쑤룩해서 입맛만 쩍쩍 다실 뿐이 아닌가……
<소작인인 구장이 마름인 장인의 위세에 눌림>

"그것두 그래!"
<줏대 없는 구장의 태도>

"그래, 거진 사 년 동안에도 안 자랐다니 그 킨 은제 자라지유? 다 그만두구 사경 내슈……."
<목적을 위해 위협을 가함>

"글쎄, 이 자식아! 내가 크질 말라구 그랬니, 왜 날 보구 떼냐?"

"빙모님은 참새만 한 것이 그럼 어떻게 앨 낳지유? (사실 장모님은 점순이보다
<장모의 체구를 예로 들어 반박함, 해학적 표현>
도 귓배기 하나가 적다.)" (중략)

핵심정리

갈래	단편 소설, 농촌 소설, 순수 소설
성격	향토적, 해학적
배경	- 시간 - 1930년대 봄 - 공간 - 강원도 산골의 농촌 마을
시점	1인칭 주인공 시점
주제	우직하고 순박한 데릴사위와 그를 이용하는 교활한 장인 간의 갈등
특징	- 역순행적 구성 - 과장된 희극적 상황의 설정 - 토속적 언어와 비속어 등을 통해 해학적 분위기를 조성 - 의성어와 의태어, 비언어적 표현을 자유롭게 구사함

제목의 의미

작품의 제목은 단순히 계절적 배경이 아니라, 헤어날 수 없는 주인공의 암담한 현실의 순환을 상징하고 있다.

작년 봄	'나'의 성례 요구 장인 때문에 발목을 삔 '나' 장인의 회유 다시 일하러 나가는 '나'
올해 봄	'나'의 성례 요구 '나'와 장인의 격투 장인의 회유 다시 일하러 나가는 '나'
	↓ 순환적 구조 (암담한 현실의 순환)
내년 봄	갈등의 원인이 완전히 해소되지 않아 내년에도 유사한 갈등 상황이 발생할 것으로 예상됨

2018년 국가직 9급

Q. 다음 글에 대한 이해로 적절하지 않은 것은?

① 마름의 특성을 동물의 외양에 빗대어 낮잡아 표현했다.
② 비속어와 존칭어를 혼용하여 해학적 표현을 구사했다.
③ 여러 정황을 거론하며 장인의 됨됨이가 마땅치 않음을 드러냈다.
④ 장인과 소작인들 사이의 뒷거래 장면을 생생하게 묘사하여 제시했다.

내가 머리가 터지도록 매를 얻어맞은 것이 이 때문이다. 그러나 여기가 또한 우리 장인님이 유달리 착한 곳이다. 여느 사람이면 사경을 주어서라도 당장 내쫓
<small style="color:red">끝까지 장인의 의도를 모르는 우둔한 성격</small>
았지, 터진 머리를 불솜으로 손수 지져 주고, 호주머니에 히연 한 봉을 넣어 주고, 그리고

"올 갈엔 꼭 성례를 시켜 주마. 암말 말구 가서 뒷골의 콩밭이나 얼른 갈아라." /
<small style="color:red">'나'를 부려 먹기 위한 장인의 회유</small>
하고 등을 뚜덕여 줄 사람이 누구냐.

나는 장인님이 너무나 고마워서 어느덧 눈물까지 났다. 점순이를 남기고 인젠
<small style="color:red">'나'의 어리숙함의 절정</small>
내쫓기려니 하다 뜻밖의 말을 듣고,

"빙장님! 인제 다시는 안 그러겠어유……."

이렇게 맹서를 하며 불랴살야 지게를 지고 일터로 갔다.
<small style="color:red">장인의 회유에 넘어가 다시 일하러 감</small>
그러나 이때는 그걸 모르고 장인님을 원수로만 여겨서 잔뜩 잡아다렸다.

"아! 아! 이놈아! 놔라, 놔……." (중략)

"할아버지! 놔라, 놔, 놔, 놔놔." / 그래도 안 되니까,
<small style="color:red">장인이 사위인 '나'에게 할아버지라 부름, 해학성이 최고조에 달한 부분</small>
"얘, 점순아! 점순아!"

이 악장에 안에 있었든 장모님과 점순이가 헐레벌떡하고 단숨에 뛰어나왔다. /
나의 생각에 장모님은 제 남편이니까 역성을 할는지도 모른다. 그러나 점순이는 내 편을 들어서 속으로 고수해서 하겠지……. 대체 이게 웬 속인지(지금까지도 난 영문을 모른다.) 아버질 혼내 주기는 제가 내래 놓고 이제 와서는 달겨들며

"에그머니! 이 망할 게 아버지 죽이네!"
<small style="color:red">점순이의 이중적인 태도</small>
하고 귀를 뒤로 잡아댕기며 마냥 우는 것이 아니냐. 그만 여기에 기운이 탁 꺾이어 나는 얼빠진 등신이 되고 말았다. 장모님도 덤벼들어 한쪽 귀마저 뒤로 잡아채면서 또 우는 것이다.

이렇게 꼼짝 못 하게 해 놓고 장인님은 지게막대기를 들어서 사뭇 나려조겼다. 그러나 나는 구태여 피할랴지도 않고 암만 해도 그 속 알 수 없는 점순이의 얼굴
<small style="color:red">점순의 태도에 망연자실함</small>
만 멀거니 들여다보았다.

"이 자식! 장인 입에서 할아버지 소리가 나오도록 해?"

인물의 성격

나	남의 말을 잘 믿는 어리숙하고 순진한 인물. 점순과의 혼인을 약속받고 무임금으로 머슴일을 해 주고 있음.
장인	혼인을 미끼로 '나'를 부려 먹는 교활한 인물. 위선적인 인물로 욕을 잘해서 '욕필이'라고도 불림.
점순	깜찍하고 야무진 성격으로, '나'와의 혼인을 원하지만 막상 싸움이 벌어지자 아버지 편을 드는 이중적인 성격.

해학성

'봄·봄'에는 해학적 요소가 자주 등장한다. 어수룩하고 바보 같은 머슴에 대한 연민·동정과 같은 인간적 애정을 보여주고 있기에 풍자가 아닌 해학이라고 볼 수 있다.

해학적 요소	비속어, 토속어의 사용 익살스러운 표현 순진한 '나'와 교활한 '장인'의 대조 과장된 상황과 희극적인 몸싸움

소설의 줄거리

내가 여기에 와서 삼 년하고 일곱 달 동안을 돈 안 받고 일했는데 내가 성례를 시켜 줘야 하지 않겠느냐고 하면 점순이의 키가 안 컸다고 성례를 안 시켜 준다. 처음부터 기한을 정했어야 했는데 애초에 계약이 잘못된 것이다. 하도 답답해서 자를 가지고 그 키를 재어 볼까 했으나 장인님이 내외를 해야 한다고 해서 이야기도 한마디 하는 법이 없다. 이런저런 핑계를 대다가 어느 날 장인과 나 사이에 싸움이 붙는다. 하지만 점순이는 장인의 편을 든다.

2014년 법원직 9급

Q. 윗글에 대한 설명으로 가장 옳지 않은 것은?

① 희극적인 인물의 모습과 과장되고 우스꽝스러운 갈등 양상이 잘 드러난다.
② 1인칭 주인공 시점으로 사건을 서술하여 독자에게 객관적 신뢰감을 형성한다.
③ 사투리, 토속어, 비속어, 잘 다듬어지지 않은 말투 등을 익살스럽게 사용하고 있다.
④ 1930년대 농촌을 배경으로 미래의 장인과 머슴처럼 대우받는 미래 사위 간의 갈등, '나'와 점순의 순박한 사랑을 해학적으로 그리고 있다.

정답 ④, ②

소문의 벽 (이청준)

2018년 국가직 7급

나는 사무실로 올라오자 곧장 원고를 읽어 내려가기 시작했다.

그런데 그 박준의 소설이 이번에는 정말로 나에게 신문사를 갈 필요가 없게 만들고 있었다. 전짓불이 — 바로 그 소설 속에 박준의 전짓불이 번쩍이고 있었다. 이상스럽게도 박준은 2년쯤 전에 말한 그 전짓불을 소설 속에서 직접 이야기하고 있었다. 전짓불은 소설의 곳곳에서 무섭게 번쩍이고 있었다. 아니, 박준의 이번 소설은 바로 그 전짓불을 위해서, 그리고 전짓불에 의해 모든 이야기가 진행되어 나가고 있는 형국이었다. 어찌 보면 박준 자신이 전짓불 아래 앉아 끊임없이 그 전짓불의 강한 조명을 받으면서, 소설을 쓰고 있었던 것 같기도 했다. (중략)

박준의 소설은 이를테면 그런 식이었다. 좀 더 자세히 이야기하자면, 이것은 소설의 주인공인 G가 그의 환상 속에 나타난 심문관에게 자신의 과거를 고백하고 있는 대목의 하나인데, G가 그런 식으로 환상의 심문관 앞에 자신의 과거를 고백하게 된 경위는 이러했다. (중략)

그런데 그렇게 해서 시작된 G의 과거는 어찌 된 셈인지 온통 그 전짓불하고 상관된 일뿐이다. 첫 대목부터가 앞에서 보인 것과 같은 식이었다. 아니, 앞에서 본 것은 그 진술의 첫 대목이 아니었다. 그것은 두 번째였다. G의 첫 번째 진술은 마침 박준이 그의 인터뷰 중에서도 말한 바 있는 그 어린 시절의 봉변에 관한 것이었다.

아는 바와 같이 그것도 물론 전짓불에 관한 이야기였다. 그러니까 그것은 앞서 소개한 대목보다 1년쯤 전 일이 되는 셈인데(그래서 박준도 소설 속에서 그것을 두 번째로 고백시키고 있었지만), 그때 일에 대한 G의 진술도 이렇게 되어 있었다.

『— 저의 고향 마을은 남해안 어느 조그만 포구 근처였습니다. 때는 6·25 사변이 터지고 나서 3개월 남짓 지난 1950년 가을 무렵이었어요…….

(중략) 그러나 전짓불은 믿지 않더군요. 거짓말이다, 당신의 남편은 누굴 따라간 게 틀림없다, 그게 어느 편이냐, 아주머니는 누구 편이냐, 사정없이 추궁을 하고 들지 않겠습니까. (중략)

이 아주머니 정말 반동이구먼, 누구의 편이 아니라니 그런 반동적인 사상은 용서할 수 없다, 전짓불 뒤에서 비로소 그런 소리가 들려왔어요. 겨우 전짓불의 정체가 밝혀진 것이었지요. 하지만, 그때는 이미 때가 너무 늦어 있었어요. 우리들이 만약 보잘것없는 한 늙은이나 나어린 꼬마둥이가 아니었더라면 절대 전짓불의 용서를 받을 수 없었겠지요.』

핵심정리

갈래	중편 소설, 액자 소설
성격	실존적, 상징적
배경	- 시간 – 1960년대~1970년대 - 공간 – 어느 도시
시점	- 외부 이야기 – 1인칭 관찰자 시점 - 내부 이야기 – 전지적 작가 시점
주제	자기 진술의 욕망을 억압당한 한 인간의 정신적 상처
특징	- '나'의 외부 이야기와 '박준'의 내부 이야기로, 액자식 구성을 따르고 있음 - 상징적인 소재와 사건을 통해 인간 실존의 의미에 대해 다룸

제목의 의미

박준이 경험한 전짓불 관련 일화와 그의 세 편의 소설을 통해서 진실을 가리는 '보이지 않는 벽'의 공포를 고발하고 있다. '소문의 벽'은 무형의 벽이다. 유형의 벽이라면 쉽게 부숴 버릴 수 있지만 보이지 않는 벽은 그렇게 하기가 어렵다. 그렇기에 주인공 박준은 억압된 상황과 작가의 사명 의식 사이에서 절망하고, 일체의 진술을 거부하는 현상을 겪는다. '소문의 벽'은 전짓불의 공포와 간섭으로 이루어진 벽이며, 사람들을 억압하는 벽이기도 하다. 결국 '소문의 벽'은 정체를 밝히지 않고 소문에 숨어 있는 사회적 폭력을 의미한다고 볼 수 있다.

액자식 구성

외부 이야기 (서술자인 '나'가 박준을 관찰)		
내부 이야기	박준의 소설	- 주인공의 회피 심리가 드러남. - 억눌린 진술 욕망이 드러남. - 작가적 양심과 현실의 갈등을 소설화함. - 인물의 과거 경험이 나타남.
	인터뷰 기사	- 박준의 소설관이 드러남. - '소문의 벽'의 무서움을 이야기함.

(가)

내 개인적인 체험에 불과한 일이기는 하지만, 저 혹독한 6·25의 경험 속의 공포의 전짓불(다른 곳에서 그것에 대해 쓴 일이 있다), 그 비정한 전짓불빛 앞에 나는 도대체 어떤 변신이나 사라짐이 가능했을 것인가. 앞에 선 사람의 정체를 감춘 채 전짓불은 일방적으로 '너는 누구 편이냐'고 운명을 판가름할 대답을 강요한다. 그 앞에선 물론 어떤 변신도 사라짐도 불가능하다. 대답은 불가피하다. 그리고 그 대답이 빗나간 편을 잘못 맞췄을 땐 그 당장에 제 목숨이 달아난다. 불빛 뒤의 상대방이 어느 편인지를 알면 대답은 간단하다. 그러나 이쪽에선 그것을 알 수 없다. 그것을 알 수 없으므로 상대방을 기준하여 안전한 대답을 선택할 수가 없다. 길은 다만 한 가지. 그 대답은 자기 자신의 진실을 근거로 한 선택이 될 수밖에 없다. 그것은 바로 제 목숨을 건 자기 진실의 드러냄인 것이다. 그 밖의 다른 길은 없는 것이다.

― 이청준, 『전짓불 앞의 방백』 ―

(나)

한데 요즘 나는 나의 소설 작업 중에도 가끔 그 비슷한 느낌을 경험하곤 한다. 내가 소설을 쓰고 있는 것이 마치 그 얼굴이 보이지 않은 전짓불 앞에서 일방적으로 나의 진술만을 하고 있는 것 같다는 말이다. 문학 행위란 어떻게 보면 가장 성실한 작가의 자기 진술이라고 할 수 있다. 한데 나는 지금 어떤 전짓불 아래서 나의 진술을 행하고 있는지 때때로 엄청난 공포감을 느낄 때가 많다는 말이다. 지금 당신 같은 질문을 받게 될 때가 바로 그렇다…….

― 이청준, 『소문의 벽』 ―

등장인물

'나'	잡지사의 편집으로 이 글의 관찰자이자 서술자이다. 정신 병원을 탈출한 박준을 우연히 만나게 되고 그에 대해 추적하는 인물이다.
박준	정신 병원에 자청해 들어간 소설가로 본명은 박준일이다. 담당 의사의 잘못된 치료 때문에 병원을 뛰쳐나간다.
김 박사	박준의 담당 의사로 환자의 안위를 생각하기보다는 자신이 옳음을 증명하기 위해 잘못된 치료 방법을 고집하는 인물이다. 고통의 근원을 외면하는 권위적 인물이다.

```
        치료 방법에      '나'
        관한 갈등                  동정, 호기심
           ↙                         ↘
        김 박사   ⇄ 가학과 억압 ⇄   박준
                     탈출
```

소설의 줄거리

잡지 편집자인 나는 우연한 기회에 소설가 박준과 하룻밤을 지내며 그가 이상하게 행동하는 것을 알게 되었다. 그의 이상한 행동에 흥미를 느끼게 된 나는 그가 자청하여 정신 병원에 들어간 사실을 알게 되었다. 박준의 근황에 대해서 방관하고 있을 수 없다는 생각으로 나는 그 원인을 찾아내기로 하였다. 나는 그가 발표했던 소설은 말할 것도 없고, 그의 미발표 원고 등을 찾아 읽으며 박준의 행적을 추적하였다. 그리고 그가 어렸던 6·25때 전짓불의 공포 앞에서 자백을 강요받던 기억이 소설 작업에서도 항상 연관되어 있다는 사실을 알아내게 되었다. 박준은 자신이 광인으로 취급받음으로써 그 전짓불과 불안한 소문들로부터 해방되기 위해 정신 병원에 입원했던 것이다. 그러나 박준은 담당 의사의 고정된 질문과 전짓불의 충격으로 견딜 수 없게 되었다. 소문의 벽 속에서 '자기 진술'을 하려던 것이 박준의 생각이었다. 그러나 소문의 벽 속에서 질식하고 있는 진실, 이러한 것들로 인해 박준은 정말 미쳐서 병원을 뛰쳐 나간다.

2018년 국가직 7급

Q. (가), (나)에 대한 이해로 가장 적절한 것은?

① (나)와 달리 (가)는, 경험에서 파생된 상징적 장치를 적용하여 사태의 의미를 도출하고 있다.
② (가)와 달리 (나)는, 이념적 대립에 의해 자유를 억압당하는 인물의 고통을 낱낱이 진술하고 있다.
③ (가)와 (나)는, 상호적 소통의 여지가 가로막힌 상황의 공포를 다룸으로써 유사한 의미를 공유하고 있다.
④ (가)와 (나)는, 고립된 채 두려움에 떠는 인물의 행동을 극화함으로써 공통된 주제 의식을 제시하고 있다.

정답 ③

삼대 (염상섭)

2018년 지방직 9급, 2017년 기상직 9급, 2016년 사회복지직 9급

덕기는 분명히 조부의 이런 목소리를 들은 법하다. 꿈이 아니었던가 하며 소
<u>보수주의·마르크스 사상 등 다양한 이념을 보이는 인물 (3대)</u>
스라쳐 깨어 눈을 떠보니 머리맡 창에 볕이 쨍쨍히 비친 것이 어느덧 저녁때가 된 것 같다. 벌써 새로 세시가 넘었다. 아침 먹고 나오는 길로 따뜻한 데 누웠으려니까 잠이 폭폭 왔던 것이다. 어쨌든 머리를 쳐드니, 인제는 거뜬하고 몸도 풀린 것 같다.

"네 처두 묵으라고 하였다만 모레는 너두 들를 테냐? 들르면 무얼 하느냐마는……."

<u>조부</u>의 못마땅해하는, 어떻게 들으면 말을 만들어 보려고 짓궂이 비꼬는 강강
<u>보수적이며 가문과 제사를 중시하는 봉건적 가치관을 지닌 인물 (1대)</u>
한 어투가 또 들린다.

덕기는 <u>부친</u>이 왔나 보다 하고 가만히 유리 구멍으로 내다보았다. 수달피 깃을
<u>기독교와 신학문을 접한 개화적 가치관을 지닌 인물 (2대)</u>
댄 검정 외투를 입은 홀쭉한 뒷모양이 뜰을 격하여 툇마루 앞에 보이고 조부는 창을 열고 내다보고 앉았다. 덕기는 일어서려다가 조부가 문을 닫은 뒤에 나가리라 하고 주저앉았다.

"저야 오지요마는 덕기는 붙드실 게 무엇 있습니까. 공부하는 애는 그보다 더한 일이 있더라도 날짜를 대서 하루바삐 보내야지요……."

이것은 부친의 소리다. 부친은 가냘프고 신경질적인 체격 보아서는 목소리든지 느리게 하는 어조가 퍽 딴딴인 인상을 주는 것이었다.
『 』: 덕기의 눈에 비친 모습과 덕기의 생각을 빌려 이야기를 전개하고 있음
다른 인물들의 내면을 읽지 않고, 관찰자처럼 덕기의 시선으로 서술하고 있음

핵심정리

갈래	장편 소설, 세태 소설, 가족사 소설
성격	사실주의적, 현실 비판적
배경	- 시간 - 일제 강점기의 1920~1930년대 - 공간 - 서울 중산층의 집안
시점	전지적 작가 시점
주제	일제 강점기 중산층 가문을 둘러싼 재산 상속 문제와 세대 갈등을 통해 본 식민지 조선의 사회상
특징	- 당대 사회의 갈등이나 세태를 치밀하게 묘사함. - 조씨 집안의 삼대를 통해 식민지 조선의 모습을 그려 냄. - 인물의 성격을 대화와 행동, 외양 묘사를 통해 자세하게 제시함.

제목의 의미

이 작품은 삼대에 걸친 세대별 의식 성향을 담고 있다.

1대 = 조 의관 구한말 세대	보수적이며 가문과 제사를 중시하는 등 유교 중심적 사고를 가짐.
2대 = 조상훈 개화기 세대	기독교와 신학문을 접하였고 3·1 운동의 좌절을 맛봄.
3대 = 조덕기 식민지 세대	- 보수주의·마르크스 사상 등 다양한 이념 지향을 보임. - 조덕기, 김병화, 홍경애로 대표됨.

2018년 지방직 9급

Q. 윗글의 서술상의 특징으로 적절한 것은?

① 서술자가 등장인물의 시선을 빌려 이야기를 전개하고 있다.
② 시대적 배경과 밀접한 어휘를 사용하여 주제 의식을 강화하고 있다.
③ 편집자적 논평을 통해 인물들에 대한 서술자의 태도를 드러내고 있다.
④ 공간적 배경에 따라 서술자를 달리하여 상황을 입체적으로 그리고 있다.

"아버지께서 하시는 일에 ……."
<small>족보를 만드는 일, 상훈은 족보를 만드는 일에 부정적 (개화적 가치관)</small>

조금 뜸하여지며 부친이 쌈지를 풀어서 담배를 담는 동안에 상훈이는 나직이 말을 꺼냈다.

"…… 돈 쓰신다고만 하는 것도 아닙니다마는, 어쨌든 공연한 일을 만들어 내는 사람들이 첫째 잘못이란 말씀입니다."
<small>조 의관을 부추겨 족보를 만들게 하는 사람들</small>

"무에 어째 공연한 일이란 말이냐?"
<small>족보를 만드는 일을 중요하게 생각함 (봉건적 가치관)</small>

부친의 어기는 좀 낮추어졌다.

"대동보소만 하더라도 족보 한 길에 오십 원씩으로 매었다 하니, 그 오십 원씩
<small>족보를 만드는 곳</small>
을 꼭꼭 수봉하면 무엇 하자고 삼사천 원이 가외로 들겠습니까?"

"삼사천 원은 누가 삼사천 원 썼다던?"
<small>족보 제작에 많은 돈이 들어간 것을 아들이 알자 당황하는 조 의관</small>

영감은 아들의 말이 옳다고는 생각하였으나, 실상 그 삼사천 원이란 돈이 족보 박는 데에 직접으로 들어간 것이 아니라, ○○조씨로 무후(無後)한 집의 계통을 이어서 일문일족에 끼려 한즉, 군식구가 늘면 양반의 진국이 묽어질까 보아 반대를 하는 축들이 많으니까 그 입들을 씻기기 위하여 쓴 것이다. 하기 때문에 난봉 자식이 난봉 피운 돈 액수를 줄이듯이, 이 영감도 실상은 한 천 원 썼다고 하는 것이다. 중간의 협잡배는 이런 약점을 노리고 우려 쓰는 것이지만, 이 영감으로서는 성한 돈 가지고 이런 병신 구실 해 보기는 처음이다.

"그야 얼마를 쓰셨던지요. 그런 돈은 좀 유리하게 쓰셨으면 좋겠다는 말씀입니다."

'재하자 유구무언'의 시대는 지났다 하더라도 노친 앞이라 말은 공손했으나 속
<small>아랫사람으로서 어른에 대해 논쟁하지 못함을 이르는 말</small>
은 달았다.

"어떻게 유리하게 쓰란 말이냐? 너같이 오륙천 원씩 학교에 디밀고 제 손으로
<small>조상훈이 하는 학교 사업</small>
가르친 남의 딸자식 유인하는 것이 유리하게 쓰는 방법이냐?"
<small>조 의관이 아들의 부도덕한 행실을 들어 비난함</small>

아까부터 상훈이의 말이 화롯가에 앉아서 폭발탄을 만지작거리는 것 같아서
<small>풍전등화(風前燈火), 일촉즉발(一觸卽發)</small>
위태위태하더니 겨우 간정되려던 영감의 감정에 또 불을 붙여 놓고 말았다.

상훈이는 어이가 없어서 얼굴이 벌게진다.
<small>무안함, 부끄러움</small>

갈등 양상

가치관	조 의관 (봉건적 가치관) ↕ 조상훈 (개화적 가치관)
상속 문제	조 의관 (손자에게 재산을 상속하려 함) ↕ 조상훈
사상	조덕기 (부르주아) ↕ 김병화 (마르크스주의자)

소설의 줄거리

대지주이며 재산가인 할아버지 조 의관은 기독교를 믿는다고 해서 봉제사(奉祭祀)를 거부하는 아들(상훈)과 별거하고 며느리보다 젊은 부인(수원댁)을 얻어 산다. 결국 그는 원인 모를 병으로 죽기 직전, 손자(덕기)에게 유산이 든 금고의 열쇠를 맡기고 사당일을 명심시킨다. 한편 상훈은 신문물을 받아들여 교회의 장로 노릇을 하면서도 술집 출입을 하여 아들의 동창이자 독립 투사의 딸인 홍경애와 유치원 교사인 김의경을 첩으로 얻기까지 한다. 또 덕기는 일본에 유학하면서 조부와 아버지의 틈바구니에서 많은 정신적 갈등을 경험한다. 평소에 사회주의 사상에 물들어 있는 친구 병화로부터 부르주아라는 소리를 곧잘 들어 온 그는 필순을 소개받아 그와 사귈 생각을 한다. 그러나 덕기의 집안은 조부의 죽음으로 몰락하고, 사회는 3·1운동의 실패로 인해 극도의 혼란에 빠지게 된다. 사회주의자들 간에 불신과 반발이 고조되고 테러가 자행되는 가운데 필순의 아버지도 이로 인해 희생이 된다. 필순의 아버지는 자기의 가족을 재산가가 된 덕기에게 부탁하며 죽는다. 그는 그 부탁을 의무나 책임으로 받아들이며, 변천하는 시대에 대한 대비 의식이나 못 가진 자에 대한 가진 자로서의 자각을 보이면서 대단원의 막을 내린다.

2016년 사회복지직 9급

Q. 윗글의 말하기 방식에 대한 설명으로 가장 적절한 것은?

① 논리적으로 자신의 처지를 밝히고 있다.
② 다른 사람을 내세워 자신을 변명하고 있다.
③ 상대방의 약점을 비유적으로 돌려 말하고 있다.
④ 상대방의 약점을 들어 감정적으로 공격하고 있다.

정답 ①, ④

치숙 (채만식)

2017년 경찰직 1차, 2017년 서울시 9급

우리 아저씨 말이지요, 아따, 저 거시기, 한참 당년에 무엇이냐 그놈의 것, 사회주의라더냐, 막걸리라더냐, 그걸 하다 징역 살고 나와서 폐병으로 시방 앓고 누웠는 우리 오촌 고모부 그 양반…….

뭐, 말도 마시오, 대체 사람이 어쩌면 글쎄……, 내 원!

신세 간 데 없지요.

『자, 십년 적공, 대학교까지 공부한 것 풀어먹지도 못했지요, 좋은 청춘 어영부영 다 보냈지요, 신분(身分)에는 전과자(前科者)라는 붉은 도장 찍혔지요, 몸에는 몹쓸 병까지 들었지요, 이 신세를 해 가지굴랑은 굴속 같은 오두막집 단칸 셋방 구석에서 사시장철 밤이나 낮이나 눈 따악 감고 드러누웠군요.』

재산이 어디 집 터전인들 있을 턱이 있나요. 서발 막대 내저어야 짚검불 하나 걸리는 것 없는 철빈인데,

우리 아주머니가, 그래도 그 아주머니가 어질고 얌전해서 그 알뜰한 남편 양반 받드느라 삯바느질이야, 남의 집 품빨래야, 화장품 장사야, 그 칙살스런 벌이를 해다가 겨우겨우 목구멍에 풀칠을 하지요. 어디로 대나 그 양반은 죽는 게 두루 좋은 일인데 죽지도 아니해요. 우리 아주머니가 불쌍해요. 아, 진작 한 나이라도 젊어서 팔자를 고치는 게 아니라, 무슨 놈의 수난 후분을 바라고 있다가 고생을 하는지. (중략)

2017년 경찰직 1차

Q. 이 작품에 대한 설명으로 가장 적절하지 않은 것은?
① 작가는 판소리 사설을 차용하여 풍자적 성격을 강화하고 있다.
② 소설 속 관찰자가 자신의 판단을 독자에게 전달하고 있다.
③ 결과적으로 긍정적 서술자가 부정적 인물인 아저씨를 비판한다.
④ 현실적 삶의 방식과 사회주의적 삶의 방식이 동시에 나타난다.

✅ 핵심정리

갈래	단편 소설, 풍자 소설
성격	풍자적, 비판적
배경	- 시간 - 일제 강점기 - 공간 - 서울
시점	1인칭 관찰자 시점
주제	일제 식민 통치에 순응하려는 '나'와 사회주의 사상을 가진 아저씨의 갈등
특징	- 풍자하는 주체(나)와 풍자의 대상(아저씨)을 동시에 조롱한다는 점에서 이중의 풍자성을 드러냄. - 신빙성 없는 화자를 설정하여 해학적이고 풍자적인 효과를 발생시킴.

✤ 이중의 풍자성

작가는 '나'의 시선을 통해 아저씨의 비현실적인 사고방식을 비난하고 있다. 하지만 이는 '나'의 생활 방식을 은근히 비판하면서 오히려 아저씨에 대해 동정심을 갖게 하는 효과를 낸다. 표면적으로는 아저씨를 조롱하고 비판하는 내용이지만, 조롱의 주체가 긍정적인 인간형이 아니라는 점에서 이중의 풍자성을 지니고 있는 작품이다.

✤ 등장인물

'나'	- 서술자이자 고모부인 치숙을 관찰하는 인물. - 보통학교 4학년을 마치고 일본인 밑에서 사환으로 일하면서 일제 강점하의 현실에 잘 순응하는 청년.
아저씨 (치숙)	- 대학을 나와 사회주의 운동을 하던 지식인. - 오랜 감옥 생활로 병을 얻은 무능력한 인물로, '나'의 조롱과 비난의 대상.
아주머니	감옥살이를 하고 첩까지 얻은 아저씨를 불평 없이 보살피는 전통적인 여성.

내 이상과 계획은 이렇거든요.
일제 강점하의 현실에 순응하는 인물

우리집 다이쇼가 나를 자별히 귀애하고 신용을 하니까 인제 한 십 년만 더 있
주인
으면 한밑천 들어서 따로 장사를 시켜 줄 그런 눈치거든요.

그러거들랑 그것을 언덕삼아 가지고 나는 삼십 년 동안 예순 살 환갑까 지만
장사를 해서 꼭 십만 원을 모을 작정이지요. 십만 원이면 죄선 부자 로 쳐도 천석
꾼이니, 뭐 떵떵거리고 살 게 아니라구요?

그리고 우리 다이쇼도 한 말이 있고 하니까, 나는 내지인 규수한테로 장 가를
일본인
들래요. 다이쇼가 다 알아서 얌전한 자리를 골라 중매까지 서준다고 그랬어요.
내지 여자가 참 좋지요.
결혼 상대마저 일본인을 맞고자 하는 친일적인 태도

나는 죄선 여자는 거저 주어도 싫어요.
조선
구식 여자는 얌전은 해도 무식해서 내지인하고 교제하는 데 안됐고, 신식 여자
신여성에 대한 반감
는 식자나 들었다는 게 건방져서 못쓰고, 도무지 그래서 죄선 여자 는 신식이고
구식이고 다 제바리여요. 내지 여자가 참 좋지 뭐. 인물이 개개 일자로 이쁘겠다,
얌전 하겠다, 상냥하겠다, 지식이 있어도 건방지지 않겠다, 좀이나 좋아!

『 』: 일제 강점하의 삶에 만족하면서 자신만의 영달을 꾀하는 모습
『그리고 내지 여자한테 장가만 드는 게 아니라 성명도 내지인 성명으로 갈고
집도 내지인 집에서 살고 옷도 내지 옷을 입고 밥도 내지식으로 먹고 아이들도
내지인 이름을 지어서 내지인 학교에 보내고…….

내지인 학교라야지 죄선 학교는 너절해서 아이들 버려 놓기나 꼭 알맞지요.

그리고 나도 죄선말은 싹 걷어치우고 국어만 쓰고요.

이렇게 다 생활법식부터도 내지인처럼 해야만 돈도 내지인처럼 잘 모으게 되
거든요.』

2017년 서울시 9급

Q. 다음 글에 나타난 서술자에 대한 설명으로 가장 옳은 것은?
① 서술자가 내지인을 비판함으로써 자기주장을 강화하고 있다.
② 서술자가 전지적 존재로서 인물과 사건을 모두 조망할 수 있다.
③ 서술자가 작품 속에 등장하는 다른 인물의 내면을 추리하고 있다.
④ 서술자가 신뢰할 수 없는 존재로서, 독자로 하여금 서술자를 비판적으로 바라보게 한다.

정답 ③, ④

'나'와 '아저씨'의 비교

아저씨	'나'
- 대학을 졸업한 지식인 - 헌신적인 조선 여성과 결혼하나 후실을 얻음. - 빈둥거리며 일을 안 함. - 경제학을 전공하고 사회주의자가 됨. - '나'를 철없는 속물로 여김.	- 보통학교도 제대로 못 마침. - 자신이 하고 싶은 일보다 가족의 행복을 중시함. - 열심히 일함. - 사회주의자를 불한당과 동일시함. - 아저씨를 사회에서 쓸모없는 인간으로 여김.

소설의 줄거리

아저씨는 아주머니가 열여섯 살에 결혼을 한다. 아저씨는 공부한다고 서울로 동경으로 돌아다니다 딴살림을 차린다. 그는 이혼을 해 달라고 해서 아주머니를 소박데기로 만든다. 소박을 맞은 아주머니는 일곱 살에 부모를 잃은 나를 데려다 키운다. 나는 4년이나마 보통학교에도 다닌다. 그후 아저씨는 붙들려 가서 옥살이를 하고 그동안 아주머니의 시집과 친정은 모두 망한다. 아주머니에게 많은 은공을 입은 나는 아주머니에게 개가하라고 여러 차례에 걸쳐 권하였고 마침 좋은 자리도 있었으나 아주머니는 끝내 거절한다. 나는 아주머니의 은혜에 보답하기 위해 아주머니의 뒤를 많이 봐준다. 아주머니는 열심히 일해서 백 원을 만든다. 그 돈으로 단칸방을 얻은 아주머니는 감옥에서 나온 아저씨를 들여 살림을 한다. 아저씨는 첩이 나타나지 않자 실망하고 토혈까지 한다. 아저씨는 전과자란 붉은 도장이 찍힌 신세이며, 아주머니가 삯바느질과 품빨래 그리고 화장품 장사를 해서 입에 풀칠을 하면서 살아간다. 아저씨는 일할 생각은 않고 사회주의 운동을 할 생각을 하고 있다. 부지런히 일하지 않고 부자의 것을 빼앗아 먹을 궁리만 하는 사회주의자들은 부랑당패가 분명하다. 나는 우리집 주인이 신용을 하니까 열심히 일해서 십만 원을 벌어 조선의 천석꾼이 될 것이다. 내지인 규수에게 장가를 들고 성명도 내지인 성명으로 하고 생활법도도 모두 내지인처럼 해서 살아갈 생각이다. 나는 대학교까지 가서 경제를 배우고도 돈 모을 생각은 하지 않고 사회주의만 하고 다닌 아저씨의 글을 논박하면서, 돈 많이 벌어서 아껴쓰고 저축하는 것이 경제가 아니냐고 하자, 아저씨는 그것은 이재학이지 경제학이 아니라고 강변한다. 나는 환갑까지 십만 원을 모을 포부를 밝혀서 아저씨의 입을 막으며, 사람 속 차릴 여망이 없는 아저씨가 하루바삐 죽지 않고 다시 살아나서 귀찮다는 생각을 한다.

도요새에 관한 명상 (김원일)

2014년 국가직 7급

㉠도요새 무리를 동진강 삼각주에서 발견했을 때, 나는 마치 헤어진 부모와 동기간과 약혼녀를 만난 듯 반가웠다.

너희들이 휴전선 위 통천을 거쳐 여기로 날아왔으려니, 하고 대답 없는 물음을 던지면 울컥 사무쳐 오는 향수가 내 심사를 못 견디게 긁어 놓았다. 가져온 술병을 기울이며 나는 새 떼와 많은 대화를 나누었다. 내가 말하고 내가 새가 되어 대답하는 그런 대화를 아무도 이해할 수 없을 것이다. 새가 고향 땅 부모님이 되고, 형제가 되고, 어떤 때는 약혼자가 되어 내게 들려주던 그 많은 이야기를 나는 기쁨에 들떠, 때때로 설움에 젖어 화답하는 그 시간만이 내게는 살아 있는 진정한 시간이었다. 세월의 부침 속에 고향에 대한 내 향수도 차츰 식어 갔다. 이제 새 떼가 부쩍 줄어든 동진강 하구도 내 인생과 함께 황혼을 맞고 있었다. 동진강이 악취 풍기는 폐수로 변해 버렸기 때문이었다. 지금 보는 바다 역시 헤엄쳐 북상하면 며칠 내 고향에 도착할 수 있을 것 같던 거리가 까마득히 멀어 보였다. ㉡철새나 나그네새는 휴전선을 넘어 자유로이 왕래하건만 나는 그곳으로 갈 수 없다는 안타까움만 해가 갈수록 내 이마에 깊은 주름을 새겼다. (중략)

▶ 도요새를 바라보며 고향을 그리워하는 '나'

핵심정리

갈래	중편 소설, 환경 소설, 가족 소설
성격	비판적, 사실적, 생태학적
배경	- 시간 - 1970년대 후반(회상은 6·25 전쟁 전후) - 공간 - 동진강 유역(도요새의 도래지)
시점	1인칭 시점과 전지적 작가 시점
주제	비극적 역사 현실과 산업화의 폐해에 따른 인간성 회복
특징	- 각 부마다 서술 시점이 변화하면서 등장인물의 내면을 효과적으로 드러냄. - 과거와 현재가 교차되는 역순행적 구성 방식을 취함.

이해와 감상

1970년대 개발 독재가 은폐한 환경 문제와 분단 문제를 다루고 있다. 제시된 부분에서는 북에 두고 온 가족을 그리워하는 아버지를 통해 분단 문제의 실상이 드러난다. 뒷부분에서는 경제 성장의 논리를 들어 삶의 기반인 환경이 파괴되는 실상을 통해 산업화로 인한 환경 오염 문제에 대한 비판적 인식을 드러내고 있다.

2014년 국가직 7급

Q. ㉠과 ㉡에 대한 설명으로 가장 적절한 것은?

① ㉠은 '나'에게 고향을 떠올리게 하는 존재이고, ㉡은 '나'와 대비 되는 존재이다.
② ㉠은 '나'가 동병상련(同病相憐)의 정서를 느끼는 대상이고, ㉡은 '나'의 감정이 이입된 대상이다.
③ ㉠은 '나'의 내적 갈등이 해소될 것임을 암시하는 소재이고, ㉡은 '나'의 내적 갈등을 심화시키는 소재이다.
④ ㉠은 '나'에게 고향에 대한 향수를 불러일으키는 대상이고, ㉡은 '나'에게 고향에 대한 향수를 식게 하는 존재이다.

정답 ①

"여기 시 보건과에 접수한 진정서 사본 좀 보십시오."

<u>노무과장</u>은 마루에 걸터앉아 주머니에서 복사판 서류를 꺼냈다. 종이를 받아 든 내 손이 떨렸다. 방 안으로 들어가 돋보기안경을 찾아 낄 틈도 없이 희미한 글자를 대충 훑어보았다.

『성창 비료 서교 공장은 연간 사십억 규모의 흑자를 내고 있으면서도 <u>폐기 처리 과정에 대한 근본적인 개선책이 전혀 없음이 입증되었다.</u> 지난
병국이 진정서를 내게 된 이유
8월 4일 새벽 2시 20분. 당 공장은 야음을 틈타 암모니아가스를 다량으로 배출하여 (중략) 이로 미루어 <u>당사는 일부러 밸브를 틀어 못쓰게 된 가스를 배출하고 있음이 객관적으로 입증됨으로써……</u>.
환경을 고려하지 않고 의도적으로 폐기물을 방류함

"<u>정신병자가 쓴 낙선 뭐 더 읽을 필요도 없소.</u>"
공장 측의 반응 (환경 오염에 개의치 않음)
하며 한 젊은이는 내가 읽던 진정서를 낚아챘다.

"아, <u>아들놈</u>이 낸 진정서 틀림없습니까?"
병국
노무과장에게 내가 물었다.

"분명합니다. 알고 보니 자제분은 이 방면에 상습범이더군요. 지난 유월에는 풍천 화학을 상대로 진정서를 낸 바 있었습니다. 풍천 화학 역시 야음을 틈타 카드뮴·수은 등 중금속 물질을 다량 배출시켜 동진강 하류 삼각주 지대 각종 새 삼백여 마리와 물고기들이 떼죽음을 했다나요. <u>사람이 아닌 한갓 새나 물고기가 죽은 걸 두고 말입니다.</u>"
인간 중심적인 가치관(노무과장) ↔ 생태주의적 가치관 (병국)

노무과장 목소리가 열을 띠더니 '새나 물고기'란 말을 힘주어 강조했다.

"기가 막혀서. 뭐 제 놈이 실신했다거나 가족이 떼죽음당했다면 또 몰라."

한 젊은이가 가소롭다는 듯 시큰둥 말했다.

"<u>국민 소득 일천 달러 달성에, 오늘날 조국 근대화가 다 무엇으로 이루어진 성과인 줄 선생도 알지요?</u>"
환경보다 경제 성장을 중요하게 생각함
다른 젊은이가 내 눈을 찌를 듯 손가락질했다.

"<u>빈대 잡겠다고 초가삼간 태우겠다는 미친놈 짓거리를 이번으로 뿌릴 뽑아야</u>
환경을 살리겠다고 근대화(경제 성장)에 차질을 주겠다는
해!"

또 다른 젊은이가 말했다.

환경 오염에 대한 생각

병국	- 동진강 하구 오염의 원인을 밝혀야 한다는 문제 의식을 가지며 이를 밝히기 위해 최선을 다함.
노무과장	- 환경 오염으로 인한 문제는 사람이 죽고 사는 일이 아니라 새나 짐승이 죽는 하찮은 일이라고 생각함. - 환경 오염보다 경제 성장이 보다 더 시급하고 중요한 문제라고 생각함.

소설의 줄거리

도요새의 도래지로 유명한 동진강 하구를 배경으로 한 가족의 이야기가 서술된다. 북한에서 재력 있는 수산업자의 아들로 태어난 아버지는 6.25때 인민군으로 참전하여 포로로 국군에 전향한 후 부상을 입고 대위로 예편한 사람이다. 그는 학교 서무과장을 지내면서 아내의 강요에 못 이겨 공금을 유용하다가 실직하게 된다. 51세의 실직자인 그는 북에 두고 온 애인에 대한 그리움을 버리지 못한 소극적인 인물이며 현실에 무관심한 인물이다. 큰아들 병국은 서울의 일류 대학에 다니던 촉망받던 존재였으나 시국 사건에 뛰어들어 퇴학을 당하고 낙향을 한다. 그는 환경 문제에 대한 새로운 도전으로 조류와 동진강의 오염에 젊음에 불태운다. 둘째 병식은 재수생으로 무기력하고 줏대 없는 행동의 소유자로서 용돈을 위해서 철새들을 박제하는 일에 협조하기도 한다. 이렇게 구성된 가족들이 엮어내는 과거와 현재의 다양한 사건들은 아버지와 어머니의 만남, 새 떼를 집요하게 추적하면서 환경 문제를 조사해 나가는 병국이의 집념, 항상 두고 온 고향을 그리며 살아가는 실향민인 아버지의 내면세계 등으로 이어진다. 한편 도요새를 노리는 밀렵꾼의 생태, 새들이 집단으로 죽어가는 원인과 동진강의 오염 상태 등을 추적하다가 군인들에게 붙잡혀 풀려난 병국은 새들의 죽음에 병식이가 관련되었다는 단서를 잡고 추궁한다. 그러나 동생은 아무런 가책도 느끼지 못하면서 그런 문제에 열중하는 형을 경멸하고 무시해 버린다. 병국은 모든 공장들이 동진강 오염의 주범이라는 인식을 확고히 하면서 언젠가는 자신의 힘으로 동진강을 예전처럼 철새의 낙원으로 살리겠다고 결심한다.

고전소설, 수필, 극

유충렬전 (작자 미상)

2017년 국가직 9급

빌기를 다 함에 지성이면 감천이라 황천인들 무심할까. 단상의 오색구름이 사면에 옹위하고 산중에 ㉠ 백발 신령이 일제히 하강하여 정결케 지은 제물 모두 다 흠향한다. 길조(吉兆)가 여차(如此)하니 귀자(貴子)가 없을쏘냐.

빌기를 다한 후에 만심 고대하던 차에 일일은 한 꿈을 얻으니, ㉡ 천상으로서 오운(五雲)이 영롱하고, 일원(一員) 선관(仙官)이 청룡(靑龍)을 타고 내려와 말하되,

"나는 청룡을 다스리던 선관이더니 익성(翼星)이 무도(無道)한 고로 상제께 아뢰되 익성을 치죄하야 다른 방으로 귀양을 보냈더니 익성이 이걸로 함심(含心)하야 ㉢ 백옥루 잔치 시에 익성과 대전(對戰)한 후로 상제전에 득죄하여 인간에 내치심에 갈 바를 모르더니 남악산 신령들이 부인 댁으로 지시하기로 왔사오니 부인은 애휼(愛恤)하옵소서."

하고 타고 온 청룡을 오운 간(五雲間)에 방송(放送)하며 왈,

"㉣ 일후 풍진(風塵) 중에 너를 다시 찾으리라."

하고 부인 품에 달려들거늘 놀래 깨달으니 일장춘몽이 황홀하다. 정신을 진정하야 정언주부를 청입(請入)하야 몽사를 설화(說話)한대 정언주부가 즐거운 마음 비할 데 없어 부인을 위로하야 춘정(春情)을 부쳐 두고 생남(生男)하기를 만심 고대하더니 과연 그달 부터 태기 있어 십 삭이 찬 연후에 옥동자를 탄생할 제, 방 안에 향취 있고 문밖에 서기(瑞氣)가 뻗질러 생광(生光)은 만지(滿地)하고 서채(瑞彩)는 충천하였다. …〈중략〉…

이때에 조정에 두 신하가 있으니 하나는 도총대장 정한담이요, 또 하나는 병부상서 최일귀라. 본대 천상 익성으로 자미원 대장성과 백옥루 잔치에 대전한 죄로 상제께 득죄하여 인간 세상에 적강(謫降)하여 대명국 황제의 신하가 되었는지라 본시 천상지인(天上之人)으로 지략이 유여하고 술법이 신묘한 중에 금산사 옥관도사를 데려다가 별당에 거처하게 하고 술법을 배웠으니 만부부당지용(萬夫不當之勇)이 있고 백만군중대장지재(百萬軍中大將之才)라 벼슬이 일품이요 포악이 무쌍이라 일상 마음이 천자를 도모코자 하되 다만 정언주부인 유심의 직간을 꺼려하고 또한 퇴재상(退宰相) 강희주의 상소를 꺼려 주저한 지 오래라.

 핵심정리

갈래	국문 소설, 영웅 소설, 군담 소설, 적강 소설
성격	전기적, 비현실적, 영웅적
시점	전지적 작가 시점
배경	- 시간 - 중국 명나라 시대 - 공간 - 명나라 조정과 중국 대륙
주제	유충렬의 고난과 영웅적 행적
특징	- 영웅 소설의 전형적 요소를 갖춤. - 실세한 양반들의 권력 회복 소망을 반영함. - 천상계와 지상계로 이원적 공간이 설정됨. - 유교 사상, 불교 사상, 도교 사상을 바탕으로 함.

영웅 서사 구조

영웅 소설 특징	유충렬전
고귀한 혈통	현직 고관 유심의 외아들
비정상적 출생	부모가 산천에 기도하여 늦게 얻은 아들 - 기자(祈子) 정성
탁월한 능력	하강한 신선으로 비범한 능력을 지님.
유년기의 위기	간신 정한담의 박해로 죽을 위기에 처함.
구출 · 양육	강희주를 만나 그의 사위가 되고, 노승을 만나 도술을 배움.
성장 후의 위기	정한담의 반란으로 국가적 위기를 맞음.
고난 극복과 승리	반란을 평정하고 헤어진 가족을 만나 부귀영화를 누림.

소설의 줄거리

중국 명나라 유심은 늦은 나이에 아들 '충렬'을 얻는다. 이때 나라에서는 반역을 꾀하던 정한담과 최일귀 등이 유심을 모함하여 귀양을 보내고 충렬 모자를 죽이려 한다. 그러나 충렬은 하늘의 도움으로 위기에서 벗어나 승상 강희주를 만나게 되며 그의 사위가 된다. 그러나 강희주도 모함을 받아 귀양을 가게 되어 가족들은 뿔뿔이 흩어신다. 충렬은 아내가 된 강 낭자와 이별하고 백룡사의 노승을 만나 무예를 익히며 때를 기다린다. 이때 남적과 북적이 반란을 일으켜 명나라를 공격해 오자, 정한담은 남적에게 항복하고 도리어 남적의 선봉장이 되어 천자를 공격한다. 충렬은 반란군을 모두 소멸하고 정한담을 사로잡는다. 호국에 잡혀간 황후, 태자 등을 구출하고 아버지와 장인 강 승상을 구하여 높은 벼슬을 얻고 행복하게 산다.

2017년 국가직 9급

Q. ㉠~㉣에 대한 풀이로 옳지 않은 것은?

① ㉠ : 길조(吉兆)가 일어날 것임을 암시한다.
② ㉡ : '부인'이 꾼 꿈의 상황이다.
③ ㉢ : '선관'이 인간 세상에 귀양을 오게 되는 계기이다.
④ ㉣ : '남악산 신령'이 후일 청룡을 타고 천상 세계로 복귀할 것임을 암시한다.

정답 ④

양반전 (박지원)

2015년 지방직 9급

양반이라는 말은 선비 족속의 존칭이다. 강원도 정선군에 한 양반이 있었는데, 그는 어질면서도 글 읽기를 좋아하였다. 군수가 새로 부임하면 반드시 그 집에 몸소 나아가서 경의를 표하였다. 그러나 그는 집안이 가난해서 해마다 관가에서 환곡을 빌려 먹다 보니 그 빚이 쌓여서 천 석에 이르렀다.

관찰사가 각 고을을 돌아다니다가 이곳의 환곡 출납을 검열하고는 매우 노하여, "어떤 놈의 양반이 군량을 이렇게 축내었느냐"라고 하였다. 그리고는 명령을 내려 그 양반을 잡아 가두라고 하였다. 군수는 마음속으로 그 양반이 가난해서 갚을 길이 없는 것을 불쌍히 여겼지만 그렇다고 해서 가두지 않을 수도 없었다.

그 양반은 밤낮으로 훌쩍거리며 울었지만 별다른 대책도 생각해 낼 수 없었다. 그런 상황에서 그의 아내가 몰아세우기를, "당신은 한평생 글 읽기를 좋아했지만 관가의 환곡을 갚는 데 아무런 도움이 못 되는구려. 양반 양반하더니 양반은 한 푼 가치도 못 되는구려."라고 하였다.

그 마을에 사는 한 부자가 가족들과 의논하기를,

『"양반은 아무리 가난해도 늘 존귀하게 대접받고 나는 아무리 부자라도 항상 비천(卑賤)하지 않느냐. 말도 못하고, 양반만 보면 굽신굽신 두려워해야 하고, 엉금엉금 가서 정하배(庭下拜)를 하는데 코를 땅에 대고 무릎으로 기는 등 우리는 노상 이런 수모를 받는단 말이다. 이제 동네 양반이 가난해서 타 먹은 환자를 갚지 못하고 시방 아주 난처한 판이니 그 형편이 도저히 양반을 지키지 못할 것이다. 내가 장차 그의 양반을 사서 가져 보겠다."』

부자는 곧 양반을 찾아가 보고 자기가 대신 환자를 갚아 주겠다고 청했다. 양반은 크게 기뻐하며 승낙했다. 그래서 부자는 즉시 곡식을 관가에 실어 가서 양반의 환자를 갚았다.

2015년 지방직 9급

Q. 다음 글의 등장인물에 대한 설명으로 적절하지 않은 것은?

① 양반은 자구책을 마련하지 못하고 있다.
② 군수는 양반에게 측은지심을 느끼고 있다.
③ 관찰사는 공평무사하게 일을 처리하고 있다.
④ 아내는 남편에 대해 외경하는 마음을 지니고 있다.

정답 ④

매매 증서

1차 매매 증서	양반이 지켜야 할 덕목	양반의 허례허식 비판
2차 매매 증서	양반이 누릴 수 있는 특권	양반의 횡포 비판

핵심정리

갈래	한문 소설, 단편 소설, 풍자 소설
성격	풍자적, 비판적, 사실적
시점	전지적 작가 시점
배경	- 시간 - 조선 후기 - 공간 - 강원도 정선
주제	양반들의 무능과 위선적인 태도와 허위의식 풍자
특징	- 몰락하는 양반들의 위선적인 모습을 풍자함. - 조선 후기의 사회상을 사실적으로 보여 줌.

등장인물

양반	학식과 인품을 지녔지만 생활 능력이 없는 양반의 전형을 보여주는 인물이다. 경제적 능력을 상실하여 결국 자신의 신분을 팔게 되는 무능력한 인물로, 풍자의 대상이다.
부인	현실적 생활 능력을 중시하는 인물로, 무능한 양반을 비판하는 작가 의식을 대변하는 인물이다.
부자	조선 후기 신흥 부유층으로 경제력을 바탕으로 신분 상승을 꾀하는 인물이다. 돈으로는 양반 신분을 사려고 하지만 양반의 실상을 알고는 양반이 되기를 포기한다.
군수	표면적으로 양반과 부자의 신분 매매를 조정하는 역할을 하나, 결국 부자가 양반이 되기를 포기하도록 만드는 인물이다.

소설의 줄거리

정선군에 사는 한 양반이 관가에서 환곡을 타다 먹고 살았는데, 그것이 어느덧 천 석이나 되었다. 관찰사가 환곡을 조사하다가 이 사실을 알고 노하여 양반을 가두라고 하자, 군수는 환곡을 갚을 능력이 없는 양반을 딱하게 여겨 난감해한다. 이웃에 사는 부자가 이 소문을 듣고, 그 양반을 찾아가서 환곡 천 석을 갚아 줄 테니 양반 신분을 달라고 제안한다. 양반은 흔쾌히 승낙하고, 부자는 약속대로 환곡을 갚아 준다. 군수는 양반이 환곡을 갚게 된 내력을 듣고, 부자에게 군민을 증인으로 하여 계약 증서를 써주겠다고 한다. 군수가 군민을 불러 놓고 양반 매매 계약서를 작성하는데, 양반으로서 행할 형식적인 품행 절차와 그 횡포를 듣고 부자는 양반이 되기를 포기하고 가 버린다.

심청가 (작자 미상)

2015년 지방직 9급

"심청은 시각이 급하니 어서 바삐 물에 들라."

심청이 거동 보소. 두 손을 합장하고 일어나서 하느님 전에 비는 말이,
서술자의 개입

"비나이다, 비나이다. 하느님 전에 비나이다. 심청이 죽는 일은 추호라도 섧지 아니하되, 병든 아비 깊은 한을 생전에 풀려 하고 이 죽음을 당하오니 명천(明天)
죽음을 초월한 지극한 효심
은 감동하사 어두운 아비 눈을 밝게 띄워 주옵소서."

눈물지며 하는 말이,

"여러 선인네 평안히 가옵시고, 억십만금 이문 남겨 이 물가를 지나거든 나의 혼백 불러내어 물밥이나 주시오."

하며 안색을 변치 않고 뱃전에 나서 보니 티 없이 푸른 물은 월러렁 콸넝 뒤둥
음성 상징어를 사용하여 생동감을 살림
구리 굽이쳐서 물거품 북적찌데한데, 심청이 기가 막혀 뒤로 벌떡 주저앉아 뱃전
서술자의 개입
을 다시 잡고 기절하여 엎딘 양은 차마 보지 못할 지경이었다.

2015년 지방직 9급

Q. 다음 글에 대한 설명으로 적절하지 않은 것은?
① 사건에 대한 서술자의 주관적 서술이 나타나 있다.
② 등장인물들의 발화를 통해 사건의 상황을 보여준다.
③ 죽음을 초월한 심청의 면모와 효심이 드러나 있다.
④ 대상을 나열하여 장면을 다양하게 제시하고 있다.

정답 ④

근원 설화

효녀 지은 설화	신라 때 연권의 딸인 '지은'이 홀로 어머니를 봉양하기 위해 나이가 들어도 시집을 가지 않고, 부잣집에 몸을 팔아 그 대가로 받은 쌀로 어머니를 봉양했다는 내용이다. 시집을 가지 않은 심청이 홀로 된 아버지를 가난한 형편에서도 모시고 살다가, 아버지의 행복을 위해 자신을 희생하는 모습과 연관된다.
거타지 설화	신라 진성 여왕 때, 당나라에 사신으로 가던 무리 중 거타지라는 궁사가 여우로 둔갑한 요괴로부터 용왕의 딸을 구해 주고, 꽃으로 변한 딸을 육지로 데리고 나와 다시 여자로 변하게 하여 결혼했다는 내용이다. 심청이 꽃으로 변하는 장면과 연관된다.
관음사 연기 설화	눈먼 아버지를 위해 딸이 신에게 바치는 제물이 된다는 내용이다. 아버지를 위해 팔려 가는 심청의 모습과 심청의 효에 힘입어 심 봉사가 눈을 뜨는 장면과 연관된다.

핵심정리

갈래	판소리 사설
성격	교훈적, 비현실적, 우연적
배경	중국 송나라 말, 황주 도화동
주제	- 부모에 대한 지극한 효심 - 인과응보(因果應報)
특징	- 인물의 심리 및 행동이 사실적으로 묘사됨. - 당시 서민들의 생활상과 가치관 등이 반영됨. - 적층 문학의 성격을 가짐.

심청전의 비장미

'심청가'는 판소리 다섯 마당 중 하나로 다양한 근원 설화를 바탕으로 하고 있다. 이 작품은 해학미와 풍자가 주를 이루는 다른 판소리 사설과 달리 비장미와 해학미가 공존하고 있다. 특히 심청이 아버지의 눈을 뜨게 하기 위해 공양미 삼백 석에 몸을 팔아 인당수 제물로 가는 장면에서 슬프고 처량한 대목이 많아 비장미가 강조된다.

소설의 줄거리

심청은 효성이 지극하여 밥을 동냥하면서 아버지를 봉양한다. 심 봉사가 부처님께 쌀 삼백 석을 공양하면 눈을 뜰 수 있다는 말을 듣고 심청에게 말하자, 심청은 공양미 삼백 석을 마련하기 위해 남경 상인에게 몸을 팔아 인당수의 제물이 된다. 심청이 죽은 뒤 심 봉사는 행실이 나쁜 뺑덕어멈과 살아간다. 한편 심청은 인당수에 빠졌으나 상제의 명으로 다시 살아나 황후가 되고, 심청은 맹인 잔치를 베풀어 심 봉사와 만난다. 심 봉사는 그 반가움에 눈을 떠 심청과 더불어 부귀영화를 누린다.

채봉감별곡 (작자 미상)

2015년 지방직 9급

이때는 추구월망간(秋九月望間)이라. 월색이 명랑하여 남창에 비치고, 공중에 외기러기 응응한 긴 소리로 짝을 찾아 날아가고, 동산의 송림 사이에 두견이 슬피 울어 불여귀를 화답하니, <u>무심한 사람도 마음이 상하거든 독수공방에 눈물로 세월을 보내는 <mark>송이</mark>야 오죽할까.</u>
- 서술자의 개입
- 채봉의 기생 이름

송이가 모든 심사를 저 버리고 책상머리에 의지하여 잠깐 졸다가 기러기 소리에 놀라 눈을 뜨고 보니, 남창에 밝은 달 허리에 가득하고 쓸쓸한 낙엽송은 심회를 돕는지라, 잊었던 심사가 다시 가슴에 가득해지며 눈물이 무심히 떨어진다.
- 임(보국)에 대한 그리움

송이가 남창을 가만히 열고 달빛을 내다보며 위연탄식하는데,
- 한숨을 쉬며 크게 탄식함

"달아, 너는 내 심사를 알리라. 작년 이때 뒷동산 명월 아래 우리 임을 만났더니, 달은 다시 보건마는 임을 어찌보지 못하는고. 심양강의 탄금녀는 만고문장 백낙천을 달 아래 만 날 적에, 설진심중무한사(說盡心中無限事)를
- 가슴 속에 서린 끝없는 한을 털어놓음

세세히 하였건마는, 나는 어찌 박명하여 명랑한 저 달 아래서 부득설진심중사(不得說盡心中事)하니 가련 하지 아니할까. 사람은 없어 말하지 못하나, 차라리 심중사를 종이 위에나 그리리라."

하고, 연상을 내어 먹을 흠씬 갈고 청황모 무심필을 듬뿍 풀어 백능화주지를 책상에 펼쳐 놓고, 섬섬옥수로 붓대를 곱게 쥐고 탄식하면서 맥맥이 앉았다가, 고개를 돌려 벽공의 높은 달을 두세 번 우러러보더니, 서두에

'추풍감별곡(秋風感別曲)' 다섯 자를 쓰고, 상사가 생각되고, 생각이 노래 되고,
- 임과 헤어진 슬픔과 그리움을 담은 노래로, 송이의 심정이 담김

노래가 글이 되어 붓끝을 따라오니, 붓대가 쉴새 없이 쓴다.
- 연쇄법

2015년 지방직 9급

Q. 다음 글의 내용과 시적 상황이 가장 유사한 것은?

① 임이여 물을 건너지 마오 / 임은 기어이 물을 건넜네 / 물에 빠져 돌아가시니 / 이제 임이여 어이할꼬.
② 기위로 싹둑싹둑 옷 마르노라 / 수운 밤 열 손가락 모두 굳었네 / 남 위해 시집갈 옷 항상 짓건만 / 해마다 이내 몸은 홀로 잔다네.
③ 펄펄 나는 저 꾀꼬리 / 암수 서로 정다운데 / 외로울사 이내 몸은 / 누구와 함께 돌아갈꼬.
④ 비 개인 긴 언덕에 풀빛 짙은데 / 님 보내는 남포에는 서러운 노래 퍼지네 / 대동강 물은 언제나 마를까 / 이별의 눈물 해마다 푸른 물결 더하니.

정답 ③

핵심정리

갈래	애정 소설, 염정 소설
성격	사실적, 비판적, 진취적
시점	전지적 작가 시점
배경	조선 후기
주제	권세에 굴하지 않는 순결하고 진실한 사랑
특징	- 적극적이고 주체적인 의지에 따라 행동하는 근대적 여성관을 드러냄. - 매관매직이 성행하던 조선 말기의 타락한 세태를 사실적으로 드러냄. - 독백이나 시가를 삽입하여 인물의 내면 심리를 묘사함.

작품에 드러난 시대 상황

지배층의 횡포	허 판서가 김 진사에게 벼슬을 대가로 돈과 그의 딸을 요구함.
가부장적 권위의 허상	김 진사가 욕심에 눈이 멀어 채봉에게 허 판서의 첩이 될 것을 강요함.
매관매직	김 진사가 허 판서로부터 벼슬을 사려고 함.
자유연애	채봉은 부모의 명을 거역하고 필성과의 사랑을 성취함.

소설의 줄거리

채봉과 필성은 서로 사랑하여 가약을 맺었지만, 채봉의 아버지 김 진사는 벼슬을 대가로 허 판서에게 돈을 주고 채봉을 첩으로 보내기로 하였다. 상경하는 도중 채봉은 도망가고 김 진사는 도적에게 재산을 빼앗겨 허 판서로부터 하옥된다. 채봉은 기생 송이가 되어 아버지를 구하고, 필성과 주고받은 한시를 통해 필성과 재회한다. 이 감사의 도움으로 채봉과 필성은 결혼을 하게 된다.

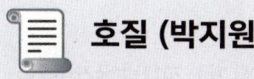
호질 (박지원)

2017년 국가직 7급

↑ 높은 학식과 인품을 가진 선비로 추앙받지만 실상은 부도덕하고 위선적인 인물
북곽 선생은 머리를 조아리고 **범** 앞으로 기어가서 세 번 절하고 꿇어앉아 우러
　　　　　　　　작가 의식을 대변하는 의인화된 대상
러 아뢴다.

　『"호랑님의 덕은 지극하시지요. 대인(大人)은 그 변화를 본받고, 제왕(帝王)은
　『 』: 아첨하는 북곽 선생
그 걸음을 배우며, 자식된 자는 그 효성을 본받고, 장수는 그 위엄을 취하며, 거룩
하신 이름은 신령스러운 용(龍)의 짝이 되는지라, 풍운의 조화를 부리시매 하토
(下土)의 천신(賤臣)은 감히 아랫바람에 서옵나이다."』

　범은 북곽 선생을 여지없이 꾸짖었다.

　"내 앞에 가까이 오지 마라. 내 들건대 **유(儒)는 유(諛)라 하더니** 과연 그렇구나.
　　　　　　　　　　　　　　　[선비 유(儒), 아첨할 유(諛)] 동음을 활용한 언어유희 (유학자는 아첨을 잘한다는 의미)』
네가 평소에 천하의 악명을 죄다 나에게 덮어씌우더니, 이제 사정이 급해지자 면
　　　　　　　　　　　　　　　　　　　　북곽 선생의 기회주의적 속성 비판
전에서 아첨을 떠니 누가 곧이듣겠느냐. 천하의 원리는 하나뿐이다. 범의 본성
(本性)이 악한 것이라면 인간의 본성도 악할 것이요, 인간의 본성이 선한 것이라
면 범의 본성도 선할 것이다. 『너희가 떠드는 천 소리 만 소리는 오륜(五倫)에서
벗어난 것이 아니고, 경계하고 권면하는 말은 내내 사강(四綱)에 머물러 있다. 그
런데 도회지에 코 베이고, 발꿈치 짤리고, 얼굴에다 자자(刺字)질하고 다니는 것
들은 다 오륜을 지키지 못한 자들이 아니냐. 포승줄과 먹실, 도끼, 톱 같은 형구
(刑具)를 매일 쓰기에 바빠 겨를이 나지 않는데도 죄악을 중지시키지 못하는구
나. 범의 세계에서는 원래 그런 형벌이 없으니 이로 보면 범의 본성이 인간의 본
성보다 어질지 않느냐?"』: 인륜 도덕을 세워서 권장하지만 인간의
　　　　　　　　　　　 』 나쁜 짓은 막을 길이 없음을 꾸짖음

2017년 국가직 7급

Q. 다음 글에 나타난 북곽 선생의 언행에 부합하는 한자성어로 가장 적절한 것은?
① 牽強附會　　② 巧言令色
③ 名論卓說　　④ 橘化爲枳

정답 ②

◎ 풍자 대상

```
┌─────────────────┐
│ 범 (작가의 의식을 대변) │
└─────────────────┘
　　　　비판, 풍자
　　　　　⇓
┌─────────────────┐  ┌─────────────┐
│ 북곽 선생, 동리자, 다섯 아들 │  │ 농부          │
├─────────────────┤  ├─────────────┤
│ - 표리부동한 부도덕한 인물 (동리 │  │ - 새벽부터 부지런히 │
│   자, 북곽 선생)              │↔│   노동하며 건실하게 │
│ - 아첨을 잘하는 인물 (북곽 선생) │  │   살아가는 서민   │
│ - 강자에게 약하고 약자에게 강한 인 │  │ - 선량하나 선비의 이 │
│   물 (북곽 선생)              │  │   중성을 간파하지 못 │
│ - 상황을 제대로 파악하지 못하는 어 │  │   하는 어리석은 대중 │
│   리석은 인물 (다섯 아들)       │  │               │
│ ⇒ 위선적이고 부도덕한 당대 지배층 │  │               │
│   을 상징                    │  │               │
└─────────────────┘  └─────────────┘
```

☑ 핵심정리

갈래	한문 소설, 단편 소설, 우화 소설, 풍자 소설
성격	풍자적, 비판적, 우의적
시점	전지적 작가 시점
배경	정(鄭)나라 어느 고을
주제	양반의 위선적인 삶과 인간 사회의 부도덕성 비판
특징	- 호랑이라는 동물의 입을 빌려 우의적으로 질책함. - 인물의 행위를 희화화하여 제시함. - 유학자의 위선과 아첨, 인간의 탐욕스러움을 비판함.

◎ '범'의 특징

비현실 세계의 존재	현실 바깥의 존재인 범은 풍자의 주체로서 현실 사회의 본질과 모순을 확연히 꿰뚫어 보고 있다.
객관적 관찰자	범은 현실 속의 인물인 북곽 선생과 인간들의 감춰진 부도덕성을 객관적으로 보여주고 있다. 범의 비판은 인간의 비판보다 더 설득력 있고 풍자의 효과도 크다.
심판자	범은 유일하게 등장인물의 속성을 꿰뚫어 볼 수 있는 절대적 위치에서 '북곽 선생'으로 대변되는 양반 지배 계층의 위선적 속성을 폭로하고 비판하고 있다.

📖 소설의 줄거리

　산중에 밤이 들자 대호(大虎)가 부하들을 소집하고 저녁 거리를 의논하고 마을로 내려올 때 정지읍에 사는 도학 높은 북곽 선생이 이웃의 '동리자'라는 과부 집에서 밀회하고 있었다. 이 광경을 보고 '동리자'와 아들 다섯이 고명한 선생이 그럴 리가 없고 여우가 둔갑한 것이라 하여 몽둥이를 들고 들어갔다. 선생이 겨우 도망쳐 나와 보니 대호 한 마리가 입을 벌리고 있어 목숨을 비니 대호는 선생의 위선적인 생활을 크게 꾸짖고 가 버렸다. 날이 샌 후 농부들이 그를 발견하고 수근거리며 놀라 물으니 북곽 선생은 그때야 고개를 들고 달아나 버렸다.

허생전 (박지원)

2016년 지방직 7급, 2012년 국가직 7급

이때 변산(邊山)에 도적 떼 수천 명이 몰려 있었는데, 지방 관청에서 군사를 풀
당시 사회적 상황
어 잡으려 하여도 잡을 수 없었다. 도적 떼 또한 감히 나와서 활동을 못하여 바야
흐로 굶주리고 곤란하였다. 허생(許生)이 그들을 찾아갔다. 〈중략〉

　허생이 물었다.

　"자네들은 아내가 있는가?" / 도적들이 답하였다.

　"없습니다." / "자네들은 밭이 있는가?"

　도적들이 웃으며 말하였다.
어이없는 웃음 (허생이 자신들의 처지를 이해하지 못하고 있다고 판단)

　"아내가 있고 밭이 있다면 무엇 때문에 괴롭게 도적이 되겠습니까?"
경제적 궁핍 때문에 어쩔 수 없이 도적이 됨

　허생이

　"그렇다면 왜 장가를 들어 집을 짓고, 소를 사서 농사를 짓지 않는가? 살아서
도적이란 이름을 면하고, 거할 때 가정의 즐거움을 누리고, 나가도 쫓기고 잡혀
갈 걱정 없이 오래도록 잘 먹고 잘 입는 풍요로움을 누릴 수 있을 터인데."

라고 하였다. 도적들이 "어찌 그런 것을 원하지 않겠습니까? 다만 돈이 없을 뿐
돈의 필요성에 대한 인식
입니다."

라고 하였다.
안목을 지닌 인물, 이완 대장과 허생의 매개자 역할을 함
변 씨는 이완을 문밖에 서서 기다리게 하고 혼자 먼저 들어가서, 허생을 보고
지배 계층을 대변하는 인물, 비판의 대상
이완이 몸소 찾아온 연유를 이야기했다. 허생은 못들은 체하고,

　"당신 차고 온 술병이나 어서 이리 내놓으시오."

했다. 그리하여 즐겁게 술을 들이켜는 것이었다. 변 씨는 이완을 밖에 오래 서
있게 하는 것이 민망해서 자주 말하였으나, 허생은 대꾸도 않다가 야심해서 비로
이완을 문전박대하는 허생, 지배층에 대한 허생의 반감
소 손을 부르게 하는 것이었다. 이완이 방에 들어와도 허생은 자리에서 일어서지
도 않았다. 이완이 몸 둘 곳을 몰라 하며 나라에서 어진 인재를 구하는 뜻을 설명
하자, 허생은 손을 저으며 막았다.

핵심정리

갈래	한문 소설, 풍자 소설
성격	풍자적, 비판적
시점	전지적 작가 시점
배경	- 시간 – 조선 효종 때(17세기 중반), - 공간 – 국내(서울, 안성, 제주, 변산 등)와 국외(장기도, 빈 섬 등)
주제	- 지배층인 사대부의 무능과 허위의식 비판 - 지배층의 각성 촉구
특징	- 실학사상을 바탕으로 당대 사회의 모순을 풍자함. - '허생'이라는 영웅적 인물의 행적을 중심으로 사건을 전개함. - 이상향의 구체적 모습(빈 섬)을 제시함.

시대적 배경

사회 현실 상황	경제적 피폐와 사회의 구조적인 모순으로 평민들은 생계를 꾸리기 어려워 도둑이 되는 경우가 많았다.
신분 질서 동요	평민 부자(변 씨)와 경제적으로 어려운 몰락한 양반(허생)이 생겨났다.
실학사상	실사구시와 이용후생을 주장하는 학풍이 등장했다. 허생이 군도들을 이끌고 빈 섬으로 간 행위와 남은 돈으로 빈민 구제에 힘쓴 모습에서 실학사상을 엿볼 수 있다.

병태 요정의 ADVICE

책 읽기만 즐기던 가난한 선비 허생은 아내의 질책으로 책 읽기를 포기하고 장안의 부자인 변 씨에게 만 냥을 빌려 전국의 과일과 말총을 매점매석한다. 큰 돈을 번 허생은 들끓는 도적들을 모아 빈 섬으로 들어가 농사를 지으며 살도록 권유한다. 이곳에서 농사와 무역으로 부를 축적하여 이상국 건설의 실험을 마친 허생은 섬에서 나와 변 씨를 찾아가 돈을 갚는다. 변 씨로부터 허생의 기이함을 전해 들은 이완 대장은 허생을 찾아온다. 허생은 이완이 요청한 사회 개선책으로, 부국강병을 위한 인재 등용, 명나라 후예들에 대한 세도가들의 지원, 유학과 무역을 통한 청나라 정벌이라는 세 가지 계책을 제안하지만, 이완은 현실적으로 수용할 수 없다고 한다. 이에 허생은 지배 계층의 현실성 없는 명분론을 비판하면서 이완을 내쫓고, 다음날 자취를 감춘다.

2016년 지방직 7급

Q. 다음 글의 내용과 가장 관련이 깊은 것은?

① 人不知而不慍　　② 無恒産無恒心
③ 人無遠慮必有近憂　④ 良藥苦於口而利於病

2012년 국가직 7급

Q. 다음 예문에서 이완의 처지를 반영한 사자성어로 적절한 것은?

① 門前薄待, 坐不安席　② 狐假虎威, 威風堂堂
③ 優柔不斷, 騎虎之勢　④ 虎視眈眈, 威風堂堂

정답 ②, ①

춘향전 (작자 미상)

2012년 지방직 7급

신관이 분부하되

"네 본읍 기생으로 도임 초에 현신 아니 하기를 잘 했느냐?"

춘향이 아뢰되

"소녀 구관 사또 자제 도련님 뫼신 후에 대비정속한 고로 대령치 아니하였나
　　　　　　　이몽룡
이다."

신관이 증을 내어 분부하되

"고이하다. 너 같은 노류장화가 수절이란 말이 고이하다. 네가 수절하면 우리
　　　　　　누구나 꺾을 수 있는 길가의 버들과 담 밑의 꽃 (=기생)
마누라는 기절할까? 요망한 말 말고 오늘 부터 수청 거행하라."
언어유희

춘향이 여쭙되 "만 번 죽사와도 이는 봉행치 못할소이다."

신관의 말이 "네 잡말 말고 분부대로 거행하여라."

춘향이 여쭙되

"고언에 충신은 불사이군이오, 열녀는 불경이부라 하오니 사또께서는 응당 아
실지라. 만일 국운이 불행하여 난시를 당하오면 사또께 서는 도적에게 굴슬 하시
　　　　　　　　　수청을 드는 것은 충신이 두 임금을 섬기는 것과 같다는 거절의 표현
리이까?"

신관이 이 말을 듣고 크게 화를 내며 강변의 덴 소 날뛰듯하며 춘향을 바삐 형
추하라 하니 (중략)

2012년 지방직 7급

Q. 춘향과 신관 사또의 말하기 방식에 대한 설명으로 옳은 것은?
① 신관 사또는 춘향에게 회유의 말과 겁박의 말을 번갈아 사용했다.
② 신관 사또는 춘향의 정서적 거부감을 없애려고 희화적 표현을 사용했다.
③ 춘향은 양시론적 입장에서 자신의 주장을 정당화하는 화법을 구사했다.
④ 춘향은 자신의 정당성을 뒷받침하고 신관 사또의 부당성을 부각하는 화법을 구사했다.

정답 ④

✓ 핵심정리

갈래	판소리계 소설, 염정 소설
성격	해학적, 풍자적, 평민적
시점	전지적 작가 시점
배경	조선 후기(숙종), 전라도 남원
주제	- 신분을 초월한 남녀 간의 사랑 - 불의한 지배 계층에 대한 서민의 항거 - 신분적 갈등의 극복을 통한 인간 해방
특징	- 해학과 풍자에 의한 골계미가 나타남 - 서술자의 편집자적 논평이 자주 드러남 - 판소리의 영향으로 운문체와 산문체가 혼합됨

❈ 춘향전의 근원 설화

염정 설화	양반 자제와 기생의 사랑 이야기
열녀 설화	여자가 고난과 시련을 이겨 내고 정절을 지키는 이야기
관탈 민녀 설화	벼슬아치가 민간의 여자를 빼앗는 이야기
신원 설화	억울하게 죽은 혼의 한을 풀어 주는 이야기
암행어사 설화	암행어사가 권력자나 부자의 횡포를 비판하고 약자의 한을 풀어 주는 이야기

❈ 춘향전의 주제

표면적 주제	이면적 주제
춘향이 수청을 강요하는 변 사또에 맞서 정절을 지킴.	- 춘향이 사대부와 혼인함. - 변 사또의 횡포와 수탈
⋮	⋮
여성의 지조와 절개	- 신분적 제약을 벗어난 자유연애 사상 - 지배층의 횡포에 대한 민중의 항거

어사또 들어가 단좌(端坐)하여 좌우를 살펴보니, 당상(堂上)의 모든 수령 다담을 앞에 놓고 진양조 양양(洋洋)할 제 어사또 상을 보니 어찌 아니 통분하랴.
편집자적 논평 (형편없는 상에 대한 분노)
모 떨어진 개상판에 닥채저붐, 콩나물, 깍두기, 막걸리 한 사발 놓았구나.
어사또를 푸대접하고 있음
상을 발길로 탁 차 던지며 운봉의 갈비를 직신,/"갈비 한 대 먹고 지고."
동음이의어를 활용한 언어유희 (신체 '갈비'와 음식 '갈비')

"다리도 잡수시오."

하고 운봉이 하는 말이

"이러한 잔치에 풍류로만 놀아서는 맛이 적사오니 차운(次韻) 한 수씩 하여 보면 어떠하오?"

"그 말이 옳다."

하니 운봉이 운(韻)을 낼 제, 높을 고(高) 자, 기름 고(膏) 자 두 자를 내어 놓고 차례로 운을 달 제, 어사또 하는 말이

"걸인도 어려서 추구권(抽句卷)이나 읽었더니, 좋은 잔치 당하여서 주효를 포식하고 그저 가기 무렴(無廉)하니 차운 한 수 하사이다."(중략)
반어적 표현

"금준미주(金樽美酒)는 천인혈(千人血)이요,

옥반가효(玉盤佳肴)는 만성고(萬姓膏)라.

촉루락시(燭淚落時) 민루락(民淚落)이요,

가성고처(歌聲高處) 원성고(怨聲高)라."

이 글 뜻은,

'금동이의 아름다운 술은 일만 백성의 피요,
백성들의 혈세
옥소반의 아름다운 안주는 일만 백성의 기름이라.
백성들의 고통
촛불 눈물 떨어질 때 백성 눈물 떨어지고,
백성들의 고통
노랫소리 높은 곳에 원망 소리 높았더라.'
백성들의 원망
이렇듯이 지었으되, 본관은 몰라보고 운봉이 이 글을 보며 속마음에
변 사또의 어리석음
'아뿔싸, 일이 났다.'
한시로 어사또의 신분을 눈치챈 운봉
이때, 어사또 하직하고 간 연후에 공형(公兄) 불러 분부하되,

"야야, 일이 났다."

이몽룡의 한시

보조 관념	원관념
술	피
안주	기름
촛농	눈물
노랫소리	원망 소리

이몽룡이 지은 한시는 부패한 지배층이 부귀영화를 누리며 사는 것은 백성들의 피와 땀 덕분이며, 백성들은 지배층의 횡포에 시달려 피폐한 삶을 살고 있음을 비판적으로 고발하고 있는 내용이다. 칠언절구의 형식으로 대구법과 은유법을 사용하였다.

표현상 특징

언어유희	- 등음이의어를 활용한 해학적 표현 - 언어 도치를 활용한 해학적 표현 - 유사 음운의 반복을 통한 언어유희 - 발음의 유사성을 통한 언어유희
이중적 언어 사용	일상어 위주의 서민들 언어, 고사 및 한문 투의 양반층의 언어를 동시에 사용하여 폭넓은 독자층의 요구에 부합함.

병태 요정의 ADVICE

성 참판과 퇴기 월매 사이에서 태어난 춘향은 뛰어난 미모와 재주를 지녔다. 남원 부사의 아들 이몽룡이 광한루에 구경 나왔다가 그네를 타는 춘향을 보고 한눈에 반해서 그날 밤 춘향의 집을 찾아간다. 이몽룡은 춘향 모 월매에게 춘향과의 백년가약(百年佳約)을 맹세하고 둘은 밤마다 사랑에 빠진다. 그런데 이몽룡의 아버지가 서울로 영전하게 되어 둘은 어쩔 수 없이 이별을 하게 된다. 새로 부임한 변 사또는 호색가여서 춘향에게 수청을 들 것을 강요한다. 춘향은 죽음을 무릅쓰고 정절을 지키려 하고, 이로 인해 형장을 맞고 하옥된다. 한편 서울로 올라간 이몽룡은 과거에 급제하여 전라도 암행어사가 되어 내려온다. 이몽룡이 거지꼴로 변장하여 춘향의 집을 찾아가나 월매가 푸대접하고, 옥중의 춘향은 절망에 빠져 자기가 죽으면 장사를 잘 지내 달라고 유언을 남긴다. 어사또는 변 사또의 생일잔치에 수령이 모인 틈을 타 어사 출두를 단행한다. 어사또는 변 사또를 봉고파직하고, 춘향은 월매와 더불어 크게 기뻐한다. 어사또는 춘향을 데리고 상경하여 부부로서 부귀영화를 누린다.

구운몽 (김만중)

2018년 국가직 9급, 2018년 경찰직 1차, 2013년 국가직 7급

잔을 씻어 다시 술을 부으려 하는데 ㉠ 갑자기 석양에 막대기 던지는 소리가 나거늘 괴이하게 여겨 생각하되, '어떤 사람이 올라오는고.' 하였다.

이윽고 한 중이 오는데 눈썹이 길고 눈이 맑고 얼굴이 특이하더라.
외양 묘사를 통해 비범함을 나타냄

엄숙하게 자리에 이르러 승상을 보고 예하여 왈, / "산야(山野) 사람이 대승상께 인사를 드리나이다." / 승상이 이인(異人)인 줄 알고 황망히 답례하여 왈,
재주가 신통하고 비범한 사람

"사부는 어디에서 오신고?" / 중이 웃으며 왈,

"평생의 낯익은 사람을 몰라보시니 귀인이 잘 잊는다는 말이 옳도소이다."
신분이나 지체가 높게 된 사람은 과거를 잘 잊어버림 → 개구리 올챙이 적 생각 못한다

승상이 자세히 보니 과연 낯이 익은 듯하거늘 문득 깨달아 능파 낭자를 돌아보며 왈, / "소유가 전에 토번을 정벌할 때 꿈에 동정 용궁에 가서 잔치하고 돌아오는 길에 남악에 가서 놀았는데 한 화상이 법좌에 앉아서 불경을 강론하더니 노부께서 바로 그 노화상이냐?" / 중이 박장대소하고 말하되,

"옳다. 옳다. 비록 옳지만 ㉡ 꿈속에서 잠깐 만나본 일은 생각하고 ㉢ 십 년을 같이 살던 일은 알지 못하니 누가 양 장원을 총명하다 하더뇨?"

승상이 어리둥절하여 말하되,

"소유가 ㉣ 열대여섯 살 전에는 부모 슬하를 떠나지 않았고, 열여섯에 급제하여 줄곧 벼슬을 하였으니 동으로 연국에 사신을 갔고 서로 토번을 정벌한 것 외에는 일찍이 서울을 떠나지 않았으니 언제 사부와 십 년을 함께 살았으리오?" / 중이 웃으며 왈, / "상공이 아직 춘몽에서 깨어나지 못하였도소이다." / 승상이 왈,

"사부는 어떻게 하면 소유를 춘몽에게 깨게 하리오?" / 중 왈,

"어렵지 않으니이다." 하고 손 가운데 돌 지팡이를 들어 난간을 두어 번 치니 갑자기 사방 산골짜기에서 구름이 일어나 누대 위에 쌓여 지척을 분변하지 못했다. 승상이 정신이 아득하여 마치 꿈에 취한 듯하더니 한참 만에 소리 질러 말하되,

"사부는 어찌 소유를 정도로 인도하지 않고 환술(幻術)로 희롱하나뇨?"

핵심정리

갈래	국문 소설, 몽자류(夢字類) 소설, 양반 소설, 염정 소설, 영웅 소설
성격	전기적, 이상적, 불교적
시점	전지적 작가 시점
배경	당나라 때, 중국 남악 형산 연화봉 동정호(현실), 당나라 서울과 변방(꿈)
주제	인생무상(人生無常)의 깨달음을 통한 허무의 극복
특징	- '현실 – 꿈 – 현실'의 환몽 구조를 지닌 일대기 형식을 취함. - 유교, 불교, 도교 사상이 나타나며, 불교의 공(空) 사상이 중심을 이룸.

제목의 의미

구(九)	운(雲)	몽(夢)
인물	주제	구성 환몽 구조
성진과 팔 선녀 양소유와 2처 6첩	인생무상의 깨달음	세속적 욕망이 헛된 것임을 깨닫는 공간

⇩

성진과 팔 선녀 아홉 사람이
속세의 부귀영화를 갈망하다가
꿈에서 부귀영화를 누린 후에 허망함을 느끼고,
인생무상을 깨닫는 이야기

2018년 국가직 9급

Q. ㉠~㉣을 사건의 시간 순서에 따라 가장 적절하게 배열한 것은?

① ㉠ → ㉢ → ㉣ → ㉡
② ㉠ → ㉣ → ㉢ → ㉡
③ ㉢ → ㉣ → ㉡ → ㉠
④ ㉣ → ㉢ → ㉡ → ㉠

2018년 국가직 9급

Q. 윗글에 대한 이해로 가장 적절한 것은?

① '승상'은 꿈에 남악에서 '중'을 보았던 기억을 떠올리며 낯이 익은 듯하다고 여기기 시작한다.
② '승상'은 본디 남악에서 '중'의 문하생으로 불도를 닦던 승려였음을 인정한 뒤 꿈에서 깨게 된다.
③ '승상'은 '중'이 여덟 낭자를 사라지게 한 환술을 부렸음을 확인하고서 그의 진의를 의심한다.
④ '승상'은 능파 낭자와 어울려 놀던 죄를 징벌한 이가 '중'임을 깨닫고서 '중'과의 관계를 부정하게 된다.

말을 맞지 못하여서 구름이 걷히니 호승이 간 곳이 없고, 좌우를 돌아보니 팔
<u>꿈에서 현실로 돌아옴</u>
낭자가 또한 간 곳이 없는지라 정히 경황(驚惶)하여 하더니, 그런 높은 대와 많은 집이 일시에 없어지고 제 몸이 한 작은 암자 중의 한 포단 위에 앉았으되, 향로(香爐)에 불이 이미 사라지고, 지는 달이 창에 이미 비치었더라.
<u>시간의 경과 (양소유의 삶이 하룻밤 꿈에 지나지 않음)</u>

스스로 제 몸을 보니 일백여덟 낱 염주(念珠)가 손목에 걸렸고, 머리를 만지니
<u>성진이 승려의 신분임을 깨닫게 됨</u>
갓 깎은 머리털이 가칠가칠하였으니 완연히 소화상의 몸이요, 다시 대승상의 위의(威儀) 아니니, 정신이 황홀하여 오랜 후에 비로소 제 몸이 연화 도량(道場) 성진 행자인 줄 알고 생각하니,
<u>양소유의 삶으로 누렸던 속세에서의 모습</u>

<u>『 』: 꿈의 내용을 요약적으로 서술함</u>
『처음에 스승에게 수책(受責)하여 풍도(酆都)로 가고, 인세(人世)에 환도하여
　　　　　　　　　꾸지람을 들어　　지옥　　　　　환생
양가의 아들 되어 장원 급제 한림학사하고, 출장입상(出將入相)하여 공명신퇴(功名身退)하고, 양 공주와 육 낭자로 더불어 즐기던 것이 다 하룻밤 꿈이라.』 마
　　　　　　　　　　　　　　　　　　　　　　　　　　　　　　일장춘몽(一場春夢)
음에

'이 필연(必然) 사부가 나의 염려(念慮)를 그릇함을 알고, 나로 하여금 이 꿈을
　　　　　　　　　　　　　　세속적인 욕망
꾸어 <u>인간 부귀와 남녀 정욕(情欲)이 다 허사</u>인 줄 알게 함이로다.'
　　　주제 (인생무상의 깨달음)

환몽 구조

현실	꿈	현실
신선계, 천상	인간계, 지상	신선계, 천상
비현실적	현실적	비현실적
불교	유교	불교
성진과 팔 선녀	양소유와 2처 6첩	성진과 제자들
세속적 욕망으로 인한 번뇌	세속적 욕망의 성취	득도, 깨달음
불교에 대해 회의하는 성진	유교의 입신양명을 성취하는 양소유	불교에 귀의하는 성진

2018년 경찰직 1차

Q. 이 작품의 주제와 가장 유사한 것은?

① 어져 내 일이야 그릴 줄을 모로드냐.
　이시랴 ᄒ더면 가랴마는 제 구투여
　보내고 그리는 情(정)은 나도 몰라 ᄒ노라.
② 五百年(오백 년) 도읍지를 匹馬(필마)로 도라드니,
　山川(산천)은 依舊(의구)ᄒ되 人傑(인걸)은 간 듸 없다.
　어즈버 太平烟月(태평 연월)이 쑴이런가 ᄒ노라.
③ 首陽山(수양산) 바라보며 夷齊(이제)를 恨(한) ᄒ노라.
　주려 주글진들 採薇(채미)도 ᄒ는것가.
　비록애 푸새엣 거신들 긔 뉘 따헤 낫도니.
④ 三冬(삼동)에 뵈옷 닙고 巖穴(암혈)에
　눈비 마자 구름 낀 볏뉘도 쬔적이 없건마는,
　西山(서산)에 히지다 ᄒ니 눈물겨워 ᄒ노라.

2018년 경찰직 1차

Q. 이 작품에 대한 설명으로 가장 적절하지 않은 것은?

① '국민 문학론'과 관련된 몽자류 소설이다.
② '현실 → 꿈 → 현실'의 환몽 구조 소설이다.
③ 조신 설화가 이 소설의 근원 설화이다.
④ 작품 속의 시대적 배경은 조선 시대이다.

급히 세수하고 의관을 정제하며 방장에 나아가니 다른 제자들이 이미 다 모였더라. 대사 소리하여 묻되,

"성진아, 인간 부귀를 지내니 과연 어떠하더뇨?"

성진이 고두하며 눈물을 흘려 가로되,
<small>공경하는 뜻으로 머리를 땅에 조아리며</small>

"성진이 이미 깨달았나이다. 제자 불초하여 염려를 그릇 먹어 죄를 지으니, 마땅히 인세에 윤회할 것이어늘, 사부 자비하사 하룻밤 꿈으로 제자의 마음 깨닫게 하시니, 사부의 은혜를 천만 겁이라도 갚기 어렵도소이다."

대사 가로되,

"네 승흥하여 갔다가 흥진하여 돌아왔으니 내 무슨 간예함이 있으리오? 네 또 이르되 인세에 윤회할 것을 꿈을 꾸다 하니, 이는 인세와 꿈을 다르다 함이니, 네 오히려 꿈을 채 깨지 못하였도다."

2013년 국가직 7급

Q. 다음 글의 내용에 가장 부합되는 시조는?

① 首陽山 바라보며 夷齊를 恨ㅎ노라
   주려 주글진들 採薇도 ㅎ 것가
   비록애 푸새엣 거신들 긔 뉘 짜헤 낫드니
② 歸去來 歸去來호들 물러간 이 긔 누구며
   공명이 浮雲인 줄 사람마다 알건마는
   세상에 꿈 깬 이 없으니 그를 슬허ᄒ노라
③ 梨花에 月白ᄒ고 銀漢이 三更인 제
   一枝春心을 子規ㅣ야 아랴마는
   多情도 병인 냥ᄒ여 좀 못 드러 ᄒ노라
④ 長安을 도라보니 北闕이 千里로다
   魚舟에 누어신들 니즌 스치 이시랴
   두어라 내 시름 안니라 濟世賢이 업스랴

<small>정답 ③, ①, ②, ④, ②</small>

병태 요점의 ADVICE

중국 당나라 때 인도에서 온 육관대사가 남악 형산 연화봉에서 불법을 베푼다. 동정 용왕이 설법 자리에 늘 참석하자 대사는 함께 살고있는 제자 성진(性眞)을 보내 사례하는데, 성진은 용왕의 술대접을 받고 돌아오던 중 석교에서 남악 위부인의 시녀 여덟 명을 만나 복숭아꽃으로 구슬을 만들어 준다. 성진은 팔선녀의 아름다움에 미혹당하고 세속의 부귀공명에 대한 욕망으로 번뇌하다가 이를 알게 된 육관대사의 명으로 팔선녀와 함께 인간 세상으로 추방된다. 성진은 회남 수주현에 사는 양처사의 아들 양소유로, 팔선녀는 각기 진채봉, 계섬월, 적경홍, 정경패, 가춘운, 이소화, 심요연, 백능파로 태어난다. 성진은 10살 때 부친이 신선의 세계로 떠나간 뒤 어머니를 모시고 지내다가 15살에 과거를 보러 떠난다. 그 과정에서 진채봉과 혼약을 정하나 반란이 일어나, 양소유는 남전산으로 피난을 가고 진채봉은 그 부친의 죄로 궁녀로 잡혀간다. 양소유는 남전산에서 도인에게 음악을 배우고 귀가했다가 이듬해 다시 과거길에 오른다. 그 과정에서 당시 이름난 기생이었던 계섬월과 인연을 맺고, 당대 최고의 규수인 정경패의 소문을 듣고는 그녀를 찾아간다. 후에 양소유는 장원 급제하여 한림학사가 된 뒤에 정경패와 혼약을 맺는다. 이때 정경패는 과거에 양소유에게 속은 부끄러움을 씻고자 자신 의 종인 가춘운을 양소유의 첩으로 삼게 한다. 연나라 왕이 배반하자 양소유는 사신으로 가 항복을 받고 돌아오는 길에 자신을 찾아온 기생 적경홍과 인연을 맺는다. 예부 상서가 된 양소유는 퉁소 연주가 계기가 되어 난양 공주와 혼인하라는 황제의 명을 받으나 정경패와의 혼약을 들어 거부하다가 투옥된다. 토번이 침략하자 황제는 양소유로 하여금 대적하게 한다. 그는 연전연승하던 중 토번왕이 보낸 자객 심요연과 인연을 맺고, 동시에 꿈속에서 동정 용왕의 딸 백능파와 인연을 맺고는 그녀를 위해 남해 용왕의 아들을 제압한다. 한편 난양 공주는 정경패를 찾아가 그 인품에 감복하고, 태후는 정경패를 영양 공주에 봉한다. 개선한 양소유는 승상이 되고, 태후는 두 공주와 진채봉을 양소유와 결혼하게 한다. 양소유는 고향의 모친을 모시고 와 잔치를 열고, 황제의 동생 월왕과 낙유원에서 사냥 시합을 하는 등 처첩들과 더불어 행복한 나날을 보내고, 처첩들은 관음보살 앞에서 형제의 의를 맺는다. 세월이 흐른 뒤 양소유는 은퇴를 거듭 청하고, 황제는 마지못하여 취미궁을 하사하여 살게 한다. 은퇴 후 행복한 시간을 보내던 어느 날, 생일 즈음에 등고라는 명절을 맞아 취미궁 서녘의 높은 대에 올라가 여덟 부인과 가을 경치를 즐기던 양소유는 인생의 무상함을 느끼며 불도에 귀의할 결심을 하게 된다. 이때 갑자기 호승(胡僧: 육관대사)이 찾아와 지금까지의 꿈을 깨게 해준다. 꿈에서 깨어나 지금까지 경험한 모든 부귀영화가 결국은 한순간의 꿈임을 깨닫고는 자신의 잘못을 뉘우치며 불법에 정진하게 된다. 이때 팔선녀 또한 크게 뉘우치고 불도에 귀의하게 된다. 후에 육관대사는 성진에게 모든 것을 전수하고 서천(西天)으로 돌아가게 되고, 성진은 팔선녀와 함께 보살 대도를 얻어 아홉 사람이 함께 극락 세계로 가게 된다.

홍길동전 (허균)

2017년(하) 국가직 9급

길동이 "형님께서는 염려하지 마시고, 내일 소제(小弟)를 잡아 보내시되,
<u>나이 어린 동생 (길동)</u>
장교 중에 부모와 처자 없는 자를 가리어 소제를 호송하시면 좋은 묘책이 있습니다."라고 말하였다. 감사가 그 뜻을 알고자 하나 길동이 대답을 아니 하니, 감사가 그 생각을 알지 못해도 호송원을 그 말과 같이 뽑아 길동을 호송해 한양으로 올려 보냈다.

조정에서 길동이 잡혀 온다는 말을 듣고 훈련도감의 포수 수백을 남대문에 매복시키고는, "길동이 문 앞에 들어오거든 일시에 총을 쏘아 잡으라." 하고 명했다.

이때에 길동이 풍우같이 잡혀 오지만 어찌 그 기미를 모르리오.
<u>서술자의 개입</u>

『동작 나루를 건너며 '비 우(雨)' 자 셋을 써 공중에 날리고 왔다. 길동이 남대문 안에 드니 좌우의 포수가 일시에 총을 쏘았지만 총구에 물이 가득하여 할 수 없이 계획을 이루지 못했다.』
『 』: 전기적 요소

길동이 대궐 문밖에 다다라 자기를 잡아온 장교를 돌아보면서 말하기를,

"너희는 날 호송하여 이곳까지 왔으니 문죄 당해 죽지는 아니하리라."
<u>장교를 배려하는 인간적인 모습</u>

하고, 수레에서 내려 천천히 걸어갔다. 오군영(五軍營)의 기병들이 말을 달려 길동을 쏘려 했으나 말을 아무리 채찍질해 몬들 길동의 축지하는 법을 어찌 당하랴.
<u>서술자의 개입</u>

성안의 모든 백성들이 그 신기한 수단을 헤아릴 수 없었다.

2017년(하) 국가직 9급

Q. 다음 글에 대한 설명으로 적절하지 않은 것은?
① 서술자가 길동의 장면 묘사에 직접적으로 개입하고 있다.
② 호송하는 장교를 배려하는 길동의 면모가 드러나고 있다.
③ 비현실적 요소를 도입하여 길동의 남다름을 나타내고 있다.
④ 길동이 수레에서 탈출하는 모습은 비유적으로 표현하고 있다.

정답 ④

홍길동전과 허생전

홍길동전의 '율도국'	허생전의 '빈 섬'
추상적 공간	가족 중심의 농경 사회
현실의 세계와 단절된 곳	해외 교역이 이루어지는 곳
최종 목적지	중간 기착지

해외로 진출하여 이상 세계를 건설한다는 점과 기득권층에 맞서고 당대의 현실을 적나라하게 비판하고 있다는 점에서 유사함.

핵심정리

갈래	국문 소설, 사회 소설, 영웅 소설
성격	현실 비판적, 영웅적, 전기적(傳奇的)
시점	전지적 작가 시점
배경	– 시간 – 조선 시대 – 공간 – 조선국과 율도국
주제	모순된 사회 제도의 개혁과 이상국의 건설
특징	– 사회 제도의 불합리성을 비판함. – 영웅의 일대기라는 서사적 구조가 드러나며 전기적 요소가 강함.

영웅 서사 구조

영웅 소설 특징	홍길동전
고귀한 혈통	판서의 아들로 태어남.
비정상적 출생	시비에게서 태어난 서자(庶子)
탁월한 능력	총명하고 도술에 능함.
유년기의 위기	주변의 음모로 생명의 위협을 받음.
구출·양육	도술로 자객을 죽이고 위기에서 벗어남.
성장 후의 위기	활빈당을 조직하자 나라에서 잡아들이려 함.
고난 극복과 승리	율도국의 왕이 됨.

병태 요정의 ADVICE

주인공 홍길동은 조선조 세종 때 서울에 사는 홍 판서의 시비 춘섬의 소생인 서자이다. 길동은 어려서부터 도술을 익히고 장차 훌륭한 인물이 될 기상을 보였으나, 천생인 탓으로 아버지를 아버지라 부르지 못하고 형을 형이라 부르지 못하는 한을 품는다. 가족들은 길동의 비범한 재주가 장래에 화근이 될까 두려워하여 자객을 시켜 길동을 없애려고 한다. 길동은 위기에서 벗어나자 집을 나섰고, 도적의 소굴에 들어가 힘을 겨루어 두목이 된다. 도술로써 팔도 지방 수령들의 불의한 재물을 탈취하여 빈민에게 나누어준다. 국왕이 길동을 잡으라는 체포 명령을 전국에 내리고, 홍 판서와 길동의 형 인형도 가세하여 길동의 소원을 들어주기로 하고 병조판서를 제수하여 회유하기로 한다. 길동은 서울에 올라와 병조판서가 된다. 그 뒤 길동은 고국을 떠나 율도국을 발견한다. 요괴를 퇴치하여 볼모로 잡혀온 미녀를 구하고 율도국왕이 된다.

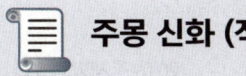
주몽 신화 (작자 미상)

2016년 지방직 9급

금와는 그때 한 여자를 태백산 남쪽 우발수에서 만났는데, 그녀가 이렇게 말했다.

"㉠<u>하백</u>의 딸 <u>유화</u>입니다. 동생들과 놀러 나왔을 때 한 남자가 나타나 자신
　 물의 신　　주몽의 어머니
이 천제의 아들 <u>해모수</u>라고 하며 웅신산 아래 압록강 가에 있는 집으로 유인하여
　　　　　　하늘 신의 아들
사통하였습니다. 그러고는 저를 떠나가서 돌아오지 않았습니다. 부모는 제가 중매도 없이 다른 사람을 따라간 것을 꾸짖어 이곳으로 귀양을 보내 살도록 했습니다."
『　』: 주몽의 고귀한 혈통 (물의 신과 하늘 신의 결합)

㉡ 금와가 괴이하게 여겨 유화를 방 안에 남몰래 가두어 두었더니, 햇빛이 비추었다. 그녀가 피하자 햇빛이 따라와 또 비추었다. 이로 인해 임신하여 알을 하
　　　　　　　　하늘의 정기를 받음
나 낳았는데, 크기가 다섯 되쯤 되었다. …〈중략〉… 금와에게는 아들이 일곱 있었
　　　　　기이한 출생-난생(卵生)
는데, 항상 주몽과 함께 놀았다. 그러나 그들의 기예가 주몽에게 미치지 못하자
　　　　　　　　　　　　　　　　주몽의 뛰어난 능력, 갈등의 원인
㉢ 맏아들 대소가 말했다. "주몽은 사람에게서 태어난 것이 아니니 일찍이 도모하지 않으면 후환이 있을 것입니다." 왕은 듣지 않고 주몽에게 말을 기르도록 했다. 주몽은 준마를 알아보고 먹이를 조금씩 주어 마르게 하고, 늙고 병든 말은 잘 먹여 살찌게 했다. 왕은 살찐 말은 자기가 타고 주몽에게는 마른 말을 주었다.
　　　　　　　　　　　　　　　　주몽의 계획대로 이루어 짐

왕의 아들들과 여러 신하들이 함께 주몽을 해치려 하자, 그 사실을 알게 된 주몽의 어머니가 아들에게 말했다. "나라 사람들이 너를 해치려고 하는데, 너의 재략이라면 어디 간들 살지 못하겠느냐? 빨리 떠나거라." 그래서 주몽은 오이 등 세
　　　　　　　　　　　　　　　　　　　　　　　　　　　　　　　　　조력자
사람과 벗을 삼아 떠나 개사수에 이르렀으나 건널 배가 없었다. ㉣ 추격하는 병사들이 문득 닥칠까 두려워서 이에 채찍으로 하늘을 가리키며 빌었다. "나는 천제의 손자이고, 하백의 외손이다. 황천 후토(皇天后土)는 나를 불쌍히 여겨 급히 주교(舟橋)를 내려 주소서." 하고 활로 물을 쳤다. 『그러자 물고기와 자라가 다리를
　　　　　　　　　　　　　　　　　　　　　　　　　　　　　조력자
만들어 주어 강을 건너게 했다.』
『　』: 수신의 도움으로 위기를 극복
그러고는 다리를 풀어 버렸으므로 뒤쫓던 기병은 건너지 못했다.

✅ 핵심정리

갈래	건국 신화
성격	신화적, 서사적, 영웅적
제재	주몽과 고구려의 건국 경위
주제	주몽의 일생과 고구려의 건국
특징	- 난생(卵生) 화소와 천손 하강형(天孫下降型), 천부지모형(天父地母型) 화소가 결합됨. - '탄생 - 기아 - 구출 - 시련 - 극복'의 영웅 일대기적 구성으로 이루어짐. - 영웅 서사 문학의 기본 틀을 갖추어 후대 문학에 영향을 줌.

✪ 영웅 서사 구조

영웅 소설 특징	주몽 신화
고귀한 혈통	천제의 아들인 해모수와 하백의 딸인 유화 사이에서 태어남.
비정상적 출생	유화가 햇빛을 통하여 주몽을 임신하고 알을 낳음.
유년기의 위기	주몽이 알의 형태로 태어나자 금와가 버리게 함.
구출·양육	알을 버리니 짐승들이 보살펴 줌.
탁월한 능력	주몽의 외모가 훌륭하고 활을 잘 쏨.
성장 후의 위기	- 금와왕의 아들들이 주몽을 죽이려 함. - 주몽이 배가 없어 길이 막힘.
고난 극복과 승리	- 물고기와 자라가 다리를 놓아 줌. - 부여에서 탈출에 성공하고, 고구려를 건국함.

🚩 병태 요정의 ADVICE

'주몽 신화'는 고구려의 건국 신화로, 영웅 일대기의 전형적인 모습을 보여주어요. 신화는 창작 집단의 문화를 반영하는데, 이 신화에서도 당대인의 여러 가지 문화를 엿볼 수 있어요. 천신(천제)과 수신(하백)에 대한 의식은 우리 민족이 고대부터 천신과 수신을 숭배했다는 것을 보여주고, 주몽이 활쏘기에 능했다는 것은 유목 사회였다는 것을 의미해요. 유화가 햇빛을 받고 잉태한 점에서 당대인들이 태양을 숭배하는 사상을 지녔다는 것도 추측할 수 있어요. 대부분의 건국 신화에는 시조들이 큰 시련을 겪지 않는데 이 신화에는 주몽이 고구려를 건국하기까지 여러 차례 시련을 겪고, 금와왕의 아들들과의 갈등도 뚜렷하게 드러나 있는 점이 특징이에요.

2016년 지방직 9급

Q. 다음 글의 ㉠~㉣에 대한 설명으로 적절하지 않은 것은?

① ㉠ : '유화'가 귀양에 처해진 이유를 알 수 있다.
② ㉡ : '유화'가 임신을 하게 된 이유를 알 수 있다.
③ ㉢ : '주몽'이 준마를 얻기 위해 '대소'와 모의했음을 알 수 있다.
④ ㉣ : '주몽'이 강을 건너가기 위해 '신'과 교통했음을 알 수 있다.

정답 ③

삼국유사 (일연)

2016년 지방직 7급

완하국(琓夏國) 함달왕(含達王)의 부인이 임신하였다. ㉠ 달이 차서 알을 낳았는데, 알이 변하여 사람이 되었다. 이름을 탈해(脫解)라 하였다.
기이한 출생-난생(卵生)

바다를 따라 가락국에 왔는데, 키가 3척이요 머리 둘레가 1척이었다. 즐거이 궁궐에 나아가 왕에게 말하였다.

"나는 왕의 자리를 뺏기 위해 왔소." 왕이 대답하였다.
탈해의 자신감

"㉡ 하늘이 나에게 명하여 왕위에 오르게 함은 장차 나라를 안정시키고 백성을 편안하게 하려 함이다. 감히 하늘의 명령을 어기고 왕의 자리를 내어 줄 수 없다. 또 감히 우리나라와 백성들을 너에게 맡길 수 없다."

탈해가 "그렇다면 술법으로 겨루어 봅시다."라고 하자 왕이 "좋다."라고 하였다.

『㉢ 잠깐 사이에 탈해가 매가 되자 왕은 독수리가 되고, 또 탈해가 참새로 화하자 왕은 새매로 변하였다. 이때 잠시의 시간도 걸리지 않았다. 탈해가 본모습으로 돌아오자 왕 또한 그렇게 했다.
『』: 왕의 도술이 탈해보다 뛰어남 (매<독수리, 참새<새매)

탈해가 드디어 엎드려 항복하며

"제가 술법을 겨루는 마당에서 ㉣ 독수리 앞의 매가 되고 새매 앞의 참새가 되었는데, 잡히지 않고 살 수 있었던 것은 성인께서 살생을 싫어하신 인자함 때문에 그런 것이 아니겠습니까? 저는 왕과는 자리를 다투기 어렵습니다."

라고 말하고는 바로 절하고 나가 버렸다.

✅ 핵심정리

지은이	일연
시대	고려 충렬왕 7년(1281)에 작성
내용	- 단군·기자·대방·부여의 사적(史跡)과 신라·고구려·백제의 역사를 기록 - 불교에 관한 기사·신화·전설·시가 등을 풍부하게 수록

📢 병태 요정이 ADVICE

일연의 '삼국유사'는 고구려, 백제, 신라 삼국뿐 아니라 고조선에서부터 고려까지, 우리 민족의 역사를 폭넓게 다루고 있는 책이에요. 이 책에는 단군 신화를 비롯한 우리 민족의 신화와 설화, 그리고 방대한 양의 불교와 민속 신앙 자료가 담겨 있어요.

무신 정권과 몽골의 침입 등 국내의 정세가 안팎으로 어수선하고 불안해지자, 일연은 우리 민족의 자부심을 고취하고자 그동안 모아 놓은 자료들을 정리하여 '삼국유사'를 쓴 것이죠.

2016년 지방직 7급

Q. 밑줄 친 부분에 대한 설명으로 옳은 것은?

① ㉠ 신비한 출생을 통해 탈해의 범상함을 강조한 표현이다.
② ㉡ 왕위는 인위적으로 획득되지 않는 것임을 강조한 표현이다.
③ ㉢ 탈해와 왕이 본래는 동물이었음을 강조한 표현이다.
④ ㉣ 탈해의 술법이 왕보다 뛰어남을 강조한 표현이다.

정답 ②

경설 (이규보)

2016년 국가직 9급

거사(居士)에게 거울 하나가 있는데, 먼지가 끼어서 마치 구름에 가려진 달빛처럼 희미하였다. 그러나 조석(朝夕)으로 들여다보고 마치 얼굴을 단장하는 사람처럼 하였더니, 어떤 손(客)이 묻기를,

"거울이란 얼굴을 비치는 것이요, 그렇지 않으면 군자(君子)가 그것을 대하여 그 맑은 것을 취하는 것인데, 지금 그대의 거울은 마치 안개 낀 것처럼 희미하니, 이미 얼굴을 비칠 수가 없고 또 맑은 것을 취할 수도 없네. 그런데 그대는 오히려 얼굴을 비추어 보고 있으니, 그것은 무슨 까닭인가?" 하였다. ▶ 나그네의 물음

거사는 이렇게 대답했다. "얼굴이 잘생기고 예쁜 사람은 맑고 아른아른한 거울을 좋아하겠지만, 얼굴이 못생겨서 추한 사람은 오히려 맑은 거울을 싫어할 것입니다. 그러나 잘생긴 사람은 적고 못생긴 사람은 많기 때문에, 만일 맑은 거울 속에 비친 추한 얼굴을 보기 싫어할 것인즉 흐려진 그대로 두는 것이 나을 것입니다. 그래서 차라리 깨쳐 버릴 바에야 먼지에 흐려진 그대로 두는 것이 나을 것입니다. 먼지로 흐리게 된 것은 겉뿐이지 거울의 맑은 바탕은 속에 그냥 남아있는 것입니다. 만약 잘생기고 예쁜 사람을 만난 뒤에 닦고 갈아도 늦지 않습니다. 아! 옛날에 거울을 보는 사람들은 그 맑은 것을 취하기 위함이었지만, 내가 거울을 보는 것은 오히려 흐린 것을 취하는 것인데, 그대는 이를 어찌 이상스럽게 생각합니까?"

하니 나그네는 아무 대답이 없었다. ▶ 거사의 답변

2016년 국가직 9급

Q. 다음 글에 대한 설명으로 옳지 않은 것은?
① 잘생긴 사람이 적고 못생긴 사람이 많다는 말에서 거사의 현실인식을 알 수 있다.
② 용모에 대한 거사의 논의는 도덕성, 지혜, 안목 등을 비유한 것으로 볼 수 있다.
③ 잘생기고 예쁜 사람을 만난 후 거울을 닦겠다는 말에서 거사가 지닌 처세관을 엿볼 수 있다.
④ 이상주의적이고 결백한 자세로 현실에 맞서고자 하는 거사의 높은 의지가 드러나 있다.

정답 ④

핵심정리

갈래	한문 수필, 설(說)
성격	교훈적, 관조적, 철학적, 풍자적, 비유적
제재	(흐린) 거울
주제	- 세상을 살아가는 올바른 처세훈 - 사물과 현상의 본질을 꿰뚫어 보는 통찰력
특징	- 처세의 방편을 알려줌 - 대화를 통해 주제를 암시함 - 사물(거울)을 통해 삶의 새로운 이치를 깨닫게 함

거울의 의미

지나친 깨끗함	너무 맑고 결백해서 상대방의 흠이나 결함을 용서하지 못하는 인간관계에 대한 비판 → 지나치게 결백한 태도만으로 일관하기 어렵다는 처세훈
인간의 본성	사람의 본성은 거울처럼 맑고 깨끗하지만, 세상의 먼지와 티끌이 끼어 그 본성이 흐려진 것임

병태 요정이 ADVICE

거사는 벼슬을 하지 않고 세상을 멀리하며 살아가는 선비를 말해요. 수필의 자아는 수필을 쓴 사람 자신이므로, 여기서 '거사'는 작가인 이규보라고 볼 수 있어요. '거사'의 목소리를 통해 작가가 자신의 생각을 이야기하고 있는 것이죠. 더러운 거울이 낫다는 거사의 말은 세상에는 결점을 가진 사람이 더 많으므로 지나치게 결백하거나 깨끗함을 추구하는 것보다는 그 결점을 받아들이고 이해하는 태도가 필요하다는 의미예요. 거울의 본성인 깨끗함은 닦지 않는다고 해서 사라지는 것이 아니라 닦으면 언제든지 드러나는 것이에요. 거사는 사람도 이와 같다고 생각하죠. 먼지가 묻은 거울처럼 본성이 가려진 것일 뿐, 그 안에 맑은 바탕은 남아있다는 것을 말하고 싶은 것이에요. '거울'이라는 사물을 통해, 당시의 시대 상황에 따른 올바른 처세관을 상징적으로 드러내고 있는 것이죠. 결백하고 청명한 태도는 현실에 부딪혀 깨지기 쉬우니, 남의 허물도 수용하는 유연한 자세가 필요하다는 생각을 비유적으로 제시하고 있는 글이에요.

차마설 (이곡)

2015년 9급 국가직

나는 집이 가난하여 말이 없어서 간혹 남의 말을 빌려 탄다. 노둔하고 여윈 말을 얻게 되면 일이 비록 급하더라도 감히 채찍을 대지 못하고 조심조심 금방 넘어질 듯 여겨서 개울이나 구렁을 지날 때는 말에서 내려 걸어가므로 후회할 일이 적었다. (말에서 떨어져 다칠 위험이 적음) 발굽이 높고 귀가 쫑긋하여 날래고 빠른 말을 얻게 되면 의기양양 마음대로 채찍질하고 고삐를 늦추어 달리니 언덕과 골짜기가 평지처럼 보여 매우 장쾌하지만 말에서 위험하게 떨어지는 근심을 면치 못할 때가 있었다.

▶ 외물에 따른 심리 변화

아! 사람의 마음이 옮겨지고 바뀌는 것이 이와 같을까? 남의 물건을 빌려서 하루아침의 소용에 쓰는 것도 이와 같은데, 하물며 참으로 자기가 가지고 있는 것이야 어떻겠는가? (자기가 소유한 것에 대해서도 마음의 변화가 심함)

▶ 자기 소유일 때의 심리 변화

그렇긴 하지만 **사람이 가지고 있는 것 가운데 남에게 빌리지 않은 것이 또 뭐가 있다고 하겠는가.** (소유의 본질에 대한 깨달음 (주제문)) 임금은 백성으로부터 힘을 빌려서 존귀하고 부유하게 되는 것이요, 신하는 임금으로부터 권세를 빌려서 총애를 받고 귀한 신분이 되는 것이다. 그리고 자식은 어버이에게서, 지어미는 지아비에게서, 비복(婢僕)은 주인에게서 각각 빌리는 것이 또한 심하고도 많은데, 대부분 자기가 본래 가지고 있는 것처럼 여기기만 할 뿐 끝내 돌이켜 보려고 하지 않는다. 이 어찌 미혹된 일이 아니겠는가. 그러다가 혹 잠깐 사이에 그동안 빌렸던 것을 돌려주는 일이 생기게 되면, 만방(萬邦)의 임금도 독부(獨夫)가 되고 (외톨이) 백승(百乘)의 대부(大夫)도 (백 대의 수레 (높은 지위를 비유)) 고신(孤臣)이 되는 법인데, 더군다나 미천한자의 경우야 더 말해 무엇하겠는가. (외로운 신하)
맹자(孟子)가 말하기를 "오래도록 차용하고서 반환하지 않았으니, 그들이 자기의 소유가 아니라는 것을 어떻게 알았겠는가."라고 하였다. (권위있는 사람의 말을 인용하여 설득력을 높임)

내가 이 말을 접하고서 느껴지는 바가 있기에, '차마설'을 지어서 그 뜻을 부연해 보았다. (잘못된 소유 관념에 대한 반성)

▶ 인간의 소유에 따른 깨달음

핵심정리

갈래	한문 수필, 설(說)
성격	교훈적, 경험적, 자성적
제재	말을 빌려 탄 일
주제	소유에 대한 성찰과 깨달음
특징	- '사실+의견'의 2단 구성 방식을 취함 - 권위 있는 사람(맹자)의 말을 논거로 사용하여 설득력을 높임 - 유추의 방법을 통해 개인적 경험을 보편적 깨달음으로 일반화함

창작 의도

전반부	항상심을 잃고 때에 따라 태도를 바꿈. → 외물에 따른 인간의 심리 변화 비판
후반부	본래 자기 소유의 것은 존재하지 않음. → 그릇된 소유 관념 비판

설의 특징

'설'은 한문학 양식의 한 갈래로, 사물의 이치를 풀이하고 자신의 의견을 덧붙여 서술하는 것으로, 국문학상의 갈래로는 수필에 해당한다. 이러한 '설'은 '사실+의견' 또는 '체험+깨달음'의 2단 구성으로 이루어지며, 우의적인 표현을 활용하는 것이 일반적이다.

병태 요정의 ADVICE

말을 타고 느낀 경험을 바탕으로 권력과 소유에 대한 자신의 깨달음을 서술하고 있는 교훈적 수필이에요. 사람들은 흔히 자기가 소유한 것이 많고 적음이나 좋고 나쁨에 따라 마음이 좌우되지요. 높은 벼슬에 있으면 그것이 자기 것인 양 마구 휘두르게 되고 낮은 위치에 있으면 의기소침하게 되는데, 사실 진정한 소유란 아무것도 없다고 글쓴이는 말하고 있어요. 그러므로 가진 것에 집착하거나 휘둘리지 말 것을 당부하고 있는 것이에요.

2015년 9급 국가직

Q. 다음 글에 대한 설명으로 적절하지 않은 것은?

① 경험을 통한 통찰력이 돋보인다.
② 우의적 기법을 적절히 활용하고 있다.
③ 대상들 사이의 유사점을 통해 대상의 특성을 설명하고 있다.
④ 일상사와 관련지어 글쓴이의 주장을 설득력 있게 드러내고 있다.

정답 ③

슬견설 (이규보)

2013년 지방직 9급

어떤 사람이 내게 말했다.
　　대상의 외면적 특징을 기준으로 사물을 평가하는 사람

"어제저녁, 어떤 사람이 몽둥이로 개를 때려 죽이는 것을 보았네. 그 모습이 불쌍해 마음이 매우 아팠네. 그래서 이제부터는 개고기나 돼지고기를 먹지 않을
인지상정(人之常情), 측은지심(惻隱之心)
생각이네."
▶ 어떤 사람의 이야기 – 개의 죽음을 아파함

그 말을 듣고 내가 말했다.

"어제저녁, 어떤 사람이 화로에서 이[蝨]를 잡아 태워 죽이는 것을 보고 마음이
　　　　　　　　　　　　의도적으로 극단적인 상황을 들어 대꾸함
무척 아팠네. 그래서 다시는 이를 잡지 않겠다고 맹세를 하였네."
▶ '나'의 대답 – 이의 죽음에 마음이 아픔

그러자 그 사람은 화를 내며 말했다.
『　』: '개'는 육중하기에 귀중하고, '이'는 하찮은 존재라는 편견과 선입견이 드러남
"이는 하찮은 존재가 아닌가? 나는 큰 동물이 죽는 것을 보고 불쌍한 생각이 들어 말한 것인데, 그대는 어찌 그런 사소한 것이 죽는 것과 비교하는가? 지금 나를 놀리는 것인가?"
▶ 어떤 사람의 반응-'개'는 육중한 짐승이고, '이'는 미물임

나는 좀 구체적으로 설명할 필요를 느꼈다.

"무릇 살아 있는 것은 사람으로부터 소, 말, 돼지, 양, 벌레, 개미에 이르기까지 모두 사는 것을 원하고 죽는 것을 싫어한다네. 어찌 큰 것만 죽음을 싫어하고 작
　　　　　　　　　　　　　　　　　모든 생명체는 귀중하고 소중하다는 의미
은 것은 싫어하지 않겠는가? 그렇다면 개와 이의 죽음은 같은 것이겠지. 그래서
　　　　크기에 따른 선입견을 비판, 존재의 본질을 제대로 파악해야 함을 강조
이를 들어 말한 것이지, 어찌 그대를 놀리려는 뜻이 있었겠는가? 내 말을 믿지 못하거든, 그대의 열 손가락을 깨물어 보게나. 엄지손가락만 아프고 나머지 손가락은 안 아프겠는가? 우리 몸에 있는 것은 크고 작은 마디를 막론하고 그 아픔은 모두 같은 것일세. 더구나 개나 이나 각기 생명을 받아 태어났는데, 어찌 하나는 죽음을 싫어하고 하나는 좋아하겠는가? 그대는 눈을 감고 조용히 생각해 보게. 그리하여 달팽이의 뿔을 소의 뿔과 같이 보고, 메추리를 큰 붕새와 동일하게 보도
　　　크기에 관계없이 근본적 성질이 같을 수도 있음
록 노력하게나. 그런 뒤에야 내가 그대와 더불어 도(道)를 말할 수 있을 걸세."
　　　　　　편견이나 선입견에 치우치지 말고 본질을 파악한 뒤에야
▶ '나'의 구체적 설명

핵심정리

갈래	한문 수필, 설(說)
성격	교훈적, 비유적, 관념적, 풍자적
제재	개[犬]와 이[蝨]의 죽음
주제	- 사물에 대한 편견의 배제 - 생명의 소중함
특징	- 변증법적 대화를 통해 글을 전개함 - 대조적 예시를 통해 주제를 부각함 - 일상적 사물을 통해 교훈적 의미를 줌

대조

큰 것	작은 것
개	이
엄지손가락	나머지 손가락
소의 뿔	달팽이의 뿔
붕새	메추리

변증법적 대화

한 사람이 다른 사람의 견해를 논박하는 형식을 통해 주제를 제시한 것은 이 작품만의 독특한 점이다. 하나의 이론에 대해(정) 이의를 제기하면(반) 그것의 문제점을 수정하여 새로운 이론을 정립(합)하는 변증법적 대화를 통해 주제를 강조하고 있다.

기	손님의 생각 : '개'의 죽음 – 마음이 아픔	(正)
승	나의 이야기 : '이'의 죽음 – 마음이 아픔	(反)
전	손님의 생각 : '이'는 미물이기에 죽음은 하찮음	(正)
결	나의 생각 : 생명체의 죽음은 모두 처참함, 본질적으로 모든 생명체는 같고 소중함.	(合)

병태 요정의 ADVICE

'슬견설'은 일상적인 소재인 개[犬]와 이[蝨]의 죽음을 통해 선입견이나 편견을 가지고 사물을 보지 말아야 한다는 교훈을 제시한 수필이에요. 글쓴이는 자신의 생각을 직접 드러내지 않고, 가상의 인물인 '어떤 사람'과 나누는 대화를 통해 제시하여 설득력을 높이고 있어요.

2013년 지방직 9급

Q. 다음 글에서 다루고 있는 소재들의 관계가 다른 하나는?

① 이[蝨] : 개
② 벌레 : 개미
③ 달팽이 뿔 : 소의 뿔
④ 메추리 : 붕새

정답 ②

이옥설 (이규보)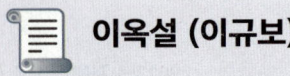

2018년 국가직 7급

내 집에 당장 쓰러져 가는 행랑채가 세 칸이나 되어 할 수 없이 전부 수리하였다. 그중 두 칸은 이전 장마에 비가 새면서 기울어진 지 오래된 것을 알고도 이리저리 미루고 수리하지 못한 것이고 한 칸은 한 번 비가 새자 곧 기와를 바꿨던 것이다.
▶ 퇴락한 행랑채를 수리함

이번 수리할 때에 『기울어진 지 오래였던 두 칸은 들보와 서까래들이 다 썩어서 다시 쓰지 못하게 되어 수리하는 비용도 더 들었으나, 비가 한 번 새었던 한 칸은 재목이 다 성하여 다시 썼기 때문에 비용도 덜 들었다.』
『 』: 잘못을 오래 방치하면 손해가 크고, 잘못을 빨리 고치면 쉽게 개선될 수 있음
▶ 제때 고치지 않은 행랑채에 경비가 많이 듦

나는 ㉠이 경험을 통해 ㉡깨달음을 얻었다. 이러한 것은 사람에게도 있는 일이다. 자기 과오를 알고 곧 고치지 않으면 나무가 썩어서 다시 쓰지 못하는 것과 같고, 과오를 알고 고치기를 서슴지 않으면 다시 착한 사람이 되기 어렵지 않으니 집 재목을 다시 쓰는 이로움과 같은 것이다.
▶ 잘못을 빨리 고쳐야 함을 깨달음 (유추)

다만 한 사람만이 아니라 한 나라의 정치도 또한 이와 같아서 백성의 이익을 침해하는 일이 심하여도 그럭저럭 지내고 고치지 않다가 백성이 떠나가고 나라가 위태롭게 된 뒤에는 갑자기 고치려고 해도 바로잡기가 대단히 어려우니 삼가지 않아서야 되겠는가?
▶ 깨달음을 나라를 다스리는 일에 적용함 (유추)
경계의 태도

2018년 국가직 7급

Q. ㉠에 해당하는 것과 ㉡에 해당하는 것을 문맥적 의미를 고려하여 짝지을 때 적절하지 않은 것은?

㉠	㉡
① 기와를 바꾸다	과오를 고치다
② 미루고 수리하지 않다	과오를 알고도 곧 고치지 않다
③ 들보와 서까래가 다 썩다	나라를 바로잡을 방도가 없다
④ 비가 새서 기울어진 상태	자기 과오

정답 ③

시대적 상황

1170년 무인들이 문신들을 학살하고 정권을 잡았는데, 정치는 혼란스럽고 몽골의 침입까지 겹쳐서 백성들의 삶은 매우 어려웠다. 이때 이규보는 다른 문신들과 달리 무인 정권에 참여하여 높은 벼슬을 지냈다. '이옥설'의 내용에 시대적 상황을 대응시키면, 무신의 난과 몽고 침입으로 혼란스러운 당시 상황은 '비가 새서 집이 퇴락해가는 상황'으로 이해할 수 있다. 이때 무인 정권이 싫어서 몸을 낮추고 정치에 참여하지 않는다면 그것은 '비가 새는 집을 그대로 두고 보는 자세'가 된다. 하지만 '이옥설'의 관점에 따르면 무인 정권의 정통성이 약하다 하더라도 우선 '집을 수리하고 재목을 보전하는 일'이 중요하다. 그러면 나중에 '집을 수리해서 온전하게 만드는 일'이 가능한 것이다.

핵심정리

갈래	한문 수필, 설(說)
성격	교훈적, 경험적, 유추적
제재	행랑채를 수리한 일
주제	잘못을 미리 알고 고쳐 나가는 자세의 중요성
특징	- '사실+의견'의 구성 방식을 취함 - 유추의 방법으로 글을 전개함

이옥설의 구성

행랑채를 수리한 체험에서 느낀 바가 있음.	⇒	체험 (사실)
⇩		⇩
사람의 몸과 마음 (유추와 적용) 정치의 경우 (유추 및 확장)	⇒	깨달음 (의견)

자신의 체험에서 얻은 깨달음을 사람의 몸과 나라의 정사로 확대하여 적용함.

경험과 깨달음

경험	깨달음
비가 새서 기울어진 상태	잘못이나 허물이 생김
미루고 수리하지 않음	잘못을 알고도 고치지 않음
기와를 바꿈	잘못을 고침
들보와 서까래가 다 썩음	잘못을 방치하면 손해가 큼

병태 요정의 ADVICE

글쓴이는 집을 수리했던 경험을 통해, 사람의 몸과 정치의 경우도 이와 같다는 깨달음을 얻었어요. 비가 새서 집이 기울어진 상태는 사람으로 치면 잘못이나 허물이 생긴 상태를 의미해요. 기와를 바꾸는 것은 사람이 자신의 과오를 고치는 것에 대응되죠. 비가 새면 바로 고쳐야 하듯, 사람 역시 잘못이나 허물이 생기면 바로 고쳐야 손실이 적어요. 글쓴이는 집수리의 경험을 통해 얻을 깨달음을 사람과 정치에 적용하여 교훈을 주고 있어요.

뇌설 (이규보)

2017년 국가직 7급

'우르릉~ 쾅!' 하고 천둥이 울리면 사람들은 누구나 두려워한다. 그래서 '뇌동(雷同)'이란 말이 생겨났다. 내가 우렛소리를 들었을 때, 처음에는 간담이 서늘하였다. 하지만 반복해서 나의 잘못을 고쳐 허물을 발견하지 못한 뒤에야 몸이 조금 편안해졌다.

다만 한 가지 꺼림칙한 일이 있다. 내가 '춘추좌씨전(春秋左氏傳)'에서 '화부(華父)가 지나가는 미인에게 눈길을 주는 일'이 나오는 대목을 읽고는 그 일에 대해 비난하지 않은 적이 없었다. 그러므로 길을 가다가 아름다운 여인을 만나면 눈길을 주지 않으려고 머리를 숙이고 고개를 돌려 달아났다.

그러나 머리를 숙이고 고개를 돌리는 것은 그런 마음이 없지 않다는 것이니, 이것만은 스스로 미심쩍은 일이다. 일반 사람의 마음을 벗어나지 못하는 일이 또 하나 있다. 남이 나를 칭찬하면 아주 기뻐하고, 비방하면 몹시 언짢아한다. 이것은 비록 우레가 칠 때 두려워하는 것과는 다른 일이지만, 또한 경계하지 않을 수 없다. 옛사람 중에는 깜깜한 밤에도 자신의 마음을 속이지 않는 자가 있었다고 한다. 내가 어찌 이런 사람에게 미칠 수 있겠는가?

2017년 국가직 7급

Q. 다음 글의 서술 방식에 대한 설명으로 가장 적절한 것은?
① 개인적인 체험을 통해 얻은 깨달음을 제시하고 있다.
② 필자의 생각과 다른 사람의 생각을 비교하며 제시하고 있다.
③ 권위 있는 자의 말을 인용해 필자의 주장을 강조하고 있다.
④ 문답 형식을 통해 독자 스스로 깨달음을 얻도록 하고 있다.

정답 ①

핵심정리

갈래	한문 수필, 설(說)
성격	교훈적, 자성적
제재	우렛소리
주제	매사에 근신하고 반성하는 삶의 태도
특징	일상의 사건에서 깨달음을 이끌어 냄

글의 구성

경험	우렛소리를 들을 때의 경험을 계기로 자신을 반성함
반성 ①	아름다운 여인을 만나면 고개를 숙이고 걸음을 빨리 하였음. → 여인을 외면하고 피한 것은 마음이 흔들린 것임.
반성 ②	다른 사람의 평가에 일희일비하였음. → 다른 사람의 평가에 마음이 흔들리는 것은 경계해야 할 일임.
깨달음	매사에 스스로 행동을 삼가고 조심해야 함.

병태 요정의 ADVICE

글쓴이는 우렛소리를 듣고 간담이 서늘하여 자신의 잘못을 반성해보았어요. 먼저 아름다운 여인을 만나 고개 숙이고 빨리 걸어갔던 행동을 반성하였어요. 아름다운 여인을 보고 흔들림이 없었다면 굳이 외면하거나 빨리 지나칠 이유가 없죠. 글쓴이의 마음이 흔들렸기에 의도적으로 피했던 것이에요. 따라서 자신의 마음이 흔들린 것임을 인정하고 반성하고 있어요. 그 다음으로는 다른 사람의 평가에 의해 마음이 흔들리는 것이 경계해야 할 일이라고 말하였어요. 타인의 평가에 마음이 흔들리는 태도를 반성하면서 항상 행동을 삼가고 조심해야 한다는 교훈을 전달하고 있는 수필이에요.

한중록 (혜경궁 홍씨)

2017년 지방직 7급

휘령전으로 오시고 ㉠<u>소조(小朝)</u>를 부르신다 하니, 이상할손 어이 '피(避)차.'
<small>섭정하는 왕세자를 뜻하는 말 (사도 세자)</small>
는 말도, '달아나자.'는 말도 아니 하시고, 좌우를 치도 아니하시고, 조금도 화증
<small>피하거나 달아나자는 말도</small>
내신 기색 없이 썩 용포를 달라 하여 입으시며 하시되,

"㉡<u>내가</u> 학질을 앓는다 하려 하니, 세손의 휘항을 가져오라." 하시거늘, 내가
<small>사도 세자</small> <small>추울 때 머리에 쓰던 모자</small>
그 휘항은 작으니 당신 휘항을 쓰시고자 하야, 내인(內人)더러 ㉢<u>당신</u> 휘항을
가져오라 하니, 몽매(夢寐) 밖에 썩 하시기를,
<small>천만 뜻밖에 대뜸 말씀하시기를</small>

"자네가 아무커나 무섭고 흉한 사람이로세. 자네는 세손 데리고 오래 살려 하기, 내가 오늘 나가 죽겠기사 외로워, 세손의 휘항을 아니 쓰이랴 하는 심술을 알겠네."

하시니, ㉣<u>내</u> 마음은 당신이 그날 그 지경에 이르실 줄 모르고 이 끝이 어찌 될
<small>혜경궁 홍 씨</small> <small>뒤주 속에 들어가 죽은 일</small>
꼬? 사람이 다 죽을 일이요, 우리의 모자의 목숨이 어떠할런고?

아무렇다 없었기. 천만 의외의 말씀을 하시니, 내 더욱 서러워 다시 세손 휘항을 갖다 드리며,

"그 말씀이 하 마음에 없는 말이시니 이를 쓰소서."

하니,

"슬희! 사외하는 것을 써 무엇할꼬."
<small>싫네 마음에 꺼림칙한</small>

하시니 이런 말씀이 어이 병환(病患) 드신 이 같으시며, 어이 공순히 나가려 하시던고? 다 하늘이니, 원통 원통하오다. 그러할 제 날이 늦고 재촉하여 나가시니,
<small>숙명론, 운명론</small>
대조(大朝)께서 휘령전에 좌(坐)하시고, 칼을 안으시고 두드리오시며 그 처분을
<small>임금 (영조)</small>
하시게 되니, 차마 차마 망극하니, 이 경상(景狀)을 내 차마 기록하리오. 섧고 섧
<small>이 광경 (사도 세자가 죽음을 당한 임오화변의 일)</small>
도다.

▶ 영조의 부름과 휘황과 관련된 사도 세자의 오해

2017년 지방직 7급

Q. 밑줄 친 말에서 가리키는 사람이 다른 것은?

① ㉠ ② ㉡
③ ㉢ ④ ㉣

정답 ④

핵심정리

갈래	국문 수필, 궁정 수필, 회고록
성격	사실적, 체험적, 회고적, 비극적
제재	사도 세자의 죽음(임오화변)
주제	사도 세자의 참변을 중심으로 한 파란만장한 인생 회고
특징	- 우아하고 품위 있는 궁중 용어를 사용함 - 자전적 회고의 성격을 지님 - 비극적인 내용을 절실하고도 간곡한 묘사를 통해 형상화함.

시대적 상황

영조는 정빈 이씨에게 첫 왕자를 얻었으나 어린 나이에 죽고 말았다. 이후 영조는 42세에 영빈 이씨(선희궁)에게서 사도 세자를 낳았다. 영조는 기뻐서 백일도 안 된 아기를 별궁에 키우면서 이듬해 세자로 책봉하고, 세자가 15세 되던 해에 정사(政事)에도 참여시켰다. 이때 세력을 쥐고 있던 노론은 사도 세자를 중심으로 새 세력을 구축하여 소론을 물리치고자 하였으나, 세자가 이를 들어주지 않았다. 이에 노론은 갖가지 음모를 꾸며 세자를 못살게 굴었다. 또 세자의 장인 홍봉한이 세력을 떨치자 세자 폐위의 계략을 꾸몄다. 여기에다 세자의 비행(非行)이 자꾸 드러나자, 노론은 사도 세자가 역모를 꾀했다고 고변하게 된다. 그러자 영조는 세자를 폐위(廢位)하고 결국 뒤주에 가두어 죽였다.

병태 요정의 ADVICE

영조의 부름에 사도 세자는 운명을 예감했어요. 아내 혜경궁 홍씨에게 세손(증조)의 휘항을 가져와 달라고 하며, 영조에게는 자신이 학질에 걸렸다 말하겠다고 하죠. 영조가 아끼는 세손의 휘항을 써서 자신이 세손의 아버지임을 강조하고, 학질이라는 병을 내세워 위기의 상황에서 벗어나고자 했던 것이에요. 하지만 혜경궁 홍씨는 그 의도를 모르고 작은 세손의 모자를 어찌 쓰겠냐며 사도 세자의 것을 가지고 오게 했죠. 휘항과 관련하여 혜경궁 홍씨를 오해한 사도 세자는 영조에게 가서 결국 죽음을 당했어요.

'한중록'은 혜경궁 홍씨가 남편이 뒤주에 갇혀 죽임을 당했던 임오화변의 역사적 사실과 자신의 운명을 회상하여 자서전 형식으로 기록한 궁정 수필이에요. 총 4편으로 구성되어 있는데, 사도 세자의 참변에 대한 진상은 4편에서 다루고 있어요.

일야구도하기 (박지원)

2018년 지방직 7급

내 집이 산속에 있는데 문 앞에 큰 개울이 있다. 해마다 여름철에 소낙비가 한 차례 지나가면, 개울물이 갑자기 불어 언제나 수레 소리, 말 달리는 소리, 대포 소리, 북소리를 듣게 되어 마침내 귀에 못이 박혔다. 내가 일찍이 문을 닫고 누워서 소리의 종류를 비교해 들어 보았다. 깊은 솔숲에서 솔바람 소리 이는 듯하니 이 소리는 청아하게 들린다. 산이 찢어지고 언덕이 무너지는 것 같으니 이 소리는 격분한 듯 들린다. 개구리들이 다투어 우는 듯하니 이 소리는 교만하게 들린다. 많은 축(筑)이 차례로 연주되는 것 같으니 이 소리는 성난 듯이 들린다. 번개가 치고 우레가 울리는 것 같으니 이 소리는 놀란 듯 들린다. 약한 불 센 불에 찻물이 끓는 듯하니 이 소리는 아취 있게 들린다. 거문고가 궁조(宮調)와 우조(羽調)에 맞게 연주되는 것 같으니 이 소리는 슬프게 들린다. 종이 창문에 바람이 문풍지를 울게 하는 듯하니 이 소리는 의아하게 들린다. 〈중략〉

▶ 마음속의 뜻이 반영되는 물소리

지금 나는 밤중에 한 강을 아홉 번 건넜다. 〈중략〉 내가 아직 요동에 들어오지 못했을 때 바야흐로 한여름이라, 뜨거운 별 밑을 가노라니 홀연 큰 강이 앞에 당하는데 붉은 물결이 산같이 일어나 끝을 볼 수 없으니, 이것은 대개 천 리 밖에서 폭우(暴雨)가 온 것이다. 물을 건널 때는 사람들이 모두 머리를 우러러 하늘을 보는데, 나는 생각하기에 사람들이 머리를 들고 쳐다보는 것은 하늘에 묵도(默禱)하는 것인 줄 알았더니, 나중에 알고 보니 물을 건너는 사람들이 물이 돌아 탕탕히 흐르는 것을 보면, 자기 몸은 물을 거슬러 올라가는 것 같고, 눈은 강물과 함께 따라 내려가는 것 같아서 갑자기 현기가 나면서 물에 빠지는 것이기 때문에 그들이 머리를 우러러보는 것은 하늘에 비는 것이 아니라, 물을 피하여 보지 않으려 함이다. 또한 어느 겨를에 잠깐 동안의 목숨을 위하여 기도할 수 있으랴.

▶ 낮에 사람들이 고개를 들고 물을 건너는 이유

그 위험함이 이와 같으니, 물소리도 듣지 못하고 모두 말하기를,

"요동 들은 평평하고 넓기 때문에 물소리가 크게 울지 않는 거야."

하지만 이것은 물을 알지 못하는 것이다. 요하(遼河)가 일찍이 울지 않는 것이 아니라 특히 밤에 건너 보지 않은 때문이니, 낮에는 눈으로 물을 볼 수 있으므로 눈이 오로지 위험한 데만 보느라고 도리어 눈이 있는 것을 걱정하는 판인데, 다시 들리는 소리가 있을 것인가. 지금 나는 밤중에 물을 건너는지라 눈으로는 위험한 것을 볼 수 없으니, 위험은 오로지 듣는 데만 있어 바야흐로 귀가 무서

핵심정리

갈래	한문 수필, 기행 수필
성격	체험적, 사색적, 분석적, 교훈적
제재	하룻밤에 아홉 번 강을 건넌 체험
주제	- 외물(外物)에 현혹되지 않는 삶의 자세 - 이목(耳目)에 구애됨이 없는 초연한 마음 - 마음을 다스리는 일의 중요성
특징	- 구체적인 경험을 바탕으로 자연스럽게 결론을 이끌어 냄 - 치밀하고 예리한 관찰력으로 사물의 본질을 꿰뚫어 봄

구성

기	마음속의 뜻이 반영되어 물소리가 달리 들렸던 경험 → 마음 가짐에 따라 강물 소리가 달라짐
승	- 요하(遼河)를 건넌 경험 - 낮에는 눈에 보이는 파도 때문에 소리가 들리지 않고 밤에는 파도가 보이지 않아 소리가 크게 들림 → 외물(外物)에 현혹되기 쉬움
전	외물에 현혹되지 않고 마음을 평정하면 사나운 강물에도 익숙해짐 → 글쓴이가 깨달은 진리
결	감각 기관과 그것에 의하여 움직이는 감정에 휩쓸리지 말아야 함 → 인생의 바른 태도

병태 요정의 ADVICE

글쓴이는 큰 개울의 물소리에 대해 이야기하고 있어요. 같은 물소리이지만 화자의 마음에 따라서 청아하게 들리기도 하고, 교만하게 들리기도 하죠. 슬프거나 의아하게 들리기도 하는데 이것은 모두 글쓴이의 마음 상태에 따라 다르게 들리는 것이에요. 이후 글쓴이는 강을 건넜던 경험을 이야기해요. 이를 통해 큰 강물을 건너면서 사람들이 겁을 먹는 이유는 강물의 흐름이나 소리만을 염두에 두기 때문이라는 것을 깨달았어요. 또한 눈과 귀를 통해 지각된 외물에 현혹되지 말고, 사물을 이성적으로 바라볼 필요가 있다는 것도 깨닫죠. 이러한 경험과 깨달음을 통해 글쓴이는 외물에 쉽게 흔들리지 않는 삶의 자세가 필요하다고 이야기하고 있는 것이에요.

워하여 걱정을 이기지 못하는 것이다.
보이지 않으므로 소리가 더욱 크고 두렵게 들리기 때문

　나는 이제야 도(道)를 알았도다. 마음을 잠잠하게 하는 자는 귀와 눈이 누(累)
외물에 현혹되지 말고 본질에 주목해야 한다는 깨달음
가 되지 않고, 귀와 눈만을 믿는 자는 보고 듣는 것이 더욱 밝혀져서 병이 되는 것이다.

▶ '나'의 깨달음

2018년 지방직 7급

Q. 다음 글의 중심 생각을 표현한 성어는?

① 以心傳心　　　　　　② 心機一轉
③ 人心不可測　　　　　④ 一切唯心造

정답 ④

토황소격문 (최치원)

2016년 국가직 9급

대개 사람은 스스로 자신의 잘못을 깨닫는다. 지난번 우리 조정에서는 부끄러움을 무릅쓰고 너를 달래기 위하여 지방의 요직에 임명한 일이 있었다. 그런데도 너는 만족할 줄 모르고 오히려 못된 독기를 발산하여 가는 곳마다 사람을 죽이고 군주를 욕되게 하여, 결국 황제의 덕화(德化)를 배신하고 말았다.
(덕으로 교화함)
▶ 황소의 죄상 고발

『도덕경』에 이르기를, "갑자기 부는 회오리바람은 한나절을 지탱하지 못하고, 쏟아지는 폭우는 하루를 계속하지 못한다." 하였다. 천지에 갑작스럽게 일어난 변화도 이와 같이 오래 가지 못하는 법인데 하물며 사람의 일이야 말할 나위가 있겠는가?
(=폭우, 황소 (세력이 오래 가지 않음))
(설의법, 유추의 방법을 통한 논지 강조)
▶ 황소가 패망할 수밖에 없는 이유

지금 너의 흉포함이 쌓이고 쌓여 온 천지에 가득 찼다. 그러나 이러한 위험 속에서 스스로 안주하고 반성할 줄 모르니, 이는 마치 제비가 불이 붙은 초막 위에 집을 지어 놓고 만족해하는 것과 같고, 물고기가 솥 안에서 즐거워하며 헤엄치는 것과 같다. 눈앞에 닥친 삶을 즐겨 죽을 운명을 생각지 못하고 말이다.
(황소의 태도)
(제비=물고기=황소 : 죽을 운명을 생각하지 못하는 어리석은 존재)
▶ 황소의 어리석음을 꾸짖음

나는 지금 현명하고 신기로운 계획으로 온 나라의 군대를 규합하니 용맹스러운 장수가 구름처럼 모여들고, 죽음을 가벼이 여기는 용사들이 소나기처럼 몰려온다. 진격하는 깃대를 높이 세워 남쪽 초(楚)나라에서 불어오는 바람을 잠재우고, 전함과 누선을 띄워 오(吳)나라 강의 풍랑을 막으려고 한다.
(황소에 대한 위협)
(배 안에 이 층으로 집을 지은 배로 주로 해전에 쓰임)
▶ 토벌군의 막강한 위력을 알림

2014년 국가직 9급

Q. 다음 글의 서술 방식으로 적절하지 않은 것은?
① 단호한 어조로 상대의 오만함을 지적하고 있다.
② 역사적 사례를 들어 상대의 미묘한 심리를 언급하고 있다.
③ 상대가 행한 일을 나열하며 부당한 처사였음을 지적하고 있다.
④ 상대가 처한 상황을 비유적으로 표현하며 반성을 촉구하고 있다.

정답 ②

✓ 핵심정리

갈래	격문
성격	비판적, 설득적, 위협적
제재	황소의 반란
주제	황소의 죄상을 폭로하고 항복을 회유
특징	- 협박과 회유의 방법을 사용하여 상대를 효과적으로 설득함. - 문학이 발휘하는 현실적인 힘을 잘 보여 줌. - 중국 문학과 한국 문학의 교섭 관계를 파악할 수 있는 좋은 자료임.

✦ 격문이란?

널리 세상 사람들을 선동하거나 의분을 고취하기 위해 쓰는 글로, 격서 또는 격이라고도 한다. 주로 여러 사람에게 급하게 알려야 할 내용이 있거나, 특별한 일로 군병을 모집해야 할 경우, 적군을 타이르거나 꾸짖기 위한 상황에서 발표하는 글이다.

✦ 황소의 난

중국 당나라 말기에 일어난 농민 반란이다. 기근과 수탈로 사회적 불안이 높아지자 왕선지가 난을 일으켰고 황소는 이에 호응, 유민들을 규합해 큰 세력을 형성하고 관헌·부호에 대한 약탈을 감행하였다. 이후 황소는 국호를 대제(大齊)라 칭하고 제위에 올랐으나 무력으로 진압되었다.

📢 병태 요정이 ADVICE

이 글은 '황소의 난'이 일어나자 최치원이 황소에게 보내기 위해 지은 격문이에요. 황소가 이 격문을 읽고 말에서 굴러 떨어졌다는 일화가 유명해요. 황소의 마음을 돌리기 위해 위협과 회유를 절묘하게 섞어 효과적으로 설득하는 글이죠. 글쓴이는 황소의 죄상을 고발하고 있는데, 유추의 방법을 통해, 황소가 패망할 수밖에 없음을 말하고 있어요. 또한 다양한 비유적 표현으로 황소의 어리석음을 꾸짖으면서, 황소에 대한 위협도 드러내고 있어요. 중국에서 창작된 한자 표기의 글이지만, 당시 훈민정음이 창제되지 않은 시기였고, 최치원이라는 한국 사람의 경험과 시각을 바탕으로 창작되었다는 점을 고려하여 한국 문학으로 볼 수 있는 글이에요.

상기 (박지원)

2017년 생활안전분야 국가직 7급

"이빨을 준 자가 누구인가?"하고 묻는다면 사람들은 "하늘이 주었지요."라 말하리라. 다시 "하늘이 이빨을 준 이유는 장차 무엇을 하게 하려 함인가?"라고 물으면 사람들은 "하늘이 먹이를 씹어 먹으라고 한 것이지요."라 답하리라. 다시 "이빨로 먹이를 씹어 먹게 함은 무슨 까닭인가?"라고 물으면 사람들은 "이는 하늘의 이치입니다. 『새나 짐승은 손이 없으므로 반드시 부리나 주둥이
  └ 하늘의 의도가 반영된 것이다 (사람들의 주장)
를 굽혀 땅에 닿도록 해서 먹이를 구하게 하는 것이지요. 그래서 학의 다리가 이미 높으니 어쩔 수 없이 목을 길게 만들지 않을 수 없었고, 그래도 혹 땅에 닿지 않을까 염려하여 부리를 길게 만든 것입니다. 만약 닭의 다리를 학의 다리처럼 만들었더라면 뜨락에서 굶어 죽었겠지요."라 답하리라.
  『 』: 만물에 하늘의 의도가 반영되어 있다는 주장을 뒷받침하는 사례들

내가 크게 웃으며

"그대가 말한 하늘의 이치는 곧 소, 말, 닭, 개 에게나 해당한다.
  └ 모든 사물에 동일한 이치를 적용할 수 없다는 작가의 입장이 드러남
하늘이 이빨을 준 이유가 반드시 구부려서 먹이를 씹게 하려 한 것일진대 『이
                                                사람들의 주장
제 저 코끼리가 쓸데없는 어금니를 가지고 장차 땅에 구부리려 한다면 어금니가 먼저 닿을 터이니 이른 바 먹이를 씹는 데 도로 방해가 되지 않겠느냐?"라 말하
  『 』: 코끼리를 예로 들어 모든 사물에 동일한 이치를 적용할 수 없음을 밝힘
면 어떤 사람은 / "코에 의지하면 되지요."라 말하리라.
           └ 작가의 반박에 대한 사람들의 반박
내가 "어금니가 길어서 코에 의지하는 것보다는 차라리 어금니를 버리고 코를
  └ 작가의 재반박 (반문의 형식을 통해 사람들의 주장이 불합리한 것임을 밝힘)
짧게 하는 편이 나으리라."라 하니 이에 떠들던 자가 처음 주장을 굳게 지키지 못하고 자기가 알고 있던 바를 조금씩 굽혔다.

▶ 모든 사물에 하늘의 의도가 반영되어 있다는 주장에 대한 논리적 반박

이는 생각의 범 위가 미치는 것이 겨우 말, 소, 닭, 개 정도에 머물 뿐이요, 용,
                                주변에서 흔히 볼 수 있는 동물
봉황, 거북, 기린 같은 것에는 미치지 못해서이다. 『코끼리가 범을 만나면 코로 쳐
  └ 현실에서 보기 어려운 동물
서 죽이니 그 코로 말한다면 천하에 적수가 없다 할 것이나, 코끼리가 쥐를 만나면 코를 둘 자리가 없어서 멍하니 하늘을 쳐다보고 섰을 뿐이다. 그렇다고 쥐가 범보다 무섭다고 말한다면 앞서 이른 하늘의 이치는 아닐 것이다.』
  『 』: 코끼리가 범과 쥐를 만났을 때의 상황 대비 (고정된 관점으로 인식하는 것의 불합리성)
▶ 고정된 시각으로 대상을 판단할 때의 오류

2017년 생활안전분야 국가직 7급

Q. 필자의 견해와 일치하는 것은?

① 코끼리는 쥐에게나 범에게나 천하무적의 대상이다.
② 사람들은 익숙한 대상을 통해 하늘의 이치를 헤아리려 한다.
③ 코끼리는 쓸데없는 어금니를 지탱하기 위하여 코가 길어졌다.
④ 닭의 다리를 학의 다리와 같게 만드는 것이 하늘의 이치이다.

정답 ②

✓ 핵심정리

갈래	한문 수필, 기(記)
성격	묘사적, 비유적, 교훈적
제재	코끼리를 본 경험
주제	획일적 이치로 만물을 바라보는 고정 관념에 대한 경계
특징	- 작가의 경험을 바탕으로 통념을 깨는 철학적 진리를 전달함. - 비유와 묘사를 통해 말하고자 하는 바를 개성적으로 표현함. - 문답법을 사용하여 작가의 주장이 타당함을 논리적으로 입증함.

✿ 사람들과 작가의 문답

사람들	하늘이 이빨을 준 것은 구부려서 사물을 씹도록 한 것임.
작가	코끼리는 땅으로 고개를 숙이면 어금니가 먼저 닿아 씹는 것에 방해가 됨.
사람들	코끼리에게 긴 어금니를 준 것은 코가 있기 때문임.
작가	차라리 어금니를 없애고 코를 짧게 하는 것이 나음.

📝 구성

기	움직이는 코끼리를 보았을 때 느낀 충격과 경이로움
승	코끼리의 외양에 대한 자세한 묘사
전	하늘의 이치에 관한 통념에 대한 논리적 반박과 입증
결	고정된 관념에서 대상을 인식하는 것의 위험성

🚩 병태 요정의 ADVICE

'사람들'과 필자의 문답으로 글이 전개되고 있어요. '사람들'에게 묻고 예상되는 답변에 다시 반박하는 상황을 가정하여 문답식으로 내용을 전개하고 있지요. 이러한 방식은 작가의 주장과 타당성을 효과적으로 드러내요.

백운거사전 (이규보), 백운거사어록 (이규보)

2015년 지방직 7급

백운거사(白雲居士)는 선생의 자호이니, 그 이름을 숨기고 그 호를 드러낸 것이다. 그가 이렇게 자호하게 된 취지는 선생의 『백운어록(白雲語錄)』에 자세히 기재되었다. 집에는 자주 식량이 떨어져서 끼니를 잇지 못하였으나 거사는 스스로 유쾌히 지냈다. 성격이 소탈하여 단속할 줄을 모르며, 우주를 좁게 여겼다. 항상 술을 마시고 스스로 혼미하였다. 초청하는 사람이 있으면 곧 반갑게 나가서 잔뜩 취해가지고 돌아왔으니, 아마도 옛적 도연명(陶淵明)의 무리 이리라. 거문고를 타고 술을 마시며 이렇게 세월을 보냈다. 이것은 그의 기록이다. 거사는 취하면 시를 읊으며 스스로 전(傳)을 짓고 스스로 찬(贊)을 지었다.

〈백운거사전〉

〈백운거사전〉 핵심 정리

갈래	전(傳)
성격	자서전적
주제	백운거사 인물 소개
특징	- 청년 이규보가 천마산에 은거했을 때, 그의 심경을 서술한 자서전적 전기

병태 요정의 ADVICE
이 글은 주인공 백운거사가 복잡한 세속의 홍진에서 벗어나 자연 속에서 술과 거문고를 타며 세월을 보내는 모습을 나타내고 있어요. 표면적으로는 현실도피의 사상을 드러낸 것으로 보이지만, 사실은 현실참여 의지를 강하게 함축하고 있는 작품으로 보는 견해가 많아요. 작가가 당시에 마음먹고 있던 내면세계를 역설적으로 표출한 작품으로 이해하는 것이죠.

2015년 지방직 7급

Q. 다음 글에 대한 설명으로 가장 적절한 것은?
① 세상을 등지고 살고자 하는 백운거사의 의도를 드러내고 있다.
② 세상에 얽매이고 싶지 않은 백운거사의 의식을 드러내고 있다.
③ 백운거사의 불우한 삶에 대해 동경하는 시선을 드러내고 있다.
④ 유교적 세계관에 바탕을 둔 백운거사의 의지를 드러내고 있다.

정답 ②

나는 원래 거문고와 시와 술, 이 셋을 몹시 좋아하였으므로, 처음에는 나대로 호를 삼혹호선생(三酷好先生: 세 가지를 몹시 좋아하는 선생)이라고 하였다. 그러나 거문고 타는 것도 잘 못 타고 시를 짓는 데도 공부가 미흡하고, 술도 많이 마시지 못하니, 이 호를 만약 그대로 가진다면, 세상에서 듣는 사람들이 크게 웃지 않겠는가? 그래서 이것을 고쳐 백운거사(白雲居士)라고 했다.

▶ 백운거사로 호를 바꾼 내력

〈백운거사어록〉 핵심 정리

갈래	호기(號記)
성격	자서전적
주제	백운거사라는 호의 내력과 의미
특징	- 자연물(구름)의 속성을 통해 글쓴이가 지향하고자 하는 삶의 모습을 표현함.

병태 요정의 ADVICE
글쓴이가 자신의 호를 '백운거사'라고 정하게 된 내력과 그 호에 담긴 의미를 밝히고 있는 글이에요. 이 작품에 쓰인 '구름'의 속성에는 글쓴이가 지향하고자 하는 삶의 모습이 담겨 있어요. 구름은 나아가고 물러나는 모습이 선비와 같고 그 어떤 것에 집착하거나 얽매이지 않지요. 또 비를 내려 다른 존재들을 이롭게 하기도 하고, 그 본질이 순수해요. '거사'는 곧 도를 즐기는 사람을 의미하는데, '백운거사'라는 글쓴이의 호에는 이와 같은 의미가 모두 담겨 있는 것이에요.

그랬더니 어떤 이는 말하기를, "자네가 장차 청산에 들어가 누웠다가 흰 구름 속에 가서 누우려고 하는가? 왜 호를 이렇게 지었는가." 하기에, 나는, "그런 것이 아니다. 백운은 내가 사모하는 것이다. 사모하여 이것을 배우면, 비록 그 실상을 그대로는 다 얻지 못한다 하더라도 거기에 가까워지기는 할 것이다. 대개 구름이라는 것은 뭉게뭉게 피어오르고 한가히 떠서, 산에도 머물지 않고, 하늘에도 매달리지 않으며, 동쪽이든 서쪽이든 훨훨 날아다녀 어디에도 구애됨이 있겠는가. 잠깐 사이에 변화하니 처음도 끝도 헤아릴 수 없지. 뭉실뭉실 퍼져나가는 그 모양은 마치 군자가 세상에 나가는 것과 같은 기상이요, 스스로 걷히는 그 모양은 고매한 선비가 은둔하는 것 같네. 비를 내려 메마른 초목을 살리니 어질다 하겠으며, 왔다가도 정착하지 않고 떠날 때 미련을 남기지 않으니 화통하다 하겠네.

그리고 구름의 원래 빛깔은 푸르거나 누렇거나 붉거나 검은 것이 아니라네. 오직 아무런 빛깔 없이 희디흰 것이 구름의 본질적인 색깔이지. 구름은 저렇게 좋은 덕이 있기에 이처럼 순수한 빛을 갖게 된 거라네. 만약 저 구름을 흠모하여 배운다면, 세상에 나가서는 만물에 은택을 주고, 집에 들어앉게 되면 아무 욕심 없이 그 흰 것을 지켜서 변함없는 모습으로 지낼 수 있겠지. 그리하여 아무런 소리도 빛깔도 없는 드넓고 텅 빈 자유의 세계로 들어가게 된다면 구름이 나인지 내가 구름인지 알 수도 없겠지. 이 정도면 옛사람들이 인생에서 깨달은 것과 비슷하지 않겠나?"

다른 이는 또 말하기를, "어떤 이를 거사(居士)라고 하는가." 하기에, 나는, "산에 살거나, 집에 살거나 간에 오직 도를 즐긴 뒤라야 거사라고 호를 삼을 수 있으니, 나는 집에 살고 있지만 도를 즐거워하는 사람이거든." 하고 말하였다. 이렇게 말을 하니, 어떤 이는 또 말하기를, "참으로 이와 같으면, 자네의 말이 이치를 꿰뚫고 있네그려. 기록해 둬야겠네." 그래서 적어둔다. ▶ 백운거사라는 호에 담긴 의미

〈백운거사어록〉

표해록 (최부)

2016년 국가직 7급

신(臣)이 부영(傅榮)에게 말하였습니다.
_{지은이 '최부'}

"수차(水車) 만드는 법을 배우고 싶습니다."

"당신은 어디에서 수차를 보았습니까?"

"지난번 소흥부(紹興府)를 지날 때, 어떤 사람이 호수 언덕에서 수차를 돌려 논에 물을 대고 있는 것을 보았습니다. 힘을 적게 들이면서 물을 많이 퍼 올리더군요. 가뭄에 농사짓는 데 도움이 될 것 같습니다."
_{수차를 활용하여 물을 공급하는 것을 보고 조선에 이를 활용하고자 함}

"수차는 물을 푸는 데만 사용될 뿐이니 배울 것이 못 됩니다."

"우리나라는 논이 많은데 자주 가뭄이 들지요. 만약 수차 만드는 법을 배워 우리 백성에게 가르쳐 준다면 농사에 큰 도움이 될 것입니다. 그대가 조금만 수
_{실제로 충청도 지방의 가뭄 때 이를 사용하여 많은 도움을 줌}
고해 가르쳐 주면, 우리 백성 대대로 큰 이익이 생길 것이오. 그 제작법을 잘 알아보시되 모자란 점이 있으면 뱃사람들에게 물어서 정확히 가르쳐 주시기 바랍니다."

2016년 국가직 7급

Q. 다음 글에서 '신(臣)'의 태도로 가장 적절한 것은?
① 공리공론(空理空論)
② 실사구시(實事求是)
③ 이용후생(利用厚生)
④ 주권재민(主權在民)

정답 ③

❁ 창작 배경

지은이 최부는 부친상을 당해 제주에서 고향인 나주로 급히 돌아오다가 풍랑을 만나 16일 동안 바다에서 표류하며 중국 저장성 닝보부에 표착하였다. 명나라에서는 왜구로 오해하여 최부의 일행에게 매질을 가하고 이들을 죽여서 왜구를 사살한 업적으로 삼고자 했다. 하지만 최부와 그 일행 43명은 왜구가 아니라 풍랑으로 밀려온 조선인임을 알게 되자 장교를 대동하여 중국 내륙으로 이어진 대운하를 따라 북경으로 이송되었다. 북경에서는 명나라의 황제 홍치제를 알현하여 상을 받고, 이들 일행은 반 년 만에 귀국하였다. 최부는 조선으로 돌아와 자신의 경험한 사실을 성종에게 보고했으며 성종은 이 같은 사실을 서책으로 기록하여 보고토록 지시했다. 왕명에 의하여 지어졌기 때문에 서술에서도 지은이 스스로를 가리킬 때 '신(臣)'이라고 기록하여 보고문의 성격도 가지고 있다.

✓ 핵심정리

갈래	여행기, 표해기
제재	명나라에 표류하였던 경험
주제	해안에 표착하여 겪은 고난과 중국을 종단하면서 보고 들은 다양한 내용
특징	- 방문하는 도시마다 풍물을 관찰하여 세세하게 기록함. - 운하를 통한 물자 운송으로 경제적 효율성에 대하여 심도 있게 서술함. - 중국 운하사(運河史)의 중요한 문헌으로 평가됨. - 현재 전하고 있는 표해 기록문 중 가장 오래된 작품임.

📢 병태 요정의 ADVICE

이 작품은 작가가 풍랑을 만나 표류하면서 배 안에서 겪은 갈등과 왜구를 만난 일, 왜구로 오인 받아 붙잡혀서 사형 당할 위기에 처한 일, 북경으로 옮겨지게 된 일 등을 보고문처럼 서술하였어요. 중국 대륙을 종단하여 북쪽으로 올라오면서 보고 듣고 느낀 갖가지 일들도 기록되어 있지요. 중국의 해로(海路), 기후, 도로, 풍속, 민요 등 폭넓은 영역을 자세히 소개하고 있어요.

특히, 중국 농촌에서 논밭에 물을 퍼 올리는 수차(水車)를 보고 그 제작과 이용법을 배운 일을 기록하였는데, 훗날 충청도 지방에 가뭄이 들었을 때 이 수차를 만들어서 많은 도움을 주기도 했어요.

초정집서 (박지원)

2014년 국가직 7급

■: 긍정적인 대상, ■: 부정적인 대상

문장을 어떻게 써야 하는가? '반드시 옛것을 모범으로 삼아야 한다.'라고 사람들은 말한다. 그리하여 세상에는 마침내 옛것을 모방하면서도 부끄러운 줄 모르는 사람들이 생겨나게 되었다. 이는 주(周)나라의 제도를 본떴던 역적 왕망(王莽)이 예악(禮樂)을 수립했다는 격이며, 공자와 얼굴이 닮은 양화(陽貨)가 만세(萬世)의 스승이 될 수 있다는 격이다. 그러니 어찌 옛것을 모범으로 삼을 수 있겠는가?

▶ 옛것을 따르는 글쓰기의 문제점

그렇다면 새것을 만들어야 하는가? 그리하여 세상에는 마침내 괴상하고 허황되고 지나치게 치우친 글을 쓰면서도 두려워할 줄 모르는 이들이 생겨나게 되었다. 이는, 임시 조처로 세 길 높이의 나무를 옮기게 하는 것이 통상의 법령보다 중요하다는 격이고, 이연년(李延年)의 새로 만든 간드러진 노래를 종묘(宗廟)의 음악으로 연주하여도 좋다는 격이다. 그러니 어찌 새것을 만들겠는가?

▶ 새것을 만드는 글쓰기의 문제점

그렇다면 어찌해야 좋단 말인가? 우린 장차 어찌해야 하는가? 글쓰기를 그만두어야 할 것인가?

▶ 글쓰기에 대한 고민

아아! 옛것을 모범으로 삼는 사람은 낡은 자취에 구애 되는 것이 병이고, 새것을 만들어 내는 사람은 상도(常道)에서 벗어나는 것이 탈이다. 참으로 옛것을 모범으로 삼되 변통할 줄 알고, 새것을 만들어 내되 법도가 있게 할 수 있다면, 지금 글이 옛날 글과 같을 것이다.

▶ 옛것과 새것의 장점을 살린 글쓰기

핵심정리

갈래	한문 수필
성격	분석적, 반성적
주제	올바른 글쓰기의 방법
특징	- 구체적인 사례를 인용하여 주장을 강조함. - 비유적 표현을 사용함.

글쓰기 방법의 장단점

옛것을 따르는 글쓰기 – 법고	
장점	단점
글의 법도가 있는 것 글의 근거가 있는 것	기존 글의 형식에 빠지게 됨

새로운 것을 만드는 글쓰기 – 창신	
장점	단점
변통성 있는 글쓰기	글의 법도가 없는 것 글의 근거가 없는 것

⇓ 절충

옛것: 법도와 근거가 있는 글쓰기	새것: 변통성 있는 글쓰기
법고창신(法古創新)	

병태 요정의 ADVICE

글쓴이는 옛것을 따르는 글쓰기와 새로운 것을 만드는 글쓰기 사이에서 어느 것이 올바른 글쓰기의 방향인지 고민하고 있어요. 두 방법 모두 장단점이 명확하기 때문이죠. 그래서 글쓴이는 옛것을 배우더라도 변통성이 있고, 새것을 만들어 내더라도 법도가 있는 글쓰기 방법을 제시했어요. '법고창신(法古創新)'의 글쓰기 방법이죠. 이는 온고지신(溫故知新)의 의미와 일맥상통해요.

무소유 (법정)

2017년 국가직 9급 (하반기)

"나는 가난한 탁발승(托鉢僧)이오. 내가 가진 거라고는 물레와 교도소에서 쓰던 밥그릇과 염소젖 한 깡통, 허름한 요포(腰布) 여섯 장, 수건, 그리고 대단치도 않은 평판(評判) 이것뿐이오."

마하트마 간디가 1931년 9월 런던에서 열린 제2차 원탁 회의(圓卓會議)에 참석하기 위해 가던 도중 마르세이유 세관원에게 소지품을 펼쳐 보이면서 한 말이다. K. 크리팔라니가 엮은 〈간디 어록(語錄)〉을 읽다가 이 구절을 보고 나는 몹시 부끄러웠다. 내가 가진 것이 너무 많다고 생각되었기 때문이다. 적어도 지금의 내 분수로는 그렇다.

사실, 이 세상에 처음 태어날 때 나는 아무 것도 갖고 오지 않았었다. 살만큼 살다가 이 지상의 적(籍)에서 사라져 갈 때에도 빈 손으로 갈 것이다.

그런데 살다보니 이것저것 내 몫이 생기게 된 것이다. 물론 일상에 소용되는 물건들이라고 할 수도 있다. 그러나 없어서는 안 될 정도로 꼭 긴요한 것들 만일까? 살펴볼수록 없어도 좋을 만한 것들이 적지 않다.

우리들이 필요에 의해서 물건을 갖게 되지만, 때로는 그 물건 때문에 적잖이 마음이 쓰이게 된다. 그러니까 무엇인가를 갖는다는 것은 다른 한편 무엇인가에 얽매인다는 것이다. 필요에 따라 가졌던 것이 도리어 우리를 부자유하게 얽어맨다고 할 때 주객이 전도되어 우리는 가짐을 당하게 된다는 말이다. 그러므로 많이 갖고 있다는 것은 흔히 자랑거리로 되어 있지만 그만큼 많이 얽히어 있다는 측면도 동시에 지니고 있는 것이다. (중략)

나는 이때 온몸으로, 그리고 마음속으로 절절히 느끼게 되었다. 집착이 괴로움인 것을. 그렇다. 나는 난초에게 너무 집념해 버린 것이다. 이 집착에서 벗어나야겠다고 결심했다. 난을 가꾸면서는 산철에도 나그넷길을 떠나지 못한 채 꼼짝을 못 했다. 밖에 볼일이 있어 잠시 방을 비울 때면 환기가 되도록 들창문을 열어 놓아야 했고, 분(盆)을 내놓은 채 나가다가 뒤미처 생각하고는 되돌아와 들여놓고 나간 적도 한두 번이 아니었다. (중략)

우리들의 소유 관념이 때로는 우리들의 눈을 멀게 한다. 그래서 자기의 분수까지도 돌볼 새 없이 들뜬다. 그러나 우리는 언젠가 한 번은 빈손으로 돌아갈 것이다. 내 이 육신마저 버리고 훌훌히 떠나갈 것이다. 하고많은 물량일지라도 우리를 어떻게 하지 못할 것이다. 크게 버리는 사람만이 크게 얻을 수 있다는 말이 있다. 물건으로 인해 마음을 상하고 있는 사람들에게는 한 번쯤 생각해 볼 말씀이

핵심정리

갈래	경수필
성격	사색적, 철학적, 교훈적, 체험적
제재	난초
주제	무소유의 참된 의미와 정신적 자유
특징	- 고백적인 말하기로 자신의 체험을 서술함. - 역설적 표현을 통해 진리를 전달함.

경험과 깨달음

경험	깨달음
'간디 어록'을 읽고 난 후의 사색과 성찰 → 자신이 소유한 것이 너무 많다고 생각함.	많이 갖고 있다는 것은 그만큼 많이 얽혀 있는 것임.
'난(蘭)'에 얽힌 체험 → 난초에 대한 집착으로 괴로움을 느끼고, 친구에게 난초를 주고 난 후에야 해방감을 느낌.	소유에 대한 욕심을 버릴 때 진정한 자유와 행복을 느낄 수 있음.

소유와 무소유

소유	무소유
집착	자유
괴로움	홀가분함
국가 간의 싸움	싸우는 일 없음
이해(利害)와 정비례	온 세상을 갖게 됨

병태 요정의 ADVICE

이 글은 법정 스님이 난초를 기르면서 느꼈던 애착과 집착을 통해 소유에 대한 깨달음을 제시하고 있는 글이에요. 소유에 대한 집착이 사람들에게 얼마나 굴레가 되는지를 이야기하며, 소유욕을 버릴 때 비로소 마음의 평온을 얻을 수 있다는 내용을 담고 있어요.

다. 아무것도 갖지 않을 때 비로소 온 세상을 갖게 된다는 것은 무소유의 역리(逆
   무소유 상태에서 참된 자유를 얻을 수 있으며 세상을 바로 볼 수 있음
理)이니까.

2017년 국가직 9급(하반기)

Q. 다음 글에 대한 설명으로 가장 적절한 것은?

① 역설과 예시를 사용해 주제를 강조하고 있다.
② 전문적인 지식을 통해 논증을 뒷받침하고 있다.
③ 난초를 의인화하여 소유의 가치를 깨우치고 있다.
④ 단호한 어조로 독자의 반성을 촉구하고 있다.

정답 ①

봉산 탈춤 (작자 미상)

2018년 경찰직 1차, 2013년 지방직 9급

제6㉠과장 양반춤

말뚝이 (벙거지를 쓰고 채찍을 들었다. 굿거리장단에 맞추어 양반 삼 형제를 인도하여 등장)

양반 삼 형제 (말뚝이 뒤를 따라 굿거리장단에 맞추어 점잔을 피우나, ㉡어색하게 춤을 추며 등장. 양반 삼 형제 맏이는 샌님〔生員〕, 둘째는 서방님〔書房〕, 끝은 도련님〔道令〕이다. 샌님과 서방님은 흰 창옷에 관을 썼다. 도련님은 남색 쾌자에 복건을 썼다. ─ 샌님과 서방님은 언청이이며(샌님은 언청이 두 줄, 서방님은 한 줄이다.) ─ 부채와 장죽을 가지고, 도련님은 입이 삐뚤어졌고 부채만 가졌다. 도련님은 일절 대사는 없으며, 형들과 동작을 같이 하면서 형들의 면상을 부채로 때리며 방정맞게 군다.)

말뚝이 (가운데쯤에 나와서) 쉬이. (음악과 춤 멈춘다.) 양반 나오신다아! 양반이라고 하니까 노론(老論), 소론(少論), 호조(戶曹), 병조(兵曹), 옥당(玉堂)을 다 지내고 삼정승(三政丞), 육판서(六判書)를 다 지낸 퇴로 재상(退老宰相)으로 계신 양반인 줄 아지 마시오. ㉢개잘량이라는 '양' 자에 개다리소반이라는 '반' 자 쓰는 양반이 나오신단 말이오.

양반들 야아, 이놈, 뭐야아!

말뚝이 아, 이 양반들 어찌 듣는지 모르갔소. 노론, 소론, 호조, 병조, 옥당을 다 지내고 삼정승, 육판서 다 지내고 퇴로 재상으로 계신 이 생원네 삼 형제분이 나오신다고 그리하였소.

양반들 (합창) 이 생원이라네. (굿거리장단으로 ㉣모두 춤을 춘다. 도령은 때때로 형들의 면상을 치며 논다. 끝까지 그런 행동을 한다.) 〈중략〉

▶ 양반의 뜻풀이 재담

생원 쉬이. (춤과 장단 그친다.) 말뚝아.

말뚝이 예에.

생원 이놈, 너도 양반을 모시지 않고 어디로 그리 다니느냐?

말뚝이 예에, 양반을 찾으려고 찬밥 국 말어 일조식(日早食)하고, 마구간에 들어가 노새 원님을 끌어다가 등에 솔질을 쏼쏼 하여 말뚝이 님 내가 타고 서양(西洋) 영미(英美) 법덕(法德), 동양 삼국 무른 메주 밟듯 하고, 동은 여울이요, 서는 구월이라, 동여울 서구월 남드리 북향

핵심정리

갈래	가면극(탈춤) 대본, 민속극
성격	풍자적, 해학적, 서민적, 비판적
배경	조선 후기(18세기경), 황해도 봉산
주제	양반에 대한 풍자와 조롱
특징	- 각 과장이 복합적으로 구성되어 독립적임 - 언어유희, 열거, 대구, 익살, 과장 등을 통하여 양반을 풍자하고 비판함 - 서민 계층의 언어와 양반 계층의 언어가 함께 사용됨 - 무대와 객석, 배우와 관객이 엄격하게 구분되지 않음

등장인물

말뚝이	- 양반 계층에 대한 서민들의 비판 의식을 대변하는 인물 - 재치 있는 언행을 통하여 양반을 조롱하고 비판하는 역할
양반 삼 형제	- 양반 계층의 어리석음과 무능함을 상징하는 인물 - 우스꽝스러운 외모와 언행을 통하여 자신들의 어리석음을 스스로 폭로

재담 구조

양반의 위엄	양반과 하인 말뚝이의 정상적인 관계를 나타냄
말뚝이의 조롱	말뚝이의 도전으로 양반의 위엄이 급격히 파괴됨
양반의 호통	양반은 민감한 반응을 보이면서 제재를 가해 '말뚝이의 조롱'을 부정하고 '양반의 위엄'을 세우려 함
말뚝이의 변명	말뚝이는 표면적으로는 '말뚝이의 조롱'을 부정하고 '양반의 위엄'과 '양반의 호통'을 긍정하는 척함
양반의 안심	- 양반은 '말뚝이의 변명'의 표면만 알고 기분 좋게 생각하나, 그것은 양반의 착각에 해당함. - 객관적으로는 '양반의 위엄'과 '말뚝이의 변명'이 부정되고 '말뚝이의 조롱'이 긍정됨

전체 구성

제1과장	사상좌춤	사방신(四方神)에게 배례하는 의식무
제2과장	팔목중춤	팔목중의 파계와 법고놀이 장면 ⇒ 중을 희화화
제3과장	사당춤	사당과 거사들이 흥겹게 노는 내용
제4과장	노장춤	노장이 유혹에 넘어가 파계했다가 취발이에게 욕보는 내용
제5과장	사자춤	사자가 파계승을 혼내고 화해의 춤을 춤 ⇒ 놀이판 정비
제6과장	양반춤	양반집 하인 말뚝이가 양반을 희롱하는 내용 ⇒ 양반의 허세를 희화화하고 공격함
제7과장	미얄춤	영감과 미얄, 첩의 삼각 관계와 미얄의 죽음 ⇒ 서민의 생활상과 남성의 횡포 표현

산 방방곡곡(坊坊曲曲) 면면촌촌(面面村村)이, 바위 틈틈이, 모래 쨈쨈이, 참나무 결결이 다 찾아다녀도 샌님 비뚝한 놈도 없습디다.
<small>샌님과 동격인 '비뚝한 사람'을 '놈'으로 표현하여 양반 계층을 조롱함</small>

▶ 양반 찾기

2013년 지방직 9급

Q. 다음 글에 대한 이해로 적절하지 않은 것은?
① 말뚝이는 언어유희를 통해 양반을 조롱하고 있다.
② 말뚝이는 양반의 호통에 이내 변명하는 모습을 보인다.
③ 양반은 화를 낼 뿐 말뚝이의 말에 대한 제대로 된 문책을 못하고 있다.
④ 양반은 춤을 통해 말뚝이를 제압하고 있다.

2018년 경찰직 1차

Q. 밑줄 친 부분에 대한 설명으로 가장 적절하지 않은 것은?
① ㉠: 현대 연극의 '막'과 유사하지만 각 '과장'은 독립적이다.
② ㉡: 양반의 행동을 희화화하여 보여 주고 있다.
③ ㉢: 언어유희를 통해 양반을 조롱하고 있다.
④ ㉣: 말뚝이를 통해 유발된 갈등이 완전히 해소되었다.

2018년 경찰직 1차

Q. 이 작품에 대한 설명으로 가장 적절한 것은?
① 경상도 안동 지방에서 전해 내려오는 가면극의 일종이다.
② '양반의 위엄 → 말뚝이의 조롱 → 양반의 호통 → 말뚝이의 변명 → 양반의 안심'의 재담 구조를 보인다.
③ 등장인물은 공연 상황에 따라 대사를 바꾸어 표현하지 못한다.
④ 말뚝이는 무능한 지배 계층을 대변하는 인물이다.

정답 ④, ④, ②

✿ '탈'의 기능

가면극에 사용되는 탈은 과장된 외양을 특징으로 한다. 이 글에서도 양반 삼 형제의 모습을 희화화하기 위하여, 언청이의 특징을 드러낸 탈을 사용하고 있다. 이러한 탈의 사용은 인물의 성격을 극적으로 표현하기 위한 것이며, 극에 대한 관객의 몰입도와 이해도를 높여 준다. 상류 계층인 양반에 대한 조롱과 비판을 주된 내용으로 하는 가면극의 특성상, 풍자하는 주체의 익명성을 보장하여 양반에 대한 풍자를 자유롭게 할 수 있는 기능을 하기도 한다.

📢 병태 쌤의 ADVICE

'말뚝이'는 양반을 모시는 하인이에요. '양반'의 뜻풀이를 다르게 하여 양반을 조롱하고 있죠. 조롱을 들은 '양반들'은 버럭 화를 내는데, 여기서 '양반들'은 서민들에게 권위를 인정받지 못하는 우스꽝스러운 존재에 해당해요. 양반의 호령에 '말뚝이'는 변명을 하는데, '양반들'은 '말뚝이'의 변명을 듣고 안심하며 춤을 추어요. 이를 통해 일시적으로 갈등이 해소되고, 양반의 어리석음은 더욱 부각되고 있지요 제시된 부분은 '봉산탈춤'의 제6과장 '양반춤 마당'이에요. '양반의 위엄 → 말뚝이가 양반의 위엄 파괴 → 양반의 호령 → 말뚝이의 변명 → 안심하는 양반'의 재담 구조로 이야기가 진행되지요.

파수꾼 (이강백)

2019년 국회직 8급, 2019년 국가직 9급, 2015년 국가직 7급

(파수꾼 나 퇴장. 촌장은 편지를 꺼내 다에게 보인다.)

촌장 이것, 네가 보낸 거냐?

다 네, 촌장님.

촌장 나를 이곳에 오도록 해서 고맙다. 한 가지 유감스러운 건, 이 ㉠편지를 가져온 운반인이 도중에서 읽어 본 모양이더라. '이리 떼는 없고, ㉡흰 구름뿐.' 그 수다쟁이가 사람들에게 떠벌리고 있단다. 조금 후엔 모두들 이곳으로 몰려올 거야. 물론 네 탓은 아니다. 몰려오는 사람들은, 말하자면 불청객이지. 더구나 그들은 화가 나서 도끼라든가 망치를 들고 올 거다.

파수꾼 '다'는 이리떼가 없다는 사실을 촌장에게 전해 달라고 부탁했었음
이리떼는 없다는 진실을 알리기 위한 편지의 내용
회유하기 위해 언급하는 대상

다 도끼와 망치는 왜 들고 와요?

촌장 망루를 부수려고 그러겠지. 그 성난 사람들만 오지 않는다면 난 너하구 ㉢딸기라도 따러 가고 싶다. 난 어디에 딸기가 많은지 알고 있거든. 이리 떼를 주의하라는 ㉣팻말 밑엔 으레 잘 익은 딸기가 가득하단다.

부당한 권력으로 얻은 이익

다 촌장님은 이리가 무섭지 않으세요?

촌장 없는 걸 왜 무서워하겠냐?

다 촌장님도 아시는군요?

촌장 난 알고 있지.

다 아셨으면서 왜 숨기셨죠? 모든 사람들에게, 저 ㉤덫을 보러 간 파수꾼에게 왜 말하지 않은 거예요?

촌장 말해주지 않는 것이 더 좋기 때문이다.

마을의 질서라는 명목으로 거짓을 서슴지 않음

다 거짓말 마세요. 촌장님! 일생을 이 쓸쓸한 곳에서 보내는 것이 더 좋아요? 사람들도 그렇죠! "이리떼가 몰려온다." 이 헛된 두려움에 시달리고 사는 게 그게 더 좋아요?

촌장 "얘야, 이리떼는 처음부터 없었다. 없는 걸 좀 두려워한다는 것이 뭐가 그렇게 나쁘다는 거냐? 지금까지 단 한 사람도 이리에게 물리지 않았단다. 마을은 늘 안전했어. 그리고 사람들은 이리떼에 대항하기 위해 단결했다. 난 질서를 만든 거야. 질서, 그게 뭔지 넌 알기나 하니? 모를 거야. 너는. 그건 마을을 지켜 주는 거란다. 물론 저 충직한 파수꾼에겐 미안해. 수천 개의 쓸모없는 덫들을 보살피고 양철 북을 요란하게 두들겼다. 허나 말이다. 그의 일생이 그저 헛되다고만 할 순 없어. 그는 모든 사람들을 위해 고귀하게 희생한 거야. 난 네가 이러한 것들을 이해하여 주

✅ 핵심정리

갈래	희곡, 단막극, 풍자극
성격	풍자적, 교훈적, 상징적, 우의적
제재	촌장과 파수꾼 이야기
주제	- 거짓 현실에 대한 비판 - 진실을 밝히는 일의 소중함과 어려움
특징	- 널리 알려진 이솝 우화 '양치기 소년'을 바탕으로 현실을 우화적으로 다룸. - 상징적인 의미를 띠고 있는 인물들과 소재를 다룸. - 실험극의 성격을 보여줌.

❂ 등장인물

파수꾼 '다'	진실을 말하고자 하나 결국은 지배자의 유혹에 넘어감.
촌장	지배자. 거짓으로 마을의 평화를 유지하려 함.
이리	- 마을의 안전을 위협하는 존재. - 적대 세력. 1970년대 생황으로 보아서는 '북한'을 의미함.
마을 사람들	진실을 모르는 채 위선적인 지배 권력에 속아 살아온 국민들

❂ 소재의 상징적 의미

이리 떼	꾸며낸 거짓, 사람들을 위협하고 공포심을 느끼게 하는 지배 이념
흰 구름	이리 떼의 실체로 거짓에 가려진 진실을 가리킴.
망루, 양철 북, 팻말	거짓으로 꾸며낸 이리 떼의 존재를 알리기 위한 것들로 불안감을 조성하는 것들. 민중 통제의 수단
딸기	부당한 권력으로 얻은 이익이자 상대방(파수꾼 다)을 설득하기 위한 회유책
도끼	권력자가 민중을 협박하고 회유하기 위해 언급하는 대상

❂ '파수꾼 다'의 심리 태도 변화

진실을 알게 됨.	촌장의 회유	망루에 얽매임.
· 이리 떼가 없음을 마을 사람들에게 알리고자 함. · 진실을 은폐하려는 촌장에 대해 반발	· 촌장의 회유와 협박에 갈등하게 됨. · 결국 촌장의 말을 따름.(설득 당함.)	· 촌장에게 배신 당한 후 허무함을 느낌. · 자신의 무력함에 절망하게 됨.

기 바란다. 만약 네가 새벽에 보았다는 구름만을 고집한다면, 이런 것들은 모두 허사가 된다. 저 파수꾼은 늙도록 헛북이나 친 것이 되고, 마을의 질서는 무너져 버린다. 얘야 넌 이렇게 모든 걸 헛되게 하고 싶지 않겠지?『』: 마을의 질서 유지를 위해서는 거짓말을 하는 것도 인정할 수 있다는
촌장의 인식 → 당시 정치 권력의 위선을 풍자적으로 비판하는 부분임

실험극으로서의 특징

해설자가 극에 등장하여 작품 내용을 설명함.
해설자 (관객들에게 누대와 등장인물을 설명한다.) 이곳은 황야입니다. …
한 배우가 여러 역을 맡음.
(해설자, 촌장이 되어 등장…)
관객들이 작중 인물을 대신함.
촌장 (관객들을 향해) 어서 오십시오, 주민 여러분.

2019년 국회직 8급

Q. 밑줄 친 ㉠~㉤에 대한 설명으로 옳지 않은 것은?

① ㉠ : 촌장이 황야로 오게 된 계기
② ㉡ : 진실, 이리 떼의 실체
③ ㉢ : 진실을 왜곡하여 얻은 부정한 대가
④ ㉣ : 사람들에게 진실을 알리는 단서
⑤ ㉤ : 공포를 조장하기 위해 만들어 낸 장치

병태 요정의 ADVICE

이리 떼의 습격을 미리 알리기 위해 세 명의 파수꾼이 망루에서 들판을 지키도록 되어 있다. 새로 파견된 파수꾼 '다'는 이리 떼가 발견되지 않았는데도 불구하고 '이리 떼가 나타났.'라고 외치는 파수꾼들을 이상스럽게 생각한다. 파수꾼 '다'는 이리 떼가 없다는 사실을 알려 마을 사람들을 안심시키는 것이 좋겠다고 생각하지만, 마을의 촌장이 나타나 파수꾼 '다'를 설득한다. 촌장은 사실은 이리 떼가 없지만, '이리 떼가 나타난다.'라는 거짓 정보도 때로는 마을의 질서 유지를 위해서 가치 있는 일이라고 파수꾼 '다'에게 말한다. 파수꾼 '다'는 거듭 따지지만 촌장을 설득하지 못하고, 점차 거짓말에 동조하게 된다. 파수꾼 '다'는 다시금 제자리에서 이리 떼가 나타났다는 신호인 양철북을 두드리는 일을 하게 된다.

2019년 국가직 9급

Q. 다음 글에 대한 설명으로 옳지 않은 것은?

> 해설자: (관객들에게 무대와 등장인물을 설명한다.) 이곳은 황야입니다. 이리 떼의 내습을 알리는 망루가 세워져 있죠. 드높이 솟은 이 망루는 하늘로 둘러 싸여 있습니다. 하늘은 연극의 진행에 따라 황혼, 초승달이 뜬 밤, 그리고 아침으로 변할 겁니다. 저기 위를 바라보십시오. 파수꾼이 앉아 있습니다. 높은 곳에서 하늘을 등지고 있기 때문에 그는 언제나 시커먼 그림자로만 보입니다. 그는 내가 태어나기 전부터 파수꾼이었습니다. 나의 늙으신 아버지께서도 어린 시절에 저 유명한 파수꾼의 이야기를 들으셨다 합니다.

① 공간적 배경은 망루가 세워져 있는 황야이다.
② 시간적 배경은 연극의 진행에 따라 변한다.
③ 해설자는 무대 위의 아버지를 소개한다.
④ 파수꾼의 얼굴은 분명하게 알 수 없다.

2018년 경찰직 1차

Q. 촌장의 태도와 관련된 사자성어로 가장 적절한 것은?

① 指鹿爲馬　② 釣而不網　③ 隔靴搔癢　④ 牽强附會

정답 ④, ③, ④

추가작품

모란이 피기까지는 (김영랑)

『　』: 수미상관의 구조
『모란이 피기까지는
화자의 소망, 희망
나는 아직 나의 봄을 기다리고 있을 테요』
　　　　　　　　　　　부드럽고 섬세한 어조

▶ 모란이 피기를 기다림

모란이 뚝뚝 떨어져 버린 날
　　　화자가 느끼는 상실감 강조 (의성어)
나는 비로소 봄을 여읜 설움에 잠길 테요
　　　　　　삶의 보람과 의미를 잃은 슬픔
오월(五月) 어느 날 그 하루 무덥던 날
봄이 지나간 뒤
떨어져 누운 꽃잎마저 시들어 버리고는

천지에 모란은 자취도 없어지고

뻗쳐오르던 내 보람 서운케 무너졌느니

모란이 지고 말면 그뿐 내 한 해는 다 가고 말아
　　　　　　　　　　과장법 (상실의 슬픔 강조)
삼백(三百)예순 날 하냥 섭섭해 우옵내다
기다림의 날들을 수치로 드러냄 (강조법) ↳ 부드럽고 섬세한 어조

▶ 모란이 떨어져 버린 슬픔

모란이 피기까지는
　　　　　　　↗ 도치법
『나는 아직 기다리고 있을 테요 찬란한 슬픔의 봄을』
　　　모란을 보는 기쁨과 지는 슬픔의 동시적 표현 (역설법)

▶ 모란이 피기를 기다림

✅ 핵심정리

갈래	자유시, 서정시
성격	유미적, 낭만적, 상징적
제재	모란의 개화와 낙화
주제	소망이 이루어지기를 기다림.
특징	- 수미상관식 구성 - 섬세하고 아름다운 언어의 조탁이 돋보임. - 역설적 표현(모순 형용)과 도치법을 사용함. - 'ㄴ, ㄹ, ㅇ, ㅁ' 등의 울림소리를 활용하여 부드러운 느낌의 운율을 형성함

❁ 작품의 구조

'봄에 대한 기다림 → 봄의 상실 → 봄에 대한 기다림'이라는 순환 구조를 보이고 있다. 모란이 피기를 기다리다 모란이 피면 기뻐하고, 모란이 지면 절망에 빠지고, 그러면서 또 모란이 피기를 기다리는 과정이 반복된다.

1-2행	모란에 대한 **기다림**
3-4행	모란이 지고 난 후의 **슬픔**
5-10행	일 년 간 기다려 이루어졌던 소망이 덧없이 사라져 버린 **슬픔**
11-12행	모란이 피기를 **기다림** → 지고 났을 때의 설움을 예상하면서도, 모란에 대한 기다림을 지속하겠다는 의지

📢 병태 요정의 ADVICE

'모란'은 시적 화자가 간절히 원하는 것으로, 화자의 소망이나 희망을 함축하고 있어요. '봄' 화자가 기다리는 모란이 피는 시간, '보람'은 모란이 피었을 때의 상황을 나타내죠. 화자에게 '봄'은 모란이 피는 기쁜 시간이지만 모란이 지기 때문에 슬프고 고통스러운 시간이기도 해요. '찬란한 슬픔의 봄'은 화자의 이러한 감정을 절묘하게 표현하고 있어요. 화자는 모란이 피어 있는 잠깐의 시간을 위해 삼백예순 날의 기다림과 고통을 기꺼이 감수하겠다는 자세를 보여 주고 있어요.

몽천요 (윤선도)

상(常)해런가 꿈이런가 백옥경에 올라가니
　　　　　우의적 장치　옥황상제가 산다는 궁궐 (=한양)
『옥황(玉皇)은 반기시나 군선(群仙)이 꺼리는구나.』 → 『 』: 대구법
　임금　　　　　　　　여러 신하들
두어라, 오호연월(五湖烟月)이 내 분(分)에 알맞구나.
　　　　자연에서의 삶

▶ 천상에서의 좌절과 자연에서의 삶

풋잠에 꿈을 꾸어 십이루에 들어가니
　　　　　　　백옥경에 있다는 12개의 누각
『옥황은 웃으시되 군선이 꾸짖는구나.』 → 『 』: 대구법
　　　　　　　　시기와 모함
어즈버, 백만억창생을 어느 결에 물으리.
영탄법　백성들의 안위를

▶ 경세제민(經世濟民)의 이상

하늘이 이저신 제 무슨 술(術)로 기워 내었는고.
나라의 위기 상황　　　　기술, 솜씨
백옥루 중수(重修)할 제 어떤 바치 이루어 내었는고.
　　　　　　　　　　나라를 구할 인재
옥황께 사뢰어 보자 하더니 다 못하고 왔구나.
　　　　　　　　　이상의 좌절 (뜻을 펼칠 수 없는 상황에 대한 안타까움)

▶ 이상의 좌절과 안타까움

현대어 풀이

생시런가 꿈이런가 하늘나라 백옥경에 올라가니
옥황상제는 반기시나 여러 신선이 꺼리는구나.
두어라, 자연에서 사는 일이 내 분수에 옳도다

풋잠에 꿈을 꾸어 십이루에 들어가니
옥황상제께는 웃으시되 여러 신선이 꾸짖는구나.
아아!! 수많은 백성들의 고초를 어느 겨를에 물어보리.

하늘이 이지러졌을 때 무슨 기술로 기워 냈는가
백옥루를 수리할 때 어떤 재주꾼이 이루어 냈는고?
옥황상제께 여쭈어보자 하였더니 다 못하고 왔도다.

✅ 핵심정리

갈래	연시조
율격	3(4)·4조, 4음보
주제	조정 현실에 대한 개탄과 우국애민의 정
특징	- 우의적 표현을 활용하여 시상을 전개함. - 대구법이 사용됨

🌸 창작 배경

현실 정치를 떠나 초야에 묻혀 지내던 윤선도는 임금의 부름으로 동승부지가 되었다. 하지만 조정 신하들의 모함과 방해로 사직하고 양주의 명승지 고산(孤山)으로 내려와 조정의 모습과 자신의 안타까운 심정을 노래한 작품이다.

🌸 우의적 표현

현실을 꿈속 천상계의 일에 빗대어 표현

옥황	임금 (효종)
⇓	⇓
반김, 웃음	임금의 부름으로 벼슬에 오름
화자	윤선도
꺼림, 꾸짖음	시기와 모함
⇑	⇑
군선	신하들

📣 병태 요정의 ADVICE

'몽천요'는 윤선도가 효종의 특명을 받고 벼슬길에 올랐으나, 정적(政敵)들의 공격과 노환으로 물러난 후 지은 3수의 시조 작품이에요. 이 시조는 임금을 옥황에 빗대고, 정적들을 '군선'에 빗대어 현실에 대한 개탄과 안타까움을 우의적으로 표현한 것이 특징이에요.

초연곡 (윤선도)

2019년 지방직 9급

집은 어이하야 되얏난다. 대장(大匠)의 공(功)이로다
<u>나라의 정치</u>　　　　　　　<u>충신의 공로, 임금의 선정</u>
나무는 어이하야 고든다. 고조즐을 조찬노라.
<u>임금</u>　　　　　　　　<u>성현(聖賢)의 법도</u>
이 집의 이 뜻을 알면 만수무강(萬壽無疆)하리라.
<u>임금이 성현의 법도를 따라 선정을 베푸는 것</u>

▶ 성현의 도리를 따르는 임금과 신하

술은 어이하야 됴하니 누룩 섯글 타시러라.
<u>임금의 정치</u>　　　　　　<u>신하들의 보필</u>
국은 어이하야 됴하니 염매(鹽梅) 탈 타시러라.

이 음식 이 뜻을 알면 만수무강(萬壽無疆)하리라.

▶ 좋은 정치를 위한 임금과 신하의 노력

현대어 풀이
집이라 하는 것은 어떻게 만들어졌는가? 그것은 목수의 공이로다.
집을 짓는데 쓴 목재는 어찌하여 곧게 펴졌는가? 그것은 먹고자의 줄을 따라 다듬었기 때문이다.
이 집이 이루어진 뜻을 알면 만수무강할 것이다.

술은 어찌하여 좋은가? 누룩을 섞은 탓이로다.
국은 어이하여 맛이 좋은가? 소금을 타서 맛을 낸 탓이다.
이 음식의 원리를 아시면 나라를 다스림에 만수무강하오리다.

✅ 핵심정리

갈래	평시조, 연시조
성격	교훈적, 설득적, 비유적, 상징적
율격	3(4)·4조, 4음보
주제	성현의 도리를 따라 정치를 행하는 임금과 신하의 바람직한 자세와 임금의 만수무강 기원
특징	– '~한다면 ~할 것이다'와 같은 조건 제시의 화법으로 끝맺고 있음 – 대구법을 사용함

❄ 제목의 의미

'초연곡(初筵曲)'은 함은 경연(經筵)의 자리, 즉 임금이 학문을 닦기 위하여 학식과 덕망이 높은 신하를 불러 경서와 올바른 성현의 가르침에 관해 강론하던 자리에서 임금에게 간언하기 위해 처음 지은 노래라는 뜻이다.

📢 병태 요정의 ADVICE

이 시는 두 가지 서로 다른 제재를 통해서 임금의 만수무강을 기원하고 있어요. 1수에서는 집을 만드는 장인의 마음과 나무의 곧은 모습을 알고 그를 본받으면 만수무강할 것이라고 했고, 2수에서는 술과 국을 만들 때에 거기에 맞는 재료를 통해서 만든다는 뜻을 알면 만수무강할 것이라고 대구법을 이용하여 표현했어요.

1수의 내용을 풀이해 보면, 목수가 집을 지을 때 먹줄을 쳐서 곧고 바르게 하듯이, 왕이 나라를 다스릴 때에도 성현의 법도에 따라 곧고 바르게 행해야 한다는 의미를 담고 있어요. 2수는 임금의 성덕을 술과 국에 빗대었는데, 누룩을 섞고 염매를 탄 것은 어진 신하들의 보필을 의미해요. 좋은 정치를 위해 신하들이 임금을 잘 보필하고 있다는 얘기죠.

각 수의 전반부(초, 중장)는 비유적 표현을 사용해서 전달하고자 하는 의미를 우회적으로 표현하고, 후반부(종장)는 임금의 만수무강을 기원하는 내용으로 구성되어 있어요.

도산십이곡 (이황)

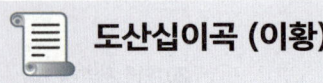

2019년 지방직 9급

고인(古人)도 날 몯 보고 나도 고인(古人) 몯 뵈
　옛 성현들　　　　　　　　　　　『 』: 대구법
고인(古人)을 몯 뵈도 녀던 길 알픽 잇닉
　　　　　　　　　학문 수양의 길
녀던 길 알픽 잇거든 아니 녀고 엇뎔고　　　　　〈제9곡〉
　　　　　　　　후학들에 대한 충고와 훈계

▶ 학문 수양의 다짐과 후학들에 대한 충고

　┌ 벼슬을 하기 전, 학문에 힘쓰던 시절
당시(當時)예 녀둔 길흘 몃 히를 보려 두고
　　　　　　　　　　　긴 시간 벼슬을 함
어듸 가 둔니다가 이제아 도라온고
이황은 23세에 과거에 급제하여 69세에 벼슬에서 물러남
이제나 도라오나니 년 듸 ᄆᆞ슴 마로리　　　〈제10곡〉
　　　　　　자기 수양과 학문 도야, 후학 양성에만 힘쓰겠다는 다짐

▶ 벼슬을 버리고 학문에 정진함

　『 』: 대구법
청산(靑山)는 엇뎨ᄒᆞ야 만고(萬古)애 프르르며
　변함없는 푸르름 예찬
유수(流水)는 엇뎨ᄒᆞ야 주야(晝夜)애 굿디 아니는고
멈추지 않는 영원성 예찬
우리도 그치디 마라 만고상청(萬古常靑) ᄒᆞ리라　〈제11곡〉
변함없고 그침 없이 학문 수양에 힘쓰겠다는 의지

▶ 학문 수양의 의지

　『 』: 학문 완성의 어려움
『우부(愚夫)도 알며 ᄒᆞ거니 긔 아니 쉬운가
　어리석은 사람
성인(聖人)도 못다 ᄒᆞ시니 긔 아니 어려운가』
쉽거나 어렵거나 중에 늙는 주를 몰래라　　　〈제12곡〉

▶ 영원한 학문 수양의 길

현대어 풀이

옛 훌륭한 어른이 지금의 나를 못 보고 나도 고인을 뵙지 못하네
고인을 뵙지 못해도 그분들이 행하시던 길이 앞에 놓여 있으니,
그 가던 길(학문의 길)이 앞에 있으니 나 또한 아니 가고 어떻게 하겠는가?　〈제9곡〉

그 당시 학문 수양에 힘쓰던 길을 몇 해씩이나 버려두고
벼슬길을 헤매다가 이제야 돌아왔는가?
이제 돌아왔으니 다시는 딴 마음을 먹지 않으리.　〈제10곡〉

푸른 산은 어찌하여 영원히 푸르며
흐르는 물은 또 어찌하여 밤낮으로 그치지 않는가?
우리도 저 물같이 그치는 일 없이 저 산같이 언제나 푸르게 살리라.　〈제11곡〉

어리석은 자도 알아서 행하니 학문의 길이 얼마나 쉬운가.
그러나 성인도 다하지 못하는 법이니 그것이 얼마나 어려운가.
쉽든 어렵든 간에 학문을 닦는 생활 속에 늙는 줄을 모르겠다.　〈제12곡〉

핵심정리

갈래	연시조
성격	교훈적, 회고적, 예찬적
율격	3(4)·4조, 4음보
주제	자연 속에 묻혀 살고 싶은 소망과 학문의 길에 대한 의지
특징	- 반복법, 설의법, 대구법, 연쇄법 등 다양한 표현 방법을 활용함 - 총12수로 전반부와 후반부로 나눔. - 학문에 대한 의지와 생경한 한자어가 많이 사용됨

구성

전반부 언지(言志)	1수: 아름다운 자연에 순응하면서 순리대로 살아가려는 마음 2수: 아름다운 자연을 벗하여 살며 태평성대 속에 병으로 늙어 가는 작자의 모습 3수: 성선설을 지지하며 세상의 영재들에게 순박하고 후덕한 풍습을 강조 4수: 벼슬자리를 떠나 자연을 벗하며 살아도 임금을 그리워하는 정 5수: 자연을 멀리하는 현실 개탄 6수: 대자연의 아름다움
후반부 언학(言學)	7수: 학문하는 즐거움과 산책하는 생활 8수: 인간으로서 진리 터득의 중요성 9수: 옛 성현들을 따라 우리도 학문의 길을 실천하며 살아야 함 10수: 젊을 때 학문에 뜻을 두었다가 벼슬을 지낸 과거를 후회하면서, 이제 학문 수양에 힘쓰겠다는 다짐 11수: 청산과 유수라는 자연의 영원 불변성을 소재로 하여, 그침 없이 학문 수양에 힘쓰겠다는 의지 12수: 영원한 학문 수양의 길을 강조

볌태 요정이 ADVICE

이 작품은 이황(李滉)이 지은 연시조로서, 작자가 안동에 도산 서원을 세우고 학문에 열중하면서 지은 것이에요. 모두 12곡으로 이루어졌는데, 작자 자신이 전6곡(前六曲)은 언지(言志), 후6곡(後六曲)은 언학(言學)이라고 설명하였어요. 전6곡은 자연에 동화된 생활을 하면서 느끼는 감흥을 노래한 것이고, 후6곡은 학문 수양에 임하는 심경을 노래한 것이에요.

하하 허허 흔들~ (권섭), 내히 죠타 ᄒᆞ고~ (변계량)

2019년 지방직 9급

『하하 허허 흔들』 내 우음이 졍 우움가
　　　　　　　　↑ 실소(失笑), 부정적인 정치 현실에 대한 쓴웃음
의성어를 통해 웃음 소리를 구체화　　『 』: 설의적 표현

하 어쳑 업서셔 늣기다가 그리 되게
　　어처구니가 없어서

벗님ᄂᆡ 웃디들 말구려 아귀 ᄯᅴ여디리라
　　　　　　　　　현실에 대한 풍자 (과장법)
　　　　　　　　(세상의 우스운 꼴을 볼 때마다 웃는다면
　　　　　　　　어이없는 일이 많아서 입이 찢어질 것이라는 의미)

현대어 풀이

하하 허허 하고 웃는 내 웃음이 정말 우스워서 웃는 것이겠는가
세상일이 하도 어처구니가 없어서 느끼다가 그렇게 웃는 것이네
벗님네들이여, 내가 웃는다고 같이 웃지를 말구려. 웃다가 아귀가 찢어질지도 모르니까

✅ 핵심정리

갈래	평시조, 풍자시
성격	냉소적, 교훈적, 현실 비판적, 풍자적
주제	진실한 삶의 자세
특징	- 의성어를 적절히 활용했고, 설의법과 과장법을 사용한 표현이 두드러짐 - 문답법, 설의법, 돈호법, 의성법 사용

📢 병태 요정의 ADVICE

세상일에 환멸을 느껴 거짓 웃음으로 표현할 수밖에 없는 심정을 노래한 시조예요. 화자는 세상의 우스운 꼴을 볼 때마다 웃는다면 어이없는 일이 하도 많아서 입이 찢어질 것이라며 현실에 대해 부정적인 인식을 드러내고 있어요. 입이 찢어진다는 비속한 언어를 사용하여 현실 상황에 대한 풍자를 하고 있는 작품이에요.

『내히 죠타 ᄒᆞ고 ᄂᆞᆷ 슬흔 일 ᄒᆞ지 말며』
　『 』: 대구법

ᄂᆞᆷ이 혼다 ᄒᆞ고 義 아니면 좃지 말니
　　　　　　명령형을 사용하여 직설적으로 표현

우리ᄂᆞᆫ 天性을 직희여 삼긴 대로 ᄒᆞ리라
　　　　성선설의 입장

현대어 풀이

내가 좋아하는 일이라 해서 남이 싫어하는 일을 하지 말며
남이 한다고 해도 옳은 일이 아니면 따라하지 말아라.
우리는 타고난 성품을 지키며 생긴 그대로 지내리라.

✅ 핵심정리

갈래	평시조, 단시조, 교훈가
성격	교훈적, 계세적
율격	3(4)·4조, 4음보
제재	의(義)
주제	의(義)와 천성(天性)을 지켜나가는 삶
특징	- 대구법과 명령형의 시어를 통해 화자의 가치관을 직설적으로 드러냄. - 맹자의 성선설에 바탕을 두고 성리학적인 도의를 추구하는 삶의 방식을 제시함 - 계세적 성격을 지님

📢 병태 요정의 ADVICE

이 시조는 '義(의)'와 '天性(천성)'에 따라 살 것을 강조하는 변계량의 시조예요. 사람들은 모두 올바른 천성을 타고나니, 타고난 천성에 따라 올바르게 살아가라는 교훈을 담고 있죠. 성선설(性善說)에 바탕을 둔 교훈적인 노래예요.

우레ᄀ치 소ᄅ나ᄂ~ (작자 미상)

2019년 지방직 9급

우레ᄀ치 소ᄅ나ᄂ 님을 번기ᄀ치 번뜻 만나
직유법 반복
비ᄀ치 오락ᄀ락 구름ᄀ치 헤여지니
흉중(胸中)에 ᄇᄅᆷᄀᄐᆫ ᄒᆞ숨이 안기 피듯 ᄒᆞ여라

현대어 풀이
우레같이 소리 나는 임을 번개같이 번뜩 만나
비같이 오락가락 사랑하고 구름같이 헤어지니
가슴 가운데 바람 같은 한숨이 안개 피듯 하는구나.

2022 국가직 9급

Q. (가)~(라)에 대한 설명으로 적절하지 않은 것은?

(가) 고인(古人)도 날 몯 보고 나도 고인(古人) 몯 뵈
고인(古人)을 몯 뵈도 녀던 길 알픠 잇ᄂᆡ
녀던 길 알픠 잇거든 아니 녀고 엇뎔고

(나) 술은 어이ᄒᆞ야 됴ᄒᆞ니 누룩 섯글 타시러라
국은 어이ᄒᆞ야 됴ᄒᆞ니 염매(鹽梅) 톨 타시러라
이 음식 이 뜻을 알면 만수무강(萬壽無疆)ᄒᆞ리라

(다) 우레ᄀ치 소ᄅ나ᄂ 님을 번기ᄀ치 번뜻 만나
비ᄀ치 오락ᄀ락 구름ᄀ치 헤여지니
흉중(胸中)에 ᄇᄅᆷᄀᄐᆫ ᄒᆞ숨이 안기 피듯 ᄒᆞ여라

(라) 하하 허허 ᄒᆞᆫᄃᆞᆯ 내 우음이 졍 우움가
하 어쳑 업서셔 늣기다가 그리 되게
벗님ᄂᆡ 웃디들 말구려 아귀 ᄧᅴ여디리라

① (가): 연쇄법을 활용하여 고인의 길을 따르겠다는 의지를 드러내고 있다.
② (나): 문답법과 대조법을 활용하여 임의 만수무강을 기원하고 있다.
③ (다): 'ᄀ치'를 반복적으로 표현하여 운율감을 더하고 있다.
④ (라): 냉소적 어조를 통해 상대에 대한 불편한 심기를 표출하고 있다.

정답 ②

핵심정리

갈래	평시조
성격	애상적
율격	3(4)·4조, 4음보
주제	이별의 슬픔
특징	직유법의 반복으로 운율감을 형성

병태 요정의 ADVICE

세상일에 환멸을 느껴 거짓 웃음으로 표현할 수밖에 없는 심정을 노래한 시조예요. 화자는 세상의 우스운 꼴을 볼 때마다 웃는다면 어이없는 일이 하도 많아서 입이 찢어질 것이라며 현실에 대해 부정적인 인식을 드러내고 있어요. 입이 찢어진다는 비속한 언어를 사용하여 현실 상황에 대한 풍자를 하고 있는 작품이에요.

2024
요정노트
문학

필수 기출 문제

제1회 고전 시가 필수 기출 문제

01
2022 지방직 7급

다음 시조에 대한 이해로 적절하지 않은 것은?

> 한숨아 셰 한숨아 네 어니 틈으로 드러온다
> 고모장ᄌ 셰살장ᄌ 가로다지 여다지에 암돌져귀 수돌져귀 비목걸새 쑥닥 박고 용(龍) 거북 ᄌ믈쇠로 수기수기 ᄎ엿ᄂᆡ듸 병풍(屛風)이라 덜걱 져본 족자(簇子) ㅣ라 듸ᄃᆡ글 문다 네 어니 틈으로 드러온다
> 어인지 너 온 날 밤이면 ᄌ옴 못 드러 ᄒ노라
> - 작자 미상, 「한숨아 셰 한숨아」 -

① 부사어를 활용하여 시적 대상의 존재를 부각하고 있다.
② 의인화한 시적 대상과의 대화를 통해 시상을 전개하고 있다.
③ 동일한 구절을 반복하여 시적 대상에 대한 화자의 감정을 강조하고 있다.
④ 유사한 종류의 사물들을 열거하여 시적 대상을 향한 화자의 의지를 나타내고 있다.

정답 및 해설
② 화자는 한숨을 '너'로 부르며 말을 건네는 방식을 취하고 있다. 대상에게 말을 건네는 행위는 상대를 말이 통하는 사람으로 인식하는 것이므로 의인화했다는 것은 적절하다. 하지만 화자의 말만 있을 뿐, 한숨의 대답은 드러나지 않으므로 '대화'를 통해 시상을 전개했다고 볼 수는 없다. 화자가 대상에게 말을 건네고 대상도 대답을 하였을 경우에만 '대화'라고 볼 수 있다. 대상의 대답이 없을 경우에는 '말을 건네는 방식'이라고 한다.

오답 해설
① '덜걱', '듸ᄃᆡ글' 등의 부사어를 활용하여 화자가 막아 놓은 문을 열고 들어오는 한숨의 존재를 부각하고 있다.
③ 초장과 중장에서 '네 어니 틈으로 드러온다'를 반복하여 한숨에 대한 원망스러운 화자의 감정을 강조하고 있다.
④ 중장에서 여러 가지 잠금 장치를 열거하여 한숨을 막아보려는 화자의 의지를 드러내고 있다.

02

㉠~㉣ 중 적절하지 않은 것은?

2022 지방직 7급

寂寞荒田側	적막한 묵정밭 가에
繁花壓柔枝	만발한 꽃이 보드라운 가지를 누르네
香經梅雨歇	향기는 장맛비 지나면 옅어지고
影帶麥風欹	그림자는 보리바람 맞으면 흔들리겠지
車馬誰見賞	수레 탄 사람들이 누가 보아 주리
蜂蝶徒相窺	벌과 나비만 기웃거리는구나
自慙生地賤	천한 땅에 태어난 것 부끄러우니
堪恨人棄遺	사람들에게 버림받은 것 어찌 원망하리오

- 최치원, 「촉규화(蜀葵花)」 -

이 시는 최치원이 당나라 유학 시절, 관직에 오르기 전에 지은 것으로 추정된다. 길가의 촉규화에 자신을 투영하여 출중한 능력에도 원하는 바를 성취할 수 없었던 서글픈 처지를 노래하였다. ㉠ 이 시에서 "만발한 꽃"은 작가 자신이 지니고 있는 빼어난 능력을 가리킨다고 할 수 있다. 그러나 능력이 있다고 해서 곧바로 등용될 수 있는 것은 아니었는데, ㉡ 그에게는 자신의 능력을 알아보고 등용의 기회를 부여해 줄 "수레 탄 사람들"이 필요했다. 뿐만 아니라 ㉢ "수레 탄 사람들"과 자신을 이어줄 수 있는 "벌과 나비" 역시 절실했다. 이 작품에서 ㉣ "천한 땅"은 시적 대상인 촉규화가 피어난 곳을 의미하기도 하고 작가 자신이 태어난 땅을 의미하기도 한다.

① ㉠ ② ㉡ ③ ㉢ ④ ㉣

03

㉠~㉣에 대한 이해로 적절하지 않은 것은?

2022 지방직 9급

有此茅亭好	이 멋진 ㉠ 초가 정자 있고
綠林細徑通	수풀 사이로 오솔길 나 있네
微吟一杯後	술 한 잔 하고 시를 읊조리면서
高座百花中	온갖 꽃 속에서 ㉡ 높다랗게 앉아 있네
丘壑長看在	산과 계곡은 언제 봐도 그대로건만
樓臺盡覺空	㉢ 누대는 하나같이 비어 있구나
莫吹紅一點	붉은 꽃잎 하나라도 흔들지 마라
老去惜春風	늙어갈수록 ㉣ 봄바람이 안타깝구나

- 심환지, 육각지하화원소정첩운(六閣之下花園小亭拈韻) -

① ㉠: 시간적 흐름에 따른 시상 전개를 매개하고 있다.
② ㉡: 시적 화자의 초연한 태도를 드러내고 있다.
③ ㉢: 자연에 대비되는 쇠락한 인간사를 암시하고 있다.
④ ㉣: 꽃잎을 흔드는 부정적 이미지로 기능하고 있다.

04

(가)~(라)의 에 대한 설명으로 적절하지 않은 것은?

2022 국가직 9급

> (가) 간밤의 부던 변람에 눈서리 치단 말가
>   ㉠낙락장송(落落長松)이 다 기우러 가노미라
>   호믈며 못다 푄 곳이야 닐러 무슴 호리오.
>
> (나) 철령 노픈 봉에 쉬여 넘는져 구룸아
>   고신원루(孤臣寃淚)를 비 사마 씌여다가
>   ㉡님 계신 구중심처(九重深處)에 쓰려 본들 엇드리.
>
> (다) 이화우(梨花雨) 훗색릴 제 울며 잡고 이별훈님
>   추풍낙엽(秋風落葉)에 ㉢저도 날 싱각는가
>   천리(千里)에 외로온 쑴만 오락가락 호노매.
>
> (라) 삼동(三冬)의 뵈옷 닙고 암혈(巖穴)의 눈비 마자
>   구롬 씬볏뉘도 쬔적이 업건마는
>   서산의 ㉣히디다 호니 그를셜워 호노라.

① ㉠은 억울하게 해를 입은 충신을 가리킨다.
② ㉡은 궁궐에 계신 임금을 가리킨다.
③ ㉢은 헤어진 연인을 가리킨다.
④ ㉣은 오랜 세월을 함께한 벗을 가리킨다.

05

다음 시조에 대한 이해로 적절하지 않은 것은?

2021 지방직 7급

> 훈 손에 막디 잡고 또 훈 손에 가싀 쥐고
> 늙는 길 가싀로 막고 오는 백발(白髮) 막디로 치려터니
> 백발(白髮)이 제 몬져 알고 즈럼길노 오더라
>
>   - 우탁 -

① 인생의 덧없음을 관조적으로 표현하고 있다.
② 대상을 의인화하여 생동감 있게 표현하고 있다.
③ 거스를 수 없는 자연의 섭리를 해학적으로 표현하고 있다.
④ 인간의 한계를 드러내어 운명은 거부할 수 없음을 표현하고 있다.

06
2021 국가직 9급

㉠~㉣의 의미로 적절하지 않은 것은?

> 二月ㅅ 보로매 아으 노피 ㉠ 현 燈ㅅ블 다호라
> 萬人 비취실 즈싀샷다 아으 動動다리
>
> 三月 나며 開호아 滿春 들욋고지여
> ᄂᆞ미브롤 ㉡ 즈슬 디녀 나샷다 아으 動動다리
>
> 四月 아니 ㉢ 니저 아으 오실셔 곳고리새여
> ㉣ 므슴다 錄事니ᄆᆞᆫ 녯 나ᄅᆞᆯ 닛고신뎌 아으 動動다리
>
> - 작자 미상, 〈動動〉에서 -

① ㉠은 '켠'을 의미한다.
② ㉡은 '모습을'을 의미한다.
③ ㉢은 '잊어'를 의미한다.
④ ㉣은 '무심하구나'를 의미한다.

정답 및 해설

④ '므슴다'는 현대어로 풀이하면 '무엇 때문에'이다.

※ 작자 미상, 〈동동(動動)〉

갈래	고려 가요
성격	상징적, 비유적, 서정적, 송축적, 월령체
구성	월령체 형식 (서사 1연과 본사 2연~13연으로 구성)
제재	달마다 행하는 민속
주제	송축과 고독의 비애, 임에 대한 영원한 사랑 (각 연마다 주제가 다름)
특징	- 영탄법, 직유법, 은유법을 사용 - 후렴구 반복 - 세시 풍속에 따라 사랑의 감정을 전달함. - 임에 대한 송축과 연모의 정이 어우러짐

07
2021 국가직 9급

(가)~(라)에 대한 이해로 적절하지 않은 것은?

> (가) 반중(盤中) 조홍(早紅)감이 고아도 보이ᄂᆞ다
>   유자 안이라도 품엄즉도 ᄒᆞ다마는
>   품어 가 반기리 업슬새 글노 설워ᄒᆞᄂᆞ이다
> (나) 동짓ᄃᆞᆯ 기나긴 밤을 한 허리를 버혀 내여
>   춘풍 니불 아래 서리서리 너헛다가
>   어론 님 오신 날 밤이여든 구뷔구뷔 펴리라
> (다) 말 업슨 청산(靑山)이오 태(態) 업슨 유수(流水)로다
>   갑 업슨 청풍(淸風)이오 님ᄌᆞ 업슨 명월(明月)이로다
>   이 중에 병 업슨 이 몸이 분별 업시 늘그리라
> (라) 농암(籠巖)에 올라보니 노안(老眼)이 유명(猶明)이로다
>   인사(人事)이 변ᄒᆞᆫ들 산천이ᄯᆞᆫ 가ᄉᆡᆯ가
>   암전(巖前)에 모수 모구(某水 某丘)이 어제 본 듯ᄒᆞ예라

① (가)는 고사의 인용을 통해 돌아가신 부모님에 대한 그리움을 표현하고 있다.
② (나)는 의태적 심상을 통해 임에 대한 기다림을 표현하고 있다.
③ (다)는 대구와 반복을 통해 자연에 귀의하려는 의지를 표현하고 있다.
④ (라)는 자연과의 대조를 통해 허약해진 노년의 무력함을 표현하고 있다.

정답 및 해설

④ (라)는 농암에서 바라보는 고향의 경치를 통해 인간사의 유한함과 자연의 무한함을 대조적으로 나타내고 있다. 자연과의 대조가 드러나는 것은 맞지만, 허약해진 노년의 무력함은 드러나지 않는다.

오답 해설

① (가)는 작가가 홍시를 대접받았을 때, 회귤 고사(懷橘故事)를 생각하고 돌아가신 어버이를 그리워하며 지은 효도의 노래이므로 고사를 인용하여 부모에 대한 그리움을 표현하였다는 설명은 적절하다.
② (나)는 '서리서리, 구뷔구뷔'와 같은 음성 상징어를 사용하여 임을 기다리는 화자의 마음을 표현하였다.
③ (다)는 자연 속에 묻혀 세속적인 근심과 걱정은 잊은 채 유유자적하게 살고 싶은 마음을 표현하고 있다. 대구와 반복을 통해 자연을 벗 삼아 사는 즐거움을 효과적으로 표현하였다.

08

2017 국회직 8급

이 작품의 화자가 지닌 정서나 태도와 가장 유사한 것은?

> 내 님믈 그리ᄉᆞ와 우니다니
> 산(山) 졉동새 난 이슷ᄒᆞ요이다.
> 아니시며 거츠르신ᄃᆞᆯ 아으
> 잔월효성(殘月曉星)이 아ᄅᆞ시리이다.
> 넉시라도 님은 ᄒᆞᆫᄃᆡ 녀져라 아으
> 벼기더시니 뉘러시니잇가.
> 과(過)도 허믈도 천만(千萬) 업소이다.
> ᄆᆞᆯ힛마리신뎌
> 술읏븐뎌 아으
> 니미 나ᄅᆞᆯ ᄒᆞ마 니즈시니잇가.
> 아소 님하, 도람 드르샤 괴오쇼셔.
> 　　　　　　　　　　　　－ 정서, 〈정과정〉

① 추강(秋江)에 밤이 드니 물결이 차노매라
　낚시 드리치니 고기 아니 무노매라
　무심한 달빛만 싣고 빈 배 저어 오노라

② 내 일 망녕된 줄 나라 하여 모를 손가
　이 마음 어리기도 님 위한 탓이로세
　아무가 아무리 일러도 임이 헤아리소서

③ 천만 리 머나먼 길에 고운 님 여의옵고
　내 마음 둘 데 없어 냇가에 앉았으니
　저 물도 내 안 같아야 울어 밤길 예놋다

④ 수양산(首陽山) 바라보며 이제(夷齊)를 한하노라
　주려 죽을진들 채미(採薇)도 하는 것가
　비록애 푸새엣것인들 긔 뉘 땅에 났나니

⑤ 흥망이 유수(有數)하니 만월대도 추초(秋草)로다
　오백 년 왕업이 목적(牧笛)에 부쳐시니
　석양에 지나는 객이 눈물계워 하노라

정답 및 해설

② 이 시조는 윤선도의 〈견회요(遣懷謠)〉 2수로, 억울한 심정의 하소연과 결백을 주장하고 있다. 제시된 작품은 정서의 〈정과정〉으로, 화자는 임이 자신의 결백함을 헤아려 궁극적으로 다시 자신을 사랑해 주기를 간곡하게 바라고 있다. ②도 자신의 결백을 임에게 하소연하고 있으므로 화자의 정서와 가장 유사하다.

오답 해설

① 이 시조는 가을 강의 경치와 달빛 아래에서의 한가롭고 유유자적한 삶의 모습을 통해 자연을 즐기는 무욕의 심정을 묘사한 월산대군의 작품이다.
③ 왕방연의 시조로, 단종과의 이별이 주는 아픔을 노래한 작품이다. 〈정과정〉에서도 슬픔의 정서는 드러나지만 슬픔의 이유는 자신이 결백하기 때문이다. ③의 화자가 슬퍼하고 있는 것은 〈정과정〉과 동일하지만 슬픔의 이유가 다르다. 〈정과정〉의 화자는 자신의 결백을 하소연하는 것에 더 집중하고 있기에 ②가 더 적절하다.
④ 이 시조는 세조가 단종을 폐위하고 왕위에 오르자 이에 항거한 성삼문이 중국의 백이, 숙제와 비교하면서 단종에 대한 굳은 절의를 강조한 작품이다.
⑤ 이 시조는 고려의 충신이었던 원천석이 고려의 도읍지였던 개성의 궁궐터를 돌아보면서 지난날을 회고하고 세월의 덧없음을 노래한 작품이다.

※ 정서, 〈정과정〉

갈래	고려 가요, 향가계 고려 가요
성격	충신연주지사(忠信戀主之詞)
제재	임과의 이별
주제	임금을 향한 변함없는 충절
특징	- 형식 면에서 향가의 전통을 이음 - 내용 면에서 신충의 원가(怨歌)와 통함 - 감정 이입을 통해 정서를 표현함 - 고려 가요 중 작가가 밝혀진 유일한 작품 - 유배 문학의 효시

09

2019 국회직 9급

다음 글에 대한 설명으로 옳지 않은 것은?

(가) 산수간(山水間) 바위 아래 띠집을 짓노라 하니
　　그 모른 남들은 웃는다 한다마는
　　어리고 햐암의 뜻에는 내 분(分)인가 하노라

(나) 보리밥 풋나물을 알맞게 먹은 후에
　　바위 끝 물가에 슬카지 노니노라
　　그 남은 여남은 일이야 부럴 줄이 있으랴

(다) 잔 들고 혼자 앉아 먼 뫼를 바라보니
　　그리던 님이 오다 반가움이 이러하랴
　　말씀도 웃음도 아녀도 못내 좋아 하노라

(라) 누고셔 삼공(三公)도곤 낫다 하더니 만승(萬乘)이 이만하랴
　　이제로 헤어든 소부 허유(巢父許由)가 약돗더라
　　아마도 임천 한흥(林泉閑興)을 비길 곳이 없더라

(마) 내 성이 게으르더니 하늘이 알으실사
　　인간 만사(人間萬事)를 한 일도 아니 맡겨
　　다만당 다툴 이 없는 강산(江山)을 지키라 하시도다

　　　　　　　　　　　　　　　　　 – 윤선도, 〈만흥〉

① (가): 안분지족(安分知足)의 태도가 나타나는 부분으로 '어리고 햐암의 뜻'에는 화자의 겸손함이 드러난다.
② (나): 안빈낙도(安貧樂道)의 자세가 드러나는 부분으로 '여남은 일'은 (마)의 '인간 만사'에 해당한다.
③ (다): '그리던 님'보다도 '뫼'가 더 반갑고 좋다는 뜻이 드러나는 부분으로 설의적 표현이 사용되었다.
④ (라): 자연에서의 삶에 대한 자부심과 만족감이 드러나는 부분으로 자신의 처지가 소부 허유보다도 낫다고 표현하였다.
⑤ (마): 자연에 머무는 것이 하늘의 뜻이라는 생각이 드러나는 부분으로 '인간'과 '강산'이 대비되고 있다.

10

2015 국회직 8급

다음의 〈관동별곡〉을 읽고 작품의 순서를 배열할 때, 옳게 배열된 것은?

(가) 강호애 병이 깁퍼 듁님의 누엇더니
관동 팔빅니에 방면을 맛디시니
어와 셩은이야 가디록 망극ᄒ다.

(나) 회양 녜 일홈이 마초아 ᄀ톨시고
급댱유 풍치를 고텨 아니 볼게이고
영듕이 무ᄉᄒ고 시졀이 삼월인 제
화쳔 시내길히 풍악으로 버더 잇다.

(다) 쇼양강 ᄂᆞ린 믈이 어드러로 든단말고
고신거국에 빅발도 하도 할쌰
동ᄌᆔ 밤 계오 새와 북관뎡의 올나ᄒ니
삼각산 뎨일봉이 ᄒᆞ마면 뵈리로다.

(라) 궁왕 대궐 터희 오쟉이 지지괴니
쳔고흥망을 아ᄂᆞᆫ다 몰ᄋᆞᆫ다.

(마) 연츄문 드리ᄃᆞ라 경회 남문 ᄇᆞ라보며
하직고 믈너나니 옥졀이 알ᄑᆡ 셧다
평구역 ᄆᆞᆯ ᄀᆞ라 흑슈로 도라드니
셤강은 어듸메요 티악이 여긔로다.

① (가) – (나) – (다) – (라) – (마)
② (가) – (다) – (나) – (마) – (라)
③ (가) – (다) – (라) – (마) – (나)
④ (가) – (마) – (나) – (다) – (라)
⑤ (가) – (마) – (다) – (라) – (나)

정답 및 해설

⑤ 시작 부분은 관찰사로 임명받는 (가)이다. 그리고 서울로 가 임금에게 인사를 드리고 강원도로 출발하는 (마)로 이어진다. (다)와 (라)는 강원도 강릉으로 가는 도중이고 (나)는 금강산으로 출발하려는 장면이다. 따라서 시간상으로 (가)-(마)-(다)-(라)-(나)의 순서가 된다.

※ 정철,〈관동별곡〉

갈래	양반 가사, 기행 가사, 정격 가사
성격	서정적, 지사적, 서경적
율격	3(4)·4조의 4음보
제재	내금강과 관동 팔경
주제	금강산, 관동 팔경에 대한 감탄과 연군지정 및 애민 사상
특징	- 영탄법, 대구법, 생략법 등을 활용함. - 우리말의 아름다움을 잘 살림.

11~12

※ 다음 작품을 읽고 물음에 답하시오.

(가) 이 듕에 시름 업스니 漁父의 生涯이로다.
　　一葉片舟를 萬頃波에 띄워 두고
　　人世를 다 니젯거니 날 가는 줄를 안가.

(나) 구버는 千尋綠水 도라보니 萬疊靑山
　　十丈紅塵이 언매나 구렛는고
　　江湖에 月白ᄒᆞ거든 더옥 無心하얘라.

(다) 靑荷에 바블 ᄡᆞ고 綠流에 고기 께여,
　　蘆荻花叢애 ᄇᆡ 미아두고,
　　一般淸意味를 어늬 부니 아ᄅᆞ실고.

(라) 山頭에 閒雲이 起ᄒᆞ고 水中에 白鷗ㅣ 飛이라.
　　無心코 多情ᄒᆞ니 이 두 거시로다.
　　一生에 시르믈 닛고 너를 조차 노로리라.

(마) 長安을 도라보니 北闕이 千里로다.
　　魚舟에 누어신들 니즌 스치 이시랴.
　　두어라 내 시름 안니라 濟世賢이 업스랴.

11
2019 국회직 8급

밑줄 친 시어 가운데 이미지가 나머지와 다른 하나는?

① 千尋綠水
② 十丈紅塵
③ 蘆荻花叢
④ 閒雲
⑤ 白鷗

정답 및 해설

② 十丈紅塵(십장홍진)은 '열 길이나 되는 붉은 먼지'로 속세를 의미하는 말이다. 다른 시어들은 모두 속세와 대비되는 자연을 의미한다.

오답 해설

① 千尋綠水(천심녹수)는 '천 길이나 되는 푸른 물'이란 뜻으로 자연을 의미한다.
③ 蘆荻花叢(노적화총)은 '갈대와 억새풀이 가득한 곳'이란 뜻으로 자연을 의미한다.
④ 閒雲(한운)은 '한가로운 구름'이란 뜻으로 자연을 의미한다.
⑤ 白鷗(백구)는 '흰 갈매기'로 자연을 의미한다.

12
2019 국회직 8급

유교적 이념을 현실 속에서 실현하려는 속마음이 드러난 것은?

① (가)
② (나)
③ (다)
④ (라)
⑤ (마)

오답 해설

⑤ '장안'은 한양을 의미하고, '북궐'은 임금이 있는 대궐을 의미한다. 화자는 자연 속에서 은둔 생활을 하고 있지만 '魚舟에 누어신들 니즌 스치 이시랴.'라며 나라에 대한 걱정을 완전히 떨쳐 버리지 못하고 있다. 자연 속에서도 '장안'과 '북궐'을 의식하며 속세에 대한 미련과 함께 임금에 대한 걱정을 드러내는 화자의 모습을 통해 유교적 이념을 실현하려는 속마음을 확인할 수 있다.

※ **어부단가(漁父短歌) - 이현보**

갈래	연시조, 강호 한정가
성격	풍류적, 낭만적, 자연 친화적
제재	어부의 생활
주제	자연을 벗하는 풍류적인 생활, 자연에 은거하는 어부의 생활
특징	- 상투적인 표현을 사용하여 정경 묘사가 추상적이고 관념적임 - 고려 때 전해 오는 '어부가'를 개작한 강호가도의 맥을 잇는 작품 - 윤선도의 '어부사시사'에 영향을 줌

13~14

※ 다음 작품을 읽고 물음에 답하시오.

當時예 ㉠ 녀던 길흘 몃 히룰 브려 두고
어듸 가 둔니다가 이제아 도라온고
이제아 도라오나니 년듸 무음 마로리

靑山은 엇뎨ᄒᆞ야 萬古애 프르르며
流水는 엇뎨ᄒᆞ야 晝夜애 긋디 아니는고
우리도 그치디 마라 萬古常靑호리라

- 이황, 〈도산십이곡〉

13

2016 지방직 7급

밑줄 친 ㉠과 뜻이 같은 한자는?

① 遊 ② 讀
③ 歌 ④ 行

정답 및 해설

④ '녀던'을 현대어로 풀이하면 "행하던', '학문에 힘쓰던'이다. 이와 뜻이 비슷한 한자는 '行(행할 행)'이다.

오답 해설

① 遊(다닐 유)
② 讀(읽을 독)
③ 歌(노래 가)

14

2016 지방직 7급

위의 시조를 읽고 쓴 감상으로 적절하지 않은 것은?

ㄱ. 현실에 안주하지 않고 계속해서 새로운 도전 거리를 찾아가는 모습은 정말 인상 깊었다.
ㄴ. 자연을 경시하고 개발의 대상으로만 바라보는 현대인들은 자연을 섬세히 관찰하여 그 속에서 교훈을 이끌어 내는 화자의 태도를 본받을 필요가 있다.
ㄷ. 자신의 과거를 성찰하며 앞으로의 다짐을 하는 화자의 태도는 오늘날 앞만 보며 달려가는 우리들에게 꼭 필요한 자세인 것 같다.
ㄹ. 나도 화자처럼 이전까지의 삶을 반성하여 앞으로 한눈팔지 않고 학문에 전념하는 삶을 살기로 다짐했다.

① ㄱ ② ㄴ
③ ㄷ ④ ㄹ

정답 및 해설

① 제시된 부분은 〈도산십이곡〉의 10수와 11수이다. 10곡에서는 젊을 때 학문에 뜻을 두었다가 학문 수양의 길을 버리고 벼슬살이를 한 자신을 후회하면서, 이제 깨달음을 얻었으니 학문 수양에 힘쓰겠다는 다짐을 표현하고 있다. 11수에서는 '청산'과 '유수'를 소재로 하여, 그침 없이 학문 수양에 힘쓰겠다는 의지를 드러내고 있다. 현실에 안주하지 않고 새로운 도전 거리를 찾아가는 모습은 찾을 수 없다.

오답 해설

② '靑山은 엇뎨ᄒᆞ야 萬古애 프르르며 / 流水는 엇뎨ᄒᆞ야 晝夜애 긋디 아니는고'에서 변하지 않는 청산과 유수를 통해 자연과 같이 변하지 않는 지조로 학문을 수행해 나가야 한다는 교훈을 이끌어 내고 있다.
③ '當時예 녀던 길흘 몃 히룰 브려 두고 / 어듸 가 둔니다가 이제아 도라온고'에서 자신의 과거를 성찰하는 화자의 모습이 드러난다. 과거를 반성하고 학문의 길을 걷겠다고 다짐하는 화자의 모습을 통해 오늘날 앞만 보며 달려가는 우리들의 자세에 대해 생각해 볼 수 있다.
④ 화자는 젊을 때 학문에 뜻을 두었다가 벼슬을 지낸 과거를 후회하면서, 이제 학문 수양에 힘쓰겠다는 다짐을 하고 있으므로 ㄹ의 감상은 적절하다.

※ **도산십이곡 - 이황**

갈래	연시조
성격	교훈적, 회고적, 예찬적
율격	3(4)·4조, 4음보
주제	자연 속에 묻혀 살고 싶은 소망과 학문의 길에 대한 의지
특징	- 반복법, 설의법, 대구법, 연쇄법 등 다양한 표현 방법을 활용함 - 총 12수로 전반부와 후반부로 나눔. - 학문에 대한 의지와 생경한 한자어가 많이 사용됨

15~16

※ 다음 작품을 읽고 물음에 답하시오.

(가) 딩아 돌하 當今에 계샹이다
　　 딩아 돌하 當今에 계샹이다
　　 先王聖代예 노니ᄋ와지이다

　　 삭삭기 셰몰애 별헤 나는
　　 삭삭기 셰몰애 별헤 나는
　　 구은 ㉠ 밤 닷 되를 심고이다
　　 그 바미 우미 도다 삭나거시아
　　 그 바미 우미 도다 삭나거시아
　　 有德ᄒ신 님믈 여희ᄋ와지이다

　　 玉으로 蓮ㅅ고즐 사교이다
　　 玉으로 蓮ㅅ고즐 사교이다
　　 ㉡ 바회 우희 接柱ᄒ요이다
　　 그 고지 三同이 퓌거시아
　　 그 고지 三同이 퓌거시아
　　 有德ᄒ신 님 여희ᄋ와지이다

　　　　　　　　　 - 작가 미상, 〈정석가〉

(나) 살어리 살어리랏다 靑山애 살어리랏다
　　 멀위랑 ᄃ래랑 먹고 靑山애 살어리랏다
　　 얄리얄리 얄랑셩 얄라리 얄라

　　 우러라 우러라 ㉢ 새여 자고 니러 우러라 새여
　　 널라와 시름한 나도 자고 니러 우니로라
　　 얄리얄리 얄라셩 얄라리 얄라

　　 가던 새 가던 새 본다 ㉣ 믈 아래 가던 새 본다
　　 잉무든 장글란 가지고 믈아래 가던 새 본다
　　 얄리얄리 얄라셩 얄라리 얄라

　　　　　　　　　 - 작가 미상, 〈청산별곡〉

15

2018 법원직 9급

(가), (나)에 대한 설명으로 가장 적절하지 않은 것은?

① (가): 임에 대한 영원한 사랑의 의지를 드러내고 있다.
② (가): 임에 대한 그리움을 열거의 방법으로 밝히고 있다.
③ (나): 현실에서 벗어나고자 하는 화자의 소망이 나타나 있다.
④ (나): 반복적인 여음구의 사용으로 운율적 효과를 얻고 있다.

16

2018 법원직 9급

다음 〈보기〉의 설명에 해당하는 것은?

> 작가는 문학 작품을 창작하는 과정에서 자연물을 활용하여 화자의 상황이나 감정을 이입하여 표현하기도 한다.

① ㉠ 밤
② ㉡ 바회
③ ㉢ 새
④ ㉣ 믈 아래

정답 및 해설

③ 화자는 삶의 비애와 고독을 느끼고 있는데, '새'에게 이러한 자신의 감정을 이입하여 '우러라 새여 자고 니러 우러라 새여'와 같이 표현하였다.

오답 해설

① '밤'은 불가능한 상황을 설정하기 위한 소재로, 화자의 감정이 이입되지 않았다.
② '바회'는 불가능한 상황을 설정하기 위한 소재로, 화자의 감정이 이입되지 않았다.
④ '믈 아래'는 속세를 상징하는 시어로, 속세에 대한 화자의 미련을 보여준다.

※ 작가 미상, 〈정석가〉

갈래	고려 가요
성격	서정적, 민요적
제재	임에 대한 사랑
주제	태평성대 기원, 임에 대한 영원한 사랑
특징	- 불가능한 상황 설정을 통한 역설적 표현으로 임과의 영원한 사랑을 소망하는 화자의 정서가 효과적으로 드러남 - 반어적 시구 (유덕ᄒ신 님 여희ᄋ와지이다)를 반복하여 리듬감을 살리면서 상황과 정서를 강조함 - 한 연에 두 번씩 되풀이되는 2구를 통해 감정을 강조함

※ 작가 미상, 〈청산별곡〉

갈래	고려 가요
성격	현실 도피적, 애상적
제재	청산, 바다
주제	삶의 고뇌와 비애·실연의 슬픔 삶의 터전을 잃은 유랑민의 슬픔
특징	- 'ㄹ'과 'ㅇ'의 반복으로 운율감 살림 - 반복법과 상징법을 사용하여 시적 화자의 정서를 드러냄 - aaba구조, 의인법, 감정 이입 등의 표현 방법 사용

17~19

※ 다음 작품을 읽고 물음에 답하시오.

(가) 셔경(西京)이 아즐가 셔경이 셔울히 마르는
　　위 두어렁셩 두어렁셩 다링디리
　　닷곤딕 아즐가 닷곤딕 쇼셩경 고외마른
　　위 두어렁셩 두어렁셩 다링디리
　　여히므론 아즐가 여히므론 질삼뵈 브리시고
　　위 두어렁셩 두어렁셩 다링디리
　　괴시란딕 아즐가 괴시란딕 우러곰 좃니노이다
　　위 두어렁셩 두어렁셩 다링디리

　　구스리 아즐가 구스리 바회예 디신들
　　위 두어렁셩 두어렁셩 다링디리
　　긴히똔 아즐가 긴히똔 그츠리잇가 나는
　　위 두어렁셩 두어렁셩 다링디리
　　즈믄 히를 아즐가 즈믄 히를 외오곰 녀신들
　　위 두어렁셩 두어렁셩 다링디리
　　신(信)잇둔 아즐가 신잇둔 그츠리잇가 나는
　　위 두어렁셩 두어렁셩 다링디리

　　대동강(大同江) 아즐가 대동강 너븐디 몰라셔
　　위 두어렁셩 두어렁셩 다링디리
　　빅 내여 아즐가 빅 내여 노흔다 샤공아
　　위 두어렁셩 두어렁셩 다링디리
　　네 가시 아즐가 네 가시 럼난디 몰라셔
　　위 두어렁셩 두어렁셩 다링디리
　　녈 빅예 아즐가 녈 빅예 연즌다 샤공아
　　위 두어렁셩 두어렁셩 다링디리
　　대동강 아즐가 대동강 건너편 고즐여
　　위 두어렁셩 두어렁셩 다링디리
　　빅 타들면 아즐가 빅 타들면 것고리이다 나는
　　위 두어렁셩 두어렁셩 다링디리
　　　　　　　　　　　　　　- 작가 미상, 〈서경별곡〉

(나) 어져 내 일이야 그릴 줄을 모르던가
　　이시라 ᄒ더면 가랴마는 제 구틱야
　　보내고 그리는 정(情)은 나도 몰라 ᄒ노라
　　　　　　　　　　　　　　- 황진이

(다) 가시리 가시리잇고 나는
　　브리고 가시리잇고 나는
　　위 증즐가 대평셩딕(大平聖代)

　　날러는 엇디 살라 ᄒ고
　　브리고 가시리잇고 나는
　　위 증즐가 대평셩딕(大平聖代)

　　잡ᄉ와 두어리마ᄂᆞᆫ
　　선ᄒ면 아니 올셰라
　　위 증즐가 대평셩딕(大平聖代)

　　셜온 님 보내ᄋᆞᆸ노니 나는
　　가시는 둣 도셔 오쇼셔 나는
　　위 증즐가 대평셩딕(大平聖代)
　　　　　　　　　　　　　　- 작가 미상, 〈가시리〉

17

2017 법원직 9급

(가)와 (나)의 공통점으로 가장 적절한 것은?

① 감탄사를 활용해 화자의 감정을 드러내고 있다.
② 시어의 반복을 통해 리듬감을 조성하고 있다.
③ 의문형 어미를 활용해 화자의 심정을 드러내고 있다.
④ 상징적인 소재를 활용해 화자가 처한 상황을 부각하고 있다.

정답 및 해설

③ (가)는 '구스리 바회예 디신돌 긴히똔 그츠리잇가'에서 의문형 어미를 활용하여 임과 이별할 수 없다는 화자의 심정을 표현하였다. (나)도 '그릴 줄을 모로던가'에서 의문형 어미를 활용하여 떠나간 임을 향한 그리움을 표현하였다.

오답 해설

① (나)는 '어져'라는 감탄사를 활용하였지만 (가)는 감탄사를 활용하지 않았다.
② (가)는 '위 두어렁셩 두어렁셩 다링디리'라는 후렴구를 반복하여 리듬감을 조성하고 있지만 (나)는 시어의 반복이 드러나지 않는다.
④ (가)에서 '구슬', '바회', '신'은 각각 '사랑', '시련', '믿음'을 상징한다. 화자는 이러한 상징적인 소재를 통해 변함없는 사랑과 믿음을 맹세하고 있다. 하지만 (나)에서는 상징적인 소재를 활용하지 않았다.

18

2017 법원직 9급

(가)의 화자와 (다)의 화자가 만나 나눈 대화로 적절하지 않은 것은?

① (가): 임과 이별하기보다는 임을 따라가서 사랑하고 싶어요.
② (다): 저는 임이 다시 돌아오지 않으실까 봐 보내 드리려고 해요.
③ (가): 그래서 저도 사공에게 떠나는 임을 잘 모셔 줄 것을 부탁하네요.
④ (다): 슬프지만 임이 빨리 돌아오시기만을 바라고 있어요.

정답 및 해설

③ (가)의 화자는 임을 태우고 떠난 사공을 비난하고 있다. 떠난 임에 대한 원망의 감정을 사공에게 전가하여 사공을 원망하는 것이다. 따라서 사공에게 임을 잘 모실 것을 부탁한다는 내용은 부적절하다.

오답 해설

① (가)의 화자는 1연에서 자신의 생업인 '질삼뵈'도 버리고 임의 뒤를 따르겠다고 하였으므로 ①의 대화는 적절하다.
② '잡ᄉ와 두어리마ᄂᆞ논 / 선ᄒᆞ면 아니 올셰라'를 통해 확인할 수 있다.
④ '셜온 님 보내옵노니 나ᄂᆞᆫ / 가시ᄂᆞᆫ 듯 도셔 오쇼셔 나ᄂᆞᆫ'를 통해 임이 빨리 돌아오기를 소망하는 화자의 모습을 확인할 수 있다.

19

(나)의 화자가 처한 상황과 가장 유사한 것은?

2017 법원직 9급

① 추강(秋江)에 밤이 드니 물결이 차노매라
　낚시 드리치니 고기 아니 무노매라
　무심(無心)한 달빛만 싣고 빈 배 저어 오노라

② ᄆᆞ음이 어린 후(後)ㅣ니 ᄒᆞ는 일이 다 어리다
　만중운산(萬重雲山)에 어느 님 오리마는
　지는 닙 부는 ᄇᆞ람에 행여 귄가 ᄒᆞ노라

③ 청산(靑山)은 내 뜻이오 녹수(綠水)는 님의 정(情)이
　녹수(綠水) 흘러간든 청산(靑山)이야 변(變)ᄒᆞᆯ손가
　녹수(綠水)도 청산(靑山)을 못 니져 우러 예어 가는고

④ 청산리(靑山裏) 벽계수(碧溪水)ㅣ야 수이 감을 자랑 마라
　일도창해(一到滄海)ᄒᆞ면 도라오기 어려오니
　명월(明月)이 만공산(滿空山)ᄒᆞ니 수여 간들 엇더리

정답 및 해설

② (나)의 화자는 임을 떠나보내고 '보내고 그리ᄂᆞᆫ 정(情)은 나도 몰라 ᄒᆞ노라'라며 임을 그리워하고 있다. ②는 임에 대한 기다림과 그리움을 노래한 서경덕의 시조로, 화자는 떨어지는 잎에도 임이 오는 것이 아닌지 착각하며 임을 그리워하고 있다.

오답 해설

① 가을 달밤의 풍류와 정취를 노래한 월산대군의 시조이다.
③ 임을 향한 변함없는 사랑을 노래한 황진이의 시조이다.
④ 인생의 덧없음을 말하며 향락을 권유하는 황진이의 시조이다.

※ 작가 미상, 〈서경별곡〉

갈래	고려 가요
성격	남녀상열지사(男女相悅之詞)
제재	임과의 이별
주제	이별의 정한(情恨)
특징	- 설의적 표현의 사용으로 임과의 사랑을 맹세하는 화자의 정서가 효과적으로 드러남 - 상징적 시어의 사용으로 화자가 처한 이별의 상황을 드러냄 - 고려 가요 '가시리'와 함께 이별의 정한을 노래한 작품

※ 황진이, 〈어져 내 일이야~〉

갈래	평시조
성격	애상적, 감상적, 이별가
주제	이별의 회한과 임에 대한 그리움
특징	- 화자의 심리적 갈등을 우리말의 절묘한 구사를 통해 드러냄 - 중의적 표현과 영탄법을 사용하여 시적 화자의 안타까운 정서를 강조함 - 고려 가요 '가시리', '서경별곡'과 현대시 김소월의 '진달래꽃'을 매개하는 이별가로 평가받음

※ 작가 미상, 〈가시리〉

갈래	고려 가요
성격	서정적, 민요적, 애상적
제재	임과의 이별
주제	이별의 정한(情恨)
특징	- 3·3·2조의 3음보의 율격 - '기 - 승 - 전 - 결'의 4단 구성 - 간결한 형식과 소박한 시어를 사용하여 이별의 감정을 절묘하게 표현 - 우리 민족의 전통적인 정서인 이별의 정한을 노래한 대표 작품

20~21

※ 다음 작품을 읽고 물음에 답하시오.

(가) 눈 마ᄌ 휘여진 딕를 뉘라셔 굽다턴고
  ㉠ 구블 절(節)이면 눈 속의 프를소냐
  아마도 세한고절(歲寒孤節)은 너뿐인가 ᄒ노라
  　　　　　　　　　　　　　　　　　　- 원천석

(나) 동지(冬至)ㅅ둘 기나긴 밤을 한 허리를 ㉡ 버혀 내어
  춘풍(春風) 니불 아레 서리서리 너헛다가
  어론 님 오신 날 밤이여든 구뷔구뷔 펴리라
  　　　　　　　　　　　　　　　　　　- 황진이

(다) 두터비 파리를 물고 두험 우희 치다라 안자
  것넌 산 바라보니 백송골(白松鶻)이 떠 잇거늘 가슴이
  금즉하여 풀덕 뛰여 내닷다가 두험 아래 잣바지거고
  ㉢ 모쳐라 날낸 낼싀만졍 ㉣ 에헐질 번 하괘라
  　　　　　　　　　　　　　　　　　　- 작가 미상

20

2019 국회직 9급

윗글에 대한 설명으로 적절하지 않은 것은?

① (가)의 중심 소재는 '딕'이다.
② (나)의 화자는 임과의 재회를 바라고 있다.
③ (다)는 종장의 길이가 길어진 시조 형식을 보여 준다.
④ (가)~(다)는 종장 첫 구에 음수의 제약을 갖고 있다.

정답 및 해설

③ (다)는 사설시조로, 평시조에 비해 중장의 길이가 길어지는 특징을 지니고 있다. 종장의 길이가 길어졌다는 설명은 부적절하다.

오답 해설

① 고려 왕조에 대한 충절을 다짐하는 원천석의 시조로, '딕'는 절개 있는 충신을 의미하는 중심 소재이다.
② 임을 향한 그리움과 사랑을 노래한 황진이의 시조로, 화자는 임과의 재회를 소망하고 있다.
④ (가)~(다)는 모두 종장 첫 구가 3음절이어야 한다는 제약을 가지고 있다.

21

윗글에서 ㉠~㉣의 의미로 적절하지 않은 것은?

2020 소방직

① ㉠: 굽힐
② ㉡: 잘라 내어
③ ㉢: 목이 터져라
④ ㉣: 멍이 들

정답 및 해설

③ '모쳐라'는 '어떤 경우나 기회에 알맞게'의 의미를 나타내는 부사 '마침'의 옛말이다. '목이 터져라'로 해석하는 것은 적절하지 않다.

오답 해설

① '구블'은 '굽힐', '구부러질'로 해석할 수 있다.
② '버혀 내어'는 '베어 내어', '잘라 내어'로 해석할 수 있다.
④ '에혈질'은 '멍이 들'로 해석할 수 있다.

※ 원천석, 〈눈 마ᄌ 휘여진 디를~〉

갈래	평시조
성격	절의가, 예찬적, 회고적
주제	고려 왕조에 대한 충절의 다짐
특징	- 상징법을 사용하여 화자의 굳은 의지를 드러냄. - 고려 왕조에 대해 지조와 충절을 지키고자 하는 화자의 태도가 드러남. - 대상(대나무)에 대한 예찬적인 태도

※ 황진이, 〈동지(冬至)ㅅ둘 기나긴 밤을~〉

갈래	평시조
성격	낭만적, 감상적, 연정가
주제	임을 기다리는 절실한 마음 임을 향한 그리움과 사랑
특징	- 추상적인 개념을 구체적 사물로 표현하였으며, 우리말의 묘미를 잘 살려 냄 - 음성 상징어, 대조법 등을 사용하여 주제를 효과적으로 표현함

※ 작자 미상, 〈두터비 파리를 물고~〉

갈래	사설시조
성격	풍자적, 우의적, 희화적, 해학적
주제	탐관오리(양반)의 횡포와 허장성세(虛張聲勢) 풍자
특징	- 화자가 바뀌는 구조 (종장의 화자 : 두꺼비) - 의인법, 상징법 등의 표현법이 사용되어 대상(두꺼비)을 희화화함 - 우의적 수법을 사용하여 탐관오리(양반)의 횡포와 허장성세를 비판함

22~24

※ 다음 작품을 읽고 물음에 답하시오.

(가) 가노라 삼각산(三角山)아 다시 보쟈 한강수(漢江水)ㅣ야
  고국산천(故國山川)을 써느고쟈 ᄒ랴마는
  시절(時節)이 하 수상(殊常)ᄒ니 올동말동 ᄒ여라 - 김상헌

(나) 창(窓) 내고쟈 창(窓)을 내고쟈 이내 가슴에 창(窓) 내고쟈
  고모장지 셰살장지 들장지 열장지 암돌져귀 수돌져귀 비
  목걸새 크나큰 쟝도리로 쑥닥 바가 이내 가슴에 창(窓)
  내고쟈
  잇다감 하 답답홀 제면 여다져 볼가 ᄒ노라 - 작가 미상

(다) 두터비 ᄑ리를 물고 두험 우희 치ᄃ라 안자
  것넌 산(山) 브라보니 백송골(白松骨)이 써잇거늘 가슴이
  금즉ᄒ여 풀덕 쒸여 내ᄃᆞ다가 두험 아래 잣바지거고
  모쳐라 ᄂᆞᆯ낸 낼식만졍 에헐질 번ᄒ괘라   - 작가 미상

22
2019 법원직 9급

(가)와 〈보기〉의 공통적 특징으로 가장 적절한 것은?

> 간다 간다 나는 간다 너를 두고 나는 간다
> 잠시 뜻을 얻었노라 까불대는 이 시운이
> 나의 등을 내밀어서 너를 떠나가게 하니
> 일로부터 여러 해를 너를 보지 못할지나
> 그동안에 나는 오직 너를 위해 일하리니
> 나 간다고 슬퍼 마라 나의 사랑 한반도야 - 안창호, 〈거국가(去國歌)〉

① 도치법과 설의법을 통해 시적 화자의 안타까움을 드러내고 있다.
② 대유법과 의인법을 사용하여 고국에 대한 애정을 표현하고 있다.
③ 대구와 대조의 방식을 사용하여 시적 화자의 불안감을 형상화하고 있다.
④ a-a-b-a의 반복과 과장법을 통해 화자의 답답한 마음을 드러내고 있다.

23
2019 법원직 9급

(나)의 표현 방식에 대한 설명으로 가장 적절하지 않은 것은?

① 웃음을 통해 비애와 고통을 극복하려는 우리나라 평민 문학의 한 특징이 엿보인다.
② 초·중·종장이 모두 율격을 무시한 형태의 시조로, 평시조에서 사설시조로 나아가는 작품의 성향을 나타내 주고 있다.
③ 구체적 생활 언어와 친근한 일상적 사물을 수다스럽게 열거함으로써 괴로움을 강조하는 수법은 반어적으로 웃음을 유발한다.
④ 특히 중장에서 여러 종류의 문과 문고리들을 열거하고 있는데, 이것은 화자의 답답한 심정을 강조하면서 동시에 화자가 처한 현실을 극복하고자 하는 의지의 표현으로도 볼 수 있다.

24

2019 법원직 9급

(다)를 이해한 내용으로 가장 적절하지 않은 것은?

① 어휘 면에서는 '백송골, 두험, 금즉ᄒ여, 풀덕 뛰여, 잣바지거고, 모쳐라' 등 서민적인 일상어를 구사하고 있다.
② 자신보다 강하거나 높은 위치에 있는 사람에게는 꼼짝 못하면서도 자기 자신을 위로하는 두꺼비의 모습에서 솔직하지 못한 위선을 엿볼 수 있다.
③ 두꺼비는 약자에게는 군림하고 강자에게는 비굴한 존재로 그려지고 있으며, 특히 황급히 도망가려다 실수를 하고도 자기 합리화를 하는 모습에서 비판의 대상임을 알 수 있다.
④ 이 노래는 '파리'와 '두터비', '백송골'의 세 계층을 통해서 권력 구조의 비리를 우회적으로 잘 나타내고 있는 작품으로, 종장에서 화자를 바꾸어 풍자의 효과를 높이고 있다.

정답 및 해설

① '백송골(白松骨)'은 한자어로, 서민적인 일상어로 보기 어렵다.

오답 해설

②, ③ 두꺼비는 파리에게는 횡포를 부리지만 자신보다 강한 백송골 앞에서는 비굴한 모습을 보인다. 백송골을 보고 놀라 도망치다 자빠진 상황에서도 스스로 위로하는 위선적인 태도를 엿볼 수 있다.
④ 두터비는 서민들에게는 강하고 권력자에게는 약한 관리나 중간 계층, 탐관오리를 상징하고 파리는 힘없는 백성을 상징한다. 백송골은 상층부의 권력자, 중앙 관리를 상징하는데 이러한 세 계층을 통해 권력 구조의 비리를 잘 나타내고 있다. 또한 종장에서는 화자가 두꺼비로 바뀌는데, 이를 통해 두꺼비의 위선적인 태도에 대한 풍자 효과가 높아진다.

※ 김상헌, 〈가노라 삼각산(三角山)아~〉

갈래	평시조
성격	우국가, 비분가(悲憤歌)
주제	고국을 떠나는 신하의 안타까운 마음
특징	- 대구법, 대유법, 의인법 사용 - 다양한 표현법을 통해 화자의 정서를 효과적으로 표현함

※ 작자 미상, 〈창(窓) 내고쟈 창(窓)을 내고쟈~〉

갈래	사설시조
성격	해학적, 의지적, 구체적
주제	삶의 답답함으로부터 벗어나고 싶은 마음
특징	- '마음'에 '창'을 낸다는 기발한 발상을 통해 문학성을 획득함. - 반복법, 열거법 등을 사용하여 답답함을 해소하고자 하는 화자의 마음을 강조함. - 비애와 고통을 어둡게 그리지 않고, 웃음을 통해 극복하려는 해학성이 돋보임.

※ 작자 미상, 〈두터비 파리를 물고~〉

갈래	사설시조
성격	풍자적, 우의적, 희화적, 해학적
주제	탐관오리(양반)의 횡포와 허장성세(虛張聲勢) 풍자
특징	- 화자가 바뀌는 구조 (종장의 화자 : 두꺼비) - 의인법, 상징법 등의 표현법이 사용되어 대상(두꺼비)을 희화화함 - 우의적 수법을 사용하여 탐관오리(양반)의 횡포와 허장성세를 비판함

25
다음 글의 내용과 관련이 없는 작품은?

2014 지방직 7급

> 우리 선인들은 말에는 신성하고 예언적인 힘이 있는 것으로 생각하였다. "말이 씨가 된다"거나 "귀신 듣는 데 떡 소리도 못 하겠다"라는 속담이 그러한 예다. 머릿속으로 생각만 하는 것은 괜찮더라도 일단 말로 표현하게 되면 그 말은 예언적이거나 주술적인 힘을 발휘한다고 보았던 것이다. 우리 문학사에서 언어가 힘을 지녔다는 생각을 반영하는 작품이 적지 않은 것도 바로 그러한 생각에서 비롯되었다.

① 거북아, 거북아
  머리를 내밀어라.
  내어놓지 않으면
  구워서 먹으리.

② 포롱포롱 나는 저 꾀꼬리
  암수 서로 의지하고 있네.
  외로울사 이 내 몸은
  그 누구와 함께 돌아갈꼬.

③ 거북아 거북아, 수로를 내놓아라.
  남의 아내를 앗는 죄, 그 얼마나 큰가?
  네가 만일 어기어 내놓지 않으면,
  그물로 잡아 구워 먹으리.

④ 동경 밝은 달에
  밤들이 노니다가
  들어 자리를 보니
  다리가 넷이러라.
  둘은 내해였고
  둘은 누구핸고
  본디 내해다마는
  빼앗은 것을 어찌하리오.

26~28

※ 다음 작품을 읽고 물음에 답하시오.

우는 거시 ⓐ 벅구기가 프른 거시 버들숩가
이어라 이어라
漁어村촌 두어 집이 닛 속의 나락들락
至지匊국悤총 至지匊국悤총 於어思사臥와
말가훈 기픈 沼소희 온갇 ⓑ 고기 뛰노나다.

蓮연닙희 밥싸두고 飯반饌찬으란 쟝만마라
닫드러라 닫드러라
靑쳥蒻약笠립은 써잇노라 綠녹蓑사衣의 가져오냐
至지匊국悤총 至지匊국悤총 於어思사臥와
無무心심훈 ⓒ 白백鷗구는 내 좃는가 제 좃는가.

水수國국에 ᄀ을이 드니 고기마다 슬져잇다
닫드러라 닫드러라
萬만頃경澄딩波파의 슬카지 容용與여ᄒ쟈
至지匊국悤총 至지匊국悤총 於어思사臥와
ⓓ 人인間간을 돌아보니 머도록 더욱 죠타.

– 윤선도, 〈어부사시사〉

26
2019 서울시 9급

위 시조에 대한 설명으로 옳지 않은 것은?

① 임금에 대한 그리움을 함축적으로 표현하고 있다.
② 청각적 이미지를 활용하고 있다.
③ 대구법을 사용하고 있다.
④ 후렴구를 제외하면 전형적인 3장 6구의 시조 형식을 갖추고 있다.

정답 및 해설
① 이 작품은 자연 속에서 한가롭게 살아가는 어부 생활의 여유와 흥취를 노래한 것으로, 임금에 대한 그리움은 드러나지 않는다.

오답 해설
② 후렴구 '至지匊국悤총 至지匊국悤총 於어思사臥와'는 노 젓는 소리로 청각적 이미지가 드러난다. 또한 '우는 거시 벅구기가'에서도 청각적 이미지를 활용하고 있다.
③ '우는 거시 벅구기가 프른 거시 버들숩가'에서 대구법을 사용하였다.
④ 초장과 중장, 중장과 종장 사이에 들어간 후렴구 '至지匊국悤총 至지匊국悤총 於어思사臥와'를 제외하면 전형적인 3장 6구의 시조 형식에 해당한다.

27
2013 소방직

다음 중 위 작품과 관련이 없는 한자 성어는?

① 안빈낙도(安貧樂道)
② 유유자적(悠悠自適)
③ 강호한정(江湖閑情)
④ 연군지정(戀君之情)

정답 및 해설
④ 이 작품은 자연 속에서 한가롭게 살아가는 어부 생활의 여유와 흥취를 노래한 것으로, 임금을 그리워하는 연군지정(戀君之情)의 마음은 드러나지 않는다.

오답 해설
① 안빈낙도(安貧樂道)는 가난한 생활을 하면서도 편안한 마음으로 도를 즐기는 것을 말한다. '蓮연닙희 밥싸두고 飯반饌찬으란 쟝만마라'에서 안빈낙도의 태도를 확인할 수 있다.
② 유유자적(悠悠自適)은 속세를 떠나 아무 속박 없이 조용하고 편안하게 사는 것을 말한다. '人인間간을 돌아보니 머도록 더욱 죠타.'에서 유유자적의 태도를 확인할 수 있다.
③ 강호한정(江湖閑情)은 자연 속에 묻혀 지내는 즐거움을 말한다. 화자는 자연 속에서 한가롭게 살아가는 어부 생활의 여유와 흥취를 노래하고 있으므로 강호한정의 정서가 담겨 있다.

28

2013 소방직

밑줄 친 ⓐ~ⓓ 중에서 성격이 다른 하나는?

① ⓐ
② ⓑ
③ ⓒ
④ ⓓ

29

2018 서울시 7급(추)

〈보기〉의 (가), (나)에 대한 설명으로 가장 옳은 것은?

> (가) 장안(長安)을 도라보니 북궐(北闕)이 천 리(千里)로다
> 어주(魚舟)에 누어신들 니즌 스치 이시랴
> 두어라 내 시름 안니라 제세현(濟世賢)이 업스랴
>
> (나) 동풍이 건듯 부니 믉결이 고이 닌다
> 돋드라라 돋드라라
> 동호를 도라보며 서호로 가쟈스라
> 지국총 지국총 어사와
> 압뫼히 디나가고 뒫뫼히 나아온다

① (가), (나) 모두 어부(漁夫)가 지은 노래이다.
② (가), (나)의 화자는 모두 어촌 생활에 만족하고 있다.
③ (가)의 화자는 나라에 대한 걱정을 하지 않고 있다.
④ (나)는 어촌의 풍경을 역동적으로 그려 내고 있다.

30

다음 시조 중 창작 계층이 다른 것은?

2017 기상직 9급

① 청산(靑山)은 내 뜻이오 녹수(綠水)는 님의 정(情)이
    녹수 흘러간들 청산이야 변(變)홀손가.
    녹수도 청산을 못 니져 우러 예어 가는고.

② 잔 들고 혼자 안자 먼 뫼흘 바라보니
    그리던 님이 오다 반가옴이 이러하랴.
    말솜도 우움도 아녀도 몯내 됴하하노라.

③ 한송정(寒松亭) 달 밝은 밤의 경포대(鏡浦臺)에 물결 잔 제
    유신(有信)한 백구(白鷗)는 오락가락 하건마는
    어떻다 우리의 왕손(王孫)은 가고 안이 오느니.

④ 이화우(梨花雨) 흣뿌릴 제 울며 잡고 이별(離別)한 임
    추풍낙엽(秋風落葉)에 저도 날 생각는가.
    천 리(千里)에 외로온 꿈만 오락가락 하노매.

정답 및 해설

② 윤선도의 〈만흥〉의 제3수로, 자연과 물아일체(物我一體)된 삶의 즐거움을 표현하였다. 다른 작품들은 모두 기녀들의 작품이지만 ②는 사대부 남성 작가의 작품이므로 창작 계층이 다르다.

오답 해설

① 임에 대한 변함없는 사랑과 지조를 자연물에 빗대어 노래하고 있는 작품으로 기녀인 〈황진이〉가 지었다.
③ 기녀 홍장이 지은 시조로 강릉 한송정에서 느낀 감회를 표현한 작품이다.
④ 기녀 계랑이 지은 시조로 이별의 슬픔과 임에 대한 그리움을 표현한 작품이다.

※ 윤선도, 〈만흥(漫興)〉

갈래	평시조, 연시조(전 6수)
성격	한정가(閑情歌), 자연 친화적
제재	자연을 벗하는 생활
주제	자연에 묻혀 사는 즐거움과 임금님의 은혜
특징	- 우리말의 묘미를 잘 살림. - 중국의 고사를 인용하여 화자의 정서를 강조함. - 자연과 속세를 대조하여 자연 친화적인 태도를 부각함. - 자연에 은거하면서도 임금의 은혜를 언급하는 사대부의 모습을 보여 줌. - 안분지족하는 삶의 자세가 드러남. - 인간사에 대한 비판적 관점을 통해 현실 도피적 태도를 드러냄.

※ 계랑, 〈이화우 흣쑤릴 제~〉

갈래	평시조
성격	애상적, 감상적, 연정가
주제	이별의 슬픔과 임에 대한 그리움
특징	- 임과 헤어진 뒤의 시간적 거리감과 임과 떨어져 있는 공간적 거리감이 조화를 이룸 - 시간의 흐름과 하강의 이미지를 통해 시적 화자의 정서를 심화시킴

31

다음 작품에 대한 설명으로 적절하지 않은 것은?

2015 지방교행직(경)

> 장풍에 돛을 달아 육선(六船)이 함께 떠나
> 삼현(三絃)과 군악 소리 산해(山海)를 진동하니
> 물속의 어룡(魚龍)들이 응당히 놀라도다
> 해구(海口)를 얼핏 나서 오륙도를 뒤로 하고
> 고국을 돌아보니 야색(夜色)이 창망(滄茫)하여
> 아무것도 아니 뵈고 연해변진(沿海邊鎭) 각 포(浦)에
> 불빛 두어 점이 구름 밖에 뵐 만하니
>
> - 김인겸, 〈일동장유가〉

① 환송의 성대함이 과장되게 표현되어 있다.
② 육지의 모습이 원경(遠景)으로 그려지고 있다.
③ 고국을 떠나는 부담이 계절감으로 표현되고 있다.
④ 출항과 항해가 시간의 흐름에 따라 나타나고 있다.

정답 및 해설

③ 〈일동장유가〉는 일본 통신사로 갈 때 동행한 작가가 그 여정과 견문을 기록한 장편 기행 가사이다. 약 11개월 동안의 여정이 나타나 있으며, 그곳에서 보고 들은 일본의 문물 제도와 인물, 풍속, 외교 임무의 수행 과정 등과 이에 대한 느낌을 소상히 기록하고 있다. 제시된 부분은 부산 포구를 출발하는 웅장한 광경과 배 위에서 어둠 속 고국 산천을 되돌아보고 있는 장면이다. 따라서 고국을 떠나는 부담감도 나타나 있지 않고 계절감을 느낄 수 있는 구절도 찾아보기 힘들다.

오답 해설

① '삼현(三絃)과 군악 소리 산해(山海)를 진동하니 / 물속의 어룡(魚龍)들이 응당히 놀라도다'에서 환송의 성대함을 과장되게 표현하였다.
② '해구(海口)를 얼핏 나서 오륙도를 뒤로 하고'에서 배가 출발한 이후 육지의 모습을 원경으로 그리고 있다.
④ 배가 출항하는 웅장한 광경과 배 위에서 고국 산천을 되돌아보는 장면이 시간의 흐름에 따라 전개되고 있다.

※ **일동장유가(日東壯遊歌) - 김인겸**

갈래	가사, 기행 가사, 장편 가사
성격	사실적, 직서적, 묘사적
주제	일본 여행의 견문과 감상
특징	- 여정에 따른 추보식 구성을 보임 - 여정에 따른 일화, 환경, 사건, 풍물 등을 사실적으로 제시함 - 조선 후기 장편 가사의 전형적인 특징을 보여 줌

32

다음 작품에 대한 설명으로 적절하지 않은 것은?

2019 소방직

> 기심 매러 갈 적에는 갈뽕을 따 가지고
> 기심 매고 올 적에는 올뽕을 따 가지고
> 삼간방에 누어 놓고 청실홍실 뽑아내서
> 강릉 가서 날아다가 서울 가서 매어다가
> 하늘에다 베틀 놓고 구름 속에 이매 걸어
> 함경나무 바디집에 오리나무 북게다가
> 짜궁짜궁 짜아 내어 가지잎과 뭅거워라
> 배꽃같이 바래워서 참외같이 올 짓고
> 외씨 같은 보선 지어 오빠님께 드리고
> 겹옷 짓고 솜옷 지어 우리 부모 드리겠네
>
> - 작가 미상, 〈베틀 노래〉

① 노동 현실에 대한 한과 비판이 드러나 있다.
② 대구법과 직유법 등의 표현 기법을 사용하고 있다.
③ 4·4조의 운율과 언어유희로 리듬감을 형성하고 있다.
④ 화자의 상상력을 바탕으로 과장되게 표현한 부분이 나타나 있다.

정답 및 해설

① 이 작품의 주제는 베를 짜는 과정과 가족에 대한 사랑이다. 낙천적인 노동요로, 베를 짜는 여인의 흥과 멋이 드러난다. 화자는 가족에 대한 애정을 바탕으로 하고 있으며, 노동 현실에 대한 비판은 드러나지 않는다.

오답 해설

② '배꽃같이 바래워서 참외같이 올 짓고'에서 대구법과 직유법을 확인할 수 있다.
③ 전체적으로 4.4조, 4음보의 율격을 반복하였고, '갈뽕', '올뽕'과 같은 언어유희로 리듬감을 살리고 있다.
④ '강릉 가서 날아다가 서울 가서 매어다가 / 하늘에다 베틀 놓고 구름 속에 이매 걸어'에서 화자의 상상력과 과장된 표현이 드러난다.

※ **베틀 노래 - 작자 미상**

갈래	민요(民謠), 노동요(勞動謠), 부요(婦謠)
성격	여성적, 낙천적, 유교적, 낭만적
주제	- 베를 짜는 과정에서 느끼는 낭만적 여유와 가족애 - 베 짜는 여인의 흥과 멋
특징	- 4·4조의 운율, 언어유희, 반복법 사용으로 리듬감을 형성함. - 뽕잎을 따서 옷을 짓기까지의 과정을 시간적 순서에 의한 추보식으로 구성함. - 세련되고 우아한 어투를 구사함. - 힘든 노동의 상황에도 자신을 선녀로 표현하는 낭만적 여유를 지니고, 가족애를 잃지 않음. - 근면한 삶의 태도가 드러남.

33
2019 국회직 9급

다음 글에 대한 설명으로 옳은 것은?

> 唐漢書 莊老子 韓柳文集
> 李杜集 蘭臺集 白樂天集
> 毛詩尙書 周易春秋 周戴禮記
> 위 註조쳐 내 외온ㅅ景 긔 엇더ᄒ니잇고
> (葉) 大平廣記 四百餘卷 大平廣記 四百餘卷
> 위 歷覽ㅅ景 긔 엇더ᄒ니잇고
>
> - 한림 제유, 〈한림별곡〉

① 사대부 계층의 소박한 생활 감정이 드러나고 있다.
② 나열의 방식으로 강호가도를 구현하고 있다.
③ 시적 화자의 능력을 예찬의 대상으로 삼고 있다.
④ 시적 대상을 시간의 흐름에 따라 묘사하고 있다.
⑤ 묻고 답하는 형식을 통해 주제를 강조하고 있다.

정답 및 해설

③ 화자는 여러 서적을 읽고 주석까지 외우는 자신의 능력을 예찬의 대상으로 삼고 있다. 자신이 읽은 책들을 나열하며 학문적인 능력을 '엇더ᄒ니잇고'라는 설의법을 통해 강조하고 있다.

오답 해설

① 이 작품은 신진 사대부들의 학문적 자부심과 향락적 풍류 생활을 주제로 한다. 사대부의 소박한 생활 감정과는 거리가 멀다.
② '唐漢書 莊老子 韓柳文集'에서 여러 서적이 나열되어 있지만 강호가도와는 관련이 없다. 서적의 나열은 자신들의 학문과 독서에 대한 과시에 해당한다.
④ 여러 서적을 나열하였을 뿐, 시간의 흐름에 따라 묘사한 것은 아니다.
⑤ '위 歷覽ㅅ景 긔 엇더ᄒ니잇고'에서 묻는 형식을 사용하였지만 이것은 대답을 필요로 하지 않는 설의적인 의문문에 해당한다.

※ 한림 제유, 〈한림별곡〉

갈래	경기체가
성격	풍류적, 향락적, 귀족적
주제	- 신진 사대부들의 학문적 자부심과 향락적 풍류 생활
특징	- 열거법, 영탄법, 설의법, 반복법을 사용함 - 전 8장의 분절체로 각 장의 1~4행은 전대절(前大節), 5~6행은 후소절(後小節) - 3·3·4조의 3음보를 취함 - 객관적 사물을 운율에 맞게 나열함 - 후대 가사 문학에 영향을 미침

34
2018 국회직 8급

다음 작품에 대한 설명으로 적절하지 않은 것은?

> 님이 오마 ᄒ거늘 져녁밥을 일지어 먹고
> 중문(中門) 나서 대문(大門) 나가 지방(地方) 우희 치ᄃ라안자 이수(以手)로 가액(加額)ᄒ고 오ᄂ가 가ᄂ가 건넌 산(山) 바라보니 거머횟들 셔 잇거늘 져야 님이로다. 보션 버서 품에 품고 신 버서 손에 쥐고 겻븨님븨 님븨곰븨 쳔방지방 지방쳔방 즌 듸 모른 듸 굴희지 말고 워렁충창 건너가셔 정(情)엣말 ᄒ려 ᄒ고 겻눈을 흘 긋 보니 상년(上年) 칠월(七月) 사흔날 굴가벌긴 주추리 삼대 술 드리도 날 소겨다.
> 모쳐라 밤일식만졍 행혀 낫이런들 우일 번ᄒ괘라.

① 조선 후기에 등장한 문학 형태이다.
② 평민 가객들이 주로 노래한 것이다.
③ 해학을 통해 자유로운 느낌을 주고 있다.
④ 구체적인 사물을 통해 실감나게 표현하고 있다.
⑤ 화자는 임에 대한 마음을 겉으로 드러내지 못하고 있다.

정답 및 해설

⑤ 화자는 임이 온다는 소식에 문지방 위에 올라가서 건너 산을 바라보며 임을 기다리고 있다. 이러한 화자의 행동을 통해 임을 애타게 기다리는 마음이 드러난다.

오답 해설

① 이 작품은 조선 후기에 등장한 사설시조이다. 평시조에 비해 중장의 길이가 늘어난 것이 특징이다.
② 사설시조의 주된 창작층은 평민들로, 그들의 소박한 삶과 일상이 진솔하게 담겨 있는 것이 특징이다.
③ 그리워하는 임을 빨리 만나고 싶어 하는 화자의 마음을 해학적이고 진솔하게 표현하고 있다. 서민적인 해학과 솔직한 표현이 돋보이는 작품으로 자유로운 느낌을 느낄 수 있다.
④ 임으로 착각한 대상인 '주추리 삼대'를 통해 임에 대한 그리움과 기다림을 실감나게 표현하였다.

※ 작자 미상, 〈님이 오마 ᄒ거늘~〉

갈래	사설시조
성격	연정가(戀情歌), 해학적, 과장적
주제	임을 애타게 기다리는 마음
특징	- 화자의 행동을 의성어와 의태어를 통해 과장되게 묘사함으로써 임에 대한 화자의 간절한 그리움을 드러냄 - 자연물을 임으로 착각하는 화자의 모습을 해학적으로 표현함

35~36

※ 다음 작품을 읽고 물음에 답하시오.

(가) 내 ᄆᆞ음 버혀 내여 뎌 ᄃᆞᆯ을 밍글고져
　　구만 리(九萬里) 장천(長天)의 번드시 걸려 이셔
　　㉠ 고온 님 계신 고ᄃᆡ 가 비최여나 보리라
　　　　　　　　　　　　　　　　　　　　- 정철

(나) 님 그린 상사몽(相思夢)이 실솔(蟋蟀)*의 넉시 되야
　　추야장(秋夜長) 깁픈 밤에 님의 방(房)에 드럿다가
　　㉡ 날 닛고 깁피든 ᄌᆞ믈 ᄭᅵ와 볼까 ᄒᆞ노라
　　　　　　　　　　　　　　　　　　　　- 박효관

(다) ㉢ 어이 못 오던가 무슴 일노 못 오던가
너 오는 길에 무쇠 성(城)을 ᄡᅡ고 성(城) 안에 담 ᄡᅡ고 담 안에 집을 짓고 집 안에 두지 노코 두지 안에 궤(櫃)를 노코 그 안에 너를 필자형(必字形)으로 결박(結縛)ᄒᆞ여 너코 쌍배목*의 걸쇠 금(金) 거북 자물쇠로 슈긔슈긔* 잠가 잇더냐 네 어이 그리 아니오더니
㉣ ᄒᆞᆫ 히도 열두 ᄃᆞᆯ이오 ᄒᆞᆫ ᄃᆞᆯ 셜흔 놀의 날 와 볼홀니* 업스랴
　　　　　　　　　　　　　　　　　　　　- 작가 미상

* 실솔(蟋蟀): 귀뚜라미
* 쌍배목: 쌍으로 된 문고리를 거는 쇠
* 슈긔슈긔: 쑥쑥 혹은 깊이깊이
* 홀니: 하루가

35

2017 지방교행직(경)

(가)~(다)에 대한 이해로 가장 적절한 것은?

① (가)에서는 객관적 상관물을 통해 화자의 마음을 표현하고 있다.
② (나)에서는 자연물을 통해 화자와 임 사이의 거리감을 부각하고 있다.
③ (다)에서는 연쇄법을 통해 화자의 위급한 상황을 드러내고 있다.
④ (가), (나), (다)에서는 단정적인 어조를 사용하여 주제를 강조하고 있다.

[정답 및 해설]

① '달'은 시적 화자의 사랑을 의미한다. 화자는 '구만 리 장천'을 다 비추는 '달'에 임을 향한 사랑을 담아 표현하고 있으므로 '달'은 객관적 상관물에 해당한다.

[오답 해설]

② (나)는 임을 향한 간절한 그리움을 표현한 작품으로, '실솔(귀뚜라미)'에 자신의 감정을 이입하여 자신을 잊고 잠든 임에게 사랑을 전달하고자 하는 심정을 나타내고 있다. 화자와 임 사이의 거리감을 부각하는 자연물은 드러나지 않는다.
③ (다)는 오지 않는 임에 대한 그리움과 원망을 해학적으로 표현한 작품이다. 오랫동안 자신을 찾아오지 않는 임에 대한 원망의 심정을 '성, 담, 집, 두지, 궤, 외걸쇠, 자물쇠'와 같은 장애물들을 나열하여 재치 있게 표현하였다. 연쇄법과 과장법을 통해 임에게 오지 못하는 까닭을 묻고 임에 대한 원망의 감정을 드러내고 있을 뿐, 화자의 위급한 상황은 드러나지 않는다.
④ (가)와 (나)는 단정적인 어조를 사용하고 있지만 (다)는 'ᄒᆞᆫ 히도 열두 ᄃᆞᆯ이오 ᄒᆞᆫ ᄃᆞᆯ 셜흔 놀의 날 와 볼홀니 업스랴'라며 임에 대한 원망의 마음을 설의적으로 표현하였기에 적절하지 않다.

36

2017 지방교행직(경)

밑줄 친 ㉠~㉣에서 화자에 대한 설명으로 적절하지 않은 것은?

① ㉠: 사랑하는 임과 함께 있고 싶어 한다.
② ㉡: 임의 마음을 얻고 싶어 한다.
③ ㉢: 임을 기다리며 그리워하고 있다.
④ ㉣: 오지 않는 임에 대하여 체념하고 있다.

정답 및 해설

④ '혼 히도 열두 돌이오 혼 돌 설흔 놀의 날 와 볼홀니 업스랴'는 올 수 있음에도 오지 않는 임에 대한 원망의 마음을 설의적으로 표현한 것이다. 오지 않는 임에 대하여 체념한 것은 아니다.

오답 해설

① 화자는 자신의 마음을 달로 만들어 고운 임이 계신 곳에 가서 비춰보고 싶다고 말하고 있으므로, 임과 함께 있고 싶어한다는 것을 알 수 있다.
② (나)의 화자는 '실솔'에 감정을 이입하여 자신을 잊고 잠든 임에게 사랑을 전달하고자 하는 심정을 표현하고 있다. 따라서 임의 마음을 얻고 싶어 한다는 설명은 적절하다.
③ 화자는 임이 오지 않는 까닭을 물으며 임을 그리워하고 있다.

※ 정철, 〈내 모음 버혀내여~〉

갈래	평시조
성격	연군가
주제	연군지정
특징	- 추상적 개념의 구체화 : 추상적 개념(마음)을 구체적인 사물(달)로 표현함

※ 박효관, 〈님 그린 상사몽이~〉

갈래	평시조
성격	연정가(戀情歌)
주제	임을 향한 간절한 그리움 홀로 지내는 외로움
특징	- 추상적 개념을 구체화하여 임에 대한 화자의 심정을 드러냄

※ 작자 미상, 〈어이 못 오던다~〉

갈래	사설시조
성격	연모가, 해학적, 과장적
주제	임을 기다리는 안타까운 마음
특징	- 열거법, 연쇄법 등을 사용하여 리듬감을 형성하고 있음 - 임을 보고 싶은 마음의 간절함이 해학과 과장을 통해 솔직하게 표현됨

37

다음 시조에 대한 설명으로 적절하지 않은 것은?

2017 지방직 9급

> 재 너머 성권농(成勸農) 집의 술 닉닷 말 어제 듯고
> 누은 쇼 발로 박차 언치 노하 지즐투고
> 아히야 네 권농 겨시냐 뎡좌슈(鄭座首) 왓다 ᄒᆞ여라

① 화자는 소박한 풍류를 즐기며 살고 있다.
② '박차'라는 표현에서 역동성과 생동감을 느낄 수 있다.
③ '언치 노하'는 엄격한 격식을 갖추려는 태도를 드러낸다.
④ '아히'는 화자의 의사를 간접적으로 전달하는 존재이면서도, 대화체로 이끄는 영탄적 어구이다.

정답 및 해설

③ 화자는 소의 등에 깔개를 얹어서 눌러 타고 친구의 집으로 갔다. 누운 소를 발로 박차는 행을 엄격하게 격식을 갖추는 태도로 보기는 어렵다. 중장은 빨리 친구의 집으로 가고 싶어 다급한 마음으로 소를 재촉하는 화자의 다급한 마음을 익살스럽게 표현한 것일 뿐, 격식을 갖추려는 태도는 드러나지 않는다.

오답 해설

① 친구 집에 있는 술이 익었다는 소식에, 기쁘고 다급한 마음으로 친구를 찾아가는 모습에서 소박한 풍류를 느낄 수 있다.
② 화자는 자고 있는 소를 발로 걷어차서 일으켜 세웠다. 억지로 소를 깨운 다음 바삐 타고 친구 성 권농의 집으로 가는 모습에서 역동감과 생동감이 느껴진다.
④ 화자는 '아히'에게 말을 건네며 자신의 방문을 알리고 있다. '아히야 네 권농 겨시냐 뎡좌슈(鄭座首) 왓다 ᄒᆞ여라.'를 통해 독백적인 어조에서 대화체로 전환하고 있다.

※ 정철, 〈재 너머 셩권농(成勸農) 집의~〉

갈래	평시조, 단시조, 정형시
성격	전원한정가(田園閑情歌), 풍류적, 전원적
율격	3(4)·4조, 4음보
제재	술과 벗
주제	전원생활의 흥취(興趣)
특징	서사적이고 압축적이며 해학적임. 시상의 과감한 생략으로 인한 비약적 표현. 작가의 호탕한 성격이 드러남.

38

다음 중 화자가 자연을 바라보는 태도가 다른 것은?

2016 기상직 9급

① 청하(青荷)애 바ᄇᆞᆯ 뽓고 녹류(綠柳)에 고기 ᄭᅦ여
 노적화총(蘆荻花叢)에 ᄇᆡ ᄆᆡ야 두고
 일반청의미(一般淸意味)를 어ᄂᆡ 부니 아ᄅᆞ실가.
② 짚방석(方席) 내지 마라 낙엽(落葉)엔들 못 안즈랴.
 솔불 혀지 마라 어제 진 ᄃᆞᆯ 도다 온다.
 아히야 박주산채(薄酒山菜)ㄹ망졍 업다 말고 내여라.
③ 백설(白雪)이 ᄌᆞ자진 골에 구르미 머흐레라.
 반가온 매화(梅花)는 어ᄂᆡ 곳에 픠엿ᄂᆞᆫ고
 석양(夕陽)에 홀로 셔 이셔 갈 곳 몰라 ᄒᆞ노라.
④ 말 업슨 청산(青山)이오, 태(態) 업슨 유수(流水) | 로다.
 갑 업슨 청풍(淸風)이오, 임즈 업슨 명월(明月)이라.
 이 중(中)에 병(病) 업슨 이 몸이 분별(分別) 업시 늙으리라.

정답 및 해설

③ 이 작품은 고려 유신인 이색이 기울어져 가는 나라를 바라보며 안타까워하는 모습과 우국충정(憂國衷情)의 마음을 그린 시조이다. 자신이 충성을 다했던 고려 왕조가 무너지고 신진 세력인 이성계 일파를 중심으로 한 조선 왕조가 들어서면서 느끼는 회한과 안타까움을 자연물을 통해 우의적으로 나타낸 작품으로 자연 친화적인 태도는 드러나지 않는다. 다른 작품들은 모두 자연 친화적인 태도를 보이고 있다.

오답 해설

① 이현보의 〈어부단가〉의 3수이다. 자연 속에서 즐기는 흥취와 자연의 참된 의미를 노래하고 있는 작품으로 화자는 자연을 함께 벗하며 살아가는 친화적인 대상으로 인식하고 있다.
② 이 작품은 세속에서 벗어나 자연 속에 파묻혀 살면서 안빈낙도(安貧樂道)를 추구하는 자연 친화적인 태도가 나타나 있다.
④ 이 작품은 자연 속에 묻혀 세속적인 근심, 걱정은 잊은 채 유유자적(悠悠自適)하게 살고 싶은 마음을 소탈하게 읊고 있는 시조로 자연 친화적인 태도가 드러난다.

39~40

※ 다음 작품을 읽고 물음에 답하시오.

(가) 오백 년(五百年) 도읍지(都邑地)를 필마(匹馬)로 도라드니,
  산천(山川)은 의구(依舊)ᄒ되 인걸(人傑)은 간 듸 업다.
  어즈버, 태평연월(太平烟月)이 ㉠ 꿈이런가 ᄒ노라.
  　　　　　　　　　　　　　　　　　　　　　　- 길재

(나) 풋ᄌᆞᆷ의 ㉡ 꿈을 꾸어 십이루(十二樓)에 드러가니
  옥황(玉皇)은 우스시되 군선(群仙)이 꾸짇ᄂᆞ다
  어즈버 백만 억(百萬億) 창생(蒼生)을 어늬 결의 물으리

  하늘히 이지러진 제 므슴 술(術)로 기워낸고
  백옥루(白玉樓) 중수(重修)ᄒᆞᆯ제 엇던 장인이 일워낸고
  옥황끠 술와 보쟈 ᄒ더니 다 몯ᄒ야 오나다
  　　　　　　　　　　　　　　　　　　- 윤선도, 〈몽천요〉

(다) ㉢ 꿈에 뵈는 님이 신의(信義) 업다 ᄒ건마는
  탐탐이 그리올 졔 꿈 아니면 어이 보리
  져 님아 꿈이라 말고 ᄌᆞ로ᄌᆞ로 뵈시쇼
  　　　　　　　　　　　　　　　　　　- 명옥

39

2016 지방교행직(경)

(가)~(다)에 대한 이해로 적절하지 않은 것은?

① (가), (나)는 모두 대조를 통해 시적 상황을 나타낸다.
② (나), (다)는 모두 자연물에 비유하여 주제를 암시한다.
③ (가)에서 화자의 행위는 시의 분위기를 드러내고, (나)에서 설의법은 화자의 정서를 강조한다.
④ (가)에는 특정한 공간적 배경이 제시되어 있으나, (다)에는 공간적 배경이 제시되어 있지 않다.

정답 및 해설

② (나)와 (다)에서는 자연물에 빗대어 주제를 암시하는 부분은 찾을 수 없다.

오답 해설

① (가)는 자연과 인간을 대비하여 옛 왕조에 대한 회고의 정과 인생무상을 표현하였다. (나)는 '옥황은 웃으시되 군선이 꾸짖는구나.'에서 간신들이 배척하는 상황을 대조를 통해 표현하고 있다. (나)는 임금을 '옥황'에 빗대고, 정적들을 '군선'에 빗대어 현실에 대한 개탄과 안타까움을 우의적으로 표현하고 있다.
③ (가)는 작가가 고려의 도읍지였던 개성을 찾아 느끼는 감회를 읊고 있는 작품으로 옛 도읍지에서 탄식하는 화자의 행위를 통해 쓸쓸한 분위기가 강조된다. (나)의 '어즈버 백만 억(百萬億) 창생(蒼生)을 어늬 결의 물으리'에서 설의법을 사용하여 정서를 강조하고 있다.
④ (가)에는 '오백 년 도읍지'라는 공간적 배경이 제시되었지만 (다)는 특정한 공간적 배경이 제시되지 않았다.

40

2016 지방교행직(경)

㉠~㉢에 대한 설명으로 가장 적절한 것은?

① ㉠, ㉡을 통해 자기실현의 의지를 보이고 있다.
② ㉠, ㉢을 통해 현실의 외로움을 위로받고 있다.
③ ㉡, ㉢을 통해 보고 싶은 대상을 만나 보고 있다.
④ ㉠, ㉡, ㉢을 통해 자신의 운명을 합리화하고 있다.

정답 및 해설

③ (나)의 화자는 보고 싶은 대상인 '옥황'을 ㉡을 통해 만나보았고, (다)의 화자도 그리던 임을 ㉢을 통해 만났으므로 가장 적절하다.

오답 해설

① ㉠은 고려 왕조의 옛 시절이 한바탕 꿈에 지나지 않는다는 무상함과 망국의 한(恨)을 표현한 것으로 자기실현의 의지와는 관련이 없다.
② (다)의 화자는 ㉢을 통해 보고 싶은 대상을 만나 현실의 외로움을 위로받고 있으나 ㉠은 관련이 없다.
④ ㉠, ㉡, ㉢ 모두 자신의 운명을 합리화하는 것과는 관련이 없다.

※ 길재, 〈오백 년(五百年) 도읍지(都邑地)를~〉

갈래	평시조
성격	회고적, 비유적, 감상적
주제	망국의 한과 인생무상
특징	- 자연과 인간을 대비하여 옛 왕조에 대한 회고의 정과 인생무상을 노래함 - 대조법, 대구법, 영탄법을 사용함

※ 윤선도, 〈몽천요〉

갈래	연시조
율격	3(4)·4조, 4음보
주제	조정 현실에 대한 개탄과 우국애민의 정
특징	우의적 표현을 활용하여 시상을 전개함. 대구법이 사용됨

41

2015 국회직 9급

다음 시조에 드러난 주제적 정서를 가장 잘 표현할 수 있는 한자 성어는?

> 슬프나 즐거오나 옳다 하나 외다 하나
> 내 몸의 해올 일만 닦고 닦을 뿐이언정
> 그 밧긔 여남은 일이야 분별(分別)할 줄 이시랴
>
> 내 일 망녕된 줄 내라 하여 모랄 손가
> 이 마음 어리기도 님 위한 탓이로세
> 아뫼 아무리 일러도 임이 혜여 보소서
>
> 추성(秋城) 진호루(鎭胡樓) 밧긔 울어 예는 저 시내야
> 무음 호리라 주야(晝夜)에 흐르는다
> 님 향한 내 뜻을 조차 그칠 뉘를 모르나다
>
> 뫼흔 길고 길고 물은 멀고 멀고
> 어버이 그린 뜻은 많고 많고 하고 하고
> 어디서 외기러기는 울고 울고 가느니
>
> 어버이 그릴 줄을 처엄부터 알아마는
> 님군 향한 뜻도 하날이 삼겨시니
> 진실로 님군을 잊으면 그 불효(不孝)인가 여기노라

① 석별지정(惜別之情)
② 견권지정(繾綣之情)
③ 연독지정(吮犢之情)
④ 자유지정(自有之情)
⑤ 연군지정(戀君之情)

정답 및 해설

⑤ 이 작품은 윤선도가 귀양 간 함경도 경원에서 지은 것으로, 임금을 향한 변함없는 충성심과 부모에 대한 간절한 그리움이 드러나 있다. 따라서 임금을 그리워하는 마음을 뜻하는 '연군지정(戀君之情)'이 이 작품의 주제로 가장 적절하다.

오답 해설

① '석별지정(惜別之情)'은 서로 헤어지는 것을 섭섭히 여기는 마음을 의미한다.
② '견권지정(繾綣之情)'은 마음속에 굳게 맺혀 잊히지 않는 정을 의미한다.
③ '연독지정(吮犢之情)'은 어미 소가 송아지를 핥아 주는 정이라는 뜻으로, 자기의 자녀나 부하에 대한 사랑을 겸손하게 이르는 말이다.
④ '자유지정(自有之情)'은 사람이 나면서부터 지니고 있는 정으로 인(仁), 의(義), 예(禮), 지(智) 등에 근원을 둔 정을 이른다.

※ 윤선도, 〈견회요(遣懷謠)〉

갈래	평시조, 연시조, 연군가, 우국가
성격	연군적, 우국적
제재	유배지에서의 정회(情懷)
주제	연군, 우국지정과 사친(思親)
특징	- 감정 이입을 통해 화자의 정서를 드러냄 - 대구법, 반복법을 통해 형식적 운율과 주제적 의미를 동시에 강조함

42
2014 국회직 8급

이 작품에 등장하는 ㉠~㉤이 의미하는 바로 옳은 것은?

> 나모도 돌도 ㉠ <u>바히</u> 업슨 뫼헤 매게 또친 가토리 안과
> 大川 바다 한가온대 一千石 시른 빅에 노도 일코 닷도 일코 ㉡ <u>농총</u>도 근코 돗대도 것고 치도 빠지고 브람 부러 물결치고 안개 뒤셧거 ㉢ <u>ᄌᆞᄌᆞ진</u> 날에 갈 길은 千里萬里 나믄듸 四面이 거머어득 져뭇 天地寂寞 ㉣ <u>가치노을</u> 썻는듸 水賊 만난 都沙工의 안과, 엊그제 님 여흰 내 안히야 엇다가 ㉤ <u>ᄀᆞ을ᄒᆞ리오</u>.

① ㉠: 보이는 것이
② ㉡: 닻을 매달아 놓은 줄
③ ㉢: 잔잔해진
④ ㉣: 사나운 파도
⑤ ㉤: 원망을 하리오

43
2013 국회직 9급

다음의 '〈용비어천가〉 125장'에 대한 설명으로 틀린 것은?

> 千世 우희 미리 定ᄒᆞ샨 漢水 北에 累仁開國ᄒᆞ샤 卜年이 ᄀᆞᆺ 업스시니
> 聖神이 니ᅀᆞ샤도 敬天勤民ᄒᆞ샤ᅀᅡ 더욱 구드리시이다
> 님금하 아ᄅᆞ쇼셔 落水예 山行 가 이셔 하나빌 미드니잇가

① 조선 세종 29년(1447년)에 간행된 악장·서사시이다.
② '累仁開國'은 '어진 덕을 쌓아서 나라를 열었다.'라는 뜻이다.
③ '聖神'은 '聖子神孫'의 준말이다. 위대한 후대 왕들을 지칭한다.
④ 앞에는 중국 역사상의 사적을 적고, 뒤에는 앞의 것에 부합되는 조선 건국의 사적을 적고 있다.
⑤ 〈용비어천가〉는 전반적으로 조선 건국의 당위성을 담고 있는데 이 125장은 후대 왕에게 주는 권계(勸戒)가 그 주제가 된다.

44

2018 지방직 7급

다음 글에 나타난 시적 화자의 정서와 가장 유사한 것은?

> 흰 구름 뿌연 연하(煙霞) 푸른 것은 산람(山嵐)이라
> 천암만학(千巖萬壑)을 제 집으로 삼아 두고
> 나명성 들명성 이래도 구는지고
> 오르거니 내리거니 장공(長空)에 떠나거니 광야(廣野)로 건너거니
> 푸르락 붉으락 옅으락 짙으락
> 사양(斜陽)과 섞어지어 세우(細雨)조차 뿌리는가.
> 　　　　　　　　　　[중략]
> 초목 다 진 후의 강산(江山)이 매몰커늘
> 조물(造物)이 헌사하여 빙설(氷雪)로 꾸며 내니
> 경궁요대(瓊宮瑤臺)와 옥해은산(玉海銀山)이 안저(眼底)의 벌렸구나.
> 건곤(乾坤)도 가암열사* 간 데마다 경이로다.
> 　　　　　　　　　　　　　　　- 송순, 〈면앙정가〉
>
> * 가암열사: 풍성하다는 뜻

① 종조추창(終朝惆悵)하며 먼 들을 바라보니 즐기는 농가(農歌)도 흥(興) 없이 들리나다.
② 모첨(茅簷) 찬 자리에 밤중만 돌아오니 반벽청등(半壁靑燈)은 눌 위하여 밝았는고.
③ 이 술 가져다가 사해(四海)에 고루 나누어 억만창생(億萬蒼生)을 다 취(醉)케 만든 후에 그제야 고쳐 만나 또 한 잔 하잤고야.
④ 수간모옥(數間茅屋)을 벽계수(碧溪水) 앞에 두고 송죽(松竹) 울울리(鬱鬱裏)에 풍월주인(風月主人) 되어셔라.

정답 및 해설

④ 정극인의 〈상춘곡〉으로, 화자는 초가삼간을 시냇물 앞에 두고 소나무와 대나무가 울창한 속에서 자연을 즐기고 있다. 자연에서 느끼는 만족감과 자연에 대한 예찬이 드러나므로 〈면앙정가〉의 시적 화자가 느끼는 정서와 가장 유사하다.

오답 해설

① 박인로의 〈누항사〉로, 소를 빌리지 못해 슬퍼하는 화자의 모습이 드러나는 부분이다. '아침이 마칠 때까지 슬퍼하며 먼 들을 바라보니 / 즐기는 농부들의 노래도 흥이 없이 들리는구나.'라는 의미로 자연에 대한 예찬과는 거리가 멀다.
② 정철의 〈속미인곡〉으로, 임을 그리워하던 화자가 이리저리 임의 소식을 찾아다니다 집으로 돌아온 상황이다. '초가집 차가운 잠자리에 한밤중이 돌아오니 벽 가운데 걸려 있는 등불은 누구를 위하여 밝아 있는가?'라는 의미로, 자연에 대한 예찬은 드러나지 않는다.
③ 정철의 〈관동별곡〉 결사로, 화자가 꿈속에서 신선을 만나 풍류를 즐기는 장면이다. 화자는 신선에게 "이 술 가져다가 온 세상에 고루 나누어 모든 백성을 다 취하게 만든 후에 그때 다시 만나 또 한잔을 하자."라고 말하고 있다. 자연을 즐기는 풍류보다 백성을 생각하는 태도가 돋보이는 부분이므로 적절하지 않다.

※ 송순, 〈면앙정가〉

갈래	서정 가사, 양반 가사, 은일 가사, 강호 한정가
성격	서정적, 묘사적, 자연 친화적
율격	3(4)·4조, 4음보 연속체
제재	면앙정 주변의 아름다운 자연 풍경
주제	자연을 즐기는 강호가도와 임금에 대한 감사
특징	비유·대구·반복 등의 다양한 표현 방법 사용 사계절의 변화에 따른 내용 전개

45~46

※ 다음 작품을 읽고 물음에 답하시오.

(가) 昭쇼陽양江강 노린 물이 어드러로 든단 말고.
  ㉠ 孤고臣신 去거國국에 白빅髮발도 하도 할샤.
  東동州쥐 밤 계오 새와 北북寬관亭뎡의 올나호니,
  ㉡ 三삼角각山산 第뎨一일峯봉이 호마면 뵈리로다.
  弓궁王왕 大대闕궐 터희 烏오鵲쟉이 지지괴니,
  千쳔古고 興흥亡망을 아는다, 몰ᄋᆞ는다.
  ⓐ 淮회陽양 녜 일홈이 마초아 フ톨시고.
  ㉢ 汲급長댱孺유 風풍彩치를 고텨 아니 볼 게이고.

(나) 營영中듕이 無무事ᄉᆞᄒᆞ고 時시節졀이 三삼月월인 제,
  花화川쳔 시내길히 楓풍岳악으로 버더 잇다.
  行힝裝장을 다 썰티고 石셕逕경의 막대 디퍼,
  百백川쳔洞동 겨틱 두고 萬만瀑폭洞동 드러가니,
  銀은 フ툰 무지게, 玉옥 フ툰 龍룡의 초리,
  ⓑ 섯돌며 쑴ᄂᆞᆫ 소리 十십里리의 ᄌᆞ자시니,
  들을 제는 우레러니 보ᄂᆞᆫ 눈이로다.

(다) 開ᄀᆡ心심臺ᄃᆡ 고텨 올나 衆듕香향城셩 ᄇᆞ라보며,
  萬만二이千쳔峯봉을 歷녁歷녁히 혀여ᄒᆞ니
  峯봉마다 및쳐 잇고 긋마다 서린 긔운,
  ㉢ 묽거든 조티 마나, 조커든 묽디 마나.
  ㉣ 뎌 긔운 흐터 내야 人인傑걸을 ᄆᆡᆫ들고쟈.
  形형容용도 그지업고 體톄勢세도 하도 할샤.
  天텬地디 삼기실 제 自ᄌᆞ然연이 되연마ᄂᆞᆫ,
  이제 와 보게 되니 有유情졍도 有유情졍홀샤.

(라) 毗비盧로峰봉 上샹上샹頭두의 올라 보니 그 뉘신고.
  東동山산 泰태山산이 어느야 놉돗던고.
  魯노國국 조븐 줄도 우리는 모로거든,
  넙거나 넙은 天텬下하 엇찌ᄒᆞ야 젹닷 말고.
  어와 뎌 디위를 어이ᄒᆞ면 알 거이고.
  오르디 못ᄒᆞ거니 ᄂᆞ려가미 고이ᄒᆞᆯ가.

(마) 山산中듕을 ᄆᆡ양 보랴, 東동海ᄒᆡ로 가쟈스라.
  藍남輿여 緩완步보ᄒᆞ야 山산映영樓누의 올나ᄒᆞ니,
  玲녕瓏농 碧벽溪계와 數수聲셩 啼뎨鳥됴는 離니別별을 怨원ᄒᆞ는 듯,
  旌졍旗긔를 썰티니 五오色식이 넘노ᄂᆞᆫ 듯,
  鼓고角각을 섯부니 海ᄒᆡ雲운이 다 것ᄂᆞᆫ 듯.
  鳴명沙사길 니근 물이 醉취仙션을 빗기 시러,
  바다홀 겻틱 두고 海ᄒᆡ棠당花화로 드러가니,
  白빅鷗구야 ᄂᆞ디 마라, 네 버딘 줄 엇디 아는.

(바) ㉤ 이 술 가져다가 四ᄉᆞ海ᄒᆡ예 고로 ᄂᆞ화,
  億억萬만 蒼창生ᄉᆡᆼ을 다 醉취케 밍근 後후의,
  그제야 고텨 맛나 쏘 ᄒᆞᆫ 잔 ᄒᆞ쟛고야.
  ⓓ 말 디쟈 鶴학을 ᄐᆞ고 九구空공의 올나가니,
  空공中듕 玉옥簫쇼 소리 어제런가 그제런가.
  나도 ᄌᆞᆷ을 ᄭᆡ여 바다홀 구버보니,
  기픠를 모로거니 ᄀᆞ인들 엇디 알리.
  明명月월이 千쳔山산萬만落낙의 아니 비쵠 ᄃᆡ 업다.

— 정철, 〈관동별곡〉

45

2016 법원직 9급

다음은 가사 문학의 일반적인 특징을 정리한 것이다. 윗글과 가장 관련이 없는 것은?

> 가사는 ㉮ 4음보격 연속체 율문의 운문 문학의 일종이면서도 다양한 내용들을 폭넓게 수용한다는 점에서 일반적인 서정시와 판이한 갈래다. 특히, 양반 가사의 경우에는 ㉯ 자기의 체험과 흥취를 낭만적으로 표현하거나 ㉰ 자신의 정치적 신념을 보다 자유롭게 노래하거나 ㉱ 벼슬길이 막힌 것에 대한 좌절감을 문학으로 승화하고자 하기도 했다.

① ㉮ ② ㉯ ③ ㉰ ④ ㉱

정답 및 해설

④ 〈관동별곡〉은 정철이 강원도 관찰사로 임명되고 자신의 임지를 돌아보며 쓴 작품에 해당한다. 관동 지방의 관찰사라는 직분을 맡은 것이므로, 벼슬길이 막힌 것에 대한 좌절감은 나타나지 않는다.

오답 해설

① 가사는 시조와 같은 4음보와 3(4).4조의 율격을 바탕으로 행수의 제한이 없으므로 길게 시가 형식이므로 적절한 설명이다.
② (가)에는 관내 순력과 선정의 포부가 담겨 있으므로 작가의 체험이 담긴 것으로 볼 수 있다. (나)에는 만폭동 폭포의 장관이, (다)에는 개심대에서 금강산 봉우리를 조망하는 모습이 드러난다. 이를 통해 자연에 도취된 화자의 흥취를 느낄 수 있다.
③ (바)에서 꿈속에서 신선과 대화를 나누는 화자의 모습을 통해 정치적 신념이 드러난다. 좋은 술을 혼자만 마시는 것이 아니라 사해에 골고루 나누어 주고 싶고 모든 사람들을 취하게 만들고 싶다고 한 데서 선정에 대한 의지, 목민관의 자세, 애민정신을 느낄 수 있다.

46

2016 법원직 9급

〈보기〉를 참조할 때, ㉠~㉤ 중 화자의 태도가 유사한 것끼리 묶인 것은?

> 정철의 〈관동별곡〉에 드러난 화자의 선비로서의 태도는 크게 '연군(戀君)의 정서', '우국(憂國)의 태도', '선정(善政)에의 포부'로 나뉜다.

① ㉠, ㉡
② ㉡, ㉢
③ ㉢, ㉤
④ ㉠, ㉣, ㉤

정답 및 해설

③ ㉢에서 화자는 중국에서 선정을 베풀었던 '급장유'처럼 자신도 선정을 베풀겠다는 의지를 드러내고 있다. 또한 ㉤에서는 좋은 술을 사해에 골고루 나누어 모든 사람들을 취하게 만들고 싶다고 하였으므로 선정에 대한 포부를 드러낸 것으로 볼 수 있다.

오답 해설

㉠은 외로운 신하가 임금을 떠나 근심과 걱정이 많다는 의미로, 우국의 태도에 해당한다.
㉡ '삼각산'은 임금이 계신 한양에 있는 산으로, 왕을 그리워하는 연군의 정서에 해당한다.
㉣에서 화자는 금강산의 맑은 기운을 흩어 내어 인재를 만들고 싶다고 하였으므로, 나라를 걱정하는 우국의 태도로 볼 수 있다.

47

2016 법원직 9급

〈보기〉의 설명을 모두 충족하는 시어는?

> • 화자의 사상과 감정을 드러내는 데 사용된 구체적인 사물
> • 자연과 내가 하나가 된 경지를 표현하는 대상

① 烏오鵲쟉
② 뎌 디위
③ 白빅鷗구
④ 明명月월

정답 및 해설

③ 화자는 '백구야 날아가지 마라, (내가) 너의 벗인 줄 어찌 아느냐.'라고 말하고 있다. '백구(흰 갈매기)'와 벗이 되었다는 표현은 자연과 내가 하나가 된 물아일체를 의미하여 이를 통해 화자의 자연 친화적인 태도를 엿볼 수 있다.

오답 해설

① 화자는 '오작(까막까치)'에게 국가의 흥망성쇠의 무상함을 물으며 인생무상의 감정을 느끼고 있다. 자연과 하나가 된 경지를 표현하는 대상은 아니다.
② '뎌 디위'는 '저 정신적 경지'란 의미로 공자의 호연지기(浩然之氣)를 뜻한다.
④ '밝은 달'은 광명의 이미지로 임금의 은혜를 상징한다. 화자는 임금의 은혜가 온 세상에 가득하다며 임금을 예찬하고 있다.

48

2016 법원직 9급

ⓐ~ⓓ에 관한 풀이로 가장 적절한 것은?

① ⓐ: 회양, 네가 이룬 것이 (내가 강원도 관찰사를 하며 이룰 것과) 마침 같구나.
② ⓑ: 섞어 돌며 뿜어낸다는 소문이 십 리 밖에도 자자하게 퍼져 있으니
③ ⓒ: 맑거든 좋지 말거나 좋거든 맑지 말거나 할 것이지(맑고도 좋은 기운을 가졌구나)
④ ⓓ: 말이 끝나자 학을 타고 높고 아득한 하늘로 올라가니

정답 및 해설

④ '디다'는 '지다'의 옛말로 '떨어지다'라는 뜻이다. 따라서 화자의 말이 끝나자 (꿈속에서 만난 신선이) 학을 타고 하늘로 올라갔다고 해석할 수 있다.

오답 해설

① 회양이라는 이름이 (중국 한나라에 있던) 회양이라는 옛날 이름과 마침 같구나.
② (폭포수가) 섞어 돌며 내뿜는 소리가 십 리 밖까지 퍼졌으니
③ '조타'는 '깨끗하다'라는 의미이고 '둏다'는 '좋다'라는 의미이다. 따라서 '맑거든 깨끗하지 말거나 깨끗하거든 맑지 말거나 할 것이지(맑고도 깨끗한 기운을 가졌구나!)'로 해석해야 한다.

49

2017 소방직(추)

다음 밑줄 친 ㉠~㉣에 대한 설명이 적절하지 않은 것은?

져근덧 밤이 드러 風풍浪낭이 定뎡ᄒᆞ거늘, 扶부桑상 咫지尺쳑의 明명月월을 기ᄃᆞ리니, 瑞셔光광 千쳔丈댱이 뵈ᄂᆞᆫ 듯 숨ᄂᆞᆫ고야. 珠쥬簾렴을 고텨 것고, 玉옥階계를 다시 쓸며, 啓계明명星셩 돗도록 곳초 안자 ᄇᆞ라보니, ㉠ 白ᄇᆡᆨ蓮년花화 ᄒᆞᆫ 가지를 뉘라셔 보내신고. 일이 됴흔 世셰界계 ᄂᆞᆷ대되 다 뵈고져. 流뉴霞하酒쥬 ᄀᆞ득 부어 ᄃᆞᆯᄃᆞ려 무론 말이, ㉡ 英영雄웅은 어ᄃᆡ 가며, 四ᄉᆞ仙션은 긔 뉘러니, 아미나 맛나 보아 녯 긔별 뭇쟈 ᄒᆞ니, 仙션山산 東동海ᄒᆡ예 갈 길히 머도 멀샤 松숑根근을 볘여 누어 픗ᄌᆞᆷ을 얼픗 드니, ᄭᅮ메 ᄒᆞᆫ 사ᄅᆞᆷ이 날ᄃᆞ려 닐온 말이, "그ᄃᆡ를 내 모ᄅᆞ랴, 上샹界계예 眞진仙션이라. 黃황庭뎡經경 一일字ᄌᆞ를 엇디 그릇 닐거 두고, 人인間간의 내려와셔 우리를 ᄯᆞᄅᆞᆫ다. 져근덧 가디 마오. 이 술 ᄒᆞᆫ 잔 머거 보오." 븍斗두星셩 기우려 滄챵海ᄒᆡ水슈 부어 내여, 저 먹고 날 머겨ᄂᆞᆯ 서너 잔 거후로니, 和화風풍이 習습習습ᄒᆞ야 兩냥腋익을 추혀 드니, 九구萬만里리 長댱空공애 져기면 ᄂᆞᆯ리로다. ㉢ 이 술 가져다가 四ᄉᆞ海ᄒᆡ예 고로 ᄂᆞ화 億억萬만 蒼창生ᄉᆡᆼ을 다 醉취케 밍ᄀᆞᆫ 후의, 그제야 고텨 맛나 ᄯᅩ ᄒᆞᆫ 잔 ᄒᆞ쟛고야. 말 디쟈 鶴학을 ᄐᆞ고 九구空공의 올나가니, 空공中듕 玉옥簫쇼 소리 어제런가 그제런가. 나도 ᄌᆞᆷ을 ᄭᅴ여 바다흘 구버보니, 기픠를 모ᄅᆞ거니 ᄀᆞᆺ인들 엇디 알리. ㉣ 明명月월이 千쳔山산萬만落낙의 아니 비쵠 ᄃᆡ 업다.

– 정철, 〈관동별곡〉

① ㉠: 달을 나타내는 비유적 표현이다.
② ㉡: 영웅과 사선을 만나 그 소식을 묻고 있다.
③ ㉢: 백성들에게 베풀고 싶은 마음을 볼 수 있는 부분이다.
④ ㉣: 임금님의 사랑이 비추지 아니한 곳이 없다.

정답 및 해설

② 화자가 '달'에게 묻는 것이지, 영웅과 사선을 만나 그들의 소식을 묻는 것은 아니다. 화자는 신선이 마시는 술인 유하주를 가득 부어 마시기 전에 달에게 "이백은 어디 갔으며, (신라의) 사선은 그 누구더냐."라고 묻고 있는 것이다.

오답 해설

① '흰 연꽃 한 가지'는 달을 비유적으로 표현한 것이다.
③ 좋은 술을 혼자만 마시는 것이 아니라 사해에 골고루 나누어 주고 모든 사람들을 취하게 만들고 싶다고 한 데서 백성을 생각하는 애민 정신, 선정의 포부가 나타난다.
④ '밝은 달'은 광명의 이미지로 임금의 은혜를 상징한다. 화자는 임금의 은혜가 온 세상에 가득하다며 임금을 예찬하고 있다.

50

2019 경찰직 1차

〈관동별곡〉의 다음 내용에 대한 설명으로 가장 적절하지 않은 것은?

> 小쇼香향爐노 大대香향爐노 눈 아래 구버보고
> 正정陽양寺ㅅ眞진歇헐臺더고텨 올나 안존마리
> 廬녀山산 眞진面면目목이 여긔야 다 뵈느다
> 어와 造조化화翁옹이 ㉠ 헌ᄉ토 헌ᄉ할샤
> 놀거든 뛰디 마나 셧거든 솟디 마나
> 芙부蓉용을 고잣는 듯 白빅玉옥을 뭇것는 듯
> 東동溟명을 박차는 듯 ㉡ 北북極극을 괴왓는 듯
> 놉흘시고 望망高고臺더 외로올샤 穴혈望망峰봉이
> 하늘의 추미러 므ᄉ일을 ᄉ뢰리라
> 千쳔萬만 劫겁 디나드록 구필 줄 모르는다
> 어와 너여이고 너 ᄀᄐ니 쏘잇는가

① ㉠을 현대어로 풀이하면 '야단스럽기도 야단스럽구나'이다.
② ㉡의 지시적 대상은 '북극성'이지만 '임금'을 의미하기도 한다.
③ 수사법 중에서 은유법, 과장법, 대구법, 반어법이 사용되었다.
④ 금강산 봉우리들의 모습에 지조와 절개를 지닌 충신으로서 작가 자신을 견주고 있다.

정답 및 해설

③ 은유법, 과장법, 대구법을 사용하였지만 반어법은 사용하지 않았다. '東동溟명을 박차는 듯 北북極극을 괴왓는 듯'에서 '北북極극'은 임금을 상징하는 은유법에 해당하고 '놀거든 뛰디 마나 셧거든 솟디 마나'에서 대구법이 사용되었다. 또한 진헐대에서의 조망한 금강산의 아름다움을 '廬녀山산 眞진面면目목이 여긔야 다 뵈느다'라고 과장하여 표현하였다.

오답 해설

① '헌ᄉ토 헌ᄉ할샤'는 현대어로 '야단스럽기도 야단스럽다'이다. 조물주가 만들어 놓은 금강산의 모습이 다양하고 아름답다는 의미이다.
② '北북極극'은 표면적으로는 북극정을 의미하지만, 이면적으로는 임금을 상징하는 은유법에 해당한다.
④ '望망高고臺더'와 '穴혈望망峰봉'은 지조와 절개를 지닌 충신의 모습을 의미한다. 작가는 망고대와 혈망봉을 예찬하며 충신으로서의 자신을 견주고 있다.

※ 정철, 〈관동별곡〉

갈래	양반 가사, 기행 가사, 정격 가사
성격	서정적, 지사적, 서경적
율격	3(4)·4조의 4음보
제재	내금강과 관동 팔경
주제	금강산, 관동 팔경에 대한 감탄과 연군지정 및 애민 사상
특징	- 영탄법, 대구법, 생략법 등을 활용함. - 우리말의 아름다움을 잘 살림.

51

2016 법원직 9급

다음 작품에 대한 이해가 올바르지 않은 것은?

> 무상(無狀)한 이 몸애 무슨 지취(志趣) 이스리마.
> 두세 이렁 밧논을 다 무겨 더뎌 두고
> 이시면 죽(粥)이오 업시면 굴물망졍
> 남의 집 남의 거슨 전혀 부러 말렷노라
> 닉 빈쳔(貧賤) 슬히 너겨 손을 헤다 물너가며
> 남의 부귀(富貴) 불리 너겨 손을 치다 나아오랴
> 인간(人間) 어닉 일이 명(命) 밧긔 삼겨시리
> 빈이무원(貧而無怨)을 어렵다 ᄒ건마ᄂ
> 닉 생애 이러호딕 설온 뜻은 업노왜라
> 단사표음(簞食瓢飮)을 이도 족(足)히 너기로라
> 평생 훈 뜻이 온포(溫飽)애는 업노왜라
> 태평천하(太平天下)애 충효(忠孝)를 일을 삼아
> 화형제(和兄弟) 신붕우(信朋友) 외다 ᄒ리 뉘 이시리
> 그 밧긔 남은 일이야 삼긴딕로 살렷노라
>
> - 박인로, 〈누항사〉

① 안분지족(安分知足)적 삶의 자세가 드러나 있다.
② 양반의 지배적 이념을 추구하는 모습이 엿보인다.
③ 서로 대비되는 시어를 통해 주제를 부각하고 있다.
④ 주객이 전도된 표현을 통해 화자의 태도를 드러내고 있다.

정답 및 해설

④ 주객전도의 표현은 정극인의 〈상춘곡〉에서 '공명도 날 끼우고 부귀도 날끼우니'처럼 문장의 주체와 객체가 뒤바뀐 표현을 말한다. 제시된 지문에서는 주객이 전도된 표현은 나타나지 않는다.

오답 해설

① '이시면 죽(粥)이오 업시면 굴물망졍'에서 안분지족의 삶의 자세를 확인할 수 있다.
② '태평천하(太平天下)애 충효(忠孝)를 일을 삼아 / 화형제(和兄弟) 신붕우(信朋友) 외다 ᄒ리 뉘 이시리'에서 양반의 지배적 이념을 추구하는 화자의 모습을 확인할 수 있다.
③ '빈쳔(貧賤)'과 '부귀(富貴)'와 같이 대비되는 시어를 통해 화자가 추구하는 안빈낙도의 삶의 자세를 부각하고 있다.

※ 박인로, 〈누항사〉

갈래	가사
성격	전원적, 사색적, 사실적
제재	안분지족(安分知足)의 생활
주제	- 자연을 벗 삼아 안빈낙도(安貧樂道)하고자 하는 선비의 궁핍한 삶 - 빈이무원(貧而無怨)하며 충효, 우애, 신의를 나누는 삶
특징	- 일상생활에 대한 생생한 묘사를 보여 줌 - 일상 언어의 사용으로 생활 감정을 직접적으로 드러냄 - 농촌의 일상과 관련된 어휘와 어려운 한자어가 많이 쓰임 - 운명론적 인생관이 드러남

52

2017 국가직 7급(추)

㉠~㉣에 대한 설명으로 적절하지 않은 것은?

> 時時로 멀이 드러 北辰을 브라보며
> ㉠ 傷時老淚를 天一方의 디이ᄂ다.
> ㉡ 吾東方文物이 漢唐宋애 디랴마ᄂ
>   [중략]
> 吾王聖德이 欲幷生ᄒ시니라.
> ㉢ 太平天下애 堯舜君民되야 이셔
> 日月光華ᄂ 朝復朝ᄒ얏거든
> ㉣ 戰船트던 우리 몸도 漁舟에 唱晚ᄒ고
> 秋月春風에 놉히 베고 누어 이셔
> 聖代海不揚波를 다시 보려 ᄒ노라.
>
>   - 박인로, 〈선상탄(船上歎)〉

① ㉠: 나라의 운명을 염려하는 화자의 충정을 볼 수 있다.
② ㉡: 우리나라의 문물에 대한 화자의 자부심을 볼 수 있다.
③ ㉢: 평안하고 조화로운 세상을 향한 화자의 바람을 볼 수 있다.
④ ㉣: 안빈낙도보다 부국강병을 희망하는 화자의 태도를 볼 수 있다.

정답 및 해설

④ '전선'은 전쟁을, '어주'는 평화를 상징하는데 화자는 '전선'보다 '어주'를 희망하고 있다. 고기잡이 배에서 늦도록 즐기는 삶은 부국강병과는 거리가 멀고, 안빈낙도의 태도에 가깝다.

오답 해설

① 임금이 계신 곳을 바라보며 눈물을 흘리는 화자의 모습을 통해 나라를 걱정하는 충정을 확인할 수 있다.
② 화자는 설의적인 표현을 통해 우리나라의 문물이 한나라와 당나라, 송나라에 뒤지지 않는다며 자부심을 드러내고 있다.
③ '요순'은 고대 중국의 요임금과 순임금을 아울러 이르는 말이다. 요임금과 순임금은 나라를 잘 다스려서 모든 백성들이 태평한 세상을 누렸는데, 화자는 태평했던 요순시대처럼 조화롭고 평안한 세상을 바라고 있는 것이다.

※ 박인로, 〈선상탄〉

갈래	가사
성격	우국적(憂國的), 비판적, 기원적
율격	3(4).4조 4음보 연속체
제재	임진왜란의 체험
주제	- 전쟁을 혐오하고 태평성대를 누리고 싶은 마음 - 전쟁의 상처가 극복되고 평화가 찾아오기를 바라는 마음
특징	- 민족의 현실을 구체적으로 다루고 있음. - 예스러운 한자 성어와 고사가 많음. - 왜적에 대한 적개심과 모화사상(慕華思想)이 나타남.

53

다음 작품에 대한 설명으로 적절하지 않은 것은?

2016 기상직 7급

> 엇그제 저멋더니 ᄒ마 어이 다 늘거니. 少年行樂(소년행락) 생각ᄒ니 일러도 속절업다. 늘거야 서른 말ᄉᆞᆷᄒᆞ자니 목이 멘다. 父生母育(부생모육) 辛신苦고ᄒᆞ야 이 내 몸 길러낼 제, 公공候후配배匹필은 못 바라도 君군子자好호逑구願원ᄒᆞ더니, 三生(삼생)의 怨원業업이오. 月下(월하)의 緣연分분으로 長장安안遊유俠협 경박자(輕薄子)를 ᄭᅮᆷᄀᆞ치 만나 잇서, 當時(당시)의 用心(용심)ᄒᆞ기 살어름 디듸는 ᄃᆞᆺ, 三五(삼오) 二八(이팔) 겨오 지나 天然麗質(천연여질) 절로이니, 이 얼골 이 態度(태도)로 百年期約(백년기약)ᄒᆞ얏더니, 年光(연광)이 훌훌ᄒᆞ고 造物(조물)이 多다猜시ᄒᆞ야, 봄바람 가을 믈이 뵈오리 북 지나듯, 雪설鬢빈花화顔안 어ᄃᆡ두고 面目可憎(면목 가증)되거고나. 내 얼골 내 보거니 어느 임이 날 괼소냐. 스스로 慙참愧괴ᄒᆞ니 누구를 怨원望망ᄒᆞ리.
>
> 三三五五(삼삼오오) 冶야遊유園원의 새 사람이 나단말가. 곳 피고 날 저물 제 定處(정처) 업시 나가 잇서, 白馬(백마) 金금鞭편으로 어ᄃᆡ어ᄃᆡ 머무는고. 遠近(원근)을 모르거니 消息(소식)이야 더욱 알랴. 因緣(인연)을 긋쳐신들 ᄉᆡᆼ각이야 업슬소냐. 얼골을 못 보거든 그립기나 마르려믄. 열두 ᄯᅢ 김도 길샤 셜흔 날 支離(지리)ᄒᆞ다. 玉窓(옥창)에 심은 梅花(매화) 몃 번이나 픠여 진고. 겨울밤 차고 찬 제 자최눈 섯거 치고, 여름날 길고 길 제 구즌 비는 무스 일고. 三春花柳(삼춘화류) 好時節(호시절)에 景物(경물)이 시름업다. 가을 ᄃᆞᆯ 방에 들고 蟋실蟀솔이 床(상)에 울 제, 긴 한숨디는 눈물 속절업시 혬만 만타. 아마도 모진 목숨 죽기도어려울사.
>
> – 허난설헌, 〈규원가〉

① 시간의 흐름을 비유적으로 표현하고 있다.
② 화자는 자신의 늙음에 대해 한탄하고 있다.
③ 자연물을 활용하여 독수공방의 외로움을 부각하고 있다.
④ 화자는 임(남편)과의 만남을 유교적인 시각에서 받아들이고 있다.

정답 및 해설

④ 화자는 남편과 만난 것을 '三生(삼생)의 怨원業업이오 月下(월하)의 緣연分분'이라고 표현하였다. 이것은 불교의 윤회론을 바탕으로 한 것으로, 임과의 만남을 유교적인 시각에서 바라보았다는 설명은 적절하지 않다. 또한 화자는 유교의 관념에서 벗어나 한 사람의 여인으로서 남편의 사랑을 받고 싶은 욕망과 그러지 못하는 안타까움을 표현하고 있다.

오답 해설

① '봄바람 가을 믈이 뵈오리 북 지나듯'에서 시간의 흐름을 비유적으로 표현하였다.
② '雪설鬢빈花화顔안 어ᄃᆡ두고 面目可憎(면목가증)되거고나.'에서 늙음에 대해 한탄하는 화자의 모습이 드러난다.
③ '가을 ᄃᆞᆯ 방에 들고 蟋실蟀솔이 床(상)에 울 제'에서 '실솔'에 감정을 이입하여 독수공방의 외로움과 안타까움을 부각하고 있다.

※ 허난설헌, 〈규원가〉

갈래	규방(내방) 가사
성격	원망적, 체념적, 절망적, 고백적
제재	규방 부인의 한 많은 삶
주제	봉건 제도에서 겪는 부녀자의 한
특징	– 다양한 대상에 화자의 심정을 이입함(실솔) – 고사와 한문을 많이 사용함 – 대구법, 은유법 등 다양한 표현법을 사용함 – 계절과 자연물을 통해 화자의 정서를 표현함 – 현전하는 최초의 여류가사, 규방(내방) 가사 – 가사의 작자층을 여성으로 확대시킨 작품

54

⑦~②에 대한 독자의 이해가 적절한 것은?

> ⑦ 천상의 견우직녀 은하수 막혔어도
> 칠월칠석 일년일도(一年一度) 실기(失期)치 아니커든
> 우리 님 가신 후는 무슴 약수(弱水) 가리었기에
> 오거나 가거나 소식조차 그쳤는고
> 난간의 비겨 서서 ⓒ 님 계신 데 바라보니
> 초로(草露)는 맺혀 있고 모운(暮雲)이 지나갈 제
> 죽림(竹林) 푸른 곳에 ⓒ 새 소리 더욱 설다
> 세상의 설운 사람 수 없다 하려니와
> 박명(薄命)한 홍안(紅顔)이야 날 같은 이 또 있을까
> ② 아마도 이 님의 탓으로 살동말동 하여라

① ⑦: 같은 처지의 존재이기에 화자에게 위안이 된다.
② ⓒ: 화자의 시선에는 '님'과의 재회에 대한 확신이 담겨 있다.
③ ⓒ: 화자의 과거 회상을 촉발하는 구실을 한다.
④ ②: '님'에 대한 화자의 원망이 직접적으로 드러나 있다.

정답 및 해설

④ ②은 임의 잘못으로 자신이 살 듯 말 듯, 즉 죽을 수도 있다는 의미이다. 따라서 이는 대상에 대한 원망이 직접 나타나 있는 표현이라고 할 수 있다.

오답 해설

① '천상의 견우직녀'는 화자와 같이 '이별의 상황'이라는 공통점이 있지만 화자와 대조적으로 일 년에 한 번은 만날 수 있는 존재이다. 하지만 화자는 임을 만날 수 없으므로 화자에게 위안이 된다고 볼 수 없다.
② 화자는 '님 계신 데'를 바라보며 새 소리가 더욱 슬프게 들린다고 하였으므로 재회에 대해 확신한다고 볼 수 없다.
③ '새 소리'는 화자의 슬픔을 부각하고 있다. 과거 회상과는 관련이 없다.

55~59

※ 다음 작품을 읽고 물음에 답하시오.

(가) 이 몸 삼기실 제 님을 조차 삼기시니, 호싱 緣分(연분)이며 하늘 모를 일이런가. 나 호나 졈어 잇고 님 호나 날 괴시니, 이 모음 이 소랑 견졸 딕 노여 업다. 平生(평생)애 願(원)호요딕 호딕 녜쟈 호얏더니, 늙기야 므스 일로 외오 두고 글이는고. 엇그제 님을 뫼셔 廣寒殿(광한뎐)의 올낫더니, 그 더딕 엇디호야 下界(하계)예 느려오니, 올 적의 비슨 머리 얼킈연디 三年(삼년)이라. ⓐ 臙脂粉(연지분) 잇닉마는 눌 위호야 고이 홀고. 모음의 미친 실음 疊疊(텹텹)이 싸혀 이셔, 짓느니 한숨이오 디느니 눈물이라. 人生(인싱)은 有限(유흔)훈딕 시름도 그지업다. 無心(무심)훈 歲月(셰월)은 믈 흐르듯 호는고야. 炎凉(염냥)이 쌔를 아라 가는 듯 고텨 오니, 듯거니 보거니 늣길 일도 하도 할샤.

(나) 곳 디고 새 닙 나니 綠陰(녹음)이 질렷는딕, 羅幃(나위) 寂寞(적막)호고, 繡幕(슈막)이 뷔여 잇다. 芙蓉(부용)을 거더 노코, 孔雀(공쟉)을 둘러 두니, 又득 시름 한딕 날은 엇디 기돗던고. ⓑ 鴛鴦錦(원앙금) 버혀 노코, 五色線(오싴션) 플텨 내여, 금자히 견화이셔 님의 옷 지어 내니, 手品(슈품)은 코니와 制度(졔도)도 고줄시고. 珊瑚樹(산호슈) 지게 우히 白玉函(빅옥함)의 다마 두고, 님의게 보내오려 님 겨신 딕 브라보니, 山(산)인가 구롬인가, 머흐도 머흘시고. 千里 萬里(쳔리 만리) 길흘 뉘라셔 츠자갈고. 니거든 여러 두고 날인가 반기실가.

(다) 乾坤(건곤)이 閉塞(폐식)호야 白雪(빅셜)이 훈 빗친 제, 사름은 코니와 늘새도 그쳐 잇다. 蕭湘南畔(쇼샹남반)도 치오미 이러커든 玉樓高處(옥누고쳐)야 더옥 닐러 므슴호리. 陽春(양츈)을 부쳐 내여 님 겨신 딕 쏘이고져. 茅詹(모쳠) 비쵠 히를 玉樓(옥누)의 올리고져. 紅裳(홍샹)을 니믜 츠고, 翠袖(취슈)를 半(반)만 거더, 日暮脩竹(일모슈듁)의 헴가림도 하도 할샤. 댜른 히 수이 디여 긴 밤을 고초 안자, 靑燈(쳥등) 거른 겻틱 鈿空篌(뎐공후) 노하 두고, ⓒ 꿈의나 님을 보려 틱 밧고 비겨시니, 鴦錦(앙금)도 ᄎ도 출샤 이 밤은 언제 샐고.

(라) ᄒᆞᄅᆞ밤 서리김의 기러기 우러 녤 제, 危樓(위루)에 혼자 올나 水晶簾(슈졍념) 거든말이, 東山(동산)의 둘이 나고, 北極(븍극)의 별이 뵈니, 님이신가 반기니, 눈물이 절로 난다. 淸光(쳥광)을 쥐어 내여 鳳凰樓(봉황누)의 븟티고져. 樓(누) 우히 거러 두고, 八荒(팔황)의 다 비최여, 深山窮谷(심산궁곡) 졈낫マ티 밍그쇼셔.

(마) 東風(동풍)이 건듯 부러 積雪(젹셜)을 헤텨내니, 窓(창) 밧긔 심근 梅花(믹화) 두세 가지 픠여셰라. 又득 冷淡(닝담)훈딕 暗香(암향)은 므스 일고. 黃昏(황혼)의 둘이 조차 벼마틱 빗최니, 늣기는 듯 반기는 듯 님이신가 아니신가. 뎌 梅花(믹화) 것거 내여 님 겨신 딕 보내오져. 님이 너를 보고 엇더타 너기실고.

(바) ᄒᆞᄅᆞ도 열두 쌔 훈 둘도 셜흔 날, 져근덧 싱각마라. 이 시름 닛쟈 ᄒᆞ니, 모음의 미쳐 이셔 骨髓(골슈)의 쎼텨시니, ⓓ 扁鵲(편쟉)이 열히 오나 이 병을 엇디 ᄒᆞ리. 어와 내 병이야 이 님의 타시로다. 출하리 싀어디여 범나븨 되오리라. 곳나모 가지마다 간딕 죡죡 안니다가, 향 므든 늘애로 님의 오시 올므리라. 님이야 날인 줄 모르셔도 내 님 조ᄎ려 ᄒᆞ노라.

- 정철, 〈사미인곡〉

55

2012 법원직 9급

위 작품에 대한 설명으로 가장 적절하지 않은 것은?

① 4음보의 리듬감이 나타난다.
② 여성 화자의 목소리가 나타난다.
③ 상대방에 대한 예찬을 주제로 한다.
④ 화자는 현재의 처지에서 벗어나고 싶어 한다.

정답 및 해설

③ 〈사미인곡〉은 군신 관계를 남녀 관계로 치환한 노래이다. '임'은 임금인 '선조', 화자는 작가인 '정철'을 의미하는데, 작가는 여성 화자의 목소리를 통해 연모의 정을 심화시키고 있으며, 결사에서는 일편단심의 충정을 함축적으로 드러냈다. 상대방인 임을 예찬하기보다는 임을 대하는 화자의 심정과 처지를 주로 노래하고 있다.

오답 해설

① '이 봄 / 삼기실 제 / 님을 조차 / 삼기시니'와 같이 4음보의 리듬감을 확인할 수 있다.
② 이 작품에서 작가는 임금을 사모하는 정을 한 여인이 남편을 사모하는 정에 빗대어 표현하고 있다. 여성 화자의 목소리를 통해 연모의 정을 심화시키고 있다.
④ 화자는 현재 임과 이별한 처지에서 임을 그리워하며 만나고 싶어 한다. 따라서 현재의 처지에서 벗어나고 싶어 한다는 설명은 적절하다.

※ 정철, 〈사미인곡〉

갈래	양반 가사, 서정 가사, 정격 가사
성격	서정적, 여성적, 연모적, 의지적
율격	3(4)·4조, 4음보의 연속체
제재	임금에 대한 사랑
주제	임금을 향한 일편단심, 연군지정(戀君之情)
특징	- 연군지정을 임을 사랑하는 여인의 입장에 빗대어 표현함. - 계절의 변화에 따라 정서를 드러냄. - 비유와 상징을 활용함. - 우리말의 유려한 표현과 다양한 표현 기교를 구사함.

56

2012 법원직 9급

ⓐ~ⓓ에 대한 설명으로 가장 적절하지 않은 것은?

① ⓐ: 임이 부재하는 상황에서는 치장하는 것도 무의미하다고 생각한다.
② ⓑ: 정성을 다하여 임의 옷을 만들고 있다.
③ ⓒ: 꿈에서라도 목적을 이루고 싶어 한다.
④ ⓓ: 뛰어난 의사만이 자신의 병을 고칠 수 있다고 믿는다.

정답 및 해설

④ ⓓ는 중국의 유명한 의사인 편작이 열 명이 오더라도 자신의 상사병을 고칠 수가 없다는 내용이다. 따라서 '뛰어난 의사만이 자신의 병을 고칠 수 있다고 믿는다'라는 설명은 적절하지 않다.

오답 해설

① '연지분'은 자신을 꾸밀 수 있는 화장품이다. 하지만 화자는 임이 없는 상황에서는 자신을 꾸미는 것이 부질없다고 느끼고 있다.
② ⓑ는 원앙을 수놓은 비단을 자르고 오색 실을 풀어내어 금으로 만든 자로 재어 옷을 만든다는 의미이므로, 정성을 다하여 임의 옷을 만든다는 설명은 적절하다.
③ 화자는 현실에서는 임을 만날 수 없으므로 꿈에서라도 임을 만나고자 턱을 괴고 비스듬히 앉아 있다. 따라서 꿈에서라도 목적을 이루고 싶어 한다는 설명은 적절하다.

57

2016 경찰직 2차

(나)~(마)를 시간의 흐름에 맞게 배열한 것은?

① (나) → (다) → (라) → (마)
② (나) → (다) → (마) → (라)
③ (마) → (나) → (라) → (다)
④ (마) → (다) → (나) → (라)

정답 및 해설

③ (마)는 풍이 불어 쌓인 눈이 녹고 매화가 피는 때이므로 '봄'에 해당하고, (나)는 꽃이 지고 새 잎이 나서 녹음이 짙어지는 때이므로 '여름'에 해당한다. (라)는 서리가 내리고 기러기가 울며 날아가는 때이므로 '가을'이고, (다)는 흰 눈이 내려 온 세상을 덮는 때이므로 '겨울'이다. 따라서 시간의 순서대로 배열하면 '(마) → (나) → (라) → (다)'의 순서가 적절하다.

58

2016 경찰직 2차

위 작품의 주제를 연군지정(戀君之情)이라 할 때, (나)~(마)에 나타난 중심 내용으로 적절하지 않은 것은?

① (나) – 자신의 정성을 임금에게 전하고자 함.
② (다) – 임금의 건강을 염려하고 임금을 그리워함.
③ (라) – 자신과 임금이 영원히 함께 있고 싶어 함.
④ (마) – 임금에게 자신의 충성심을 알리고자 함.

정답 및 해설

③ (라)에서 화자는 '청광(맑은 빛)'을 '팔황(온 세상)'에 비추어 '심산궁곡(깊은 산속의 험한 골짜기)'까지 대낮같이 만들 것을 임금에게 충언하고 있다. 온 나라의 모든 백성에게 임금의 은혜가 골고루 미치도록 선정을 베풀라고 충언을 하는 것이 (라)의 주제이다.

오답 해설

① 화자는 원앙을 수놓은 비단을 자르고 오색 실을 풀어내어 금으로 만든 자로 재어 옷을 만들고 있다. 정성을 다하여 임을 옷을 만들어 전하려고 하므로 적절한 설명이다.
② 화자는 임이 계신 곳이 추울까봐 걱정하며 따뜻한 햇볕을 임이 계신 곳에 보내고 싶다고 하였다. 따라서 임금의 건강을 염려하고 그리워한다는 설명은 적절하다.
④ (마)에서 '매화'는 충성심을 상징하는 소재로, 화자는 임에게 매화를 보내 자신의 충성심을 알리고자 하고 있다.

59

2017 지방직 7급

(바)에 나타난 화자의 상황 및 정서와 가장 유사한 것은?

① 서방님 병(病) 들여 두고 쓸 것 없어
   종루 저자에 다리 팔아 배 사고 감 사고 유자 사고 석류 샀다.
   아차차 잊었구나. 오화당(五花糖)을 잊어버렸구나.
   수박에 술 꽂아 놓고 한숨 계워 하노라.

② 갓나희들이 여러 층(層)이오매
   송골매도 같고 줄에 앉은 제비도 같고 백화원리(百花園裡)에 두루미도 같고 녹수파란(綠水波瀾)에 비오리도 같고 따헤 퍽 앉은 소리개도 같고 썩은 등걸에 부엉이도 같데.
   그려도 다 각각 임의 사랑이니 개(皆) 일색(一色)인가 하노라.

③ 공명도 날 꺼리고 부귀도 날 꺼리니
   청풍명월 외에 어떤 벗이 있사올꼬.
   단표누항에 허튼 혜음 아니하니
   아모타 백년행락이 이만한들 어떠하리.

④ 내 임을 그리워하여 울고 있나니
   산 접동새 난 비슷하요이다.
   아니시며 거츠르신 것을
   아으 잔월효성이 알으시리이다.

정답 및 해설

④ 정서의 〈정과정〉으로, 임에 대한 그리움과 자신의 결백을 하소연하고 있는 작품이다. 〈정과정〉의 화자는 임과 이별한 상황에서 임을 그리워하며 슬퍼하고 있으므로 〈사미인곡〉의 화자와 가장 유사하다.

오답 해설

① 남편에 대한 애틋한 사랑이 드러나고 있는 사설 시조로, 화자는 남편과 이별한 상황이 아니므로 적절하지 않다.
② 모든 사람들은 제각기 개성이 있다는 것을 표현한 작품으로 다양한 비유와 해학미가 넘치는 작품이다. 이별의 상황이나 임에 대한 그리움은 드러나지 않는다.
③ 정극인의 〈상춘곡〉의 결사 부분으로, 화자는 부귀와 공명이 자신을 꺼린다는 주객전도의 표현을 사용하여 욕심이 없는 자신의 태도를 표현하고 있다. 속세에 대한 미련 없이 안빈낙도의 삶을 자랑스럽게 드러내고 있는 부분으로 이별의 상황이나 그리움의 정서와는 관련이 없다.

60~65

※ 다음 작품을 읽고 물음에 답하시오.

데 가는 뎌 각시 본 듯도 흔뎌이고
㉠천상(天上) 백옥경(白玉京)을 엇디호야 이별(離別)호고
히 다 뎌 져믄 날의 눌을 보라 가시는고
어와 네여이고 이내 ᄉ셜 드러 보오
내 얼굴 이 거동이 님 ⓐ괴얌즉 흔가마는
엇딘디 날 보시고 네로다 녀기실ᄉ
나도 님을 미더 ⓑ군ᄠᅳ디 전혀 업서
ⓒ이리야 교퇴야 어주러이 호돗썬디
반기시는 눗비치 녜와 엇디 다ᄅᆞ신고
누어 싱각호고 니러 안자 혜여호니
㉡내 몸의 지은 죄 뫼ᄀᆞ티 빠혀시니
하늘히라 원망호며 사ᄅᆞ이라 허믈호랴
셜워 플텨 헤니 조물(造物)의 타시로다
글란 싱각 마오 미친 일이 이셔이다
님을 뫼셔 이셔 님의 일을 내 알거니
믈 ᄀᆞ튼 얼굴이 편호실 적 몃 날일고
춘한(春寒) 고열(苦熱)은 엇디호야 디내시며
㉢추일(秋日) 동천(冬天)은 뉘라셔 뫼셧는고
죽조반(粥早飯) 조석(朝夕) 뫼 녜와 ᄀᆞ티 셰시는가
기나긴 밤의 ᄌᆞᆷ은 엇디 자시는고
님 다히 소식(消息)을 아므려나 아쟈 호니
오늘도 거의로다 ᄂᆡ일이나 사ᄅᆞᆷ 올가
내 ᄆᆞᄋᆞᆷ 둘 듸 업다 어드러로 가쟛 말고
잡거니 밀거니 놉픈 뫼희 올라가니

구름은 ᄏᆞ니와 안개는 므스 일고
산천(山川)이 어둡거니 일월(日月)을 엇디 보며
지척(咫尺)을 모ᄅᆞ거든 천리(千里)를 ᄇᆞ라보랴
츨하리 믈ᄀᆞ의 가 ᄇᆡㅅ길이나 보랴 호니
ᄇᆞ람이야 믈결이야 어둥졍 된뎌이고
샤공은 어듸 가고 빈 ᄇᆡ만 걸렷는고
강천(江天)의 혼쟈 셔셔 디는 ᄒᆡᄅᆞᆯ 구버보니
님 다히 소식이 더옥 아득ᄒᆞ뎌이고
모쳠(茅簷) ᄎᆞᆫ 자리의 밤듕만 도라오니
반벽청등(半壁靑燈)은 눌 위호야 불갓는고
오ᄅᆞ며 ᄂᆞ리며 헤쓰며 바자니니
져근덧 역진(力盡)호야 풋ᄌᆞᆷ을 잠간 드니
정셩(精誠)이 지극호야 ᄭᅮ믜 님을 보니
옥(玉) ᄀᆞ튼 얼구리 반(半)이나마 늘거셰라
ᄆᆞᄋᆞᆷ의 머근 말숨 슬ᄏᆞ장 ᄉᆞᆲ쟈 ᄒᆞ니
눈믈이 바라 나니 말슴인들 어이호며
졍(情)을 못다 호야 목이조차 몌여호니
오뎐된 계셩(鷄聲)의 ᄌᆞᆷ은 엇디 ᄭᆡ돗던고
㉣어와 허사(虛事)로다 이 님이 어ⓐ 간고
ᄭᅵᆯ의 니러 안자 창(窓)을 열고 ᄇᆞ라보니
어엿븐 그림재 날 조촐 ᄲᅮᆫ이로다
츨하리 싀여디여 ㉮낙월(落月)이나 되야이셔
님 겨신 창(窓) 안히 ⓓ번드시 비최리라
각시님 ᄃᆞᆯ이야 ᄏᆞ니와 ㉯구ᄌᆞᆫ비나 되쇼셔

— 정철, 〈속미인곡〉

60

2020 소방직

윗글의 표현상 특징으로 가장 적절한 것은?

① 인물과의 대화를 통해 임에 대한 원망을 드러내고 있다.
② 여성 화자의 목소리를 통해 애절한 마음을 드러내고 있다.
③ 특정한 시어를 반복해 안빈낙도의 염원을 드러내고 있다.
④ 자연과 속세의 대비를 통해 시적 화자의 처지에 대한 만족감을 드러내고 있다.

정답 및 해설

② 임금을 그리워하는 마음을 임을 사모하는 여인의 목소리로 전달함으로써 호소력을 더욱 높이고 있다.

오답 해설

① 두 여인의 대화로 시상이 전개되는 것은 맞지만, 임에 대한 원망의 정서는 드러나지 않는다.
③ 특정한 시어의 반복이 드러나지 않고, 안빈낙도의 염원도 드러나지 않는다.
④ 자연과 속세의 대비가 드러나지 않는다. 화자는 임과 헤어진 현재의 상황에 대해 안타까워하고 있으므로 현재 처지에 대해 만족한다는 설명도 부적절하다.

※ 정철, 〈속미인곡〉

갈래	서정 가사, 양반 가사, 정격 가사
성격	연군가
율격	3(4)·4조를 기조로 한 대화체
제재	임과의 이별, 임에 대한 그리움
주제	연군(戀君)의 정(情)
특징	- 가사 문학의 극치를 이룬 작품 - 우리말의 구사가 절묘하여 문학성이 높음. - 대화 형식으로 된 최초의 작품 - 대화체, 은유법, 미화법 등을 사용함

61

2020 소방직

윗글에 대한 설명으로 적절하지 않은 것은?

① 화자는 꿈에서 임과 재회하고 있다.
② 밤에서 새벽으로 시간의 경과가 드러나 있다.
③ 임의 소식을 전해 주는 이는 오늘도 오지 않았다.
④ 사공은 화자의 절박한 상황을 알고 도와주고 있다.

정답 및 해설

④ '샤공은 어디 가고 븬 비만 걸렷ᄂ고'를 통해 화자는 사공을 만나지 못하고 돌아왔음을 알 수 있다.

오답 해설

① '졍셩(精誠)이 지극ᄒ야 ᄭᅮᆷ의 님을 보니'를 통해 꿈에서 임과 재회하였음을 확인할 수 있다.
② 화자는 '밤듕'에 잠들지 못하고 뒤척이다가 풋잠이 들었다. 이후 '오뎐된 계셩(鷄聲)'에 잠을 깨었다는 것을 통해 밤에서 새벽으로 시간의 경과를 확인할 수 있다.
③ '님 다히 소식이 더옥 아득ᄒ뎌이고'에서 임에 대한 소식을 전해 주는 이가 없었음을 알 수 있다.

62

2020 소방직

윗글의 박람과 시적 기능이 가장 먼 것은?

① 구롬
② 안개
③ 일월
④ 믈결

정답 및 해설

③ '박람'은 거센 물결을 일으켜서 화자가 임에게 갈 수 있는 '빅 길'을 가로막는 역할을 한다. 따라서 '박람'과 '믈결'은 화자와 임을 가로막은 장애물에 해당한다. '구롬'과 '안개' 역시 화자가 보고자 하는 '일월'을 가리는 대상이므로 장애물에 해당한다. 반면, '일월'은 화자가 '놉픈 뫼'에 올라가서 보고자 하는 대상이므로 '임'을 상징한다고 볼 수 있다.

63

2017 법원직 9급

㉠~㉣에 대한 설명으로 적절하지 않은 것은?

① ㉠: 상대방이 하늘로부터 내려온 존재임을 드러내고 있다.
② ㉡: 자신의 잘못으로 발생한 문제임을 드러내고 있다.
③ ㉢: 자신을 대신해 임을 모시는 사람에 대한 원망을 드러내고 있다.
④ ㉣: 탄식을 통해 화자의 허탈한 심정을 드러내고 있다.

정답 및 해설

③ '추일(秋日) 동천(冬天)은 뉘라셔 뫼셧노고'는 사계절 내내 임을 염려하는 화자의 마음을 표현한 것이다. 자신을 대신해 임을 모시는 사람에 대한 원망은 드러나지 않는다.

오답 해설

① '천상(天上) 백옥경(白玉京)'은 천상계를 의미한다.
② 자신의 죄가 산처럼 쌓였다는 의미이므로, 화자는 이별의 원인이 자신의 잘못으로 인한 것이라고 인식하고 있다.
④ '아아, 허사로구나. 이 임이 어디 가셨는가.'라는 의미이므로, 화자의 허탈한 심정이 드러난다는 설명은 적절하다.

64

2017 법원직 9급

㉮와 ㉯를 비교한 것으로 가장 적절한 것은?

① ㉮와 ㉯는 임에 대한 화자의 원망을 드러내는 소재이다.
② ㉮와 ㉯는 임과 화자 사이를 가로막는 장애물을 상징한다고 볼 수 있다.
③ ㉮에 비해 ㉯는 임에 대한 적극적 사랑의 모습을 드러낼 수 있는 소재이다.
④ ㉯에 비해 ㉮는 화자의 소망이 이루어지기 힘든 것임을 드러내고 있다.

정답 및 해설

③ '낙월'과 '구준비'는 모두 임을 향한 사랑을 표현하는 소재이다. 다만 '낙월'은 잠시 임을 비추는 존재이므로 소극적인 한계를 지닌다. 반면 '구준비'는 임의 몸을 적실 수 있는 만큼 '낙월'보다 적극적인 표현으로 볼 수 있다.

65

위 작품에 대한 설명으로 가장 적절한 것은?

2016 국회직 8급

① 우리말의 아름다움을 잘 살린 대표적인 시조 문학이다.
② 지은이는 이 작품을 짓고 다시 대화체의 속편을 지었다.
③ 한자어와 고사가 덜 사용되고 진솔한 심정을 간절히 표현했다.
④ 3·4(4·4)조의 4음보 연속체이며 서사와 본사 2단 구성으로 되어있다.
⑤ 버림받은 여인의 처지를 체념과 절망의 독백조로 읊고 있다.

정답 및 해설

③ 〈속미인곡〉은 우리말의 구사가 절묘하여 문학성이 높은 작품으로 평가받는다. 또한 시적 화자를 여인으로 설정하여 진술한 그리움을 더욱 부각하였다.

오답 해설

① 이 작품은 정철의 〈속미인곡〉으로, 시조가 아니라 가사에 해당한다.
② 지은이는 〈사미인곡〉을 지은 다음, 〈사미인곡〉의 속편으로 대화체의 〈속미인곡〉을 지었다.
④ 3·4(4·4)조의 4음보의 연속이라는 설명은 적절하지만 2단 구성은 아니다. 이 작품은 '서사 – 본사 – 결사'의 3단 구성으로 되어 있다.
⑤ 이 작품은 독백의 형식이 아니라 두 여인이 말을 주고받는 대화의 형식으로 구성되었다.

66

ⓐ~ⓓ의 뜻풀이로 옳지 않은 것은?

2017 국가직 7급

① ⓐ : 사랑받음직
② ⓑ : 다른 생각이
③ ⓒ : 아양이야
④ ⓓ : 반드시

정답 및 해설

④ '번드시'는 '환하게'라는 의미이다.

오답 해설

① '괴다'는 윗사람이 아랫사람을 사랑한다는 의미로, '총애(寵愛)'를 의미한다.
② '군 –'은 '쓸데없이'라는 뜻을 더하는 접두사로, '군쁘디 전혀 업서'는 '다른 생각이 전혀 없어서'로 해석할 수 있다.
③ '이리'는 귀여움을 받으려고 하는 짓인 아양이나 응석을 의미한다.

67~68

※ 다음 작품을 읽고 물음에 답하시오.

> 이바 니웃드라, 山水(산수) 구경 가쟈스라. 踏靑(답청)으란 오늘 ᄒᆞ고, 浴沂(욕기)란 來日(내일)ᄒᆞ새. 아ᄎᆞᆷ에 採山(채산)ᄒᆞ고, 나조ᄒᆡ 釣水(조수)ᄒᆞ새. ᄀᆞᆺ 괴여 닉은 술을 葛巾(갈건)으로 밧타 노코, 곳나모 가지 것거, 수노코 먹으리라. 和風(화풍)이 건듯 부러 綠水(녹수)를 건너오니, 淸香(청향)은 잔에 지고, 落紅(낙홍)은 옷새 진다. 樽中(준중)이 뷔엿거든 날ᄃᆞ려 알외여라. 小童(소동) 아ᄒᆡᄃᆞ려 酒家(주가)에 술을 믈어, 얼운은 막대 집고, 아ᄒᆡᄂᆞᆫ 술을 메고, 微吟緩步(미음완보)ᄒᆞ야 시냇ᄀᆞᆺ의 호자 안자, 明沙(명사) 조흔 믈에 잔 시어 부어 들고, 淸流(청류)를 굽어보니, ᄯᅥ오ᄂᆞ니 桃花(도화) ㅣ 로다. 武陵(무릉)이 갓갑도다. 져 ᄆᆡ이 귄거인고. 松間細路(송간 세로)에 杜鵑花(두견화)를 부치 들고, 峰頭(봉두)에 급피 올나 구름 소긔 안자 보니, 千村萬落(천촌 만락)이 곳곳이 버려 잇ᄂᆡ. 煙霞日輝(연하 일휘)ᄂᆞᆫ 錦繡(금수)를 재폇ᄂᆞᆫ 듯. 엇그제 검은 들이 봄빗도 有餘(유여) ᄒᆞ샤. 功名(공명)도 날 ᄭᅴ우고, 富貴(부귀)도 날 ᄭᅴ우니, 淸風明月(청풍 명월) 外(외)예 엇던 벗이 잇ᄉᆞ올고. 簞瓢陋巷(단표 누항)에 흣튼 혜음 아니 ᄒᆞᄂᆡ. 아모타, 百年行樂(백년 행락)이 이만ᄒᆞᆫ들 엇지ᄒᆞ리.
>
> — 정극인, 〈상춘곡〉

67

2018 국회직 9급

윗글에 대한 설명으로 옳지 않은 것은?

① 이런 글의 갈래를 '서정 가사', '정격 가사', '양반 가사'라고 한대. 서정적인 내용을 정해진 격식에 따라서 양반이 지어서 그런 건가 봐.
② 맞아. 가사는 길게 쓴 시조라고 볼 수도 있는 건가 봐. 그래서 '운문체'이기도 하고 '가사체'이기도 한다고 해.
③ 어디 보자. 글 내용으로 볼 때 주제는 봄의 완상(玩賞)과 안빈낙도(安貧樂道)가 맞겠지?
④ 그렇지. 이 글엔 설의법, 의인법, 풍유법, 대구법, 직유법 등 여러 표현 기교를 사용했네.
⑤ 조선 시대 사대부 가사의 작품으로 송순의 〈면앙정가〉와 함께 은일 가사라고 불리기도 한대.

68

2014 기상직 9급

위 작품에 대한 설명으로 적절하지 않은 것은?

① 연속된 4음보의 율격으로 안정된 리듬감을 형성하고 있다.
② 주체와 객체가 전도된 표현으로 화자의 인생관을 드러내고 있다.
③ 시적 화자는 자연의 영원함을 통해 인간의 유한함을 자각하고 있다.
④ 마지막 행이 시조의 종장 형식과 유사하여 정격 가사임을 알 수 있다.

69~65

※ 다음 작품을 읽고 물음에 답하시오.

[A]
- ㉠ 홍진(紅塵)에 뭇친 분네 이내 생애(生涯) 엇더ᄒᆞ고
- 녯 사ᄅᆞᆷ 풍류(風流)ᄅᆞᆯ 미츨가 못 미츨가
- ㉮ 천지간(天地間) 남자(男子) 몸이 날만ᄒᆞᆫ 이 하건마ᄂᆞᆫ
- 산림(山林)에 뭇쳐 이셔 지락(至樂)을 모ᄅᆞᆯ 것가
- ㉯ 수간모옥(數間茅屋)을 벽계수(碧溪水) 앏픠 두고
- 송죽(松竹) 울울리(鬱鬱裏)예 풍월주인(風月主人) 되여셔라
- ㉰ 엇그제 겨을 지나 새봄이 도라오니
- 도화 행화(桃花杏花)ᄂᆞᆫ 석양리(夕陽裏)예 퓌여 잇고
- ㉱ 녹양방초(綠楊芳草)ᄂᆞᆫ 세우 중(細雨中)에 프르도다
- 칼로 몰아 낸가
- 붓으로 그려 낸가
- 조화신공(造化神功)이 물물(物物)마다 헌ᄉᆞ롭다
- ㉲ 수풀에 우ᄂᆞᆫ 새ᄂᆞᆫ 춘기(春氣)를 뭇내 계워
- 소리마다 교태(嬌態)로다

물아일체(物我一體)어니 ㉡ 흥(興)이이 다ᄅᆞᆯ소냐
시비(柴扉)예 거러 보고 정자(亭子)애 안자 보니
소요음영(逍遙吟詠)ᄒᆞ야 산일(山日)이 적적(寂寂)ᄒᆞᆫᄃᆡ
한중진미(閑中眞味)를 알 니 업시 호재로다
이바 니웃드라 산수(山水) 구경 가쟈스라
답청(踏靑)으란 오ᄂᆞᆯ ᄒᆞ고 욕기(浴沂)란 내일(來日) ᄒᆞ새
아ᄎᆞᆷ에 채산(採山)ᄒᆞ고 ㉢ 나조ᄒᆡ 조수(釣水)ᄒᆞ새
ᄀᆞᆺ 괴여 닉은 술을 갈건(葛巾)으로 밧타 노코
곳나모 가지 것거 수 노코 먹으리라
화풍(和風)이 건듯 부러 녹수(綠水)를 건너오니
청향(淸香)은 잔에 지고 낙홍(落紅)은 옷새 진다
준중(樽中)이 뷔엿거ᄃᆞᆫ 날ᄃᆞ려 알외여라
소동(小童) 아ᄒᆡᄃᆞ려 주가(酒家)에 술을 믈어
얼운은 막대 집고 아ᄒᆡᄂᆞᆫ 술을 메고
미음완보(微吟緩步)ᄒᆞ야 시냇ᄀᆞ의 호자 안자
명사(明沙) 조ᄒᆞᆫ 물에 잔 시어 부어 들고
청류(淸流)ᄅᆞᆯ 굽어보니 ᄯᅥ오ᄂᆞᆫ이 도화(桃花) ㅣ 로다
무릉(武陵)이 갓갑도다 져 미이 긘 거이고
송간(松間) 세로(細路)에 두견화(杜鵑花)ᄅᆞᆯ 부치 들고
㉳ 봉두(峰頭)에 급피 올나 구름 소긔 안자 보니
천촌만락(千村萬落)이 곳곳이 버러 잇ᄂᆡ
연하일휘(煙霞日輝)ᄂᆞᆫ 금수(錦繡)를 재폇ᄂᆞᆫ 듯
엇그제 검은 들이 봄빗도 유여(有餘)ᄒᆞᆯ샤
ⓐ 공명(功名)도 날 ᄭᅴ우고 부귀(富貴)도 날 ᄭᅴ우니
청풍명월(淸風明月) 외에 엇던 벗이 잇ᄉᆞ올고
단표누항(簞瓢陋巷)에 훗튼 혜음 아니 ᄒᆞᄂᆡ
아모타 백년행락(百年行樂)이 이만ᄒᆞᆫᄃᆞᆯ 엇지ᄒᆞ리

- 정극인, 〈상춘곡〉

69
2017 국회직 9급

[A]를 두 개의 단락으로 나눌 때, 두 번째 단락이 시작되는 곳은?

① ㉮ ② ㉯ ③ ㉰
④ ㉱ ⑤ ㉲

정답 및 해설

③ [A]에는 화자가 자연 속에서 자연을 즐기는 자부심과 사계절의 경치에 대한 묘사가 담겨 있다. 앞부분에서 자연에 대한 자부심을 나타내고, 뒷부분에서 사계절의 경치를 묘사하였으므로 사절을 이야기하기 시작하는 ㉰ '엇그제 겨을 지나 새봄이 도라오니'가 두 번째 단락이 시작하는 지점으로 가장 적절하다.

70

㉠~㉣에 대한 설명으로 가장 적절한 것은?

2014 법원직 9급

① ㉠은 작가와 대조되는 삶을 살고 있는 사람들로서, 화자가 안타까움을 느끼는 대상이다.
② ㉡은 '흥이 이에 미치겠는가'라는 의미로, 자연이 인간보다 우위에 있음을 드러낸다.
③ ㉢은 '저녁에 낚시하세'라는 뜻으로, 문제 해결에 있어 선공후사(先公後私)의 태도를 견지하는 모습을 보여 준다.
④ ㉣과 같은 백성의 삶에 대한 관심은, 위정자로서의 책임감이 반영된 결과이다.

> **정답 및 해설**
>
> ① '홍진'은 '산림'과 대조되는 곳으로, 속세를 의미한다. 화자는 속세에서 살아가는 사람들에게 '산림(山林)에 뭇쳐 이셔 지락(至樂)을 모룰 것가'라고 말하고 있으므로 화자는 자연에 묻혀 지내는 즐거움을 모르는 사람들에 대해 안타까움을 느끼고 있다는 설명은 적절하다.
>
> **오답 해설**
>
> ② '興(흥)이이 다룰소냐'는 설의적 표현으로 '흥겨움이아 다르겠는가?'라는 의미이다. 자연과 화자가 한 몸이니 흥겨움이 다르지 않다는 의미로 해석하는 것이 적절하다.
> ③ ㉢의 의미가 '저녁에 낚시하세'인 것은 맞지만, 선공후사의 태도와는 관련이 없다. 화자가 아침에 나물을 캐고 저녁에 낚시를 하는 삶은 자연을 즐기며 안분지족(安分知足)하는 삶에 해당한다. 공적인 일을 먼저 하는 화자의 모습은 드러나지 않는다.
> ④ ㉣은 단순히 산봉우리에서 마을의 모습을 조망하는 화자의 모습으로, 위정자로서의 책임감은 드러나지 않는다.

71

윗글의 시적 화자가 지닌 삶의 태도와 가장 유사한 것은?

2014 법원직 9급

① 전원(田園)에 나믄 흥(興)을 전나귀에 모도 싯고
  계산(溪山) 니근 길로 흥치며 도라와셔
  아히 금서(琴書)를 다스려라 나믄해를 보내리라
  　　　　　　　　　　　　　　　　－ 김천택
② 슬프나 즐거오나 옳다 하나 외다 하나
  내 몸의 해올 일만 닦고 닦을 뿐이언정
  그 밧긔 여남은 일이야 분별(分別)할 줄 이시랴
  　　　　　　　　　　　　　　　　－ 윤선도
③ 오늘도 다 새거다 호미 메고 가쟈스라
  내 논 다 매여든 네 논 좀 매어 주마
  올 길헤 뽕 따다가 누에 머겨 보쟈스라
  　　　　　　　　　　　　　　　　－ 정철
④ 노래 삼긴 사름 시름도 하도할샤
  닐러 다 못닐러 블러나 푸돗던가
  진실로 풀릴 거시면은 나도 블러 보리라
  　　　　　　　　　　　　　　　　－ 신흠

> **정답 및 해설**
>
> ① 이 작품은 자연 속에서 실컷 풍류를 즐기며 놀다가 발을 저는 나귀에 흥에 겨운 몸을 싣고 돌아와, 거문고와 서책을 즐기며 남은 시간을 보내려 하는 시적 화자의 한가함과 여유로움의 모습이 담겨 있다. 윗글의 화자 역시 세속적인 욕망을 버리고 자연에 묻혀 자연과 하나가 되어 풍류를 즐기는 삶에 대해 만족하고 있으므로 화자가 지닌 삶의 태도가 가장 유사하다.
>
> **오답 해설**
>
> ② 윤선도의 〈견회요〉 1수에 해당한다. 어떤 일이 있어도 자신의 신념에 맞도록 살아가겠다는 강직한 삶에 대해 이야기하고 있다.
> ③ 정철의 〈훈민가〉의 열셋째 수에 해당한다. 농사일에서의 근면함과 상부상조를 권장하고 있다.
> ④ 신흠의 시조로 풀리지 않는 근심을 노래로 풀어 보겠다며 답답한 심정을 표현하고 있다.

72

ⓐ와 유사한 발상 및 표현을 찾아볼 수 없는 것은?

2014 법원직 9급

① 자고 일어나면 머리맡의 촛불은 이미 없어지고
　하얗고 딱딱한 옷을 입은 빈 병만 우두커니 나를 쳐다본다.
　　　　　　　　　　　　　　　　　　　　　　- 기형도, 〈10월〉

② 남여(籃輿) 완보(緩步)ᄒᆞ야 산영루(山映樓)의 올나ᄒᆞ니,
　영롱(玲瓏) 벽계(碧溪)와 수성(數聲) 제조(啼鳥)는 이별(離別)
　을 원(怨)하는 듯
　　　　　　　　　　　　　　　　　　　　　　- 정철, 〈관동별곡〉

③ 번개와 같이 떨어지는 물방울은
　취할 순간조차 마음에 주지 않고
　나타(懶惰)와 안정(安定)을 뒤집어 놓은 듯이
　높이도 폭도 없이 떨어진다.
　　　　　　　　　　　　　　　　　　　　　　- 김수영, 〈폭포〉

④ 노신이여 / 이런 밤이면 그대가 생각난다.
　온—세계가 눈물에 젖어 있는 밤
　상해 호마로 어느 뒷골목에서
　쓸쓸히 앉아 지키던 등불
　등불이 나에게 속삭인다.
　여기 하나의 상심한 사람이 있다.
　여기 하나의 굳세게 살아온 인생이 있다.
　　　　　　　　　　　　　　　　　　　　　　- 김광균, 〈노신〉

정답 및 해설

③ ⓐ는 시적 화자가 부귀와 공명을 꺼리고 있는데, 부귀와 공명이 시적 화자를 꺼린다고 표현하였다. 이는 주객을 전도한 표현에 해당한다. ③에는 이러한 주객전도의 표현이 사용되지 않았다.

오답 해설

① 화자가 빈 병을 쳐다보는 것을 '빈 병'이 '나'를 쳐다본다고 하였으므로 주객을 전도한 표현에 해당한다.
② 이별을 원망하는 화자의 정서를 '벽계'와 '제조'가 화자와의 이별을 원망한다고 하였으므로 주객을 전도한 표현에 해당한다.
④ 화자는 등불을 보고 노신의 삶을 떠올리고 있다. 이것을 '등불'이 '나'에게 노신의 삶을 속삭인다고 하였으므로 주객을 전도한 표현에 해당한다.

※ 정극인, 〈상춘곡〉

갈래	서정 가사, 양반 가사, 은일 가사, 정격 가사, 강호 한정가
성격	서정적, 묘사적, 자연 친화적, 예찬적
제재	봄의 아름다운 풍경
주제	봄 경치를 즐기는 강호가도(江湖歌道)와 안빈낙도(安貧樂道)
특징	- 대구법, 직유법, 의인법, 고사 인용 등 다양한 표현 방법 사용함 - 감정 이입을 통해 주제를 강조함 (새) - 공간의 이동에 따라 시상을 전개함 - 조선 시대 최초의 양반 가사 - 강호 한정가의 출발점이 되는 작품

73

〈보기〉는 다음 한시에 대한 감상이다. ㉠~㉣ 중 적절하지 않은 것은?

2020 국가직 9급

白犬前行黃犬隨　흰둥이가 앞서고 누렁이는 따라가는데
野田草際冢纍纍　들밭머리 풀섶에는 무덤이 늘어서 있네
老翁祭罷田間道　늙은이가 제사를 끝내고 밭 사이 길로 들어서자
日暮醉歸扶小兒　해 저물어 취해 돌아오는 길을 아이가 부축하네
　　　　　　　　　　　　　　　　　　　　- 이달, 「제총요(祭塚謠)」 -

보기

이달(李達, 1561~1618)이 살았던 시기를 고려할 때, 시인은 임진왜란을 겪었을 것이라 추정된다. ㉠ 이 시는 해질 무렵 두 사람이 제사를 지낸 뒤 집으로 돌아오는 상황을 노래하고 있다. ㉡ 이 시에서 무덤이 들밭머리에 늘어서 있다는 것은 전란을 겪은 마을에서 많은 이들이 갑작스러운 죽음을 맞이했음을 의미한다고 할 것이다. 여기 등장하는 늙은이와 아이는 할아버지와 손자의 관계로 파악할 수 있다. 아마도 이들은 아이의 부모이자 할아버지의 자식에 해당하는 이의 무덤에 다녀오는 길일 것이다. ㉢ 할아버지가 취한 까닭도 죽은 이에 대한 안타까움과 속상함 때문일 것이다. ㉣ 이 시는 전반부에서는 그림을 그리듯이 장면을 묘사하고 후반부에서는 정서를 표출하는 선경후정의 형식을 취하고 있다.

① ㉠　　② ㉡　　③ ㉢　　④ ㉣

정답 및 해설

④ 〈보기〉를 통해 이 시가 임진왜란과 관련이 있다는 것을 알 수 있다. 이 시는 한 늙은이가 어린아이와 더불어 밭머리의 무덤에 가서 제사를 지내고 돌아오는 장면을 그리고 있다. 노인과 어린아이가 어떤 사이인지 명시되어 있지는 않지만 할아버지와 손자의 관계로 추측할 수 있다. 무덤의 주인공은 노인의 아들, 즉 아이의 아버지일 것이다. 2행에서 무덤들이 풀섶에 늘어서 있다는 정황과 〈보기〉의 내용을 통해 이들은 전란으로 갑작스럽게 죽음을 맞이했음을 추측할 수 있다. 이 시는 한 폭의 그림을 그리듯 제사를 지내고 돌아오는 장면을 간결하게 묘사하고 있을 뿐, 화자의 정서를 표출하고 있는 것은 아니다.

74

다음 작품에 대한 감상으로 적절하지 않은 것은?

2020 국가직 7급

> (가) 슬프나 즐거오나 옳다 하나 외다 하나
>   내 몸의 해올 일만 닦고 닦을 뿐이언정
>   그 밧긔 여남은 일이야 분별(分別)할 줄 이시랴
> (나) 내 일 망녕된 줄 내라 하여 모랄손가
>   이 마음 어리기도 님 위한 탓이로세
>   아뫼 아무리 일러도 임이 혜여 보소서
> (다) 추성(秋城) 진호루(鎭胡樓) 밧긔 울어 예는 저 시내야
>   무음 호리라 주야(晝夜)에 흐르는다
>   님 향한 내 뜻을 조차 그칠 뉘를 모르나다
> (라) 뫼흔 길고 길고 물은 멀고 멀고
>   어버이 그린 뜻은 많고 많고 하고 하고
>   어디서 외기러기는 울고 울고 가느니
>
> — 윤선도, 견회요 에서 —

① (가)에서 슬프든 즐겁든 자신의 할 일만 닦을 뿐이라는 것으로 보아 화자의 강직한 태도를 엿볼 수 있군.
② (나)에서 자신의 잘못을 잘 안다고 한 것으로 보아 타인을 원망하기보다는 화자 스스로의 잘못을 더 뉘우치고 있군.
③ (다)에서 임을 향한 뜻을 밤낮 흐르는 시냇물에 비유한 것으로 보아 화자가 지닌 변함없는 연군의 심정을 느낄 수 있군.
④ (라)에서 어버이를 그리는 절절한 정이 표현되는 것으로 보아 화자의 인간적인 면모를 짐작할 수 있군.

정답 및 해설

② (나)를 현대어로 풀이해 보면 '내 일이 잘못된 줄 나라고 하여 모르겠는가 / 이 마음 어리석은 것도 모두 임(임금) 위하기 때문일세 / 아무개가 아무리 헐뜯더라도 임이 헤아려 살피소서'이다. 시대적 배경을 고려해 본다면, 여기서 말하는 '내 일'이란 이이첨의 횡포를 고발하는 상소를 올린 일을 의미한다. 화자는 이것이 모두 임금을 위한 것이었다며 자신의 억울한 심정을 하소연하고 결백을 주장하고 있는 것이다. 따라서 화자 스스로의 잘못을 더 뉘우치고 있다는 감상은 적절하지 않다.

오답 해설

① 화자가 말하는 자신의 할 일은 임금에 대한 충성이다. 어떠한 상황에서도 임금에게 충성하겠다는 화자의 모습에서 강직한 태도를 엿볼 수 있다.
③ 화자는 울면서 흐르는 시내에 자신의 감정을 이입하여 임금을 향한 변함없는 충성에 대한 의지를 드러내고 있다.
④ '뫼'와 '물'은 화자와 어버이 사이를 가로막는 장애물이다. 화자는 멀리 떨어져 있는 부모님에 대한 그리움을 울고 가는 외기러기에 이입하여 표현하고 있다. 이처럼 부모님을 그리워하는 모습을 통해 화자의 인간적인 면모를 짐작할 수 있다.

75

밑줄 친 단어가 가리키는 대상을 노래한 것은?

2020 지방직 7급

> 珠簾을 고텨 것고 玉階를 다시 쓸며
> 啓明星 돗도록 곳초 안자 브라보니
> 白蓮花 흔 가지를 뉘라셔 보내신고
> － 정철, 「관동별곡(關東別曲)」에서 －

① 구룸 빗치 조타 ᄒ나 검기를 ᄌ로 혼다
　바람 소리 묽다 ᄒ나 그칠 적이 하노매라
　조코도 그츨 뉘 업기는 믈뿐인가 ᄒ노라

② 고즌 므스 일로 퓌며셔 쉬이 디고
　플은 어이ᄒ야 프르는 듯 누르ᄂᆞ니
　아마도 변티 아닐손 바회뿐인가 ᄒ노라

③ 나모도 아닌 거시 플도 아닌 거시
　곳기는 뉘 시기며 속은 어이 뷔연ᄂᆞᆫ다
　뎌러코 四時예 프르니 그를 됴하ᄒ노라

④ 쟈근 거시 노피 떠셔 萬物을 다 비취니
　밤듕의 光明이 너만ᄒ니 또 잇ᄂᆞ냐
　보고도 말 아니 ᄒ니 내 벗인가 ᄒ노라

76

2020 지방직 7급

다음 글의 화자에 대한 설명으로 가장 적절한 것은?

> 열 두 째 김도 길샤 설흔 날 지리(支離)ᄒᆞ다. 옥창(玉窓)에 심근 매화(梅花) 몃 번이나 픠여진고. 겨울 밤 차고 찬 제 자최눈 섯거 치고, 여름날 길고 길 제 구즌 비는 므스 일고. 삼춘 화류(三春花柳) 호시절(好時節)의 경물(景物)이 시름업다. 가을 둘 방에 들고 실솔(蟋蟀)이 상(床)에 울 제, 긴 한숨 디는 눈물 속절 업시 헴만 만타. 아마도 모진 목숨 죽기도 어려울사. 도로혀 풀쳐 혜니 이리 ᄒᆞ여 어이 ᄒᆞ리. 청등(靑燈)을 돌라 노코 녹기금(綠綺琴) 빗기 안아, 벽련화(碧蓮花) 한 곡조를 시름 조ᄎᆞ 섯거 타니, 소상(瀟湘) 야우(夜雨)의 댓소리 섯도는 듯, 화표(華表) 천년(千年)의 별학(別鶴)이 우니는 듯, 옥수(玉手)의 타는 수단(手段) 녯 소래 잇다마는, 부용장(芙蓉帳) 적막(寂寞)ᄒᆞ니 뉘 귀에 들리소니. 간장(肝腸)이 구곡(九曲)되야 구븨구븨 쓴쳐서라. 출하리 잠을 드러 꿈의나 보려 ᄒᆞ니, 바람의 디는 닢과 풀 속에 우는 즘생, 므스 일 원수로서 잠조차 쌔오는다. 천상(天上)의 견우 직녀(牽牛織女) 은하수(銀河水) 막혀셔도, 칠월 칠석(七月七夕) 일년 일도(一年一度) 실기(失期)치 아니거든, 우리 님 가신 후는 무슨 약수(弱水) 가렷관듸, 오거나 가거나 소식(消息)조차 쓰쳣는고. 난간(欄干)의 비겨 셔서 님 가신 듸 바라보니, 초로(草露)는 맷쳐 잇고 모운(暮雲)이 디나갈 제, 죽림(竹林) 푸른 고듸 새 소리 더욱 설다. 세상의 서룬 사람 수업다 ᄒᆞ려니와, 박명(薄命)ᄒᆞᆫ 홍안(紅顔)이야 날 가트니 쏘 이실가. 아마도 이 님의 지위로 살동말동 ᄒᆞ여라.
>
> - 「규원가(閨怨歌)」에서 -

① 시간 변화를 통해 슬픔과 기쁨의 감정 변화를 나타내고 있다.
② 자신이 처한 상황과 그 심정을 자연물에 의탁해서 드러내고 있다.
③ 자신에게 가해지는 차별과 억압의 원인을 연인과의 이별에서 찾고 있다.
④ 운명에 순응하여 힘든 결혼 생활을 견뎌 온 것에 대해 자부심을 가지고 있다.

정답 및 해설

② 화자는 '실솔'에 감정을 이입하고 있다. 슬프고 애달픈 자신의 심정을 귀뚜라미에 이입하여, 귀뚜라미가 침상에서 울고 있다고 표현하였다.

오답 해설

① '겨울 밤', '여름날', '가을'에서 시간의 변화를 확인할 수 있다. 하지만 시간이 변화해도 화자의 감정에서는 기쁨이 드러나지 않는다. 화자는 임에 대한 그리움과 슬픔의 정서만을 가지고 있다. 따라서 시간 변화를 통해 슬픔과 기쁨의 감정 변화를 나타냈다는 설명은 적절하지 않다.
③ 당시 봉건적인 사회 속에서 여성이 남편을 기다려야 하는 상황을 차별과 억압이라고 할 수는 있다. 하지만 화자는 자신의 처지에 대해 한탄하고 있을 뿐, 자신에게 차별과 억압이 가해진다고 느끼고 있지는 않다. 임과 이별한 상황에서 이별의 슬픔과 그리움, 원망의 정서를 표현하고 있을 뿐이다.
④ 화자는 '세상의 서룬 사람 수업다 ᄒᆞ려니와, 박명(薄命)ᄒᆞᆫ 홍안(紅顔)이야 날 가트니 쏘 이실가.'라며 자신의 처지에 대해 안타까워하고 있다. 힘든 결혼 생활을 견뎌온 자신의 처지를 서럽다고 느끼고 있으므로 자부심을 가진다는 설명은 적절하지 않다.

※ 허난설헌, 규원가

갈래	규방(내방) 가사
성격	원망적, 체념적, 절망적, 고백적
제재	규방 부인의 한 많은 삶
주제	봉건 제도하에서 겪는 부녀자의 한
특징	- 다양한 대상에 화자의 심정을 이입함(실솔) - 고사와 한문을 많이 사용함 - 대구법, 은유법 등 다양한 표현법을 사용함 - 계절과 자연물을 통해 화자의 정서를 표현함 - 현전하는 최초의 여류가사, 규방(내방) 가사 - 가사의 작자층을 여성으로 확대시킨 작품

77

다음 작품에 대한 설명으로 적절한 것은?

2017 지방직 9급

> 생사(生死) 길은
> 예 있으매 머뭇거리고
> 나는 간다는 말도
> 못다 이르고 어찌 갑니까.
> 어느 가을 이른 바람에
> 이에 저에 떨어질 잎처럼
> 한 가지에 나고
> 가는 곳 모르온저.
> 아아, 미타찰(彌陀刹)에서 만날 나
> 도(道) 닦아 기다리겠노라.
>
> – 월명사, 『제망매가(祭亡妹歌)』 –

① 시적 대상과의 재회에 대한 소망을 담고 있다.
② 반어적 표현을 통해 화자의 정서를 부각하고 있다.
③ 세속의 인연에 미련을 두지 않은 구도자의 자세를 드러내고 있다.
④ 상황 인식 – 객관적 서경 묘사 – 종교적 기원의 3단 구성으로 되어 있다.

정답 및 해설

① 화자는 '미타찰'에서 누이와 다시 만날 것을 확신하고 있다. 불교에서 말하는 극락세계(미타찰)에서 다시 만날 수 있으므로 화자는 열심히 도를 닦으며 그날을 기다리겠다고 하는 것이다.

오답 해설

② 반어적 표현은 사용하지 않았다. '아아'라는 감탄사를 활용하여 화자의 정서를 부각하고 있다.
③ 구도자의 자세를 드러내고 있지만, 세속의 인연인 죽은 누이에 대한 절절한 슬픔을 드러내고 있으므로 세속의 인연에 미련을 두지 않았다고 볼 수 없다.
④ 1행~4행은 누이의 죽음에 대한 인식, 5행~8행은 객관적인 서경 묘사가 아니라 누이의 죽음에 대한 비유, 9~10행은 슬픔을 종교적인 믿음으로 극복하는 3단 구성으로 되어 있다.

78

㉠~㉣의 뜻풀이로 옳지 않은 것은?

2017 국가직 7급

> 뎨 가는 뎌 각시 본 듯도 흔뎌이고.
> 텬샹(天上) 빅옥경(白玉京)을 엇디ᄒᆞ야 니별(離別)ᄒᆞ고,
> 히 다 뎌믄 날의 눌을 보라 가시는고.
> 어와 네여이고 내 스셜 드러 보오.
> 내 얼굴 이 거동이 님 ㉠괴얌즉 ᄒᆞ가마는
> 엇딘디 날 보시고 네로다 녀기실ᄉᆡ
> 나도 님을 미더 ㉡군ᄠᅳ디 전혀 업서
> ㉢이ᄅᆡ야 교틱야 어즈러이 구돗썬디
> 반기시ᄂᆞᆫ ᄂᆞᆺ비치 녜와 엇디 다ᄅᆞ신고.
> …(중략)…
> 어와, 허ᄉᆞ(虛事)로다. 이 님이 어딘 간고.
> 결의 니러 안자 창(窓)을 열고 ᄇᆞ라보니
> 어엿븐 그림재 날 조출 ᄲᅮᆫ이로다.
> ᄎᆞᆯ하리 싀여디여 낙월(落月)이나 되야이셔
> 님 겨신 창(窓) 안히 ㉣번ᄃᆞ시 비최리라.
> 각시님 ᄃᆞᆯ이야ᄏᆞ니와 구준 비나 되쇼셔.
>
> – 정철, 『속미인곡』 –

① ㉠ : 사랑받음직   ② ㉡ : 다른 생각이
③ ㉢ : 아양이야   ④ ㉣ : 반드시

정답 및 해설

④ '번ᄃᆞ시'는 '환하게'라는 의미이다. 형태가 부사 '번듯이'와 비슷하여 오해하기 쉽지만 '번듯이'는 '큰 물체가 비뚤어지거나 기울어지거나 굽지 아니하고 바르게'라는 의미로 맥락과 어울리지 않는다.

오답 해설

① '괴다'는 윗사람이 아랫사람을 사랑하다는 의미이다. '총애(寵愛)'를 의미한다.
② '군일'은 하지 않아도 좋을 쓸데없는 일, '군말'은 쓸데없는 군더더기 말, '군살'은 군더더기 살을 뜻한다. 앞에 붙은 접두사 '군 –'은 '쓸데없이'라는 뜻을 더하는 접두사이다.
③ '이ᄅᆡ'는 귀여움을 받으려고 하는 짓인 아양이나 응석을 의미한다.

고전 시가

79
2014 국가직 9급

㉠~㉣에 대한 풀이로 가장 적절한 것은?

> ㉠天텬根근을 못내 보와 望망洋양亭뎡의 올은말이, 바다 밧근 하늘이니 하늘 밧근 므서신고. ㉡ᄀᆞᆺ득 노ᄒᆞᆫ 고래, 뉘라셔 놀래관ᄃᆡ, 블거니 씀거니 어즈러이 구는디고. ㉢銀은山산을 것거 내여 六뉵合합의 ᄂᆞ리ᄂᆞᆫ 듯, 五오月월 長댱天텬의 ㉣白ᄇᆡᆨ雪셜은 므ᄉ 일고.
>
> - 정철, 『관동별곡』 중에서 -

① ㉠ - 은하수
② ㉡ - 성난 파도
③ ㉢ - 태백산
④ ㉣ - 흰 갈매기

정답 및 해설
❷ 하늘 끝을 끝내 보지 못하여 망양정에 오르니 바다 밖은 하늘인데 하늘 밖은 무엇인가. 가뜩이나 화난 고래와 같은 파도를 누가 놀라게 하였길래, 물을 불거니 뿜거니 어지럽게 구는 것인가. 마치 흰 파도는 은으로 된 산을 꺾어 내어 온 세상에 흘러내리는 듯, 오월 하늘에 하얀 눈 같은 물보라는 무슨 일인가

② 'ᄀᆞᆺ득 노ᄒᆞᆫ 고래'는 거칠게 출렁이는 파도의 모습이 마치 화 난 고래와 같다고 표현한 것이다. 따라서 '성난 파도'로 해석하는 것은 적절하다.

오답 해설
① '天텬根근'은 하늘의 끝을 의미한다.
③ '銀은山산'은 흰 파도의 모습을 은으로 만든 산에 빗대어 표현한 것이다.
④ '白ᄇᆡᆨ雪셜'은 바다에서 흰 물보라가 날리는 모습을 흰 눈이 내리는 것에 빗대어 표현한 것이다.

80~81

※ 다음 작품을 읽고 물음에 답하시오.

德(덕)으란 곰ᄇᆡ예 받ᄌᆞᆸ고
福(복)으란 림ᄇᆡ예 받ᄌᆞᆸ고
德(덕)이여 福(복)이라 호ᄂᆞᆯ
㉠ 나ᅀᆞ라 오소이다
아으 動動(동동)다리

正月(정월)ㅅ 나릿므른
아으 어져 녹져 ᄒᆞ논ᄃᆡ
누릿 가온ᄃᆡ 나곤
㉡ 몸하 ᄒᆞ올로 녈셔
아으 動動(동동)다리

二月(이월)ㅅ 보로매
아으 ㉢ 노피 현
燈(등)ㅅ블 다호라
萬人(만인) 비취실 즈ᅀᅵ샷다
아으 動動(동동)다리

三月(삼월) 나며 開(개)흔
아으 滿春(만춘) ㉣ 돌욋고지여
ᄂᆞ미 브롤 즈ᅀᅳᆯ
디녀 나샷다
아으 動動(동동)다리

80
2018 경찰직 1차

밑줄 친 부분에 대한 설명으로 가장 적절하지 않은 것은?

① ㉠ : '나중에 오십시오.'라는 뜻이다.
② ㉡ : 시적 화자의 외로운 처지를 나타낸다.
③ ㉢ : 2월의 세시 풍속인 '연등제'와 관계된다.
④ ㉣ : 임의 수려한 외모를 비유적으로 형상화하였다.

정답 및 해설
① '나ᅀᆞ라 오소이다'는 '진상하러 오십시오, 드리러 오십시오'라는 의미이다. 고전 시가에서 현대어 풀이 문제는 발음을 유사하게 풀이하는 경우가 많다. '속미인곡' 기출 문제에서도 '환하게'라는 의미의 '번ᄃᆞ시'에 밑줄을 긋고 '번듯이' 라는 풀이를 선지로 제시하기도 하였다. 발음이 비슷한 단어로 풀이하여 출제하는 경우가 많으니 고전 시가는 단어 하나하나 꼼꼼하게 해석하며 학습하는 것이 좋다.

오답 해설
② 홀로 살아가고 있다는 화자의 말에서 외로움이 느껴진다. 봄이 되어 녹고 있는 냇물과 달리 화자의 마음을 녹여줄 임이 없는 상황이다.
③ '연등제'는 2월 보름에 불을 켜고 부처에게 복을 빌며 노는 놀이로 신라 시대부터 이어 오던 서민적인 축제이다. 화자는 연등제 행사에서 높이 켠 등불을 보며 임을 떠올리고 있다.
④ 화자는 활짝 핀 진달래꽃을 찬양하고 있어요. 여기서 진달래꽃은 임이 지닌 아름다운 외모를 의미한다.

81

2018 경찰직 1차

이 작품에 대한 설명으로 가장 적절하지 않은 것은?

① 임을 그리는 여인의 심정을 월령체 형식에 맞추어 노래한 고려 가요이다.
② 고려 시대부터 구전되어 내려오다가 조선 시대에 문자로 정착되어 『악장가사』에 전한다.
③ 후렴구를 사용하여 연을 구분하고 음악적 흥취를 고조시켰다.
④ 1연은 서사(序詞)로서 송축(頌祝)의 내용을 담고 있는데, 이는 민간의 노래가 궁중으로 유입되면서 덧붙여진 것으로 추측된다.

정답 및 해설

② 이 노래는 구전되어 오다가 조선시대 때 ≪악학궤범≫에 전해졌다. ≪악장가사≫는 주로 가사 위주로 수록했다는 특징이 있다. '정석가, 청산별곡, 서경별곡, 쌍화점, 가시리, 어부가' 등이 수록되어 있다. 반면 ≪악학궤범≫은 악전이나 음악, 정책 등을 위주로 수록하였다는데, '정과정, 동동, 정읍사, 처용가' 등이 수록되어 있다.

오답 해설

① 정월에서 12월까지 각 월의 특징과 함께 임에 대한 그리움과 사랑을 노래하고 있다. 1연에 서사의 내용이 덧붙어서 총 13연으로 구성되어 있는데, 고려 가요의 일반적인 특징인 분절체, 후렴구를 모두 갖추고 있다. 계절에 따른 고독감과 그리움을 진솔하게 표현한 노래다.
③ 후렴구를 사영하여 연을 구분하는 것은 고려가요의 대표적인 특징이다. '아으 동동 다리'라는 후렴구를 반복하여 시각적으로 연을 구분하고 운율을 살리는 효과를 주고 있다. 여기서 '동동'은 북소리를 상징한 의성어로 볼 수 있다.
④ '서사(序詞)'는 책의 첫머리에 그 책의 취지나 내용을 적은 글을 말한다. '동동'에서는 1월~12월의 내용이 시작되기에 앞서 덕과 복을 바란다는 송축의 내용을 1연에서 제시하고 있다. 화자는 1월~12월에 맞춰 임에 대한 사랑과 그리움을 담고 있는데, 1연은 그러한 내용과는 어울리지 않는다. 따라서 원래는 없었던 내용이지만 궁중으로 유입되면서 궁중악에 맞게 덧붙여진 것으로 볼 수 있다.

82

2017 지방직 9급

밑줄 친 시어에서 '외롭고 쓸쓸한 화자의 심정'을 나타내기 위해 동원된 객관적 상관물로서 화자 자신과 동일시되는 소재는?

> ㉠春雨暗西池 / 봄비 내리니 서쪽 못은 어둑한데
> 輕寒襲㉡羅幕 / 찬바람은 비단 장막으로 스며드네.
> 愁依小㉢屛風 / 시름에 겨워 작은 병풍에 기대니
> 墻頭㉣杏花落 / 담장 위에 살구꽃이 떨어지네.

① ㉠　　② ㉡　　③ ㉢　　④ ㉣

정답 및 해설

④ 허난설헌의 '봄비'라는 한시로, 화자는 병풍에 기대어 봄비에 떨어지는 살구꽃을 바라보고 있다. 살구꽃을 보며 외로움 심정을 표현하고 있다. 화자는 직접적으로 감정을 드러내지 않고 비가 내리는 모습, 꽃이 떨어지는 모습 등을 활용하여 외롭고 쓸쓸한 정서를 드러내고 있다.
④ 살구꽃은 봄날 잠깐 피었다가 지는 꽃으로, 잠깐의 아름다움을 상징한다. 화자는 봄비에 떨어지고 있는 살구꽃을 보면서 자신의 젊음과 아름다움도 지나가고 있음을 한탄하고 있다. '살구꽃'은 화자가 자신과 동일시하고 있는 소재로, 외롭고 쓸쓸한 화자의 정서를 표현하고 있다. 참고로 '봄비'는 화자의 쓸쓸한 정서를 부각하는 객관적 상관물이지만 화자와 동일시되고 있는 대상은 아니다.

83

2017 지방직 9급

다음 시조에 대한 설명으로 적절하지 않은 것은?

> 재 너머 성권농(成勸農) 집의 술 닉닷 말 어제 듯고
> 누은 쇼 발로 박차 언치 노하 지즐트고
> 아히야 네 권농 겨시냐 뎡좌슈(鄭座首) 왓다 ᄒᆞ여라

① 화자는 소박한 풍류를 즐기며 살고 있다.
② '박차'라는 표현에서 역동성과 생동감을 느낄 수 있다.
③ '언치 노하'는 엄격한 격식을 갖추려는 태도를 드러낸다.
④ '아히야'는 화자의 의사를 간접적으로 전달하는 존재이면서도, 대화체로 이끄는 영탄적 어구이다.

정답 및 해설

● 정철이 성혼의 집에 방문하는 모습을 표현한 시조이다. 술이 익었다는 소식에 신이 나서 친구를 찾아가는 모습을 해학적이고 생동감 있게 표현한 작품이다.

③ 화자는 소의 등에 깔개를 얹어서 눌러 타고 친구의 집으로 갔다. 엄격하게 격식을 차린다면 누은 소를 발로 박차는 행동을 하지 않고, 선비 걸음으로 천천히 걸어갔을 것이다. 하지만 화자는 빨리 친구의 집으로 가고 싶어 다급한 마음으로 소를 재촉하였다. 중장은 이러한 화자의 다급한 마음을 익살스럽게 표현하였고 격식을 갖추려는 태도는 드러나지 않는다.

오답 해설

① 친구 집에 있는 술이 익었다는 소식에, 기쁘고 다급한 마음으로 친구를 찾아가는 모습에서 소박한 풍류를 느낄 수 있다.
② 화자는 자고 있는 소를 발로 걷어차서 일으켜 세웠다. 억지로 소를 깨운 다음 바삐 타고 친구 성 권농의 집으로 가는 모습에서 역동감과 생동감이 느껴져요.
④ 화자는 아이에게 자신의 방문을 알리고 있다. 화자는 '아히'에게 말을 건네는 방식으로 시상을 전개하고 있다. "아히 야 네 권농 겨시냐 뎡좌슈(鄭座首) 왓다 여라."에서 독백적인 어조에서 벗어나 대화체로 전환하고 있다.

84

2017 국가직 9급(하반기)

㉠에 들어갈 시조로 적절한 것은?

> 우리말에서 공간적 개념은 흔히 시간적 개념으로 바뀌어 표현되곤 한다. 예컨대 공간 표현인 '뒤'가 시간 표현으로 '나중'을 의미하기도 한다. 한편 문학 작품에서 시간적 개념이 공간적 개념으로 바뀌어 표현되는 경우도 있다. 그 예로 다음 시조를 보자.
> ㉠

① 어져 내 일이야 그릴 줄을 모로ᄃᆞ냐
   이시랴 ᄒᆞ더면 가랴마ᄂᆞᆫ 제 구ᄐᆡ여
   보내고 그리ᄂᆞᆫ 情은 나도 몰라 ᄒᆞ노라
② 靑山은 내 ᄠᅳᆮ이오 綠水ᄂᆞᆫ 님의 情이
   綠水 흘러간들 靑山이야 變ᄒᆞᆯ손가
   綠水도 靑山을 못 니져 우러 예어 가ᄂᆞᆫ고
③ 冬至ㅅ둘 기나긴 밤을 한 허리를 버혀 내여
   春風 니불 아ᄅᆡ 서리서리 너헛다가
   어론 님 오신 날 밤이여든 구뷔구뷔 펴리라
④ 山은 녯 山이로되 물은 녯 물이 안이로다
   晝夜에 흘으니 녯 물이 이실쏜야
   人傑도 물과 ᄀᆞᆮᄋᆞ야 가고 안이 오노ᄆᆡ라

정답 및 해설

③ 동짓달의 기나긴 밤을 보관해 두었다가 임이 오는 밤에 꺼내어 펼치겠다는 기발한 착상이 드러나는 황진이의 시조이다. '밤'이라는 시간적 개념을 이불 아래 넣어 두었다가 다시 펼칠 수 있는 것처럼 공간적 개념으로 표현하고 있다. 시간이라는 관념적인 대상을 구체적인 대상으로 표현한 기법으로 이러한 표현은 '관념의 구체화, 관념의 시각화'라고도 한다.

오답 해설

① 황진이가 지은 시조로, 임을 보내고 그리워하고 후회하는 정서를 드러내고 있다. 시간을 공간화한 표현은 사용하지 않았다.
② 화자는 자신의 사랑을 '청산'에, 임의 마음을 '녹수'에 빗대고 있다. 변함없는 푸른 산과 머무르지 않는 물결을 통해, 변함없는 화자의 마음과 변덕스러운 임의 마음을 표현한 것이다. 녹수(임)가 흘러가도 변하지 않을 자신의 사랑을 표현한 황진이의 시조이다. 비유적 표현을 사용하였을 뿐, 시간을 공간적 개념으로 표현하지는 않았다.
④ 사람이 늙고 사라져 가는 것을 안타까워하는 황진이의 시조로 시간적 개념을 공간적 개념으로 표현한 부분은 없다.

85

2016 국가직 7급

'고공'이 조정의 신하를 비유한다고 볼 때, ㉠~㉣에 대한 이해로 적절하지 <u>않은</u> 것은?

> 집의 옷 밥을 두고 빌어먹는 저 고공(雇工)아
> 우리 집 기별을 아느냐 모르느냐
> 비 오는 날 일 없을 때 새끼 꼬면서 이르리라
> ㉠ 처음의 한어버이 살림살이 하려 할 때
> 인심(仁心)을 많이 쓰니 사람이 절로 모여
> 풀 베고 터를 닦아 큰 집을 지어 내고
> 써레 보습 쟁기 소로 전답(田畓)을 기경(起耕)하니
> 올벼논 텃밭이 ㉡ 여드레 갈이로다
> 자손(子孫)에 전계(傳繼)하여 대대(代代)로 내려오니
> 논밭도 좋거니와 고공도 근검터라
> 저희마다 농사지어 부유하게 살던 것을
> 요사이 고공들은 생각이 어이 아주 없어
> 밥 사발 크나 작으나 동옷이 좋고 궂으나
> 마음을 다투는 듯 ㉢ 호수(戶首)를 시기하는 듯
> 무슨 일 감겨들어 흘깃할깃 하는가
> 너희들 일 아니하고 시절(時節)조차 사나워
> 가뜩이나 내 세간이 줄어지게 되었는데
> 엊그제 ㉣ 화강도(火强盜)에 가산(家産)이 탕진하니
> 집 하나 불타 버리고 먹을 것이 전혀 없다
> 크나큰 세간을 어찌하여 일으키려느냐
> 김가 이가 고공들아 새 마음 먹으려무나
>
> – 허전, 『고공가(雇工歌)』 –

① ㉠ : 태조 이성계
② ㉡ : 조선 팔도
③ ㉢ : 임금
④ ㉣ : 왜적

86

2017 생활안전분야 국가직 7급

다음을 근거로 할 때, 평시조 종장의 율격에 맞지 않는 것은?

> 4음절로 된 음보(音步)를 '평음보(平音步)'라 하고 3음절 (또는 그 이하)로 된 것을 '소음보', 5음절 이상으로 된 것을 '과음보'라 하면, 평시조 종장의 율격은 '소음보+과음보+ 평음보+소음보'로 설명할 수 있다.

① 人間을 도라보니 머도록 더욱 됴타
② 千里에 외로온 쑴만 오락가락 ᄒ노매
③ 多情도 病인 냥ᄒ여 즘 못 드러 ᄒ노라
④ 님 向흔 一片丹心이야 가실 줄이 이시랴

87

다음 ㉠~㉣ 중 "先天下之憂而憂, 後天下之樂而樂"과 가장 밀접한 표현은?

> 松根을 볘여 누어 픗줌을 얼픗 드니, 꿈애 흔 사람이 날드려 닐온 말이, 그딕를 내 모르랴, ㉠ 上界예 眞仙이라. 黃庭經一字를 엇디 그릇 닐거 두고, 人間의 내려와셔 우리를 쭐오는다. 져근덧 가디 마오. 이 술 혼잔 머거 보오. ㉡ 北斗星 기우려 滄海水 부어 내여, 저 먹고 날 머겨늘 서너 잔 거후로니, 和風이 習習ᄒᆞ야 兩腋을 추혀 드니, 九萬里長空애 져기면 늘리로다. 이 술 가져다가 四海예 고로 ᄂᆞ화, ㉢ 億萬蒼生을 다 醉케 밍ᄀᆞᆫ 後의, 그제야 고려 맛나 또 흔잔 ᄒᆞ쟛고야. 말 디쟈 鶴을 ᄐᆞ고 九空의 올나가니, 空中玉簫소리 어제런가 그제런가. 나도 ᄌᆞᆷ을 끽여 바다홀 구버 보니, ㉣ 기픠를 모르거니 ᄀᆞ인들 엇디 알리. 明月이 千山萬落의 아니 비쵠 딕 업다.

① ㉠   ② ㉡   ③ ㉢   ④ ㉣

88

다음 시조에 대한 설명으로 옳지 않은 것은?

> 길위에 두 돌부처 벗고 굶고 마주 서서
> 바람비 눈서리를 맞도록 맞을망정
> 人間의 離別을 모르니 그를 불워 하노라.

① 돌부처에 대한 신앙을 풍자하고 있다.
② 작자가 전달하려는 메시지는 마지막 줄에 있다.
③ 무정의 존재에 빗대어 작자의 감정을 표현했다.
④ 한 줄은 모두 네 개의 호흡 단위(음보)로 끊어진다.

89

2012 국가직 7급

다음 작품에서 화자가 궁극적으로 추구하는 삶의 모습은?

> 새로 거른 막걸리 젖빛처럼 뿌옇고
> 큰 사발에 보리밥, 높기가 한 자로세.
> 밥 먹자 도리깨 잡고 마당에 나서니
> 검게 탄 두 어깨 햇볕 받아 번쩍이네.
> 응헤야 소리 내며 발맞추어 두드리니
> 삽시간에 보리 낟알 온 마당에 가득하네.
> 주고받는 노랫가락 점점 높아지는데
> 보이느니 지붕 위에 보리 티끌뿐이로다.
> 그 기색 살펴보니 즐겁기 짝이 없어
> 마음이 몸의 노예 되지 않았네.
> 낙원이 먼 곳에 있는 게 아닌데
> 무엇하러 벼슬길에 헤매고 있으리오.
>
> — 정약용, 『보리타작(打麥行)』 —

① 농촌에서 노동하는 삶
② 벼슬을 하는 지식인의 삶
③ 육체와 정신이 조화를 이룬 삶
④ 모두가 하나 되는 공동체적인 삶

정답 및 해설

③ '마음이 몸의 노예 되지 않았네.' 이 부분이 핵심이다. 화자는 즐겁게 노동하고 있는 농민들을 보면서 그들은 몸과 마음이 조화를 이룬 삶을 살고 있다고 생각한다. 그리고는 마음이 몸의 노예가 되어서 벼슬길을 헤매던 자신의 모습을 반성한다. 화자가 궁극적으로 추구하는 것은 몸과 마음을 통일하여 즐겁게 일하는 농민들처럼 육체와 정신이 조화를 이룬 삶을 사는 것이다.

오답 해설

① 화자는 농촌에서 노동하는 사람들을 바라보며 그들의 건강한 모습을 긍정하고 있다. 얼핏 보면 화자는 그들처럼 노동하며 사는 삶을 추구한다고 생각할 수 있지만, 문제에서는 '궁극적으로' 화자가 추구하는 삶을 고르라고 하였다. 화자가 긍정하는 것은 단순히 노동하는 모습이 아니라, 그 노동을 즐거운 마음으로 하는 것이다. 마음이 몸의 노예가 되지 않는 그들의 모습을 긍정하고 있는 것이다. 화자의 마음은 몸의 노예가 되어 벼슬길을 헤매며 시달렸기 때문이다.
② 화자는 벼슬을 하며 지냈던 시간을 반성하고 있다. '무엇하려고 벼슬길에 헤매고 있으리오?'라며 관직에 몸담은 자신의 삶을 반성했으므로 화자가 추구하는 삶과는 거리가 멀다.
④ 서로 노래를 주고받으면서 일한다는 것을 통해 농민들이 함께 보리타작을 하고 있음을 알 수 있다. 하지만 공동체의 중요성을 언급하지는 않았다.

90

2017 국가직 7급

다음 시조에 대한 설명으로 가장 적절한 것은?

> 머귀 잎 지고야 알겠도다 가을인 줄을
> 세우청강(細雨淸江) 서느럽다 밤 기운이야
> 천리에 님 이별하고 잠 못 들어 하노라

① 이별한 임에 대한 원망의 감정이 선명하게 나타나 있다.
② 반어법을 동원하여 가을의 정취를 잘 나타내고 있다.
③ 점강법을 활용하여 계절 감각을 섬세하게 드러내고 있다.
④ 이별한 임을 잊지 못하는 안타까운 심정이 잘 나타나 있다.

정답 및 해설

④ 종장에서 화자의 처지와 심정이 드러나 있다. 화자는 임과 이별하여 멀리 떨어져 있는 상황이고, 이로 인해 잠을 못 들며 괴로워하고 있다지. 임에 대한 그리움과 안타까움이 주된 정서이다.

오답 해설

① 이별한 임에 대한 그리움이 드러나고 있을 뿐, 원망의 감정은 드러나지 않는다.
② 오동 잎이 지는 것과 밤기운이 서늘하다는 것을 통해 '가을'이라는 계절적 배경을 알 수 있다. 하지만 반어법을 사용하지는 않았다.
③ 점강법은 점층법의 일종으로 크고 강한 것부터 작고 낮고 약한 것으로 표현하여 강조의 효과를 주는 방법이다. 이 시조에서 점강법은 드러나지 않는다. 오동 잎이 지는 것과 서늘한 밤기운을 통해 계절을 제시하고 있지만 의미를 좁히거나 넓혀가는 점층법은 사용하지 않았다.

91

2023 국가직 9급

다음 글을 감상한 내용으로 가장 적절한 것은?

> 어이 못 오던가 무슴 일로 못 오던가
> 너 오는 길 위에 무쇠로 성(城)을 쓰고 성안에 담 쓰고 담 안에란 집을 짓고 집 안에란 뒤주 노코 뒤주 안에 궤를 노코 궤 안에 너를 결박(結縛)ᄒ여 너코 쌍(雙)비목 외걸쇠에 용(龍)거북 ᄌᆞ믈쇠로 수기수기 ᄌᆞᆷ갓더냐 네 어이 그리 아니 오던가
> ᄒᆞᆫ 둘이 서른 날이여니 날 보라 올 하루 업스랴
> — 작자 미상, 「어이 못 오던가」 —

① 동일 구절을 반복하여 '너'에 대한 섭섭한 감정을 표출하고 있다.
② 날짜 수를 대조하여 헤어진 기간이 길다는 것을 강조하고 있다.
③ 동일한 어휘를 연쇄적으로 나열하여 감정의 기복을 표현하고 있다.
④ 단계적으로 공간을 축소하여 '너'를 만날 수 있다는 희망을 표현하고 있다.

정답 및 해설

① '못 오던가'를 반복하여 오지 않는 '너'에 대한 원망과 서운함을 표출하고 있다.

오답 해설

② '한 둘', '서른 날'에서 날짜 수를 제시한 것은 맞지만 날짜 수를 대조한 것은 아니다. 동일한 기간을 달과 날로 반복하여 헤어진 기간이 길다는 것을 강조하고 있는 것이다.
③ 연쇄법을 사용한 것은 맞지만 감정의 기복이 드러나지는 않는다. 감정의 변화는 없고, 오지 않는 임에 대한 원망만 드러난다.
④ 단계적으로 공간을 축소한 것은 맞지만 만날 수 있다는 희망은 드러나지 않는다.

92

2023 지방직 9급

(가)와 (나)를 이해한 내용으로 적절하지 않은 것은?

> (가) 청산(靑山)은 내 뜻이오 녹수(綠水)는 님의 정(情)이
> 녹수(綠水)ㅣ 흘너간들 청산(靑山)이야 변(變)ᄒᆞᆯ손가
> 녹수(綠水)도 청산(靑山)을 못 니저 우러 녜여 가는고.
>
> (나) 청산(靑山)는 엇뎨ᄒᆞ야 만고(萬古)애 프르르며
> 유수(流水)는 엇뎨ᄒᆞ야 주야(晝夜)애 긋디 아니는고
> 우리도 그치디 마라 만고상청(萬古常靑)호리라.

① (가)는 '청산'과 '녹수'의 대조를 활용하여 화자가 처한 상황을 제시하고 있다.
② (나)는 시각적 심상과 청각적 심상을 활용하여 주제를 강조하고 있다.
③ (가)와 (나) 모두 대구를 활용하여 시상을 전개하고 있다.
④ (가)와 (나) 모두 설의적 표현을 활용하여 화자의 정서를 드러내고 있다.

정답 및 해설

② (나)에서는 '청산', '푸르르며'에서 시각적 심상이 드러나지만 청각적 심상을 활용하지는 않았다. 화자는 오랜 세월 동안 푸른 청산을 통해 자연의 영원성을 나타내며 이를 본받아 꾸준히 학문 수양에 정진할 것을 강조하고 있다.

오답 해설

① 시냇물의 가변성과 청산의 불변성을 대조하고 있다. 화자는 임의 사랑이 흘러가는 시냇물처럼 변하는 상황에서도 임을 향한 화자의 사랑은 청산처럼 영원할 것임을 강조하고 있다.
③ (가)는 초장에서, (나)는 초장과 중장에서 대구를 활용하여 시상을 전개하고 있다.
④ (가)는 중장에서 설의법을 활용하여 변하지 않는 화자의 사랑을 강조하였다. (나)는 중장에서 설의법을 활용하여 유수의 영원성을 예찬하였다.

01

다음 시에 대한 이해로 적절하지 않은 것은?

2022 지방직 7급

> 나무는 자기 몸으로
> 나무이다
> 자기 온몸으로 나무는 나무가 된다
> 자기 온몸으로 헐벗고 零下 十三度
> 零下 二十度 地上에
> 온몸을 뿌리박고 대가리 쳐들고
> 무방비의 裸木으로 서서
> 두 손 올리고 벌 받는 자세로 서서
> 아 벌 받은 몸으로, 벌 받는 목숨으로 起立하여, 그러나
> 이게 아닌데 이게 아닌데
> 온 魂으로 애타면서 속으로 몸속으로 불타면서
> 버티면서 거부하면서 零下에서
> 零上으로 零上 五度 零上 十三度 地上으로
> 밀고 간다, 막 밀고 올라 간다
> 온몸이 으스러지도록
> 으스러지도록 부르터지면서
> 터지면서 자기의 뜨거운 혀로 싹을 내밀고
> 천천히, 서서히, 문득, 푸른 잎이 되고
> 푸르른 사월 하늘 들이받으면서
> 나무는 자기의 온몸으로 나무가 된다
> 아아, 마침내, 끝끝내
> 꽃 피는 나무는 자기 몸으로
> 꽃 피는 나무이다
>
> – 황지우, 「겨울 – 나무로부터 봄 – 나무에로」 –

① 시적 대상을 의인화하여 시상을 전개하고 있다.
② 감탄사를 활용하여 화자의 정서를 표현하고 있다.
③ 시간의 흐름에 따른 시적 대상의 변화 과정을 드러내고 있다.
④ 공감각적 심상을 활용하여 시적 대상이 처한 상황을 보여주고 있다.

정답 및 해설

④ 추운 겨울을 보내는 나무의 모습을 벌 받는 모습으로 생생하게 표현하였지만 공감각적 심상을 활용하지 않았다.

오답 해설

① '나무'의 모습을 의인화하였다. 겨울을 보내는 나무를 벌 받는 모습으로 표현하여 시상을 전개하고 있다.
② '아아', '아'와 같은 감탄사를 활용하여 의지적인 나무의 모습에 대한 감동을 부각하고 있다.
③ '겨울'에서 '봄'으로 시간의 흐름에 따라 시상을 전개하며, 변화된 나무의 모습을 표현하였다.

02

㉠~㉣에 대한 이해로 가장 적절한 것은?

2022 지방직 9급

> ㉠ 산(山)새도 오리나무
> 위에서 운다
> 산새는 왜 우노, 시메산골
> 영(嶺) 넘어가려고 그래서 울지
>
> 눈은 내리네, 와서 덮이네
> 오늘도 하룻길은
> ㉡ 칠팔십 리(七八十里)
> 돌아서서 육십 리는 가기도 했소
>
> ㉢ 불귀(不歸), 불귀, 다시 불귀
> 삼수갑산에 다시 불귀
> 사나이 속이라 잊으련만
> 십오 년 정분을 못 잊겠네
>
> 산에는 오는 눈, 들에는 녹는 눈
> 산새도 오리나무
> ㉣ 위에서 운다
> 삼수갑산 가는 길은 고개의 길
>
> — 김소월, 산 —

① ㉠은 시적 화자와 상반되는 처지에 놓여 있다.
② ㉡은 시적 화자에게 놓인 방랑길을 비유한다.
③ ㉢은 시적 화자의 이국 지향 의식을 강조한다.
④ ㉣은 시적 화자가 지닌 분노의 정서를 대변한다.

정답 및 해설

② '칠팔십 리' 길은 고통스러운 방랑의 길을 비유한 것으로, 2연은 화자가 방랑의 길에서 겪는 고난을 드러내고 있다.

오답 해설

① '산새'는 화자의 감정이 이입된 자연물이다. 화자는 '산새도'에서 보조사 '도'를 사용하여 대상과의 동질감을 드러내고 있다.
③ '불귀'는 돌아가지 못한다는 의미로, 화자는 돌아갈 수 없는 삼수갑산에 대한 그리움을 드러내고 있다. 이국 지향 의식과는 무관하다.
④ '위에서 운다'는 화자의 비애를 강조하는 표현으로, 삼수갑산에 돌아갈 수 없는 슬픔을 표현한 것이다. 분노의 정서는 드러나지 않는다.

03

다음 시에 대한 이해로 적절하지 않은 것은?

2022 국가직 9급

> 봄은
> 남해에서도 북녘에서도
> 오지 않는다.
>
> 너그럽고
> 빛나는
> 봄의 그 눈짓은,
> 제주에서 두만까지
> 우리가 디딘
> 아름다운 논밭에서 움튼다.
>
> 겨울은, 바다와 대륙 밖에서
> 그 매운 눈보라 몰고 왔지만
> 이제 올
> 너그러운 봄은, 삼천리 마을마다
> 우리들 가슴속에서
> 움트리라.
>
> 움터서,
> 강산을 덮은 그 미움의 쇠붙이들
> 눈 녹이듯 흐물흐물
> 녹여버리겠지.
>
> — 신동엽, '봄은'

① 현실을 초월한 순수 자연의 세계를 노래하고 있다.
② 희망과 신념을 드러내는 단정적 어조로 표현하고 있다.
③ 시어들의 상징적인 의미를 통해 주제를 형성하고 있다.
④ '봄'과 '겨울'의 이원적 대립으로 시상을 전개하고 있다.

정답 및 해설

① 이 시는 분단 현실을 극복하고자 하는 화자의 소망을 형상화하고 있는 현실 참여적인 성격의 작품이다. 따라서 현실을 초월하였다는 설명은 적절하지 않다.

오답 해설

② '오지 않는다', '움튼다', '움트리라'에서 단정적 어조로 화자의 확고한 믿음과 의지를 표현하고 있다.
③ '봄'은 통일을, '겨울'은 분단의 현실을 상징한다. '눈보라'는 분단의 고통을, '미움의 쇠붙이들'은 군사적 대립과 긴장을 상징한다.
④ '봄'과 '겨울'의 대립적이고 상징적인 이미지로 시상을 전개하고 있다.

04

다음 시에 대한 이해로 적절하지 않은 것은?

2021 지방직 7급

> 텔레비전을 끄자
> 풀벌레 소리
> 어둠과 함께 방 안 가득 들어온다
> 어둠 속에서 들으니 벌레 소리들 환하다
> 별빛이 묻어 더 낭랑하다
> 귀뚜라미나 여치 같은 큰 울음 사이에는
> 너무 작아 들리지 않는 소리도 있다
> 그 풀벌레들의 작은 귀를 생각한다
> 내 귀에는 들리지 않는 소리들이 드나드는
> 까맣고 좁은 통로들을 생각한다
> 그 통로의 끝에 두근거리며 매달린
> 여린 마음들을 생각한다
> 발뒤꿈치처럼 두꺼운 내 귀에 부딪쳤다가
> 되돌아간 소리들을 생각한다
> 브라운관이 뿜어낸 현란한 빛이
> 내 눈과 귀를 두껍게 채우는 동안
> 그 울음소리들은 수없이 나에게 왔다가
> 너무 단단한 벽에 놀라 되돌아갔을 것이다
> 하루살이들처럼 전등에 부딪쳤다가
> 바닥에 새카맣게 떨어졌을 것이다
> 크게 밤공기 들이쉬니
> 허파 속으로 그 소리들이 들어온다
> 허파도 별빛이 묻어 조금은 환해진다
>
> — 김기택, 풀벌레들의 작은 귀를 생각함 —

① 문명과 자연의 호혜적 관계가 나타나고 있다.
② 자연의 실재감이 공감각적 이미지를 통해 부각되고 있다.
③ 텔레비전을 끄기 전후의 상황이 대조적으로 드러나고 있다.
④ 문명의 이기에 가려졌던 자연에 관심을 가지려는 태도가 나타나고 있다.

05

2021 국가직 9급

다음 글의 특징으로 가장 적절한 것은

> 살아가노라면
> 가슴 아픈 일 한두 가지겠는가
>
> 깊은 곳에 뿌리를 감추고
> 흔들리지 않는 자기를 사는 나무처럼
> 그걸 사는 거다
>
> 봄, 여름, 가을, 긴 겨울을
> 높은 곳으로
> 보다 높은 곳으로, 쉬임 없이
> 한결같이
>
> 사노라면
> 가슴 상하는 일 한두 가지겠는가
>
> — 조병화, 나무의 철학 —

① 문답법을 통해 과거의 삶을 반추하고 있다.
② 반어적 표현을 활용하여 슬픔의 정서를 나타내고 있다.
③ 사물을 의인화하여 현실을 목가적으로 보여 주고 있다.
④ 설의적 표현을 활용하여 삶의 깨달음을 강조하고 있다.

정답 및 해설

④ '가슴 아픈 일 한두 가지겠는가', '가슴 상하는 일 한두 가지겠는가'와 같이 설의적 표현을 활용하여 나무처럼 흔들리지 않고 한결같이 살아가야 한다는 삶에 대한 깨달음을 강조하고 있다.

오답 해설

① '가슴 아픈 일 한두 가지겠는가', '가슴 상하는 일 한두 가지겠는가'는 설의적인 표현으로, 답을 필요로 하는 질문이 아니다. 또한 과거의 삶에 대해 반추하고 있지도 않다.
② 반어적 표현을 활용하지 않았고, 슬픔의 정서도 드러나지 않는다. 화자는 가슴 아픈 일이 많더라도 흔들리지 않고 살아갈 것을 강조하고 있다.
③ '나무'를 의인화하여 표현한 것은 맞지만, 현실을 목가적으로 보여 준 것은 아니다. '목가적'은 농촌처럼 소박하고 평화로우며 서정적인 것을 의미한다.

※ 조병화, 〈나무의 철학〉

갈래	서정시
제재	나무
주제	나무를 통한 삶에 대한 깨달음
특징	- 설의적 표현을 사용하여 삶의 깨달음을 강조함 - '나무'를 의인화하여 표현함

06

2016 기상직 9급

다음 작품을 절대주의적 관점으로 이해하지 않은 것은?

> 먼 후일 당신이 찾으시면
> 그때에 내 말이 "잊었노라."
>
> 당신이 속으로 나무라면
> "무척 그리다가 잊었노라."
>
> 그래도 당신이 나무라면
> "믿기지 않아서 잊었노라."
>
> 오늘도 어제도 아니 잊고
> 먼 후일 그때에 "잊었노라."
>
> — 김소월, 〈먼 후일〉

① 가정적 상황을 통해 화자의 정서를 드러내고 있다.
② 대상인 '당신'에 화자가 꿈꾸던 조국 광복을 투영하고 있다.
③ 반어적 진술을 활용하여 화자의 정서를 강조하고 있다.
④ 반복과 변조의 기법을 사용하여 시상을 전개하고 있다.

정답 및 해설

② 절대주의적 관점은 작품 자체에 주목하여 작품을 이해한다. 작품의 내적 구조를 분석함으로써 문학 작품의 올바른 이해에 도달할 수 있으며, 문학을 감상하는 데는 언어 표현의 방식과 작품의 내적 짜임새가 중요한 대상이 된다고 본다. 따라서 작품 이외의 사실에 대한 고려를 배제하고, 언어, 문체, 운율, 구성, 표현 기법, 미적 가치 등의 내부적 사실을 다룬다. ②는 '조국 광복'이라는 창작 당시의 시대적 소망을 반영하고 있으므로, 작품이 창작될 당시의 현실을 중심으로 작품을 감상하는 반영론적 관점에 해당한다.

오답 해설

① 시적 상황과 화자의 정서를 중심으로 감상한 것으로 절대주의적 관점에 해당한다.
③ 반어적 진술과 같은 작품의 표현 기법을 중심으로 감상한 것으로 절대주의적 관점에 해당한다.
④ 반복과 변조와 같은 표현 기법을 중심으로 감상한 것으로 절대주의적 관점에 해당한다.

※ 김소월, 〈먼 후일〉

갈래	자유시, 서정시
성격	애상적, 민요적
제재	이별
주제	떠나간 임을 잊을 수 없는 심정
특징	- 3음보의 규칙적인 율격 - 반어적 표현 사용 - 미래 시제를 가정하는 표현 (~하면, 먼 훗날) - 과거 시제 '잊었노라'의 반복과 변조

07

㉠과 같은 표현 방법에 해당하지 않는 것은?

2020 소방직

> 매운 계절(季節)의 채찍에 갈겨
> 마침내 북방(北方)으로 휩쓸려 오다.
>
> 하늘도 그만 지쳐 끝난 고원(高原)
> 서릿발 칼날진 그 위에 서다
>
> 어데다 무릎을 꿇어야 하나?
> 한 발 재겨 디딜 곳조차 없다.
>
> 이러매 눈 감아 생각해 볼밖에
> ㉠ 겨울은 강철로 된 무지갠가 보다.
>
> — 이육사, 〈절정〉

① 두 볼에 흐르는 빛이 / 정작으로 고와서 서러워라 — 조지훈, 〈승무〉

② 아아 님은 갔지만 나는 님을 보내지 아니하였습니다
— 한용운, 〈님의 침묵〉

③ 나는 아직 기다리고 있을 테요 찬란한 슬픔의 봄을
— 김영랑, 〈모란이 피기까지는〉

④ 나 보기가 역겨워 / 가실 때에는 / 죽어도 아니 눈물 흘리우리다
— 김소월, 〈진달래꽃〉

---

④ ㉠은 '겨울, 강철'과 같은 절망적인 이미지와 '무지개'라는 희망적인 이미지가 결합되어 비극적 삶에 대한 인식과 그에 대한 초월 의지를 드러내는 역설적 표현이다. 반면 ④의 '죽어도 아니 눈물 흘리우리다'는 눈물이 날 것이라는 이면적 의미를 숨기고 눈물을 흘리지 않겠다는 반대되는 말로 표현하고 있는 반어법에 해당한다.

오답 해설

① 역설법은 표면적으로는 이치에 맞지 않은 듯하나, 실은 그 속에 절실한 뜻이 담기도록 하는 수사법이다. 보통 서로 반대 개념을 가지거나, 한 문맥 안에서 같이 사용될 수 없는 말들을 결합시키는 모순어법을 통해 나타난다. '고와서 서러워라'는 모순된 진술을 통해 진실을 표현하는 역설법에 해당한다.

② '님은 갔지만 나는 님을 보내지 아니하였습니다'는 모순된 내용을 담고 있는 역설적 표현이다.

③ '찬란한 슬픔'은 서로 모순되는 내용을 담은 역설적 표현이다.

※ 이육사, 〈절정〉

갈래	자유시, 서정시
성격	상징적, 남성적, 지사적
제재	현실의 극한 상황
주제	극한 상황에서의 초월적 인식
특징	- 기승전결의 한시적 구성 방식을 취함. - 역설적 표현을 통해 주제를 효과적으로 형상화함. - 강렬한 상징어와 남성적 어조로 강인한 의지를 표출함. - 현재형 시제를 사용하여 긴박감을 더하고 대결 의식을 드러냄.

08

다음 글에서 밑줄 친 부분과 유사한 표현이 나타나 있는 문장은?

> 여승은 합장하고 절을 했다.
> 가지취의 내음새가 났다.
> 쓸쓸한 낯이 옛날같이 늙었다.
> 나는 불경(佛經)처럼 서러워졌다.
>
> 평안도의 어느 산 깊은 금점판
> 나는 파리한 여인에게서 옥수수를 샀다.
> 여인은 나어린 딸아이를 때리며 가을밤같이 차게 울었다.
>
> 섶벌같이 나아간 지아비 기다려 십 년이 갔다.
> 지아비는 돌아오지 않고
> 어린 딸은 도라지꽃이 좋아 돌무덤으로 갔다.
>
> <u>산꿩도 섧게 울은 슬픈 날이 있었다.</u>
> 산절의 마당귀에 여인의 머리오리가 눈물방울과 같이
> 떨어진 날이 있었다.
>
> — 백석, 〈여승〉

① 저 물도 내 마음 같아 울면서 밤길을 흘러가는구나.
② 아아 님은 갔지마는 나는 님을 보내지 아니하였습니다.
③ 고운 폐혈관이 찢어진 채로 아아, 늬는 산새처럼 날아갔구나!
④ 성북동 산에 번지가 새로 생기면서 본래 살던 성북동 비둘기만이 번지가 없어졌다.

정답 및 해설

① 밑줄 친 부분은 여인의 비극적인 삶에 대한 화자의 슬픔을 표현한 것으로, 감정이 이입된 표현이다. 화자가 느끼는 슬픔의 감정을 산꿩이라는 대상에 이입해 산꿩이 섧게 울었다고 표현한 것이다. ①에서도 울고 있는 것은 화자인데 강물이 울면서 밤길을 흘러간다며 자신의 감정을 강물에 이입하여 표현하였다.

오답 해설

② '님은 갔지만 나는 님을 보내지 아니하였습니다'는 모순된 내용을 담고 있는 역설적 표현에 해당한다.
③ 죽은 아이를 산새에 빗대어 표현한 직유법이 사용되었다.
④ 새로 생긴 '번지'는 인간의 문명을 의미한다. 직접 그 대상의 명칭을 쓰지 않고 그 일부나 특징으로써 전체를 나타내는 대유법에 해당하는 표현이다.

※ 백석, 〈여승〉

갈래	자유시, 서정시
성격	서사적, 애상적, 감각적
제재	여인의 일생
주제	한 여인의 비극적인 삶을 통해 본 우리 민족의 수난
특징	- 화자를 관찰자로 설정하여 회상적인 어조로 표현함 - 역순행적 구성으로 여인의 삶을 제시함 - 시상의 압축과 절제, 적절한 비유를 통해 비극적인 여인의 삶을 형상화 함

09

2020 국회직 8급

다음 시의 밑줄 친 ㉠~㉤에 대한 설명으로 옳은 것은?

> 나는 일손을 멈추고 잠시 무엇을 생각하게 된다
> — 살아있는 보람이란 이것뿐이라고
> — 하루살이의 ㉠ 광무여
>
> 하루살이는 지금 나의 일을 방해한다
> — 나는 확실히 하루살이에게 졌다고 생각한다 —
> 하루살이의 유희여
>
> 너의 모습과 너의 몸짓은
> 어쩌면 이렇게 자연스러우냐
> 소리없이 기고 소리없이 날으다가
> 되돌아오고 되돌아가는 무수한 하루살이
> — 그러나 나의 머리 위의 ㉡ 천장에서는 너의 소리가 들린다 —
> ㉢ 하루살이의 반복이여
>
> 불 옆으로 모여드는 하루살이여
> ㉣ 벽을 사랑하는 하루살이여
> 감정을 잊어버린 시인에게로
> 모여드는 모여드는 하루살이여
> — 나의 시각을 쉬이게 하라
> — 하루살이의 ㉤ 황홀이여
>
> — 김수영, 〈하루살이〉

① ㉠: 화자를 성찰하게 하는 춤
② ㉡: 화자가 추구하는 긍정적 공간
③ ㉢: 화자가 처한 부정적 현실
④ ㉣: 비애와 애환의 공간
⑤ ㉤: 구체적인 화자의 내면

정답 및 해설

① 화자는 하루살이의 움직임을 '광무'라고 표현하였다. 삶의 열정을 잊고 사는 무기력한 화자는 하루밖에 못 사는 존재인 하루살이가 열정적으로 춤을 추고 있다는 의미에서 '광무'라고 표현한 것이다. 화자는 하루살이의 비행(광무)을 보면서 자신의 삶을 성찰하고 있으므로 적절한 설명이다.

오답 해설

② '천장'은 화자가 하루살이의 존재에 대해 인식하게 하는 공간으로, 화자가 추구하는 긍정적인 공간과는 관련이 없다.
③ 하루살이의 열정적인 움직임은 무기력하게 일상적인 삶을 살아가는 화자에게 동경의 대상이 된다. 화자가 처한 부정적인 현실과는 관련이 없다.
④ '벽'을 사랑한다는 것은 기존의 틀에 도전하는 열정적인 삶의 태도를 의미한다.
⑤ '황홀'은 화자의 내면이 아니라 열정적인 삶을 사는 하루살이의 삶에 대한 감탄에 해당한다. 화자의 내면은 하루살이와 같은 '열정적 삶에 대한 동경'이라고 볼 수 있다.

※ 김수영, 〈하루살이〉

갈래	자유시, 주지시
성격	반성적, 관념적, 예찬적, 주지적, 관념적
제재	하루살이의 비행
주제	열정적 삶을 사는 하루살이에 대한 예찬과 동경
특징	- 하루살이의 모습과 '나'의 태도를 대비함. - 대상을 통해 자신의 무기력함을 되돌아보는 반성적 어조 - 줄표(——)를 활용하여 화자의 내면 의식을 표현함. - 유사한 통사 구조의 반복으로 구조적 안정감을 확보함.

10

밑줄 친 ㉠~㉤에 대한 설명으로 옳지 않은 것은?

2019 국회직 8급

지상(地上)에는
아홉 켤레의 신발.
아니 현관에는 아니 들깐에는
아니 어느 ㉠시인의 가정에는
알 전등이 켜질 무렵을
문수(文數)가 다른 아홉 켤레의 신발을.

내 ㉡신발은
십구 문 반(十九文半).
눈과 얼음의 길을 걸어,
그들 옆에 벗으면
육 문 삼(六文三)의 코가 납작한
귀염둥아 귀염둥아
우리 막내둥아

미소하는
내 얼굴을 보아라
얼음과 눈으로 벽(壁)을 짜올린
여기는
지상.
㉢연민한 삶의 길이여.
내 신발은 십구 문 반(十九文半).

아랫목에 모인
아홉 마리의 강아지야
㉣강아지 같은 것들아.
굴욕과 굶주림과 추운 길을 걸어
㉤내가 왔다.
아버지가 왔다.
아니 십구 문 반(十九文半)의 신발이 왔다.
아니 지상에는
아버지라는 어설픈 것이
존재한다.
미소하는
내 얼굴을 보아라.

① ㉠: 시적 화자가 냉정한 현실 속에서 지켜야 할 소중한 공간을 의미한다.
② ㉡: 가장 밑바닥에서 고단한 삶을 함께 하는 동반자로서의 의미가 있다.
③ ㉢: 사랑하는 가족을 만날 수 없는 나약한 아버지의 슬픔이 짙게 배어 있다.
④ ㉣: 보살펴 주어야 할 사랑스럽고 귀여운 자식들을 나타낸다.
⑤ ㉤: 반복을 통해 아버지의 가족에 대한 짙은 애정과 책임감이 부각되고 있다.

[정답 및 해설]

③ '연민한 삶의 길'은 화자 스스로에 대한 연민을 표현한 것이다. 가장으로서 책임감을 가진 자신의 삶에 대해 가련하게 생각하고 있음을 드러내는 표현인 것이다. 화자는 고달픈 하루를 마치고 집에 돌아와 가족을 만나고 있으므로, 사랑하는 가족을 만날 수 없는 상황이라는 설명은 부적절하다.

[오답 해설]

① '시인의 가정'은 사랑하는 가족이 있는 곳으로, 화자는 고된 현실 속에서도 가장으로서 책임을 다하고자 한다. 따라서 냉정한 현실 속에서 지켜야 할 소중한 공간이라는 설명은 적절하다.
② 신발은 화자의 가장 밑바닥에서 화자의 삶을 함께하고 있다. '눈과 얼음의 길'을 걷는 화자의 고단한 삶을 함께하는 존재이므로 동반자로 볼 수 있다.
④ '왔다'를 반복하여 가족을 사랑하는 마음과 고달픈 현실을 극복하고자 하는 화자의 의지를 부각하고 있다.

※ 박목월, 〈가정〉

갈래	자유시, 서정시
성격	독백적, 상징적
제재	십구문 반의 신발
주제	가장으로서의 고달픈 삶과 가족에 대한 애정
특징	- 다양한 비유와 상징을 통해 주제를 전달함 - 고달픈 삶을 '십구 문 반'의 '신발'을 통해 상징적으로 표현함 - 어려움을 극복하고자 하는 화자의 의지를 노래함

11

2017 국회직 8급

다음 작품에서 밑줄 친 ㉠과 ㉡의 문맥적 의미에 대한 이해로 가장 적절한 것은?

> 집을 치면, 정화수(精華水) 잔잔한 위에 아침마다 새로 생기는 ㉠물방울의 선선한 우물집이었을레. 또한 윤이 나는 마루의, 그 끝에 평상(平床)의, 갈앉은 뜨락의, 물냄새 창창 한 그런 집이었을레. 서방님은 바람 같단들 어느 때고 바람은 어려올 따름. 그 옆에 순순(順順)한 스러지는 ㉡물방울의 찬란한 춘향이 마음이 아니었을레. 하루에 몇 번쯤 푸른 산 언덕들을 눈아래 보았을까나. 그러면 그때마다 일렁여 오는 푸른 그리움에 어울려, 흐느껴 물살 짓는 어깨가 얼마쯤 하였을까나. 진실로, 우리가 받들 산신령은 그 어디에 있을까마는 산과 언덕들의 만리(萬里)같은 물살을 굽어보는, 춘향은 바람에 어울린 수정(水晶)빛 임자가 아니었을까나.

	㉠	㉡
①	가냘픈 심사	아름답게 빛나는 추억
②	순간의 행복	부서지기 쉬운 내면의 감정
③	순수한 사랑	슬픔과 눈물이 담긴 그리움
④	간절한 소망	자신의 희생이 가져온 결과
⑤	덧없는 희망	잠시의 설렘이 가져온 환희

정답 및 해설

③ ㉠의 '물방울'은 맑고 순수한 이미지의 시어로 춘향의 순수한 사랑을 의미한다. ㉡의 '물방울'은 바람처럼 자유로운 존재인 몽룡에 대한 그리움의 눈물을 표현한 것이므로 춘향의 슬픔과 그리움을 의미한다.

※ 박재삼, 〈수정가〉

갈래	자유시, 서정시, 산문시
성격	전통적, 산문적, 낭만적, 애상적, 서정적
제재	춘향이 마음
주제	임에 대한 춘향의 순수한 마음과 그리움
특징	- 예스러운 어투를 사용하여 단아하고 고전적인 느낌을 줌 - 맑고 순수한 이미지의 시어를 통해 춘향의 마음을 표현함 - 산문시이지만 종결 어미의 반복으로 운율감을 형성함

12

2018 국회직 9급

다음 시를 읽고 화자의 심정/상황(이를 통해 드러나는 시인의 의도까지)을 가장 잘 이해하고 있는 사람은?

> 가을에는
> 기도하게 하소서……
> 낙엽들이 지는 때를 기다려 내게 주신
> 겸허한 모국어(母國語)로 나를 채우소서.
>
> 가을에는
> 사랑하게 하소서……
> 오직 한 사람을 택하게 하소서.
> 가장 아름다운 열매를 위하여 이 비옥(肥沃)한
> 시간을 가꾸게 하소서.
>
> 가을에는
> 호올로 있게 하소서……
> 나의 영혼,
> 굽이치는 바다와
> 백합(百合)의 골짜기를 지나
> 마른 나뭇가지 위에 다다른 까마귀같이.
>
> – 김현승, 〈가을의 기도〉

① 1연을 보면 겸허한 모국어로 나를 채워달라고 하잖아? 이걸 보면 이 시의 화자는 한국어 능력이 부족한가 봐.

② 2연에서 가을에는 꼭 사랑하게 해 달라고 한 것을 보니 이성 간의 사랑에 목마른 사람인가 봐.

③ 3연에서는 자유로운 영혼을 소유하고픈 시인의 소망을 드러내고 있어.

④ 이 시에는 시간적·공간적 배경의 변화가 잘 나타나고 있다고 생각해.

⑤ 전체적으로 볼 때 이 시의 화자는 고독에서 벗어나고자 노력하는 갈망을 잘 드러내고 있다고 생각해.

정답 및 해설

③ 화자는 절대 고독을 추구하는 '까마귀'처럼 삶의 궁극적 경지인 무욕에 도달하고자 한다. 모든 욕망을 떨쳐 버리고 자유로운 영혼을 소망하고자 하는 것이므로 적절한 이해이다.

오답 해설

① '겸허한 모국어'는 신에게 바치는 진실하고 근원적인 영혼의 소리인 '기도'를 의미한다. 1연은 조락의 계절인 가을에 내적 성숙을 위한 기도를 하겠다는 의미이다.

② '가장 아름다운 열매'는 사랑의 결실, 삶의 깨달음을 의미한다. 이성 간의 사랑을 원하는 것이 아니라, '삶의 깨달음'이라는 아름다운 열매를 맺기 위해 신을 사랑하겠다는 의미이다.

④ '가을'이라는 시간적 배경은 나타나지만 시간적 배경의 변화는 드러나지 않는다. 공간적 배경의 변화 역시 나타나지 않는다.

⑤ 화자는 고독에서 벗어나고자 하는 것이 아니라 절대 고독을 추구하고 있으므로 적절하지 않다.

※ 김현승, 〈가을의 기도〉

갈래	자유시, 서정시, 종교시
성격	종교적, 명상적, 상징적, 기구적
제재	가을
주제	진실된 삶을 위한 절대 고독의 추구
특징	– 기도 형식으로 엄숙하고 경건한 분위기를 만듦. – 점층적 구조를 보이며 시상이 3연을 향해 집중되어 있음.

13

시적 화자의 심경이 〈보기〉와 가장 먼 것은?

2016 국회직 8급

> 옮겨다 심은 종려나무 밑에 / 비뚜루 선 장명등,
> 카페 프란스에 가자.
>
> 이놈은 루바쉬카 / 또 한 놈은 보헤미안 넥타이
> 삐쩍 마른 놈이 앞장을 섰다.
>
> 밤비는 뱀눈처럼 가는데 / 페이브멘트에 흐느끼는 불빛
> 카페 프란스에 가자.
>
> 이놈의 머리는 비뚤은 능금 / 또 한놈의 심장은 버레 먹은 장미
> 제비처럼 젖은 놈이 뛰어간다.
>
> '오오 패롯 서방! 굳 이브닝!'
>
> '굳 이브닝!'(이 친구 어떠하시오?)
>
> 울금향 아가씨는 이 밤에도
> 경사 커튼 — 밑에서 조시는구려!
>
> 나는 자작의 아들도 아무것도 아니란다.
> 남달리 손이 희어서 슬프구나!
>
> 나는 나라도 집도 없단다.
> 대리석 테이블에 닿는 내 뺨에 슬프구나!
>
> 오오, 이국종 강아지야 / 내 발을 빨아다오.
> 내 발을 빨아다오.
>
> — 정지용, 〈카페 프란스〉

① 五百年 都邑地를 匹馬로 돌아드니
山川은 依舊하되 人傑은 간데 없다
어즈버 太平煙月이 꿈이런가 하노라.

② 興亡이 有數하니 滿月臺도 秋草로다
五百年 王業이 牧笛에 부쳤으니
夕陽에 지나가는 客이 눈물겨워 하노라.

③ 이 몸이 죽어가서 무엇이 될꼬 하니
蓬萊山 第一峯에 落落長松 되야 이셔
白雪이 滿乾坤할 제 獨也靑靑 하리라.

④ 千萬里 머나먼 길에 고운 님 여의옵고
내 마음 둘 데 없어 냇가에 앉았으니
저 물도 내 안 같아서 울며 밤길 예놋다.

⑤ 仙人橋 나린 물이 紫霞洞에 흐르르니
半千年 王業이 물소리뿐이로다.
아희야 故國興亡을 무러 무엇하리오.

정답 및 해설

③ 〈보기〉의 시적 화자는 이국에서 이방인으로서 느끼는 외로움과 슬픔을 노래하고 있다. "나는 나라도 집도 없단다. / 대리석 테이블에 닿는 내 뺨에 슬프구나!"를 통해 돌아갈 조국이 없는 망국의 비애가 드러난다. ③은 성삼문의 시조로, 단종에 대한 지조를 지키겠다는 굳은 다짐을 노래하고 있다. 망국의 비애나 슬픔의 정서는 드러나지 않는다.

오답 해설

① 길재의 시조로 고려 멸망의 한과 회고의 정을 표현한 작품이다. 망국의 비애를 느끼고 있는 〈보기〉와 유사한 정서를 가지고 있다.
② 원천석의 시조로 고려의 멸망과 역사의 허무함을 표현한 작품이다.
④ 왕방연의 시조로 단종과 이별한 애절한 마음을 표현한 작품이다. 망국의 정서는 직접적으로 제시되지 않았으나 슬픔의 정서가 바탕이 되고 있으므로 〈보기〉와 유사한 정서가 드러난다고 볼 수 있다.
⑤ 정도전의 시조로 고려 왕업의 무상함을 노래하고 있는 작품이다.

14~16

※ 다음 작품을 읽고 물음에 답하시오.

(가) 바람도 없는 공중에 수직(垂直)의 파문을 내며 고요히 떨어지는 오동잎은 누구의 발자취입니까?

　지리한 장마 끝에 서풍에 몰려가는 무서운 검은 구름의 터진 틈으로, 언뜻언뜻 보는 푸른 하늘은 누구의 얼굴입니까?

　꽃도 없는 깊은 나무에 푸른 이끼를 거쳐서, 옛탑(塔) 위의 고요한 하늘을 스치는 알 수 없는 향기는 누구의 입김입니까? ┐ ㉠

　ⓐ 근원은 알지도 못할 곳에서 나서 돌부리를 울리고, 가늘게 흐르는 작은 시내는 굽이굽이 누구의 노래입니까?

　연꽃 같은 발꿈치로 가이 없는 바다를 밟고, 옥 같은 손으로 끝없는 하늘을 만지면서 떨어지는 해를 곱게 단장하는 저녁놀은 누구의 시입니까?

　타고 남은 재가 다시 기름이 됩니다. 그칠 줄을 모르고 타는 나의 가슴은 누구의 밤을 지키는 약한 등불입니까? ┐ ㉡

— 한용운, 〈알 수 없어요〉

(나) 설악산 대청봉에 올라
발아래 구부리고 엎드린 작고 큰 산들이며
떨어져 나갈까 봐 잔뜩 겁을 집어먹고
언덕과 골짜기에 바짝 달라붙은 마을들이며
다만 무릎께까지라도 다가오고 싶어
안달이 나서 몸살을 하는 바다를 내려다보니
온통 세상이 다 보이는 것 같고
또 세상살이 속속들이 다 알 것도 같다.
그러다 속초에 내려와 하룻밤을 묵으며
중앙 시장 바닥에서 다 늙은 함경도 아주머니들과
노령 노래 안주 해서 소주도 마시고
피난민 신세타령도 듣고
다음 날엔 원통으로 와서 뒷골목엘 들어가 ┐
지린내 땀내도 맡고 악다구니도 듣고
싸구려 하숙에서 마늘 장수와 실랑이도 하고 │ ㉢
젊은 군인 부부 사랑싸움질 소리에 잠도 설치고 보니
세상은 아무래도 산 위에서 보는 것과 같지만은 않다 ┘
지금 우리는 혹시 세상을
너무 멀리서만 보고 있는 것은 아닐까 아니면 ┐ ㉣
너무 가까이서만 보고 있는 것은 아닐까

— 신경림, 〈장자(莊子)를 빌려 - 원통에서〉

14
2020 법원직 9급

(가)와 (나)에 대한 설명으로 가장 옳지 않은 것은?

① (가)에는 대상에 대한 화자의 예찬적 태도가 잘 드러나 있다.
② (가)에는 종교적인 색채와 명상적이고 관념적인 분위기가 드러나 있다.
③ (나)에는 화자가 구체적 경험을 통해 얻은, 삶에 대한 깨달음이 담겨 있다.
④ (가)와 달리, (나)는 구도(求道)적인 자세를 통해 사물이 지닌 의미를 새롭게 발견해 내고 있다.

정답 및 해설

④ '구도(求道)적인 자세'는 진리나 종교적인 깨달음의 경지를 구하는 자세를 의미한다. 구도적인 자세를 통해 사물이 지닌 의미를 발견하는 작품은 (가)이다. (나)에는 구도적인 자세가 드러나지 않는다.

오답 해설

① (가)는 경어체 사용과 동일한 통사 구조를 반복하여 '임'을 예찬하고 있다.
② '타고 남은 재가 다시 기름이 됩니다.'는 불교의 윤회설을 바탕으로 한 것으로, 소멸의 이미지를 생성의 이미지로 연결한 역설적인 표현이다. (가)에는 이처럼 불교적인 색채와 관념적인 분위기가 드러나 있다.
③ (나)의 화자는 설악산 대청봉에 올랐던 경험과 속초에 내려와 묵었던 경험을 통해 단순하기도 하고 복잡하기도 한 삶에 대한 깨달음을 얻었다.

15

2020 법원직 9급

(가)의 ⓐ를 다음 〈조건〉에 맞춰 새롭게 바꾸려 할 때 가장 옳은 것은?

- 처음과 동일한 감각적 이미지로 표현한다.
- 어조나 표현 기법을 그대로 유지한다.

① 깊은 계곡에서 아름다운 이슬을 머금고 있는 이름 없는 풀꽃들은 누구의 미소입니까.
② 강렬한 여름 햇살 아래 넓디넓은 가지를 드리운 느티나무의 한없는 품은 누구의 사랑입니까.
③ 넓고 푸른 하늘을 자유롭게 떠다니며 시시각각 오묘한 표정을 짓는 저 흰 구름은 누구의 그림입니까.
④ 하늘에 닿을 듯이 우뚝 솟은 보리수에서 바람이 스쳐 지나갈 때마다 들려오는 저 신비로운 소리는 누구의 숨결입니까.

정답 및 해설

④ ⓐ는 시각적 이미지와 청각적 이미지를 사용하였다. '하늘에 닿을 듯이 우뚝 솟은 보리수'에서 시각적 이미지가 드러나고, '신비로운 소리'에서 청각적 이미지가 드러난다. ⓐ와 같이 경어체의 어조를 사용하였고, 의문형 문장과 은유법을 그대로 사용하였다. 다른 선지들은 청각적 이미지로 표현한 부분이 없으므로 적절하지 않다.

16

2020 법원직 9급

㉠~㉣에 대한 설명으로 가장 옳지 않은 것은?

① ㉠: 다양한 자연의 현상을 통해 임의 존재를 형상화함으로써 임에 대한 화자의 외경심과 신비감을 드러내고 있다.
② ㉡: 임이 부재하는 암담한 시대 현실을 지키기 위한 자신 희생의 정신과 진리를 얻기 위한 구도의 정신을 상징적으로 드러내고 있다.
③ ㉢: 산 아래에서의 부정적인 경험을 구체적으로 제시함으로써 탈속적인 공간에 대한 동경을 그려 내고 있다.
④ ㉣: 우리들의 삶이 그 본질을 쉽게 알 수 있을 것 같으면서도 결코 그렇지 않다는 화자의 인식을 드러내고 있다.

정답 및 해설

③ ㉢에서 화자는 세상이 멀리서 보았던 것과 다르다는 것을 알게 되고, 이를 통해 세상을 바라보는 새로운 관점을 깨닫게 되었다. 화자에게 깨달음을 주었으므로 산 아래에서의 경험을 부정적인 것이라고 볼 수 없고, 탈속적인 공간에 대한 동경도 드러나지 않는다.

오답 해설

① 화자는 자연 현상을 통해 드러나는 절대적 존재를 형상화하여 신비감을 드러내고 있다.
② '밤'은 임이 부재하는 상황을 의미한다. 화자는 '밤'을 몰아내려는 자신의 의지를 '약한 등불'로 표현하여 끝없는 구도의 정신을 드러내고 있다.
④ 화자는 한쪽에서만 보면 다른 쪽을 보지 못할 수 있다는 것을 깨닫고, 삶은 단순하기도 하고 복잡하기도 하다고 인식하고 있다.

※ 한용운, 〈알 수 없어요〉

갈래	자유시, 서정시, 산문시
성격	명상적, 관조적, 관념적, 구도적, 역설적
제재	자연 현상
주제	절대적 존재에 대한 동경과 영원히 그를 지키겠다는 의지
특징	- 경어체 사용과 의문형의 어구를 반복하여 표현함 - 자연 현상을 통한 깨달음을 형상화함 - 동일한 통사 구조를 반복하여 음악성과 함께 형태적 안정성을 부여하고 있음

17

2016 국회직 8급

이 시에 대한 설명으로 가장 적절하지 않은 것은?

> 1947년 봄
> 심야
> 황해도 해주의 바다
> 이남과 이북의 경계선 용당포
>
> 사공은 조심조심 노를 저어가고 있었다.
> 울음을 터뜨린 한 영아(嬰兒)를 삼킨 곳.
> 스무 몇 해나 지나서도 누구나 그 수심(水深)을 모른다.
>
> – 김종삼, 〈민간인〉

① 남북 분단으로 인한 민족적 비극을 다루고 있다.
② 의도적인 행갈이를 통해 긴장감을 조성하고 있다.
③ 절제된 시어와 간결한 시행으로 감정을 응축하고 있다.
④ 실제 사건을 배경으로 시대적 상황을 제시하고 있다.
⑤ 개인적 체험을 바탕으로 감정이 풍부하게 표현되었다.

정답 및 해설

⑤ 감정이 풍부하게 표현되었다는 진술은 적절하지 않다. 이 시는 화자의 주관성을 배제하고 묘사 중심으로 시상이 전개되고 있다. 화자가 자신의 정서를 드러내지 않고, 냉정하고 객관적인 태도를 유지하고 있는데, 이를 통해 작품의 비극성은 더욱 심화되고 있다.

오답 해설

① 이 시는 남북 분단의 민족적 비극을 '민간인'이라는 측면에서 간결한 수법으로 표현한 작품이다.
② '1947년 봄 / 심야(深夜)'에서 의도적으로 행갈이를 하였다. '심야'라는 구체적인 시간적 배경을 앞으로 제시하여 긴장감을 조성하고 있다.
③ '영아 살해'라는 끔찍한 비극을 형상화하면서도 화자는 자신의 판단이나 평가를 유보한 채 냉정하고 객관적인 태도를 유지하고 있다. 절제된 시어로 감정을 응축하고 있다.
④ '1947년 봄'이라는 시대적 상황에서 많은 민간인들이 목숨을 걸고 월남하던 실제 사건을 배경으로 하고 있다.

※ 김종삼, 〈민간인〉

갈래	자유시
성격	묘사적, 객관적, 상징적, 회상적, 서사적
제재	월남 체험
주제	민족 분단의 비극성
특징	– 과거시제의 사용으로 시의 구체성과 설화적 요소 부여 – 주관성이 배제된 묘사 중심

18
2017 경찰직 1차

㉠~㉣에 대한 설명으로 가장 적절하지 않은 것은

> ㉠ 진주(晉州) 장터 생어물전에는
> 바닷밑이 깔리는 해 다 진 어스름을,
>
> 울 엄매의 장사 끝에 남은 고기 몇 마리의
> ㉡ 빛 발(發)하는 눈깔들이 속절없이
> 은전(銀錢)만큼 손 안 닿는 한(恨)이던가
> 울 엄매야 울 엄매.
>
> ㉢ 별 밭은 또 그리 멀리
> 우리 오누이의 머리 맞댄 골방 안 되어
> 손 시리게 떨던가 손 시리게 떨던가.
>
> 진주(晉州) 남강(南江) 맑다 해도
> 오명 가명
> 신새벽이나 밤빛에 보는 것을,
> 울 엄매의 마음은 어떠했을꼬.
> ㉣ 달빛 받은 옹기전의 옹기들같이
> 말없이 글썽이고 반짝이던 것인가.

① ㉠: 가난하고 고단한 어머니의 삶의 공간을 일컫는다.
② ㉡: 팔리지 않은 고기들이 은전으로 보일 만큼 가난했음을 표현한다.
③ ㉢: 시적 화자가 소망하는 세계가 멀리 있었음을 나타낸다.
④ ㉣: 어머니의 고달프고 한스러운 삶을 견디는 희망을 상징한다.

정답 및 해설

④ '달빛 받은 옹기전의 옹기'의 원관념은 어머니의 눈물이다. 어머니의 슬픔을 '옹기'에 비유하여 시각적으로 슬픔을 형상화하였다. '옹기의 반짝임'이라는 구체적인 현상으로 '어머니의 슬픔과 한'을 표현한 것이다.

오답 해설

① '진주 장터 생어물전'은 공간적 배경으로, 어머니의 생활의 터전을 의미한다.
② ㉡은 팔리지 않은 고기들이 은전으로 보일 만큼 가난했던 상황을 표현한 것으로, 벗어날 수 없는 가난으로 인한 어머니의 한을 의미한다.
③ '별밭'은 화자가 있는 '골방'과 대조되는 것으로, 화자가 소망하는 세계를 의미한다. '별밭'이 멀리 있었다는 것은 화자가 소망하는 세계가 멀리 있음을 의미한다.

※ 박재삼, 〈추억에서〉

갈래	자유시, 서정시
성격	회고적, 애상적, 향토적
제재	어머니의 삶, 어린 시절의 추억
주제	가난했던 어린 시절과 어머니의 한
특징	- 방언을 사용하여 향토적인 느낌을 줌 - 섬세한 언어와 서정적 감각이 두드러짐 - 슬픔을 시각적 이미지를 통해 표현함

19
2020 지방직 9급

다음 시에 대한 감상으로 적절하지 않은 것은?

> 네 집에서 그 샘으로 가는 길은 한 길이었습니다. 그래서 새벽이면 물 길러 가는 인기척을 들을 수 있었지요. 서로 짠 일도 아닌데 새벽 제일 맑게 고인 물은 네 집이 돌아가며 길어 먹었지요. 순번이 된 집에서 물 길어 간 후에야 따리 끈 입에 물고 삽짝 들어서시는 어머니나 물지게 진 아버지 모습을 볼 수 있었지요. 집 안에 일이 있으면 그 순번이 자연스럽게 양보되기도 했었구요. 넉넉하지 못한 물로 사람들 마음을 넉넉하게 만들던 그 샘가 미나리꽝에서는 미나리가 푸르고 앙금 내리는 감자는 잘도 썩어 구린내 훅 풍겼지요.
> — 함민복, 『그 샘』 —

① '샘'을 매개로 공동체의 삶을 표현했다.
② 과거 시제로 회상의 분위기를 표현했다.
③ 공감각적 이미지로 이웃 간의 배려를 표현했다.
④ 구어체로 이웃 간의 정감 어린 분위기를 표현했다.

정답 및 해설

③ '미나리가 푸르고(시각) 앙금 내리는 감자는 잘도 썩어 구린내(후각) 훅 풍겼지요.'에서 시각과 후각의 이미지가 드러나 있지만 공감각적 이미지는 사용하지 않았다. 공감각적 이미지는 '푸른 종소리'와 같이 하나의 대상을 서로 다른 두 감각으로 표현해야 한다. 하지만 이 시에서 '푸르고(시각)'의 대상은 미나리이고, '구린내(후각)'의 대상은 감자이다. 감각적 이미지를 나열한 것뿐, 공감각적 이미지는 아니다.

오답 해설

① 제일 맑게 고인 물을 네 집이 돌아가며 먹고, 순번이 된 집에서 물 길어 간 후에 다른 집들이 물을 길어가는 모습에서 훈훈한 공동체의 삶을 느낄 수 있다.
② 과거를 나타내는 선어말 어미 '-었-'을 사용하여 회상의 분위기를 표현하고 있다.
④ '~지요', '~구요'와 같은 구어체를 사용하여 전체적으로 부드러운 분위기가 느껴지고, 이웃 간 정감 어린 분위기도 더욱 부각하고 있다.

20

다음 시에 대한 이해로 적절하지 않은 것은?

2020 국가직 7급

> 여승(女僧)은 합장하고 절을 했다
> 가지취의 내음새가 났다
> 쓸쓸한 낯이 녯날같이 늙었다
>
> 나는 불경(佛經)처럼 서러워졌다
> 평안도의 어느 산 깊은 금점(金店)판
> 나는 파리한 여인에게서 옥수수를 샀다
> 여인은 나 어린 딸아이를 때리며 가을밤같이 차게 울었다
>
> 섶벌같이 나아간 지아비 기다려 십 년이 갔다
> 지아비는 돌아오지 않고
> 어린 딸은 도라지꽃이 좋아 돌무덤으로 갔다
>
> 산꿩도 섧게 울은 슬픈 날이 있었다
> 산절의 마당귀에 여인의 머리오리가 눈물방울과 같이 떨어진 날이 있었다
>
>   - 백석, 여승 -

① 토속적인 시어를 사용하여 현장감을 높이고 있다.
② 어린 딸아이의 죽음을 우회적으로 표현하고 있다.
③ 사건이 일어난 시간 순서에 따라 시상이 전개되고 있다.
④ 공감각적 이미지를 활용해 슬픔의 정서를 강조하고 있다.

정답 및 해설

③ 이 시는 일제 강점기에 비극적 삶을 살아가는 한 여인의 모습을 형상화하고 있다. 역순행적 구성 방법으로 시상을 전개하고 있는 것이 특징이다. 이 시에 나타난 사건을 시간 순서에 따라 배열해 보면, '2연 → 3연 → 4연 → 1연'이다. '남편이 집을 나감 → 어린 딸을 데리고 남편을 찾아 나섬 → 금광에 찾아온 여인에게서 화자가 옥수수를 삼 → 여인의 어린 딸이 죽음 → 여승이 됨 → 화자와 여승이 다시 만남'의 순서로 정리할 수 있다. 따라서 시간 순서에 따라 시상이 전개되고 있다는 설명은 적절하지 않다.

오답 해설

① '평안도의 어느 산', '녯날같이'에서 평안도 지방의 사투리를 사용하여 현장감을 높이고 있다.
② 어린 딸의 죽음을 '어린 딸은 도라지꽃이 좋아 돌무덤으로 갔다.'라고 우회적으로 표현했다.
④ '가을밤같이 차게 울었다'는 공감각적 이미지에 해당한다. '울음 소리'라는 청각적 이미지를 '차다'라는 촉각적 이미지로 표현한 것이다. (청각의 촉각화)

※

갈래	자유시, 서정시
성격	서사적, 애상적, 감각적
제재	여인의 일생
주제	한 여인의 비극적인 삶을 통해 본 우리 민족의 수난
특징	- 화자를 관찰자로 설정하여 회상적인 어조로 표현함 - 역순행적 구성으로 여인의 삶을 제시함 - 시상의 압축과 절제, 적절한 비유를 통해 비극적인 여인의 삶을 형상화 함

21

2020년 지방직 7급

㉠~㉣의 문맥적 이해로 적절하지 않은 것은?

> 당신의 손끝만 스쳐도 소리 없이 열릴 돌문이 있습니다. 뭇사람이 조바심치나 굳이 닫힌 이 돌문 안에는, 석벽 난간 열두 층계 위에 이제 ㉠ <u>검푸른 이끼</u>가 앉았습니다.
>
> 당신이 오시는 날까지는, 길이 꺼지지 않을 ㉡ <u>촛불 한 자루</u>도 간직하였습니다. 이는 당신의 그리운 얼굴이 이 희미한 불 앞에 어리울 때까지는, 천년이 지나도 눈 감지 않을 저의 슬픈 영혼의 모습입니다.
>
> 길숨한 속눈썹에 항시 어리운 이 두어 방울 이슬은 무엇입니까? 당신의 남긴 푸른 도포 자락으로 이 눈썹을 씻으랍니까? 두 볼은 옛날 그대로 복사꽃빛이지만, 한숨에 절로 입술이 푸르러 감을 어찌합니까?
>
> 몇만 리 굽이치는 강물을 건너와 당신의 따슨 손길이 저의 흰 목덜미를 어루만질 때, 그때야 저는 자취도 없이 ㉢ <u>한 줌 티끌</u>로 사라지겠습니다. 어두운 밤 하늘 허공 중천에 바람처럼 사라지는 저의 옷자락은, 눈물 어린 눈이 아니고는 보이지 못하오리다.
>
> 여기 돌문이 있습니다. 원한도 사무칠 양이면 지극한 정성에 ㉣ <u>열리지 않는 돌문</u>이 있습니다. 당신이 오셔서 다시 천년토록 앉아 기다리라고, 슬픈 비바람에 낡아 가는 돌문이 있습니다.
>
> — 조지훈, 「석문」 —

① ㉠: 임에 대한 오랜 기다림
② ㉡: 임에 대한 변하지 않는 사랑
③ ㉢: 기약할 수 없는 임에 대한 체념
④ ㉣: 임에 대한 사무치는 원한

정답 및 해설

③ '당신'의 손길이 화자의 몸을 어루만지는 순간에야 '한 줌 티끌'로 사라질 것이라는 것은 끝까지 절개를 지키겠다는 화자의 의지로 볼 수 있다. '당신'과의 해후를 위한 절개를 다짐하고 있는 것이다. 기약할 수 없는 임에 대한 체념이라는 설명은 적절하지 않다.

오답 해설

① '검푸른 이끼'가 앉았다는 것은 오랜 세월 동안 '당신'이 찾아오지 않았음을 나타낸다. 임에 대한 화자의 기다림은 아주 오래 되었다는 것이다.
② '촛불 한 자루'는 천년이 지나도 눈 감지 않을 화자의 모습이다. 간절한 기다림의 표상이며, 임에 대한 변하지 않는 사랑을 의미한다.
④ 1연에서의 돌문이 '기다림의 문'이라면, 5연에서의 돌문은 '원한의 문'이다. 1연에서 화자는 '당신'의 손끝만 스쳐도 '돌문'이 열릴 것이라고 했다. 하지만 5연에서는 오랜 기다림으로 원한이 사무쳐서 지극한 정성에도 '돌문'이 열리지 않는다고 말하고 있다. 임에 대한 원망과 한이 그만큼 깊은 것이다. 따라서 '열리지 않는 돌문'을 화자의 사무치는 원한으로 이해하는 것은 적절하다.

※

갈래	산문시, 서정시
성격	고백적, 전통적
제재	돌문
주제	버림받은 신부의 기다림과 풀리지 않는 원한
특징	- 설화의 내용을 소재로 하여 시상을 전개함 - 호소하는 듯한 경어체의 어조를 사용함

22

다음 시에 나타난 시적 화자의 정서와 가장 유사한 것은?

2019 국가직 7급

> 내 가슴에 독(毒)을 찬 지 오래로다.
> 아직 아무도 해(害)한 일 없는 새로 뽑은 독
> 벗은 그 무서운 독 그만 흩어 버리라 한다.
> 나는 그 독이 선뜻 벗도 해할지 모른다 위협하고,
>
> 독 안 차고 살아도 머지않아 너 나 마주 가 버리면
> 억만 세대(億萬世代)가 그 뒤로 잠자코 흘러가고
> 나중에 땅덩이 모지라져 모래알이 될 것임을
> '허무(虛無)한듸!' 독은 차서 무엇 하느냐고?
>
> 아! 내 세상에 태어났음을 원망 않고 보낸
> 어느 하루가 있었던가. '허무한듸!', 허나
> 앞뒤로 덤비는 이리 승냥이 바야흐로 내 마음을 노리매
> 내 산 채 짐승의 밥이 되어 찢기우고 할퀴우라 내맡긴 신세임을
>
> 나는 독을 차고 선선히 가리라.
> 막음 날 내 외로운 혼(魂) 건지기 위하여.
>
> – 김영랑, 『독을 차고』 –

① 수양산(首陽山) 브라보며 이제(夷齊)를 한(恨)ᄒ노라.
　주려 주글진들 채미(採薇)도 ᄒᄂ것가.
　비록애 푸새앳 거신들 긔 뉘 싸헤 낫ᄃ니.

② 짚방석(方席) 내지 마라, 낙엽(落葉)엔들 못 안즈랴.
　솔불 혀지 마라, 어제 진 돌도다 온다.
　아히야, 박주산채(薄酒山菜)ㄹ망정 업다 말고 내여라.

③ 내 언제 무신(無信)ᄒ야 님을 언제 속엿관듸
　월침삼경(月沈三更)에 온 ᄯᅳᆺ지 전혀 업다.
　추풍(秋風)에 지ᄂ닙 소리야 낸들 어이ᄒ리오.

④ 흥망(興亡)이 유수(有數)ᄒ니 만월대(滿月臺)도 추초(秋草)ㅣ로다.
　오백 년(五百年) 왕업(王業)이 목적(牧笛)에 부쳐시니,
　석양(夕陽)에 지나ᄂ객(客)이 눈물계워 ᄒ노라.

정답 및 해설

① 죽음을 각오한 굳은 지조와 절개를 표현한 성삼문의 시조이다. 식민지 현실에서도 마음에 독을 차고 순결한 삶을 살아가겠다는 화자의 정서와 가장 유사하다.

오답 해설

② 안빈낙도의 생활 태도가 드러나는 한호의 시조이다.
③ 소식이 없는 임에 대한 그리움과 원망의 정서를 표현한 황진이의 시조이다.
④ 고려의 충신 원천석이 지은 시조로, 옛 고려의 수도인 개성 일대를 돌아보면서 지난날을 회상하고 세월의 무상함을 슬퍼하는 시조이다.

23

〈보기〉의 밑줄 친 단어가 가리키는 것이 가장 다른 하나는?

2019 서울시 7급

> 안녕히 계세요
> 도련님.
>
> 지난 오월 단옷날, 처음 만나던 날
> 우리 둘이서, 그늘 밑에 서 있던
> 그 무성하고 푸르던 ㉠ <u>나무</u>같이
> 늘 안녕히 안녕히 계세요.
>
> 저승이 어딘지는 똑똑히 모르지만
> 춘향의 사랑보단 오히려 더 먼
> 딴 나라는 아마 아닐 것입니다.
>
> 천 길 땅 밑을 ㉡ <u>검은 물</u>로 흐르거나
> 도솔천의 하늘을 ㉢ <u>구름</u>으로 날더라도
> 그건 결국 도련님 곁 아니어요?
> 더구나 그 구름이 ㉣ <u>소나기</u> 되어 퍼부을 때
> 춘향은 틀림없이 거기 있을 거여요.

① ㉠ ② ㉡ ③ ㉢ ④ ㉣

정답 및 해설

① 이 시의 화자인 춘향은 유서의 형식으로 사랑하는 도련님에게 이야기하고 있다. '안녕히 계세요.'라는 말은 3연의 '저승'이라는 시어와 만나서, 그것이 죽음이라는 것을 알게 한다. 춘향의 모습은 '물 → 구름 → 소나기'로 연결된다.
춘향은 죽어서 지옥(천 길 땅 밑)에 떨어져 썩은 '물'이 되어 흐르거나, 증발하여 극락(도솔천의 하늘)에 올라가 '구름'으로 날더라도, 언젠가는 '소나기'가 되어 이승으로 다시 돌아올 것을 믿고 있다. 춘향이 도련님에게 '나무'같이 있으라고 인사한 것은 자신이 '소나기'가 되어 이승으로 돌아올 것을 전제로 하고 있는 것이다. '소나기'가 '나무'를 적셔 푸르게 만들어 주듯, 자신의 사랑도 늘 풍성하고 싱싱한 것이 되기를 바라는 마음이 담겨 있는 것이다.
'나무'는 청자인 도련님을 의미하고 나머지는 모두 윤회 사상을 바탕으로 한 춘향의 화신이다.

24

다음 글을 읽고 ㉠~㉣에 대한 이해로 가장 적절하지 않은 것은?

> ㉠ 사랑을 잃고 나는 쓰네
> 잘 있거라, 짧았던 밤들아
> 창밖을 떠돌던 겨울 안개들아
> ㉡ 아무것도 모르던 촛불들아, 잘 있거라
> 공포를 기다리던 흰 종이들아
> 망설임을 대신하던 눈물들아
> 잘 있거라, 더 이상 내 것이 아닌 열망들아
> ㉢ 장님처럼 나 이제 더듬거리며 문을 잠그네
> ㉣ 가엾은 내 사랑 빈집에 갇혔네
>
> – 기형도, 〈빈집〉

① ㉠: 사랑하는 대상과 이별한 화자의 처지를 직접적으로 제시하고 있다.

② ㉡: 이별을 미리 준비하며 주변을 정리하는 화자의 모습을 나타내고 있다.

③ ㉢: 화자를 비유한 대상을 통해 화자의 암담한 상황을 표현하고 있다.

④ ㉣: 공허하고 폐쇄적인 공간을 설정하여 화자의 절망감을 드러내고 있다.

정답 및 해설

② '밤', '겨울 안개', '촛불' 등은 사랑할 때 함께했던 것들이다. 화자는 사랑할 때 접했던 것들에게도 이별을 고하고 있는 것이다. 이별을 미리 준비하거나 주변을 정리한 것은 아니다.

오답 해설

① '사랑을 잃었다'는 것은 사랑하는 사람과 이별하였음을 나타내는 것이다. 이별의 상황에서 글을 쓰고 있는 화자의 현재 상황이 직접적으로 제시되어 있다.

③ '장님'은 사랑을 잃은 화자의 암담한 처지를 상징하는 것이다. 문을 잠그는 행동은 사랑을 위한 소통을 포기하는 것이다.

④ 이 시의 제목이기도 한 '빈집'은 화자의 사랑이 갇힌 곳이다. '문을 잠그네'로 보아 '빈집'은 폐쇄된 공간이라고 할 수 있는데, 사랑을 잃고 열망을 상실한 화자의 공허한 내면과 절망을 상징한다.

25

2018 국가직 9급

㉠~㉣에 대한 이해로 가장 적절한 것은?

> 막차는 좀처럼 오지 않았다
> 대합실 밖에는 밤새 송이눈이 내리고
> ㉠ 흰 보라 수수꽃 눈시린 유리창마다
> 톱밥난로가 지펴지고 있었다
> 그믐처럼 몇은 졸고
> 몇은 감기에 쿨럭이고
> 그리웠던 순간들을 생각하며
> 나는 한 줌의 톱밥을 불빛 속에 던져 주었다
> 내면 깊숙이 할 말들은 가득해도
> ㉡ 청색의 손바닥을 불빛 속에 적셔 두고
> 모두들 아무 말도 하지 않았다
> 산다는 것이 때론 술에 취한 듯
> 한 두릅의 굴비 한 광주리의 사과를
> 만지작거리며 귀향하는 기분으로
> 침묵해야 한다는 것을
> 모두들 알고 있었다
> ㉢ 오래 앓은 기침소리와
> 쓴 약 같은 입술담배 연기 속에서
> 싸륵싸륵 눈꽃은 쌓이고
> 그래 지금은 모두들
> 눈꽃의 화음에 귀를 적신다
> 자정 넘으면
> 낯설음도 뼈아픔도 다 설원인데
> 단풍잎 같은 몇 잎의 차창을 달고
> 밤열차는 또 어디로 흘러가는지
> ㉣ 그리웠던 순간들을 호명하며
> 나는 한 줌의 눈물을 불빛 속에 던져 주었다
>
> — 곽재구, 『사평역에서』 —

① ㉠ – 여러 개의 난로가 지펴져 안온한 대합실의 상황을 비유적으로 표현하였다.
② ㉡ – 대조적 색채 이미지를 통해, 눈 오는 겨울 풍경의 서정적 정취를 강조하였다.
③ ㉢ – 오랜 병마에 시달린 이들의 비관적 심리와 무례한 행동을 묘사하였다.
④ ㉣ – 화자가 그리워하는 지난 때를 떠올리며 느끼는 정서를 화자의 행위에 투영하였다.

26

다음 시에 대한 설명으로 적절하지 않은 것은?

2018 국가직 7급

> 나는 이제 너에게도 슬픔을 주겠다.
> 사랑보다 소중한 슬픔을 주겠다.
> 겨울밤 거리에서 귤 몇 개 놓고
> 살아온 추위와 떨고 있는 할머니에게
> 귤 값을 깎으면서 기뻐하던 너를 위하여
> 나는 슬픔의 평등한 얼굴을 보여 주겠다.
> 내가 어둠 속에서 너를 부를 때
> 단 한 번도 평등하게 웃어 주질 않은
> 가마니에 덮인 동사자가 다시 얼어 죽을 때
> 가마니 한 장조차 덮어 주지 않은
> 무관심한 너의 사랑을 위해
> 흘릴 줄 모르는 너의 눈물을 위해
> 나는 이제 너에게도 기다림을 주겠다.
> 이 세상에 내리던 함박눈을 멈추겠다.
> 보리밭에 내리던 봄눈들을 데리고
> 추워 떠는 사람들의 슬픔에게 다녀와서
> 눈 그친 눈길을 너와 함께 걷겠다.
> 슬픔의 힘에 대한 이야길 하며
> 기다림의 슬픔까지 걸어가겠다.
>
> – 정호승, 『슬픔이 기쁨에게』 –

① 의인화 기법을 통해 자연의 가치를 찬미하고 있다.
② 소외된 존재의 슬픔이 시상의 거점을 이루고 있다.
③ 유사한 종결어의 반복을 통해 화자의 의지가 드러나고 있다.
④ 상대에게 말을 건네는 상황을 설정하여 시상을 전개하고 있다.

27

다음 시에 대한 설명으로 적절하지 않은 것은?

2018 지방직 9급+사회복지직

> 머언 산 청운사
> 낡은 기와집
>
> 산은 자하산
> 봄눈 녹으면
>
> 느릅나무
> 속잎 피어나는 열두 구비를
>
> 청노루
> 맑은 눈에
>
> 도는
> 구름
>
> — 박목월, 『청노루』 —

① 묘사된 자연이 상상적, 허구적이다.
② 이상적 세계에 대한 그리움을 노래하고 있다.
③ 시적 공간이 원경에서 근경으로 옮아오고 있다.
④ 사건 발생의 시간적 순서에 따라 제재가 배열되고 있다.

정답 및 해설

④ '봄눈'과 '속잎 피어나는'을 통해 시간적 배경이 봄이라는 것은 짐작할 수 있지만 시간의 흐름은 드러나지 않는다. 이 시는 화자의 시선이 이동하는 것에 따라 제재가 배열되고 시상이 전개되고 있다.

오답 해설

① 일반적으로 노루들은 누르스름하고 꺼뭇한 털을 가지고 있다. 푸른 빛의 노루는 현실에서는 존재하지 않는다. 청노루는 화자가 상상하는 허구적인 대상이다.
② 화자는 극도의 깨끗함과 순수함, 신비로움을 가진 이상적 세계를 그리고 있다. 참고로 이 시가 창작된 시기는 일제 강점기이다. 작가는 일본 치하의 불안한 현실의 공간 말고, 자신이 은신할 수 있는 이상적인 공간을 마음속으로 그려보며 이 시를 창작한 것이다.
③ 4연의 '구름'은 하늘에 떠 있는 구름이 아니라 청노루의 눈동자에 비친 구름이다. 멀리 있는 '산'에서 '청운사', '느릅나무', '속잎', '청노루', 청노루의 '눈'으로 점점 가깝게 시적 공간이 이동하고 있다.

28

2018 지방직 7급

㉠~㉣ 중 다음 시의 주제와 관련하여 시적 화자의 정서를 가장 잘 대변 하는 인물은?

> 징이 울린다 막이 내렸다.
> 오동나무에 전등이 매어 달린 가설 무대
> 구경꾼이 돌아가고 난 텅 빈 운동장
> 우리는 분이 얼룩진 얼굴로
> 학교 앞 소줏집에 몰려 술을 마신다.
> 답답하고 고달프게 사는 것이 원통하다.
> 꽹과리를 앞장세워 장거리로 나서면
> 따라붙어 악을 쓰는 건 ㉠ 쪼무래기들뿐
> ㉡ 처녀애들은 기름집 담벼락에 붙어 서서
> 철없이 킬킬대는구나.
> 보름달은 밝아 어떤 녀석은
> ㉢ 꺽정이처럼 울부짖고 또 어떤 녀석은
> ㉣ 서림이처럼 해해대지만 이까짓
> 산 구석에 처박혀 발버둥친들 무엇하랴.
> 비료 값도 안 나오는 농사 따위야
> 아예 여편네에게나 맡겨 두고
> 쇠전을 거쳐 도수장 앞에 와 돌 때
> 우리는 점점 신명이 난다.
> 한 다리를 들고 날라리를 불거나.
> 고갯짓을 하고 어깨를 흔들거나.
>
> — 신경림, 『농무』 —

① ㉠
② ㉡
③ ㉢
④ ㉣

정답 및 해설

③ 이 시의 주제는 농민들의 울분과 분노이다. 화자는 시에서 '답답하고 고달프게 사는 것이 원통하다.'라고 자신의 정서를 직접적으로 드러냈다. 이와 가장 유사한 정서를 찾으면 울부짖고 있는 '꺽정이'이다. 참고로 임꺽정은 남다른 재주를 지녔지만 조선시대의 신분 제도로 인해 그 힘과 재주를 적절히 쓸 수 없었던 인물이다. 그 울 분과 한으로 도둑이 될 수밖에 없었다. '서림이'는 임꺽정의 편이었으나 권력에 붙어 임꺽정을 배신한 인물이다. 이러한 임꺽정 이야기를 시 안에 넣은 것은 임꺽정이 가졌던 깊은 울분과 농민들의 울분을 연결해서 농민들의 한이 그만큼 깊음을 강조하고 있는 것이다.

29

화자의 처지나 행위에 대한 분석으로 옳지 않은 것은?

2018 국가직 9급

> 흐르는 것이 물뿐이랴
> 우리가 저와 같아서
> 강변에 나가 삽을 씻으며
> 거기 슬픔도 퍼다 버린다
> 일이 끝나 저물어
> 스스로 깊어 가는 강을 보며
> 쭈그려 앉아 담배나 피우고
> 나는 돌아갈 뿐이다.
> 삽자루에 맡긴 한 생애가
> 이렇게 저물고, 저물어서
> 샛강 바닥 썩은 물에
> 달이 뜨는구나
> 우리가 저와 같아서
> 흐르는 물에 삽을 씻고
> 먹을 것 없는 사람들의 마을로
> 다시 어두워 돌아가야 한다.
>
> - 정희성, 『저문 강에 삽을 씻고』 -

① 화자는 일을 마치고, 해 지는 강변에 나와 삽을 씻는다.
② 화자는 강물에 슬픔을 퍼다 버리고, '먹을 것 없는 사람들의 마을'로 돌아가야 한다.
③ 화자는 '삽자루에 맡긴 한 생애'라는 표현을 통해 자신의 삶을 압축적으로 드러낸다.
④ 화자는 주관적인 감정을 배제하고, 해 지는 강가의 풍경을 객관적으로 전달하려 한다.

정답 및 해설

④ 화자가 말하고자 하는 것은 강가의 풍경이 아니라 강에 삽을 씻으며 슬픔도 퍼다 버려야 하는 노동자의 삶이다. 화자는 가난한 노동자로 삶에 대한 체념의 태도를 보인다. '쭈그려 앉아 담배나 피우고'있는 화자의 모습을 통해서 무기력함과 체념적인 태도가 드러나기에 주관적인 감정을 배제했다고 보기는 어렵다. 결정적으로 '슬픔도 퍼다 버린다'에서 이미 '슬픔'이라는 주관적인 화자의 정서가 직접적으로 제시되었기에 화자의 주관적 감정이 배제되었다는 설명은 적절하지 않다.

오답 해설

① '일이 끝나 저물어'를 통해 일을 마친 상황, 날이 저물어 가는 시간임을 알 수 있다. 이 시의 제목 '저문 강에 삽을 씻고'를 통해서도 해가 저물어 가고 있는 강변에서 삽을 씻는 상황이라는 것을 알 수 있다.
② '강변에 나가 삽을 씻으며 / 거기 슬픔도 퍼다 버린다'와 '먹을 것 없는 사람들의 마을로 / 다시 어두워 돌아가야 한다.'를 통해 확인할 수 있다.
③ 화자의 생애가 삽자루와 함께했다는 것은 지금까지 노동자의 삶을 살아 왔음을 압축적으로 표현한 것이다. 생애가 저물고 있다는 것을 통해 화자는 중년의 노동자임을 알 수 있다.

30

2018 국가직 9급

다음 시에 대한 감상으로 적절하지 않은 것은?

> 아무도 그에게 수심(水深)을 일러준 일이 없기에
> 흰나비는 도무지 바다가 무섭지 않다.
>
> 청(靑)무우밭인가 해서 내려갔다가는
> 어린 날개가 물결에 절어서
> 공주처럼 지쳐서 돌아온다.
>
> 삼월(三月)달 바다가 꽃이 피지 않아서 서글픈
> 나비 허리에 새파란 초생달이 시리다.
>
> — 김기림, 『바다와 나비』 —

① '청(靑)무우밭'은 '바다'와 대립되는 이미지로 쓰였다.
② '흰나비'는 '바다'의 실체에 대해 정확하게 모르고 있었다.
③ 화자는 '공주처럼' 나약한 나비의 의지 부족과 방관적 태도를 비판한다.
④ '삼월(三月)달 바다'와 '새파란 초생달'은 모두 차가운 이미지로 사용되었다.

[정답 및 해설]
③ '공주'의 이미지는 온실 안에서 곱게 자란 화초처럼 여리고 순수함을 가진 존재이다. '나비'는 공주처럼 세상 물정을 모르는 나약하고 순진한 존재에 해당한다. 이러한 나비가 바다에 갔다가 지쳐 돌아오는 모습을 화자는 주관적인 판단이나 개입 없이 담담하게 제시하고 있다. 나비에 대한 평가나 비판은 드러나지 않는다.

[오답 해설]
① '청(靑)무우밭'은 나비가 꿈꾸던 긍정적인 대상이고 '바다'는 거칠고 냉정한 대상이다. 나비의 날개를 젖게 하는 '바다'는 연약한 나비에게 위협이 되는 부정적인 대상이다.
② '흰나비'는 '바다'의 수심도 모른 채, 바다로 갔다. 범 무서운 줄 모르는 하룻강아지처럼 멋모르고 겁 없이 바다로 내려간 것이다. 결국 나비는 '바다'에 날개가 젖어서 돌아왔다.
④ '삼월달 바다'는 이른 봄으로 추위가 가시지 않은 시기이다. '새파란'은 '흰나비'와 대비되어 차갑고 냉정한 이미지가 부각되고 있다. 모두 푸른 색으로 차가운 이미지로 사용되었다.

31

2017 국가직 9급

다음 시에 대한 감상으로 적절하지 않은 것은?

> 마음도 한자리 못 앉아 있는 마음일 때,
> 친구의 서러운 사랑 이야기를
> 가을 햇볕으로나 동무삼아 따라가면,
> 어느 새 등성이에 이르러 눈물나고나.
>
> 제삿날 큰집에 모이는 불빛도 불빛이지만
> 해질녘 울음이 타는 가을 강(江)을 보겠네.
>
> 저것 봐, 저것 봐,
> 네보담도 내보담도
> 그 기쁜 첫사랑 산골 물 소리가 사라지고
> 그 다음 사랑 끝에 생긴 울음까지 녹아나고,
> 이제는 미칠 일 하나로 바다에 다 와 가는,
> 소리 죽은 가을 강을 처음 보겠네.
>
> — 박재삼, 『울음이 타는 가을 강』 —

① 공감각적 이미지를 활용해 시상을 전개하고 있군.
② 첫사랑과 관련된 시어를 반복하여 운율을 형성하고 있군.
③ 대조적 속성을 지닌 소재를 통해 정서를 부각하고 있군.
④ 전통적인 어조를 사용해 예스러운 정감을 살리고 있군.

[정답 및 해설]
② '첫사랑'과 관련된 시어는 '산골 물소리'이다. 시에서 두 번 이상 나타나면 반복이라고 할 수 있는데, '산골 물소리'는 한 번밖에 제시되지 않았으므로 반복하였다고 볼 수 없다.

[오답 해설]
① '울음이 타는 가을 강'에서 공감각적 심상이 드러난다. 노을에 물든 가을 강의 시각적인 이미지를 청각적 이미지인 '울음'으로 표현했다.
③ 화자는 노을에 물든 가을 강물을 불타고 있다고 표현했다. '물'과 '불'이라는 대조적 속성을 지닌 소재를 사용한 것이다. 강물의 모습이 마치 울음이 타는 것과 같다는 표현은 화자의 슬픔을 더욱 부각하고 있다.
④ '보겠네'와 같은 판소리조의 표현과 '- 고나'와 같은 예스러운 어미를 통해 전통적인 느낌을 살리고 있다.

32

2016 국가직 9급

밑줄 친 단어가 상징하는 것과 가장 유사한 것은?

> 나 하늘로 돌아가리라.
> 새벽빛 와 닿으면 스러지는
> <u>이슬</u> 더불어 손에 손을 잡고,
>
> 나 하늘로 돌아가리라.
> 노을빛 함께 단둘이서
> 기슭에서 놀다가 구름 손짓하면은,
>
> 나 하늘로 돌아가리라.
> 아름다운 이 세상 소풍 끝내는 날,
> 가서, 아름다웠더라고 말하리라……
>
> — 천상병, 『귀천(歸天)』 —

① 어머니는 <u>눈물</u>로 진주를 만드신다.
② 반짝이는 <u>나뭇잎</u>은 어린 아이들의 웃음 같다.
③ 잠을 깨고 나니 고된 인생도 한바탕 <u>꿈</u>처럼 여겨졌다.
④ 얽매인 삶보다는 <u>구름</u> 같은 삶이 훨씬 좋을 때가 있다.

정답 및 해설

③ '이슬'은 잠깐 머물고 사라지는 존재이다. 고된 인생도 한바탕 '꿈'이라는 건 우리의 인생이 잠깐 소풍 나온 것이란 것과 맥락이 유사하다. 여기서 '꿈'은 '이슬'의 상징과 가장 가깝다.

오답 해설

① 어머니의 눈물에는 가족을 위한 희생과 사랑이 담겨 있다. 여기서 '눈물'은 어머니의 희생을 상징한다.
② 아이들의 웃음소리를 반짝이는 나뭇잎에 빗대어 표현했다. 나뭇잎은 싱그러움, 즐거움 등을 상징한다.
④ 여기서 '구름'은 얽매인 삶과 대비되는 자유로운 삶을 의미한다. 화자는 자유롭게 구름처럼 여기저기 다닐 수 있는 삶을 긍정하고 있다.

33

2016 국가직 7급

다음 작품에 대한 설명으로 적절하지 않은 것은?

> 나 하늘로 돌아가리라.
> 새벽빛 와 닿으면 스러지는
> 이슬 더불어 손에 손을 잡고,
>
> 나 하늘로 돌아가리라.
> 노을빛 함께 단둘이서
> 기슭에서 놀다가 구름 손짓하면은,
>
> 나 하늘로 돌아가리라.
> 아름다운 이 세상 소풍 끝내는 날,
> 가서, 아름다웠더라고 말하리라……
>
> — 천상병, 『귀천(歸天)』 —

① 죽음에 대해 달관한 태도를 보여 주고 있다.
② 4음보의 반복을 통해 리듬감을 형성하고 있다.
③ 미련도 집착도 없는 무욕의 경지를 나타내고 있다.
④ 독백적인 어조로 담담하게 진술하고 있다.

정답 및 해설

② '아름다운 / 이 세상 / 소풍 / 끝내는 날'에서 4음보의 율격이 드러나지만 '반복'이라고 하면 두 번 이상은 제시되어야 한다. 이 시에서 4음보의 율격을 보이는 부분은 저 부분밖에 없기에 4음보의 반복이라는 설명은 부적절하다. 이 시는 대부분 3음보의 율격을 기본으로 조금씩 변형되어 있다.

오답 해설

① 달관이란 사소한 일에 얽매이지 않고 세속을 벗어난 인생관을 의미한다. 화자는 삶과 죽음에 얽매이지 않고 있다. 지금 삶은 하늘에서 소풍 나온 것이고, 죽음은 원래 있던 곳으로 돌아가는 것이라고 생각하고 있으므로 죽음에 대해 달관한 태도를 보인다고 할 수 있다.
③ 화자는 '하늘로 돌아가리라.'를 반복해서 말하고 있다. 남아 있는 것들에 대한 미련이나 집착은 드러나지 않고 무욕의 경지를 보여 주고 있다.
④ 청자를 설정하여 말을 건네는 방식이나 청자의 대답이 드러나는 대화적 구성이 아니면 모두 독백적 어조에 해당한다. 이 시는 특정한 청자가 설정되어 있지 않고 청자의 대답도 없으므로 독백적 어조에 해당한다. 화자는 하늘로 돌아가겠다는 자신의 의지를 간결하고 담담하게 독백적 어조로 표현하고 있다.

34

다음 시의 화자에 대한 설명으로 적절하지 않은 것은?

2016 국가직 7급

> 기다리지 않아도 오고
> 기다림마저 잃었을 때에도 너는 온다
> 어느 뻘밭구석이거나
> 썩은 물 웅덩이 같은 데를 기웃거리다가
> 한 눈 좀 팔고 싸움도 한 판 하고,
> 지쳐 나자빠져 있다가
> 다급한 사연 듣고 달려간 바람이
> 흔들어 깨우면
> 눈 부비며 너는 더디게 온다.
> 더디게 더디게 마침내 올 것이 온다.
> 너를 보면 눈부셔
> 일어나 맞이 할 수가 없다.
> 입을 열어 외치지만 소리는 굳어
> 나는 아무 것도 미리 알릴 수가 없다
> 가까스로 두 팔을 벌려 껴안아보는
> 너, 먼데서 이기고 돌아온 사람아
>
> – 이성부, 『봄』 –

① 시적 대상에 상징적 의미를 부여하고 있다.
② 시적 대상에 대해서 무력감을 느끼고 있다.
③ 시적 대상에 대해서 예찬하는 태도를 보이고 있다.
④ 시적 대상을 통해서 순리에 대한 신념을 표현하고 있다.

정답 및 해설

② 무력감은 스스로 힘이 없음을 알았을 때 드는 허탈한 느낌을 말한다. 화자는 '봄'에 대해 반드시 올 것이라는 확신을 가지고 기다렸고 '봄'은 온갖 시련을 이겨내고 결국은 화자에게 왔다. 따라서 시적 대상에 대해 무력감을 느낀다는 설명은 적절하지 않다.

오답 해설

① 시적 대상은 '봄'이다. 화자는 '봄'을 간절히 기다리고 있으므로 긍정적인 의미를 담고 있다. 참고로 시대적 배경을 고려하여 감상하면 '봄'은 자유와 민주주의라는 의미를 가지고 있다.
③ 화자는 시련을 극복하고 온 '봄'을 꼭 안아주며 '먼 데서 이기고 돌아온 사람아'라며 예찬하고 있다.
④ 기다리지 않아도 '봄'이 온다는 것은 자연의 순리이다. 화자는 시간의 흐름, 자연의 순환과 같은 순리를 통해 화자가 기다리고 있는 '봄' 역시 반드시 올 것이라는 강한 신념을 드러내고 있다.

35

다음 시에 대한 설명으로 적절하지 않은 것은?

2015 국가직 7급

>   1
>   하늘에 깔아 논
>   바람의 여울터에서나
>   속삭이듯 서걱이는
>   나무의 그늘에서나, 새는
>   노래한다. 그것이 노래인 줄도 모르면서
>   새는 그것이 사랑인 줄도 모르면서
>   두 놈이 부리를
>   서로의 쭉지에 파묻고
>   다스한 체온을 나누어 가진다.
>
>   2
>   새는 울어
>   뜻을 만들지 않고,
>   지어서 교태로
>   사랑을 가식하지 않는다.
>
>   3
>   포수는 한 덩이 납으로
>   그 순수를 겨냥하지만,
>
>   매양 쏘는 것은
>   피에 젖은 한 마리 상한 새에 지나지 않는다.
>
>   - 박남수, 『새』 -

① 시적 화자의 현실 비판적 의도가 엿보인다.
② '뜻'과 '납'은 서로 대조적인 의미를 가지고 있다.
③ 시적 화자는 절제된 태도로 대상을 노래하고 있다.
④ '상한 새'는 자연이나 순수한 삶의 파괴를 의미한다.

정답 및 해설

② '뜻'은 '교태', '가식'과 같이 인위적으로 만들어낸 것으로 '새'의 순수와 대비되는 부정적인 대상이다. '납' 역시 '새'의 순수를 겨냥하고 파괴하는 부정적인 대상이다. 따라서 서로 대조적인 의미라는 설명은 적절하지 않다.

오답 해설

① 화자는 '새'를 긍정적인 대상으로, '포수'를 부정적인 대상으로 인식하고 있다. '포수'가 '새'를 향해 가하는 폭력적인 행위를 제시하여 비판의 의도를 드러내고 있다. '새'를 상하게 하는 '포수'에 대해 직접적인 비판은 드러나지 않지만 '포수'의 부정적인 행위를 통해 충분히 비판적 의도를 확인할 수 있다.
③ 시적 화자는 '새'의 순수를 파괴하는 '포수'를 비판적으로 바라보고 있지만 감정을 절제하고 대상의 모습을 차분하게 표현하고 있다.
④ '새'는 순수를 상징하고, '상한 새'는 순수가 파괴되어 버린 모습을 의미한다. '포수'에 의해 파괴되는 '새'는 인간에 의해 파괴되는 자연을 의미한다.

36

다음 시의 '나'를 형상화한 표현이 아닌 것은?

2016 국가직 7급

> 나는 떠난다. 청동(靑銅)의 표면에서
> 일제히 날아가는 진폭(振幅)의 ㉠ 새가 되어
> 광막한 하나의 울음이 되어
> 하나의 소리가 되어.
>
> 인종(忍從)은 끝이 났는가.
> 청동의 벽에
> '역사'를 가두어 놓은
> 칠흑의 ㉡ 감방에서.
>
> 나는 바람을 타고
> 들에서는 푸름이 된다.
> 꽃에서는 웃음이 되고
> 천상에서는 ㉢ 악기가 된다.
>
> 먹구름이 깔리면
> 하늘의 꼭지에서 터지는
> 뇌성(雷聲)이 되어
> 가루 가루 가루의 ㉣ 음향이 된다.
>
> — 박남수, 『종소리』 —

① ㉠   ② ㉡   ③ ㉢   ④ ㉣

정답 및 해설

② '새', '악기', '음향'은 모두 '종소리'가 자유를 찾아 돌아다니는 모습을 비유적으로 표현한 것이다. '종소리'는 자유를 찾은 후로 새처럼 날아가기도 하고, 천상으로 가서 악기 소리가 되기도 하며 고운 음향이 되어 날리기도 한다. 반면 '감방'은 '종소리'를 가두어 놓았던 '청동의 벽'을 의미한다. '종소리'가 자유를 찾기 이전의 부정적인 상황을 표현한 것이다.

37

다음 시에 대한 감상으로 적절한 것은?

2017 서울시 지방직 9급

> 가야 할 때가 언제인가를
> 분명히 알고 가는 이의
> 뒷모습은 얼마나 아름다운가.
>
> 봄 한철
> 격정을 인내한
> 나의 사랑은 지고 있다.
>
> 분분한 낙화……
> 결별이 이룩하는 축복에 싸여
> 지금은 가야 할 때,
>
> 무성한 녹음과 그리고
> 머지않아 열매 맺는
> 가을을 향하여
> 나의 청춘은 꽃답게 죽는다.
>
> 헤어지자
> 섬세한 손길을 흔들며
> 하롱하롱 꽃잎이 지는 어느 날
>
> 나의 사랑, 나의 결별,
> 샘터에 물 고이듯 성숙하는
> 내 영혼의 슬픈 눈.
>
> – 이형기, 『낙화』 –

① 계절의 순환을 통해 자연의 위대함을 자각하고 있군.
② 결별의 슬픔을 자신의 영혼이 성숙하는 계기로 삼고 있군.
③ 이별을 받아들이지 않으려는 의지적 자세를 엿볼 수 있군.
④ 흩어져 떨어지는 꽃잎을 통해 인생의 무상함을 강조하고 있군.

정답 및 해설

② 화자는 이별의 슬픔을 통해 자신의 영혼이 '샘터에 물 고이듯 성숙'한다고 말하고 있다. 결별이 가슴 아픈 일이지만 그 과정을 이겨내면 영혼의 성숙을 이루어 내면적 아름다움을 얻을 수 있는 것이다.

오답 해설

① '봄' → '무성한 녹음'이 지는 여름 → '열매 맺는 가을'로 계절의 변화가 드러난다. 이러한 계절의 변화는 '낙화'가 열매를 맺기 위해 겪어야 할 과정과 시련을 의미한다. 화자는 '봄'에 이별의 슬픔을 견뎌내면 '가을'에 성숙하여 열매를 맺을 수 있다고 인식하고 있다. 자연의 위대함은 시의 주제와 거리가 멀다.
③ 화자는 오히려 이별을 수용하여 내적인 성숙을 이루려 하고 있다. 가야 할 때를 분명히 알고 가는 모습이 아름답다고 말하여 이별을 받아들이는 태도를 긍정하고 있다.
④ 흩어지는 꽃잎을 '분분한 낙화'라고 표현하였다. 풀풀 날리는 꽃잎의 이미지를 통해서 축복의 이미지를 드러내고 있는 것이다. 떨어지는 꽃은 열매로 가기 위한 과정이므로 성숙을 위한 축복으로 볼 수 있다.

38

다음 시에 대한 설명으로 적절하지 않은 것은?

2017 지방직 9급

> 老主人의 腸壁에 無時로
> 忍冬삼긴 물이 나린다.
>
> 자작나무 덩그럭 불이
> 도로 피여 붉고,
>
> 구석에 그늘 지여
> 무가 순 돌아 파릇하고,
>
> 흙냄새 훈훈히 김도 사리다가
> 바깥 風雪소리에 잠착하다.
>
> 山中에 册曆도 없이
> 三冬이 하이얗다.
>
> — 정지용, 『忍冬茶』 —

① 산중의 고적한 공간이 배경이다.
② 시각적 대조의 방법이 사용되었다.
③ 한 폭의 그림과 같은 인상을 준다.
④ '잠착하다'는 '여러모로 고려하다'의 의미다.

정답 및 해설

④ '잠착하다'는 어떤 한 가지 일에만 마음을 골똘하게 쓴다는 의미이다. '여러모로 고려 하다'라는 의미를 가진 단어는 '참작하다'이다. '피고가 병중임을 참작하여 가벼운 벌을 내린다.'와 같이 쓰인다. '잠착하다'와 '참작하다'는 형태와 뜻이 완전히 다른 단어이다.

오답 해설

① 노주인은 달력도 없는 산중에서 살고 있다. 그곳에서 인동차를 마시는 노주인, 자작나무의 불, 무순, 잦아드는 주전자의 김, 눈 덮인 산중은 모두 산중의 고요한 정경을 부각한다. 전체적으로 이 시는 고요하고 적막한 느낌이 든다.
② '덩그럭 불', '무순', '눈 덮인 산'은 각각 붉은색과 파란색, 하얀색이다. 다양한 색상 이 시각적인 대조를 이루고 있다.
③ 온 산이 눈으로 덮인 고요하고 적막한 산중에서 노주인이 인동차를 마시고 있는 것이 이 시의 전체적인 장면이다. 마치 한 폭의 동양화 같은 느낌을 준다.

39

다음 시에 대한 설명으로 옳지 않은 것은?

2016 사회복지직 9급

> 이 비 그치면
> 내 마음 강나루 긴 언덕에
> 서러운 풀빛이 짙어 오것다.
>
> 푸르른 보리밭길
> 맑은 하늘에
> 종달새만 무어라고 지껄이것다.
>
> 이 비 그치면
> 시새워 벙글어질 고운 꽃밭 속
> 처녀 애들 짝하여 새로이 서고,
> 임 앞에 타오르는
> 향연(香煙)과 같이
> 땅에선 또 아지랑이 타오르것다.
>
> — 이수복, 『봄비』 —

① 비유를 통해 애상적 정서를 환기하고 있다.
② 3음보의 변형 민요조 율격을 지니고 있다.
③ 동일한 종결 어미를 반복적으로 사용하고 있다.
④ 주관을 배제한 시각으로 자연을 묘사하고 있다.

정답 및 해설

④ 주관을 배제했다면 화자의 정서가 직접적으로 드러나면 안 된다. 하지만 화자는 '서러운 풀빛'이라고 말하면서 봄의 아름다운 모습에 대한 자신의 주관을 표현하고 있다. 봄을 맞은 자연은 너무 아름답지만 임과 이별한 화자에게는 아름다운 자연이 너무 서럽게 느껴지는 것이다. 화자의 서러운 정서가 표면적으로 드러나 있으므로 주관을 배제하였다는 설명은 적절하지 않다.

오답 해설

① 땅에서 피어오르는 아지랑이의 모습을 향의 연기에 빗대어 표현했다. '임 앞에 타오르는 / 향연과 같이'에서 확인할 수 있다. 아름다운 봄의 아지랑이를 향의 연기에 빗대어 임의 죽음에 대한 화자의 애상적 정서를 드러내고 있다.
② '이∨비∨그치면 / 내 마음∨강나루∨긴 언덕에 / 서러운∨풀빛이∨짙어 오것다.'와 같이 3음보의 율격이 드러난다. 2연은 '푸르른∨보리밭길∨맑은 하늘에', '종달새만∨무어라고∨지껄이것다.'와 같이 3음보, 7.5조의 음수율을 확인할 수 있다.
③ '오것다', '지껄이것다', '타오르것다.'에서 모두 종결 어미 '-것다'를 반복하고 있다. '-것다'는 화자의 추측이나 예상을 드러내는 종결 어미로, 봄의 아름다움과 그 안에서 서러움을 느끼는 화자의 모습을 추측하여 표현하고 있다.

40

밑줄 친 시어 중 내포적 의미가 유사하지 않은 것끼리 묶은 것은?

2017 지방직 7급

> 제 손으로 만들지 않고
> 한꺼번에 싸게 사서
> 마구 쓰다가
> 망가지면 내다 버리는
> <u>플라스틱 물건</u>처럼 느껴질 때
> 나는 당장 버스에서 뛰어내리고 싶다
> 현대 아파트가 들어서며
> 홍은동 사거리에서 사라진
> <u>털보네 대장간</u>을 찾아가고 싶다
> 풀무질로 이글거리는 불 속에
> 시우쇠처럼 나를 달구고
> 모루 위에서 벼리고
> 숫돌에 갈아
> 시퍼런 <u>무쇠낫</u>으로 바꾸고 싶다
> 땀 흘리며 두들겨 하나씩 만들어 낸
> <u>꼬부랑 호미</u>가 되어
> 소나무 자루에서 송진을 흘리면서
> 대장간 벽에 걸리고 싶다
> 지금까지 살아온 인생이
> 온통 부끄러워지고
> <u>직지사 해우소</u>
> 아득한 나락으로 떨어져 내리는
> <u>똥덩이</u>처럼 느껴질 때
> 나는 가던 길을 멈추고 문득
> 어딘가 걸려 있고 싶다
>
> - 김광규, 『대장간의 유혹』 -

① 플라스틱 물건, 똥덩이
② 찾아가고 싶다, 바꾸고 싶다
③ 털보네 대장간, 직지사 해우소
④ 무쇠낫, 꼬부랑 호미

41

다음 밑줄 친 부분에 대한 설명으로 가장 적절하지 않은 것은?

2018 경찰직 1차

> 가난한 내가
> 아름다운 나타샤를 사랑해서
> 오늘 밤은 푹푹 눈이 나린다
>
> 나타샤를 사랑은 하고
> 눈은 푹푹 날리고
> 나는 혼자 쓸쓸히 앉아 ⊙ 소주(燒酒)를 마신다
> 소주를 마시며 생각한다
> 나타샤와 나는
> 눈이 푹푹 쌓이는 밤 ⓒ 흰 당나귀 타고
> ⓒ 산골로 가자 출출이 우는 깊은 산골로 가 마가리에 살자
>
> 눈은 푹푹 나리고
> 나는 나타샤를 생각하고
> 나타샤가 아니 올 리 없다
> 언제 벌써 내 속에 고조곤히 와 이야기한다
> 산골로 가는 것은 세상한테 지는 것이 아니다
> ⓔ 세상 같은 건 더러워 버리는 것이다
>
> 눈은 푹푹 나리고
> 아름다운 나타샤는 나를 사랑하고
> 어데서 흰 당나귀도 오늘 밤이 좋아서 응앙응앙 울 것이다

① ⊙ : 시적 화자의 외로움을 달래주는 수단이다.
② ⓒ : '눈', '나타샤' 등과 함께 현실적 괴로움을 상징한다.
③ ⓒ : 나타샤와 함께 살고 싶은 이상적 공간이다.
④ ⓔ : 벗어나고자 하는 세속적 공간을 의미한다.

정답 및 해설

② 일반적으로 당나귀는 갈색이지만 여기서 등장하는 당나귀는 '흰 당나귀'로 신비하고 동화적인 느낌을 주고 있다. 현실적 괴로움과는 거리가 멀다. '눈'은 화자가 혼자 소주를 마시는 상황에서는 쓸쓸함을 부각하지만 '나타샤'와 함께하는 순간에는 낭만적인 분위기를 만들어주는 대상이다. '나타샤'는 화자가 사랑하는 대상으로, 가난한 화자의 처지와 달리 아름다운 존재이다. 현재 함께 하지 못한다는 점에서 현실적 괴로움이라고 볼 수도 있지만 화자가 괴로운 것은 '나타샤'와 함께할 수 없는 현실이지, '나타샤' 자체가 괴로움의 대상은 아니다.

오답 해설

① 화자는 혼자 앉아서 '소주'를 마시며 사랑하는 '나타샤'를 생각하고 있다. '소주'는 눈 오는 밤 화자의 쓸쓸함을 달래주는 소재에 해당한다.
③ 화자는 더러운 '세상'을 버리고 '산골로 가자'라고 이야기한다. 화자가 가고 싶은 곳이므로 '산골'은 화자가 지향하는 이상적인 공간으로 볼 수 있다.
④ 화자는 '세상 같은 건 더러워 버리는 것이다'라고 하며 '세상'에 대한 부정적인 인식을 드러내고 있다. 더러운 '세상'을 버리고 화자는 '산골'로 떠나고 싶어 한다. 화자에게 '세상'은 벗어나고 싶은 세속적 공간, '산골'은 가고 싶은 이상적인 공간으로 정리할 수 있다.

42

㉠~㉢ 중 〈보기〉의 밑줄 친 시어와 비유적 의미가 상통하는 것은?

2013 지방직 9급

> ㉠ 유리(琉璃)에 차고 슬픈 것이 어린거린다.
> 열없이 붙어 서서 ㉡ 입김을 흐리우니
> 길들은 양 언 날개를 파다거린다.
> 지우고 보고 지우고 보아도
> 새까만 밤이 밀려나가고 밀려와 부딪히고
> 물 먹은 별이, 반짝, 보석(寶石)처럼 백힌다.
> ㉢ 밤에 홀로 유리를 닦는 것은
> 외로운 황홀한 심사이어니,
> 고흔 폐혈관(肺血管)이 찢어진 채로
> 아아, 늬는 ㉣ 산(山)ㅅ새처럼 날러갔구나!
>
> – 정지용, 『유리창(琉璃窓)』 –

— 보기 —
> 어느 가을 이른 바람에
> 여기저기 떨어질 잎처럼
> 한 가지에 나고
> 가는 곳 모르겠구나
>
> – 향가 『제망매가』 중에서 –

① ㉠ ② ㉡ ③ ㉢ ④ ㉣

정답 및 해설

④ 제망매가는 누이의 죽음을 나뭇잎이 떨어지는 것에 빗대어 슬픔을 노래하고 있는 향가이다. 〈보기〉의 '잎'은 죽은 누이를 상징한다. 지문에서 이와 유사한 의미를 지닌 시어는 죽은 아이를 상징하는 '산(山)ㅅ새'이다. 화자는 아들의 죽음을 '산(山)ㅅ새'가 날아가는 것에 빗대어 표현하였다.

43

<보기>를 참고하여 ㉠~㉣을 이해한 내용으로 적절하지 않은 것은?

2015 국가직 9급

─ 보기 ─
이용악은 1945년 해방이 되자 고향인 함경북도 경성에 가족을 두고 홀로 상경한다. '그리움'은 몹시 추웠던 그해 겨울밤 고향에 두고 온 가족을 그리워하며 쓴 시이다.

눈이 오는가 ㉠ 북쪽엔
함박눈 쏟아져 내리는가

험한 벼랑을 굽이굽이 돌아간
백무선(白茂線) 철길 위에
느릿느릿 밤새어 달리는
화물차의 검은 지붕에

연달린 산과 산 사이
㉡ 너를 남기고 온
작은 마을에도 복된 눈 내리는가

잉크병 얼어드는 ㉢ 이러한 밤에
어쩌자고 ㉣ 잠을 깨어
그리운 곳 차마 그리운 곳
눈이 오는가 북쪽엔
함박눈 쏟아져 내리는가

─ 이용악, 『그리움』 ─

① ㉠은 자신이 떠나온 공간의 고향을 가리키는 것이겠군.
② ㉡은 고향에 남겨 두고 온 가족을 의미하는 표현이겠군.
③ ㉢은 극심한 추위 속에서도 가족을 떠올리는 시간이겠군.
④ ㉣은 그리운 이를 볼 수 없는 화자의 절망적 심정을 투영한 대상물이겠군.

정답 및 해설

④ 화자는 잠에서 깨어 가족들을 떠올리며 그리워하고 있다. 잠에서 깬 사건은 가족과 고향을 떠올리게 되는 계기가 된다. 따라서 화자의 절망적 심정이 투영되었다는 설명은 적절하지 않다. 현실에서는 갈 수 없지만 잠이 들어 꿈을 꾼다면 화자는 그리운 고향에도 가고 가족들도 만날 수 있는 것이다. 잠은 오히려 그리운 이와 화자를 연결해 주는 대상으로 볼 수 있다.

오답 해설

① <보기>에서 이용악은 해방이 되자 함경북도에 가족을 두고 홀로 상경했다는 정보를 제시하였다. 따라서 화자가 그리워하는 북쪽은 화자가 떠나온 고향 함경북도를 가리키는 것이다.
② 시에서는 '너'라는 특정 대상으로 표현하여 그리움을 드러내고 있다. 하지만 <보기>의 내용을 참고하면 화자가 그리워하는 대상인 '너'는 고향에 두고 온 가족임을 알 수 있다.
③ 화자는 잉크병이 어는 극심한 추위 속에서도 화자는 가족을 떠올리고 있다. '여기도 이렇게 추운데, 가족이 있는 북쪽은 얼마나 더 추울까?' 걱정하며 가족을 떠올리고 있는 것이다.

44

다음 작품이 지닌 특징으로 적절하지 않은 것은?

2012 국가직 9급

> 나는 나룻배,
> 당신은 행인.
>
> 당신은 나를 흙발로 짓밟습니다.
> 나는 당신을 안고 물을 건너갑니다.
> 나는 당신을 안으면 깊으나 얕으나 급한 여울이나 건너갑니다.
>
> 만일 당신이 아니 오시면 나는 바람을 쐬고 눈비를 맞으며 밤에서 낮까지 당신을 기다리고 있습니다.
> 당신은 물만 건너면 나를 돌아보지도 않고 가십니다그려.
> 그러나 당신이 언제든지 오실 줄만은 알아요.
> 나는 당신을 기다리면서 날마다 날마다 낡아갑니다.
>
> 나는 나룻배,
> 당신은 행인.
>
> — 한용운, 『나룻배와 행인』 —

① 높임법을 활용하여 주제 의식을 강화하고 있다.
② 공감각적 비유로 정서적 분위기를 조성하고 있다.
③ 수미 상관의 방식으로 구조적 완결성을 높이고 있다.
④ 두 제재의 속성과 관계를 통해 주제를 형상화하고 있다.

정답 및 해설

② 공감각적 비유란 공감각적 심상을 이용한 비유를 말한다. 이 시에서는 시각적 심상을 중심으로 시상이 전개되고 있다. 화자인 '나'를 '나룻배'에 빗대고 '당신'은 '행인'에 빗대어 표현하였을 뿐, 공감각적 비유는 사용하지 않았다.

오답 해설

① '-ㅂ니다'는 상대 높임 중에서도 최고 높임인 하십시오체에 해당한다. 시문학 선지에서 '~을 활용하여 주제를 강화한다.'라는 내용이 있다면 '~을 활용하여' 부분만 확인하면 된다. 시에 쓰인 모든 시어와 표현법은 주제를 강화한다고 볼 수 있기 때문이다. 따라서 선지의 앞 부분만 지문을 통해 확인해 주면 된다.
③ 이 시는 앞뒤가 유사한 수미 상관의 형식이다. 수미 상관은 구조적으로 안정된 느낌을 주어 완결성을 높여준다. 또한 운율을 부각하고 내용을 강조하는 효과도 있다. 이 시는 1연과 4연이 동일하게 반복되어 구조적 완결성을 높이고 있다.
④ 이 시의 대표적인 두 제재는 '나룻배'와 '행인'이다. '나룻배'는 온갖 역경을 묵묵히 견뎌내는 존재이고, '행인'은 무심하고 무정한 대상이다. 그럼에도 '나룻배'는 절대적인 믿음을 가지고 인내하고 희생하는 태도를 보여준다. 이를 통해 인내와 희생을 통한 사랑이라는 주제 의식이 드러난다.

45

다음 작품을 내재적 관점에서 바라보고 있는 것은?

2016 국가직 7급

> 눈은 살아 있다.
> 떨어진 눈은 살아 있다.
> 마당 위에 떨어진 눈은 살아 있다.
>
> 기침을 하자.
> 젊은 시인(詩人)이여, 기침을 하자.
> 눈 위에 대고 기침을 하자.
> 눈더러 보라고 마음 놓고, 마음 놓고
> 기침을 하자.
>
> 눈은 살아 있다.
> 죽음을 잊어버린 영혼(靈魂)과 육체(肉體)를 위하여
> 눈은 새벽이 지나도록 살아 있다.
>
> 기침을 하자.
> 젊은 시인이여, 기침을 하자.
> 눈을 바라보며 밤새도록 고인 가슴의 가래라도
> 마음껏 뱉자.
>
> — 김수영 『눈』 —

① 시인의 의지적 삶이 곳곳에서 느껴져.
② '눈'과 '기침하는 행위'의 상징성이 뚜렷이 부각되고 있어.
③ 시인은 죽음조차도 별로 두려워하지 않았던 사람인 것 같아.
④ 4·19 혁명 이후, 강렬한 현실 인식에서 나온 작품인 것 같아.

정답 및 해설

② '눈'이나 '기침을 하는 행위'와 같이 작품 안의 시어를 중심으로 감상하는 것은 내재적 관점에 해당한다. '눈'은 깨끗함과 순수함을 상징한다. '기침을 하는 행위'는 더러운 '가래'를 뱉어내는 것이 목적이므로, 내면의 더러운 것을 버리고 순수한 삶을 추구하는 것을 의미한다.

오답 해설

① 기침을 하여 더러운 것을 뱉어내고 순수함을 되찾고자 하는 시인의 의지가 느껴진다. 시인의 삶과 관련지어 작품을 감상하는 것은 표현론적 관점이다.
③ 작품을 통해 시인의 특성을 추측하고 있다. 작품과 시인의 삶을 관련시켜 감상하는 것은 표현론적 관점에 해당한다.
④ '4.19 혁명'이라는 시대적인 배경을 바탕으로 작품을 감상하는 것은 반영론적 관점에 해당한다. 이 시는 1956년에 발표되었다. 반영론적 관점으로 본다면 당시 억압된 사회와 불의에 대한 저항을 드러낸다고 볼 수 있다.

46

2017 서울시 9급

다음 중 〈보기〉의 시에 대한 감상으로 가장 적절한 것은?

> 계절이 지나가는 하늘에는
> 가을로 가득 차 있습니다.
>
> 나는 아무 걱정도 없이
> 가을 속의 별들을 다 헤일 듯합니다.
>
> 가슴 속에 하나 둘 새겨지는 별을
> 이제 다 못 헤는 것은
> 쉬이 아침이 오는 까닭이요,
> 내일 밤이 남은 까닭이요,
> 아직 나의 청춘이 다하지 않은 까닭입니다.
>
> 별 하나에 추억과
> 별 하나에 사랑과
> 별 하나에 쓸쓸함과
> 별 하나에 동경과
> 별 하나에 시와
> 별 하나에 어머니, 어머니

① 화자는 어린 시절 친구들을 청자로 설정하여 내면을 고백하고 있다.
② 화자의 내면과 갈등관계에 있는 현실에 비판적 시각을 드러내고 있다.
③ 별은 시적 화자가 지향하는 내적 세계를 나타낸다.
④ 별은 현실 상황의 변화를 바라는 화자의 현실적 욕망을 상징한다.

정답 및 해설

③ 화자는 별 하나하나에 '추억, 사랑, 쓸쓸함, 동경, 시, 어머니'를 연결시키고 있다. 화자가 별을 보며 나열한 것들은 모두 화자가 그리워하는 것, 지향하는 것들이다.

오답 해설

① 화자는 별을 보며 과거 추억을 떠올리고 있기는 하지만 어린 시절 친구를 청자로 설정하지는 않았다. 제시된 부분에서는 독백적인 어조로 화자의 내면을 담담하게 고백하고 있다. 참고로 시의 뒷부분에서는 '어머니'를 청자로 설정하여 편지글 형식으로 화자의 그리움을 드러낸다.
② 화자가 별을 보며 떠올리는 대상을 통해 화자의 내면에 있는 그리움의 정서를 확인할 수 있다. 하지만 현실에 대한 비판적인 시각은 드러나지 않는다. 화자는 지금 '아무 걱정도 없이' 하늘의 별을 헤고 있다.
④ 화자는 '추억, 사랑, 쓸쓸함, 동경, 시, 어머니' 등에 대한 그리움을 드러내고 있을 뿐, 상황의 변화에 대한 욕망을 표현하지는 않았다.

47

다음 작품이 지닌 특징으로 적절하지 않은 것은?

2014 국가직 9급

> 새끼오리도 헌신짝도 소똥도 갓신창도 개니빠디도 너울쪽도 짚검불도 가랑잎도 머리카락도 헝겊조각도 막대꼬치도 기왓장도 닭의 깃도 개 터럭도 타는 모닥불
>
> 재당도 초시도 문장 늙은이도 더부살이 아이도 새사위도 갓사돈도 나그네도 주인도 할아버지도 손자도 붓장수도 땜장이도 큰 개도 강아지도 모두 모닥불을 쪼인다
>
> 모닥불은 어려서 우리 할아버지가 어미 아비 없는 서러운 아이로 불쌍하니도 몽동발이가 된 슬픈 역사가 있다
>
> – 백석, 『모닥불』 –

① 구체적 대상을 열거하여 시상을 전개하고 있다.
② 특정한 조사를 반복하여 운율을 형성하고 있다.
③ 사물을 의인화하여 대상의 속성을 강조하고 있다.
④ 토속적 시어를 활용하여 향토색을 드러내고 있다.

정답 및 해설

③ 다양한 사물이 나열되고 있지만 의인화하여 제시하지는 않았다. '개'와 '강아지'는 의인화된 대상이 아니라 인간과 함께 불을 쬐고 있는 존재로 그려지고 있다.

오답 해설

① 1연에서는 모닥불 속에서 타고 있는 사물들을 열거하였고, 2연에서는 모닥불을 쬐는 사람들과 동물들을 열거하면서 시상을 전개하였다.
② 1연과 2연에서 구체적인 대상들을 열거할 때, '새끼오리도 헌신짝도 소똥도 갓신창도'와 같이 '도'라는 조사를 반복하였다. 반복을 하면 운율이 살아난다.
④ '새끼오리(새끼줄)', '개니빠디(개의 이빨)', '너울쪽(널빤지쪽)', '짖(깃)'과 같이 토속적인 방언을 사용하여 향토색을 드러내고 있다.

48

다음 시에 드러난 화자의 태도로 적절한 것은?

2012 국가직 7급

> 길이 끝나는 곳에서도
> 길이 있다.
> 길이 끝나는 곳에서도
> 길이 되는 사람이 있다.
> 스스로 봄 길이 되어
> 끝없이 걸어가는 사람이 있다.
> 강물은 흐르다가 멈추고
> 새들은 날아가 돌아오지 않고
> 하늘과 땅 사이의 모든 꽃잎은 흩어져도
> 보라.
> 사랑이 끝난 곳에서도
> 사랑으로 남아 있는 사람이 있다.
> 스스로 사랑이 되어
> 한없이 봄 길을 걸어가는 사람이 있다.
>
> — 정호승, 『봄 길』 —

① 딱 잘라서 판단하고 결정하려는 태도가 드러난다.
② 부정적인 상황에 한탄하지 않고 극복하고자 하는 태도가 드러난다.
③ 바라볼 것이 없게 되어 모든 희망을 끊어 버리는 태도가 드러난다.
④ 사소한 사물이나 일에 얽매이지 않고 세속을 벗어나 활달한 태도가 드러난다.

정답 및 해설

② 길이 끝나고 강물이 멈추고 새들도 날아가 돌아오지 않는 것은 모두 부정적인 상황에 해당한다. 화자는 이러한 부정적인 상황에서 절망하는 것이 아니라 그 안에서도 길이 있다며 극복하고자 하는 의지를 보여주고 있다. 스스로 길을 개척하고, 다른 사람을 위해 길을 만드는 사람들이 있음을 이야기하며 희망적인 태도를 보이고 있다.

오답 해설

① 화자는 '~이 있다', '보라.'와 같이 단정적인 어조를 사용하고 있다. 이러한 어조를 통해 말하고자 하는 것은 힘든 상황에서도 포기하지 말고 희망을 잃지 말자는 것이다. 단호한 어조는 희망에 대한 의지를 부각하기 위함일 뿐, 딱 잘라 판단하고 결정하려는 태도는 드러나지 않는다.
③ 모든 희망을 끊어 버렸다면 '길이 끝나는 곳'에서 시도 끝났을 것이다. 하지만 화자는 길이 끝나고 강물이 멈추는 부정적인 상황에서도 '길이 있다'라는 희망을 드러내고 있다. 절망적인 상황에서도 희망을 버리지 않는 태도, 다른 사람을 위해 희생하는 긍정적인 태도가 드러나고 있다.
④ 세속에 대한 비판이나 세속을 벗어나고자 하는 모습은 찾아볼 수 없다. 화자는 희망적인 태도를 드러내고 있는데, 이것은 세속을 벗어난 것이 아니라 화자가 살아가는 현실의 삶에서 찾는 희망이다. 현실의 삶이 절망적이고 힘들더라도 항상 긍정적으로 살아가자는 태도를 강조하고 있는 것이다.

49

다음 시에 대한 설명으로 적절하지 않은 것은?

2015 지방직 7급

> 호박잎에 싸오는 붕어곰은 언제나 맛있었다
> 부엌에는 빨갛게 질들은 팔(八)모알상이 그 상 우엔 새파란 싸리를 그린 눈알만한 잔(盞)이 뵈였다
> 아들아이는 범이라고 장고기를 잘 잡는 앞니가 뻐드러진 나와 동갑이었다
> 울파주 밖에는 장꾼들을 따러와서 엄지의 젖을 빠는 망아지도 있었다
>
> – 백석,『주막』–

① 색채의 대비를 통하여 풍경을 강렬하게 그려 내고 있다.
② 지역어를 적절하게 사용하여 지역적 특성을 드러내고 있다.
③ 대상의 구체적인 묘사를 통해 유년 시절의 추억을 회상하고 있다.
④ 어린 아이와 어른의 시각을 대비하여 사건을 생생하게 보여 주고 있다.

50

다음 시의 할머니에게서 얻을 수 있는 삶의 교훈으로 가장 적절한 것은?

2014 지방직 7급

> 산그늘 내린 밭 귀퉁이에서 할머니와 참깨를 턴다.
> 보아 하니 할머니는 슬슬 막대기질을 하지만
> 어두워지기 전에 집으로 돌아가고 싶은 젊은 나는
> 한 번을 내리치는 데도 힘을 더한다.
> 세상사에는 흔히 맛보기가 어려운 쾌감이
> 참깨를 털어내는 일엔 희한하게 있는 것 같다.
> 한 번을 내리쳐도 셀 수 없이
> 쏴아쏴아 쏟아지는 무수한 흰 알맹이들
> 도시에서 십 년을 가차이 살아본 나로선
> 기가 막히게 신나는 일인지라
> 휘파람을 불어가며 몇 다발이고 연이어 털어낸다.
> 사람도 아무 곳에나 한 번만 기분 좋게 내리치면
> 참깨처럼 쏴아쏴아 쏟아지는 것들이
> 얼마든지 있을 거라고 생각하며 정신없이 털다가
> "아가, 모가지까지 털어져선 안 되느니라."
> 할머니의 가엾어하는 꾸중을 듣기도 했다.
>
> – 김준태,『참깨를 털면서』–

① 지나침을 경계하고 순리를 따라야 한다.
② 자신의 체력을 알고 무리하지 않아야 한다.
③ 다른 대상에 대해 연민의 감정을 가져야 한다.
④ 과거에 연연하지 않고 긍정적으로 살아야 한다.

51

다음 글을 감상한 내용으로 적절하지 않은 것은?

2023 국가직 9급

> 막바지 뙤약볕 속
> 한창 매미 울음은
> 한여름 무더위를 그 절정까지 올려놓고는
> 이렇게 다시 조용할 수 있는가.
> 지금은 아무 기척도 없이
> 정적의 소리인 듯 쟁쟁쟁
> 천지(天地)가 하는 별의별
> 희한한 그늘의 소리에
> 멍청히 빨려 들게 하구나.
>
> 사랑도 어쩌면
> 그와 같은 것인가.
> 소나기처럼 숨이 차게
> 정수리부터 목물로 들이붓더니
> 얼마 후에는
> 그것이 아무 일도 없었던 양
> 맑은 구름만 눈이 부시게
> 하늘 위에 펼치기만 하노니.
>
> — 박재삼, 「매미 울음 끝에」 —

① 갑작스럽게 변화한 자연 현상을 감각적으로 제시하고 있다.
② 청각적 이미지와 시각적 이미지를 활용하여 시상을 전개하고 있다.
③ 소나기가 그치고 맑은 구름이 펼쳐진 것을 통해 사랑의 속성을 드러내고 있다.
④ 매미 울음소리가 절정에 이르렀다가 사라진 직후의 상황을 반어법으로 표현하고 있다.

정답 및 해설

④ 매미 울음소리가 절정에 이르렀다가 사라진 직후의 상황을 표현한 것은 맞지만 반어법은 사용하지 않았다. 매미 울음소리가 사라진 순간은 반어법이 아니라 역설적으로 표현하였다. (정적의 소리인 듯 쟁쟁쟁)

오답 해설

① 한여름 무더위에서 절정을 이루던 매미 울음소리가 가을이 되면서 사그라지고 적막만 남은 자연의 변화를 감각적으로 제시하고 있다.
② 청각(매미 울음)과 시각(맑은 구름, 하늘) 등 다양한 이미지를 활용하여 시상을 전개하고 있다.
③ 절정에 다다랐다가 차분하게 가라앉는 자연의 변화처럼 열정적이었다가 차분해지는 사랑의 속성에 대한 깨달음을 드러내고 있다.

52

다음 시를 이해한 내용으로 적절하지 않은 것은?

2023 지방직 9급

> 사랑을 잃고 나는 쓰네
>
> 잘 있거라, 짧았던 밤들아
> 창밖을 떠돌던 겨울 안개들아
> 아무것도 모르던 촛불들아, 잘 있거라
> 공포를 기다리던 흰 종이들아
> 망설임을 대신하던 눈물들아
> 잘 있거라, 더 이상 내 것이 아닌 열망들아
>
> 장님처럼 나 이제 더듬거리며 문을 잠그네
> 가엾은 내 사랑 빈집에 갇혔네
>
> — 기형도, 빈집 —

① 대상들을 호명하며 안타까운 심정을 표현하고 있다.
② '빈집'은 상실감으로 공허해진 내면을 상징하고 있다.
③ 영탄형 어조를 활용해 이별에 따른 정서를 부각하고 있다.
④ 글 쓰는 행위를 통해 잃어버린 사랑의 회복을 열망하고 있다.

정답 및 해설

④ '사랑을 잃고 나는 쓰네'를 통해 글 쓰는 행위를 하고 있음을 알 수 있지만 잃어버린 사랑의 회복을 열망하는 태도를 보이는 것은 아니다. 화자는 잃어버린 사랑에 대한 상실감을 나타내고 있다.

오답 해설

① '밤', '겨울 안개', '촛불' 등은 사랑할 때 함께했던 것들이다. 화자는 사랑할 때 접했던 것들을 호명하며 안타까운 이별의 심정을 표현하고 있다.
② 이 시의 제목이기도 한 '빈집'은 화자의 사랑이 갇힌 곳이다. '문을 잠그네'로 보아 '빈집'은 폐쇄된 공간이라고 할 수 있는데, 사랑을 잃고 열망을 상실한 화자의 공허한 내면과 절망을 상징한다.
③ 영탄형 종결 어미를 활용하여 이별에 대한 안타까움의 정서를 부각하고 있다.

제 3 회 현대 소설 필수 기출 문제

01 2022 지방직 7급

다음 글에 대한 이해로 적절하지 않은 것은?

> "공부를 많이 한 사람이 어째 해남 대흥사에 있나? 서울 조계사에 있어야지 ……." "에이, 대흥사도 대찰(大刹)이에요." "그래도 중들의 중앙청은 역시 조계사 아닌가?" "스님들에게 중앙청이 어디 있어요? 그거 싫다고 떠난 사람들인데." "그래서 가짜가 많다고 ……." "네?" "책은 많이 썼는가?" "책이라뇨?" "스님들이 책 많이 쓰지 않나, 요즘?" "에이, 지명 스님은 그런 거 안 써요." "그러면 테레비에는 나와?" "테레비에도 안 나와요. 지명 스님, 그런 거 할 사람이 아니에요." "그러면 라디오에는? 요새는 불교 방송이라는 라디오 방송도 생겼다는데?" "나대는 스님이 아니니까요." "에이, 그러면 공부 많이 한 스님이 아니야." "네?"
>
> 그는 내 인내를 시험해 보기로 작정했던 모양인가? 이유 없이 따귀를 한 대 맞은 느낌이었다. … (중략) …
>
> 나는, 정말이지 가만히 있을 수가 없었다.
>
> "이 세상에는 학생을 가르치는 교수도 있고, 더 잘 가르칠 수 있도록 그런 교수를 가르치는 교수도 있어요. 이 세상에는 중생을 제도하는 스님도 있고 더 잘 제도할 수 있도록 그런 스님을 가르치는 스님도 있어요. 텔레비전 시청자나 라디오 청취자에게 적합한 지식을 가진 사람도 있고, 텔레비전이나 라디오에 나갈 사람을 가르치는 사람도 있어요." "에이, 그것은 못 나간 사람들이 만들어 낸 변명이야."
>
> — 이윤기,「숨은그림찾기1- 직선과 곡선」에서 —

① '나'의 입장에서 볼 때 '조계사'와 '대흥사'는 우열의 관계가 아니다.
② '나'의 입장에서 볼 때 '책'을 쓰는 것은 '공부 많이 한 스님'이 갖추어야 할 조건이다.
③ '그'의 입장에서 볼 때 '지명 스님'은 '못 나간 사람들'에 속한다.
④ '그'의 입장에서 볼 때 '중앙청'에 있는 스님들은 '중앙청'이 아닌 곳에 있는 스님들보다 '공부를 많이 한 사람'이다.

정답 및 해설

② 책을 많이 쓰고, TV에 많이 나와야 공부를 많이 한 스님이라고 생각하는 것은 '나'가 아니라 '그'이다. '나'는 오히려 '그'의 의견에 반박하고 있다.

오답 해설

① '나'는 대흥사도 대찰이라고 말하고, 스님들에게 중앙청이 어디 있냐고 말하고 있다. 이를 통해 '나'가 '조계사'와 '대흥사'를 우열의 관계로 인식하지 않고 있음을 알 수 있다. 반면 '그'는 '그래도 중들의 중앙청은 역시 조계사'라며 조계사와 대흥사를 우열의 관계로 인식하고 있다.
③ '그'는 책을 많이 쓰거나 방송에 나와야 '잘 나가는 사람들'이라고 생각한다. 책도 쓰지 않고 방송에도 나가지 않는 '지명 스님'은 '그'에게 '못 나간 사람들'에 속한다.
④ "공부를 많이 한 사람이 어째 해남 대흥사에 있나? 서울 조계사에 있어야지."라고 말하는 '그'의 모습을 통해 '그'는 공부를 많이 한 사람은 조계사에 있다고 인식하고 있음을 알 수 있다. '그'의 입장에서는 '중앙청'에 있는 스님들이 다른 곳에 있는 스님들보다 공부를 더 많이 한 사람이다.

02

다음 글에 대한 감상으로 적절하지 않은 것은?

2022 지방직 9급

> "같이 가시지. 내 보기엔 좋은 여자 같군."
> "그런 거 같아요."
> "또 알우? 인연이 닿아서 말뚝 박구 살게 될지. 이런 때 아주 뜨내기 신셀 청산해야지."
> 영달이는 시무룩해져서 역사 밖을 멍하니 내다보았다. 백화는 뭔가 쑤군대고 있는 두 사내를 불안한 듯이 지켜보고 있었다. 영달이가 말했다. "어디 능력이 있어야죠."
> "삼포엘 같이 가실라우?"
> "어쨌든……."
> 영달이가 뒷주머니에서 꼬깃꼬깃한 오백 원짜리 두 장을 꺼냈다. "저 여잘 보냅시다."
> 영달이는 표를 사고 삼립빵 두 개와 찐 달걀을 샀다. 백화에게 그는 말했다. "우린 뒤차를 탈 텐데……. 잘 가슈."
> 영달이가 내민 것들을 받아 쥔 백화의 눈이 붉게 충혈되었다. 그 여자는 더듬거리며 물었다. "아무도…… 안 가나요?"
> "우린 삼포루 갑니다. 거긴 내 고향이오."
> 영달이 대신 정 씨가 말했다. 사람들이 개찰구로 나가고 있었다. 백화가 보퉁이를 들고 일어섰다.
> "정말, 잊어버리지…… 않을게요."
> 백화는 개찰구로 가다가 다시 돌아왔다. 돌아온 백화는 이 젖은 채로 웃고 있었다.
> "내 이름 백화가 아니에요. 본명은요…… 이점례예요."
> 여자는 개찰구로 뛰어나갔다. 잠시 후에 기차가 떠났다.
>
> - 황석영, 삼포 가는 길 에서 -

① 정 씨는 영달이 백화와 함께 떠날 것을 권유했군.
② 백화는 영달의 선택이 어떤 것일지 몰라 불안했군.
③ 영달은 백화를 신뢰할 수 없었기 때문에 같이 떠나지 않았군.
④ 백화가 자신의 본명을 말한 것은 정 씨와 영달에 대한 고마움의 표현이었군.

03

다음 글에 대한 이해로 적절하지 않은 것은?

2022 국가직 9급

> 정거장에 나온 박은 수염도 깎은 지 오래어 터부룩한 데다 버릇처럼 자주 찡그려지는 비웃는 웃음은 전에 못 보던 표정이었다. 그 다니는 학교에서만 지싯지싯 붙어 있는 것이 아니라 이 시대 전체에서 긴치 않게 여기는, 지싯지싯*붙어 있는 존재 같았다. 현은 박의 그런 지싯지싯함에서 선뜻 자기를 느끼고 또 자기의 작품들을 느끼고 그만 더 울고 싶게 괴로워졌다.
>
> 한참이나 붙들고 섰던 손목을 놓고, 그들은 우선 대합실로 들어왔다. 할 말은 많은 듯하면서도 지껄여 보고 싶은 말은 골라낼 수가 없었다. 이내 다시 일어나 현은,
>
> "나 좀 혼자 걸어 보구 싶네."
>
> 하였다. 그래서 박은 저녁에 김을 만나 가지고 대동강가에 있는 동일관이란 요정으로 나오기로 하고 현만이 모란봉으로 온 것이다.
>
> 오면서 자동차에서 시가도 가끔 내다보았다. 전에 본 기억이 없는 새 빌딩들이 꽤 많이 늘어섰다. 그중에 한 가지 인상이 깊은 것은 어느 큰 거리 한 뿌다귀*에 벽돌 공장도 아닐테요 감옥도 아닐 터인데 시뻘건 벽돌만으로, 무슨 큰 분묘와 같이 된 건축이 웅크리고 있는 것이다. 현은 운전사에게 물어보니, 경찰서라고 했다.
>
> — 이태준, 『패강랭』에서
>
> * **지싯지싯**: 남이 싫어하는지는 아랑곳하지 아니하고 제가 좋아하는 것만 자꾸 짓궂게 요구하는 모양.
> * **뿌다귀**: '뿌다구니'의 준말로, 쑥 내밀어 구부러지거나 꺾어져 돌아간 자리.

① '현'은 예전과 달라진 '박'의 태도가 자신의 작품 때문이라고 생각하고 있다.
② '현'은 자신과 비슷한 처지에 있는 '박'을 통해 자신을 연민하고 있다.
③ '현'은 새 빌딩들을 보고 도시가 많이 변화하고 있음을 인지하고 있다.
④ '현'은 시뻘건 벽돌로 만든 경찰서를 보고 암울한 분위기를 느끼고 있다.

04

다음 글에 대한 이해로 적절한 것은

2021 지방직 7급

> 바로 머리 위에서 불티처럼 박힌 앙증스러운 눈깔을 요모조모로 빛내면서 자꾸 대가리를 숙여 꺼뜩꺼뜩 위협을 주는 커다란 구렁이를 보고도 외할머니는 조금도 두려워하지 않았다.
> 외할머니는 두 손을 천천히 가슴 앞으로 모아 합장했다.
> "에구 이 사람아, 집안일이 못 잊어서 이렇게 먼 질을 찾어왔능가?"
> 꼭 울어 보채는 아이한테 자장가라도 불러 주는 투로 조용히 속삭이는 그 말을 듣고 누군가 큰 소리로 웃는 사람이 있었다.
> 그러자 외할머니는 눈이 단박에 세모꼴로 변했다.
> "어떤 창사구 빠진 잡놈이 그렇게 히득거리고 섰냐.
> 누구냐, 어서 이리 썩 나오니라. 주리 댈 놈!"
> 외할머니의 대갈 호령에 사람들은 쥐 죽은 소리도 못 했다.
> 외할머니는 몸을 돌려 다시 구렁이를 상대로 했다.
> "자네 보다시피 노친께서는 기력이 여전허시고 따른 식구덜도 모다덜 잘 지내고 있네. 그러니께 집안일일랑 아모 염려 말고 어서어서 자네 가야 헐 디로 가소."
> 구렁이는 움쩍도 하지 않았다. 철사 토막 같은 혓바닥을 날름거리면서 대가리만 두어 번 들었다 놓았다 했다.
> "가야 헐 디가 보통 먼 질이 아닌디 여그서 이러고 충그리고만 있어서야 되겠능가. 자꼬 이러며는 못쓰네, 못써.
> 자네 심정은 내 짐작을 허겄네만 집안 식구덜 생각도 혀야지. 자네 노친 양반께서 자네가 이러고 있는 꼴을 보면 얼매나 가슴이 미여지겠능가."
>
> — 윤흥길, 장마 에서 —

① 외할머니가 구렁이를 무서워하는 사람에게 야단을 치고 있다.
② 외할머니가 구렁이를 산 사람처럼 대하면서 말을 건네고 있다.
③ 외할머니가 구렁이를 혐오스럽게 생각해서 쫓아내려고 하고 있다.
④ 외할머니가 구렁이를 안심시키려고 음식을 대접하고 있다.

05

다음 글에 대한 이해로 가장 적절한 것은?

2021 국가직 9급

> 암소의 뿔은 수소의 그것보다도 한층 더 겸허하다. 이 애상적인 뿔이 나를 받을 리 없으니 나는 마음 놓고 그 곁풀밭에 가 누워도 좋다. 나는 누워서 우선 소를 본다.
> 소는 잠시 반추를 그치고 나를 응시한다.
> '이 사람의 얼굴이 왜 이리 창백하냐. 아마 병인인가 보다. 내 생명에 위해를 가하려는 거나 아닌지 나는 조심해야 되지.'
> 이렇게 소는 속으로 나를 심리하였으리라. 그러나 오 분 후에는 소는 다시 반추를 계속하였다. 소보다도 내가 마음을 놓는다.
> 소는 식욕의 즐거움조차를 냉대할 수 있는 지상 최대의 권태자다. 얼마나 권태에 지질렸길래 이미 위에 들어간 식물을 다시 게워 그 시큼털털한 반소화물의 미각을 역설적으로 향락하는 체해 보임이리오?
> 소의 체구가 크면 클수록 그의 권태도 크고 슬프다. 나는 소 앞에 누워 내 세균 같이 사소한 고독을 겸손하면서 나도 사색의 반추는 가능한지 불가능한지 몰래 좀 생각해 본다.
>
> - 이상, 〈권태〉에서 -

① 대상의 행위를 통해 글쓴이의 심리가 투사되고 있다.
② 과거의 삶을 회상하며 글쓴이의 처지를 후회하고 있다.
③ 공간의 이동을 통해 글쓴이의 무료함을 표현하고 있다.
④ 현실에 대한 글쓴이의 불만이 반성적 어조로 표출되고 있다.

06

2021 국가직 9급

다음 글에서 '황거칠'이 처한 상황에 어울리는 한자 성어로 가장 적절한 것은?

> 황거칠 씨는 더 참을 수가 없었다. 그는 거의 발작적으로 일어섰다.
> "이 개 같은 놈들아, 어쩌면 남이 먹는 식수까지 끊으려노?"
> 그는 미친 듯이 우르르 달려가서 한 인부의 괭이를 억지로 잡아서 저만큼 내동댕이쳤다. … (중략) …
> 경찰은 발포를 - 다행히 공포였지만 - 해서 겨우 군중을 해산시키고, 황거칠 씨와 청년 다섯 명을 연행해 갔다. 물론 강제집행도 일시 중단되었다.
> 경찰에 끌려간 사람들은 밤에도 풀려나오지 못했다. 공무집행 방해에다, 산주의 권리행사 방해, 그리고 폭행죄까지 뒤집어쓰게 되었던 것이다. 그래서 그 이튿날도 풀려나오질 못했다. 쌍말로 썩어 갔다.
> 황거칠 씨는 모든 죄를 자기가 안아맡아서 처리하려고 했다. 그러나 그것이 뜻대로 되지 않았다. 면회를 오는 가족들의 걱정스런 얼굴을 보자, 황거칠 씨는 가슴이 아팠다.
> 그는 만부득이 담당 경사의 타협안에 도장을 찍기로 했다. 석방의 조건으로서, 다시는 강제집행을 방해하지 않겠다는 각서였다.
> 이리하여 황거칠 씨는 애써 만든 산수도를 포기하게 되고 '마삿등'은 한때 도로 물 없는 지대가 되고 말았다.
>
> - 김정한, 〈산거족〉에서 -

① 同病相憐　② 束手無策　③ 自家撞着　④ 輾轉反側

07

다음 글의 내용과 부합하지 않는 것은?

2021 지방직 9급

> 무슈 리와 엄마는 재혼한 부부다. 내가 그를 아버지라고 부르기 어려운 것은 거의 그런 말을 발음해 본적이 없는 습관의 탓이 크다.
>
> 나는 그를 좋아할뿐더러 할아버지 같은 이로부터 느끼던 것의 몇 갑절이나 강한 보호 감정 – 부친다움 같은 것도 느끼고 있다.
>
> 그러나 나는 그의 혈족은 아니다.
>
> 무슈리의 아들인 현규와도 마찬가지다. 그와 나는 그런 의미에서는 순전한 타인이다. 스물두 살의 남성이고 열여덟 살의 계집아이라는 것이 진실의 전부이다. 왜 나는 이 일을 그대로 알아서는 안 되는가?
>
> 나는 그를 영원히 아무에게도 주기 싫다. 그리고 나 자신을 다른 누구에게 바치고 싶지도 않다. 그리고 우리를 비끄러매는 형식이 결코 '오누이 ' 라는 것이어서는 안 될 것을 알고 있다.
>
> 나는 또 물론 그도 나와 마찬가지로 같은 일을 생각하고 있기를 바란다. 같은 일을 – 같은 즐거움일 수는 없으나 같은 이 괴로움을.
>
> 이 괴로움과 상관이 있을 듯한 어떤 조그만 기억, 어떤 조그만 표정, 어떤 조그만 암시도 내 뇌리에서 사라지는 일은 없다. 아아, 나는 행복해질 수는 없는 걸까? 행복이란, 사람이 그것을 위하여 태어나는 그 일을 말함이 아닌가?
>
> 초저녁의 불투명한 검은 장막에 싸여 짙은 꽃향기가 흘러든다. 침대 위에 엎드려서 나는 마침내 울고 만다.
>
> – 강신재, 「젊은 느티나무」에서 –

① '나'는 '현규'도 '나와 같은 감정을 갖고 있기를 기대하고 있다.
② '나'와 '현규'는 혈연적으로는 아무런 관계가 없는 타인이며, 법률상의 '오누이'일 뿐이다.
③ '나'는 '현규'에 대한 감정 때문에 '무슈리'를 아버지로 부르는 것에 거부감을 갖고 있다.
④ '나'는 사회적 인습이나 도덕률보다는 '현규'에 대한 '나'의 감정에 더 충실해 지고 싶어 한다.

08

(가)에 들어갈 한자성어로 적절한 것은?

2021 지방직 9급

> "집안 내력을 알고 보믄 동기간이나 진배없고, 성환이도 이자는 대학생이 됐으니께 상의도 오빠겉이 그렇게 알아놔라." 하고 장씨 아저씨는 말하는 것이었다. 그러나 상의는 처음 만났을 때도 그랬지만 두 번째도 거부감을 느꼈다. 사람한테 거부감을 느꼈기보다 제복에 거부감을 느꼈는지 모른다. 학교규칙이나 사회의 눈이 두려웠는지 모른다. 어쨌거나 그들은 청춘남녀였으니까. 호야 할매 입에서도 성환의 이름이 나오기론 이번이 처음이 아니었다.
> "_(가)_, 손주 때문에 눈물로 세월을 보내더니, 이자는 성환이도 대학생이 되었으니 할매가 원풀이 한풀이를 다했을 긴데 아프기는 와 아프는고, 옛말 하고 살아야 하는 긴데."
>
> – 박경리, 「토지」에서 –

① 오매불망(寤寐不忘)
② 망운지정(望雲之情)
③ 염화미소(拈華微笑)
④ 백아절현(伯牙絶絃)

정답 및 해설

① 오매불망(寤寐不忘)은 '자나 깨나 잊지 못함.'을 의미하므로, 손주를 그리워하는 할머니의 심정에 가장 적절하다.

오답 해설

② 망운지정(望雲之情)은 '자식이 객지에서 고향에 계신 어버이를 생각하는 마음'을 의미한다.
③ 염화미소(拈華微笑)는 '말로 통하지 아니하고 마음에서 마음으로 전하는 일'을 의미한다.
④ 백아절현(伯牙絶絃)은 '자기를 알아주는 참다운 벗의 죽음을 슬퍼함'을 의미한다.

09

다음 글의 밑줄 친 부분이 지시하는 대상이 다른 것은?

2021 지방직 9급

> 수박을 먹는 기쁨은 우선 식칼을 들고 이 검푸른 ⊙ 구형의 과일을 두 쪽으로 가르는 데 있다. 잘 익은 수박은 터질 듯이 팽팽해서, 식칼을 반쯤만 밀어 넣어도 나머지는 저절로 열린다. 수박은 천지개벽하듯이 갈라진다. 수박이 두 쪽으로 벌어지는 순간, '앗!' 소리를 지를 여유도 없이 초록은 ⓒ 빨강으로 바뀐다. 한 번의 칼질로 이처럼 선명하게도 세계를 전환시키는 사물은 이 세상에 오직 수박뿐이다. 초록의 껍질 속에서, ⓒ 새까만 씨앗들이 별처럼 박힌 선홍색의 바다가 펼쳐지고, 이 세상에 처음 퍼져나가는 비린 향기가 마루에 가득 찬다. 지금까지 존재하지 않던, ② 한바탕의 완연한 아름다움의 세계가 칼 지나간 자리에서 홀연 나타나고, 나타나서 먹히기를 기다리고 있다. 돈과 밥이 나오지 않았다 하더라도, 이것은 필시 흥부의 박이다.
>
> – 김훈, 『수박』에서 –

① ⊙
② ⓒ
③ ⓒ
④ ②

정답 및 해설

① '구형'은 수박의 겉면을 의미하고, '빨강', '새까만 씨앗들이 별처럼 박힌 선홍색의 바다', '한바탕의 완연한 아름다움의 세계'는 모두 수박의 내부를 의미한다. 수박의 '겉'과 '안'이라는 측면에서 지시하는 대상이 다르다.

10

다음 글을 잘못 이해한 것은?

2021 지방직 9급

> 서연: 여보게, 동연이.
> 동연: 왜?
> 서연: 자네가 본뜨려는 부처님 형상은 누가 언제 그렸는지 몰라도 흔히 있는 것을 베껴 놓은 걸세. 그런데 자네는 그 형상을 또다시 베껴 만들 작정이군. 자넨 의심도 없는가? 심사숙고해 보게. 그런 형상이 진짜 부처님은 아닐세.
> 동연: 나에겐 전혀 의심이 없네.
> 서연: 의심이 없다니……?
> 동연: 무엇 때문에 의심해서 아까운 시간을 낭비해야 하는가?
> 서연: 음 ……
> 동연: 공부를 하게, 괜히 의심 말고! (허공에 걸려 있는 탱화를 가리키며) 자넨 얼마나 형상 공부를 했는가? 이 십일면 관세음보살의 머리 위에는 열한 개의 얼굴들이 있는데, 그 얼굴 하나하나를 살펴나 봤었는가? 귀고리, 목걸이, 손에 든 보병과 기현화란 꽃의 형태를 꼼꼼히 연구했었는가? 자네처럼 게으른 자들은 공부를 안 하고, 아무 의미 없다 의심만 하지!
> 서연: 자넨 정말 열심히 공부했네. 그렇다면 그 형태 속에 부처님 마음은 어디 있는지 가르쳐 주게.
>
> – 이강백, 『느낌, 극락 같은』에서 –

① 불상 제작에 대한 동연과 서연의 입장은 다르다.
② 서연은 전해지는 부처님 형상을 의심하는 인물이다.
③ 동연은 부처님 형상을 독창적으로 제작하는 인물이다.
④ 동연과 서연의 대화는 예술에 있어서 형식과 내용의 논쟁을 연상시킨다.

11

다음 중 인용문과 같은 서술 시점으로 이루어진 문장은?

2014 국회직 8급

> 복녀의 송장은 사흘이 지나도록 무덤으로 못 갔다. 왕 서방은 몇 번을 복녀의 남편을 찾아갔다. 복녀의 남편도 때때로 왕 서방을 찾아갔다. 둘의 새에는 무슨 교섭하는 일이 있었다. 사흘이 지났다.
> 밤중에 복녀의 시체는 왕 서방의 집에서 남편의 집으로 옮겼다. 그리고 그 시체에는 세 사람이 둘러앉았다. 한 사람은 복녀의 남편, 한 사람은 왕 서방, 또 한 사람은 어떤 한방 의사. 왕 서방은 말없이 돈주머니를 꺼내어, 십 원짜리 지폐 석 장을 복녀의 남편에게 주었다. 한방의의 손에도 십 원짜리 두 장이 갔다.
> 이튿날 복녀는 뇌일혈로 죽었다는 한방의의 진단으로 공동묘지로 가져갔다.
>
> — 김동인, 〈감자〉

① 어머니가 그 꽃을 곧 내버릴 줄로 나는 생각했습니다마는 내버리지 않고 꽃병에 꽂아서 풍금 위에 놓아 두었습니다.

② 단발머리를 나풀거리며 소녀가 막 달린다. 갈밭 사잇길로 들어섰다. 뒤에는 청량한 가을 햇살 아래 빛나는 갈꽃뿐.

③ 나는 다시 닭을 잡아다 가두고 염려는 스러우나 그렇다고 산으로 나무를 하러 가지 않을 수도 없는 형편이었다.

④ 초봉이는 아궁이 앞에 앉아 지금 방에서 어머니와 아버지가 하고 있는 그 이야기가 어떻게 돼가는가 해서 궁금히 생각을 하고 있는데, 삐그럭 중문 소리에 연달아 뚜벅뚜벅 무거운 구두 소리가 들린다.

⑤ 그날 밤에도 몹시 추웠다. 우리는 문을 꼭꼭 닫고 문틈을 헝겊으로 막고 이불을 둘씩 덮고 꼭꼭 붙어서 일찍 잤다.

정답 및 해설

② 이 소설은 작품 안에 '나'가 등장하지 않는 3인칭 시점에 해당한다. 서술자가 작품 밖에서 인물의 외면만을 서술하는 3인칭 관찰자 시점이다. ②도 3인칭 관찰자 시점으로 서술하고 있다.

오답 해설

① '나'가 작품 안에 등장하는 1인칭 시점이다. 서술자가 중심 인물인 '어머니'를 관찰하는 1인칭 관찰자 시점에 해당한다.
③ 1인칭 주인공 시점에 해당한다.
④ 작품 밖의 서술자가 인물의 내면까지 서술하는 전지적 작가 시점에 해당한다.
⑤ 1인칭 주인공 시점에 해당한다.

※ **김동인, 〈감자〉**

갈래	단편 소설, 본격 소설
성격	자연주의적, 사실주의적
배경	시간 – 1920년대 공간 – 평양 칠성문 밖 빈민굴
시점	3인칭 관찰자 시점 (부분적으로 작가의 개입이 드러나기도 함.)
주제	불우한 환경이 빚어낸 한 여인의 운명적 비극
특징	– 사투리의 사용으로 현실감을 강화함. – 입체적 인물에 해당하는 인물 유형을 제시함. – 공간적 배경을 통해 인물의 처지와 삶을 드러냄. – 인간의 태도 변화 과정을 내용 전개의 축으로 삼고 있음

12

밑줄 친 '이런 호사'에 해당하지 않는 것은?

2009 국가직 7급

> 영결식장에는 제법 반반한 조객들이 모여들었다. 예복을 차리고 온 사람도 두엇 있었다. 모두 고인을 알아 온 것이 아니요, 무용가 안경화를 보아 온 사람들 같았다. 그중에는, 고인의 슬픔을 알아 우는 사람인지, 덩달아 기분으로 우는 사람인지 울음을 삼키노라고 끅끅 하는 사람도 있었다. 안경화도 제법 눈이 젖어 가지고 신식 상복이라나 공단같은 새까만 양복으로 관 앞에 나와 향불을 놓고 절하였다.
> 그 뒤를 따라 한 이십 명 관 앞에 와 꿉벅거렸다. 그리고 무어라고 지껄이고 나가는 사람도 있었다. 그들의 분향이 거의 끝난 듯하였을 때,
> "에헴."
> 하고 얼굴이 시뻘건 서 참의도 나섰다. 향을 한 움큼이나 집어 놓아 연기가 시커멓게 올려 솟더니 불이 일어났다. 후— 후— 불어 불을 끄고, 수염을 한 번 쓰다듬고 절을 했다.
> 그리고 다시,
> "헴……."
> 하더니 조사(弔辭)를 하였다.
> "나 서 참의일세. 알겠나? 흥…… 자네 참 호사(豪奢)야…… 호살세. 잘 죽었느니. 자네 살았으문 <u>이런 호사</u>를 해보겠나? 인전 안경다리 고칠 걱정두 없구…… 아무턴지……."
> 하는데 박희완 영감이 들어서더니,
> "이 사람 취했네그려."
> 하며 서 참의를 밀어냈다. 박희완 영감도 가슴이 답답하였다. 분향을 하고 무슨 소리를 한마디 했으면 속이 후련히 트일 것 같아서 잠깐 멈칫하고 서 있어 보았으나,
> "으흐윽……."
> 하고 울음이 먼저 터져 그만 나오고 말았다. 서 참의와 박희완 영감도 묘지까지 나갈 작정이었으나 거기 모인 사람들이 하나도 마음에 들지 않아 도로 술집으로 내려오고 말았다.
>
> 92 – 이태준, 〈복덕방〉

① 제법 반반한 조객들이 모여들었다.
② 조객들 가운데 울음을 삼키노라고 끅끅 하는 사람도 있었다.
③ 안경화의 뒤를 따라 한 이십 명이 관 앞에 와 꿉벅거렸다.
④ 서 참의(參議)가 조사(弔辭)를 하였다.

정답 및 해설

④ '이런 호사'는 죽어서야 무용가 딸의 덕을 본다는 안타까운 마음이 담긴 반어적인 표현이다. 서 참의의 조사는 친구의 진정성이 담긴 것으로 '이런 호사'에 속하지 않는다.

오답 해설

①, ②, ③은 모두 '무용가 안경화를 보아 온 사람들'에 해당한다. 죽어서야 무용가 딸의 덕을 보는 것을 '이런 호사'라고 반어적으로 표현한 것이다.

※ 이태준, 〈복덕방〉

갈래	단편 소설, 세태 소설
성격	현실 비판적, 사실적
시점	전지적 작가 시점
배경	시간 – 1930년대 공간 – 서울 변두리의 한 복덕방
주제	근대화의 물결 속에서 소외된 세대의 좌절과 비애
특징	– 행동 묘사를 통한 인물의 심리 제시 – 일제 강점기 소외된 인간의 모습을 제시함 – 상황적 아이러니를 통해 인물의 비극성을 부각함

13

다음 작품을 이해한 내용으로 가장 적절하지 않은 것은?

2020 경찰직 1차

> 그해에도 아주머니는 마찬가지였다. 그해에도 그녀는 5월로 접어들며 몇 번씩이나 철쭉 꿈을 꾸었고 그만큼 혼자서 개화를 기다려 왔다 하였다. 그리고 다시 집 앞을 찾아와 담 위로 흰 꽃이 흐드러진 것을 보고서야 비로소 마음이 놓였다는 것이었다. [중략] 아주머니는 그쯤에서 대강 이야기를 끝내고 우리들에 대한 치하의 말과 함께 그만 자리를 일어섰다.
>
> 우리는 이제 그 아주머니를 보고도 서로 간에 잠시 할 말을 잃고 있었다. 공연히 애틋하고 무거운 기분에, 가져선 안 되는 것을 빼앗아 가진 사람처럼 아주머니에게 자꾸 송구스러워지고 있었다. [중략]
>
> 하지만 그건 물론 실현성이 없는 소리였다. 아주머니네는 이제 나무를 옮겨 가 심을 집이 없었다. 그런 일을 치를만한 힘도 없었다. 아니, 그보다 아주머니 자신이 그것을 원하지 않고 있을 일이었다. 아주머니는 차마 그녀의 본심을 말하지 못하고 있었다. 아주머니가 꿈속에서 본 것은 다만 흰 철쭉꽃만이 아니었다. 흰 철쭉꽃은 그녀의 고향의 모습이자 친정어머니의 모습이기도 하였다. 아주머니는 철쭉으로 고향을 만나고 그 어머니를 대신 만나 온 것이었다. 그리고 거기서 그리운 고향과 어머니의 소식을 기다려 온 것이었다. 친정어머니가 행여 이남으로 넘어와 어디에 살아 있다면 그 어머니는 철쭉을 기억하고 있을 것이었다. [중략]
>
> 나무는 언제까지나 거기 남아 있어야 하였다. 거기서 끝끝내 기다리고 있어야 하였다. 아내나 나는 이미 그것을 알고 있었다. 나무를 옮겨 가도 좋다는 아내의 제안은 그러니까 그저 자기 진심에 겨운 위로의 말일 뿐이었다. [하략]

① 인물들 사이의 갈등이 구체적으로 드러나 있다.
② 철쭉꽃이 의미하는 바가 직접적으로 나타나 있다.
③ 이야기가 전개되는 시대적 배경을 짐작할 수 있다.
④ 이 작품의 시점을 확인할 수 있는 표지와 내용이 있다.

14

2020 지방직 9급

다음 글에 대한 이해로 적절하지 않은 것은?

> 말뚝이: (벙거지를 쓰고 채찍을 들었다. 굿거리장단에 맞추어 양반 삼 형제를 인도하여 등장.)
> 양반 삼 형제: (말뚝이 뒤를 따라 굿거리장단에 맞추어 점잔을 피우나, 어색하게 춤을 추며 등장.
> 양반 삼 형제: 맏이는 샌님[生員], 둘째는 서방님[書房], 끝은 도련님[道令]이다. 샌님과 서방님은 흰 창옷에 관을 썼다. 도련님은 남색 쾌자에 복건을 썼다. 샌님과 서방님은 언청이이며(샌님은 언청이 두 줄, 서방님은 한 줄이다.) 부채와 장죽을 가지고 있고, 도련님은 입이 삐뚤어졌고 부채만 가졌다. 도련님은 대사는 일절 없으며, 형들과 동작을 같이하면서 형들의 면상을 부채로 때리며 방정맞게 군다.)
> 말뚝이: (가운데쯤에 나와서) 쉬이. (음악과 춤 멈춘다.) 양반 나오신다아! 양반이라고 하니까 노론, 소론, 호조, 병조, 옥당을 다 지내고 삼정승, 육판서를 다 지낸 퇴로 재상으로 계신 양반인 줄 알지 마시오. 개잘량이라는 '양' 자에 개다리소반이라는 '반' 자 쓰는 양반이 나오신단 말이오.
> 양반들: 야아, 이놈, 뭐야아!
> 말뚝이: 아, 이 양반들, 어찌 듣는지 모르갔소. 노론, 소론, 호조, 병조, 옥당을 다 지내고 삼정승, 육판서 다 지내고 퇴로 재상으로 계신 이 생원네 삼 형제 분이 나오신다고 그리 하였소.
> 양반들: (합창) 이 생원이라네. (굿거리장단으로 모두 춤을 춘다. 도령은 때때로 형들의 면상을 치며 논다. 끝까지 그런 행동을 한다.)
>
> – 작자 미상, 『봉산탈춤』에서 –

① 양반들이 자신들을 조롱하는 말뚝이에게 야단쳤군.
② 샌님과 서방님이 부채와 장죽을 들고 춤을 추며 등장했군.
③ 말뚝이가 굿거리장단에 맞춰 양반을 풍자하는 사설을 늘어놓았군.
④ 도련님이 방정맞게 굴면서 샌님과 서방님의 얼굴을 부채로 때렸군.

15

다음 글의 공간에 대한 설명으로 적절하지 않은 것은?

2020 지방직 9급

시(市)를 남북으로 나누며 달리는 철도는 항만의 끝에 이르러서야 잘려졌다. 석탄을 싣고 온 화차(貨車)는 자칫 바다에 빠뜨릴 듯한 머리를 위태롭게 사리며 깜짝 놀라 멎고 그 서슬에 밑구멍으로 주르르 석탄 가루를 흘려보냈다.

집에 가 봐야 노루꼬리만큼 짧다는 겨울 해에 점심이 기다리고 있는 것도 아니어서 우리들은 학교가 파하는 대로 책가방만 던져 둔 채 떼를 지어 선창을 지나 항만의 북쪽 끝에 있는 제분 공장에 갔다.

제분 공장 볕 잘 드는 마당 가득 깔린 멍석에는 늘 덜 건조된 밀이 널려 있었다. 우리는 수위가 잠깐 자리를 비운 틈을 타서 마당에 들어가 멍석의 귀퉁이를 밟으며 한 움큼씩 밀을 입 안에 털어 넣고는 다시 걸었다. 올올이 흩어져 대글대글 이빨에 부딪치던 밀알들이 달고 따뜻한 침에 의해 딱딱한 껍질을 불리고 속살을 풀어 입 안 가득 풀처럼 달라붙다가 제법 고무질의 질긴 맛을 낼 때쯤이면 철로에 닿게 마련이었다.

우리는 밀껌으로 푸우푸우 풍선을 만들거나 침목(枕木) 사이에 깔린 잔돌로 비사치기를 하거나 전날 자석을 만들기 위해 선로 위에 얹어 놓았던 못을 뒤지면서 화차가 닿기를 기다렸다.

드디어 화차가 오고 몇 번의 덜컹거림으로 완전히 숨을 놓으면 우리들은 재빨리 바퀴 사이로 기어 들어가 석탄 가루를 훑고 이가 벌어진 문짝 틈에 갈퀴처럼 팔을 들이밀어 조개탄을 후벼내었다. 철도 건너 저탄장에서 밀차를 밀며 나오는 인부들이 시커멓게 모습을 나타낼 즈음이면 우리는 대개 신발주머니에, 보다 크고 몸놀림이 잽싼 아이들은 시멘트 부대에 가득 든 석탄을 팔에 안고 낮은 철조망을 깨금발로 뛰어넘었다.

선창의 간이음식점 문을 밀고 들어가 구석 자리의 테이블을 와글와글 점거하고 앉으면 그날의 노획량에 따라 가락국수, 만두, 찐빵 등이 날라져 왔다.

석탄은 때로 군고구마, 딱지, 사탕 따위가 되기도 했다. 어쨌든 석탄이 선창 주변에서는 무엇과도 바꿀 수 있는 현금과 마찬가지라는 것을 우리는 알고 있었고, 때문에 우리 동네 아이들은 사철 검정 강아지였다.

- 오정희, 『중국인 거리』에서 -

① 철길 때문에 도시가 남북으로 나뉘어 있다.
② 항만 북쪽에는 제분 공장이 있고, 철도 건너에는 저탄장이 있다.
③ 선로 주변에 아이들이 넘을 수 없는 철조망이 있다.
④ 석탄을 먹을거리와 바꿀 수 있는 간이음식점이 있다.

정답 및 해설

③ '낮은 철조망을 깨금발로 뛰어넘었다'를 통해 철조망은 아이들이 넘을 수 있는 정도의 높이였다는 것을 확인할 수 있다.

오답 해설

① 첫 문장 '시(市)를 남북으로 나누며 달리는 철도'를 통해 확인할 수 있는 내용이다.
② 2문단 끝의 '항만의 북쪽 끝에 있는 제분 공장'과 5문단의 '철도 건너 저탄장'을 통해 확인할 수 있다.
④ 아이들은 선창의 간이음식점에서 훔친 석탄을 '가락국수, 만두, 찐빵, 군고구마' 등의 간식으로 바꾸었다.

※ 오정희, 〈중국인 거리〉

갈래	단편 소설, 성장 소설, 전후 소설
성격	회상적
배경	시간 - 전쟁 직후 공간 - 항구 도시에 위치한 중국인 거리
시점	1인칭 주인공 시점
주제	정신적인 성장의 고통과 그 형상화
특징	대화나 독백 등이 화자의 서술과 형식적으로 구분되지 않은 채 사용됨

16

다음 글에 대한 이해로 적절하지 않은 것은?

2020 국가직 9급

천국에 사는 사람들은 지옥을 생각할 필요가 없다. 그러나 우리 다섯 식구는 지옥에 살면서 천국을 생각했다. 단 하루라도 천국을 생각해 보지 않은 날이 없다. 하루하루의 생활이 지겨웠기 때문이다. 우리의 생활은 전쟁과 같았다. 우리는 그 전쟁에서 날마다 지기만 했다. 아버지가 평생을 통해 해 온 일은 다섯 가지이다. 채권 매매, 칼 갈기, 고층 건물 유리 닦기, 펌프 설치하기, 수도 고치기이다. 이 일들만 해 온 아버지가 갑자기 다른 일을 하겠다고 했다. 서커스단의 일이었다. 아버지는 처음 보는 꼽추 한 사람을 데리고 와 여러 가지 이야기를 했다. 처음 얼마 동안은 그의 조수로 일하면 된다고 했다. 두 사람은 자기들이 무대 위에서 해야 할 연기에 대해 이야기했다. 그러자 어머니가 아버지에게 대들었다. 우리들도 아버지를 성토했다. 아버지는 힘없이 물러섰다. 꼽추는 멍하니 앉아 우리를 보았다. 꼽추는 눈물이 핑 돌아 돌아갔다. 그의 뒷모습은 아주 쓸쓸해 보였다. 아버지의 꿈은 깨어졌다. 아버지는 무거운 부대를 메고 다시 일을 찾아 나갔다.

… (중략) …

어머니가 울었다. 어머니는 인쇄소 제본 공장에 나가 접지 일을 했다. 고무 골무를 끼고 인쇄물을 접었다. 나는 겁이 났다. 나는 인쇄소 공무부 조역으로 출발했다. 땀을 흘리지 않고는 아무 것도 얻을 수 없다는 것을 뒤늦게 알았다. 영호와 영희도 몇 달 간격을 두고 학교를 그만두었다. 마음이 차라리 편해졌다. 우리를 해치는 사람은 없었다. 우리는 보이지 않는 보호를 받고 있었다. 남아프리카의 어느 원주민들이 일정한 구역 안에서 보호를 받듯이 우리도 이질 집단으로서 보호를 받았다. 나는 우리가 이 구역 안에서 한 걸음도 밖으로 나갈 수 없다는 것을 깨달았다. 나는 조역, 공목, 약물, 해판의 과정을 거쳐 정판에서 일했다. 영호는 인쇄에서 일했다. 나는 우리가 한 공장에서 일하는 것이 싫었다. 영호도 마찬가지였다. 그래서 영호는 먼저 철공소 조수로 들어가 잔심부름을 했다. 가구 공장에서도 일했다. 그 공장에 가 일하는 영호를 보았다. 뽀얀 톱밥 먼지와 소음 속에 서 있는 작은 영호를 보고 나는 그만두라고 했다. 인쇄 공장의 소음도 무서운 것이었으나 그곳에는 톱밥 먼지가 없었다. 우리는 죽어라 하고 일했다. 우리의 팔목은 공장 안에서 굵어 갔다. 영희는 그때 큰길가 슈퍼마켓 한쪽에 자리 잡은 빵집에서 일했다. 우리가 고맙게 생각한 것은 환경이 깨끗하다는 것 하나뿐이었다. 우리는 무슨 일이 있든 공부는 해야 한다고 생각했다. 공부를 하지 않고는 우리 구역에서 벗어날 수가 없다고 생각했다. 세상은 공부를 한 자와 못 한 자로 너무나 엄격하게 나누어져 있었다. 끔찍할 정도로 미개한 사회였다. 우리가 학교 안에서 배운 것과는 정반대로 움직였다. 나는 무슨 책이든 손에 잡히는 대로 읽었다. 정판에서 식자로 올라간 다음에는 일을 하다 말고 원고를 읽는 버릇까지 생겼다. 동생들에게 필요하다고 느껴지는 것은 판을 들고가 몇 벌씩 교정쇄를 내기도 했다. 영호와 영희는 나의 말을 잘 들었다. 내가 가져다준 교정쇄를 동생들은 열심히 읽었다. 실제로 우리가 이 노력으로 잃은 것은 하나도 없었다. 나는 고입 검정고시를 거쳐 방송 통신 고교에 입학했다.

- 조세희, 「난장이가 쏘아 올린 작은 공」 -

① '우리 다섯 식구'는 생존을 위해 애쓰지만 윤택한 삶을 누리기 어려운 처지에 있다.
② '아버지'는 가족들의 바람을 수용하여, 평생 해 온 일을 그만두고 새로운 일을 시작하기로 결심한다.
③ '보이지 않는 보호'는 말 그대로의 보호라기보다는 벗어날 수 없는 계층적 한계를 의미한다고 할 수 있다.
④ '우리'는 자신들의 '구역'에서 벗어날 길을 '공부를 한 자'가 됨으로써 찾을 수 있다고 여긴다.

17 2020 국가직 9급

㉠과 가장 유사한 정서가 드러나는 것은?

다시 방수액을 부어 완벽을 기하고 이음새 부분은 손가락으로 몇 번씩 문대어 보고 나서야 임 씨는 허리를 일으켰다. 임 씨가 일에 몰두해 있는 동안 그는 숨소리조차 내지 않고 일하는 양을 지켜보았다. ㉠ 저 열 손가락에 박힌 공이의 대가가 기껏 지하실 단칸방만큼의 생활뿐이라면 좀 너무하지 않나 하는 안타까움이 솟아오르기도 했다. 목욕탕 일도 그러했지만 이 사람의 손은 특별한 데가 있다는 느낌이었다. 자신이 주무르고 있는 일감에 한 치의 틈도 없이 밀착되어 날렵하게 움직이고 있는 임 씨의 열 손가락은 손가락 이상의 그 무엇이었다.

- 양귀자, 「비 오는 날이면 가리봉동에 가야 한다」 -

① 즐거운 지상의 잔치에 / 금으로 타는 태양의 즐거운 울림 / 아침이면, / 세상은 개벽을 한다.
② 산에 / 산에 / 피는 꽃은 / 저만치 혼자서 피어 있네. // 산에서 우는 작은 새여. / 꽃이 좋아 / 산에서 / 사노라네.
③ 남편은 어디에 나가 있는지 / 아침에 소 끌고 산에 올랐는데 / 산 밭을 일구느라 고생을 하며 / 저물도록 돌아오지 못한다네.
④ 눈을 가만 감으면 굽이 잦은 풀밭 길이, / 개울물 돌돌돌 길섶으로 흘러가고, / 백양 숲 사립을 가린 초집들도 보이구요.

18

2020 국가직 7급

⊙~㉣에 대한 이해로 가장 적절한 것은?

> 황만근, 황 선생은 어리석게 태어났는지는 모르지만 해가 가며 차츰 신지(神智)가 돌아왔다. 하늘이 착한 사람을 따뜻이 덮어 주고 땅이 은혜롭게 부리를 대어 알껍질을 까 주었다.
>
> 그리하여 후년에는 그 누구보다 지혜로웠다. 그는 누구에게도 해를 끼치지 않았듯 ㉠ 그 지혜로 어떤 수고로운 가르침도 함부로 남기지 않았다. 스스로 땅의 자손을 자처하여 늘 부지런하고 근면하였다. ㉡ 사람들이 빚만 남는 농사에 공연히 뼈를 상한다고 하였으나 개의치 아니하였다. 사람 사이에 어려움이 있으면 언제나 함께하였고 ㉢ 공에는 자신보다 남을 내세워 뒷사람을 놀라게 했다. 하늘이 내린 효자로서 평생 어머니 봉양을 극진히 했다. 아들에게는 따뜻하고 이해심 많은 아버지였고 훈육을 할 때는 알아듣기 쉽게 하여 마음으로 감복시켰다.
>
> 선생은 천성이 술을 좋아하였는데 사람들은 선생이 가난한 것은 술 때문이라고 했다. …(중략)… 농사를 짓되 땅에서 억지로 빼앗지 않고 남으면 술을 빚어 가벼운 기운은 하늘에 바치고 무거운 기운은 땅에 돌려주었다. 그러므로 선생은 술로써 망한 것이 아니라 ㉣ 술의 물감으로 인생을 그려나간 것이다. 선생이 마시는 막걸리는 밥이면서 사직(社稷)의 신에게 바치는 헌주였다. 힘의 근원이고 낙천(樂天)의 뼈였다.
>
> – 성석제, '황만근은 이렇게 말했다'에서 –

① ㉠ : 황만근은 후세에 그럴듯한 교훈을 남길 만큼 유식하지 못했다.
② ㉡ : 황만근은 빚만 남는 농사에 고생하지 말라는 사람들의 조언을 따르지 않았다.
③ ㉢ : 황만근은 공을 남에게 돌려 주위 사람들을 부담스럽게 했다.
④ ㉣ : 황만근은 과도한 음주로 인해 결국 건강이 나빠졌다.

정답 및 해설

② 사람들이 빚만 남는 농사에 공연히 뼈가 상한다고 말한 것은 열심히 일해도 빚만 남으니 농사에 너무 힘쓰지 말라는 의미이다. 하지만 황만근은 마을 사람들의 말에 대해 개의치 않았다고 했으니, 사람들의 조언을 따르지 않고 열심히 농사를 지었던 것이다.

오답 해설

① 황만근이 유식하지 못했다는 것이 아니라 그가 겸손했다는 것을 의미한다.
③ 황만근의 희생적이고 이타적인 모습을 표현한 것이다.
④ 술의 물감으로 인생을 그려나갔다는 것은 술을 좋아했던 황만근의 모습을 미화하여 표현한 것이다. 술로 인해 건강이 나빠졌다는 내용은 지문에서 확인할 수 없다.

※ 성석제, 황만근은 이렇게 말했다

갈래	단편 소설, 농촌 소설
성격	해학적, 풍자적, 향토적
시점	3인칭 관찰자 시점과 1인칭 관찰자 시점의 혼용
배경	시간 – 1997년 공간 – '신대리'라는 농촌 마을
주제	황만근의 생애와 그의 행적
특징	– 고전적인 '전' 양식을 창조적으로 계승함 – 해학적인 표현으로 웃음을 유발하고 농촌 현실을 풍자함 – 사투리를 사용하여 현장감과 사실성을 부여함

19

다음 글에 대한 이해로 적절하지 않은 것은?

2020 지방직 7급

> 작은 산골 간이역에서 제시간에 정확히 도착하는 완행열차를 보기가 그리 쉬운 일은 아님을 익히 알고 있는 탓이다. 더구나 오늘은 눈까지 내리고 있지 않은가. … (중략) … 지금 대합실에 남아 있는 사람은 모두 다섯이다. 한가운데에 톱밥 난로가 놓여 있고 그 주위로 세 사람이 달라붙어 있다.
>
> 출감한 지 며칠이 지났건만 사내는 감방 밖에서 보낸 그간의 시간이 오히려 꿈처럼 현실감이 없다. 사내는 출감 후부터 자꾸만 무엇인가 대단히 커다란 것을 빼앗겼다는 느낌을 감출 수가 없었다. 감방 안에서 사내는 손바닥 안에 움켜쥔 모래알이 빠져나가듯 하릴없이 축소되어 가고 있는 자기 몫의 삶의 부피를 안타깝게 저울질해 보곤 했었다.
>
> … (중략) …
>
> 대학생에겐 삶은 이 세상과 구별할 수 없는 그 무엇이다. 스물넷의 나이인 그에게는 세상 돌아가는 내력을 모르고, 아니 모른 척하고 산다는 것은 절대로 용서할 수 없다. 그런 삶은 잠이다. 마치 상태에 빠져 흘려보내는 시간일 뿐이라고 청년은 믿고 있다. 하지만 그는 얼마 전부터 그런 확신이 조금씩 흔들리기 시작하는 걸 느끼고 있다. 유치장에서 보낸 한 달 남짓한 기억과 퇴학, 끓어오르는 그들의 신념과는 아랑곳없이 이루어지고 있는 강의실 밖의 질서 …… 그런 것들이 자꾸만 청년의 시야를 어지럽히고 혼란을 일으키고 있는 중이다.
>
> — 임철우, 「사평역」에서 —

① 등장인물들의 과거 삶이 순탄치 않았음을 보여 준다.
② 등장인물들 사이의 갈등이 없이 이야기가 전개되고 있다.
③ 대합실에서 열차를 기다리는 사람들의 상황을 그리고 있다.
④ 등장인물들의 구체적인 행위가 객관적으로 기술되고 있다.

20

다음 글에 대한 설명으로 적절하지 <u>않은</u> 것은?

2016 국가직 7급

> "남대문 정거장까지 말씀입니까?"
> 하고 김 첨지는 잠깐 주저하였다. 그는 이 우중에 우장도 없이 그 먼 곳을 철벅거리고 가기가 싫었음일까? 처음 것, 둘째 것으로 고만 만족하였음일까? 아니다, 결코 아니다. 이상하게도 꼬리를 맞물고 덤비는 이 행운 앞에 조금 겁이 났음이다. 그리고 집을 나올 제 아내의 부탁이 마음에 켕기었다. ─앞집 마마님한테서 부르러 왔을 제, 병인은 그 뼈만 남은 얼굴에 유일의 생물 같은 유달리 크고 움푹한 눈에 애걸하는 빛을 띠우며,
> "오늘은 나가지 말아요. 제발 덕분에 집에 붙어 있어요. 내가 이렇게 아픈데······."
> 라고 모기 소리같이 중얼거리고 숨을 거르렁거르렁하였다.
> ··· (중략) ···
> "이 눈깔! 이 눈깔! 왜 나를 바루 보지 못하고 천정만 보느냐, 응?"
> 하는 말끝엔 목이 메이었다. 그러자, 산 사람의 눈에서 떨어진 닭의 똥 같은 눈물이 죽은 이의 뻣뻣한 얼굴을 어룽어룽 적시인다. 문득 김 첨지는 미친 듯이 제 얼굴을 죽은 이의 얼굴에 한데 부벼대며 중얼거렸다.
> "설렁탕을 사다 놓았는데 왜 먹지를 못하니, 왜 먹지를 못하니······괴상하게도 오늘은 운수가 좋더니만······."
>
> ─ 현진건, 「운수 좋은 날」 ─

① 사건의 결말을 암시하는 복선이 나타나 있다.
② 비극적 상황을 심화시키는 소재가 사용되고 있다.
③ 객관적인 서술 태도로 인물의 행동만을 그리고 있다.
④ 행운과 불안감이 교차되면서 긴장감이 조성되고 있다.

21

다음 글의 서술자에 대한 설명으로 가장 적절한 것은?

2016 국가직 9급

> 그들은 여전히 이야기를 계속하고 있다.
> "그래 촌에 들어가면 위험하진 않은가요?"
> 조선에 처음 간다는 시골자가 또다시 입을 벌렸다.
> "뭘요, 어델 가든지 조금도 염려 없쉐다. 생번이라 하여도 요보는 온순한 데다가, 가는 곳마다 순사요 헌병인데 손 하나 꼼짝할 수 있나요. 그걸 보면 데라우치 상이 참 손아귀 힘도 세지만 인물은 인물이야!"
> 매우 감격한 모양이다.
> "그래 촌에 들어가서 할 게 뭐예요?"
> "할 것이야 많지요. 어델 가기로 굶어 죽을 염려는 없지만, 요새 돈 몰 것이 똑 하나 있지요. 자본 없이 힘 안 들고 ……. 하하하."
> 표독한 위인이 충동이는 수작이다.
> …(중략)…
> 나는 여기까지 듣고 깜짝 놀랐다. 그 불쌍한 조선 노동자들이 속아서 지상의 지옥 같은 일본 각지의 공장과 광산으로 몸이 팔리어 가는 것이 모두 이런 도적놈 같은 협잡 부랑배의 술중(術中)에 빠져서 속아 넘어가는구나 하는 생각을 하며 나는 다시 한 번 그자의 상판대기를 치어다보지 않을 수 없었다.
>
> - 염상섭, 「만세전」 중에서 -

① 작품 밖의 전지적 서술자가 일어난 사건의 전말을 전달하고 있다.
② 작품 속에 등장하는 인물이 다른 인물을 관찰하며 평가하고 있다.
③ 작품 밖에 있는 서술자가 관찰자가 되어 등장인물의 행동을 묘사하고 있다.
④ 작품 속의 서술자가 작품 밖의 서술자와 교차하며 사건을 입체적으로 서술하고 있다.

22

다음 작품에 대한 설명으로 가장 적절한 것은?

2014 국가직 9급

> 그 녀석은 박 씨 앞에 삿대질을 하듯이 또 거센 소리를 질렀다. 검초록색 잠바에 통이 좁은 깜장색 바지 차림의 서른 남짓 되어 보이는 사내였다. 짧게 깎은 앞머리가 가지런히 일어서 있고 손에는 올이 굵은 깜장 모자를 들었다. 칼칼하게 야윈 몸매지만 서슬이 선 눈매를 지녔고, 하관이 빠르고 얼굴색도 까무잡잡하다. 앞니에 금니 두 개를 해 박았다. 구두가 인상적으로 써늘하게 생겼다. 구둣방에 진열되어 있는 구두는 구두에 불과하지만 일단 사람의 발에 신기면 구두도 그 주인의 위인과 더불어 주인을 닮아 가게 마련이다. 끝이 뾰족하고 반들반들 윤기를 내고 있다.
> 헤프고, 사근사근하고, 무르고, 게다가 병역 기피자인 박 씨는 대번에 꺼칠한 얼굴이 되었다. 처음부터 나오는 것이 예사 손님 같지는 않다.
> "글쎄, 앉으십쇼. 빨리 해 드릴 테니."
> "얼마나 빨리 되어? 몇 분에 될 수 있소?"
> "허어, 이 양반이 참 급하기도."
> "뭐? 이 양반? 얻다 대구 반말이야? 말조심해."
> 앉았던 손님 두엇이 거울 속에서 힐끗 쳐다보았다. 그리고 거울 속에서 눈길이 부딪힐 듯하자 급하게 외면을 하였다. 세발대의 두 소년도 우르르 머리들을 이편으로 내밀고 구경을 하고 손이 빈 민 씨와 김 씨도 구석 쪽 빈 이발 의자에 앉아 묵은 신문을 보다가 말고 몸체만을 엉거주춤히 돌렸다.
>
> – 이호철, 「1965년, 어느 이발소에서」 중에서 –

① 개인과 사회의 갈등을 중심으로 사건이 전개되고 있다.
② 외모와 말투를 통해서 등장인물의 성격이 드러나고 있다.
③ 초점이 되는 인물의 내면 심리를 중심으로 서술되고 있다.
④ 등장인물 중의 하나인 서술자가 자신의 관점에서 상황을 서술하고 있다.

23

다음 글에 대한 설명으로 적절하지 않은 것은?

2017 국가직 9급

> 무진에 명산물이 없는 게 아니다. 나는 그것이 무엇인지 알고 있다. 그것은 안개다. 아침에 잠자리에서 일어나서 밖으로 나오면, 밤사이에 진주해온 적군들처럼 안개가 무진을 뺑 둘러 싸고 있는 것이었다. 무진을 둘러싸고 있던 산들도 안개에 의하여 보이지 않는 먼 곳으로 유배당해버리고 없었다. 안개는 마치 이승에 한(恨)이 있어서 매일 밤 찾아오는 여귀(女鬼)가 뿜어내놓은 입김과 같았다. 해가 떠오르고, 바람이 바다 쪽에서 방향을 바꾸어 불어오기 전에는 사람들의 힘으로써는 그것을 헤쳐 버릴 수가 없었다.
>
> 손으로 잡을 수 없으면서도 그것은 뚜렷이 존재했고 사람들을 둘러쌌고 먼 곳에 있는 것으로부터 사람들을 떼어 놓았다. 안개, 무진의 안개, 무진의 아침에 사람들이 만나는 안개, 사람들로 하여금 해를, 바람을 간절히 부르게 하는 무진의 안개, 그것이 무진의 명산물이 아닐 수 있을까!
>
> — 김승옥, 「무진기행」 —

① 소재의 의미를 비유적 표현을 통해 드러낸다.
② 무진이라는 지역의 특징을 짐작할 수 있게 한다.
③ '나'의 시선으로 전개되는 1인칭 시점의 서술이다.
④ 과거 시제를 사용하여 사건을 객관적으로 묘사한다.

정답 및 해설

④ 과거 시제를 사용한 것은 맞지만 객관적으로 묘사한 것은 아니다. 서술자 '나'는 무진의 안개에 대해 자신의 주관적인 심리를 제시하고 있다.

오답 해설

① 중심 소재는 '안개'이다. 지문에서는 안개를 '진주해 온 적군들처럼', '입김과 같았다'라고 직유법을 사용했다. 이러한 비유적 표현을 통해 무진을 둘러싸고 있는 안개의 모습을 표현하였다.
② 무진의 명산물은 안개라고 할 만큼 무진이라는 지역은 안개가 많다는 특징을 가지고 있다.
③ '나는 그것이 무엇인지 알고 있다'에서 1인칭 '나'라는 서술자가 드러난다.

24
다음 글에 대한 설명으로 가장 적절한 것은?

2017 지방직 7급

> "오빠, 편히 사시오."
> 계연은 이미 시뻘겋게 된 두 눈으로 성기의 마지막 시선을 찾으며 하직 인사를 했다. 성기는 계연의 이 말에 꿈을 깬 듯, 마루에서 벌떡 일어나, 계연의 앞으로 당황히 몇 걸음 어뜩 어뜩 걸어 오다간, 돌연히 다시 정신이 나는 듯 그 자리에 화석처럼 발이 굳어 버린 채, 한참 동안, 장승같이 계연의 얼굴만 멍하게 바라보고 있었다.
> "오빠, 편히 사시오."
> 이렇게 두 번째 하직을 하는 순간까지도, 계연의 그 시뻘건 두 눈은 역시 성기의 얼굴에서 그 어떤 기적과도 같은 구원만을 기다리는 것이었고 그러나, 성기는 그 자리에 그냥 주저앉아 버릴 뻔 하던 것을 겨우 버드나무 가지를 움켜잡을 수 있었을 뿐이었다.
> 계연의 시뻘겋게 상기된 얼굴은, 옥화와 그녀의 아버지가 그녀들을 지켜보고 있다는 것도 잊은 듯이 성기의 얼굴만 뚫어지게 바라보고 있었으나, 버드나무에 몸을 기대인 성기의 두눈엔 다만 불꽃이 활활 타오를 뿐, 아무런 새로운 명령도 기적도 나타나지 않았다.
> "오빠, 편히 사시오."
> 하고, 거의 울음이 다 된, 마지막 목소리를 남기고 돌아선 계연의 저만치 가고 있는 항라 적삼을, 고운 햇빛과 늘어진 버들가지와 산울림처럼 울려오는 뻐꾸기 울음 속에, 성기는 우두커니 지켜보고 있을 뿐이다.
>
> — 김동리, 「역마」 —

① 계연이 하직 인사를 세 번 한 것은 성기와의 인연을 끝내고자 하는 의지가 강함을 의미한다.
② 성기의 말없음은 어떠한 말로도 표현할 수 없는 복잡다단한 성기의 심리를 상징적으로 보여준다.
③ 계연이가 마을을 떠나는 장면의 자연적 배경은 굴곡이 심한 계연의 미래를 암시한다.
④ 성기의 성격과 태도에 대한 작가의 냉소적이고 비판적인 시각을 보여주는 서술이 있다.

25

다음 글에 대한 설명으로 가장 적절한 것은?

2017 지방직 7급

> 하루는 나는 "평생소원이 무엇이냐?"고 그에게 물어보았다. 그는 "그까짓 것쯤 얼른 대답하기는 누워서 떡먹기." 라고 하면서 "평생소원은 자기도 원 배달이 한번 되었으면 좋겠다."는 것이었다.
> 남이 혼자 배달하기 힘들어서 한 20부 떼어 주는 것을 배달하고, 월급이라고 원 배달에게서 한 3원 받는 터이라 월급을 20여 원을 받고, 신문사 옷을 입고, 방울을 차고 다니는 원 배달이 제일 부럽노라 하였다. …(중략)…
> 그러나 웬일일까, 정말 배달복에 방울을 차고 신문을 들고들어서는 사람은 황수건이가 아니라 처음 보는 사람이다.
> "왜 전엣 사람은 어디 가고 당신이오?"
> 물으니 그는
> "제가 성북동을 맡았습니다."
> 한다.
> "그럼 전엣 사람은 어디를 맡았소?"
> 하니 그는 픽 웃으며,
> "그까짓 반편을 어딜 맡깁니까? 배달부로 쓸려다가 똑똑지가 못하니까 안 쓰고 말았나 봅니다."
> 한다. …(중략)…
> 그런데 요 며칠 전이었다. 밤인데 달포 만에 수건이가 우리 집을 찾아왔다. 웬 포도를 큰 것으로 대여섯 송이를 종이에 싸지도 않고 맨손에 들고 들어왔다. 그는 벙긋거리며
> "선생님 잡수라고 사왔읍죠."
> 하는 때였다. 웬 사람 하나가 날쌔게 그의 뒤를 따라 들어오더니 다짜고짜로 수건이의 멱살을 움켜쥐고 끌고 나갔다. 수건이는 그 우둔한 얼굴이 새하얗게 질리며 꼼짝 못하고 끌려 나갔다.
> 나는 수건이가 포도원에서 포도를 훔쳐온 것을 직감하였다. 쫓아 나가 매를 말리고 포도 값을 물어 주었다. 포도 값을 물어 주고 보니 수건이는 어느 틈에 사라지고 보이지 않았다.
> 나는 그 다섯 송이의 포도를 탁자 위에 얹어 놓고 오래 바라보며 아껴 먹었다. 그의 은근한 순정의 열매를 먹듯 한 알을 가지고도 오래 입안에 굴려 보며 먹었다.
>
> — 이태준, 「달밤」 —

① 현실에 쉽게 좌절하는 무기력한 인물을 조롱하고 있다.
② 서술의 초점을 사건의 논리적 인과관계를 드러내는 데 맞추고 있다.
③ 순박하고 따뜻한 심성을 지닌 인물에 대한 화자의 포용적 태도를 느낄 수 있다.
④ 개인의 삶을 짓밟는 현실의 부조리를 직접적으로 비판하고 있다.

정답 및 해설

③ 포용적 태도란 남을 너그럽게 감싸 주거나 받아들이는 태도를 말한다. 화자는 '황수건'이 포도를 훔쳐 오자 그 값을 물어주었는데, 이러한 태도는 포용적이라고 할 수 있다. 또한 그가 가지고 온 포도를 '순정의 열매'라고 표현하였다. 이를 통해 화자는 '황수건'이라는 인물을 순박하고 따뜻한 심성을 지닌 인물로 평가하고 있음을 알 수 있다.

오답 해설

① '황수건'은 신문 원 배달이 되는 것이 평생의 소원일 만큼 순박하고 천진한 인물이다. 원 배달을 목표로 보조 배달 일을 열심히 하고 있었다. 이러한 '황수건'을 현실에 쉽게 좌절하는 인물이라고 볼 수 없고, '황수건'에 대한 조롱도 드러나지 않는다. 오히려 서술자 '나'는 '황수건'을 긍정적으로 바라보고 있다.
② 원 배달을 꿈꾸던 '황수건'대신 다른 배달원이 온 사건에 대한 이유가 대화를 통해 드러나고 있는 것은 맞다. "배달부로 쓰려다가 똑똑지가 못하니까 안 쓰고 말았나 봅니다."라는 새로운 배달부의 말을 통해 '황수건'이 오지 않은 이유가 드러나지만 이 부분만 가지고 서술의 초점이 논리적 인과관계에 있다고 보기는 어렵다. 제시된 지문에서 서술의 초점은 '황수건'이라는 인물이다.
④ 현실의 부조리에 대한 비판은 드러나지 않는다. '황수건'이라는 개인의 소박한 꿈은 원 배달이 되는 것이었지만 사회에서 그는 '반편', '똑똑지가 못'한 사람으로 평가받는다. 꿈을 이루지 못한 '황수건'의 모습을 짓밟힌 개인의 삶이라고 허용할 수도 있지만 현실의 부조리를 직접적으로 비판하고 있는 것은 아니다.

26

2015 지방직 7급

다음 글의 밑줄 친 부분에 대한 설명으로 가장 적절한 것은?

사람들은 약속이나 한 듯 말을 잊었다. 어쩌면 그들은 열차를 기다리고 있다는 사실조차 망각하고 있는 것인지도 모른다. 중년 사내는 담배를 입에 문 채 성냥불을 댕기려다 말고 멍하니 난로의 불빛을 들여다보고 있다. 노인을 안고 있는 농부도, 대학생도, 쭈그려 앉은 아낙네들도, 서울 여자도, 머플러를 쓴 춘심이도 저마다의 손바닥들을 불빛 속에 적셔 두고 망연한 시선을 난로 위에 모은 채 모두들 아무 말도 하지 않았다. 저만치 홀로 떨어져 앉아 있는 미친 여자도 지금은 석고상으로 고요히 정지해 있다. 이따금 노인의 기침 소리가 났고, 난로 속에서 톱밥이 톡톡 튀어 올랐다.

"흐유, 산다는 게 대체 뭣이간디……."

불현듯 누군가 나직이 내뱉었다.

그러자 사람들은 그 말꼬리를 붙잡고 저마다 곰곰이 생각해 보기 시작한다. 정말이지 산다는 게 도대체 무엇일까…….

중년 사내에겐 산다는 일이 그저 벽돌담 같은 것이라고 여겨진다. 햇볕도 바람도 흘러들지 않는 폐쇄된 공간. 그곳엔 시간마저도 아무런 흔적을 남기지 않는다. 마치 이 작은 산골 간이역을 빠른 속도로 무심히 지나쳐 가 버리는 특급 열차처럼……. 사내는 그 열차를 세울 수도 탈 수도 없다는 것을 잘 알고 있다. 그러면서도 여전히 기다릴 도리밖에 없다는 것, 그것이 바로 앞으로 남겨진 자기 몫의 삶이라고 사내는 생각한다.

- 임철우, 「사평역」 중에서 -

① 등장인물들이 서로 갈등하는 계기의 역할을 한다.
② 등장인물들이 자신의 삶을 기구하게 만드는 원인의 역할을 한다.
③ 등장인물들이 자신의 삶을 되돌아보도록 하는 촉매의 역할을 한다.
④ 등장인물들이 자신의 삶을 사회적 문제로 인식하는 매개체의 역할을 한다.

27

다음 글을 읽고 추론한 내용으로 적절하지 않은 것은?

2017 국가직 9급

> 사방이 어두워지자 그들도 얘기를 그쳤다. 어디에나 눈이 덮여 있어서 길을 잘 분간할 수가 없었다. 뒤에 처졌던 백화가 눈 덮인 길의 고랑에 빠져 버렸다. 발이라도 삐었는지 백화는 꼼짝 못하고 주저앉아 신음을 했다. 영달이가 달려들어 싫다고 뿌리치는 백화를 업었다. 백화는 영달이의 등에 업히면서 말했다.
> "무겁죠?"
> 영달이는 대꾸하지 않았다. 백화가 어린애처럼 가벼웠다. 등이 불편하지도 않았고 어쩐지 가뿐한 느낌이었다. 아마 쇠약해진 탓이리라 생각하니, 영달이는 어쩐지 대전에서의 옥자가 생각나서 눈시울이 화끈했다. 백화가 말했다.
> "어깨가 참 넓으네요. 한 세 사람쯤 업겠어."
> "댁이 근수가 모자라니 그렇다구."
>
> — 황석영, 「삼포 가는 길」 중에서 —

① '눈 덮인 길의 고랑'은 백화가 신음하는 계기로 작용하기도 한다.
② 등에 업힌 백화는 영달이가 '옥자'를 떠올리는 계기로 작용하기도 한다.
③ 영달이는 '대전에서의 옥자'를, 어린애처럼 생각이 깊지 않은 존재로 인식하고 있다.
④ 백화는 처음에는 영달이의 등에 업히기를 싫어했으나, 영달이의 등에 업힌 이후 싫어하는 내색이 없어 보인다.

정답 및 해설

③ 영달이가 '옥자'를 어린애처럼 생각한 것은 그만큼 가벼웠기 때문이다. 성인 여성을 등에 업었는데 등이 불편하지도 않고 가뿐했다는 것을 통해 알 수 있다. 영달이가 가벼운 백화를 업으면서 '옥자'를 떠올린 것은 '옥자' 역시 쇠약하고 가벼웠기 때문이다. 어린애처럼 생각이 깊지 않다는 것은 관련이 없는 추론이다.

오답 해설

① 백화는 눈 덮인 길의 고랑에 빠져 꼼짝 못하고 주저앉아 신음하게 됐다.
② 영달이는 백화를 업으며 대전에서의 '옥자'를 떠올렸다. '영달이는 어쩐지 대전에서의 옥자가 생각나서'라고 명확하게 제시되어 있다. 참고로 '옥자'는 영달이 과거에 사랑했던 여인이이다.
④ '영달이가 달려들어 싫다고 뿌리치는 백화를 업었다.'를 통해 백화는 처음에 영달이의 등에 업히기 싫어했다는 것을 알 수 있지만 업힌 후에는 영달이의 어깨가 넓은 것을 칭찬하며 싫은 내색을 보이지 않고 있다.

28
다음 글에서 드러나지 않는 것은?

2017 국가직 9급

> 일주일에 한 번쯤 돼지고기를 반 근, 혹은 반의 반 근 사러 가는 푸줏간이었다. 어머니는 돈을 들려 보내며 매양 같은 주의를 잊지 않았다.
>
> 적게 주거든, 애라고 조금 주느냐고 말해라, 그리고 또 비계는 말고 살로 주세요, 해라.
>
> 푸줏간에서는 한쪽 볼에 힘껏 쥐어질린 듯 여문 밤톨만한 혹이 달리고 그 혹부리에, 상기도 보이지 않는 손에 의해 끄들리고 있는 듯 길게 뻗친 수염을 기른 홀아비 중국인이 고기를 팔았다.
>
> 애라고 조금 주세요?
>
> 키가 작아 발돋움질로 간신히 진열대에 턱을 올려놓고 돈을 밀어 넣는 것과 동시에 나는 총알처럼 내뱉었다.
>
> 고기를 자르기 위해 벽에 매단 가죽 끈에 칼을 문질러 날을 세우던 중국인은 미처 무슨 말인지 몰라 뚱한 얼굴로 나를 바라보았다. 나는 비계는 말고 살로 달래라 하던 어머니가 일러준 말을 하기 전 중국인이 고기를 자를까 봐 허겁지겁 내쏘았다.
>
> 고기로 달래요.
>
> 중국인은 꾸룩꾸룩 웃으며 그때야 비로소 고기를 덥석 베어 내었다.
>
> 왜 고기만 주니, 털도 주고 가죽도 주지.
>
> – 오정희, 「중국인 거리」 중에서 –

① 어머니의 주의에 대한 '나'의 수용
② '나'에게 심부름을 시키는 어머니의 태도
③ 시간적 배경의 특성과 공간적 배경의 역할
④ '나'의 말에 대해 푸줏간의 '중국인'이 보여주는 정서

29

2017 국가직 9급

〈보기〉를 참고할 때, ㉠~㉣에 대한 분석으로 적절하지 않은 것은?

―보기―

　어떤 특정한 시기의 풍속이나 세태의 한 단면을 그리는 소설 양식을 세태 소설이라 한다. 세태 소설은 당대 사회의 모순이나 부조리 등을 있는 그대로 묘사하여 그 사회에 대한 비판 의식을 드러낸다. 그 대표적인 소설로 박태원의 '소설가 구보 씨의 일일'이 있다.

　㉠ 개찰구 앞에 두 명의 사내가 서 있었다. 낡은 파나마에 모시 두루마기 노랑 구두를 신고, 그리고 손에 조그만 보따리 하나도 들지 않은 그들을, 구보는, 확신을 가져 무직자라고 단정한다. 그리고 이 시대의 무직자들은, 거의 다 ㉡ 금광 브로커에 틀림없었다. 구보는 새삼스러이 대합실 안팎을 둘러본다. 그러한 인물들은, 이곳에도 저곳에도 눈에 띄었다.
　㉢ 황금광 시대(黃金狂時代).
　저도 모를 사이에 구보의 입술에서는 무거운 한숨이 새어 나왔다. 황금을 찾아, 황금을 찾아, 그것도 역시 숨김없는 인생의, 분명히, 일면이다. 그것은 적어도, 한 손에 단장과 또 한 손에 공책을 들고, 목적 없이 거리로 나온 자기보다는 좀 더 진실한 인생이었을지도 모른다. 시내에 산재한 무수한 광무소(鑛務所). 인지대 백 원. 열람비 오 원. 수수료 십 원. 지도대 십팔 전……. 출원 등록된 광구, 조선 전토(全土)의 칠 할. 시시각각으로 사람들은 졸부가 되고, 또 몰락해 갔다. 황금광 시대. 그들 중에는 평론가와 시인, 이러한 문인들조차 끼어 있었다. 구보는 일찍이 창작을 위해 그의 벗의 광산에 가 보고 싶다 생각하였다. 사람들의 사행심, 황금의 매력, 그러한 것들을 구보는 보고, 느끼고, 하고 싶었다. 그러나 고도의 금광열은, 오히려, ㉣ 총독부 청사, 동측 최고층, 광무과 열람실에서 볼 수 있었다…….

- 박태원, 「소설가 구보 씨의 일일」 중에서 -

① ㉠ : 세태의 단면이 드러나는 공간적 배경이다.
② ㉡ : 적극성을 지닌 존재들로 서술자의 예찬 대상이다.
③ ㉢ : '무거운 한숨'을 유발하는 부조리한 현실로 서술자의 비판 대상이다.
④ ㉣ : 서술자가 '금광열'이 고조되어 있는 것으로 설정한 대상이나 공간이다.

30

2017 지방직 9급

⊙~㉣에 대한 이해로 적절하지 않은 것은?

사람들은 아버지를 난쟁이라고 불렀다. 사람들은 옳게 보았다. ⊙ 아버지는 난쟁이였다. 불행하게도 사람들은 아버지를 보는 것 하나만 옳았다. 그 밖의 것들은 하나도 옳지 않았다. 나는 아버지, 어머니, 영호, 영희, 그리고 나를 포함한 다섯 식구의 모든 것을 걸고 그들이 옳지 않다는 것을 언제나 말할 수 있다. 나의 '모든 것'이라는 표현에는 '다섯 식구의 목숨'이 포함되어 있다. 천국에 사는 사람들은 지옥을 생각할 필요가 없다. 그러나 우리 다섯 식구는 지옥에 살면서 천국을 생각했다. 단 하루라도 천국을 생각해 보지 않은 날이 없다. 하루하루의 생활이 지겨웠기 때문이다. ⓒ 우리의 생활은 전쟁과 같았다. 우리는 그 전쟁에서 날마다 지기만 했다. 그런데도 어머니는 모든 것을 잘 참았다. 그러나 그날 아침 일만은 참기 어려웠던 것 같다.

"통장이 이걸 가져왔어요."

내가 말했다. 어머니는 조각 마루 끝에 앉아 아침 식사를 하고 있었다. / "그게 뭐냐?" / "철거 계고장이에요." / "기어코 왔구나!"
어머니가 말했다.

"그러니까 집을 헐라는 거지? 우리가 꼭 받아야 할 것 중의 하나가 이제 나온 셈이구나!"

어머니는 식사를 중단했다. 나는 어머니의 밥상을 내려다 보았다. 보리밥에 까만 된장, 그리고 시든 고추 두어 개와 조린 감자.

나는 어머니를 위해 철거 계고장을 천천히 읽었다.

…(중략)…

어머니는 조각 마루 끝에 앉아 말이 없었다. ⓒ 벽돌 공장의 높은 굴뚝 그림자가 시멘트 담에서 꺾어지며 좁은 마당을 덮었다. 동네 사람들이 골목으로 나와 뭐라고 소리치고 있었다. 통장은 그들 사이를 비집고 나와 방죽 쪽으로 걸음을 옮겼다. 어머니는 식사를 끝내지 않은 밥상을 들고 부엌으로 들어갔다. 어머니는 두 무릎을 곧추세우고 앉았다. 그리고 손을 들어 부엌 바닥을 한 번 치고 가슴을 한 번 쳤다. 나는 동사무소로 갔다. ㉣ 행복동 주민들이 잔뜩 몰려들어 자기의 의견들을 큰 소리로 말하고 있었다. 들을 사람은 두셋밖에 안 되는데 수십 명이 거의 동시에 떠들어 대고 있었다. 쓸데없는 짓이었다. 떠든다고 해결될 문제는 아니었다.

나는 바깥 게시판에 적혀 있는 공고문을 읽었다. 거기에는 아파트 입주 절차와 아파트 입주를 포기할 경우 탈 수 있는 이주 보조금 액수 등이 적혀 있었다. 동사무소 주위는 시장 바닥과 같았다.

- 조세희, 「난쟁이가 쏘아 올린 작은 공」 -

① ⊙ : 산업화 과정에서 소외된 '아버지'의 왜소함을 드러낸다.
② ⓒ : 가난한 도시 빈민의 힘겨운 삶을 전쟁에 비유한다.
③ ⓒ : 맹목적이고 무리한 산업화의 위압적 분위기를 나타낸다.
④ ㉣ : 주민들의 노력으로 삶이 개선될 것임을 암시한다.

31

다음 글에 대한 이해로 적절하지 않은 것은?

2018 국가직 9급

> 우리 장인님은 약이 오르면 이렇게 손버릇이 아주 못됐다. 또 사위에게 이 자식 저 자식 하는 이놈의 장인님은 어디 있느냐. 오죽해야 우리 동리에서 누굴 물론하고 그에게 욕을 안 먹는 사람은 명이 짜르다 한다. 조그만 아이들까지도 그를 돌라세 놓고 욕필이(본 이름이 봉필이니까), 욕필이, 하고 손가락질을 할 만치 두루 인심을 잃었다. 하나 인심을 정말 잃었다면 욕보다 읍의 배 참봉 댁 마름으로 더 잃었다. 번이 마름이란 욕 잘 하고 사람 잘 치고 그리고 생김 생기길 호박개 같아야 쓰는 거지만 장인님은 외양에 똑 됐다. 장인께 닭 마리나 좀 보내지 않는다든가 애벌논 때 품을 좀 안 준다든가 하면 그해 가을에는 영락없이 땅이 뚝뚝 떨어진다. 그러면 미리부터 돈도 먹이고 술도 먹이고 안달재신으로 돌아치던 놈이 그 땅을 슬쩍 돌아앉는다.
>
> - 김유정, 「봄봄」 -

① 마름의 특성을 동물의 외양에 빗대어 낮잡아 표현했다.
② 비속어와 존칭어를 혼용하여 해학적 표현을 구사했다.
③ 여러 정황을 거론하며 장인의 됨됨이가 마땅치 않음을 드러냈다.
④ 장인과 소작인들 사이의 뒷거래 장면을 생생하게 묘사하여 제시했다.

32
2018 국가직 7급

(가), (나)에 대한 이해로 가장 적절한 것은?

(가) 내 개인적인 체험에 불과한 일이기는 하지만, 저 혹독한 6·25의 경험 속의 공포의 전짓불(다른 곳에서 그것에 대해 쓴 일이 있다), 그 비정한 전짓불빛 앞에 나는 도대체 어떤 변신이나 사라짐이 가능했을 것인가. 앞에 선 사람의 정체를 감춘 채 전짓불은 일방적으로 '너는 누구 편이냐'고 운명을 판가름할 대답을 강요한다. 그 앞에선 물론 어떤 변신도 사라짐도 불가능하다. 대답은 불가피하다. 그리고 그 대답이 빗나간 편을 잘못 맞췄을 땐 그 당장에 제 목숨이 달아난다. 불빛 뒤의 상대방이 어느 편인지를 알면 대답은 간단하다. 그러나 이쪽에선 그것을 알 수 없다. 그것을 알 수 없으므로 상대방을 기준하여 안전한 대답을 선택할 수가 없다. 길은 다만 한 가지. 그 대답은 자기 자신의 진실을 근거로 한 선택이 될 수밖에 없다. 그것은 바로 제 목숨을 건 자기 진실의 드러냄인 것이다. 그 밖의 다른 길은 없는 것이다.
― 이청준, 「전짓불 앞의 방백」 ―

(나) 한데 요즘 나는 나의 소설 작업 중에도 가끔 그 비슷한 느낌을 경험하곤 한다. 내가 소설을 쓰고 있는 것이 마치 그 얼굴이 보이지 않은 전짓불 앞에서 일방적으로 나의 진술만을 하고 있는 것 같다는 말이다. 문학 행위란 어떻게 보면 가장 성실한 작가의 자기 진술이라고 할 수 있다. 한데 나는 지금 어떤 전짓불 아래서 나의 진술을 행하고 있는지 때때로 엄청난 공포감을 느낄 때가 많다는 말이다. 지금 당신 같은 질문을 받게 될 때가 바로 그렇다…….
― 이청준, 「소문의 벽」 ―

① (나)와 달리 (가)는, 경험에서 파생된 상징적 장치를 적용하여 사태의 의미를 도출하고 있다.
② (가)와 달리 (나)는, 이념적 대립에 의해 자유를 억압당하는 인물의 고통을 낱낱이 진술하고 있다.
③ (가)와 (나)는, 상호적 소통의 여지가 가로막힌 상황의 공포를 다룸으로써 유사한 의미를 공유하고 있다.
④ (가)와 (나)는, 고립된 채 두려움에 떠는 인물의 행동을 극화함으로써 공통된 주제 의식을 제시하고 있다.

33

다음 글의 서술상의 특징으로 적절한 것은?

2018 지방직 9급

> 덕기는 분명히 조부의 이런 목소리를 들은 법하다. 꿈이 아니었던가 하며 소스라쳐 깨어 눈을 떠보니 머리맡 창에 볕이 쨍쨍히 비친 것이 어느덧 저녁때가 된 것 같다. 벌써 새로 세시가 넘었다. 아침 먹고 나오는 길로 따뜻한 데 누웠으려니까 잠이 폭폭 왔던 것이다. 어쨌든 머리를 쳐드니, 인제는 거뜬하고 몸도 풀린 것 같다.
> "네 처두 묵으라고 하였다만 모레는 너두 들를 테냐? 들르면 무얼 하느냐마는……."
> 조부의 못마땅해하는, 어떻게 들으면 말을 만들어 보려고 짓궂이 비꼬는 강강한 어투가 또 들린다.
> 덕기는 부친이 왔나 보다 하고 가만히 유리 구멍으로 내다보았다. 수달피 깃을 댄 검정 외투를 입은 홀쭉한 뒷모양이 뜰을 격하여 툇마루 앞에 보이고 조부는 창을 열고 내다보고 앉았다. 덕기는 일어서려다가 조부가 문을 닫은 뒤에 나가리라 하고 주저앉았다.
> "저야 오지요마는 덕기는 붙드실 게 무엇 있습니까. 공부하는 애는 그보다 더한 일이 있더라도 날짜를 대서 하루바삐 보내야지요……."
> 이것은 부친의 소리다. 부친은 가냘프고 신경질적인 체격 보아서는 목소리라든지 느리게 하는 어조가 퍽 딴판인 인상을 주는 것이었다.
>
> — 염상섭, 「삼대」 —

① 서술자가 등장인물의 시선을 빌려 이야기를 전개하고 있다.
② 시대적 배경과 밀접한 어휘를 사용하여 주제 의식을 강화하고 있다.
③ 편집자적 논평을 통해 인물들에 대한 서술자의 태도를 드러내고 있다.
④ 공간적 배경에 따라 서술자를 달리하여 상황을 입체적으로 그리고 있다.

정답 및 해설

① '삼대'는 전지적 작가 시점이지만 제시된 부분은 일반적인 전지적 작가 시점과는 다르다. 보통 전지적 작가 시점이라고 하면 모든 등장인물의 심리를 서술자가 서술해 주지지만 여기서는 '덕기'의 시선을 빌려, 덕기의 속마음과 생각에 집중하고 있다. '덕기' 외에 '부친'이나 '조부'의 심리는 서술자가 제시하지 않고 덕기의 눈에 비친 모습과 덕기의 생각을 빌려 이야기를 전개하고 있다. 서술자는 다른 인물들의 내면을 읽지 않고 관찰자처럼 덕기의 시선으로 서술하고 있는데 이처럼 전지적 작가 시점이지만 특정 인물의 시선으로 서술하는 것을 '제한적 전지적 작가 시점'이라고 한다.

오답 해설

② '삼대'는 일제 강점기를 배경으로 하고 있지만 제시된 부분만 보아서는 시대적 배경을 짐작할 수 없다. '순사', '전보' 등의 어휘가 제시되어야만 이 소설의 시대적 배경을 파악할 수 있다.
③ 제시된 지문은 전지적 작가 시점이다. 전지적 작가 시점이라고 해서 모두 편집자적 논평이 있는 것은 아니다. 편집자적 논평은 작품 밖에 있는 서술자가 인물이나 상황에 대해 자신의 의견을 표출하는 것인데, 주로 고전 소설에서 많이 나온다. 제시문에서는 편집자적 논평이 드러나지 않는다.
④ 공간적 배경은 덕기의 집이다. 조부와 부친의 대화, 덕기가 잠에서 깨는 부분을 통해 알 수 있다. 서술자를 달리하면 입체적으로 표현할 수 있는 것은 사실이지만, 제시문에서 공간적 배경은 변화가 없어요. 물론 서술자의 변화도 없다.

34

다음 글에 나타난 서술자에 대한 설명으로 가장 옳은 것은?

2017 서울시 9급

> 내 이상과 계획은 이렇거든요.
>
> 우리집 다이쇼*가 나를 자별히 귀애하고 신용을 하니까 인제 한 십 년만 더 있으면 한밑천 들여서 따로 장사를 시켜 줄 그런 눈치거든요.
>
> 그러거들랑 그것을 언덕삼아 가지고 나는 삼십 년 동안 예순 살 환갑까지만 장사를 해서 꼭 십만 원을 모을 작정이지요. 십만 원이면 죠선* 부자로 쳐도 천석꾼이니, 뭐 떵떵거리고 살 게 아니라구요?
>
> 그리고 우리 다이쇼도 한 말이 있고 하니까, 나는 내지인* 규수한테로 장가를 들래요. 다이쇼가 다 알아서 얌전한 자리를 골라 중매까지 서준다고 그랬어요. 내지 여자가 참 좋지요.
>
> 나는 죠선 여자는 거저 주어도 싫어요.
>
> 구식 여자는 얌전은 해도 무식해서 내지인하고 교제하는 데 안 됐고, 신식 여자는 식자나 들었다는 게 건방져서 못쓰고, 도무지 그래서 죠선 여자는 신식이고 구식이고 다 제바리여요.
>
> 내지 여자가 참 좋지 뭐. 인물이 개개 일자로 이쁘겠다, 얌전하겠다, 상냥하겠다, 지식이 있어도 건방지지 않겠다, 좀이나 좋아!
>
> 그리고 내지 여자한테 장가만 드는 게 아니라 성명도 내지인 성명으로 갈고 집도 내지인 집에서 살고 옷도 내지 옷을 입고 밥도 내지식으로 먹고 아이들도 내지인 이름을 지어서 내지인 학교에 보내고…….
>
> 내지인 학교라야지 죠선 학교는 너절해서 아이들 버려 놓기나 꼭 알맞지요.
>
> 그리고 나도 죠선말은 싹 걷어치우고 국어만 쓰고요.
>
> 이렇게 다 생활법식부터도 내지인처럼 해야만 돈도 내지인 처럼 잘 모으게 되거든요.

* 다이쇼 : 주인 * 죠선 : 조선 * 내지인 : 일본인

① 서술자가 내지인을 비판함으로써 자기 주장을 강화하고 있다.
② 서술자가 전지적 존재로서 인물과 사건을 모두 조망할 수 있다.
③ 서술자가 작품 속에 등장하는 다른 인물의 내면을 추리하고 있다.
④ 서술자가 신뢰할 수 없는 존재로서, 독자로 하여금 서술자를 비판적으로 바라보게 한다.

35

다음 중 ㉠~㉣에 대한 감상으로 가장 적절하지 않은 것은?

2016 서울시 9급

> 나는 그날 그에게 돈 삼 원을 주었다. 그의 말대로 삼산 학교 앞에 가서 뼈젓이 참외 장사라도 해 보라고. 그리고 돈은 남지 못하면 돌려 오지 않아도 좋다 하였다. ㉠ 그는 삼 원 돈에 덩실덩실 춤을 추다시피 뛰어나갔다. 그리고 그 이튿날, "선생님 잡수시라굽쇼." 하고 나 없는 때 참외 세 개를 갖다 두고 갔다. 그러고는 온 여름 동안 그는 우리 집에 얼른하지 않았다.
>
> 들으니 ㉡ 참외 장사를 해 보긴 했는데 이내 장마가 들어 밑천만 까먹었고, 또 그까짓 것보다 한 가지 놀라운 소식은 그의 아내가 달아났단 것이다. 저희끼리 금슬은 괜찮았건만 동서가 못 견디게 굴어 달아난 것이라 한다. 남편만 남 같으면 따로 살림나는 날이나 기다리고 살 것이나 평생 동서 밑에 살아야 할 신세를 생각하고 달아난 것이라 한다.
>
> 그런데 요 며칠 전이었다. 밤인데 달포 만에 수건이가 우리 집을 찾아왔다. ㉢ 웬 포도를 큰 것으로 대여섯 송이를 종이에 싸지도 않고 맨손에 들고 들어왔다. 그는 벙긋거리며 첫 마디로, "선생님 잡수라고 사 왔습죠." 하는 때였다. 웬 사람 하나가 날쌔게 그의 뒤를 따라 들어오더니 다짜고짜로 수건이의 멱살을 움켜쥐고 끌고 나갔다. 수건이는 그 우둔한 얼굴이 새하얗게 질리며 꼼짝 못하고 끌려 나갔다.
>
> 나는 수건이가 포도원에서 포도를 훔쳐 온 것을 직각하였다. 쫓아 나가 매를 말리고 포도값을 물어주었다. 포도값을 물어 주고 보니 수건이는 어느 틈에 사라지고 보이지 않았다. 나는 그 다섯 송이의 포도를 탁자 위에 얹어 놓고 오래 바라보며 아껴 먹었다. ㉣ 그의 은근한 순정의 열매를 먹듯 한 알을 가지고도 오래 입안에 굴려 보며 먹었다.
>
> – 이태준, 「달밤」 –

① ㉠ : 황수건의 행위를 통해 참외 장사가 안 될 것을 예측할 수 있다.
② ㉡ : 황수건에 대한 정보가 나에 의해 요약적으로 제시되고 있다.
③ ㉢ : 포도는 장사 밑천을 대준 나에 대한 황수건의 고마움의 표시이다.
④ ㉣ : 인물을 바라보는 나의 호의적인 태도를 읽을 수 있다.

정답 및 해설

① '나'는 황수건에게 참외 장사를 시작할 수 있는 삼 원의 돈을 주었다. ㉠에는 '삼 원'을 받고 신이 난 황수건의 모습을 통해 그의 천진한 모습이 드러난다. 하지만 앞으로 참외 장사가 어떻게 될지는 ㉠을 통해 짐작할 수 없다.

오답 해설

② 참외 장사가 잘 안됐다는 것과 그의 아내가 달아났다는 사실이 서술자 '나'의 요약적 서술을 통해 제시되었다.
③ 이어지는 상황을 보면, 그 포도는 황수건이 포도원에서 훔쳐온 것이다. 경제적인 여유가 없는 황수건은 그렇게라도 해서 장사 밑천을 대준 '나'에게 고마움을 표현하고 싶었던 것이다. 황수건이 가지고 온 포도에는 선뜻 삼 원을 내주었던 '나'에 대한 고마운 마음이 담겨 있다.
④ '나'는 황수건이 장사를 할 수 있도록 밑천을 주었다는 것에서 황수건에 대해 호의가 있음을 알 수 있다. 그가 훔쳐 온 포도를 오래 입안에 굴려 먹는 '나'의 모습을 통해 서도 황수건의 순수한 마음을 이해하고 긍정하는 '나'의 태도를 확인할 수 있다.

36

다음 글이 독자에게 웃음을 유발하는 이유를 바르게 설명한 것은?

2016 국가직 9급

> 개의 몸에 기생하는 진드기가 있다. 미친 듯이 제 몸을 긁어 대는 개를 붙잡아서 털 속을 헤쳐 보라. 진드기는 머리를 개의 연한 살에 박고 피를 빨아 먹고 산다. 머리와 가슴이 붙어 있는데 어디까지가 배인지 꼬리인지도 분명치 않다. 수컷의 몸길이는 2.5밀리미터, 암컷은 7.5밀리미터쯤으로 핀셋으로 살살 집어내지 않으면 몸이 끊어져 버린다.
>
> 한번 박은 진드기의 머리는 돌아 나올 줄 모른다. 죽어도 안으로 파고들다가 죽는다. 나는 그 광경을 '몰두(沒頭)'라고 부르려 한다.
>
> - 성석제, 「몰두」중에서 -

① 소리는 같지만 뜻은 전혀 다른 두 단어를 의도적으로 혼란스럽게 섞어 사용해서
② 일반적으로 예상되는 사건 대신 아주 엉뚱한 사건을 전개해서
③ 묘사하는 대상의 우스꽝스러운 생태를 충분한 거리를 유지한 채 객관적으로 전달해서
④ 어떤 단어를 보통 쓰이는 의미 대신 글자 그대로의 의미로 짐짓 받아들여서

정답 및 해설

④ 서술자는 진드기의 머리가 개의 몸 안으로 파고드는 모습을 '몰두(沒頭)'라고 표현했다. '몰두(沒頭)'는 일반적으로 어떤 일에 온 정신을 다 기울이며 열중한다는 의미로 쓰이지만 서술자는 보통의 의미와 달리 '몰두(沒頭: 빠질 몰, 머리 두)'를 한자 그대로의 의미로 받아들여 '머리가 빠진다.'라는 의미로 사용하여 웃음을 유발하고 있다.

오답 해설

① '소리는 같지만 뜻은 전혀 다른 두 단어'는 동음이의어를 의미한다. '너의 서방인지 남방인지'와 같이 동음이의어를 통해 웃음을 유발하는 것은 판소리계 소설에서 많이 사용하는 방식이다.
② 진드기의 특성과 그에 대한 서술자의 판단이 제시되어 있다. 제시된 사건 외에 엉뚱한 사건이 전개되고 있지는 않다.
③ 묘사하는 대상은 개의 몸에 기생하는 진드기이다. 서술자는 진드기의 생태를 객관적으로 전달하고 있는데, 진드기의 생태가 웃음을 유발하는 것은 아니다.

37~38

※ 다음 작품을 읽고 물음에 답하시오. 2022 국가직 9급

> 오빠, 편히 사시오."
> 하고, 거의 울음이 다 된, 마지막 목소리를 남기고 돌아선 계연의 저만치 가고 있는 항라 적삼을, 고운 햇빛과 늘어진 버들가지와 산울림처럼 울려오는 뻐꾸기 울음 속에, 성기는 우두커니 지켜보고 있을 뿐이었다.
> 성기가 다시 자리에서 일어나게 된 것은 이듬해 우수(雨水)도 (㉠)도 다 지나, (㉡) 무렵의 비가 질금거릴 즈음이었다. 주막 앞에 늘어선 버들가지는 다시 실같이 푸르러지고 살구, 복숭아, 진달래 들이 골목 사이로 산기슭으로 울긋불긋 피고 지고 하는 날이었다.
> 아들의 미음상을 차려 들고 들어온 옥화는 성기가 미음 그릇을 비우는 것을 보자, 이렇게 물었다.
> "아직도 너, 강원도 쪽으로 가 보고 싶냐?"
> "……."
> 성기는 조용히 고개를 돌렸다.
> "여기서 장가들어 나랑 같이 살겠냐?"
> "……."
> 성기는 역시 고개를 돌렸다.

37
2018 경찰직 2차
24절기 중 ㉠과 ㉡에 각각 들어갈 단어로 적절한 것은?

① ㉠ 청명 ㉡ 처서
② ㉠ 입춘 ㉡ 곡우
③ ㉠ 곡우 ㉡ 경칩
④ ㉠ 경칩 ㉡ 청명

정답 및 해설
④ 24절기 중에서 제시된 소설의 계절적 배경이 되는 '봄'과 관련된 절기, 그 중에서도 '우수'가 지난 시기의 절기를 골라야 한다. 봄의 절기는 '입춘→ 우수→ 경칩→ 춘분→ 청명→ 곡우'의 순서이다. '우수'가 지난 시점이니 ㉠과 ㉡에는 '경칩, 춘분, 청명, 곡우'의 절기가 들어갈 수 있다. '처서'는 가을에 해당하는 절기이고, '입춘'은 '우수'의 앞에 위치하므로 ①과 ②는 적절하지 않다. '곡우'는 봄의 절기 중 가장 마지막이므로 ㉠에 들어가는 것은 문맥상 적절하지 않다.

38
2018 경찰직 2차
위의 작품에 대한 설명으로 가장 적절한 것은?

① 운명에 순응하며 살아온 우리 민족의 전통적 정서가 담긴 작품이다.
② 한국전쟁 직후를 살아가는 지식인의 불안과 고뇌를 다양한 기법으로 표현한 작품이다.
③ 길에서 우연히 만난 두 인물이 함께 귀향하는 과정을 다룬 작품이다.
④ 부조리한 자본주의 사회에서 패배하는 현대인의 모습이 비극적으로 그려진 작품이다.

정답 및 해설
① 이 소설은 역마살을 가지고 있는 '성기'가 역마살을 극복하기 위해 노력하지만 결국은 그 운명에 순응하며 떠돌이 엿장수가 되는 이야기이다. '성기'의 모습을 통해 인간과 운명의 갈등, 그에 순응하며 살아가는 우리 민족의 전통적인 정서가 드러난다. 제시된 부분은 '계연'과 이별한 '성기'가 자신의 운명을 받아들이며 떠돌이 엿장수가 되기로 생각하는 부분이다.

오답 해설
② 한국전쟁에 대한 언급은 전혀 없고 '성기', '계연', '옥화'를 지식인으로 볼 수도 없다. 지문에는 제시되어 있지 않지만 '옥화'는 성기의 문제를 해결하고자 무당을 찾아가는데, 무속인을 통해 운명을 예측하고 해결하고자 하므로 지식인의 모습과는 거리가 멀다.
③ '계연'과 '성기'의 만남은 우연으로 인한 것이었다. 체 장수 영감이 옥화네를 찾으면서 '성기'와 '계연'이 만나 사랑하게 된 것이다. 하지만 그들은 결국 이별하였기에 두 인물이 함께 귀향했다는 설명은 적절하지 않다.
④ 자본주의 사회, 현대인의 모습은 드러나지 않았다. 오히려 '화개장터'라는 토속적인 공간을 배경으로 전통적인 삶을 살아가는 인물들의 모습을 그리고 있다.

39

2023 국가직 9급

㉠을 이해한 내용으로 적절하지 않은 것은?

> "㉠ 무진(霧津)엔 명산물이……뭐 별로 없지요?" 그들은 대화를 계속하고 있었다. "별게 없지요. 그러면서도 그렇게 많은 사람들이 살고 있다는 건 좀 이상스럽거든요." "바다가 가까이 있으니 항구로 발전할 수도 있었을 텐데요?" "가 보시면 아시겠지만 그럴 조건이 되어 있는 것도 아닙니다. 수심(水深)이 얕은 데다가 그런 얕은 바다를 몇백 리나 밖으로 나가야만 비로소 수평선이 보이는 진짜 바다다운 바다가 나오는 곳이니까요." "그럼 역시 농촌이군요?" "그렇지만 이렇다 할 평야가 있는 것도 아닙니다." "그럼 그 오륙만이 되는 인구가 어떻게들 살아가나요?" "그러니까 그럭저럭이란 말이 있는 게 아닙니까!" 그들은 점잖게 소리 내어 웃었다. "원, 아무리 그렇지만 한 고장에 명산물 하나쯤은 있어야지." 웃음 끝에 한 사람이 말하고 있었다.
>
> 무진에 명산물이 없는 게 아니다. 나는 그것이 무엇인지 알고 있다. 그것은 안개다. 아침에 잠자리에서 일어나서 밖으로 나오면, 밤사이에 진주해 온 적군들처럼 안개가 무진을 뺑 둘러싸고 있는 것이었다. 무진을 둘러싸고 있는 산들도 안개에 의하여 보이지 않는 먼 곳으로 유배당해 버리고 없었다.
>
> - 김승옥, 「무진기행」에서 -

① 수심이 얕아서 항구로 개발하기 어려운 공간이다.
② 산으로 둘러싸여 있고 평야가 발달하지 않은 공간이다.
③ 지역의 경제적 여건에 비해 인구가 적지 않은 공간이다.
④ 누구나 인정할 만한 지역의 명산물로 안개가 유명한 공간이다.

40

촌장의 태도와 관련된 사자성어로 가장 적절한 것은?

2015 국가직 7급

> 다 : 아셨으면서 왜 숨기셨죠? 모든 사람들에게, 저 덫을 보러 간 파수군에게 왜 말하지 않은 거예요?
> 촌장 : 말해주지 않는 것이 더 좋기 때문이다.
> 다다 : 거짓말 마세요, 촌장님! 일생을 이 쓸쓸한 곳에서 보내는 것이 더 좋아요? 사람들도 그렇죠! "이리떼가 몰려온다." 이 헛된 두려움에 시달리고 사는 게 그게 더 좋아요?
> 촌장 : 얘야, 이리떼는 처음부터 없었다. 없는 걸 좀 두려워한다는 것이 뭐가 그렇게 나쁘다는 거냐? 지금까지 단 한 사람도 이리에게 물리지 않았단다. 마을은 늘 안전했어. 그리고 사람들은 이리떼에 대항하기 위해 단결했다. 난 질서를 만든거야. 질서, 그게 뭔지 넌 알기나 하니? 모를거야. 너는. 그건 마을을 지켜주는 거란다. 물론 저 충직한 파수꾼에겐 미안해. 수천 개의 쓸모없는 덫들을 보살피고 양철북을 요란하게 두들겼다. 허나 말이다. 그의 일생이 그저 헛되다고만 할 순 없어. 그는 모든 사람들을 위해 고귀하게 희생한거야. 난 네가 이러한 것들을 이해하여 주기 바란다. 만약 네가 새벽에 보았다는 구름만을 고집한다면, 이런 것들은 모두 허사가 된다. 저 파수꾼은 늙도록 헛북이나 친 것이 되고, 마을의 질서는 무너져 버린다. 얘야 넌 이렇게 모든 걸 헛되게 하고 싶지 않겠지?
>
> ― 이강백, 「파수꾼」 중에서 ―

① 指鹿爲馬
② 釣而不網
③ 隔靴搔癢
④ 牽强附會

41

다음 글을 이해한 내용으로 가장 적절한 것은?

2023 지방직 9급

> 반드시 갚는 조건임을 강조하면서 그는 마치 성경책 위에다 오른손을 얹고 말하듯이 엄숙한 표정을 했다. 하마터면 나는 잊을 뻔했다. 그가 적시에 일깨워 주었기 망정이지 안 그랬더라면 빌려주는 어려움에만 골똘한 나머지 빌려줬다 나중에 돌려받는 어려움이 더 클 거라는 사실은 생각도 못 할 뻔했다. 그렇다.
> 끼니조차 감당 못 하는 주제에 막벌이가 아니면 어쩌다 간간이 얻어걸리는 출판사 싸구려 번역 일 가지고 어느 해가※에 빚을 갚을 것인가. 책임이 따르는 동정은 피하는 게 상책이었다. 그리고 기왕 피할 바엔 저쪽에서 감히 두말을 못 하도록 야멸치게 굴 필요가 있었다.
> "병원 이름이 뭐죠?" "원 산부인괍니다." "지금 내 형편에 현금은 어렵군요. 원장한테 바로 전화 걸어서 내가 보증을 서마고 약속할 테니까 권 선생도 다시 한번 매달려 보세요. 의사도 사람인데 설마 사람을 생으로 죽게야 하겠습니까. 달리 변통할 구멍이 없으시다면 그렇게 해 보세요."
> 내 대답이 지나치게 더디 나올 때 이미 눈치를 챈 모양이었다. 도전적이던 기색이 슬그머니 죽으면서 그의 착하디착한 눈에 다시 수줍음이 돌아왔다. 그는 고개를 좌우로 흔들어 보였다.
> "원장이 어리석은 사람이길 바라고 거기다 희망을 걸기엔 너무 늦었습니다. 그 사람은 나한테서 수술 비용을 받아 내기가 수월치 않다는 걸 입원시키는 그 순간에 벌써 알아차렸어요."
>
> — 윤흥길, 아홉 켤레의 구두로 남은 사내 에서 —
>
> ※ 해가(奚暇): 어느 겨를

① 서술자가 등장인물의 심리를 전지적 위치에서 전달하고 있다.
② 서술자가 등장인물이 되어 다른 등장인물의 행동을 진술하고 있다.
③ 서술자가 주인공으로서 유년 시절을 회상하며 갈등 원인을 해명하고 있다.
④ 서술자가 주관을 배제하고 외부 관찰자의 시선으로 사건을 이야기 하고 있다.

정답 및 해설

② 서술자 '나'는 돈을 빌려달라는 그의 부탁을 거절하며 그의 행동을 진술하고 있다. 이 소설은 1인칭 관찰자 시점의 소설이다.

오답 해설

① 전지적 작가 시점에 대한 설명이다.
③ 서술자가 주인공으로 등장하는 것은 1인칭 주인공 시점에 대한 설명이다. 이 소설은 1인칭 관찰자 시점으로 서술되고 있고, 유년 시절에 대한 회상은 드러나지 않는다.
④ 서술자가 관찰자의 시선으로 사건을 이야기하는 것은 맞지만 외부가 아닌 내부 관찰자에 해당한다. 또한 서술자가 주관을 배제하였다는 설명도 부적절하다.

제 4 회 고전 산문 필수 기출 문제

01
2022 지방직 9급

㉠과 ㉡에 대한 설명으로 가장 적절한 것은?

(가) ㉠<u>계월</u>이 여자 옷을 벗고 갑옷과 투구를 갖춘 후 용봉황월(龍鳳黃鉞)과 수기를 잡아 행군해 별궁에 자리를 잡았다. 그리고 군사를 시켜 보국에게 명령을 전하니 보국이 전해져 온 명령을 보고 화가 머리끝까지 났다. 그러나 보국은 예전에 계월의 위엄을 보았으므로 명령을 거역하지 못해 갑옷과 투구를 갖추고 군문에 대령했다. 이때 계월이 좌우를 돌아보며 말했다.
"보국이 어찌 이다지도 거만한가? 어서 예를 갖추어 보이라."
호령이 추상과 같으니 군졸의 대답 소리로 장안이 울릴 정도였다. 보국이 그 위엄을 보고 겁을 내어 갑옷과 투구를 끌고 몸을 굽히고 들어가니 얼굴에서 땀이 줄줄 흘러내렸다.

– 작자 미상, 홍계월전 에서 –

(나) 장끼 고집 끝끝내 굽히지 아니하여 ㉡<u>까투리</u> 홀로 경황없이 물러서니, 장끼란 놈 거동 보소. 콩 먹으러 들어갈 제 열두 장목 펼쳐 들고 꾸벅꾸벅 고개 조아 조츰조츰 들어가서 반달 같은 혀뿌리로 들입다 꽉 찍으니, 두 고패 둥그레지며 … (중략) … 까투리 하는 말이
"저런 광경 당할 줄 몰랐던가. 남자라고 여자의 말 잘 들어도 패가하고, 계집의 말 안 들어도 망신하네."
까투리 거동 볼작시면, 상하평전 자갈밭에 자락머리 풀어 놓고 당굴당굴 뒹굴면서 가슴치고 일어앉아 잔디풀을 쥐어뜯어 애통하며, 두 발로 땅땅 구르면서 붕성지통(崩城之痛) 극진하니, 아홉 아들 열두 딸과 친구 벗님네들도 불쌍타 의논하며 조문 애곡하니 가련 공산 낙망천에 울음소리뿐이로다.

– 작자 미상, 장끼전 에서 –

① ㉠과 ㉡은 모두 상대에 비해 우월한 지위를 가지고 있다.
② ㉠이 상대의 행동을 비판하는 반면, ㉡은 옹호하고 있다.
③ ㉠이 갈등 상황을 타개하는 데 적극적인 반면, ㉡은 소극적이다.
④ ㉠이 주변으로부터 호의적인 반응을 얻은 반면, ㉡은 적대적인 반응을 얻는다.

[정답 및 해설]

③ ㉠(계월)은 자신에게 예를 갖추지 않는 보국의 행동을 보고 예를 갖추라고 명령을 하여 상황을 해결하였다. 보국과 계월의 갈등 상황에서 계월은 적극적으로 갈등 상황을 타개한 것이다. 반면 ㉡(까투리)은 콩을 먹겠다는 장끼의 고집을 꺾지 못하고 콩을 먹도록 물러났으므로 갈등 상황을 타개하는 데 소극적이었다고 할 수 있다.

[오답 해설]

① (가)에서 계월은 군사를 시켜 보국에게 명령을 전하였고, 보국은 화가 났지만 계월의 명령에 따라 예를 갖추었다. 따라서 ㉠(계월)은 상대(보국)에 비해 우월한 지위를 지니고 있음을 확인할 수 있다. 반면 (나)의 ㉡(까투리)은 장끼가 고집을 부리며 콩을 먹으러 가는 행동을 말리지 못하고 물러서는 것으로 보아 상대에 비해 우월한 지위를 가지고 있다고 보기 어렵다.
② ㉠(계월)은 예를 갖추지 않는 보국에게 "어찌 이다지도 거만한가? 어서 예를 갖추어 보이라."라고 명령하며 보국의 행동을 비판하였다. ㉡(까투리) 역시 "계집의 말 안들어도 망신하네."라고 말하며 자신의 말을 듣지 않고 콩을 먹다가 변을 당하는 장끼의 행동을 비판하고 있다.
④ ㉠(계월)의 호령에 군졸의 대답 소리가 장안이 울릴 정도였다는 부분에서 ㉠(계월)이 주변으로부터 호의적인 반응을 얻었다는 것을 확인할 수 있다. (나)에서도 장끼의 죽음에 대해 자녀들과 친구들이 애통해 하였으므로 ㉡(까투리)도 주변으로부터 호의적인 반응을 얻었다고 볼 수 있다.

02

다음 글에 대한 이해로 적절하지 않은 것은?

2022 국가직 9급

> 승상이 말을 마치기도 전에 구름이 걷히더니 노승은 간 곳이 없고 좌우를 돌아보니 팔낭자도 간 곳이 없었다. 승상이 놀라 어찌할 바를 모르는 중에 높은 대와 많은 집들이 한순간에 사라지고 자기의 몸은 작은 암자의 포단 위에 앉아있었는데, 향로의 불은 이미 꺼져 있었고 지는 달이 창가에 비치고 있었다. 자신의 몸을 보니 백팔염주가 걸려 있고 머리를 손으로 만져보니 갓 깎은 머리털이 까칠까칠하더라. 완연한 소화상의 몸이요, 전혀 대승상의 위의가 아니었으니, 이에 제 몸이 인간 세상의 승상 양소유가 아니라 연화도량의 행자 성진임을 비로소 깨달았다.
>
> 그리고 생각하기를, '처음에 스승에게 책망을 듣고 풍도옥으로 가서 인간 세상에 환도하여 양가의 아들이 되었지. 그리고 장원급제를 하여 한림학사가 된 후 출장입상하고 공명신퇴하여 두 공주와 여섯 낭자로 더불어 즐기던 것이 다 하룻밤 꿈이었구나. 이는 필시 사부가 나의 생각이 그릇됨을 알고 나로 하여금 이런 꿈을 꾸게 하시어 인간 부귀와 남녀 정욕이 다 허무한 일임을 알게 하신 것이로다.
>
> — 김만중, '구운몽'에서

① '양소유'는 장원급제를 하여 한림학사가 되었다.
② '양소유'는 인간 세상에 환멸을 느껴 스스로 '성진'의 모습으로 되돌아왔다.
③ '성진'이 있는 곳은 인간 세상이 아니다.
④ '성진'은 자신의 외양을 통해 꿈에서 돌아왔음을 인식한다.

03

밑줄 친 부분에서 행위의 주체가 같은 것으로만 묶은 것은?

2020 지방직 9급

> 금와왕이 이상히 여겨 유화를 방 안에 가두어 두었더니 햇빛이 방 안을 비추는데 ㉠ 몸을 피하면 다시 쫓아와서 비추었다. 이로 해서 태기가 있어 알[卵] 하나를 낳으니, 크기가 닷 되들이만 했다. 왕이 그것을 버려서 개와 돼지에게 주게 했으나 모두 먹지 않았다. 다시 길에 ㉡ 내다 버리게 했더니 소와 말이 피해서 가고 들에 내다 버리니 새와 짐승들이 덮어 주었다. 왕이 쪼개 보려고 했으나 아무리 해도 쪼개지지 않아 그 어미에게 돌려주었다.
> 어미가 이 알을 천으로 싸서 따뜻한 곳에 놓아두었더니 한 아이가 ㉢ 껍질을 깨고 나왔는데, 골격과 외모가 영특하고 기이했다.
> 겨우 일곱 살이 되었을 때, 이미 기골이 뛰어나서 범인(凡人)과 달랐다.
> 스스로 활과 화살을 만들어 쏘았는데 백발백중이었다. 나라 풍속에 ㉣ 활 잘 쏘는 사람을 주몽이라고 하므로 그 아이를 '주몽'이라 했다.
> 금와왕에게는 일곱 아들이 있어 항상 주몽과 함께 놀았는데, 재주가 주몽을 따르지 못했다. 맏아들 대소가 왕에게 말했다.
> "주몽은 사람의 자식이 아닙니다. 일찍 ㉤ 없애지 않는다면 후환이 있을까 두렵습니다." 왕이 듣지 않고 주몽을 시켜 말을 기르게 하니 주몽은 좋은 말을 알아보고 적게 먹여서 여위게 기르고, 둔한 말을 ㉥ 잘 먹여서 살찌게 했다.

① ㉠, ㉡
② ㉡, ㉣
③ ㉢, ㉥
④ ㉣, ㉤

04

다음 글에 대한 이해로 적절하지 않은 것은?

> 아아! 누님이 시집가던 날 새벽에 얼굴을 단장하던 일이 마치 엊그제 같다. 그때 나는 막 여덟 살이었는데, 발랑 드러누워 발버둥을 치다가 새신랑의 말을 흉내 내 더듬거리며 점잖은 어투로 말을 하니, 누님은 그 말에 부끄러워하다 그만 빗을 내 이마에 떨어뜨렸다. 나는 골이 나 울면서 분에다 먹을 섞고 침을 발라 거울을 더럽혔다. 그러자 누님은 옥으로 만든 자그만 오리 모양의 노리개와 금으로 만든 벌 모양의 노리개를 꺼내 나에게 주면서 울음을 그치라고 하였다. 지금부터 스물여덟 해 전의 일이다.
>
> 강가에 말을 세우고 멀리 바라보니 붉은 명정(銘旌)*이 펄럭이고 배 그림자는 아득히 흘러가는데, 강굽이에 이르자 그만 나무에 가려 다시는 보이지 않았다. 그때 문득 강 너머 멀리 보이는 산은 검푸른 빛이 마치 누님이 시집가는 날 쪽 찐 머리 같았고, 강물 빛은 당시의 거울 같았으며, 새벽달은 누님의 눈썹 같았다. 그 옛날 누님이 빗을 떨어뜨리던 걸 생각하니, 유독 어릴 적 일이 생생히 떠오른다.
>
> – 박지원, 큰누님 박씨 묘지명 에서 –
>
> *명정: 죽은 사람의 관직과 성씨 따위를 적은 기

① 자연물을 통해 누님의 모습을 연상하고 있다.
② 누님과의 영원한 이별에 대한 안타까움을 드러내고 있다.
③ 과거와 현재의 장면을 겹침으로써 상실의 감정을 나타내고 있다.
④ 누님의 결혼과 죽음에 대한 화자의 기쁨과 슬픔을 대조시켜 표현하고 있다.

05

2021 지방직 7급

(가)와 (나)의 공통점으로 적절하지 않은 것은?

(가) 월영암에 사는 탁대사가 냇물에 몸을 씻고 바위 위에 앉아 좌선을 하고 있었다. 이때 하루 종일 먹이를 얻지 못하고 굶은 호랑이가 무슨 먹잇감이 없나 하고 찾다가, 알몸의 사람이 오똑하게 앉아 있는 것을 보고 너무 먹음직스러워 감격했다. 그래서 이런 좋은 것을 그대로 먹으면 감동이 적다고 생각하고, 산 뒤편의 숲속으로 들어갔다. 호랑이는 기분이 좋아 머리를 들어 공중을 향해 크게 웃기도 하고, 앞발을 들어 허공에 휘젓기도 하고, 고개를 좌우로 돌려 소리쳐 웃기도 했다. 한참 동안 이러고 나오니, 이미 날이 저물고 반석 위의 중은 벌써 돌아가고 없었다. 호랑이의 웃음이여, 정말로 웃음거리가 되고 말았구나.

(나) 봉황(鳳凰)의 생일잔치에 온갖 새들이 다 와서 축하하는데, 박쥐는 오지 않았다. 그래서 봉황이 박쥐를 꾸짖어 말하기를, "너는 내 밑에 있는 새이면서 왜 그렇게 방자하냐?" 하고 문책했다. 이에 박쥐는 "나는 발로 기어 다니는 짐승 무리이니 어찌 새인 당신에게 하례를 하겠습니까?"라고 말했다. 뒤에 기린(麒麟)의 생일잔치에 모든 짐승이 와서 하례했는데, 역시 박쥐는 나타나지 않았다. 그래서 기린이 불러 꾸짖으니 박쥐는, "나는 날개가 있어 새의 무리이니 짐승인 당신에게 어찌 축하하러 가겠습니까?" 하고 말하였다. 세상에서 일을 피해 교묘하게 면하는 사람이여, 참으로 '박쥐의 일'이라 하겠구나.

① 화자의 말을 통해 대상을 조소하고 있다.
② 일화를 통해 대상의 성격을 드러내고 있다.
③ 반어적 표현을 통해 대상을 비판하고 있다.
④ 우화적 설정을 통해 대상을 인격화하고 있다.

06

2021 지방직 9급

㉠~㉣에 대한 설명으로 옳지 않은 것은?

> 이때는 오월 단옷날이렷다. 일 년 중 가장 아름다운 시절이라. ㉠ 이때 월매딸 춘향이도 또한 시서 음률이 능통하니 천중절을 모를쏘냐. 추천을 하려고 향단이 앞세우고 내려올 제, 난초같이 고운 머리 두 귀를 눌러 곱게 땋아 봉황 새긴 비녀를 단정히 매었구나. …(중략)… 장림 속으로 들어가니 ㉡ 녹음방초 우거져 금잔디 좌르르 깔린 곳에 황금 같은 꾀꼬리는 쌍쌍이 날아든다. 버드나무 높은 곳에서 그네 타려할 때, 좋은 비단 초록 장옷, 남색 명주 홑치마 훨훨 벗어 걸어 두고, 자주색 꽃신을 썩썩 벗어 던져두고, 흰 비단 새 속옷 턱밑에 훨씬 추켜올리고, 삼 껍질 그넷줄을 섬섬옥수 넌지시 들어 두 손에 갈라 잡고, 흰 비단 버선 두 발길로 훌쩍 올라 발 구른다. …(중략)… ㉢ 한 번 굴러 힘을 주며 두 번 굴러 힘을 주니 발밑에 작은 티끌 바람 쫓아 펄펄, 앞뒤 점점 멀어 가니 머리 위의 나뭇잎은 몸을 따라 흔들흔들. 오고갈제 살펴보니 녹음 속의 붉은 치맛자락 바람결에 내비치니, 높고 넓은 흰 구름 사이에 번갯불이 쏘는 듯 잠깐 사이에 앞뒤가 바뀌는구나. …(중략)… 무수히 진퇴하며 한참 노닐 적에 시냇가 반석 위에 옥비녀 떨어져 쟁쟁하고, '비녀, 비녀' 하는 소리는 산호채를 들어 옥그릇을 깨뜨리는 듯. ㉣ 그 형용은 세상 인물이 아니로다.
>
> – 작자 미상, 「춘향전」에서 –

① ㉠: 설의적 표현을 통해 춘향이도 천중절을 당연히 알 것이라는 점을 서술하고 있다.
② ㉡: 비유법을 사용하고 음양이 조화를 이룬 아름다운 봄날의 풍경을 서술하고 있다.
③ ㉢: 음성상징어를 사용하여 춘향의 그네 타는 모습을 시각적으로 서술하고 있다.
④ ㉣: 서술자의 편집자적 논평을 통해 춘향이의 내면적 아름다움을 서술하고 있다.

정답 및 해설

④ 서술자는 편집자적 논평을 통해 그네를 타는 춘향이의 외적인 아름다움에 대해 예찬하고 있다. 춘향이의 내면적 아름다움은 드러나지 않는다.

오답 해설

① '천중절을 모를쏘냐'는 춘향이도 천중절을 알고 있다는 설의적인 표현에 해당한다.
② '황금 같은 꾀꼬리'에서 비유법이 사용되었고, '녹음방초 우거져 금잔디 좌르르'에서 아름다운 봄날의 풍경이 드러난다. '녹음방초'는 '푸르게 우거진 나무와 향기로운 풀'을 의미하는데, '오월 단옷날'이라는 시간적 배경이 제시되었으므로 봄날의 풍경이라고 볼 수 있다.
③ '펄펄', '흔들흔들'과 같은 음성상징어를 사용하여 춘향의 그네 타는 모습을 시각적으로 표현하였다.

07

다음 글에 대한 설명으로 가장 적절한 것은?

2015 지방직 7급

> 백운거사(白雲居士)는 선생의 자호이니, 그 이름을 숨기고 그 호를 드러낸 것이다. 그가 이렇게 자호하게 된 취지는 선생의 《백운어록(白雲語錄)》에 자세히 기재되었다.
> 집에는 자주 식량이 떨어져서 끼니를 잇지 못하였으나 거사는 스스로 유쾌히 지냈다. 성격이 소탈하여 단속할 줄 모르며, 우주를 좁게 여겼다. 항상 술을 마시고 스스로 혼미하였다. 초청하는 사람이 있으면 곧 반갑게 나가서 잔뜩 취해 가지고 돌아왔으니, 아마도 옛적 도연명(陶淵明)의 무리이리라. 거문고를 타고 술을 마시며 이렇게 세월을 보냈다. 이것은 그의 기록이다. 거사는 취하면 시를 읊으며 스스로 전(傳)을 짓고 스스로 찬(贊)을 지었다.
>
> – 이규보, 〈백운거사전〉

① 세상을 등지고 살고자 하는 백운거사의 의도를 드러내고 있다.
② 세상에 얽매이고 싶지 않은 백운거사의 의식을 드러내고 있다.
③ 백운거사의 불우한 삶에 대해 동경하는 시선을 드러내고 있다.
④ 유교적 세계관에 바탕을 둔 백운거사의 의지를 드러내고 있다.

정답 및 해설

② 식량이 떨어져도 유쾌하게 지내는 것, 성격이 소탈하여 단속할 줄 모르는 것, 거문고를 타고 술을 마시며 세월을 보내는 것을 통해 세상에 얽매이지 않고 자유롭게 살아가고자 하는 백운거사의 태도가 드러난다.

오답 해설

① 세상을 등지고 살았다면 외부 사람들과의 교류도 없어야 한다. 하지만 백운거사는 '초청하는 사람이 있으면 곧 반갑게' 나갔고, 사람들과 어울려 '잔뜩 취해 가지고 돌아'왔으므로 세상을 등지고 살고자 했다고 볼 수 없다.
③ 백운거사는 끼니를 잇지 못해도 스스로 유쾌하게 지냈으므로 그의 삶을 불우하다고 평가할 수 없다. 또한 '동경'은 어떤 것을 간절히 그리워하여 그것만을 생각하는 것인데, '불우한 삶'은 부정적인 대상으로, 동경의 대상이라고 할 수 없다.
④ 유교적 세계관을 가지고 있었다면 은거하는 것이 아니라 벼슬길로 나아가 나라를 위해 일했을 것이다. 하지만 백운거사는 '그 이름을 숨기고' 살고 있기에 적절하지 않다.

08

다음 글에 대한 감상으로 적절하지 않은 것은?

2019 지방직 7급

> 이처럼 동리자가 수절을 잘하는 부인이라 했는데 실은 슬하의 다섯 아들이 저마다 성(姓)을 달리하고 있었다. 어느 날 밤, 다섯 놈의 아들들이 서로 이르기를,
> "강 건넛마을에서 닭이 울고 강 저편 하늘에 샛별이 반짝이는데 방 안에서 흘러나오는 말소리는 어찌도 그리 북곽 선생의 목청을 닮았을까."
> 하고, 다섯 놈이 차례로 문틈을 들여다보았다. 동리자가 북곽 선생에게,
> "오랫동안 선생님의 덕을 사모했사온데 오늘 밤은 선생님 글 읽는 소리를 듣고자 하옵니다."
> 라고 간청하매, 북곽 선생은 옷깃을 바로잡고 점잖게 앉아서 시(詩)를 읊는 것이 아닌가.
> "'원앙새는 병풍에 그려 있고 / 반딧불이 흐르는데 잠 못 이루어 / 저기 저 가마솥 세발솥은 / 무엇을 본떠서 만들었나.' 흥야(興也)라."
> 다섯 놈들이 서로 소곤대기를
> "북곽 선생과 같은 점잖은 어른이 과부의 방에 들어올 리가 있겠나. 우리 고을의 성문이 무너진 데에 여우가 사는 굴이 있다더라. 여우란 놈은 천 년을 묵으면 사람 모양으로 둔갑할 수가 있다더라. 저건 틀림없이 그 여우란 놈이 북곽 선생으로 둔갑한 것이다."
> 하고 함께 의논했다.
> "들으니 여우의 갓을 얻으면 큰 부자가 될 수 있고, 여우의 신을 신으면 대낮에 그림자를 감출 수 있고, 여우의 꼬리를 얻으면 애교를 잘 부려서 남에게 이쁘게 보일 수 있다더라. 우리 저 여우를 때려잡아서 나누어 갖도록 하자."
> 다섯 놈들이 방을 둘러싸고 우루루 쳐들어갔다. 북곽 선생은 크게 당황하여 도망쳤다. 사람들이 자기를 알아볼까 겁이 나서 모가지를 두 다리 사이로 들이박고 귀신처럼 춤추고 낄낄거리며 문을 나가서 내닫다가 그만 들판의 구덩이 속에 빠져 버렸다. 그 구덩이에는 똥이 가득 차 있었다.
> 간신히 기어올라 머리를 들고 바라보니 뜻밖에 범이 길목에 앉아 있는 것이 아닌가. 범은 북곽 선생을 보고 오만상을 찌푸리고 구역질을 하며 코를 싸쥐고 외면을 했다.
> "어허, 유자(儒者)여! 더럽다."
> 북곽 선생은 머리를 조아리고 범 앞으로 기어가서 세 번 절하고 꿇어앉아 우러러 아뢴다.
> "범님의 덕은 지극하시지요. 대인(大人)은 그 변화를 본받고, 제왕(帝王)은 그 걸음을 배우며, 자식 된 자는 그 효성을 본받고, 장수는 그 위엄을 취하며, 거룩하신 이름은 신령스런 용(龍)의 짝이 되는지라, 풍운의 조화를 부리시매 하토(下土)의 천신(賤臣)은 감히 아랫바람에 서옵나이다."

정답 및 해설

① 동리자와 북곽 선생의 밀회와 아들의 습격, 도망친 북곽 선생과 범의 대화로 이야기가 전개되고 있다. 인물들의 대화를 중심으로 사건이 전개되고 있을 뿐, 자연의 묘사는 드러나지 않는다. 또한 북곽 선생을 꾸짖는 범의 말을 통해 이중적인 양반에 대한 비판이라는 주제가 드러나고 있다.

오답 해설

② 북곽 선생이 읊은 시에서 '원앙새'는 예로부터 부부의 금슬을 상징하는 소재이다. 이 시를 통해 동리자를 유혹하는 북곽 선생의 속셈이 드러난다.

③ 이 작품의 제목은 '호질'로, '호랑이의 질책'이라는 뜻이다. 의인화된 호랑이가 사람을 꾸짖는 내용으로, 호랑이는 겉으로는 훌륭한 선비인 척하지만 위급한 상황에 처하자 아첨하는 태도를 보이는 북곽 선생의 이중성을 꾸짖고 있다. 동물인 호랑이가 사람을 혼내는 상황을 통해 '동물만도 못한 이중적인 유학자'라는 비판을 강조하고 있다.

④ '내 듣건대 유(儒)는 유(諛)라 하더니 과연 그렇구나.'에서 동음이의어를 활용한 언어유희가 사용되었다. 음이 같은 '儒(선비 유)'와 '諛(아첨할 유)'를 이용하여 아첨하는 북곽 선생의 이중성을 비판하고 있다.

※ 박지원, 〈호질〉

갈래	한문 소설, 단편 소설, 우화 소설, 풍자 소설
성격	풍자적, 비판적, 우의적
시점	전지적 작가 시점
배경	정(鄭)나라 어느 고을
주제	양반의 위선적인 삶과 인간 사회의 부도덕성 비판
특징	- 호랑이라는 동물의 입을 빌려 우의적으로 질책함. - 인물의 행위를 희화화하여 제시함. - 유학자의 위선과 아첨, 인간의 탐욕스러움을 비판함.

> 범은 북곽 선생을 여지없이 꾸짖었다.
> "내 앞에 가까이 오지 말아라. 내 듣건대 유(儒)는 유(諛)라 하더니 과연 그렇구나. 네가 평소에 천하의 악명을 죄다 나에게 덮어씌우더니, 이제 사정이 급해지자 면전에서 아첨을 떠니 누가 곧이듣겠느냐?"
>
> - 박지원, 〈호질〉

① 자연의 묘사를 통해 주제를 강화하고 있다.
② 시를 통해 인물의 속셈을 넌지시 드러내고 있다.
③ 동물을 의인화하여 유학자의 이중성을 들추고 있다.
④ 동음이의어를 활용한 언어유희로 대상을 비판하고 있다.

09

2016 기상직 7급

(가)를 참고했을 때 (나)의 주제로 가장 적절한 것은?

(가) 설(說)은 구체적인 사물이나 사건의 이치를 밝히고 자신의 의견을 서술하는 갈래이다. 특히 이치에 따라 사물을 해석하고[解], 시비를 밝히면서 자기 의견을 설명하는[述] 형식의 한문체라 할 수 있는데, 국문학상의 갈래로는 교훈적인 수필에 가깝다. 설은 일반적으로 '사실(예화)+의견(주제)'의 구성을 취하며, 온갖 말을 사용하여 자세히 논술하는 것이 특징이다. 비유(比喩)나 우의적(寓意的) 표현 방법을 주로 사용한다.

(나) 이웃에 장씨 성을 가진 자가 살았다. 그가 집을 짓기 위하여 나무를 베러고 산에 갔는데, 우거진 숲속의 나무들을 모두 둘러보았지만 꼬부라지고 뒤틀린 것이 대부분이었다. 그러다 산속에 있는 무덤가에서 한 그루의 나무를 발견하였는데, 정면에서 바라보나 좌우에서 바라보나 곧았다. 장 씨가 쓸 만한 재목이다 싶어 도끼를 들고 다가가 뒤쪽에서 바라보니, 형편없이 굽은 나무였다. 이에 도끼를 버리고 탄식하였다.
'아, 재목으로 쓸 나무는 보면 쉽게 드러나고, 판단하기도 쉬운 법이다. 그런데 이 나무를 내가 세 번이나 바라보고서도 재목감이 아니었다는 사실을 몰랐다. 그러니 겉으로 후덕해 보이고 인정 깊은 사람일지라도 어떻게 그 본심을 알 수 있겠는가? [중략] 그런데 대개 산속에 있는 나무의 생장 과정을 보건대, 짐승들에게 짓밟히거나 도끼 따위로 해를 받지 않은 채 오직 비와 이슬의 덕택에 날로 무성하게 자란다. 따라서 마땅히 굽은 데 없이 곧아야 할 텐데 꼬부라지고 뒤틀려서 쓸모없는 재목이 되는 경우가 생기는 것이다. 하물며 이 세상에 몸을 담고 있는 사람의 경우야 더 말할 나위가 있겠는가? 물욕(物慾)이 참된 성품을 혼탁하게 하고 이해(利害)가 판단력을 흐리게 하기 때문에 천성을 굽히고 당초에 먹은 마음에서 떠나고 마는 자가 많다. 때문에 속이는 자가 많고 정직한 자가 적은 것을 이상하게 여길 일은 아니다.' 장 씨가 이러한 생각을 내게 전하기에, 나는 이렇게 말해 주었다. "그대는 정말 잘 보았습니다. 그러나 나 역시 해 줄 말이 있습니다. [중략] 내가 보건대, 이 세상에서 굽은 나무는 아무리 서투른 목수일지라도 가져다 쓰지 않는데, 정직하지 못한 사람은 잘 다스려지는 세상에서도 버림받지 않은 채 쓰이고 있습니다. 큰 집의 구조를 살펴보십시오. 마룻대나 기둥이나 서까래는 물론이고 구름 모양이나 물결처럼 장식할 경우에도 구부러진 재목이 있는 것을 볼 수 없습니다. 그런데 조정을 보십시오. 공경과 사대부들이 예복을 갖추어 입고 궁전에 드나드는데, 그중 정직한 도리를 간직하고 있는 자는 보지 못했을 것입니다. 이런 것들을 보면 굽은 나무는 항상 불행을 겪으나, 사람은 정직하지 않은 자가 항상 행운을 잡는다는 것을 알 수 있습니다. 옛말에 '곧기가 현(絃:악기 줄)

정답 및 해설

② (나)의 주제는 정직하지 못한 자가 관리로 중용되는 현실에 대한 비판이다. '장 씨'는 굽은 나무를 재목감으로 잘못 생각했던 경험을 통해 사람의 굽음과 반듯함은 잘 드러나지 않아 정직하지 못한 사람이 조정에서 쓰이는 현실을 지적하고 있다.

오답 해설

① 백성들을 비판하는 것이 아니라 조정에서 정직하지 못한 사람이 많이 쓰이고 있다며 이를 비판하고 있는 것이다.
③ 사람의 천성이 물욕으로 인해 왜곡되는 경우가 많다고 하였을 뿐, 사람을 그릇 되게 하는 물욕과 이해에 대한 고찰을 주제로 한 것은 아니다.
④ (나)는 성정이 잘못된 사람을 '곡목'에 비유하였다. 굽은 나무는 사용되지 않는 것과 달리 조정에서는 정직하지 못한 사람이 많이 쓰이고 있다며 이를 비판한 글이다.

※ **곡목설 – 장유**

갈래	한문 수필, 설(說)
성격	세태 비판적, 비유적, 예시적, 유추적
제재	굽은 나무
주제	- 인간의 물욕과 이해관계에 대한 경계 - 정직하지 못한 자가 등용되는 현실 비판
특징	- '기 - 승 - 전 - 결'의 4단 구성으로 이루어짐. - 인간의 품성을 굽은 나무에 비유하여 제시함.

> 과 같은 자는 길거리에서 죽어 가고 굽기가 구(鉤:갈고리)와 같은 자는 공후(公侯)에 봉해진다.'고 하였습니다. 이 말 역시 정직하지 못한 사람이 굽은 나무보다 대우를 받는 현실을 입증해 주는 것입니다."
>
> – 장유, 〈곡목설〉

① 옳고 그름을 파악하지 못하는 백성들에 대한 비판
② 올바르지 못한 사람이 중용(重用)되는 현실에 대한 비판
③ 사람을 그릇되게 하는 물욕(物慾)과 이해(利害)에 대한 고찰
④ 나무를 이익에 따라 곧기[絃]와 굽기[鉤]로만 판단하는 세태 풍자

10~13

※ 다음 작품을 읽고 물음에 답하시오.

[앞부분의 줄거리] 북곽 선생(北郭先生)이라는 명망이 높은 선비가 열녀로 칭송받는 젊은 과부인 동리자의 방에서 정을 통하려 했다. 이때 과부의 다섯 아들이 북곽 선생을 여우로 의심하여 몽둥이를 들고 방 안으로 들이닥쳤다.

이에 다섯 아들이 함께 어미의 방을 에워싸고는 안으로 들이닥쳤다. 북곽 선생은 깜짝 놀라 부리나케 내빼면서 그 와중에도 행여 남들이 자신을 알아볼까 겁이 나 한 다리를 들어 목에다 얹고는 귀신처럼 춤추고 웃으며 문을 빠져나왔다. 그러고는 그렇게 달아나다가 벌판에 파 놓은 똥구덩이에 빠지고 말았다. 똥이 가득 찬 구덩이 속에서 버둥거리며 무언가를 붙잡고 간신히 올라가 목을 내밀어 살펴보니, 범 한 마리가 길을 막고 있었다. 범이 이맛살을 찌푸리고 구역질을 하며 코를 막은 채 얼굴을 외면하고 말한다.

㉠ "아이구! 그 선비, 냄새가 참 구리기도 하구나."

북곽 선생이 머리를 조아리며 앞으로 엉금엉금 기어 나와 세 번 절하고, 다시 꿇어앉아서 아뢴다.

"범님의 덕이야말로 참 지극합니다. 대인(大人)은 그 변화를 본받습니다. 제왕(帝王) 된 자는 그 걸음걸이를 배웁니다. 남의 아들 되는 이는 그 효성을 본받고, 장수는 그 위엄을 취합니다. 그 명성은 신룡(神龍)과 나란하여 한 분은 바람을 일으키고, 다른 한 분은 구름을 만드십니다. 이 몸은 천한 신하로, 감히 범님의 다스림을 받고자 합니다."

범이 꾸짖으며 답한다.

"에잇! 가까이 다가오지 말렸다. 전에 내 들기로 유(儒)*란 유(諛)*라 하더니 과연 그렇구나. 네가 평소에는 세상의 온갖 나쁜 이름을 끌어모아 제멋대로 내게 갖다 붙이더니만, 지금은 서둘러 면전에서 아첨을 늘어놓으니 그 따위 말을 대체 누가 믿겠느냐?

천하의 이치는 하나일 따름이니, 범이 정말 악하다면 인간의 본성 또한 악할 것이요, 사람의 본성이 착하다면 범의 본성 또한 착한 것이다. 네놈들이 하는 말은 모두 오상(五常)*을 벗어나지 않고, 경계하고 권장하는 것은 늘 사강(四綱)*에 있다.

그렇지만 사람 사는 동네에 코가 베이거나 발이 잘리거나 얼굴에 문신이 새겨진 채 다니는 자들은 모두 오륜(五倫)을 어긴 자들이다. 이들을 잡아들이고 벌하기 위해 제 아무리 오랏줄이나 도끼, 톱 등을 써 대도 인간의 악행은 당최 그칠 줄을 모른다. 밧줄이나 먹바늘, 도끼나 톱 따위가 횡행하니, 악행이 그칠 리가 없다. ㉡범의 세상에는 본래 이런 형벌이 없는데, 이로써 보면 범의 본성이 인간보다 더 어질다는 뜻이 아니겠느냐?" [중략]

북곽 선생은 자리를 옮겨 부복(俯伏)해서 머리를 새삼 조아리고 아뢰었다.

"'맹자(孟子)'에 일렀으되 '비록 악인(惡人)이라도 목욕재계하면 상제(上帝)를 섬길 수 있다.' 하였습니다. 하토의 천신은 감히 아랫바람에 서옵니다."

북곽 선생이 숨을 죽이고 명령을 기다렸으나 오랫동안 아무 동정이 없기에 참으로 황공해서 절하고 조아리다가 머리를 들어 우러러보니, 이미 먼동이 터 주위가 밝아 오는데 범은 간 곳이 없었다. 그때 새벽 일찍 밭 갈러 나온 농부가 있었다.

㉢ "선생님, 이른 새벽에 들판에서 무슨 기도를 드리고 계십니까?"

북곽 선생은 엄숙히 말했다.

㉣ "성현(聖賢)의 말씀에 '하늘이 높다 해도 머리를 아니 굽힐 수 없고, 땅이 두텁다 해도 조심스럽게 딛지 않을 수 없다.' 하셨느니라."

- 박지원, 〈호질〉

* 유(儒): 선비
* 유(諛): 아첨함.
* 오상(五常): 인(仁), 의(義), 예(禮), 지(智), 신(信)의 오행[오교(五敎)나 오륜(五倫)을 가리키기도 함].
* 사강(四綱): 사람을 규제하는 네 가지 도덕인 예(禮), 의(義), 염(廉), 치(恥).

10

2020 법원직 9급

윗글의 서술상 특징으로 가장 옳지 않은 것은?

① 시대적 배경을 구체적으로 묘사하고 있다.
② 동음이의어를 활용하여 대상을 풍자하고 있다.
③ 인물의 말과 행동을 통해 사건을 전개하고 있다.
④ 의인화를 통해 현실을 우회적으로 비판하고 있다.

정답 및 해설

① 이 글에는 구체적인 시대적 배경이 드러나지 않는다.

오답 해설

② '내 듣건대 유(儒)는 유(諛)라 하더니 과연 그렇구나.'에서 동음이의어를 활용한 언어유희가 사용되었다. 음이 같은 '儒(선비 유)'와 '諛(아첨할 유)'를 이용하여 아첨하는 북곽 선생의 이중성을 풍자하고 있다.
③ 북곽 선생과 범의 대화를 중심으로 이야기가 전개되고 있으며 북곽 선생을 꾸짖는 범의 말을 통해 이중적인 양반에 대한 비판이라는 주제가 드러나고 있다.
④ 이 작품의 제목은 '호질'로, '호랑이의 질책'이라는 뜻이다. 의인화된 호랑이가 사람을 꾸짖는 내용으로, 호랑이는 겉으로는 훌륭한 선비인 척하지만 위급한 상황에 처하자 아첨하는 태도를 보이는 북곽 선생의 이중성을 꾸짖는다. 동물인 호랑이가 사람을 혼내는 상황을 통해 우회적으로 양반의 위선을 비판하는 것이다.

11

2020 법원직 9급

윗글의 내용에 대한 이해로 가장 옳지 않은 것은?

① 범은 인간이 말로는 선을 권하지만 악을 일삼는 자가 많다고 주장한다.
② 북곽 선생은 남들이 자신을 알아볼까 두려워 괴이한 모습으로 도망쳤다.
③ 범은 평소와 다르게 아첨하는 북곽 선생의 말을 믿을 수 없다고 생각한다.
④ 북곽 선생은 인간의 본성과 범의 본성을 비교하며 범에게 목숨을 구걸했다.

정답 및 해설

④ 북곽 선생은 범 앞에서 머리를 조아리며 범을 예찬하면서 목숨을 구걸하였다.
인간의 본성과 범의 본성을 비교한 것은 아니다. '범의 본성이 인간보다 더 어질다는 뜻이 아니겠느냐?'라고 인간의 본성과 범의 본성을 비교한 것은 북곽 선생이 아니라 범이다.

오답 해설

① '범'은 북곽 선생에게 "네놈들이 하는 말은 모두 오상(五常)을 벗어나지 않고, 경계하고 권장하는 것은 늘 사강(四綱)에 있다."라고 하였다. 말로는 이처럼 선을 권하지만 실제로는 악행을 저지르는 사람들이 많다며 "인간의 악행은 당최 그칠 줄을 모른다."라고 비판하였다.
② '북곽 선생은 깜짝 놀라 부리나케 내빼면서 그 와중에도 행여 남들이 자신을 알아볼까 겁이 나 한 다리를 들어 목에다 얹고는 귀신처럼 춤추고 웃으며 문을 빠져나왔다'를 통해 확인할 수 있다.
③ '범'이 북곽 선생에게 "네가 평소에는 세상의 온갖 나쁜 이름을 끌어모아 제멋대로 내게 갖다 붙이더니만, 지금은 서둘러 면전에서 아첨을 늘어놓으니 그 따위 말을 대체 누가 믿겠느냐?"라고 말하는 부분에서 확인할 수 있다.

12

2020 법원직 9급

㉠~㉢에 대한 설명으로 가장 옳은 것은?

① ㉠: 본심을 숨기고자 상대에게 거부감을 드러내고 있다.
② ㉡: 자랑거리를 내세우며 상대가 따르도록 강요하고 있다.
③ ㉢: 자신을 낮추며 상대를 흠모하는 마음을 드러내고 있다.
④ ㉣: 상황이 바뀌자 비굴함을 숨기기 위해 허세를 부리고 있다.

정답 및 해설

④ 북곽 선생은 범에게 머리를 조아리고 목숨만 살려 주기를 빌다가 호랑이가 가고 농사일을 하러 가던 농부가 그의 행동에 대해 묻자 하늘을 공경하고 땅을 조심하는 것이라고 변명한 것이다. ㉣은 자신의 부끄러운 모습을 감추고 양반의 체면을 차리기 위해 허세를 부리는 것으로 볼 수 있다.

오답 해설

① 상대에 대한 거부감을 드러내는 것은 맞지만, 본심을 숨기고 있는 것은 아니다.
이후에 범의 꾸짖음이 이어지는 것을 고려해 보면, ㉠은 상대에게 본심을 숨기고자 하는 것이 아니라 위선적인 북곽 선생에 대한 조롱이라고 할 수 있다.
② ㉡은 악행을 일삼는 인간에 대한 비판이다. 자랑거리를 내세우거나 상대가 따르도록 강요한 것은 아니다.
③ ㉢은 농부가 똥을 뒤집어쓰고 엎드려 있는 북곽 선생을 발견하고 궁금하여 건네는 질문이다. 북곽 선생에 대한 흠모의 마음이 아니라 그 행위에 대한 단순한 의문을 표현한 것이다.

13

2022 국가직 9급

윗글의 '북곽 선생'에 대한 평가로 가장 옳은 것은?

① 사람들의 칭송처럼 높은 학식과 고매한 인품을 가진 동량지재(棟梁之材)한 인물이군.
② 위기 상황에서도 동리자와의 사랑을 지키고자 하는 천의무봉(天衣無縫)한 인물이군.
③ 평판과 다르게 실상은 부도덕하며 위선적인 것을 보니 양두구육(羊頭狗肉)한 인물이군.
④ 범의 꾸짖음에 양반 계급의 허위와 부도덕성을 반성하며 개과천선(改過遷善)한 인물이군.

정답 및 해설

③ 양두구육(羊頭狗肉)은 '양의 머리를 걸어 놓고 개고기를 판다.'라는 뜻으로 겉은 훌륭해 보이나 속은 그렇지 못한 것을 의미한다. 북곽 선생은 명성과 다른 행동을 하고 있는 위선적인 인물이므로 '양두구육(羊頭狗肉)한 인물'이라는 평가는 적절하다.

오답 해설

① 동량지재(棟梁之材)는 '마룻대와 들보로 쓸 만한 재목'이라는 뜻으로, 집안이나 나라를 떠받치는 중대한 일을 맡을 만한 인재를 이르는 말이다. 북곽 선생은 사람들의 칭송과 달리 위선적인 인물이므로 고매한 인품과는 거리가 멀다.
② 천의무봉(天衣無縫)은 '천사의 옷은 꿰맨 흔적이 없다'라는 뜻으로, 일부러 꾸민 데 없이 자연스럽고 아름다우면서 완전함을 이르는 말이다. 북관 선생은 동리자와의 사랑을 지키려하지 않았고 남들이 자신을 볼까봐 도망친 위선적인 인물이므로 '천의무봉(天衣無縫)한 인물'이라는 평가는 부적절하다.
④ 개과천선(改過遷善)은 '지난날의 잘못이나 허물을 고쳐 올바르고 착하게 됨'을 의미한다. 북곽 선생은 범의 꾸중을 들은 후에 범이 사라지자 다시 양반의 체면을 차리고 허세를 부리고 있으므로 '개과천선(改過遷善)한 인물'이라고 할 수 없다.

14~15

※ 다음 작품을 읽고 물음에 답하시오.

광문은 외모가 극히 추악하고, 말솜씨도 남을 감동시킬 만하지 못하며, 입은 커서 두 주먹이 들락날락하고, 만석희*를 잘하고 철괴무*를 잘 추었다. 우리나라 아이들이 서로 욕을 할 때면, "네 형은 달문(達文)이다."라고 놀려 댔는데, 달문은 광문의 또 다른 이름이었다.

광문이 길을 가다가 싸우는 사람을 만나면 그도 역시 옷을 훌훌 벗고 싸움판에 뛰어들어, 뭐라고 시부렁대면서 땅에 금을 그어 마치 누가 바르고 누가 틀리다는 것을 판정이라도 하는 듯한 시늉을 하니, 온 저자 사람들이 다 웃어 대고 싸우던 자도 웃음이 터져, 어느새 싸움을 풀고 가 버렸다.

광문은 나이 마흔이 넘어서도 머리를 땋고 다녔다. 남들이 장가를 가라고 권하면,

"잘생긴 얼굴은 누구나 좋아하는 법이다. 그러나 사내만 그런 것이 아니라 비록 여자라도 역시 마찬가지다. 그러기에 나는 본래 못생겨서 아예 용모를 꾸밀 생각을 하지 않는다."

하였다. 남들이 집을 가지라고 권하면,

"나는 부모도 형제도 처자도 없는데 집을 가져 무엇하리. 더구나 나는 아침이면 소리 높여 노래를 부르며 저자에 들어갔다가, 저물면 부귀한 집 문간에서 자는 게 보통인데, 서울 안에 집 호수가 자그마치 팔만 호다. 내가 날마다 자리를 바꾼다 해도 내 평생에는 다 못 자게 된다."

하고 사양하였다.

서울 안에 명기(名妓)들이 아무리 곱고 아름다워도, 광문이 성원해 주지 않으면 그 값이 한 푼어치도 못 나갔다.

예전에 궁중의 우림아(羽林兒), 각 전(殿)의 별감(別監), 부마도위(駙馬都尉)의 청지기들이 옷소매를 늘어뜨리고 운심(雲心)의 집을 찾아간 적이 있다. 운심은 유명한 기생이었다. 대청에서 술자리를 벌이고 거문고를 타면서 운심더러 춤을 추라고 재촉해도, 운심은 일부러 늑장을 부리며 선뜻 추지를 않았다. 광문이 밤에 그 집으로 가서 대청 아래에서 어슬렁거리다가, 마침내 자리에 들어가 스스로 상좌(上座)에 앉았다. 광문이 비록 해진 옷을 입었으나 행동에는 조금의 거리낌 없이 의기가 양양하였다. 눈가는 짓무르고 눈곱이 끼었으며 취한 척 구역질을 해 대고, 헝클어진 머리로 북상투를 튼채였다. 온 좌상이 실색하여 광문에게 눈짓을 하며 쫓아내려고 하였다. 광문이 더욱 앞으로 나아가 무릎을 치며 곡조에 맞춰 높으락낮으락 콧노래를 부르자, 운심이 곧바로 일어나 옷을 바꿔 입고 광문을 위하여 칼춤을 한바탕 추었다. 그리하여 온 좌상이 모두 즐겁게 놀았을 뿐 아니라, 또한 광문과 벗을 맺고 헤어졌다.

— 박지원, 〈광문자전〉

* 만석희: 개성 지방에서 연희되던 인형극
* 철괴무: 거지의 형상을 하고 쇠 지팡이를 짚고 추는 춤

14

2018 지방교행직 9급

윗글에 대한 설명으로 가장 적절한 것은?

① 여러 가지 일화들을 제시하여 주인공의 성격을 드러내고 있다.
② 사건의 흐름에 따라 주인공의 심리가 변하는 과정을 보여주고 있다.
③ 특정 사건을 계기로 인물 간의 갈등이 심화되는 과정을 보여주고 있다.
④ 인물 간 대화를 직접 제시하여 긴장과 이완이 교차되는 분위기를 조성하고 있다.

정답 및 해설

① 싸움판에 뛰어든 일, 장가를 가라고 권하고 집을 가지라고 권할 때 광문의 반응, 기생 운심의 집을 찾아갔을 때의 일화 등을 제시하여 주인공인 '광문(廣文)'의 성격을 드러내고 있다. 이러한 일화를 통해 광문이 기지와 재치가 있고 자유로운 삶을 추구하는 인물이라는 것을 알 수 있다.

오답 해설

② 광문과 관련된 여러 가지 일화를 제시하고 있지만 시간의 흐름에 따라 서술한 것은 아니다. 또한 주인공의 심리가 변화하지도 않았다.
③ 인물 간의 갈등이 심화되는 특정한 사건이 드러나지 않는다.
④ 장가를 가라고 권하는 사람들과 광문의 대화를 직접 제시하였지만 이를 통해 긴장과 이완의 분위기가 교차되는 것은 아니다.

15
2018 지방교행직 9급

윗글에 제시된 상황에 대한 이해로 가장 적절한 것은?

① 아이들이 싸울 때 상대방을 광문에 빗대어 욕하는 것은 아이들이 광문을 낭중지추(囊中之錐)로 보고 있기 때문이겠군.
② 길거리에서 싸우던 사람들이 광문의 개입으로 싸움을 멈추는 것은 그들이 광문의 교언영색(巧言令色)에 넘어갔기 때문이겠군.
③ 집을 가지라는 주변 사람들의 말에 대한 광문의 대답은 그가 안분지족(安分知足)의 삶을 추구하고 있음을 보여 주는군.
④ 기생이 광문에 호응하여 칼춤을 추는 것을 보고 즐겁게 놀았던 손님들이 광문과 벗을 맺는 것은 구밀복검(口蜜腹劍)의 행태라 하겠군.

정답 및 해설
③ 안분지족(安分知足)은 편안한 마음으로 제 분수를 지키며 만족할 줄을 안다는 의미이다. 광문은 집이 없어도 만족하며 살고 있다고 하였으므로 안분지족의 삶을 추구한다는 설명은 적절하다.

오답 해설
① '낭중지추(囊中之錐)'는 주머니 속의 송곳이라는 뜻으로, 재능이 뛰어난 사람은 숨어 있어도 저절로 사람들에게 알려짐을 이르는 말이다. 아이들이 싸울 때 광문에 빗대어 욕하는 것은 그의 못생긴 외모를 놀리는 것이므로 문맥상 적절하지 않다.
② 교언영색(巧言令色)은 아첨하는 말과 알랑거리는 태도를 뜻한다. 광문은 사람들을 웃겨서 싸움을 말렸으므로 사람들이 그의 교언영색에 넘어갔다는 설명은 부적절하다.
④ 구밀복검(口蜜腹劍)은 입에는 꿀이 있고 배 속에는 칼이 있다는 뜻으로, 말로는 친한 듯하나 속으로는 해칠 생각이 있음을 이르는 말이다. 사람들은 자신들이 하지 못했던 일을 광문이 해내자 감탄하여 광문과 벗을 맺은 것이므로 문맥상 적절하지 않다.

16
2016 기상직 9급

다음 작품에 대한 설명으로 가장 적절한 것은?

> 우치는 화담의 소문을 듣고 찾아가 이야기를 나누었다.
> 우치가 화담을 보니 얼굴은 연꽃 같고, 두 눈은 가을날의 물처럼 맑았다. 또한 그 정신이 우뚝 솟아 함부로 대하기 어려웠다. 화담 역시 우치의 그릇을 알아보고 그를 반겼다.
> "전공(田公)께 내 부탁이 하나 있는데 들어주시겠소?"
> "선생께서 부탁하신다면 당연히 들어야지요."
> "고맙소. 그런데 전공에게 조금 무리하지 않을까 하오."
> "말씀이나 하시지요."
> "좋소. 남해에 큰 산이 있는데 그 산에 운수 선생이라는 도인이 살고 있소. 그 선생에게 그동안 안부를 전하지 못해 사람을 찾고 있는데 그대가 들어줄 수 있겠소?"
> "하하, 소생이 비록 재주가 없지만 그 정도는 순식간에 다녀오겠습니다."
> "쉽게 다녀오지 못할까 두렵소."
> 화담이 믿지 못하는 듯한 눈치를 보이자 우치는,
> "제가 만약 다녀오지 못하면 죽을 때까지 이곳을 벗어나지 않겠습니다." / 하고 맹세했다.

정답 및 해설
④ 우치가 도술을 사용하여 보라매로 변화해 날아갈 때 갑자기 공중에 그물이 나타나고, 우치가 다시 모기로 변해서 그것을 피하려 하자 그물이 거미줄로 변하여 앞을 가로 막았다. 그리고 화담의 의도를 알아챈 우치가 해동청 보라매와 갈범으로 변해 도망치려 할 때에도 화담이 수리와 청사자로 변해 우치를 붙잡았다. 따라서 제시문은 전기적인 요소가 사건 전개에 중요한 요소로 작용하고 있다.

오답 해설
① 마지막에 우치의 심리 변화는 드러나지만, 상세한 배경 묘사는 드러나지 않는다.
② 우치와 화담의 대화를 중심으로 사건이 전개되고 있다.
③ 화담과 우치는 웃으며 이야기를 나누고 있다. 인물 간의 갈등을 통해 사건의 긴장감이 고조되는 부분은 없다.

※ 작가 미상, 〈전우치전〉

갈래	영웅 소설, 군담 소설, 사회 소설
성격	전기적, 영웅적, 비판적
제재	전우치의 의로운 행적
주제	전우치의 빈민 구제와 의로운 행동
특징	- 실재 인물의 생애를 소재로 쓴 전기 소설이자 영웅 소설임. - 여러 개의 에피소드가 병렬된 형식으로 되어 있어 '홍길동전'에 비해 구성이 미숙함.

화담은 웃으며 서찰을 내주었다. 우치는 보란 듯이 서찰을 받자마자 해동청 보라매가 되어 공중으로 치올랐다. 바다를 얼마쯤 갔을까. 공중에 난데없이 그물이 앞을 막았다. 우치가 날아오르려 하자 그물이 따라 높이 올랐다. 우치가 돌아가려 하는데 그물 역시 우치를 따라왔다. 우치는 다시 도술을 써 모기가 되어 그물을 뚫고자 했다. 그런데 그물이 갑자기 거미줄로 변하며 다시 앞을 가로막는 것이 아닌가. 우치는 결국 십여 일을 애쓰다가 가지 못하고 돌아오고 말았다.

화담은 우치가 돌아오는 것을 보고 크게 웃었다.

"그대는 다시 이곳에서 나가지 못하리라."

우치는 속았다는 생각에 황급히 도망쳤다. 우선 해동청 보라매가 되어 달아나니, 화담은 커다란 수리가 되어 쫓았다. 우치가 다시 갈범이 되어 도망치니 화담은 커다란 청사자가 되어 마침내 갈범을 물었다.

"네가 몇 가지 재주를 가지고 옳은 일을 하는 것은 기특하지만 좋지 않은 재주는 결코 옳지 않은 일에 쓰이게 마련이다. 재주 또한 반드시 윗길이 있으니 세상을 돌아다니다 보면 반드시 화를 입으리라. 내가 태백산에 들어가 정대(正大)한 도리를 구하려 하니 너는 나를 따르는 것이 좋을 것이다."

우치는 화담의 말을 듣고 그 말에 따르기로 했다. 이후 두 사람은 태백산으로 들어가 신선의 도를 닦았고, 우치는 보배로운 글을 많이 지어 석실(石室)에 감추었다.

— 작가 미상, 〈전우치전〉

① 상세한 배경 묘사를 통해 인물의 심리 변화를 암시하고 있다.
② 인물들의 대사보다는 내면 서술을 중심으로 사건을 전달하고 있다.
③ 인물 간의 갈등을 부각시킴으로써 사건의 긴장감을 고조시키고 있다.
④ 전기적(傳奇的)인 요소가 사건 전개에 있어 중요한 역할을 하고 있다.

17~18

※ 다음 작품을 읽고 물음에 답하시오.

수오재(守吾齋)라는 것은 큰형님이 그 집에 붙인 이름이다. 나는 처음에 의심하며 말하기를, "나와 굳게 맺어져 있어 서로 떨어질 수 없는 것으로는 ㉠ '나[吾]'보다 절실한 것이 없으니, 비록 지키지 않은들 어디로 갈 것인가. 이상한 이름이다." 하였다.

내가 장기(長鬐)로 귀양 온 이후 홀로 지내면서 잘 생각해 보았더니, 하루는 갑자기 이러한 의문점에 대해 해답을 얻을 수 있었다. 나는 벌떡 일어나 다음과 같이 스스로 말하였다.

"대체로 천하의 만물이란 모두 지킬 것이 없고, 오직 '나'만은 지켜야 하는 것이다. 내 밭을 지고 도망갈 자가 있는가. 밭은 지킬 것이 없다. 내 집을 지고 달아날 자가 있는가. 집은 지킬 것이 없다. [중략] 그런즉 천하의 만물은 모두 지킬 것이 없다. 유독 이른바 '나'라는 것은 그 성품이 달아나기를 잘하여 드나듦에 일정한 법칙이 없다. 아주 친밀하게 붙어 있어서 서로 배반하지 못할 것 같으나 잠시라도 살피지 않으면, 어느 곳이든 가지 않는 곳이 없다. 이익으로 유도하면 떠나가고, 위험과 재화가 겁을 주어도 떠나가며, 심금을 울리는 고운 음악 소리만 들어도 떠나가고, 새까만 눈썹에 흰 이빨을 한 미인의 요염한 모습만 보아도 떠나간다. 그런데 한번 가면 돌아올 줄을 몰라서 붙잡아 데려오기도 어렵다. 그러므로 천하에서 가장 잃어버리기 쉬운 것이 '나' 같은 것이 없다. 어찌 실과 끈으로 매고 빗장과 자물쇠로 잠가서 굳게 지켜야 하지 않겠는가."

나는 '나'를 잘못 간직했다가 잃어버렸던 자이다.

— 정약용, 〈수오재기〉

17

2015 지방교행직 9급

윗글의 ㉠에 대한 이해로 적절한 것은?

① 글쓴이는 ㉠을 언제나 간직해 왔다.
② ㉠은 글쓴이가 소중하게 여기는 가치와 관련 있다.
③ ㉠이 떠나간 것은 글쓴이가 천하 만물을 잃어버렸기 때문이다.
④ 글쓴이는 경전을 오래 연구한 끝에 ㉠의 진정한 의미를 깨닫는다.

정답 및 해설

② ㉠의 '나[吾]'는 '본질적 자아'로 지켜야 하는 대상이다. 글쓴이는 벼슬길에 나아가 자신을 돌보지 않고 살다가 '나'를 잃어버리고 귀양까지 가게 되었다고 밝히고 있다. 관직 생활에 대한 후회와 '나'를 더럽힌 것에 대대 자책하고 있으므로 ㉠은 글쓴이가 소중하게 생각하는 가치와 관련이 있다.

오답 해설

① '나는 '나'를 잘못 간직했다가 잃어버렸던 자이다.'라고 하였으므로 언제나 간직해 왔다는 설명은 부적절하다.
③ 글쓴이는 '천하의 만물이란 모두 지킬 것이 없고, 오직 '나'만은 지켜야 하는 것이다.'라고 말하였다. '천하만물'을 언급한 것은 '나'를 지키는 것의 중요함을 이야기한 것일 뿐이지, 천하 만물을 잃었기에 '나'가 떠나간 것은 아니다.
④ 글쓴이는 '귀양 온 이후 홀로 지내면서 잘 생각해 보았더니, 하루는 갑자기 이러한 의문점에 대해 해답을 얻을 수 있었다.'라고 하였다. 경전을 연구하여 얻은 깨달음이 아니라 오랜 생각을 하다 얻은 깨달음이다.

18

2015 지방교행직 9급

〈보기〉의 속담 중 윗글의 주제와 관련되는 것끼리 묶은 것은?

> ⊙ 길이 아니면 가지 말고 말이 아니면 듣지 말라
> ⓒ 가는 말이 고와야 오는 말이 곱다
> ⓒ 강물이 돌을 굴리지 못한다
> ⓔ 우물에 가 숭늉 찾는다

① ⊙, ⓒ
② ⊙, ⓒ
③ ⓒ, ⓔ
④ ⓒ, ⓔ

정답 및 해설

② ⊙은 정도에서 벗어나는 일은 처음부터 하지 말라는 의미의 속담이다. ⓒ은 세태에 흔들리지 않고 지조 있게 행동함을 이르는 속담이다. 윗글의 주제는 본질적 자아를 지키는 것의 중요함이므로 ⊙과 ⓒ이 가장 적절하다.

오답 해설

ⓒ '자기가 남에게 말이나 행동을 좋게 해야 남도 자기에게 좋게 한다.'라는 의미의 속담이다.
ⓔ '모든 일에는 질서와 차례가 있는 법인데 일의 순서도 모르고 성급하게 덤빔'을 이르는 속담이다.

※ 정약용, 〈수오재기〉

갈래	한문 수필, 기(記)
성격	반성적, 회고적, 교훈적, 자경적(自警的)
주제	본질적 자아를 지키는 것의 중요함
특징	- 자문자답을 통해 사물의 의미를 도출함 - 의문에서 출발하여 깨달음을 얻는 과정을 드러냄으로써 독자의 공감을 유도함

19

2020 지방직 9급

다음 글에서 의인화하고 있는 사물은?

> 姓은 楮이요, 이름은 白이요, 字는 無玷이다. 회계 사람이고, 한나라 중상시 상방령 채륜의 후손이다. 태어날 때 난초탕에 목욕하여 흰 구슬을 희롱하고 흰 띠로 꾸몄으므로 빛이 새하얗다. … (중략) … 성질이 본시 정결하여 武人은 좋아하지 않고 文士와 더불어 노니는데, 毛學士가 그 벗으로 매양 친하게 어울려서 비록 그 얼굴에 점을 찍어 더럽혀도 씻지 않았다.

① 대나무
② 백옥
③ 엽전
④ 종이

정답 및 해설

④ 이 글은 가전체 소설인 '저생전'으로 종이를 의인화한 작품이다. 첫 문장 '姓(성)은 楮(저)이요'에서 '楮(닥나무 저)'는 종이를 만드는 원료가 되는 나무이다. '이름은 白(백) 이요, 字(자)는 無玷(무점)'이라는 것은 종이의 흰색을 의미하고, '채륜'은 종이의 발명자이다. '武人(무인)은 좋아하지 않고 文士(문사)와 더불어' 논다는 것은 문인들이 주로 종이를 사용하였음을 의미한다. 그의 얼굴에 점을 찍는 벗 '毛學士(모학사)'는 붓을 의미하는 것이다.

※ 이첨, 〈저생전〉

갈래	가전체(假傳體)
성격	경세적, 우의적, 교훈적, 풍자적
저재	종이
주제	선비로서의 바른 삶 권유
특징	- 작가의 삶이 반영되어 있음 - 일반적인 가전과 달리 평결부에서 주인공에 대한 논평을 하지 않고 주인공의 가계를 설명함 - 가전의 형식적 변화를 확인할 수 있음

고전 산문

20
다음 글에 대한 이해로 가장 적절한 것은?

2020 국가직 9급

> 용왕의 아들 이목(璃目)은 항상 절 옆의 작은 연못에 있으면서 남몰래 보양(寶壤) 스님의 법화(法化)를 도왔다. 문득 어느 해에 가뭄이 들어 밭의 곡식이 타들어 가자 보양 스님이 이목을 시켜 비를 내리게 하니 고을 사람들이 모두 흡족히 여겼다. 하늘의 옥황상제가 장차 하늘의 뜻을 모르고 비를 내렸다 하여 이목을 죽이려 하였다. 이목이 보양 스님에게 위급함을 아뢰자 보양 스님이 이목을 침상 밑에 숨겨 주었다. 잠시 후에 옥황상제가 보낸 천사(天使)가 뜰에 이르러 이목을 내놓으라고 하였다. 보양 스님이 뜰 앞의 배나무[梨木]를 가리키자 천사가 배나무에 벼락을 내리고 하늘로 올라갔다. 그 바람에 배나무가 꺾어졌는데 용이 쓰다듬자 곧 소생하였다(일설에는 보양 스님이 주문을 외워 살아났다고 한다). 그 나무가 근래에 땅에 쓰러지자 어떤 이가 빗장 막대기로 만들어 선법당(善法堂)과 식당에 두었다. 그 막대기에는 글귀가 새겨져 있다.
>
> – 일연, 『삼국유사』 –

① 천사의 벼락을 맞은 배나무는 저절로 소생했다.
② 천사는 이목을 죽이려다 실수로 배나무에 벼락을 내렸다.
③ 벼락 맞은 배나무로 만든 막대기가 글쓴이의 당대까지 전해졌다.
④ 제멋대로 비를 내린 보양 스님을 벌하려고 옥황상제가 천사를 보냈다.

정답 및 해설
③ '그 나무가 근래에 땅에 쓰러지자 어떤 이가 빗장 막대기로 만들어 선법당(善法堂)과 식당에 두었다. 그 막대기에는 글귀가 새겨져 있다.'를 통해 확인할 수 있다.

오답 해설
① 천사의 벼락을 맞은 배나무는 용이 쓰다듬어서 소생할 수 있었다. 따라서 저절로 소생했다는 설명은 부적절하다.
② 천사가 이목을 죽이려 한 것은 사실이지만 실수로 배나무에 벼락을 내렸다는 설명은 부적절하다. 배나무에 벼락을 내린 것은 보양 스님이 배나무를 이목이라고 거짓으로 알려주었기 때문이다.
④ 비를 내린 것은 보양 스님이 아니라 이목이다. 옥황상제는 하늘의 뜻을 모르고 비를 내린 이목을 죽이려 했다.

21
괄호 안에 들어갈 말로 가장 적절한 것은?

2020 국가직 7급

> 판소리 사설은 운문과 산문이 혼합되어 있을 뿐 아니라 여러 계층의 청중들을 상대로 하여 (   )으로 발달한 까닭에 언어의 층위가 매우 다채롭다. 그 속에는 기품 있는 한문 취미의 대목이 있는가 하면 극도로 익살스럽고 노골적인 욕설·속어가 들어 있으며, 무당의 고사나 굿거리 가락이 유식한 한시구와 나란히 나오기도 한다. 이 밖에 민요, 무가, 잡가 등 각종 민간 가요가 판소리 사설 속에 많이 삽입되었다.

① 골계적(滑稽的)
② 연행적(演行的)
③ 우화적(寓話的)
④ 적층적(積層的)

정답 및 해설
④ 괄호 안에는 판소리 사설에서 언어 층위가 다채로운 까닭이 들어가야 한다. 판소리에는 평민의 언어도 있지만, 양반의 기품있는 언어도 포함되어 있다. 이것은 판소리가 '적층'문학이기 때문이다. '적층적'이라는 것은 한 개인의 창작물이 아니라 여러 사람의 이야기가 합쳐진 것을 의미한다.

오답 해설
① '골계적(滑稽的)'은 '익살을 부리는 가운데 어떤 교훈을 주는 것'을 의미한다. 판소리 사설에서 골계적인 표현이 사용되는 경우가 많기는 하지만, 언어의 층위가 다채로운 것과는 관련이 없다.
② '연행적(演行的)'은 '배우가 연기를 하거나 연출로 행하는 것'을 의미한다. 판소리가 연행적인 성격을 가지고 있는 것은 맞지만, 언어의 층위가 다채로운 것과는 관련이 없다.
③ '우화적(寓話的)'은 '인격화한 동식물이나 기타 사물을 주인공으로 하여 그들의 행동 속에 풍자와 교훈의 뜻을 나타내는 것'이다. 언어의 층위가 다채로운 것과는 무관하다. 참고로 우화적인 판소리 작품은 '수궁가'가 있다.

22

2020 국가직 7급

㉠에 나타난 말하기 방식에 대한 설명으로 가장 적절한 것은?

> 이른바 규중 칠우는 부인네 방 가온데 일곱 벗이니 글하는 선배는 필묵과 조희 벼루로 문방사우를 삼았나니 규중 녀잰들 홀로 어찌 벗이 없으리오.
>
> 이러므로 침선(針線)의 돕는 유를 각각 명호를 정하여 벗을 삼을새, 바늘로 세요 각시라 하고, 침척(針尺)을 척 부인이라 하고, 가위로 교두 각시라 하고, 인도(引刀)로 인화 부인이라 하고, 달우리로 울 낭자라 하고, 실로 청홍흑백 각시라 하며, 골모로 감토 할미라 하여, 칠우를 삼아 규중 부인네 아침 소세를 마치매 칠위 일제히 모혀 종시하기를 한가지로 의논하여 각각 소임을 일워 내는지라.
>
> 일일은 칠위 모혀 침선의 공을 의논하더니 척 부인이 긴 허리를 자히며 이르되, …(중략)…
>
> 인화 낭재 이르되,
>
> ㉠ "그대네는 다토지 마라. 나도 잠간 공을 말하리라. 미누비 세누비 눌로 하여 저가락같이 고으며, 혼솔이 나곧 아니면 어찌 풀로 붙인 듯이 고으리요. 침재(針才) 용속한 재 들락날락 바르지 못한 것도 내의 손바닥을 한번 씻으면 잘못한 흔적이 감초여 세요의 공이 날로 하여 광채 나나니라."

- 작자 미상, 규중칠우쟁론기 에서 -

① 풍자적 표현을 통해 내면의 갈등을 드러내고 있다.
② 각자의 역할과 직분을 지켜야 한다고 충고하고 있다.
③ 자신의 도움을 통해 상대방이 빛날 수 있음을 자랑하고 있다.
④ 상대방 말의 허점을 최대한 부각하면서 논리적으로 지적하고 있다.

23

다음 글에 대한 이해로 적절하지 않은 것은?

2013 지방직 9급

> 말뚝이: (가운데쯤에 나와서) 쉬이. (음악과 춤 멈춘다.) 양반 나오신다아! 양반이라고 하니까 노론(老論), 소론(少論), 호조(戶曹), 병조(兵曹), 옥당(玉堂)을 다 지내고 삼정승(三政丞), 육판서(六判書)를 다 지낸 퇴로 재상(退老宰相)으로 계신 양반인 줄 아지 마시오. 개잘량이라는 '양' 자에 개다리소반이라는 '반' 자 쓰시는 양반이 나오신단 말이오.
> 양반들: 야아, 이놈, 뭐야아!
> 말뚝이: 아, 이 양반들, 어찌 듣는지 모르갔소. 노론, 소론, 호조, 병조, 옥당을 다 지내고 삼정승, 육판서, 다 지내고 퇴로 재상으로 계신 이 생원네 삼 형제분이 나오신다고 그리하였소.
> 양반들: (합창) 이 생원이라네. (굿거리장단으로 모두 춤을 춘다. 도령은 때때로 형들의 면상을 치면 논다. 끝까지 그런 행동을 한다.)
>
> – 작자 미상, 「봉산탈춤」 중에서 –

① 말뚝이는 언어유희를 통해 양반을 조롱하고 있다.
② 말뚝이는 양반의 호통에 이내 변명하는 모습을 보인다.
③ 양반은 화를 낼 뿐 말뚝이의 말에 대한 제대로 된 문책을 못하고 있다.
④ 양반은 춤을 통해 말뚝이를 제압하고 있다.

정답 및 해설

④ 말뚝이의 변명에 안심한 양반은 굿거리장단으로 모두 함께 춤을 춘다. 춤을 춘다는 것은 말뚝이와의 갈등이 해소되었음을 의미한다. 말뚝이를 제압하는 양반의 권위 있는 모습은 드러나지 않는다. 오히려 춤을 출 때 형들(양반)의 면상을 치며 노는 도령의 모습에서 양반들의 권위가 더욱 떨어지고 있다.

오답 해설

① "개잘량이라는 '양' 자에 개다리소반이라는 '반' 자 쓰시는 양반이 나오신단 말이오."에서 발음의 유사성을 이용한 언어유희로 양반을 조롱하고 있다.
② "야아, 이놈, 뭐야아!"라고 호통을 치는 양반에게 말뚝이는 변명을 했다. 양반들은 말뚝이의 변명에 안심하며 둘의 갈등이 일시적으로 해소되었다.
③ 양반의 위엄을 무너뜨리는 말뚝이에게 양반은 화를 내었지만 그 말에 대해 책임을 묻지는 않는다. 양반은 말뚝이를 문책하지 못하고 말뚝이의 변명을 그대로 수용하며 춤을 추는데, 이러한 모습을 통해 양반의 권위는 더욱 떨어지고 우스꽝스러움이 부각된다.

24~25

※ 다음 작품을 읽고 물음에 답하시오.

제6 ㉠ 과장 양반춤

말뚝이 (벙거지를 쓰고 채찍을 들었다. 굿거리장단에 맞추어 양반 삼 형제를 인도하여 등장)

양반 삼 형제 (말뚝이 뒤를 따라 굿거리장단에 맞추어 점잔을 피우나, ㉡ 어색하게 춤을 추며 등장. 양반 삼 형제 맏이는 샌님[生員], 둘째는 서방님[書房], 끝은 도련님[道令]이다. 샌님과 서방님은 흰 창옷에 관을 썼다. 도련님은 남색 쾌자에 복건을 썼다. 샌님과 서방님은 언청이이며(샌님은 언청이 두 줄, 서방님은 한 줄이다.) 부채와 장죽을 가지고 있고, 도련님은 입이 삐뚤어졌고 부채만 가졌다. 도련님은 일절 대사는 없으며, 형들과 동작을 같이하면서 형들의 면상을 부채로 때리며 방정맞게 군다.)

말뚝이 (가운데쯤에 나와서) 쉬이. (음악과 춤 멈춘다.) 양반 나오신다아! 양반이라고 하니까 노론(老論), 소론(少論), 호조(戶曹), 병조(兵曹), 옥당(玉堂)을 다 지내고 삼정승(三政丞), 육판서(六判書)를 다 지낸 퇴로 재상(退老宰相)으로 계신 양반인 줄 아지 마시오. ㉢ 개잘량이라는 '양'자에 개다리소반이라는 '반'자 쓰는 양반이 나오신단 말이오.

양반들 야아, 이놈, 뭐야아!

말뚝이 아, 이 양반들, 어찌 듣는지 모르갔소. 노론, 소론, 호조, 병조, 옥당을 다 지내고 삼정승, 육판서 다 지내고 퇴로 재상으로 계신 이 생원네 삼 형제분이 나오신다고 그리 하였소.

양반들 (합창) 이 생원이라네. (굿거리장단으로 ㉣ 모두 춤을 춘다. 도령은 때때로 형들의 면상을 치며 논다. 끝까지 그런 행동을 한다.)

24

2018 경찰직 1차

밑줄 친 부분에 대한 설명으로 가장 적절하지 않은 것은?

① ㉠ : 현대 연극의 '막'과 유사하지만 각 '과장'은 독립적이다.
② ㉡ : 양반의 행동을 희화화하여 보여주고 있다.
③ ㉢ : 언어유희를 통해 양반을 조롱하고 있다.
④ ㉣ : 말뚝이를 통해 유발된 갈등이 완전히 해소되었다.

25

2018 경찰직 1차

이 작품에 대한 설명으로 가장 적절한 것은?

① 경상도 안동 지방에서 전해 내려오는 가면극의 일종이다.
② '양반의 위엄 → 말뚝이의 조롱 → 양반의 호통 → 말뚝이의 변명 → 양반의 안심'의 재담 구조를 보인다.
③ 등장인물은 공연 상황에 따라 대사를 바꾸어 표현하지 못한다.
④ 말뚝이는 무능한 지배 계층을 대변하는 인물이다.

정답 및 해설

② '양반의 위엄(쉬이. 양반 나오신다아!) → 말뚝이의 조롱(개잘량이라는 '양'자에 개다리 소반이라는 '반'자를 쓰는 양반) → 양반의 호통(아아, 이놈, 뭐야아!) → 말뚝이의 변명 (노론, 소론, 호조, 병조, 옥당을 다 지내고~나오신다고 그리 하였소.) → 양반의 안심 (이 생원이라네.)'의 재담 구조를 가지고 있다. 이러한 재담 구조를 반복하여 양반의 어리석음을 풍자하고 있다.

오답 해설

① 안동 지방에서 전해지는 유명한 가면극은 '하회별신굿탈놀이'이다. 이 작품은 황해도 봉산 지방에서 전승되어 내려오는 가면극 '봉산 탈춤'이다.
③ 가면극에서는 반주를 하는 악사나 청중이 연극의 진행에 참여할 수 있는 여지가 많다. 등장인물 역시 상황에 따라 대사를 자유롭게 바꿀 수 있다. 사실주의 연극에서는 등장인물이 정해진 대사를 충실히 수행해야 하고 관객과의 거리가 유지되어야 하지만 민속극에서는 필요에 따라 관객의 개입이 이루어지고 대사도 자유롭게 변형할 수 있다.
④ 무능한 지배 계층은 바로 '양반'이다. 말뚝이는 그러한 양반의 모습을 비판하고 풍자하는 역할을 한다. 서민의 입장에서 양반의 부당함과 어리석음을 비꼬고 희롱하는 것이다. 따라서 말뚝이는 서민 계층을 대변하는 인물에 해당한다.

26

2020 지방직 7급

밑줄 친 어구와 같은 뜻의 한자 성어는?

> 이생(李生)은 그 이후로 인간사에 게을러져 친척과 빈객의 길흉사가 있어도 문을 닫고 나가지 않았다. 늘 아내 최씨(崔氏)와 더불어 시를 주고받으며 <u>사이좋게 지냈다</u>.
> - 김시습, 「이생규장전(李生窺牆傳)」에서 -

① 琴瑟相和(금슬상화)
② 女必從夫(여필종부)
③ 談笑自若(담소자약)
④ 男負女戴(남부여대)

정답 및 해설

① 금(琴)과 슬(瑟)이 합주하여 화음(和音)이 조화되는 것같이 부부 사이가 다정하고 화목함을 비유적으로 이르는 말이다. 이생과 아내 최씨가 사이좋게 지내는 상황과 가장 잘 어울린다.

오답 해설

② 아내는 반드시 남편을 따라야 한다는 말이다. 부부가 서로 사이좋게 지내는 것과는 거리가 멀다.
③ 근심이나 놀라운 일을 당하였을 때도 보통 때와 같이 웃고 이야기하는 것을 의미한다. 두 사람이 서로 시를 주고받으며 사이좋게 지낸 것은 근심이나 놀라운 일과는 관련이 없다. 인간사에 게을러진 것을 근심이나 놀라운 일이라고 보기는 어렵다.
④ 남자는 지고 여자는 인다는 뜻으로, 가난한 사람들이 살 곳을 찾아 이리저리 떠돌아다님을 비유적으로 이르는 말이다. 이생과 최씨는 인간사를 멀리하고 외부적인 활동을 하지 않았으므로 이리저리 떠돌아다닌다는 성어는 적절하지 않다.

※ 김시습, 이생규장전(李生窺牆傳)

갈래	한문 소설, 전기(傳奇) 소설, 명혼(冥婚) 소설
성격	전기적(傳奇的), 낭만적, 비극적
배경	고려 공민왕 때, 송도(개성)
주제	죽음을 초월한 남녀 간의 애절한 사랑
특징	- '만남 - 이별'을 반복하는 구조로 이루어짐 - 유(儒)·불(佛)·선(仙) 사상이 혼재함 - 시를 삽입하여 등장인물의 심리를 효과적으로 전달함

27

㉠~㉣에 대한 풀이로 옳지 않은 것은?

2017 국가직 9급

> 빌기를 다 함에 지성이면 감천이라 황천인들 무심할까. 단상의 오색구름이 사면에 옹위하고 산중에 ㉠ 백발 신령이 일제히 하강하여 정결케 지은 제물 모두 다 흠향한다. 길조(吉兆)가 여차(如此)하니 귀자(貴子)가 없을쏘냐. 빌기를 다한 후에 만심 고대하던 차에 일일은 한 꿈을 얻으니, ㉡ 천상으로서 오운(五雲)이 영롱하고, 일원(一員) 선관(仙官)이 청룡(靑龍)을 타고 내려와 말하되,
> "나는 청룡을 다스리던 선관이더니 익성(翼星)이 무도(無道)한 고로 상제께 아뢰되 익성을 치죄하야 다른 방으로 귀양을 보냈더니 익성이 이걸로 함심(含心)하야 ㉢ 백옥루 잔치 시에 익성과 대전(對戰)한 후로 상제전에 득죄하여 인간에 내치심에 갈 바를 모르더니 남악산 신령들이 부인 댁으로 지시하기로 왔사오니 부인은 애휼(愛恤)하옵소서." 하고 타고 온 청룡을 오운 간(五雲間)에 방송(放送)하며 왈,
> "㉣ 일후 풍진(風塵) 중에 너를 다시 찾으리라."
> 하고 부인 품에 달려들거늘 놀래 깨달으니 일장춘몽이 황홀하다. 정신을 진정하야 정언주부를 청입(請入)하야 몽사를 설화(說話)한대 정언주부가 즐거운 마음 비할 데 없어 부인을 위로하야 춘정(春情)을 부쳐 두고 생남(生男)하기를 만심 고대하더니 과연 그달부터 태기 있어 십 삭이 찬 연후에 옥동자를 탄생할 제, 방 안에 향취 있고 문 밖에 서기(瑞氣)가 뻗질러 생광(生光)은 만지(滿地)하고 서채(瑞彩)는 충천하였다.
> …(중략)…
> 이때에 조정에 두 신하가 있으니 하나는 도총대장 정한담이요, 또 하나는 병부상서 최일귀라. 본대 천상 익성으로 자미원 대장성과 백옥루 잔치에 대전한 죄로 상제께 득죄 하여 인간 세상에 적강(謫降)하여 대명국 황제의 신하가 되었는지라 본시 천상지인(天上之人)으로 지략이 유여하고 술법이 신묘한 중에 금산사 옥관도사를 데려다가 별당에 거처하게 하고 술법을 배웠으니 만부부당지용(萬夫不當之勇)이 있고 백만군중대장지재(百萬軍中大將之才)라 벼슬이 일품이요 포악이 무쌍이라 일상 마음이 천자를 도모코자 하되 다만 정언주부인 유심의 직간을 꺼려하고 또한 퇴재상(退宰相) 강희주의 상소를 꺼려 주저한 지 오래라.
> - 「유충렬전」 중에서 -

① ㉠ : 길조(吉兆)가 일어날 것임을 암시한다.
② ㉡ : '부인'이 꾼 꿈의 상황이다.
③ ㉢ : '선관'이 인간 세상에 귀양을 오게 되는 계기이다.
④ ㉣ : '남악산 신령'이 후일 청룡을 타고 천상 세계로 복귀할 것임을 암시한다.

정답 및 해설

④ 부인의 꿈에 나타난 '선관'은 청룡을 타고 왔다. 타고 온 청룡을 풀어주며 다시 너를 찾겠다고 말하고 있는 상황이다. 따라서 청룡을 타고 다시 천상으로 복귀할 인물은 '남악산 신령'이 아니라 '선관'이다. '남악산 신령'은 인간 세상으로 귀양 와서 어찌할 바를 모르던 '선관'에게 부인 댁으로 가라고 지시한 인물이다.

오답 해설

① '길조'는 좋은 일이 있을 조짐을 말한다. 정성스럽게 제물을 차리고 자식을 점지해 달라는 소원을 빌었는데, 신령이 와서 제물을 받아서 먹은 상황인 것이다. '길조가 여차하니 귀자가 없을쏘냐.'를 통해 정언 주부가 자식을 얻을 것임을 암시하고 있다.
② ㉡ 바로 앞에 '일일은 한 꿈을 얻으니'라고 했다. 꿈에서 오운이 영롱하고 선관이 청룡을 타고 내려온 것이다. 이 선관은 꿈에서 부인 품에 달려들었고, 부인은 놀라서 잠에서 깼다. '놀래 깨달으니 일장춘몽이 황홀하다.'를 통해 확인할 수 있다.
③ '선관'은 익성의 무도한 행실을 상제께 고하여 익성이 귀양을 가게 했다. 귀양 간 익성은 원한을 품고 백옥루 잔치에서 '선관'과 크게 싸웠다. '선관'은 백옥루에서 익성과 싸운 죄로 인간 세상으로 귀양을 오게 된 것이다.

28

다음 글의 등장인물에 대한 설명으로 적절하지 <u>않은</u> 것은?

> 양반이라는 말은 선비 족속의 존칭이다. 강원도 정선군에 한 양반이 있었는데, 그는 어질면서도 글 읽기를 좋아하였다. 군수가 새로 부임하면 반드시 그 집에 몸소 나아가서 경의를 표하였다. 그러나 그는 집안이 가난해서 해마다 관가에서 환곡을 빌려 먹다 보니 그 빚이 쌓여서 천 석에 이르렀다. 관찰사가 각 고을을 돌아다니다가 이곳의 환곡 출납을 검열하고는 매우 노하여, "어떤 놈의 양반이 군량을 이렇게 축내었느냐"라고 하였다. 그리고는 명령을 내려 그 양반을 잡아 가두라고 하였다. 군수는 마음속으로 그 양반이 가난해서 갚을 길이 없는 것을 불쌍히 여겼지만 그렇다고 해서 가두지 않을 수도 없었다.
>
> 그 양반은 밤낮으로 훌쩍거리며 울었지만 별다른 대책도 생각해 낼 수 없었다. 그런 상황에서 그의 아내가 몰아세우기를, "당신은 한평생 글 읽기를 좋아했지만 관가의 환곡을 갚는 데 아무런 도움이 못 되는구려. 양반 양반하더니 양반은 한 푼 가치도 못 되는구려."라고 하였다.
>
> – 박지원, 「양반전」 중에서 –

① 양반은 자구책을 마련하지 못하고 있다.
② 군수는 양반에게 측은지심을 느끼고 있다.
③ 관찰사는 공평무사하게 일을 처리하고 있다.
④ 아내는 남편에 대해 외경하는 마음을 지니고 있다.

29

다음 글에 대한 설명으로 적절하지 <u>않은</u> 것은?

2015 지방직 9급

> "심청은 시각이 급하니 어서 바삐 물에 들라."
> 심청이 거동 보소. 두 손을 합장하고 일어나서 하느님 전에 비는 말이,
> "비나이다, 비나이다. 하느님 전에 비나이다. 심청이 죽는 일은 추호라도 섧지 아니하되, 병든 아비 깊은 한을 생전에 풀려 하고 이 죽음을 당하오니 명천(明天)은 감동하사 어두운 아비 눈을 밝게 띄워 주옵소서."
> 눈물지며 하는 말이,
> "여러 선인네 평안히 가옵시고, 억십만금 이문 남겨 이 물가를 지나거든 나의 혼백 불러내어 물밥이나 주시오."
> 하며 안색을 변치 않고 뱃전에 나서 보니 티 없이 푸른 물은 월러렁 콸넝 뒤둥구리 굽이쳐서 물거품 북적찌데한데, 심청이 기가 막혀 뒤로 벌떡 주저앉아 뱃전을 다시 잡고 기절하여 엎딘 양은 차마 보지 못할 지경이었다.
>
> -「심청가」 중에서 -

① 사건에 대한 서술자의 주관적 서술이 나타나 있다.
② 등장인물들의 발화를 통해 사건의 상황을 보여준다.
③ 죽음을 초월한 심청의 면모와 효심이 드러나 있다.
④ 대상을 나열하여 장면을 다양하게 제시하고 있다.

정답 및 해설

④ 일반적으로 시간적 배경이나 공간적 배경이 바뀌면 장면이 바뀌었다고 본다. 제시된 지문은 심청이 인당수에 뛰어들기 직전의 한 장면이다. 심청과 상인의 대화를 중심으로 사건을 전개하고 있을 뿐, 대상을 나열하거나 다양한 장면을 제시하지 않았다.

오답 해설

① 편집자적 논평이나 서술자의 개입을 찾으란 말이다. 심청이 뱃전에서 뛰어들기 전 겁에 질린 상황에 대해 서술자는 '차마 보지 못할 지경이었다.'라고 자신의 주관적 견해를 드러내고 있다.
② 상인의 발화 "심청은~어서 바삐 물에 달라."를 통해 심청이 인당수에 뛰어 들어야 하는 상황임을 알 수 있다. 또한 심청의 발화 "병든 아비~눈을 밝게 띄워 주옵소서."를 통해서는 아버지의 눈을 뜨게 하려고 심청이 희생하고 있는 상황임을 알 수 있다.
③ 심청은 "죽는 일은 추호라도 섧지 아니하되"라고 말하고 있다. 자신의 목숨보다 아버지의 눈을 뜨게 하는 일을 더 중요하게 생각하고 있는 것이다.

30

다음 글의 내용과 시적 상황이 가장 유사한 것은?

2015 지방직 9급

> 이때는 추구월망간(秋九月望間)이라. 월색이 명랑하여 남창에 비치고, 공중에 외기러기 옹옹한 긴 소리로 짝을 찾아 날아가고, 동산의 송림 사이에 두견이 슬피 울어 불여귀를 화답하니, 무심한 사람도 마음이 상하거든 독수공방에 눈물로 세월을 보내는 송이야 오죽할까. 송이가 모든 심사를 저버리고 책상머리에 의지하여 잠깐 졸다가 기러기 소리에 놀라 눈을 뜨고 보니, 남창에 밝은 달 허리에 가득하고 쓸쓸한 낙엽송은 심회를 돕는지라, 잊었던 심사가 다시 가슴에 가득해지며 눈물이 무심히 떨어진다. 송이가 남창을 가만히 열고 달빛을 내다보며 위연탄식하는데, "달아, 너는 내 심사를 알리라. 작년 이때 뒷동산 명월 아래 우리 임을 만났더니, 달은 다시 보건마는 임을 어찌 보지 못하는고. 심양강의 탄금녀는 만고문장 백낙천을 달 아래 만날 적에, 설진심중무한사(說盡心中無限事)를 세세히 하였건마는, 나는 어찌 박명하여 명랑한 저 달 아래서 부득설진심중사(不得說盡心中事)하니 가련하지 아니할까. 사람은 없어 말하지 못하나, 차라리 심중사를 종이 위에나 그리리라."
> 하고, 연상을 내어 먹을 흠씬 갈고 청황모 무심필을 듬뿍 풀어 백능화주지를 책상에 펼쳐 놓고, 섬섬옥수로 붓대를 곱게 쥐고 탄식하면서 맥맥이 앉았다가, 고개를 돌려 벽공의 높은 달을 두세 번 우러러보더니, 서두에 '추풍감별곡(秋風感別曲)' 다섯 자를 쓰고, 상사가 생각 되고, 생각이 노래 되고, 노래가 글이 되어 붓끝을 따라오니, 붓대가 쉴새 없이 쓴다.
>
> — 「채봉감별곡」 중에서 —

① 임이여 물을 건너지 마오 / 임은 기어이 물을 건너갔네 / 물에 빠져 돌아가시니 / 이제 임이여 어이할꼬.

② 가위로 싹둑싹둑 옷 마르노라 / 추운 밤 열 손가락 모두 굳었네 / 남 위해 시집갈 옷 항상 짓건만 / 해마다 이내 몸은 홀로 잔다네.

③ 펄펄 나는 저 꾀꼬리 / 암수 서로 정다운데 / 외로울사 이내 몸은 / 누구와 함께 돌아갈꼬.

④ 비 개인 긴 언덕에 풀빛 짙은데 / 님 보내는 남포에는 서러운 노래 퍼지네 / 대동강 물은 언제나 마를까 / 이별의 눈물 해마다 푸른 물결 더하니.

31

2017 국가직 7급

다음 글에 나타난 북곽 선생의 언행에 부합하는 한자성어로 가장 적절한 것은?

> 북곽 선생이 머리를 조아리며 앞으로 엉금엉금 기어 나와, 세 번 절하고 꿇어앉았다. 고개를 쳐들고 이렇게 여쭈었다.
> "범님의 덕이야말로 참으로 지극하십니다. 대인은 그 변화를 본받고, 제왕은 그 걸음을 배웁니다. 남의 아들된 자들은 그 효성을 법으로 사모하고, 장수는 그 위엄을 취합니다. 그 거룩한 이름이 신룡과 짝이 되어, 한 분은 바람을 일으키고 한 분은 구름을 일으키시니, 저처럼 하토의 천한 신하는 감히 그 바람 아래 서옵니다." 범이 이 말을 듣고 꾸짖었다. "앞으로 가까이 오지 말아라. 지난번에 내가 들으니 '유(儒)'는 '유(諛)'라 하더니 과연 그렇구나. 네가 평소에 천하에 나쁜 이름을 모두 모아서 망령되게도 내게 덧붙이더니 이제 낯간지러운 말을 하는구나. 그 말을 누가 곧이듣겠느냐?"
>
> - 박지원, 「호질」 -

① 牽强附會   ② 巧言令色   ③ 名論卓說   ④ 橘化爲枳

정답 및 해설

② 북곽 선생은 범에게 머리를 조아리고 "범님"이라고 높여 부르며 아첨을 하고 있다. 범은 '儒(선비 유)'는 '諛(아첨할 유)'라는 언어유희를 사용하여 북곽 선생의 태도를 꾸짖고 있다. "평소에 천하에 나쁜 이름을 모두 모아서 망령되게도 내게 덧붙이더니 이제 낯간지러운 말을 하는구나."라는 범의 말을 통해 북곽 선생은 진심으로 범을 높이는 것이 아니라 상황을 모면하기 위해 번지르르한 말을 꾸며내고 있다는 것을 알 수 있다. 문제에서는 북곽 선생의 언행에 부합하는 성어를 묻고 있으니 아첨한다는 의미의 성어를 찾으면 된다. '巧言令色(교언영색)'은 아첨하는 말과 알랑거리는 태도를 의미한다.

오답 해설

① 牽强附會(견강부회)는 전혀 가당치도 않은 말이나 주장을 억지로 끌어다 붙여 조건이나 이치에 맞추려고 하는 것을 비유한 말이다. 도리나 이치와는 상관없이 자신의 주장만을 내세우고 우기는 상황에 적절하다. 북곽 선생이 말을 꾸며내고 있긴 하지만 자신의 주장을 고집하고 있는 것이 아니라 범의 비위를 맞추기 위해 아첨을 하고 있는 상황이므로 적절하지 않다.

③ 名論卓說(명론탁설)은 이름난 이론이나 학설을 의미하는 성어이다. 호랑이의 덕이 지극하다는 것은 잡아먹히기 싫은 북곽 선생이 꾸며낸 말로, 명론탁설이라고 할 순 없다.

④ 橘化爲枳(귤화위지)는 강남에 심은 귤을 환경이 다른 강북에 옮겨 심으면 탱자가 된다는 의미로, 사람도 주위 환경에 따라 달라진다는 것을 비유한 고사이다. 북곽 선생은 범을 만났기 때문에 아첨을 하는 부정적인 인물이 된 것이 아니라 처음부터 위선과 가식으로 살고 있는 유학자이다. 따라서 환경에 따라 성질이 변한 것이라고 할 수 없다.

32

다음 글의 내용에 가장 부합되는 시조는?

2013 국가직 7급

> 급히 세수하고 의관을 정제하며 방장에 나아가니 다른 제자들이 이미 다 모였더라.
> 대사 소리하여 묻되,
> "성진아, 인간 부귀를 지내니 과연 어떠하더뇨?"
> 성진이 고두하며 눈물을 흘려 가로되,
> "성진이 이미 깨달았나이다. 제자 불초하여 염려를 그릇 먹어 죄를 지으니, 마땅히 인세에 윤회할 것이어늘, 사부 자비하사 하룻밤 꿈으로 제자의 마음 깨닫게 하시니, 사부의 은혜를 천만 겁이라도 갚기 어렵도소이다."
> 대사 가로되,
> "네 승흥하여 갔다가 흥진하여 돌아왔으니 내 무슨 간예함이 있으리오? 네 또 이르되 인세에 윤회할 것을 꿈을 꾸다 하니, 이는 인세와 꿈을 다르다 함이니, 네 오히려 꿈을 채 깨지 못하였도다."

① 首陽山 브라보며 夷齊를 恨호노라
　주려 주글진들 採薇도 호는것가
　비록애 푸새엣 거신들 긔 뉘 싸헤 낫드니

② 歸去來 歸去來혼들 물러간 이 긔 누구며
　공명이 浮雲인 줄 사람마다 알건마는
　세상에 꿈 깬 이 없으니 그를 슬허호노라

③ 梨花에 月白호고 銀漢이 三更인 제
　一枝春心을 子規ㅣ야 아라마는
　多情도 病인 냥호여 좀 못 드러 호노라

④ 長安을 도라보니 北闕이 千里로다
　魚舟에 누어신들 니즌 스치 이시랴
　두어라 내 시름 안니라 濟世賢이 업스랴

정답 및 해설

② 세상의 부귀공명에 빠져 있는 사람들이 많음을 안타까워하며 한탄하고 있는 이정보의 시조이다. 부귀공명은 성진이 꿈에서 느낀 인간 세상에 대입할 수 있다. 성진이 인간 세상에 미련을 버리지 못하고 있는 모습, 그에 대해 안타까워하는 스승의 모습과 가장 유사한 시조이다.

오답 해설

① 죽음을 각오한 굳은 지조와 절개를 표현한 성삼문의 시조이다. 인생무상과는 관련이 없다.
③ 이조년의 다정가이다. 봄밤의 애상적인 정서를 드러내고 있을 뿐, 인생무상은 드러나지 않는다.
④ 자연과 함께 하는 삶과 나라에 대한 걱정을 담고 있는 이현보의 시조이다. 인생무상과 부합하는 것은 아니다.

33

2012 국가직 7급

다음 예문에서 이완의 처지를 반영한 사자성어로 적절한 것은?

> 변 씨는 이완을 문 밖에 서서 기다리게 하고 혼자 먼저 들어가서, 허생을 보고 이완이 몸소 찾아온 연유를 이야기했다. 허생은 못들은 체하고, "당신 차고 온 술병이나 어서 이리 내놓으시오." 했다.
> 그리하여 즐겁게 술을 들이켜는 것이었다. 변 씨는 이완을 밖에 오래 서 있게 하는 것이 민망해서 자주 말하였으나, 허생은 대꾸도 않다가 야심해서 비로소 손을 부르게 하는 것이었다. 이완이 방에 들어와도 허생은 자리에서 일어서지도 않았다. 이완이 몸 둘 곳을 몰라 하며 나라에서 어진 인재를 구하는 뜻을 설명하자, 허생은 손을 저으며 막았다.

① 門前薄待, 坐不安席
② 狐假虎威, 威風堂堂
③ 優柔不斷, 騎虎之勢
④ 虎視眈眈, 威風堂堂

정답 및 해설

① 변 씨와 허생이 이야기하는 동안 이완은 문밖에서 기다리고 있는 상황이다. 허생은 이를 알면서도 들어오라는 말도 하지 않고 있다. 이완을 문전박대하고 있는 것이다. '문전박대(門前薄待)'는 이처럼 인정 없이 몹시 모질게 대하는 것을 뜻한다. 허생은 이완을 방에 들인 후에도 자리에서 일어서거나 인사를 하지 않았고, 이완은 이러한 상황에 몸 둘 곳을 몰라 하고 있다. '坐不安席(좌불안석)'은 앉아도 자리가 편하지 않다는 뜻으로 마음이 불안하거나 걱정스러워서 한군데에 가만히 앉아 있지 못하고 안절부절 못하는 모양을 이르는 말이다. 지금 이완의 상황에 딱 어울리는 말이다.

오답 해설

② 狐假虎威(호가호위)는 여우가 호랑이의 위세를 빌려 호기를 부린다는 뜻이다. 남의 세력을 빌어 위세를 부리는 상황에 적절하다. 威風堂堂(위풍당당)은 풍채나 기세가 위엄 있고 떳떳함을 뜻하는데, 문밖에서 기다리고 있는 이완의 처지와 어울리지 않는다.
③ 優柔不斷(우유부단)은 어물어물 망설이기만 하고 결단성이 없음을 의미한다. 제시문에서 이완은 문전박대를 감수하면서 나라에서 인재를 구하는 뜻을 허생에게 설명하였으니 결단성이 없다고 보기는 어렵다. 騎虎之勢(기호지세)는 호랑이를 타고 달리는 기세라는 뜻으로, 이미 시작한 일을 중도에서 그만둘 수 없는 경우를 비유적으로 이르는 말이다.
④ 虎視眈眈(호시탐탐)은 범이 눈을 부릅뜨고 먹이를 노려본다는 뜻으로, 남의 것을 빼앗기 위하여 형세를 살피며 가만히 기회를 엿보는 것을 말한다. 이완이 허생을 만나기 위해 기회를 엿보았다는 것은 허용할 수 있지만, 허생의 것을 빼앗기 위함은 아니었다. 나라에서 인재를 구하는 뜻을 설명하고 허생을 설득하고 의견을 듣고자 함이었다.

34
춘향과 신관 사또의 말하기 방식에 대한 설명으로 옳은 것은?

2012 지방직 7급

> 신관이 분부하되 "네 본읍 기생으로 도임 초에 현신 아니 하기를 잘 했느냐?"
> 춘향이 아뢰되 "소녀 구관 사또 자제 도련님 뫼신 후에 대비정속한 고로 대령치 아니하였나이다."
> 신관이 증을 내어 분부하되 "고이하다. 너 같은 노류장화가 수절이란 말이 고이하다. 네가 수절하면 우리 마누라는 기절할까? 요망한 말 말고 오늘부터 수청 거행하라."
> 춘향이 여쭙되 "만 번 죽사와도 이는 봉행치 못 할소이다." 신관의 말이 "네 잡말 말고 분부대로 거행하여라."
> 춘향이 여쭙되 "고언에 충신은 불사이군이오, 열녀는 불경이부라 하오니 사또께서는 응당 아실지라. 만일 국운이 불행하여 난시를 당하오면 사또께서는 도적에게 굴슬 하시리이까?" 신관이 이 말을 듣고 크게 화를 내며 강변의 덴 소 날뛰듯하며 춘향을 바삐 형추하라 하니

① 신관 사또는 춘향에게 회유의 말과 겁박의 말을 번갈아 사용했다.
② 신관 사또는 춘향의 정서적 거부감을 없애려고 희화적 표현을 사용했다.
③ 춘향은 양시론적 입장에서 자신의 주장을 정당화하는 화법을 구사했다.
④ 춘향은 자신의 정당성을 뒷받침하고 신관 사또의 부당성을 부각하는 화법을 구사했다.

정답 및 해설

④ 춘향은 충신이 두 임금을 섬기지 않는다는 것을 근거로 자신 또한 두 남편을 섬기지 않는다며 자신의 정당성을 뒷받침하고 있다. 국운이 불행해 세상이 어지러워지는 상황을 가정하여 사또는 도적에게 무릎을 꿇고 절을 할 것이냐고 되묻고 있다. 사또의 요청은 도적에게 굽히는 것과 같은 부적절한 상황이라며 수청을 요구하는 사또의 부당성을 강조하고 있다.

오답 해설

① 회유는 어루만지고 잘 달래어 시키는 말을 듣도록 하는 것이고, 겁박은 으르고 협박하는 것이다. 사또는 춘향에게 "잡말 말고 분부대로 거행"하라며 겁박하였지만 회유의 말은 하지 않았다.
② 사또는 "네가 수절하면 우리 마누라는 기절할까?"에서 언어유희를 사용하였다. 기생 주제에 정절을 지킨다는 것이 우습다며 비꼬는 표현이다. 자신의 정절을 우습게 보고 있으니 춘향의 정서적 거부감은 오히려 높아진다.
③ 양시론은 두 말이 모두 옳다는 의미이다. 양시론적인 입장이라면 '사또의 의견도 맞지만 제 의견 또한 적절합니다'와 같이 말해야 한다. 하지만 춘향은 자신의 의견을 내세우면서 사또의 말은 인정하지 않는 태도를 보이고 있다.

35

다음 글의 내용과 가장 관련이 깊은 것은?

2016 지방직 7급

> 이때 변산(邊山)에 도적 떼 수천 명이 몰려 있었는데, 지방 관청에서 군사를 풀어 잡으려 하여도 잡을 수 없었다. 도적 떼 또한 감히 나와서 노략질을 못하여 바야흐로 굶주리고 곤란하였다. 허생(許生)이 그들을 찾아갔다. (중략) 허생이 물었다. "자네들은 아내가 있는가" 도적들이 답하였다. "없습니다." "자네들은 밭이 있는가" 도적들이 웃으며 말하였다. "아내가 있고 밭이 있다면 무엇 때문에 괴롭게 도적이 되겠습니까" 허생이 "그렇다면 왜 장가를 들어 집을 짓고, 소를 사서 농사를 짓지 않는가? 살아서 도적이란 이름을 면하고, 거할 때 가정의 즐거움을 누리고, 나가도 쫓기고 잡혀 갈 걱정 없이 오래도록 잘 먹고 잘 입는 풍요로움을 누릴 수 있을 터인데."라고 하였다. 도적들이 "어찌 그런 것을 원하지 않겠습니까? 다만 돈이 없을 뿐입니다."라고 하였다.
>
> – 박지원, 「허생전」 중에서 –

① 人不知而不慍
② 無恒産無恒心
③ 人無遠慮必有近憂
④ 良藥苦於口而利於病

36~37

※ 다음 작품을 읽고 물음에 답하시오.

잔을 씻어 다시 술을 부으려 하는데 ㉠ 갑자기 석양에 막대기 던지는 소리가 나거늘 괴이하게 여겨 생각하되, '어떤 사람이 올라오는고.' 하였다. 이윽고 한 중이 오는데 눈썹이 길고 눈이 맑고 얼굴이 특이하더라. 엄숙하게 자리에 이르러 승상을 보고 예하여 왈,

"산야(山野) 사람이 대승상께 인사를 드리나이다."

승상이 이인(異人)인 줄 알고 황망히 답례하여 왈,

"사부는 어디에서 오신고?"

중이 웃으며 왈,

"평생의 낯익은 사람을 몰라보시니 귀인이 잘 잊는다는 말이 옳도소이다."

승상이 자세히 보니 과연 낯이 익은 듯하거늘 문득 깨달아 능파 낭자를 돌아보며 왈,

"소유가 전에 토번을 정벌할 때 꿈에 동정 용궁에 가서 잔치하고 돌아오는 길에 남악에 가서 놀았는데 한 화상이 법좌에 앉아서 불경을 강론하더니 노부께서 바로 그 노화상이냐?"

중이 박장대소하고 말하되,

"옳다. 옳다. 비록 옳지만 ㉡ 꿈속에서 잠깐 만나본 일은 생각하고 ㉢ 십 년을 같이 살던 일은 알지 못하니 누가 양 장원을 총명하다 하더뇨?"

승상이 어리둥절하여 말하되,

"소유가 ㉣ 열대여섯 살 전에는 부모 슬하를 떠나지 않았고, 열여섯에 급제하여 줄곧 벼슬을 하였으니 동으로 연국에 사신을 갔고 서로 토번을 정벌한 것 외에는 일찍이 서울을 떠나지 않았으니 언제 사부와 십 년을 함께 살았으리오?"

중이 웃으며 왈,

"상공이 아직 춘몽에서 깨어나지 못하였도소이다."

승상이 왈,

"사부는 어떻게 하면 소유를 춘몽에게 깨게 하리오?"

중이 왈,

"어렵지 않으이다."

하고 손 가운데 돌 지팡이를 들어 난간을 두어 번 치니 갑자기 사방 산골짜기에서 구름이 일어나 누대 위에 쌓여 지척을 분변하지 못했다. 승상이 정신이 아득하여 마치 꿈에 취한 듯하더니 한참 만에 소리 질러 말하되,

"사부는 어찌 소유를 정도로 인도하지 않고 환술(幻術)로 희롱하나뇨?"

대답을 듣기도 전에 구름이 날아가니 중은 간 곳이 없고 좌우를 돌아보니 여덟 낭자 또한 간 곳이 없는지라.

- 김만중,「구운몽」-

36

2018 국가직 9급

㉠~㉣을 사건의 시간 순서에 따라 가장 적절하게 배열한 것은?

① ㉠ → ㉢ → ㉣ → ㉡
② ㉠ → ㉣ → ㉢ → ㉡
③ ㉢ → ㉣ → ㉡ → ㉠
④ ㉣ → ㉢ → ㉡ → ㉠

정답 및 해설

③ 구운몽의 줄거리를 알고 있었다면 쉽게 풀이할 수 있다. 상세한 줄거리는 모르더라도 성진이 꿈을 통해 인간 세상을 경험하고 꿈에서 깨는 이야기라는 정도만 알고 있으면 문맥으로 풀이가 가능하다. 스승이 성진을 꿈꾸게 하여 인생무상을 깨닫게 하는 이야기이므로 스승과 성진이 같이 살았던 ㉢이 시간적으로 가장 앞에 와야 한다. 막대 던지는 소리와 함께 중이 나타나자 승상(소유)은 중을 보고 토번을 정벌할 때 꿈에서 만났던 노부가 바로 그 중임을 깨닫는다. 여기서 일단 ㉡은 ㉠ 이전의 일이라는 것을 알 수 있다. 소유는 열대여섯 살 이후 부모를 떠나 벼슬을 하고 토번을 정벌한 것이므로 ㉡은 ㉣ 이후의 사건이다. 시간 순서에 따라 정리해보면 ㉢ → ㉣ → ㉡ → ㉠이다.

37

2018 국가직 9급

윗글에 대한 이해로 가장 적절한 것은?

① '승상'은 꿈에 남악에서 '중'을 보았던 기억을 떠올리며 낯이 익은 듯하다고 여기기 시작한다.
② '승상'은 본디 남악에서 '중'의 문하생으로 불도를 닦던 승려였음을 인정한 뒤 꿈에서 깨게 된다.
③ '승상'은 '중'이 여덟 낭자를 사라지게 한 환술을 부렸음을 확인하고서 그의 진의를 의심한다.
④ '승상'은 능파 낭자와 어울려 놀던 죄를 징벌한 이가 '중'임을 깨닫고서 '중'과의 관계를 부정하게 된다.

정답 및 해설

① '승상이 자세히 보니 과연 낯이 익은 듯하거늘 ~ 노부께서 바로 그 노화상이냐?'를 통해 확인할 수 있다.

오답 해설

② '승상'이 '중'의 문하생이었던 것은 사실이다. 하지만 '승상'은 "사부는 어찌 소유를 정도로 인도하지 않고 환술로 희롱하나뇨?"라고 말하며 그의 말을 인정하지 않고 있다. 자신이 남악산에서 도를 닦던 승려였음을 아직 깨닫지 못했기 때문이다.
③ '중'이 여덟 낭자를 사라지게 한 것은 사실이지만 그 환술을 확인하고 '승상'이 어떤 반응을 하였는지는 지문에 제시되지 않았다. '승상'이 '중'에게 자신을 희롱하냐고 말을 한 것은 여덟 낭자가 사라지는 환술을 부리기 이전에 한 말이다.
④ '승상'이 능파 낭자와 어울려 놀다 죄를 받았다는 이야기는 윗글에서 확인할 수 없다. '승상'이 '중'과의 관계를 부정하는 이유는 '승상'이 아직 꿈에서 깨지 못하였기 때문이다. 이후 이어지는 이야기에서는 '승상'이 꿈에서 깨어 자신이 경험한 부귀영화가 한 순간의 꿈이라는 것을 깨닫게 된다.

38

2017(하) 국가직 9급

다음 글에 대한 설명으로 적절하지 않은 것은?

> 길동이 "형님께서는 염려하지 마시고, 내일 소제(小弟)를 잡아 보내시되, 장교 중에 부모와 처자 없는 자를 가리어 소제를 호송하시면 좋은 묘책이 있습니다."라고 말하였다. 감사가 그 뜻을 알고자 하나 길동이 대답을 아니 하니, 감사가 그 생각을 알지 못해도 호송원을 그 말과 같이 뽑아 길동을 호송해 한양으로 올려 보냈다.
> 조정에서 길동이 잡혀 온다는 말을 듣고 훈련도감의 포수 수백을 남대문에 매복시키고는, "길동이 문 앞에 들어오거든 일시에 총을 쏘아 잡으라."하고 명했다.
> 이때에 길동이 풍우같이 잡혀 오지만 어찌 그 기미를 모르리오. 동작 나루를 건너며 '비 우(雨)' 자 셋을 써 공중에 날리고 왔다. 길동이 남대문 안에 드니 좌우의 포수가 일시에 총을 쏘았지만 총구에 물이 가득하여 할 수 없이 계획을 이루지 못했다.
> 길동이 대궐 문 밖에 다다라 자기를 잡아온 장교를 돌아보면서 말하기를, "너희는 날 호송하여 이곳까지 왔으니 문죄 당해 죽지는 아니하리라." 하고, 수레에서 내려 천천히 걸어갔다. 오군영(五軍營)의 기병들이 말을 달려 길동을 쏘려 했으나 말을 아무리 채찍질해 몬들 길동의 축지하는 법을 어찌 당하랴. 성 안의 모든 백성들이 그 신기한 수단을 헤아릴 수 없었다.

① 서술자가 길동의 장면 묘사에 직접적으로 개입하고 있다.
② 호송하는 장교를 배려하는 길동의 면모가 드러나고 있다.
③ 비현실적 요소를 도입하여 길동의 남다름을 나타내고 있다.
④ 길동이 수레에서 탈출하는 모습은 비유적으로 표현하고 있다.

정답 및 해설

④ 길동이 수레에서 탈출하는 모습은 '수레에서 내려 천천히 걸어갔다.'라고만 서술되어 있다. 구체적인 모습을 서술하지 않고 서술자가 요약적으로 제시하였다. 비유적인 표현이라고 하면 직유나 은유가 사용되어야 한다. '수레에서 내려 천천히 걸어오는 모습은 마치 신선과 같았다.' 정도로 표현해줘야 비유적인 표현이라고 할 수 있다.

오답 해설

① '어찌 그 기미를 모르리오.', '길동의 축지하는 법을 어찌 당하랴.'에서 서술자의 개입이 드러난다. 고전 소설에서 '어찌 ~오, 어찌 ~랴'와 같은 서술자의 개입은 자주 등장하는 표현이니 기억해 두는 것이 좋다.
② 길동이 자신을 호송한 장교들에게 "너희는 날 호송하여 이곳까지 왔으니 문죄 당해 죽지는 아니하리라."라고 말하는 부분에서 확인할 수 있다.
③ 길동이 '비 雨(우)'자를 써서 공중에 날리니 길동을 겨누던 총구에 물이 가득 찬 것은 비현실적인 요소에 해당한다. 길동의 축지법 역시 비현실적 요소이다. 이러한 요소들은 모두 길동의 남다름을 부각하고 있다.

39
다음 글에 대한 설명으로 옳지 않은 것은?

2016 국가직 9급

> 거사는 이렇게 대답했다.
> "얼굴이 잘생기고 예쁜 사람은 맑고 아른아른한 거울을 좋아하겠지만, 얼굴이 못생겨서 추한 사람은 오히려 맑은 거울을 싫어할 것입니다. 그러나 잘생긴 사람은 적고 못생긴 사람은 많기 때문에, 만일 맑은 거울 속에 비친 추한 얼굴을 보기 싫어할 것인즉 흐려진 그대로 두는 것이 나을 것입니다.
> 그래서 차라리 깨쳐 버릴 바에야 먼지에 흐려진 그대로 두는 것이 나을 것입니다. 먼지로 흐리게 된 것은 겉뿐이지 거울의 맑은 바탕은 속에 그냥 남아 있는 것입니다. 만약 잘생기고 예쁜 사람을 만난 뒤에 닦고 갈아도 늦지 않습니다.
> 아! 옛날에 거울을 보는 사람들은 그 맑은 것을 취하기 위함이었지만, 내가 거울을 보는 것은 오히려 흐린 것을 취하는 것인데, 그대는 이를 어찌 이상스럽게 생각합니까?" 하니 나그네는 아무 대답이 없었다.
>
> — 이규보, 「경설」 중에서 —

① 잘생긴 사람이 적고 못생긴 사람이 많다는 말에서 거사의 현실 인식을 알 수 있다.
② 용모에 대한 거사의 논의는 도덕성, 지혜, 안목 등을 비유한 것으로 볼 수 있다.
③ 잘생기고 예쁜 사람을 만난 후 거울을 닦겠다는 말에서 거사가 지닌 처세관을 엿볼 수 있다.
④ 이상주의적이고 결백한 자세로 현실에 맞서고자 하는 거사의 높은 의지가 드러나 있다.

40

다음 글에 대한 설명으로 적절하지 않은 것은?

2015 국가직 9급

> 나는 집이 가난하여 말이 없어서 간혹 남의 말을 빌려 탄다. 노둔하고 여윈 말을 얻게 되면 일이 비록 급하더라도 감히 채찍을 대지 못하고 조심조심 금방 넘어질 듯 여겨서 개울이나 구렁을 지날 때는 말에서 내려 걸어가므로 후회할 일이 적었다. 발굽이 높고 귀가 쫑긋하여 날래고 빠른 말을 얻게 되면 의기양양 마음대로 채찍질하고 고삐를 늦추어 달리니 언덕과 골짜기가 평지처럼 보여 매우 장쾌하지만 말에서 위험하게 떨어지는 근심을 면치 못할 때가 있었다.
>
> 아! 사람의 마음이 옮겨지고 바뀌는 것이 이와 같을까?
>
> 남의 물건을 빌려서 하루아침의 소용에 쓰는 것도 이와 같은데, 하물며 참으로 자기가 가지고 있는 것이야 어떻겠는가?
>
> – 이곡, 「차마설(借馬說)」 –

① 경험을 통한 통찰력이 돋보인다.
② 우의적 기법을 적절히 활용하고 있다.
③ 대상들 사이의 유사점을 통해 대상의 특성을 설명하고 있다.
④ 일상사와 관련지어 글쓴이의 주장을 설득력 있게 드러내고 있다.

정답 및 해설

③ 화자는 '걸음이 느린 말'과 '준마'를 빌려 탄 경험이 있다. 두 대상들 사이에는 빌린 것이라는 유사점이 있지만 말의 상태나 빌린 말을 대하는 글쓴이의 태도와 정서 등은 대상에 따라 각각 다르다. 따라서 '빌린 것'이라는 유사점을 통해 대상의 특성을 설명하고 있다는 선지는 적절하지 않다.

오답 해설

① 말을 빌려 탔던 경험을 통해 글쓴이가 깨달은 점을 제시하고 있다. 글쓴이가 경험을 통해 깨달은 것은 사람들은 빌린 것을 자기 소유라고 생각하고 반성할 줄 모르는 삶을 산다는 것이다. 글쓴이는 우리가 가진 것에 대한 소유욕을 버리고 겸손하게 살아가자고 말하고 있다.

② 우의적 기법은 다른 사물에 빗대어 비유적인 뜻을 나타내거나 풍자하는 것을 말한다. 이 작품은 말을 빌려 탔던 경험에 빗대어 욕심을 버리는 삶을 살아야 함을 이야기하고 있다.

④ 당시에는 말을 타고 다니는 것이 일상적인 일이었다. 말을 타고 다녔던 글쓴이의 일상 경험을 근거로 하여 소유에 대한 올바른 관념을 가져야 한다는 글쓴이의 주장을 드러내고 있다.

41

2013 지방직 9급

다음 글에서 다루고 있는 소재들의 관계가 다른 하나는?

> 어떤 사람이 내게 말했다.
> "어제저녁, 어떤 사람이 몽둥이로 개를 때려 죽이는 것을 보았네. 그 모습이 불쌍해 마음이 매우 아팠네. 그래서 이제부터는 개고기나 돼지고기를 먹지 않을 생각이네."
> 그 말을 듣고 내가 말했다.
> "어제저녁, 어떤 사람이 화로에서 이[蝨]를 잡아 태워 죽이는 것을 보고 마음이 무척 아팠네. 그래서 다시는 이를 잡지 않겠다고 맹세를 하였네."
> 그러자 그 사람은 화를 내며 말했다.
> "이는 하찮은 존재가 아닌가? 나는 큰 동물이 죽는 것을 보고 불쌍한 생각이 들어 말한 것인데, 그대는 어찌 그런 사소한 것이 죽는 것과 비교하는가? 지금 나를 놀리는 것인가?"
> 나는 좀 구체적으로 설명할 필요를 느꼈다.
> "무릇 살아 있는 것은 사람으로부터 소, 말, 돼지, 양, 벌레, 개미에 이르기까지 모두 사는 것을 원하고 죽는 것을 싫어한다네. 어찌 큰 것만 죽음을 싫어하고 작은 것은 싫어하지 않겠는가? 그렇다면 개와 이의 죽음은 같은 것이겠지. 그래서 이를 들어 말한 것이지, 어찌 그대를 놀리려는 뜻이 있었겠는가? 내 말을 믿지 못하거든, 그대의 열 손가락을 깨물어 보게나. 엄지손가락만 아프고 나머지 손가락은 안 아프겠는가? 우리 몸에 있는 것은 크고 작은 마디를 막론하고 그 아픔은 모두 같은 것일세. 더구나 개나 이나 각기 생명을 받아 태어났는데, 어찌 하나는 죽음을 싫어하고 하나는 좋아하겠는가? 그대는 눈을 감고 조용히 생각해 보게. 그리하여 달팽이의 뿔을 소의 뿔과 같이 보고, 메추리를 큰 붕새와 동일하게 보도록 노력하게나. 그런 뒤에야 내가 그대와 더불어 도(道)를 말할 수 있을 걸세."

① 이[蝨] : 개
② 벌레 : 개미
③ 달팽이의 뿔 : 소의 뿔
④ 메추리 : 붕새

정답 및 해설

② 제시된 소재들을 큰 것과 작은 것으로 분류할 수 있다. '이', '벌레', '개미', '달팽이의 뿔', '메추리'는 모두 작은 것들이다. 반대로 '개', '소의 뿔', '붕새'는 크기가 큰 것들 이다. '달팽이의 뿔(작은 것)을 소의 뿔(큰 것)과 같이 보고, 메추리(작은 것)를 큰 붕새(큰 것)와 동일하게 보도록 노력하게나.'라는 문장은 이 글의 주제에 해당한다. 글쓴이는 이처럼 대비되는 대상을 제시하여 선입견을 버리고 본질을 파악하자는 주제를 드러내고 있다.

42

2016 지방직 9급

다음 글의 ⊙~㉢에 대한 설명으로 적절하지 <u>않은</u> 것은?

> 금와는 그때 한 여자를 태백산 남쪽 우발수에서 만났는데, 그녀가 이렇게 말했다. "㉠ <u>하백의 딸 유화입니다. 동생들과 놀러 나왔을 때 한 남자가 나타나 자신이 천제의 아들 해모수라고 하며 웅신산 아래 압록강 가에 있는 집으로 유인하여 사통하였습니다.</u> 그러고는 저를 떠나서 돌아오지 않았습니다. 부모는 제가 중매도 없이 다른 사람을 따라간 것을 꾸짖어 이곳으로 귀양을 보내 살도록 했습니다."
> ㉡ <u>금와가 괴이하게 여겨 유화를 방 안에 남몰래 가두어 두었더니, 햇빛이 비추었다.</u> 그녀가 피하자 햇빛이 따라와 또 비추었다. 이로 인해 임신하여 알을 하나 낳았는데, 크기가 다섯 되쯤 되었다. …(중략)… 금와에게는 아들이 일곱 있었는데, 항상 주몽과 함께 놀았다. 그러나 그들의 기예가 주몽에게 미치지 못하자 ㉢ <u>맏아들 대소가 말했다. "주몽은 사람에게서 태어난 것이 아니니 일찍이 도모하지 않으면 후환이 있을 것입니다." 왕은 듣지 않고 주몽에게 말을 기르도록 했다.</u> 주몽은 준마를 알아보고 먹이를 조금씩 주어 마르게 하고, 늙고 병든 말은 잘 먹여 살찌게 했다. 왕은 살찐 말은 자기가 타고 주몽에게는 마른 말을 주었다. 왕의 아들들과 여러 신하들이 함께 주몽을 해치려 하자, 그 사실을 알게 된 주몽의 어머니가 아들에게 말했다. "나라 사람들이 너를 해치려고 하는데, 너의 재략이라면 어디 간들 살지 못하겠느냐? 빨리 떠나거라."
> 그래서 주몽은 오이 등 세 사람과 벗을 삼아 떠나 개사수에 이르렀으나 건널 배가 없었다. ㉣ <u>추격하는 병사들이 문득 닥칠까 두려워서 이에 채찍으로 하늘을 가리키며 빌었다. "나는 천제의 손자이고, 하백의 외손이다. 황천후토(皇天后土)는 나를 불쌍히 여겨 급히 주교(舟橋)를 내려 주소서." 하고 활로 물을 쳤다. 그러자 물고기와 자라가 다리를 만들어 주어 강을 건너게 했다.</u> 그러고는 다리를 풀어 버렸으므로 뒤쫓던 기병은 건너지 못했다.
> - 작자 미상, 「주몽신화」 중에서 -

① ㉠ : '유화'가 귀양에 처해진 이유를 알 수 있다.
② ㉡ : '유화'가 임신을 하게 된 이유를 알 수 있다.
③ ㉢ : '주몽'이 준마를 얻기 위해 '대소'와 모의했음을 알 수 있다.
④ ㉣ : '주몽'이 강을 건너가기 위해 '신'과 교통했음을 알 수 있다.

43~44

※ 다음 작품을 읽고 물음에 답하시오.

말을 맞지 못하여서 구름이 걷히니 호승이 간 곳이 없고, 좌우를 돌아보니 팔 낭자가 또한 간 곳이 없는지라 정히 경황(驚惶)하여 하더니, 그런 높은 대와 많은 집이 일시에 없어지고 제 몸이 한 작은 암자 중의 한 포단 위에 앉았으되, 향로(香爐)에 불이 이미 사라지고, 지는 달이 창에 이미 비치었더라.

스스로 제 몸을 보니 일백여덟 낱 염주(念珠)가 손목에 걸렸고, 머리를 만지니 갓 깎은 머리털이 가칠가칠하였으니 완연히 소화상의 몸이요, 다시 대승상의 위의(威儀) 아니니, 정신이 황홀하여 오랜 후에 비로소 제 몸이 연화 도량(道場) 성진 행자인 줄 알고 생각하니, 처음에 스승에게 수책(受責)하여 풍도(酆都)로 가고, 인세(人世)에 환도하여 양가의 아들 되어 장원 급제 한림학사 하고, 출장입상(出將入相)하여 공명신퇴(功名身退)하고, 양 공주와 육 낭자로 더불어 즐기던 것이 다 하룻밤 꿈이라. 마음에 이 필연(必然) 사부가 나의 염려(念慮)를 그릇함을 알고, 나로 하여금 이 꿈을 꾸어 인간 부귀와 남녀 정욕(情欲)이 다 허사인 줄 알게 함이로다.

43

2018 경찰직 1차

이 작품의 주제와 가장 유사한 것은?

① 어져 내 일이야 그릴 줄을 모로드냐
  이시랴 ᄒᆞ더면 가랴마는 제 구틱여
  보내고 그리는 情(정)은 나도 몰라 ᄒᆞ노라

② 五百年(오백 년) 도읍지를 匹馬(필마)로 도라드니,
  山川(산천)은 依舊(의구)ᄒᆞ되 人傑(인걸)은 간 듸 없다.
  어즈버 太平烟月(태평 연월)이 쭘이런가 ᄒᆞ노라.

③ 首陽山(수양산) 바라보며 夷齊(이제)를 限(한) ᄒᆞ노라.
  주려 주글진들 採薇(채미)도 ᄒᆞ는것가.
  비록애 푸새엣 거신들 긔 뉘 ᄯᅡ헤 낫ᄃᆞ니.

④ 三冬(삼동)에 뵈옷 닙고 巖穴(암혈)에 눈비 마자
  구름 낀 볏뉘도 쐰적이 없건마는,
  西山(서산)에 힌지다 ᄒᆞ니 눈물겨워 ᄒᆞ노라.

정답 및 해설

② 꿈처럼 허무하다는 부분에서 인생무상의 정서를 찾을 수 있다. 망해버린 나라에 대한 한과 아픔을 노래하고 있는 길재의 시조로 변하지 않는 자연과 달리 인간의 유한함을 통해 인생무상의 정서를 효과적으로 표현하고 있다.

오답 해설

① 임을 보내고 그리워하고 후회하는 화자의 정서를 드러내고 있다. 초장과 중장은 임을 보낸 후의 후회를 나타내고, 종장에서는 떠나보낸 후에 더욱 간절해지는 임에 대한 그리움을 표현하고 있다. 인생무상과는 관련이 없다.
③ 죽음을 각오한 굳은 지조와 절개를 표현한 성삼문의 시조이다. 인생무상과는 관련이 없다.
④ 중종 임금이 승하했다는 소식을 듣고 조식이 지은 시조로, 임금의 승하를 해가 지는 것에 빗대어 슬픔의 정서를 효과적으로 표현하고 있다.

44

이 작품에 대한 설명으로 가장 적절하지 않은 것은?

2018 경찰직 1차

① '국민 문학론'과 관련된 몽자류 소설이다.
② '현실 → 꿈 → 현실'의 환몽 구조 소설이다.
③ 조신 설화가 이 소설의 근원 설화이다.
④ 작품 속의 시대적 배경은 조선 시대이다.

정답 및 해설

④ 이 작품의 시대적 배경은 조선이 아니라 중국의 당나라이다. 참고로 이 작품의 사상적 배경은 유교와 불교와 도교가 융합되어 있는데, 특히 불교의 사상이 두드러진다.

오답 해설

① 이 소설의 지은이는 '김만중'으로 관념적이고 권위적인 문학관에서 벗어나 국문의 중요성을 강조했다. 한글 소설인 '구운몽'이나 '사씨남정기' 역시 이러한 맥락으로 창작된 것이다. '몽자류 소설'은 제목에 '몽(夢)'자가 붙은 소설을 말하는데, 주인공이 입몽의 과정을 거쳐 꿈에서 경험을 한 뒤 다시 꿈을 깨는 서사 구조를 가지고 있다. 구운몽은 대표적인 몽자류 소설이다.
② 현실의 주인공 '성진'은 수도 생활에 대한 회의를 느낀다. 그러던 어느 날 꿈을 통해 '양소유'라는 인물의 삶을 살면서 입신양명을 경험한다. 이후 꿈에서 깨어 다시 '성진'이라는 현실로 돌아오는데, 꿈에서 깬 '성진'은 인생무상의 깨달음을 얻고 불교에 정진하는 환몽 구조로 이야기가 구성되어 있다.
③ '조신 설화'는 '조신'이라는 인물이 낙산사 관음상 앞에서 꿈을 꾸고 깨달음을 얻게 되었다는 신라 시대의 설화이다. '조신'은 꿈에서 그토록 바라던 여자와 사랑을 하며 같이 살게 되지만 빈곤, 가족의 죽음과 같은 시련을 겪으며 괴로운 삶을 산다. 이 설화는 '조신'의 꿈 이야기를 통해 아무리 소망하던 삶이라도 현실의 고난은 피할 수 없고, 고된 현실 역시 꿈에 불과할 뿐이라는 종교적인 교훈을 주고 있는 작품이다. '조신 설화'는 인생무상을 주제로 한 꿈 문학의 원조에 해당한다.

45

2018 국가직 7급

㉠에 해당하는 것과 ㉡에 해당하는 것을 문맥적 의미를 고려하여 짝지을 때 적절하지 <u>않은</u> 것은?

> 내 집에 당장 쓰러져 가는 행랑채가 세 칸이나 되어 할 수 없이 전부 수리하였다. 그중 두 칸은 이전 장마에 비가 새면서 기울어진 지 오래된 것을 알고도 이리저리 미루고 수리하지 못한 것이고 한 칸은 한 번 비가 새자 곧 기와를 바꿨던 것이다. 이번 수리할 때에 기울어진 지 오래였던 두 칸은 들보와 서까래들이 다 썩어서 다시 쓰지 못하게 되어 수리하는 비용도 더 들었으나, 비가 한 번 새었던 한 칸은 재목이 다 성하여 다시 썼기 때문에 비용도 덜 들었다. 나는 ㉠<u>이 경험</u>을 통해 ㉡<u>깨달음</u>을 얻었다. 이러한 것은 사람에게도 있는 일이다. 자기 과오를 알고 곧 고치지 않으면 나무가 썩어서 다시 쓰지 못하는 것과 같고, 과오를 알고 고치기를 서슴지 않으면 다시 착한 사람이 되기 어렵지 않으니 집 재목을 다시 쓰는 이로움과 같은 것이다. 다만 한 사람만이 아니라 한 나라의 정치도 또한 이와 같아서 백성의 이익을 침해하는 일이 심하여도 그럭저럭 지내고 고치지 않다가 백성이 떠나가고 나라가 위태롭게 된 뒤에는 갑자기 고치려고 해도 바로잡기가 대단히 어려우니 삼가지 않아서야 되겠는가
>
> — 이규보, 「이옥설」 —

	㉠	㉡
①	기와를 바꾸다	과오를 고치다
②	미루고 수리하지 않다	과오를 알고도 곧 고치지 않다
③	들보와 서까래가 다 썩다	나라를 바로잡을 방도가 없다
④	비가 새서 기울어진 상태	자기 과오

정답 및 해설

③ 글쓴이가 바로 수리하지 않고 방치해 두었던 두 칸은 들보와 서까래가 더 썩어서 많은 비용이 들었다. 글쓴이는 이를 통해 사람과 정치 역시 이와 같다고 깨달았다. 정치 역시 잘못을 방치하고 나중에 고치려 하면 '바로잡기가 대단히 어렵다고 말하고 있다. 바로 잡을 방도가 없는 것이 아니라, 바로 잡기가 매우 힘들다는 것이다. '방법이 없는 것'과 '방법이 있지만 실현하기가 어려운 것'은 분명 다른 의미이다.

오답 해설

① 글쓴이는 집을 수리했던 경험을 통해, 사람의 몸과 정치의 경우도 이와 같다는 깨달음을 얻었어요. 기와를 바꾸는 것은 사람이 자신의 과오를 고치는 것에 대응된다.
② 글쓴이는 행랑채의 세 칸을 수리하였다. 그중 두 칸은 미루고 수리를 하지 않았던 부분으로 수리비가 많이 들었다. 미루고 수리를 하지 않는 것은 과오를 알고도 바로 고치지 않는 것과 같다는 깨달음과 연결된다.
④ 집이 비가 새서 기울어진 상태는 사람으로 치면 잘못이나 허물이 생긴 상태를 의미한다. 비가 새면 바로 고쳐야 하듯, 사람 역시 잘못이나 허물이 생기면 바로 고쳐야 한다. 글쓴이는 집수리의 경험을 사람과 정치에 적용하여 교훈을 주고 있다.

46

2017 국가직 7급

다음 글의 서술 방식에 대한 설명으로 가장 적절한 것은?

> '우르릉~ 쾅!' 하고 천둥이 울리면 사람들은 누구나 두려워한다. 그래서 '뇌동(雷同)'이란 말이 생겨났다. 내가 우렛소리를 들었을 때, 처음에는 간담이 서늘하였다. 하지만 반복해서 나의 잘못을 고쳐 허물을 발견하지 못한 뒤에야 몸이 조금 편안해졌다.
>
> 다만 한 가지 꺼림칙한 일이 있다. 내가 춘추좌씨전(春秋左氏傳)에서 '화부(華父)가 지나가는 미인에게 눈길을 주는 일'이 나오는 대목을 읽고는 그 일에 대해 비난하지 않은 적이 없었다. 그러므로 길을 가다가 아름다운 여인을 만나면 눈길을 주지 않으려고 머리를 숙이고 고개를 돌려 달아났다. 그러나 머리를 숙이고 고개를 돌리는 것은 그런 마음이 없지 않다는 것이니, 이것만은 스스로 미심쩍은 일이다.
>
> 일반 사람의 마음을 벗어나지 못하는 일이 또 하나 있다. 남이 나를 칭찬하면 아주 기뻐하고, 비방하면 몹시 언짢아 한다. 이것은 비록 우레가 칠 때 두려워하는 것과는 다른 일이지만, 또한 경계하지 않을 수 없다. 옛사람 중에는 깜깜한 밤에도 자신의 마음을 속이지 않는 자가 있었다고 한다. 내가 어찌 이런 사람에게 미칠 수 있겠는가?
>
> — 이규보, 「뇌설」 —

① 개인적인 체험을 통해 얻은 깨달음을 제시하고 있다.
② 필자의 생각과 다른 사람의 생각을 비교하며 제시하고 있다.
③ 권위 있는 자의 말을 인용해 필자의 주장을 강조하고 있다.
④ 문답 형식을 통해 독자 스스로 깨달음을 얻도록 하고 있다.

47

2017 지방직 7급

밑줄 친 말에서 가리키는 사람이 다른 것은?

> 휘령전으로 오시고 ㉠ <u>소조(小朝)</u>를 부르신다 하니, 이상할손 어이 '피(避)차.'는 말도, '달아나자.'는 말도 아니 하시고, 좌우를 치도 아니하시고, 조금도 화증 내신 기색 없이 썩 용포를 달라 하여 입으시며 하시되, "㉡ <u>내가</u> 학질을 앓는다 하려 하니, 세손의 휘항을 가져오라." 하시거늘, 내가 그 휘항은 작으니 당신 휘항을 쓰시고자 하야, 내인(內人) 더러 ㉢ <u>당신</u> 휘항을 가져오라 하니, 몽매(夢寐) 밖에 썩 하시기를, "자네가 아무커나 무섭고 흉한 사람이로세. 자네는 세손 데리고 오래 살려 하기, 내가 오늘 나가 죽겠기사외로워, 세손의 휘항을 아니 쓰이랴 하는 심술을 알겠네." 하시니, ㉣ <u>내</u> 마음은 당신이 그날 그 지경에 이르실 줄 모르고 이 끝이 어찌 될꼬? 사람이 다 죽을 일이요, 우리의 모자의 목숨이 어떠할런고?
>
> — 혜경궁 홍씨, 「한중록」 —

① ㉠   ② ㉡   ③ ㉢   ④ ㉣

48

다음 글의 서술 방식으로 적절하지 않은 것은?

2014 국가직 9급

> 대개 사람은 스스로 자신의 잘못을 깨닫는다. 지난번 우리 조정에서는 부끄러움을 무릅쓰고 너를 달래기 위하여 지방의 요직에 임명한 일이 있었다. 그런데도 너는 만족할 줄 모르고 오히려 못된 독기를 발산하여 가는 곳마다 사람을 죽이고 군주를 욕되게 하여, 결국 황제의 덕화(德化)를 배신하고 말았다.
> 「도덕경」에 이르기를, "갑자기 부는 회오리바람은 한나절을 지탱하지 못하고, 쏟아지는 폭우는 하루를 계속하지 못한다."하였다. 천지에 갑작스럽게 일어난 변화도 이와 같이 오래 가지 못하는 법인데 하물며 사람의 일이야 말할 나위가 있겠는가.
> 지금 너의 흉포함이 쌓이고 쌓여 온 천지에 가득 찼다. 그러나 이러한 위험 속에서 스스로 안주하고 반성할 줄 모르니, 이는 마치 제비가 불이 붙은 초막 위에 집을 지어 놓고 만족해하는 것과 같고, 물고기가 솥 안에서 즐거워하며 헤엄치는 것과 같다. 눈앞에 닥친 삶을 즐겨 죽을 운명을 생각지 못하고 말이다.
> 나는 지금 현명하고 신기로운 계획으로 온 나라의 군대를 규합하니 용맹스러운 장수가 구름처럼 모여들고, 죽음을 가벼이 여기는 용사들이 소나기처럼 몰려온다. 진격하는 깃대를 높이 세워 남쪽 초(楚)나라에서 불어오는 바람을 잠재우고, 전함과 누선을 띄워 오(吳)나라 강의 풍랑을 막으려고 한다.
>
> — 최치원, 「토황소격문」 중에서 —

① 단호한 어조로 상대의 오만함을 지적하고 있다.
② 역사적 사례를 들어 상대의 미묘한 심리를 언급하고 있다.
③ 상대가 행한 일을 나열하며 부당한 처사였음을 지적하고 있다.
④ 상대가 처한 상황을 비유적으로 표현하며 반성을 촉구하고 있다.

정답 및 해설

② 다양한 비유를 사용하고, '도덕경'의 내용을 인용하기는 하였지만 역사적인 사례를 제시하지는 않았다.

오답 해설

① 죄를 저지르고도 자신의 잘못을 깨닫지 못하는 상대를 단호한 어조로 꾸짖고 있다. 반성할 줄 모르는 어리석음을 꾸짖고 죽을 운명을 생각지 못하고 눈앞의 삶을 즐기는 상대의 오만한 태도를 지적하고 있다.
③ '너는 만족할 줄 모르고 오히려 못된 독기를 발산하여 가는 곳마다 사람을 죽이고 군주를 욕되게 하였다'는 부분에서 황소가 저지른 부당한 일들을 나열하고 있다. 이러한 행동은 모두 황제의 덕을 배신한 행동이라며 비판하고 있다.
④ 글쓴이는 상대가 처한 상황을 '제비가 불이 붙은 초막 위에 집을 지어 놓고 만족'하는 것, '물고기가 솥 안에서 즐거워'하는 것에 빗대었다. 어리석은 제비와 물고기와 같이 죽음을 생각하지 못하고 눈앞의 즐거움만을 생각하고 있는 상대의 어리석음을 지적하며 반성을 촉구하고 있는 것이다.

49

필자의 견해와 일치하는 것은?

2017 생활안전분야 국가직 7급

"이빨을 준 자가 누구인가?" 하고 묻는다면 사람들은 "하늘이 주었지요."라 말하리라. 다시 "하늘이 이빨을 준 이유는 장차 무엇을 하게 하려 함인가?"라고 물으면 사람들은 "하늘이 먹이를 씹어 먹으라고 한 것이지요."라 답하리라. 다시 "이빨로 먹이를 씹어 먹게 함은 무슨 까닭인가?"라고 물으면 사람들은 "이는 하늘의 이치입니다. 새나 짐승은 손이 없으므로 반드시 부리나 주둥이를 굽혀 땅에 닿도록 해서 먹이를 구하게 하는 것이지요. 그래서 학의 다리가 이미 높으니 어쩔 수 없이 목을 길게 만들지 않을 수 없었고, 그래도 혹 땅에 닿지 않을까 염려하여 부리를 길게 만든 것입니다. 만약 닭의 다리를 학의 다리처럼 만들었더라면 뜨락에서 굶어 죽었겠지요."라 답하리라.

내가 크게 웃으며 "그대가 말한 하늘의 이치는 곧 소, 말, 닭, 개에게나 해당한다. 하늘이 이빨을 준 이유가 반드시 구부려서 먹이를 씹게 하려 한 것일진대 이제 저 코끼리가 쓸데없는 어금니를 가지고 장차 땅에 구부리려 한다면 어금니가 먼저 닿을 터이니 이른바 먹이를 씹는 데 도로 방해가 되지 않겠느냐?"라 말하면 어떤 사람은 "코에 의지하면 되지요."라 말하리라. 내가 "어금니가 길어서 코에 의지하는 것보다는 차라리 어금니를 버리고 코를 짧게 하는 편이 나으리라."라 하니 이에 떠들던 자가 처음 주장을 굳게 지키지 못하고 자기가 알고 있던 바를 조금씩 굽혔다. 이는 생각의 범위가 미치는 것이 겨우 말, 소, 닭, 개 정도에 머물 뿐이요, 용, 봉황, 거북, 기린 같은 것에는 미치지 못해서이다. 코끼리가 범을 만나면 코로 쳐서 죽이니 그 코로 말한다면 천하에 적수가 없다 할 것이나, 코끼리가 쥐를 만나면 코를 둘 자리가 없어서 멍하니 하늘을 쳐다보고 섰을 뿐이다. 그렇다고 쥐가 범보다 무섭다고 말한다면 앞서 이른 하늘의 이치는 아닐 것이다.

- 박지원, 「상기(象記)」 -

① 코끼리는 쥐에게나 범에게나 천하무적의 대상이다.
② 사람들은 익숙한 대상을 통해 하늘의 이치를 헤아리려 한다.
③ 코끼리는 쓸데없는 어금니를 지탱하기 위하여 코가 길어졌다.
④ 닭의 다리를 학의 다리와 같게 만드는 것이 하늘의 이치이다.

정답 및 해설

② 필자는 사람들의 생각의 범위가 '말, 소, 닭, 개'와 같이 주변에서 흔히 볼 수 있는 익숙한 동물에만 머물 뿐, '용, 봉황, 거북, 기린'과 같이 현실에서 보기 어려운 동물에는 생각이 미치지 못한다고 하였다. 코끼리의 사례를 들어 모든 사물에 동일한 이치를 적용할 수 없음을 밝히며, 익숙한 대상을 통해 이치를 탐구하는 사람들의 오류를 지적하고 있다.

오답 해설

① '코끼리가 범을 만나면 코로 쳐서 죽이니 그 코로 말한다면 천하에 적수가 없다 할 것이나, 코끼리가 쥐를 만나면 코를 둘 자리가 없어서 멍하니 하늘을 쳐다보고 섰을 뿐'이라는 내용을 통해 코끼리가 쥐에게는 천하무적의 대상이 될 수 없음을 알 수 있다.
③ 사람들은 이빨을 내린 것이 하늘의 뜻이라 하였는데, 코끼리에게는 그 어금니가 방해가 되는 존재이다. 사람들은 이에 대해 '코에 의지하면 된다'라고 주장했고, 필자는 긴 어금니를 주고 코를 핑계로 댈 양이면 어금니를 없애고 코를 짧게 하는 것이 낫다고 반박했다. 어금니를 보완하기 위해 코가 길어졌다는 견해는 사람들의 주장과 가깝다.
④ '하늘의 이치'라는 것은 필자와 대비되는 사고방식을 가진 '사람들'의 생각이다. 필자는 사람들이 고정된 관점으로 대상을 인식하는 것에 대한 문제점을 지적하고 있다. 하늘의 이치라면서 고정된 관점이나 법칙을 만들어내는 태도를 비판하고 있다.

50

다음 글에서 '신(臣)'의 태도로 가장 적절한 것은?

2016 국가직 7급

> 신(臣)이 부영(傅榮)에게 말하였습니다.
> "수차(水車) 만드는 법을 배우고 싶습니다."
> "당신은 어디에서 수차를 보았습니까?"
> "지난번 소흥부(紹興府)를 지날 때, 어떤 사람이 호수 언덕에서 수차를 돌려 논에 물을 대고 있는 것을 보았습니다. 힘을 적게 들이면서 물을 많이 퍼 올리더군요. 가뭄에 농사짓는 데 도움이 될 것 같습니다."
> "수차는 물을 푸는 데만 사용될 뿐이니 배울 것이 못 됩니다."
> "우리나라는 논이 많은데 자주 가뭄이 들지요. 만약 수차 만드는 법을 배워 우리 백성에게 가르쳐 준다면 농사에 큰 도움이 될 것입니다. 그대가 조금만 수고해 가르쳐 주면, 우리 백성 대대로 큰 이익이 생길 것이오. 그 제작법을 잘 알아보시되 모자란 점이 있으면 뱃사람들에게 물어서 정확히 가르쳐 주시기 바랍니다."
>
> – 최부, 「표해록」 –

① 공리공론(空理空論)
② 실사구시(實事求是)
③ 이용후생(利用厚生)
④ 주권재민(主權在民)

정답 및 해설

③ '이용후생(利用厚生)'은 기구를 편리하게 쓰고 먹을 것과 입을 것을 넉넉하게 하여 백성의 생활을 나아지게 하는 것을 의미한다. '신'은 수차 만드는 법을 배워서 백성에게 가르쳐주려 한다. 백성들의 농사에 도움을 주고자 생각한 것이다. '수차'라는 기구를 통해 백성의 생활을 나아지게 하고자 하므로 '신'의 태도로 가장 적절한 성어는 '이용 후생(利用厚生)'이다.

오답 해설

① '공리공론(空理空論)'은 헛된 이치와 논의라는 뜻으로, 사실에 맞지 않은 이론이나 실제와 동떨어진 논의를 말한다. '신'은 백성들의 나은 삶을 위해 수차를 만들고자 한다. 백성의 실생활에 밀접한 농사와 관련하여 논의하고 있으므로, '신'의 태도는 '공리공론(空理空論)'과는 거리가 멀다.
② '실사구시(實事求是)'는 사실을 바탕으로 진리를 탐구하는 일을 말한다. '신'은 진리를 탐구하고 있는 것이 아니라, 수차를 만드는 법을 배워 백성들에게 가르쳐 주려고 한다.
④ '주권재민(主權在民)'은 나라의 주권이 국민에게 있다는 말이다. 지문의 내용과는 관련이 없는 말이다.

51

다음 글을 문맥에 맞게 배열한 것은?

2014 국가직 7급

> (가) 그렇다면 어찌해야 좋단 말인가? 우린 장차 어찌해야 하는가? 글쓰기를 그만두어야 할 것인가?
>
> (나) 문장을 어떻게 써야 하는가? '반드시 옛것을 모범으로 삼아야 한다.'라고 사람들은 말한다. 그리하여 세상에는 마침내 옛것을 모방하면서도 부끄러운 줄 모르는 사람들이 생겨나게 되었다. 이는 주(周)나라의 제도를 본떴던 역적 왕망(王莽)이 예악(禮樂)을 수립했다는 격이며, 공자와 얼굴이 닮은 양화(陽貨)가 만세(萬世)의 스승이 될 수 있다는 격이다. 그러니 어찌 옛것을 모범으로 삼을 수 있겠는가?
>
> (다) 아아! 옛것을 모범으로 삼는 사람은 낡은 자취에 구애 되는 것이 병이고, 새것을 만들어 내는 사람은 상도(常道)에서 벗어나는 것이 탈이다. 참으로 옛것을 모범으로 삼되 변통할 줄 알고, 새것을 만들어 내되 법도가 있게 할 수 있다면, 지금 글이 옛날 글과 같을 것이다.
>
> (라) 그렇다면 새것을 만들어야 하는가? 그리하여 세상에는 마침내 괴상하고 허황되고 지나치게 치우친 글을 쓰면서도 두려워할 줄 모르는 이들이 생겨나게 되었다. 이는, 임시 조처로 세 길 높이의 나무를 옮기게 하는 것이 통상의 법령보다 중요하다는 격이고, 이연년(李延年)의 새로 만든 간드러진 노래를 종묘(宗廟)의 음악으로 연주하여도 좋다는 격이다. 그러니 어찌 새것을 만들겠는가?
>
> – 박지원, 「초정집서(楚亭集序)」 중에서 –

① (다) – (가) – (라) – (나)
② (나) – (가) – (다) – (라)
③ (다) – (라) – (나) – (가)
④ (나) – (라) – (가) – (다)

52

다음 글을 이해한 내용으로 적절하지 않은 것은?

2023 지방직 9급

> 매우 치라 소리 맞춰, 넓은 골에 벼락치듯 후리쳐 딱 붙이니, 춘향이 정신이 아득하여, "애고 이것이 웬일인가?" 일자(一字)로 운을 달아 우는 말이, "일편단심 춘향이 일정지심 먹은 마음 일부종사 하겠더니 일신난처 이 몸인들 일각인들 변하리까? 일월 같은 맑은 절개 이라 힘들게 말으시오."
> "매우 치라." "꽤 때리오." 또 하나 딱 부치니, "애고."
> 이자(二字)로 우는구나. "이부불경 이내 마음 이군불사와 무엇이 다르리까? 이 몸이 죽더라도 이도령은 못 잊겠소. 이 몸이 이러한들 이 소식을 누가 전할까? 이왕 이리 되었으니 이 자리에서 죽여 주오."
> "매우 치라." "꽤 때리오." 또 하나 딱 부치니, "애고."
> 삼자(三字)로 우는구나. "삼청동 도련님과 삼생연분 맺었는데 삼강을 버리라 하소? 삼척동자 아는 일을 이내 몸이 조각조각 찢겨져도 삼종지도 중한 법을 삼생에 버리리까? 삼월삼일 제비같이 훨훨 날아 삼십삼천 올라가서 삼태성께 하소연할까? 애고애고 서러운지고."
>
> – 춘향전 에서서 –

① 동일한 글자를 반복함으로써 리듬감을 조성하고 있다.
② 숫자를 활용하여 주인공이 처한 상황을 제시하고 있다.
③ 등장인물 간의 대화를 통해 주인공의 내적 갈등이 해결되고 있다.
④ 유교적 가치를 담고 있는 말을 활용하여 주인공의 의지를 드러내고 있다.

정답 및 해설

③ 등장인물 간의 대화가 드러나는 것은 맞지만 이를 통해 춘향의 내적 갈등이 해결되는 것은 아니다. 춘향은 이몽룡을 향한 일편단심을 이야기하며 자신의 처지를 한탄하고 있다.

오답 해설

①, ② '일, 이, 삼'과 같이 숫자를 활용하여 춘향의 상황을 제시하고 있다. '일편단심, 일정지심, 일부종사, 일신난처, 일각인들', '이부불경, 이군불사, 이 몸이, 이도령', '삼청동, 삼생연분, 삼강을, 삼척동자'와 같이 첫 음절에 동일한 글자를 반복하여 리듬감을 강조하고 있다.
④ 춘향은 '일편단심, 일부종사, 이부불경'등과 같이 유교적 가치가 담긴 말들을 활용하여 정절에 대한 의지를 드러내고 있다.

MEMO

MEMO